下册

零基础过经济师 2018

经济基础知识（中级）

刘艳霞 主编

环球网校经济师考试研究院 组编

中国商业出版社

图书在版编目（CIP）数据

经济基础知识：中级：全2册/刘艳霞主编；环球网校经济师考试研究院组编．—北京：中国商业出版社，2018.7

ISBN 978-7-5208-0449-3

Ⅰ．①经… Ⅱ．①刘… ②环… Ⅲ．①经济学—资格考试—自学参考资料 Ⅳ．①F0

中国版本图书馆CIP数据核字（2018）第139554号

责任编辑　孙锦萍

中国商业出版社出版发行

010-63180647　www.c-cbook.com

（100053 北京广安门内报国寺1号）

新华书店经销

三河市华润印刷有限公司印制

★★★★

787毫米×1092毫米　16开　34.5印张　828千字

2018年7月第1版　　2018年7月第1次印刷

定价：98.00元（全2册）

★★★★

（如有印装质量问题可更换）

目 录

第二篇 考点精讲及同步练习

第四部分 统 计/303

考情分析/303

知识脉络/303

学习提示/303

第二十三章 统计与统计数据/304

本章考情分析/304

本章考点概览/304

本章考点详解/304

本章易错易混考点/308

历年经典真题回顾/308

本章同步练习/310

本章同步练习参考答案及解析/312

第二十四章 描述统计/314

本章考情分析/314

本章考点概览/314

本章考点详解/314

本章易错易混考点/319

历年经典真题回顾/320

本章同步练习/322

本章同步练习参考答案及解析/324

第二十五章 抽样调查/326

本章考情分析/326

本章考点概览/326

本章考点详解/326

本章易错易混考点/331

历年经典真题回顾/332

本章同步练习/335

本章同步练习参考答案及解析/337

第二十六章 回归分析/339

本章考情分析/339

本章考点概览/339

本章考点详解/339

本章易错易混考点/341

历年经典真题回顾/342

本章同步练习/343

本章同步练习参考答案及解析/344

第二十七章 时间序列分析/346

本章考情分析/346

本章考点概览/346

本章考点详解/346

本章易错易混考点/351

历年经典真题回顾/352

本章同步练习/354

本章同步练习参考答案及解析/356

第五部分 会 计/358

考情分析/358

知识脉络/358

学习提示/358

第二十八章 会计概论/359

本章考情分析/359

本章考点概览/359

本章考点详解/359

本章易错易混考点/368

历年经典真题回顾/368

本章同步练习/371

本章同步练习参考答案及解析/374

第二十九章 会计循环/377

本章考情分析/377

本章考点概览/377

本章考点详解/377

本章易错易混考点/383

历年经典真题回顾/384

本章同步练习/385

本章同步练习参考答案及解析/387

第三十章 会计报表/389

本章考情分析/389

本章考点概览/389

本章考点详解/389

本章易错易混考点/394

历年经典真题回顾/394

本章同步练习/397

本章同步练习参考答案及解析/400

第三十一章 财务报表分析/402

本章考情分析/402

本章考点概览/402

本章考点详解/402

本章易错易混考点/406

历年经典真题回顾/407

本章同步练习/408

本章同步练习参考答案及解析/410

第三十二章 行政事业单位会计/412

本章考情分析/412

本章考点概览/412

本章考点详解/412

本章易错易混考点/418

历年经典真题回顾/418

本章同步练习/420

本章同步练习参考答案及解析/422

第六部分 法 律/424

考情分析/424

知识脉络/424

学习提示/424

第三十三章 法律对经济关系的调整/425

本章考情分析/425

本章考点概览/425

本章考点详解/425

本章易错易混考点/428

历年经典真题回顾/428

本章同步练习/429

本章同步练习参考答案及解析/430

第三十四章 物权法律制度/432

本章考情分析/432

本章考点概览/432

本章考点详解/432

本章易错易混考点/442

历年经典真题回顾/443

本章同步练习/445

本章同步练习参考答案及解析/448

第三十五章 合同法律制度/451

本章考情分析/451

本章考点概览/451

本章考点详解/451

本章易错易混考点/462

历年经典真题回顾/462

本章同步练习/466

本章同步练习参考答案及解析/469

第三十六章　公司法律制度/471

本章考情分析/471

本章考点概览/471

本章考点详解/471

本章易错易混考点/478

历年经典真题回顾/478

本章同步练习/480

本章同步练习参考答案及解析/482

第三十七章　其他法律制度/484

本章考情分析/484

本章考点概览/484

本章考点详解/484

本章易错易混考点/496

历年经典真题回顾/496

本章同步练习/500

本章同步练习参考答案及解析/503

第三篇　2018年模拟试卷及参考答案与解析

2018年经济基础知识(中级)模拟试卷/509

2018年经济基础知识(中级)模拟试卷参考答案与解析/522

第四部分 统 计

考情分析

年份	单项选择题		多项选择题		合计分值
	题量	分值	题量	分值	
2012—2017	11	11	5	10	21

知识脉络

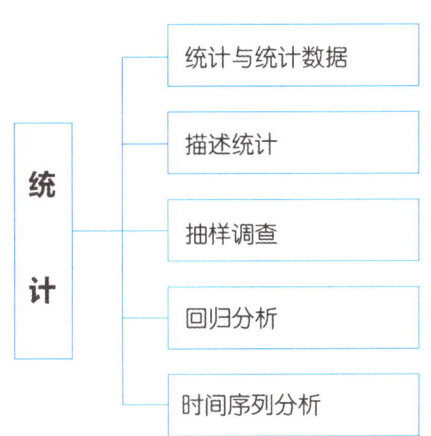

学习提示

统计这部分内容虽然涵盖较多的计算公式,但从应试的角度则侧重考查文字性的内容。理解基本概念对于这部分的学习是非常重要的。

第二十三章 统计与统计数据

本章考情分析

年份	单项选择题	多项选择题	合计
2017年	2题2分	—	2分
2016年	3题3分	1题2分	5分
2015年	2题2分	1题2分	4分
2014年	4题4分	1题2分	6分
2013年	3题3分	2题4分	7分

【提示】因2013年统计部分的教材变化很大,2013年之前的分数没有参考意义。

本章考点概览

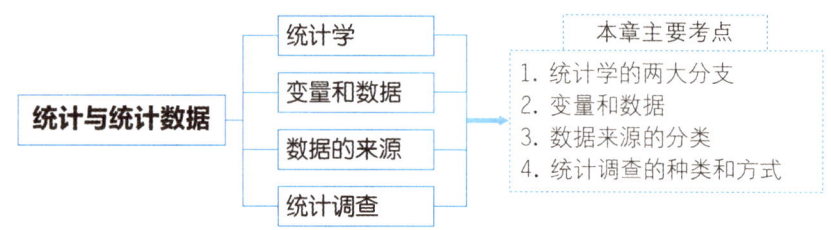

本章主要考点:
1. 统计学的两大分支
2. 变量和数据
3. 数据来源的分类
4. 统计调查的种类和方式

本章考点详解

【考点一】统计学的两大分支

统计学是关于收集、整理、分析数据和从数据中得出结论的科学。统计学的<u>两大分支是描述统计和推断统计</u>,具体内容如表23-1所示。

表23-1 描述统计和推断统计

类型		具体内容	应用举例
描述统计	定义	描述统计是研究数据收集、整理和描述的统计学方法	为了解与居民生活相关的商品及服务价格水平的变动情况,收集统计局发布的CPI数据,利用统计图展示CPI的变化,利用增长率计算CPI的基本走势
	内容	(1) 如何取得所需要的数据 (2) 如何用图表或数学方法对数据进行整理和展示 (3) 如何描述数据的一般特征	

续表

类型		具体内容	应用举例
推断统计	定义	推断统计是研究如何利用样本数据推断总体特征的统计学方法	某公司评测顾客满意度，随机抽取部分顾客进行调查，再对顾客总体满意度进行评估，此时需要用到参数估计法，然后验证满意度高的客户更倾向于成为忠诚客户
	内容	（1）参数估计——利用样本信息推断总体特征 （2）假设检验——利用样本信息判断对总体的假设是否成立	

经典例题

[例题·多选题] 下列统计方法中，属于描述统计的有（　　）。
A．用样本均值估计总体均值　　　　B．利用图形展示数据的变化趋势
C．用数学方法展示数据分布特征　　D．用样本信息判断关于总体的假设是否成立
E．利用表格展示数据的频数分布
[答案] BCE
[解析] 描述统计是研究数据收集、整理和描述的统计学方法。本题中，A 项属于推断统计中的假设检验；B、C、E 三项均属于描述统计的内容；D 项属于推断统计中的参数估计。

【考点二】变量和数据

扫码听课

一、变量

变量是研究对象的属性或特征，是相对于常数而言的。常数只有一个固定取值，变量可以有两个或更多个可能的取值。变量的分类如表 23-2 所示。

表 23-2　变量的分类

分类		具体内容
定量变量（数量变量）		变量的取值是数量，如企业销售额、注册员工数
定性变量	分类变量	变量的取值是类别，如企业所属行业、员工性别
	顺序变量	变量的取值是类别且有顺序，如员工受教育水平

二、数据

数据是对变量进行测量、观测的结果。数据可以是数值、文字或者图像等形式。数据的分类如表 23-3 所示。

表 23-3　数据的分类

分类	具体内容
定量数据（数值型数据）	是对定量变量的观测结果，其取值表现为具体的数值，如企业的销售额是 1 000 万元。数值型数据可以进行加、减、乘、除等数学运算
分类数据	是对分类变量的观测结果，表现为类别，一般用文字来表述，也可用数字描述，如用 1 表示"男性"，2 表示"女性"
顺序数据	是对顺序变量的观测结果，表现为类别，一般用文字描述，也可用数字描述，如用 1 表示"硕士及以上"，2 表示"本科"，3 表示"大专及以下"

经典例题

[2013 年真题·单选题] 下列统计变量中，属于顺序变量的是（　　）。
A．原油价格　　　B．年末总人口　　　C．员工受教育水平　　　D．学生年龄
[答案] C
[解析] 员工受教育水平属于顺序变量，而原油价格、年末总人口、学生年龄均属于定量变量。

【考点三】数据来源的分类

数据来源的分类如表 23-4 所示。

表 23-4 数据来源的分类

分类标准	具体类别	具体内容
按收集方法	观测数据	指通过直接调查或测量而收集的数据。几乎所有与社会经济现象有关的统计数据都是观测数据，如 GDP、CPI、房价等
	实验数据	指通过在实验中控制实验对象以及其所处的实验环境收集到的数据。如，一种新产品使用寿命的数据，一种新药疗效的数据。自然科学领域的数据大多都是实验数据
从使用者的角度	一手数据	指来源于直接的调查和科学实验的数据。对使用者来说，这是数据的直接来源。其来源主要有调查或观察、实验
	二手数据	指来源于别人的调查或实验的数据。对使用者来说，这是数据的间接来源

经典例题

[例题·多选题] 下列数据搜集方法中，属于搜集第二手数据的有（　　）。

A. 在控制条件下进行试验并在试验过程中搜集数据
B. 通过电话询问被调查者
C. 通过网络调查得到的网民对某项政策的支持率数据
D. 购买公开出版的统计年鉴
E. 与原调查单位合作获得未公开的内部调查资料

[答案] DE

[解析] A 项获得的是一手数据且为实验数据；B、C 两项获得的是一手数据且为观测数据；D、E 两项均属于二手数据。

【考点四】统计调查的种类和方式

一、统计调查的种类

统计调查过程有两个重要特征：首先，调查是一种有计划、有方法、有程序的活动；其次，调查的结果表现为搜集到的数据。统计调查的分类如表 23-5 所示。

表 23-5 统计调查的分类

分类标准	具体类别	具体内容
按调查对象的范围不同	全面调查	如全面统计报表和普查
	非全面调查	如非全面统计报表、抽样调查、重点调查和典型调查
按调查登记的时间是否连续	连续调查	是为了观察总体现象在一定时期内的数量变化。连续调查的资料是说明现象的发展过程，目的是为了了解社会现象在一段时期的总量。如工厂的产品生产、原材料的投入、能源的消耗、人口的出生、死亡等
	不连续调查	指间隔相当长的时间所做的调查，是为了对总体现象在一定时点上的状态进行研究。如生产设备拥有量、耕地面积等

经典例题

[例题·多选题] 下列调查方式中，属于非全面调查的有（　　）。

A. 重点调查　　B. 抽样调查　　C. 典型调查　　D. 普查
E. 全面统计报表

[答案] ABC

[解析] 非全面调查是对调查对象中的一部分单位进行调查，包括非全面统计报表、抽样调查、重点调查和典型调查。

二、统计调查方式

在我国常用的统计调查方式有统计报表、普查、抽样调查、重点调查和典型调查，具体内容如表23-6所示。

表23-6 统计调查方式

调查方式	含义	主要特点/作用
统计报表	按规定自上而下地统一布置、自下而上地逐级提供基本统计数据的一种调查方式	以一定原始数据为基础，按统一的表式、统一的指标、统一的报送时间和报送程序进行填报
普查	为某一特定目的而专门组织的一次性全面调查，主要用于收集处于某一时点状态上的社会经济现象的基本全貌	(1) 普查通常是一次性的或者周期性的 (2) 一般要规定统一的标准调查时间，以避免调查数据的重复或遗漏，保证普查结果的准确性 (3) 数据一般比较准确，规范化程度较高 (4) 使用范围比较窄，只能调查基本及特定的现象
抽样调查	从调查对象的总体中随机抽取一部分单位作为样本进行调查，并根据样本调查结果来推断总体数量特征的一种非全面调查	(1) 经济性（最显著的优点） (2) 时效性强 (3) 适应面广 (4) 准确性高：因工作量小，各环节可以做得更细致，登记性误差往往较小
重点调查	从调查对象的总体中选择少数重点单位进行调查。所选择的重点单位就调查的标志值来说在总体中占绝大比重。重点调查的目的只要求了解基本状况和发展趋势，不要求掌握全面的数据	(1) 为了及时了解全国城市零售物价的变动趋势，对全国的35个大中型城市的零售物价的变化进行的调查就是重点调查 (2) 要及时了解全国工业企业的增加值和资产总额情况，只需对全国大中型工业企业进行重点调查即可 (3) 重点调查能以较少的投入、较快的速度取得某些现象主要标志的基本情况或变动趋势，例如国家统计局的全国5 000家工业企业联网直报制度就属于重点调查
典型调查	选择若干具有典型意义的或有代表性的单位进行的调查	典型调查可弥补全面调查的不足；在一定条件下可以验证全面调查数据的真实性。运用典型调查主要在于了解与统计数字有关的生动的具体情况，即与现象数量有关的社会条件及其相互联系，以便进行深入的统计分析

经典例题

[例题·多选题] 相对于普查而言，抽样调查的特点包括（　　）。

A. 经济性　　　B. 时效性强　　　C. 适应面广　　　D. 周期性

E. 准确性高

[答案] ABCE

[解析] 抽样调查从总体中抽取一部分单位进行调查，节省人力、财力、物力和时间，另外因其工作量小，各环节可以做得更细致，登记性误差往往较小，所以抽样调查具有经济性、时效性强、适应面广、准确性高的特点。

[例题·单选题] 在进行重点调查时，应选择的调查单位是（　　）。

A. 就调查标志值来说在总体中占绝大比重的单位

B. 有典型意义的单位

C. 主动参与调查的单位
D. 随机抽取的单位

[答案] A

[解析] 通过本题掌握重点调查的含义。重点调查是从调查对象的总体中选择少数重点单位进行的调查方式。所选择的重点单位就调查的标志值来说在总体中占绝大比重。

本章易错易混考点

【易错易混考点】 抽样调查、重点调查及典型调查（如表23-7所示）

表23-7 抽样调查、重点调查和典型调查

调查方式	联系	区别
抽样调查	三者均属于非全面调查的方式，即只对调查对象中的部分单位进行调查	抽样调查可以依据样本的结果推断总体的数量特征，重点调查和典型调查则不能
重点调查		
典型调查		

[2016年真题·单选题] 从调查对象的总体中抽取一部分单位作为样本进行调查，并根据样本调查结果推断总体数量特征，这种调查方式是（　　）。

A. 抽样调查　　　　　　　　　B. 统计报表
C. 重点调查　　　　　　　　　D. 典型调查

[答案] A

[解析] 抽样调查是指从调查对象的总体中随机抽取一部分单位作为样本进行调查，并根据样本调查结果来推断总体数量特征的一种非全面调查。

历年经典真题回顾

一、单项选择题（每题1分，每题备选项中，只有1个最符合题意）

1. 下列统计处理中，属于描述统计的是（　　）。[2017年真题]

   A. 用图形展示居民消费价格指数（CPI）的基本走势
   B. 根据样本客户信息估计公司客户满意度
   C. 用1%人口抽样调查数据推估年末总人口
   D. 对回归模型进行假设检验

   [答案] A

   [解析] 统计学的两大分支为描述统计和推断统计。其中，描述统计是研究数据收集、整理和描述的统计方法。四个选项中，A项属于描述统计，B、C、D三项均属于推断统计。

2. 下列变量的观测数据中，可以进行加、减、乘或除等数学运算的是（　　）。[2017年真题]

   A. 销售额　　　　　　　　　B. 性别
   C. 行业类别　　　　　　　　D. 职位等级

   [答案] A

   [解析] 具有加、减、乘、除运算的一定是数值型数据，即定量变量的观测数据，选项中只有销售额属于定量变量。

3. 下列变量中，属于顺序变量的是（　　）。[2016年真题]

   A. 行业类别　　　　　　　　B. 可支配收入
   C. 受教育水平　　　　　　　D. 性别

   [答案] C

[解析] 顺序变量的变量取值是类别且有顺序，如员工受教育水平。选项中，行业类别和性别属于分类变量，可支配收入属于定量变量。

4. 某公司从客户名录中随机抽取 600 个客户进行满意度和忠诚度调查，为了验证客户总体中满意度高的客户更倾向于成为忠诚客户，应采用的统计方法是（　　）。[2016 年真题]
   A. 参数估计　　　　B. 假设检验　　　　C. 数据整理　　　　D. 数据展示
   [答案] B
   [解析] 本题根据"验证"两字即可选择"假设检验"。假设检验是指利用样本信息来判断对总体假设是否成立的方法。

5. 下列统计处理中，属于推断统计的是（　　）。[2015 年真题]
   A. 利用统计图表展示 GDP 的变化
   B. 利用增长率描述人均可支配收入的基本走势
   C. 利用统计表描述公司员工年龄分布
   D. 利用抽样调查数据估计城镇居民人均消费支出水平
   [答案] D
   [解析] 推断统计包括参数估计及假设检验。利用抽样调查数据估计城镇居民人均消费支出属于参数估计。

6. 根据国家有关法律法规，按照统一表式、统一指标、统一报送时间，自上而下地统一布置、自下而上地逐级提供基本统计数据，这种统计调查方式是（　　）。[2015 年真题]
   A. 统计报表　　　　B. 抽样调查　　　　C. 普查　　　　D. 重点调查
   [答案] A
   [解析] 统计报表是根据国家有关法律法规，按照统一表式、统一指标、统一报送时间，自上而下地统一布置、自下而上地逐级提供基本统计数据的统计调查方式。

7. 下列变量中，属于定量变量的是（　　）。[2014 年真题]
   A. 性别　　　　　　　　　　　　　B. 年龄
   C. 产品登记　　　　　　　　　　　D. 汽车品牌
   [答案] B
   [解析] 定量变量的取值为数值。选项中，年龄属于定量变量，性别、产品登记和汽车品牌均属于定性变量。

8. 某省统计部门为及时了解该省企业的出口信贷情况，每月定期调查该省出口信贷额排在前 500 名的企业。这 500 家企业虽然只占该省出口企业数量的 10%，但是出口信贷总额占该省企业出口信贷总额的 75% 以上，这种调查方法是（　　）。[2014 年真题]
   A. 随机抽样调查　　　　　　　　　B. 典型调查
   C. 系统调查　　　　　　　　　　　D. 重点调查
   [答案] D
   [解析] 重点调查是从调查对象的总体中选择少数重点单位进行调查。所选择的重点单位就调查的标志值来说在总体中占绝大比重。本题中，500 家企业的出口信贷额在总体中占 75%，因此这 500 家企业属于重点单位，这种调查符合重点调查的定义。

二、**多项选择题**（每题 2 分，每题备选项中，有 2 个或 2 个以上符合题意，至少有 1 个错项。错选，本题不得分；少选，所选的每个选项得 0.5 分）

1. 下列统计数据中，属于观测数据的有（　　）。[2016 年真题]
   A. 新产品使用寿命　　　　　　　　B. 国内生产总值

C. 新药疗效
D. 从业人员数
E. 消费支出

[答案] BDE

[解析] 统计数据按收集方法可分为观测数据和实验数据。其中，观测数据是指通过直接调查或测量而收集的数据，几乎所有与社会经济现象有关的统计数据都是观测数据，如 GDP、CPI、房价等。

2. 下列统计方法中，属于描述统计的有（   ）。[2014 年真题]
   A. 用样本信息判断关于总体的假设是否成立
   B. 利用图形展示数据的变化趋势
   C. 用数学方法展示数据分布特征
   D. 用样本均值估计总体均值
   E. 利用表格展示数据的频数分布

   [答案] BCE

   [解析] 描述统计的内容包括：①如何取得所需要的数据；②如何用图表或数学方法对数据进行整理和展示（B、C、E 三项）；③如何描述数据的一般特征。

3. 下列统计分析中，需要采用推断统计方法的有（   ）。[2013 年真题]
   A. 利用样本信息估计总体特征
   B. 利用图表对数据进行展示
   C. 描述一组数据的集中趋势
   D. 利用样本信息检验对总体的假设是否成立
   E. 描述一组数据的离散趋势

   [答案] AD

   [解析] 推断统计的内容包括：①参数估计（利用样本信息推断总体特征）；②假设检验（利用样本信息判断对总体的假设是否成立）。

4. 下列统计数据中，属于一手数据的有（   ）。[2013 年真题]
   A. 通过临床试验获得的新药疗效数据
   B. 通过查阅统计年鉴获得的居民消费价格指数
   C. 通过房地产管理部门数据库获得的房价数据
   D. 通过入户调查得到的家庭月收入数据
   E. 通过网络调查得到的网民对某项政策的支持率数据

   [答案] ADE

   [解析] 一手数据来源于直接的调查和科学实验，由此可判断 A、D、E 三项属于一手数据。

本章同步练习

一、**单项选择题**（每题 1 分，每题备选项中，只有 1 个最符合题意）

1. 收集统计局发布的 CPI 数据，利用统计图展示 CPI，利用增长率计算 CPI 的走势，这种统计方法是（   ）。
   A. 描述统计
   B. 推断统计
   C. 客观统计
   D. 心理统计

2. 描述统计的研究内容不包括（   ）。
   A. 如何取得所需要的数据
   B. 如何用图表或数学方法对数据进行整理和展示

C. 如何描述数据的一般特征

　　D. 如何利用样本信息判断对总体的假设是否成立

3. 下列统计变量中，属于定量变量的是（　　）。

　　A. 注册员工数量　　　　　　　　B. 员工受教育水平

　　C. 员工性别　　　　　　　　　　D. 企业所属行业

4. 可以进行数学运算的数据是（　　）。

　　A. 分类数据　　　　　　　　　　B. 顺序数据

　　C. 数值型数据　　　　　　　　　D. 分类变量

5. 普查规定统一的标准调查时间是为了（　　）。

　　A. 确定普查从这一时间开始

　　B. 使普查制度化、标准化

　　C. 确定调查的起止时间

　　D. 避免调查数据的重复和遗漏

6. 从使用者角度看，从（　　）中取得的统计数据是第二手统计数据。

　　A. 经济普查

　　B. 农产量抽样调查

　　C. 《中国人口统计年鉴》

　　D. 固定资产投资月度统计报表

7. 为了说明现象的发展过程，了解社会现象在一段时期的总量需要进行（　　）。

　　A. 连续调查　　　　　　　　　　B. 不连续调查

　　C. 全面调查　　　　　　　　　　D. 非全面调查

8. 在社会经济领域，（　　）是获得数据的主要方法，也是获得一手数据的重要方式。

　　A. 统计调查　　　　　　　　　　B. 科学实验

　　C. 观察　　　　　　　　　　　　D. 测量

二、多项选择题（每题 2 分，每题备选项中，有 2 个或 2 个以上符合题意，至少有 1 个错项。错选，本题不得分；少选，所选的每个选项得 0.5 分）

1. 统计学的分支包括（　　）。

　　A. 描述统计　　　　　　　　　　B. 心理统计

　　C. 推断统计　　　　　　　　　　D. 客观统计

　　E. 归类统计

2. 推断统计的内容包括（　　）。

　　A. 数据特征的测度　　　　　　　B. 统计调查

　　C. 统计数据的整理和显示　　　　D. 参数估计

　　E. 假设检验

3. 下列变量属于分类变量的有（　　）。

　　A. 员工性别　　　　　　　　　　B. 员工受教育水平

　　C. 企业所属行业　　　　　　　　D. 企业销售额

　　E. 企业注册员工数

4. 下列变量中，通常用数值型数据表示的有（　　）。

　　A. 商品销售额　　　　　　　　　B. 上班出行方式

　　C. 家庭收入　　　　　　　　　　D. 居住地区

E. 年龄

5. 统计数据按其收集方法，可以分为（ ）。
   A. 观测数据
   B. 一手数据
   C. 主观数据
   D. 实验数据
   E. 二手数据

6. 按调查登记的时间是否连续，统计调查分为连续调查和不连续调查，下列选项适合不连续调查的有（ ）。
   A. 生产设备拥有量
   B. 耕地面积
   C. 人口的出生死亡
   D. 原材料的投入
   E. 工厂的产品生产

7. 下列统计数据中，属于实验数据的有（ ）。
   A. 新产品使用寿命
   B. 国内生产总值
   C. 新药疗效
   D. 从业人员数
   E. 消费支出

8. 下列关于统计调查的表述，正确的有（ ）。
   A. 普查是为某一特定目的而专门组织的全面调查，使用范围较窄，只能调查一些最基本及特定的现象调查
   B. 抽样调查是从调查对象的总体中抽取一部分单位作为样本进行调查，并根据样本调查结果来推断总体数量特征的一种非全面调查
   C. 经济性是抽样调查的一个最显著优点
   D. 重点调查能够大致反映被调查对象的基本情况
   E. 运用典型调查可以反映现象的总体数量特征

本章同步练习参考答案及解析

一、单项选择题

1. [答案] A
   [解析] 从题干中的"收集、展示"等词语可判断该统计方法是描述统计。

2. [答案] D
   [解析] 描述统计强调"取得数据、对数据整理显示及描述数据特征"。推断统计包括"参数估计"和"假设检验"。

3. [答案] A
   [解析] A项为定量变量或数量变量，B项属于顺序变量，C、D两项属于分类变量。

4. [答案] C
   [解析] 对于不同类型的数据，可以采用不同的统计方法处理和分析。对分类数据可以计算出各类别的频率，而数值型数据则可以计算均值和方差等统计量。

5. [答案] D

[解析] 普查一般需要规定统一的标准调查时间，以避免调查数据的重复或遗漏，保证普查结果的准确性。

6. [答案] C
   [解析] 二手数据是来源于别人的调查或实验的数据。对使用者来说，这是数据的间接来源，C项符合该定义。

7. [答案] A
   [解析] 连续调查是观察现象在一定时期内的数量变化，说明现象的发展过程，目的是为了解社会现象在一段时期的总量。如工厂的产品生产、原材料的投入、能源的消耗、人口的出生、死亡等。

8. [答案] A
   [解析] 在社会经济领域，统计调查是获得数据的主要方法，也是获得一手数据的重要方式。

二、多项选择题

1. [答案] AC
   [解析] 统计学的两大分支是描述统计和推断统计。

2. [答案] DE
   [解析] 推断统计的内容包括：①参数估计（利用样本信息推断总体特征）；②假设检验（利用样本信息判断对总体假设是否成立）。

3. [答案] AC
   [解析] B 项属于顺序变量；D、E 两项属于定量变量。

4. [答案] ACE
   [解析] 商品销售额、家庭收入及年龄均属于定量变量。对这类变量的观测结果为数值型数据。

5. [答案] AD
   [解析] 统计数据按收集方法可以分为观测数据和实验数据；就数据本身的来源可以分为一手数据和二手数据。

6. [答案] AB
   [解析] 不连续调查是间隔相当长的时间所做的调查，为了对总体现象在一定时点上的状态进行研究。如生产设备拥有量、耕地面积等。

7. [答案] AC
   [解析] 实验数据是通过在实验中控制实验对象以及其所处的实验环境收集到的数据。如，一种新产品使用寿命的数据、一种新药疗效的数据。自然科学领域的数据大多都是实验数据。

8. [答案] ABCD
   [解析] 运用典型调查不在于反映现象的总体数量特征，而在于了解与统计数字有关的生动的具体情况，即与现象数量有关的社会条件及其相互关系，以便进行深入的统计分析。只有抽样调查可以反映现象的总体数量特征。E 项错误。

错题收集

第二十四章 描述统计

本章考情分析

年份	单项选择题	多项选择题	合计
2017年	3题3分	1题2分	5分
2016年	2题2分	2题4分	6分
2015年	4题4分	2题4分	8分

【提示】本章为2015年教材新增的一章,所以未提供2015年之前的考情分析。

本章考点概览

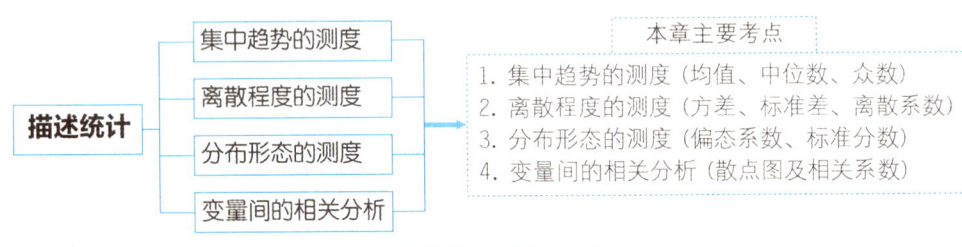

本章考点详解

扫码听课

【考点一】集中趋势的测度

集中趋势是指一组数据向某一中心值靠拢的程度。集中趋势的测度即为寻找数据一般水平的代表值或中心值。集中趋势的测度指标如表24-1所示。

表24-1 集中趋势的测度指标

测度指标	含义	具体内容
均值	数据组中所有数值的总和除以该组数值的个数	(1) 是集中趋势中最主要的测度值 (2) 主要适用于数值型数据,但不适用于分类数据和顺序数据 (3) 易受极端值的影响 (4) 能够充分利用数据的全部信息
中位数	一组数据按从小到大或从大到小的顺序进行排列,位置居中的数值	(1) 适用于顺序数据,也适用于数值型数据,但不适用于分类数据 (2) 不受极端值的影响,抗干扰性强 (3) 没有充分利用数据的全部信息,稳定性差于均值,但优于众数
众数	一组数据中出现次数最多的变量值	(1) 适用于描述分类数据和顺序数据的集中趋势 (2) 不受极端值的影响 (3) 没有充分利用数据的全部信息,缺乏稳定性,而且可能不唯一。有些情况下可能出现双众数、多众数或者没有众数,难以描述数据的集中趋势

【提示】确定中位数时务必要先排序。

经典例题

[例题·单选题] 适用于测度分类数据的指标是（ ）。
A. 离散系数　　　　B. 中位数　　　　C. 众数　　　　D. 均值
[答案] C
[解析] 本题考查众数的适用范围。众数适用于测度分类数据和顺序数据的集中趋势。

[2013年真题·单选题] 在某企业中随机抽取 7 名员工来了解该企业 2013 年上半年职工请假情况，这 7 名员工 2013 年上半年请假天数分别为 1、5、3、10、0、7、2，这组数据的中位数是（ ）。
A. 3　　　　B. 10　　　　C. 4　　　　D. 0
[答案] A
[解析] 本题计算的关键是排序，由小到大排序后的数据是"0、1、2、3、5、7、10"。在所给数据的个数为奇数时，中位数是排序后位置最居中的数，本题直观观察即可知中位数为"3"。

[例题·单选题] 某连锁超市 6 个分店的职工人数由小到大排序后为 57 人、58 人、58 人、60 人、63 人、70 人，其均值、中位数分别为（ ）。
A. 59、58　　　　B. 61、58　　　　C. 61、59　　　　D. 61、70
[答案] C
[解析] 均值是所有数的算术平均数，则有均值＝（57＋58＋58＋60＋63＋70）/6＝61。在所给数据的个数为偶数时，中位数是排序后位置最居中的两个数的算术平均数，本题中位置居中的两个数分别是 58 和 60，所以中位数＝（58＋60）/2＝59。

【考点二】离散程度的测度

离散程度反映的是各变量值远离中心值的程度。衡量离散程度的指标包括方差、标准差、离散系数。其具体内容如表 24-2 所示。

表 24-2 　离散程度的测度指标

测度指标	含义	具体内容
方差	数据组中各数值与其均值离差平方的平均数	方差越小，说明数据值与均值的平均距离越小，均值的代表性越好
标准差	方差的平方根	（1）不仅能度量数值与均值的平均距离，还与原始数值具有相同的计量单位 （2）标准差越小，说明数据值与均值的平均距离越小，均值的代表性越好 （3）标准差的大小不仅与数据的计量单位有关，也与观测值的均值大小有关 （4）不能直接用标准差比较不同变量的离散程度
离散系数 （变异系数、 标准差系数）	标准差与均值的比值	（1）离散系数主要用于不同类别数据离散程度的比较 （2）离散系数消除了测度单位和观测值水平不同的影响，因而可以直接用来比较变量的离散程度

经典例题

[例题·单选题] 某学校学生的平均年龄为 20 岁，标准差为 3 岁；该校教师的平均年龄为 38 岁，标准差为 3 岁。比较该校学生年龄和教师年龄的离散程度，则（ ）。
A. 学生年龄和教师年龄的离散程度相同　　　　B. 教师年龄的离散程度大一些
C. 学生年龄的离散程度大一些　　　　D. 教师年龄的离散程度是学生年龄离散程度的 1.9 倍

[答案] C

[解析] 均值不同的情况下，用离散系数比较离散程度。学生年龄的离散系数＝3/20×100％＝15％，教师年龄的离散系数＝3/38×100％＝7.89％。离散系数大的说明数据的离散程度也就大，离散系数小的说明数据的离散程度也就小。

【考点三】分布形态的测度

分布形态的测度指标包括偏态系数和标准分数。

扫码听课

一、偏态系数（SK）

偏态系数的具体内容如表24-3所示。

表24-3 偏态系数

项目		具体内容
偏度		是指数据分布的偏斜方向和程度，描述的是数据分布对称程度
偏态系数		是测度数据分布偏度的统计量，取决于离差三次方的平均数与标准差三次方的比值
偏态系数的取值	等于0	数据的分布是对称的
	偏态系数＞0	分布为右偏： (1) 取值在0和0.5之间，轻度右偏 (2) 取值在0.5和1之间，中度右偏 (3) 取值大于1，严重右偏
	偏态系数＜0	分布为左偏： (1) 取值在0和－0.5之间，轻度左偏 (2) 取值在－0.5和－1之间，中度左偏 (3) 取值小于－1，严重左偏
	偏态系数的绝对值越大	数据分布的偏斜程度越大

经典例题

[例题·多选题] 下列关于偏态系数的表述，错误的有（   ）。

A. 偏态系数取决于离差平方的平均数与标准差平方的比值
B. 偏态系数等于0，说明数据的分布是对称的
C. 偏态系数为2，说明数据分布为严重右偏
D. 偏态系数绝对值越大，说明数据分布的偏斜程度越小
E. 偏态系数为0.8，说明数据分布为中度右偏

[答案] AD

[解析] 偏态系数取决于离差三次方的平均数与标准差三次方的比值，A项错误。偏态系数绝对值越大，说明数据分布的偏斜程度越大，D项错误。

二、标准分数（Z分数）

标准分数的具体内容如表24-4所示。

表24-4 标准分数

项目	具体内容
计算	标准分数（Z分数）＝ $\dfrac{\text{原始分数}(X_i)－\text{平均分数}(\overline{X})}{\text{标准差}(s)}$

续表

项目	具体内容	
适用	(1) 在统计上，均值和标准差不同时，来自不同分布的变量值不可比，但是每个数值在变量分布中相对于均值的相对位置是可比的，因此可以通过计算标准分数来比较不同变量的取值 (2) 标准分数给出了数值距离均值的相对位置	
实际应用	当数据服从对称的钟形分布时，可以运用经验法则来判断与均值的距离在特定倍数标准差之内的数据项所占比例	约有68%的数据与平均数的距离在1个标准差之内，即标准分数在[-1，1]范围内
		约有95%的数据与平均数的距离在2个标准差之内，即标准分数在[-2，2]范围内
		约有99%的数据与平均数的距离在3个标准差之内，即标准分数在[-3，3]范围内

【考点小贴士】实际应用中所涉及的标准分数和数据比例的对应关系可简记为"168、295和399"。

经典例题

[例题·单选题] 某企业对员工进行了两项考核。在考核 A 中，员工的平均得分为 70 分，标准差为 20 分；在考核 B 中，员工的平均得分为 60 分，标准差为 5 分。甲在考核 A 中得 80 分，在考核 B 中得 70 分，则说明（　　）。
A. 甲在考核 B 中的相对排名高于在考核 A 中的相对排名
B. 甲在考核 A 中的相对排名高于在考核 B 中的相对排名
C. 两项考核中甲的相对排名一致
D. 无法判断
[答案] A
[解析] 由于是两项不同的考核且均值、标准差都不同，所以应使用标准分数来比较。甲在考核 A 中的标准分数＝（80－70）/20＝0.5，甲在考核 B 中的标准分数＝（70－60）/5＝2。由于甲在考核 B 中的标准分数高，说明甲在考核 B 中的相对排名高于在考核 A 中的相对排名。

[2015年真题·单选题] 根据经验法则，服从对称钟形分布的标准分数在[-2，2]范围内的概率是（　　）。
A. 95% B. 50%
C. 68% D. 99%
[答案] A
[解题思路] 本题可根据"168""295""399"来选择。与 2 相对应的数据比例是 95%。

【考点四】变量间的相关分析

一、变量间相关关系的分类

客观现象的相关关系可以按照不同标准来分类，具体如表 24-5 所示。

表 24-5　相关关系的分类

分类标准	类别	含义阐释
相关的程度	完全相关	一个变量的取值变化完全由另一个变量的取值变化所确定，称这两个变量完全相关
	不完全相关	介于完全相关和不相关之间，一般的相关现象都属于不完全相关
	不相关	两个变量的取值变化彼此互不影响

续表

分类标准	类别	含义阐释
相关的方向	正相关	一个变量的取值由小变大，另一个变量的取值也相应地由小变大，即两个变量同方向变化
	负相关	一个变量的取值由小变大，另一个变量的取值相反地由大变小，即两个变量反方向变化
相关的形式	线性相关	两个相关变量之间的关系大致呈现为线性关系
	非线性相关	两个相关变量之间的关系近似于某种曲线方程的关系

二、散点图

两变量之间的关系可以用散点图来展示，具体内容如图 24-1 所示。

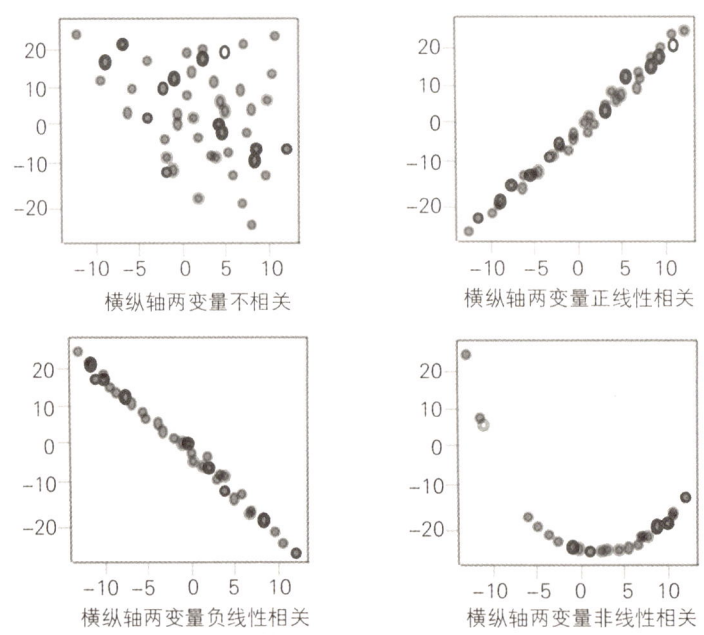

图 24-1　不同形态的散点图

三、相关系数（r）

相关系数是度量两个变量之间相关关系的统计量。最常用的相关系数是 Pearson 相关系数。相关系数的取值范围在 $[-1, 1]$ 之间。关于相关系数的取值含义如表 24-6 所示。

表 24-6　相关系数的取值含义

r 的取值	两变量之间的相关关系	$|r|$ 的取值	两变量之间的相关程度
$0 < r \leqslant +1$	正线性相关	$|r| \geqslant 0.8$	高度相关
$-1 \leqslant r < 0$	负线性相关	$0.5 \leqslant |r| < 0.8$	中度相关
$r = 1$	完全正线性相关	$0.3 \leqslant |r| < 0.5$	低度相关
$r = -1$	完全负线性相关	$|r| < 0.3$	相关程度极弱，可视为无线性相关关系
$r = 0$	不存在线性相关关系，但并不能说明两变量之间没有任何关系。它们之间可能存在非线性相关关系	—	—

【考点小贴士】散点图和相关系数通常会结合在一起考查。给出散点图需要知道相关系数的大

致取值范围，给出相关系数的范围也应能大致判断散点图的形状。重点考查正线性相关和负线性相关。

经典例题

[例题·单选题] 变量 X 和变量 Y 的 Pearson 相关系数 $r=-1$，这说明变量 X 和变量 Y 间的相关关系是（　　）。

A. 完全负线性相关　　　　　　B. 低度线性相关
C. 完全正线性相关　　　　　　D. 不存在线性相关

[答案] A

[解析] $r=-1$ 表示两变量完全负线性相关关系。

[例题·多选题] 根据变量 X 和变量 Y 的散点图，表述正确的有（　　）。

A. 两个变量正相关
B. 两个变量不相关
C. 两个变量负相关
D. 两个变量线性相关
E. 两个变量的相关系数大于 0，小于 1

[答案] ADE

[解析] 从散点图上可看出，X 和 Y 同方向变化并呈线性，所以二者正线性相关，A、D 两项正确。当相关系数 $0<r\leqslant+1$ 时，两变量正相关，但因为并不是所有的点都在一条直线上，所以两变量不是完全的正相关，相关系数不能取 1，因此，本题 E 项正确。

本章易错易混考点

【易错易混考点】偏态系数取值的含义

关于偏态系数的取值主要记忆两点，一是偏斜方向，二是偏斜程度。简单记忆方法是数轴记忆法，就是用数轴上的数表示偏态系数的取值，如图 24-2，图中粗线代表数轴，中心点是 0，负数在 0 的左面，正数在 0 的右面。如果偏态系数等于 0，说明数据的分布是对称的。如果偏态系数为正值，说明分布为右偏；如果偏态系数为负值，说明分布为左偏。如果和 0 的距离在 0—0.5 之间，说明轻度偏斜；在 0.5—1 之间，说明中度偏斜；在 1 以上，说明严重偏斜。

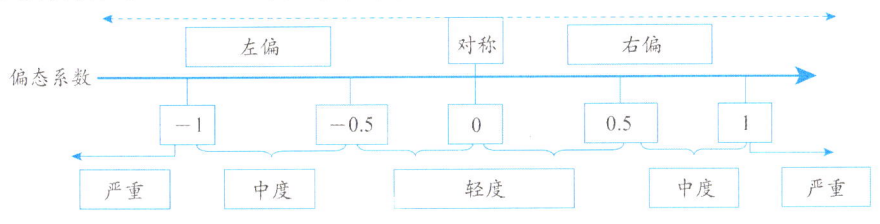

图 24-2　偏态系数的取值含义

[2015 年真题·多选题] 某企业员工年收入数据分布的偏态系数为 3.0，则该组数据的分布形态为（　　）。

A. 右偏　　　B. 左偏　　　C. 严重倾斜　　　D. 轻度倾斜
E. 中度倾斜

[答案] AC

[解析] 偏态系数等于 3，说明该组数据是严重右偏。

经济基础知识（中级）

历年经典真题回顾

一、**单项选择题**（每题1分，每题备选项中，只有1个最符合题意）

1. 2016年某企业集团下辖8个分公司的销售额分别为10 000万元、800万元、1 000万元、600万元、3 000万元、2 800万元、2 200万元、3 600万元，这组数据的中位数是（　　）万元。[2017年真题]

    A. 2 200　　　　B. 2 800　　　　C. 2 500　　　　D. 3 000

    [答案] C

    [解析] 先将这组数据由小到大排序：600、800、1 000、2 200、2 800、3 000、3 600、10 000，排序后位置居中的两个数是2 200和2 800，中位数＝（2 200＋2 800）/2＝2 500（万元）。

2. 根据经验法则，当数据服从对称的钟形分布时，与平均数的距离在3个标准差之内的数据项所占比例约为（　　）。[2017年真题]

    A. 99％　　　　B. 68％　　　　C. 95％　　　　D. 100％

    [答案] A

    [解析] 本题根据"168/295/399"来选择。根据经验法则，当数据服从对称的钟形分布时，与平均数的距离在3个标准差之内的数据项所占比例约为99％。

3. 下列图形中，适用于描述两大定量变量间相关关系的是（　　）。[2017年真题]

    A. 散点图　　　B. 圆形图　　　C. 条形图　　　D. 直方图

    [答案] A

    [解析] 用来描述相关关系的图形是散点图。

4. 下列统计量中，适用于分析两个定量变量间相关关系的是（　　）。[2016年真题]

    A. 相关系数　　B. 离散系数　　C. 标准分数　　D. 偏态系数

    [答案] A

    [解析] 本题通过"相关"两字即可选择。适用于分析两个定量变量间相关关系的统计量是相关系数。

5. 根据右侧的变量X和变量Y的散点图，可以看出这两个变量的Pearson相关系数r的取值范围是（　　）。[2016年真题]

    A. $r \leq -1$
    B. $-1 < r < 0$
    C. $0 \leq r < 1$
    D. $r \geq 1$

    [答案] B

    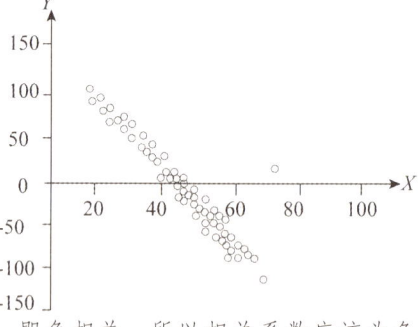

    [解析] 通过散点图可看出横轴和纵轴是反方向变化关系，即负相关，所以相关系数应该为负数，而相关系数的取值在－1到1之间，故本题选择B项。

6. 2014年某企业员工的工龄和月平均工资的散点图如下图，根据散点图，工龄和月平均工资两个变量的相关关系是（　　）。[2015年真题]

    A. 正相关、线性相关
    B. 负相关、线性相关
    C. 正相关、非线性相关
    D. 负相关、非线性相关

    [答案] C

    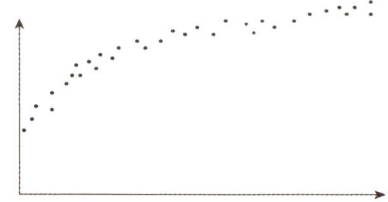

[解析] 通过图形可判断出两变量同方向变化，即为正相关关系，并且图形是曲线，所以两变量是非线性相关。

7. 根据2014年某城市金融业和制造业各1 000人的年薪样本数据来比较这两个行业从业人员年薪的离散程度，应采用的统计量是（　　）。[2015年真题]

　　A. 标准分数　　　　　　　　　B. 相关系数
　　C. 变异系数　　　　　　　　　D. 偏态系数

[答案] C

[解析] 本题通过题干中的"离散程度"判断出要选择反映离散程度的指标。离散系数也称为变异系数，用来衡量数据的离散程度。

二、多项选择题（每题2分，每题备选项中，有2个或2个以上符合题意，至少有1个错项。错选，本题不得分；少选，所选的每个选项得0.5分）

1. 下列统计量中，适用于测度数据离散程度的有（　　）。[2017年真题]

　　A. 方差　　　　　　　　　　　B. 标准差
　　C. 众数　　　　　　　　　　　D. 中位数
　　E. 均值

[答案] AB

[解析] 适用测度离散程度的指标有方差、标准差、离散系数（变异系数）。

2. 某企业客户满意度数据服从对称的钟形分布，均值为75，标准差为5。根据经验法则，关于该企业客户满意度的说法，正确的有（　　）。[2016年真题]

　　A. 约有68%的客户满意度在[70，80]范围内
　　B. 约有68%的客户满意度在[75，85]范围内
　　C. 约有95%的客户满意度在[75，95]范围内
　　D. 约有95%的客户满意度在[65，85]范围内
　　E. 约有99%的客户满意度在[60，90]范围内

[答案] ADE

[解析] 客户满意度在[70，80]范围内，与均值差1个标准差，根据"168"，A项正确。客户满意度在[65，85]范围内，与均值差2个标准差，根据"295"，D项正确。客户满意度在[60，90]范围内，与均值差3个标准差，根据"399"，E项正确。

3. 在某电商网站上，商品甲得到6个评价得分，分别是1、4、4、5、5、5；商品乙得到5个评价得分3、3、3、4、4。关于这两组数据的说法，正确的有（　　）。[2016年真题]

　　A. 商品甲的评分中位数高于商品乙
　　B. 商品甲的评分众数高于商品乙
　　C. 商品甲的评分均值低于商品乙
　　D. 商品甲的评分分布离散程度大于商品乙
　　E. 商品甲的评分分布是左偏的

[答案] ABDE

[解析] 本题考查知识点较多，另外D、E项较难，尤其是E项，需要掌握复杂的计算公式，即使计算出来，仅仅得0.5分。考试时根据成本效益原则，可考虑放弃这种耗时很多，得分很少的选项，因为多选题只选出部分正确选项是给分的。本题解题思路如下：①商品甲的评分中位数是(4+5)/2=4.5，商品乙评分中位数是3，所以商品甲的评分中位数高于商品乙，A项正确。②商品甲众数5，商品乙众数3，所以商品甲评分众数高于商品乙，B项正确。③商品甲评

分均值＝(1+4+4+5+5+5)/6＝4，商品乙评分均值＝(3+3+3+4+4)/5＝3.4，商品甲的评分均值高于商品乙，C项错误。④商品甲的方差＝[$(1-4)^2$＋$(4-4)^2$＋$(4-4)^2$＋$(5-4)^2$＋$(5-4)^2$＋$(5-4)^2$]／(6－1)＝2.4，商品甲的标准差＝$\sqrt{2.4}$，商品甲评分的离散系数＝$\sqrt{2.4}$÷4≈0.39；商品乙的方差＝[$(3-3.4)^2$＋$(3-3.4)^2$＋$(3-3.4)^2$＋$(4-3.4)^2$＋$(4-3.4)^2$]／(5－1)＝0.3，商品乙的标准差＝$\sqrt{0.3}$，商品乙的离散系数＝$\sqrt{0.3}$÷3.4≈0.022，商品甲评分的离散系数高于商品乙评分的离散系数，商品甲的评分分布离散程度大于商品乙，D项正确。⑤偏态系数＝$\frac{n}{(n-1)(n-2)}\sum_{i=1}^{n}\left\{\frac{离差}{标准差}\right\}^3$，取决于离差三次方的平均数与标准差三次方的比值。商品甲的离差三次方＝[$(1-4)^3$＋$(4-4)^3$＋$(4-4)^3$＋$(5-4)^3$＋$(5-4)^3$＋$(5-4)^3$]＜0，所以，商品甲评分的偏态系数小于0，故商品甲评分分布是左偏的。

本章同步练习

一、单项选择题（每题1分，每题备选项中，只有1个最符合题意）

1. 2017年某省8个地市的财政支出（单位：万元）分别为59 000、50 002、65 602、66 450、78 000、78 000、78 000、132 100，这组数据的中位数是（　　）。
   A. 78 000 B. 72 225
   C. 66 450 D. 75 894

2. 下面一组数据为9个家庭的人均月收入数据（单位：元）分别为850、780、750、960、1 250、1 080、1 500、1 650、2 000，则中位数为（　　）。
   A. 750 B. 1 080
   C. 1 500 D. 2 000

3. 集中趋势最主要的测度值是（　　）。
   A. 众数 B. 中位数
   C. 均值 D. 几何平均数

4. 抽样调查了8个学生，数学成绩分别为50分、80分、80分、75分、75分、75分、90分、100分，这8个学生数学成绩的中位数和众数分别是（　　）。
   A. 77.5分；75分 B. 75分；75分
   C. 100分；78.125分 D. 80分；75分

5. 某能源公司有9个分公司，每个分公司的主营产品分别是煤制品、有机化工原料、火电、煤制品、热力、电解铝、火电、煤制品、煤制品，则该能源分公司主营产品的众数是（　　）。
   A. 火电 B. 煤制品
   C. 热力 D. 有机化工原料

6. 集中趋势的测度值对一组数据的代表程度，取决于该组数据的离散水平。数据的离散程度越大，集中趋势的测度值对该组数据的代表性（　　）。
   A. 越好 B. 越差
   C. 始终不变 D. 在一定区间内反复变化

7. 下列变量间，相关的程度最高的是（　　）。
   A. 某城市居民人均收入与私人汽车拥有量之间的相关系数为0.82
   B. 某产品单位成本与利润之间的相关系数为－0.93

C. 某城市景点游客数量与票价的相关系数为 -0.58
D. 某城市居民收入水平与食品支出之间的相关系数为 0.9

8. 在相关分析中，如果两个变量间 Pearson 相关系数 $r=0$，这表示（　　）。
   A. 两个变量间不存在线性相关关系　　B. 两个变量间没有任何相关关系
   C. 两个变量间存在中度相关关系　　　D. 两个变量间存在非线性相关关系

9. 一组数据的标准差与其均值的比值称为（　　）。
   A. 平均数　　　　　　　　　　　　B. 变异系数
   C. 标准分数　　　　　　　　　　　D. 偏态系数

10. 为了消除变量值水平高低和计量单位不同对离散程度测度值的影响，需要计算（　　）。
    A. 极差　　　　　　　　　　　　　B. 标准差
    C. 方差　　　　　　　　　　　　　D. 变异系数

11. 下列关于标准差的表述错误的是（　　）。
    A. 能够度量数值与均值的平均距离　B. 用来测量数据的离散程度
    C. 与原始数值具有相同的计量单位　D. 用来测量数据的集中趋势

12. 一组数据的偏态系数 $SK=2$，说明这组数据的分布形态为（　　）。
    A. 对称　　　　　　　　　　　　　B. 轻度右偏
    C. 中度右偏　　　　　　　　　　　D. 严重右偏

13. 若一组数据的分布形态是对称的，则该组数据的偏态系数等于（　　）。
    A. 0.5　　　B. 1　　　C. 0　　　D. -1

14. 在统计上，均值和标准差不同时，可以通过计算（　　）来比较不同变量的取值。
    A. 偏态系数　　　　　　　　　　　B. 离散系数
    C. 标准分数　　　　　　　　　　　D. 众数

15. 某班 2017 年期末语文考试中，全班平均分为 80 分，标准差为 10 分，张三得了 96 分，则张三语文成绩的标准分数为（　　）。
    A. 6.25　　　B. 1.6　　　C. 16　　　D. -1.6

16. 某班 2017 年中级经济师考试中，已知公共课考试的全班平均分为 110 分，标准差为 10 分，如果学生的考试分数服从正态分布，则依据经验法则，可以判断成绩在 100—120 分之间的学生大概占全班学生的（　　）。
    A. 68%　　　　　　　　　　　　　B. 95%
    C. 99%　　　　　　　　　　　　　D. 100%

17. 根据右侧所示的产品质量和用户满意度的散点图，可以看出图中两个变量间的相关关系为（　　）。
    A. 正相关
    B. 不相关
    C. 负相关
    D. 完全相关

二、多项选择题（每题 2 分，每题备选项中，有 2 个或 2 个以上符合题意，至少有 1 个错项。错选，本题不得分；少选，所选的每个选项得 0.5 分）

1. 数值型数据离散程度的测度指标有（　　）。
   A. 中位数　　　B. 几何平均数　　　C. 均值　　　D. 标准差

E. 方差

2. 下列指标中不受极端值影响的有（　　）。
   A. 众数
   B. 中位数
   C. 算术平均数
   D. 标准差
   E. 方差

3. 适用于数值型数据且受极端值影响的指标有（　　）。
   A. 中位数
   B. 均值
   C. 方差
   D. 标准差
   E. 众数

4. 分布形态的测度指标包括（　　）。
   A. 偏态系数
   B. 离散系数
   C. 中位数
   D. 众数
   E. 标准分数

5. 当相关系数 $r=-1$ 时，变量 x 和 y 的相关关系为（　　）。
   A. 高度相关
   B. 不完全相关关系
   C. 完全正相关关系
   D. 不相关关系
   E. 完全负相关关系

本章同步练习参考答案及解析

一、单项选择题

1. ［答案］B
   ［解析］先将数据由小到大排序，由于所给数据是8个，所以中位数是第4个和第5个数据的平均数，则中位数=（66 450＋78 000）/2＝72 225。

2. ［答案］B
   ［解析］先将此组数据由小到大排序，依次为 750、780、850、960、1 080、1 250、1 500、1 650、2 000；由于数据个数为9个，则中位数的位置为第5个数据，所对应的数值为1 080。

3. ［答案］C
   ［解析］算术平均数也称为均值，是集中趋势最主要的测度值。

4. ［答案］A
   ［解析］本题先要将数据由小到大排序，依次为 50、75、75、75、80、80、90、100，则中位数=（75＋80）/2＝77.5。众数是一组数据中出现次数最多的数，本题75出现次数最多，所以本题众数为75。

5. ［答案］B
   ［解析］在这组数据中，煤制品出现4次，出现次数最多，故众数是煤制品。

6. ［答案］B
   ［解析］集中趋势的测度值是对数据一般水平的一个概括性变量。它对一组数据的代表程度，取决于该组数据的离散水平。数据的离散程度越大，集中趋势的测度值对该组数据的代表性就越差；离散程度越小，其代表性就越好。

7. ［答案］B
   ［解析］相关系数的绝对值越大，相关程度越高。本题中相关系数绝对值最大的是B项。

8. ［答案］A
   ［解析］Pearson相关系数 $r=0$ 说明两变量间不存在线性相关关系，但并不能说明两变量之间没有任何关系，它们之间可能存在非线性相关关系。

9. ［答案］B
   ［解析］离散系数也称为变异系数或标准差系数，即标准差与均值的比值。

10. ［答案］D

[解析] 对于变量值水平不同或计量单位不同的不同组别的变量值，是不能用标准差、方差直接比较其离散程度的。为了消除变量值水平高低和计量单位不同对离散程度测度值的影响，需要计算变异系数，也称离散系数。

11. [答案] D

    [解析] 标准差用来测度数据的离散程度，是方差的平方根，能度量数值与均值的平均距离，还与原始数值具有相同的计量单位。

12. [答案] D

    [解析] 通过本题掌握偏态系数的取值含义。偏态系数＞1，数据分布严重右偏。

13. [答案] C

    [解析] 偏态系数的取值等于0，说明数据的分布形态是对称的。

14. [答案] C

    [解析] 在统计上，均值和标准差不同时，不同变量的数值是不能比较的，来自不同分布的变量值不可比，但是每个数值在变量分布中相对于均值的相对位置是可比的，因此可以通过计算标准分数来比较不同变量的取值。

15. [答案] B

    [解析] 标准分数＝（96－80）/10＝1.6。

16. [答案] A

    [解析] 100—120分与平均分的差为正负1个标准差，根据"168"即约有68%的数据与平均数的距离在1个标准差之内，选择A项。

17. [答案] A

    [解析] 通过本题图形可看出产品质量越高，用户满意度越高，所以两变量正相关，而且大致呈现线性相关的关系。

二、多项选择题

1. [答案] DE

    [解析] 离散程度的测度指标有方差和标准差；集中程度的测度指标有均值、中位数和众数。

2. [答案] AB

    [解析] 众数、中位数均不受极端值的影响，抗干扰性强。

3. [答案] BCD

    [解析] 中位数、均值、方差、标准差均适用于数值型数据。中位数、众数不受极端值的影响，而均值、方差、标准差均受极端值的影响。

4. [答案] AE

    [解析] 分布形态的测度指标包括偏态系数和标准分数。

5. [答案] AE

    [解析] 通过本题掌握相关系数的不同取值各自代表什么含义。当$r=+1$时，两个变量完全正相关；当$r=-1$时，两个变量完全负相关。当相关系数绝对值大于0.8时，两个变量高度相关。

错题收集

第二十五章 抽样调查

本章考情分析

年份	单项选择题	多项选择题	合计
2017 年	2 题 2 分	3 题 6 分	8 分
2016 年	2 题 2 分	—	2 分
2015 年	2 题 2 分	1 题 2 分	4 分
2014 年	2 题 2 分	2 题 4 分	6 分
2013 年	3 题 3 分	1 题 2 分	5 分

本章考点概览

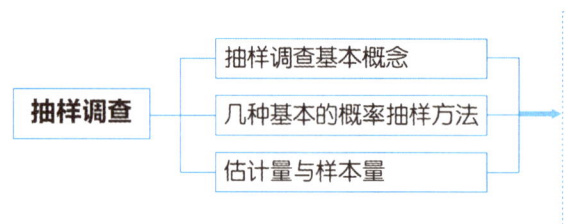

本章主要考点
1. 抽样调查涉及的基本概念
2. 概率抽样与非概率抽样
3. 抽样误差与非抽样误差
4. 常见的基本概率抽样方法
5. 估计量的性质
6. 抽样误差的估计
7. 样本量的影响因素

本章考点详解

【考点一】抽样调查涉及的基本概念

抽样调查中，总体、样本、总体参数和样本统计量的具体含义如表 25-1 所示。

表 25-1 抽样调查涉及的基本概念

概念	含义	举例
总体	即调查对象的全体	如研究某公司所有注册在职人员（共有 1 000 名）的工资状况，总体是该公司所有注册在职员工
样本	即总体的一部分，由从总体中按一定原则或程序抽出的部分个体所组成。样本是一个集合	上例中，按一定原则从所有注册在职人员中抽取 200 人调查，这 200 名注册在职员工就是样本
总体参数	即总体指标值。它是未知的常数，是根据总体中所有单位的数值计算的，是通过调查想要了解的，不受样本的抽选结果影响	上例中，公司所有注册在职人员的平均工资就是总体参数

续表

概念	含义	举例
样本统计量	是根据样本中各单位的数值计算的，是对总体参数的估计，也称估计量。它是一个随机变量，取决于样本设计和正好被选入样本的单元特定组合	上例中，200名注册在职职工的平均工资就是该公司所有员工平均工资的一个估计量（样本统计量）

【考点小贴士】关于总体、样本、总体参数和样本统计量这几个概念主要在于理解，考试时更侧重考查例子，通过所给出的例子来判断是什么概念。

经典例题

[2013年真题·单选题] 某研究机构从我国金融行业从业人员中随机抽取5 000人来了解该行业从业人员的年平均收入，这项抽样调查中的样本是（   ）。

A. 我国金融行业的所有从业人员　　B. 我国金融行业的每个从业人员
C. 抽中的5 000个金融行业从业人员　　D. 我国金融行业从业人员年平均收入

[答案] C

[解析] 本题中涉及抽样调查中的概念为：总体——我国所有金融从业人员；样本——抽取出来的5 000名金融从业人员；总体参数——我国金融从业人员的年平均收入；样本统计量——抽中的5 000名金融从业人员的年平均收入。

【考点二】概率抽样与非概率抽样

根据抽样方法不同，可以将抽样分为概率抽样和非概率抽样两类，具体内容如表25-2所示。

表25-2　概率抽样和非概率抽样

抽样方法	特点	具体方式
概率抽样（随机抽样）	(1) 按一定概率以随机原则抽取样本 (2) 总体中每个单元被抽中的概率是已知的或者是可以计算出来的 (3) 当采用样本对总体参数进行估计时，要考虑到每个样本单元被抽中的概率。若每个单位被抽中的概率相等，则称为等概率抽样；否则称为不等概率抽样	(1) 简单随机抽样 (2) 分层抽样 (3) 系统抽样 (4) 整群抽样 (5) 多阶段抽样
非概率抽样（非随机抽样）	抽取样本时并不是依据随机原则，调查者根据自己的方便或主观判断抽取样本	(1) 判断抽样（例如选平均型单元作为样本） (2) 方便抽样（目的是达到最大限度降低调查成本，比如"拦截式"调查） (3) 自愿样本（网上调查） (4) 配额抽样（先分类再不随机地选）

经典例题

[2015年真题·单选题] 在街边或居民小区拦住行人进行调查的抽样方法属于（   ）。

A. 判断抽样　　B. 自愿抽样　　C. 配额抽样　　D. 方便抽样

[答案] D

[解析] 非概率抽样方法中的方便抽样就是凭着方便抽取样本。街头拦截式的调查方式属于方便抽样。

[例题·多选题] 下列抽样方法中，属于非概率抽样的是（   ）。

A. 判断抽样　　B. 配额抽样　　C. 方便抽样　　D. 整群抽样
E. 分层抽样

[答案] ABC
[解题思路] 通过本题掌握概率抽样方式与非概率抽样方式的区分，具体如表25-2所示，需重点掌握"配额抽样属于非概率抽样"。

【考点三】抽样误差与非抽样误差

样本估计值和总体参数值之间的差异称为误差。一般来说，调查中的误差分为抽样误差和非抽样误差两类。其具体内容如表25-3所示。

表25-3 抽样误差与非抽样误差

误差		具体内容
抽样误差		是指由抽样的随机性造成的，用样本统计量估计总体参数时出现的误差
非抽样误差		是指除抽样误差外，由其他原因引起的样本统计量与总体真值之间的差异
	抽样框误差	是指由抽样框不完善造成的误差
	无回答误差	是指由调查人员没能够从被调查者那里得到所需要的数据造成的误差
		无回答误差分为：①随机因素造成的，如被调查者恰巧不在家；②非随机因素造成的，如被调查者不愿告诉实情而拒绝回答
	计量误差	是指由于调查所获得的数据与其真值之间不一致造成的误差
		这种误差可能是由调查人员、问卷设计、受访者等原因造成的。例如调查员在调查中有意无意地诱导被调查者；调查中的提问错误或记录答案错误；调查人员有意作弊；由于问卷的原因受访者对调查问题的理解上有偏误；受访者记忆不清；受访者提供虚假数字等

经典例题

[例题·多选题] 计量误差是调查所获得的数据与其真值之间不一致造成的误差，其产生原因包括（　　）。
A. 问卷的原因受访者对调查问题理解上有偏误
B. 抽样的随机性
C. 被调查者不在家
D. 受访者提供虚假数据
E. 调查人员在调查中有意无意地诱导被调查者
[答案] ADE
[解析] 通过本题掌握抽样框误差、无回答误差、计量误差产生的原因。计量误差可能是由调查人员、问卷设计、受访者等原因造成的。抽样随机性会形成抽样误差，而计量误差属于非抽样误差，B项错误；被调查者不在家会导致无回答误差，C项错误。

【考点四】常见的基本概率抽样方法

常见的基本概率抽样方法如表25-4所示。

表25-4 常见的基本概率抽样方法

方法	项目	具体内容
简单随机抽样	概念	是最基本的随机抽样方法，每个单位的入样概率相同
	分类	分为不放回简单随机抽样和有放回简单随机抽样。不放回简单随机抽样每个单位最多只能被抽中一次，比放回抽样有更低的抽样误差

续表

方法	项目	具体内容
简单随机抽样	适用条件	(1) 抽样框中没有更多可以利用的辅助信息 (2) 调查对象分布的范围不广阔 (3) 个体之间的差异不是很大
	应用举例	某校高三年级学生共1 000人参加考试，将1 000份试卷编好号码后，从中随机抽取30份计算平均成绩，此种抽样方法就是简单随机抽样
分层抽样	概念	先按照某种规则把总体分为不同的层，然后在不同的层内独立、随机地抽取样本
	适用条件	抽样框中有足够的辅助信息，能够将总体单位按某种标准划分到各层之中，实现在同一层内各单位之间的差异尽可能小，不同层之间各单位的差异尽可能大
	应用举例	在调查某部门平均工资时，先将该部门员工分为经理和普通职员两类，再采用随机原则分别在经理和普通职员中抽取样本，这种抽样方法属于分层抽样
系统抽样	概念	将总体中的所有单元按一定顺序排列，在规定范围内随机抽取一个初始单元，然后按事先规定的规则抽取其他样本单元。最简单的系统抽样是等距抽样
	优点	对抽样框的要求比较简单，只要求总体单位按一定顺序排列。系统抽样的估计效果与总体排列顺序有关
	应用举例	调查一个居委会4 000户家庭人均收入，编号1—4 000，要抽取40户，在1—100号中随机确定15号，抽取的样本为15；15+100；15+200；15+300……15+3 900，这种抽样方法属于系统抽样
整群抽样	概念	将总体中所有的基本单位按照一定规则划分为互不重叠的群，抽样时直接抽取群，对抽中的群调查其全部的基本单位，对没有抽中的群则不进行调查
	适用条件	如果群内各单位之间存在较大差异，群与群的结果相似，整群抽样会降低估计误差
	应用举例	在调查某城市小学教师亚健康状况时，从该城市的200所小学中随机抽取40所，每个被抽取小学中的所有教师都参与调查，这种抽样方法属于整群抽样
多阶段抽样	概念	经过两个或两个以上抽样阶段才能抽到最终样本单位
	适用条件	在大范围的抽样调查中，采用多阶段抽样是必要的
	应用举例	某城市为调查居民对市政建设的满意度，先从该市所有居委会中随机抽取20个居委会，再从每个被抽中的居委会中随机抽取30个居民家庭进行入户调查，该项调查采用的抽样方式是多阶段抽样，第一阶段采用整群抽样，第二阶段采用简单随机抽样

经典例题

[2012年真题·单选题] 在调查某城市小学教师亚健康状况时，从该城市的200所小学中随机抽取40所，每个被抽取小学中的所有教师都参与调查，这样的抽样方法属于（ ）。

A. 简单随机抽样　　　　　　　　B. 整群抽样
C. 分层抽样　　　　　　　　　　D. 等距抽样

[答案] B

[解析] 本题中，调查对象是小学教师，小学教师归属在各个小学中，小学就是群，对抽中的小学调查其所有教师，对没有抽中的小学中的教师不进行调查，这种抽样方法属于整群抽样。

【考点五】估计量的性质

在不同的抽样方法下，同一估计量也会有不同的估计效果。在同一抽样方法下，也会有不同的估计量可供选择，什么样的估计量是好估计量呢？估计量的选择标准即估计量的性质如表25-5所示。

表 25-5 估计量的性质

性质	内涵
一致性	随着样本量的增大，估计量的值稳定于总体参数的真值
无偏性	对于不放回简单随机抽样，所有可能的样本均值取值的平均值总等于总体均值
有效性	在同一抽样方案下，对某一总体参数 θ，如果有两个无偏估计量 $\hat{\theta}_1$、$\hat{\theta}_2$，$\hat{\theta}_1$ 的可能样本取值较 $\hat{\theta}_2$ 更密集在总体参数真值 θ 附近，则认为 $\hat{\theta}_1$ 比 $\hat{\theta}_2$ 更有效

【考点小贴士】对于估计量的性质有两种考查方式：

（1）3个性质分别是什么。记忆方法是一首歌曲名，即"一无所有"。"一"是指一致性；"无"是指无偏性；"有"是指有效性。

（2）每一个性质各自的内涵是什么。一致性对应的关键词是"稳定"；无偏性对应的关键词是"等于"；有效性对应的关键词是"密集"。

> **经典例题**
>
> [2013年真题·单选题] 在抽样估计中，随着样本量的增大，如果估计量的值稳定于总体参数的真值，则这个估计量具有的性质是（　　）。
> A. 一致性　　　　B. 无偏性　　　　C. 有效性　　　　D. 确定性
> [答案] A
> [解析] 本题强调估计量的值稳定于总体参数的真值，所以应选择一致性。

【考点六】抽样误差的估计

一、抽样误差无法避免，但可以计算

在不放回简单随机抽样方法中，将样本均值作为总体均值的估计量。则估计量的方差为：

$$样本估计量的方差 = \left(1 - \frac{样本量\ n}{总体个数\ N}\right) \times \frac{总体方差\ S^2}{样本量\ n}$$

二、影响抽样误差的因素

（1）抽样误差<u>与总体分布有关</u>，总体单位值之间差异越大，即总体方差越大，抽样误差越大。

（2）抽样误差<u>与样本量 n 有关</u>，其他条件相同，样本量越大，抽样误差越小。

（3）抽样误差<u>与抽样方式和估计量的选择也有关</u>。例如<u>分层</u>抽样的估计量方差一般<u>小于简单随机抽样</u>。

（4）<u>利用有效辅助信息</u>的估计量也可以有效地减小抽样误差。

> **经典例题**
>
> [2014年真题·多选题] 下列影响因素中，属于抽样误差来源的有（　　）。
> A. 总体单位值之间的差异大小　　B. 样本量大小
> C. 访问员的选择　　　　　　　　D. 抽样方式的选择
> E. 估计量的选择
> [答案] ABDE
> [解析] 本题中，C项访问员的选择只影响非抽样误差。

【考点七】样本量的影响因素

确定样本量需要对影响样本量的因素进行分析。影响样本量的因素如表 25-6 所示。

表 25-6 影响样本量的因素

影响因素	如何影响
调查的精度	调查的精度是指用样本数据对总体进行估计时可以接受的误差水平，要求的调查精度越高，所需要的样本量就越大
总体的离散程度	在其他条件相同情况下，总体的离散程度越大，所需要的样本量也越大
总体的规模	对于大规模的总体，总体规模对样本量的需求则几乎没有影响，但对于小规模的总体，总体规模越大，为保证相同估计精度，样本量也要随之增大
无回答情况	无回答减少了有效样本量，在无回答率较高的调查项目中，样本量要大一些，以减少无回答带来的影响
经费的制约	样本量是调查经费与调查精度之间的某种折中和平衡
其他因素	调查的限定时间、实施调查的人力资源等

经典例题

[例题·多选题] 影响样本量的因素包括（　　）。
A. 调查的精度要求　B. 总体离散程度　C. 总体的规模　D. 受访者对调查内容的喜好
E. 调查的经费
[答案] ABCE
[解析] 通过本题掌握影响样本量的因素。影响样本量的因素不包括 D 项。

本章易错易混考点

【易错易混考点】分层抽样、整群抽样和多阶段抽样的区别（如表 25-7 所示）

表 25-7 分层抽样、整群抽样和多阶段抽样的区别

抽样方法	步骤	举例
分层抽样	(1) 先将总体分层，通常层间差异大，层内差异小 (2) 每层随机抽样本 【提示】每层都抽是判断的关键点	某校高三年级有 8 个班，即 6 个普通班和 2 个尖子班，总共有 500 人参加考试，分别从普通班随机抽取 60 份试卷，尖子班随机抽取 20 份试卷计算平均成绩 [分析] 将学生分为普通班和尖子班，就是对总体进行分层，抽取的试卷分别来自普通班和尖子班，说明在每层中都随机抽取了样本，属于分层抽样
整群抽样	(1) 先将总体分群，通常群间差异小，群内差异大 (2) 只对抽中的群内所有对象进行调查 【提示】抽中群所有对象都调查是判断的关键点	某校高三年级有 8 个班，均为普通班，总共有 500 人参加考试，随机抽取 3 个班，根据抽中的 3 个班的全部试卷计算平均成绩 [分析] 学生归属于班级，班级就是群，抽中的 3 个班的全部试卷都进行调查，没抽中的 5 个班全部都不进行调查，这就是整群抽样
多阶段抽样	(1) 从总体中随机抽若干小总体，通常采用分层或整群的抽样方法 (2) 再从小总体随机抽若干单位，通常采用简单随机抽样方法 【提示】若经过两阶段就能抽到最终单位，称为二阶段抽样；多阶段抽样是对经过二个及以上的抽样阶段的抽样方法的统称	某校高三年级有 8 个班，均为普通班，总共有 500 人参加考试，随机抽取 3 个班，在抽中的 3 个班的全部试卷中随机抽取 20 份试卷计算平均成绩 [分析] 从 8 个班中随机抽取 3 个班，抽中班后，样本并没有确定，而又在抽中的 3 个班中随机抽取试卷才构成最终的样本，这就属于两阶段抽样。第一阶段是整群抽样；第二阶段是简单随机抽样 【提示】若抽中群后，最终样本就确定了，这就属于整群抽样；若抽中群后，还需要再采用一定方法才能确定最终样本，这就属于多阶段抽样

> **经典例题**
>
> [2014年真题·单选题] 某城市为调查居民对市政建设的满意度，先从该市所有居委会中随机抽取20个居委会，再从每个被抽中的居委会中随机抽取30个居民家庭进行入户调查，该项调查采用的抽样方式是（　　）。
> A. 分层抽样　　　　　　　　　　B. 整群抽样
> C. 系统抽样　　　　　　　　　　D. 多阶段抽样
> [答案] D
> [解析] 通过题干可知，调查对象是居民，第一阶段采用了整群抽样，居委会是群；第二阶段采用了简单随机抽样。所以本题所采用的抽样方法是多阶段抽样。

历年经典真题回顾

一、单项选择题（每题1分，每题备选项中，只有1个最符合题意）

1. 从某单位所有在职员工中随机抽取300人进行抽样调查，来研究该单位在职员工中亚健康人员占比状况，该项调查的总体是（　　）。[2017年真题]
   A. 随机抽取的300名在职员工　　　B. 该单位所有亚健康在职员工
   C. 该单位所有在职员工　　　　　　D. 被调查的300名在职员工中的亚健康员工
   [答案] C
   [解析] 本题考查抽样调查涉及的基本概念。总体即调查对象的全体，本题中调查对象的全体是该单位所有在职员工，C项正确。

2. 按照等级、类型和所属区域将某市所有医院划分为10组，然后在每个组内随机抽取3家医院进行医改政策评价的抽样调查，这种抽样方法是（　　）。[2017年真题]
   A. 分层抽样　　　　　　　　　　B. 简单随机抽样
   C. 整群抽样　　　　　　　　　　D. 两阶段抽样
   [答案] A
   [解析] 本题调查医院对医改政策的评价，该市所有医院为总体，每个医院为总体单元或者个体，将医院分为10组，在每一组随机抽取个体，符合分层抽样的特点（先分层再在每一层随机抽取），所以本题应选择A项分层抽样。本题的关键词是"每个"。

3. 对于不放回简单随机抽样，所有可能的样本均值取值的平均值总是等于总体均值，这就是样本估计量的（　　）。[2016年真题]
   A. 无偏性　　　　　　　　　　　B. 有效性
   C. 一致性　　　　　　　　　　　D. 渐进性
   [答案] A
   [解析] 本题通过"等于"即可选择"无偏性"。估计量的无偏性是指对于不放回简单随机抽样，所有可能的样本均值取值的平均值总是等于总体均值。

4. 北京市旅游管理部门要通过抽样调查了解2015年北京市常住居民出境旅游总消费金额，该抽样调查的总体参数是2015年北京市（　　）。[2016年真题]
   A. 所有常住居民旅游总消费金额
   B. 所有常住居民出境旅游总消费金额
   C. 被调查的常住居民出境旅游总消费金额
   D. 被调查的每一位常住居民出境旅游消费金额
   [答案] B

[解析] 总体参数是根据总体中所有单位的数值计算的,通常是我们通过调查想要了解的。本题中总体参数就是所有常住居民出境旅游总消费金额。

5. 在某市随机抽取 2 000 家企业进行问卷调查,并据此调查有对外合作意向的企业,该抽样调查中的总体是(　　)。[2015 年真题]

　　A. 该市所有企业

　　B. 该市所有有对外合作意向的企业

　　C. 抽中的 2 000 家企业

　　D. 抽中的 2 000 家企业中有对外合作意向的企业

[答案] A

[解析] 本题中抽样调查涉及的基本概念包括:总体——该市所有企业;样本——抽取出来的 2 000 家企业;总体参数——该市所有有对外合作意向的企业;样本统计量——抽中的 2 000 家企业中有对外合作意向的企业。

6. 由于受访者记忆模糊,导致调查数据与其真值之间不一致,这种误差属于(　　)。[2014 年真题]

　　A. 抽样误差　　　　　　　　　　B. 计量误差

　　C. 抽样框误差　　　　　　　　　D. 无回答误差

[答案] B

[解析] 计量误差是指由于调查所获得的数据与其真值不一致造成的误差。

7. 下列抽样方法中,属于概率抽样的是(　　)。[2013 年真题]

　　A. 判断抽样　　　　　　　　　　B. 配额抽样

　　C. 方便抽样　　　　　　　　　　D. 整群抽样

[答案] D

[解析] 概率抽样包括简单随机抽样、分层抽样、整群抽样、系统抽样和多阶段抽样。

二、多项选择题(每题 2 分,每题备选项中,有 2 个或 2 个以上符合题意,至少有 1 个错项。错选,本题不得分;少选,所选的每个选项得 0.5 分)

1. 为有效降低抽样调查中的抽样误差,可采取的措施有(　　)。[2017 年真题]

　　A. 增大样本量　　　　　　　　　B. 改进估计量

　　C. 加强调查过程中的质量控制　　D. 加强对访问人员的培训

　　E. 选择更有效的抽样方法

[答案] ABE

[解析] 抽样误差与样本量 n 有关,其他条件相同,样本量越大,抽样误差越小,A 项正确。抽样误差与抽样方式和估计量的选择也有关,改进估计量可以有效降低抽样误差,B 项正确。选择更有效的抽样方式可以降低抽样误差,E 项正确。

2. 抽样调查中,估计量的常用选择标准有(　　)。[2017 年真题]

　　A. 方便性　　　　　　　　　　　B. 无偏性

　　C. 有效性　　　　　　　　　　　D. 一致性

　　E. 重要性

[答案] BCD

[解析] 估计量的性质包括一致性、无偏性和有效性。

3. 随机抽样的特点主要包括(　　)。[2017 年真题]

　　A. 每个总体单元被抽入样本的概率都相等

　　B. 总体中每个单元都有一定的机会被抽中

C. 以最大限度降低调查成本为目的
D. 调查者可以根据自己的主观判断抽取样本
E. 总体中每个单元被抽中的概率是已知或可计算的

[答案] BE

[解析] 随机抽样即概率抽样，总体中每个单元被抽中的概率是已知的或者是可以计算出来的，但概率可以相等也可以不相等，A项错误、E项正确。随机抽样中总体中每个单元都有一定的机会被抽中，B项正确。以最大限度降低调查成本为目的的抽样方法是非概率抽样中的方便抽样，C项错误。调查者可以根据自己的主观判断抽取样本属于非概率抽样中的判断抽样，D项错误。

4. 在某城市的一项在职员工亚健康情况抽样调查中，调查人员先将工作单位按照行业和规模分层，然后在各层内随机抽取初始单位后，等距抽取5家单位，再对被抽中单位内所有员工进行体检和调查。该调查中采用的抽样方法有（　　）。[2015年真题]

A. 分层抽样　　　　　　　　B. 简单随机抽样
C. 配额抽样　　　　　　　　D. 整群抽样
E. 系统抽样

[答案] ABDE

[解析] 本题先根据题干中的关键词"分层、等距、随机"可知运用到的统计方法包括分层抽样、系统抽样（等距抽样）、简单随机抽样；再依据先抽单位，再对抽中单位所有员工调查，可知运用到了整群抽样方法。

5. 为调查我国国有企业在职职工的延迟退休意愿，分别从东部、中部和西部地区采用简单随机抽样方法各自抽取10个地级行政区域，然后在被抽中的每个地级行政区域采用简单随机抽样方法抽取20家国有企业，对被抽中企业的所有在职员工发放问卷进行调查。该调查中，除了简单随机抽样，还使用到的抽样方法有（　　）。[2014年真题]

A. 分层抽样　　　　　　　　B. 配额抽样
C. 整群抽样　　　　　　　　D. 多阶段抽样
E. 系统抽样

[答案] ACD

[解析] 本题考查多阶段抽样。本题中，第一阶段将职工分为东、中、西部三层，每层随机抽取职工所属行政区域，采用了分层抽样；第二阶段在抽中的行政区域抽取职工所属的企业，抽中的企业职工全部调查，运用的是整群抽样；在分层抽样和整群抽样中又运用了简单随机抽样；整个抽样过程运用的方法统称为多阶段抽样。所以本题选择A、C、D三项。

6. 在城乡住户收支调查中，非抽样误差的可能来源有（　　）。[2013年真题]

A. 抽样框遗漏掉部分城乡住户
B. 部分高收入住户拒绝接受调查
C. 调查人员有意作弊
D. 被调查住户提供虚假数据
E. 抽样的随机性

[答案] ABCD

[解析] 本题可采用排除法，抽样随机性（E项）导致的误差是抽样误差，除此之外均属于非抽样误差。

本章同步练习

一、单项选择题（每题1分，每题备选项中，只有1个最符合题意）

1. 某工厂为了检测出厂的十万只灯泡的寿命，随机抽取了1 000只灯泡进行检测。关于该抽样调查，下列表述错误的是（   ）。
   A. 总体是出厂的十万只灯泡
   B. 样本是抽取到的1 000只灯泡
   C. 全体灯泡的平均寿命是总体参数
   D. 1 000只灯泡的平均寿命是样本

2. 对某市工业企业职工的收入情况进行研究，总体是（   ）。
   A. 每个工业企业
   B. 该市全部工业企业
   C. 每个工业企业的全部职工
   D. 该市全部工业企业的全部职工

3. 样本估计值和总体参数值之间的差异称为统计误差，下列关于统计误差的表述错误的是（   ）。
   A. 抽样误差是由抽样的随机性造成的，用样本统计量估计总体参数时出现的误差
   B. 抽样框不完善造成的误差称为抽样框误差
   C. 计量误差是调查人员没能够从被调查者那里得到所需要的数据
   D. 由于调查所获得的数据与其真值之间不一致造成的误差称为计量误差

4. 在1 000个有机会中奖的号码中（000—999），公证部门用随机抽取的方法确定后两位为88的号码为中奖号码，这种抽样方法是（   ）。
   A. 简单随机抽样   B. 系统抽样
   C. 分层抽样   D. 整群抽样

5. 为了了解某地区职工家庭生活状况，调查时，将职工家庭按居委会分组，并以居委会为单位进行简单随机抽样，再对抽中的居委会所辖每户职工家庭一一进行调查，这种调查组织方式为（   ）。
   A. 多阶段抽样   B. 系统抽样
   C. 分层抽样   D. 整群抽样

6. 对农作物单位面积产量进行调查，按平原、丘陵、山区分组，在每组中随机抽选样本单位，此种抽样方法为（   ）。
   A. 整群抽样   B. 分层抽样
   C. 多阶段抽样   D. 简单随机抽样

7. 抽样统计中，估计量的性质不包括（   ）。
   A. 一致性   B. 相关性
   C. 无偏性   D. 有效性

8. 一般来说，不影响样本量多少的因素是（   ）。
   A. 总体的离散程度   B. 调查的精度
   C. 无回答情况   D. 受访者的社会地位

9. 选平均型单元作为样本，选定的样本可以代表所研究变量的平均水平，这种抽样方法是（   ）。
   A. 分层抽样   B. 配额抽样
   C. 方便抽样   D. 判断抽样

二、多项选择题（每题2分，每题备选项中，有2个或2个以上符合题意，至少有1个错项。错选，本题不得分；少选，所选的每个选项得0.5分）

1. 相对于非概率抽样而言，概率抽样的特点有（   ）。
   A. 按一定的概率以随机原则抽取样本
   B. 总体中每个单元被抽中的概率是已知的或可以计算出来的
   C. 每个单位被抽入样本的概率相等
   D. 抽取样本时不需要依据随机原则
   E. 当采用样本对总体参数进行估计时，要考虑到每个样本单元被抽中的概率

2. 随机抽样分为（   ）。
   A. 等概率抽样
   B. 不等概率抽样
   C. 判断抽样
   D. 方便抽样
   E. 配额抽样

3. 关于样本统计量的表述，正确的有（   ）。
   A. 根据样本中各单位的数值计算的，是对总体参数的估计，也称为估计量
   B. 它是一个未知的常数
   C. 它取决于样本设计和正好被选入样本的单元特定组合
   D. 根据总体中所有单位的数值计算
   E. 它是一个随机变量

4. 非抽样误差包括（   ）。
   A. 抽样框误差
   B. 无回答误差
   C. 计量误差
   D. 代表误差
   E. 随机误差

5. 非概率抽样的主要方式包括（   ）。
   A. 自愿样本
   B. 判断抽样
   C. 配额抽样
   D. 整群抽样
   E. 方便抽样

6. 下列关于概率抽样方法的表述，正确的有（   ）。
   A. 简单随机抽样是最基本的随机抽样方法，每个单位的入样概率相同
   B. 简单随机抽样适用条件包括抽样框没有更多可以利用的辅助信息、调查对象分布的范围不广阔、个体间差异不大
   C. 分层抽样适用同一层内各单位之间的差异尽可能大，不同层之间各单位的差异尽可能小
   D. 在群内各单位之间的差异较大，群与群的结构相似时，采用整群抽样会降低估计误差
   E. 在大范围的抽样调查中，采用多阶段抽样是必要的

7. 下列关于抽样误差的表述，正确的有（   ）。
   A. 抽样误差无法避免，但可以计算
   B. 抽样误差与总体分布有关，总体方差越大，抽样误差越大
   C. 其他条件相同，样本量越大，抽样误差越小
   D. 抽样误差与抽样方式和估计量的选择有关
   E. 分层抽样的估计量方差一般大于简单随机抽样

8. 人口普查统计数据可能存在的误差来源有（　　）。
   A. 填报错误
   B. 抽样的随机性
   C. 抄录错误
   D. 汇总错误
   E. 有意瞒报

本章同步练习参考答案及解析

一、单项选择题

1. ［答案］D
   ［解析］1 000只灯泡的平均寿命是样本统计量，也称为估计量，D项错误。

2. ［答案］D
   ［解析］调查对象的全体称为总体，本题的调查对象是工业企业职工，故全部工业企业的全部职工就是总体。

3. ［答案］C
   ［解析］调查人员没能够从被调查者那里得到所需要的数据，这种统计误差称为无回答误差，C项错误。

4. ［答案］B
   ［解析］通过本题理解系统抽样中的等距抽样。抽取的号码分别为88、188、288、388、488、588、688、788、888、988，即每隔100个号码抽取一个号码构成样本。符合系统抽样中的等距抽样的含义。等距抽样是在样本框中每隔一定距离抽选一个被调查对象。

5. ［答案］D
   ［解析］整群抽样是将总体中所有的基本单位按照一定规则划分为互不重叠的群，抽样时直接抽取群，对抽中的群调查其全部的基本单位，对没有抽中的群则不进行调查。

6. ［答案］B
   ［解析］分层抽样是先按照某种规则把总体分为不同的层，然后在不同的层内独立、随机地抽取样本，这样所得到的样本称为分层样本。本题中平原、丘陵、山区属于层，在每层中随机抽选样本，因此属于分层抽样。

7. ［答案］B
   ［解析］估计量的性质的简记口诀是"一无所有"，即一致性、无偏性和有效性。

8. ［答案］D
   ［解析］通过本题掌握影响样本量的因素。影响样本量的因素包括调查的精度、总体离散程度、总体规模、无回答情况、经费的制约、调查的限定时间、实施调查的人力资源情况。但受访者的社会地位不影响样本量的多少。

9. ［答案］D
   ［解析］判断抽样是指在抽取样本时，调查人员依据调查目的和对调查对象的了解，人为确定样本单元，例如选择平均型单元作为样本，选定的样本可以代表所研究变量的平均水平。

二、多项选择题

1. ［答案］ABE
   ［解析］概率抽样的特点包括：①按一定概率以随机原则抽取样本；②总体中每个单元被抽中的概率是已知的或者是可以计算出来；③当采用样本对总体参数进行估计时，要考虑到每个样本单元被抽中的概率。若每个单位被抽中的概率相等，则称为等概率抽样；否则称为不等概率抽样。

2. ［答案］AB
   ［解析］概率抽样又称为随机抽样，包括等概率抽样和不等概率抽样。选项中，判断抽样、方便抽样和配额抽样均属于非概率抽样的方法。

3. ［答案］ACE
   ［解析］样本统计量是根据样本中各单位的数值计算的，是对总体参数的估计，也称估计量。它是一个随机变量，取决于样本设计和正好被选入样本的单元特定组合。常用的样本统计量有样本均值、样本比例、样本方差。

4. [答案] ABC
   [解析] 统计误差包括抽样误差和非抽样误差。其中，非抽样误差包括抽样框误差、无回答误差和计量误差。

5. [答案] ABCE
   [解析] 非概率抽样的主要类型有自愿样本、判断抽样、配额抽样、方便抽样。整群抽样属于概率抽样。

6. [答案] ABDE
   [解析] 通过本题掌握概率抽样各种方法的特征及适用条件。分层抽样适用同一层内各单位之间的差异尽可能小，不同层之间各单位的差异尽可能大的情况，C项错误。

7. [答案] ABCD

8. [答案] ACDE
   [解析] 普查只存在非抽样误差。填报错误、抄录错误、汇总错误、有意瞒报均属于非抽样误差中的计量误差。抽样的随机性导致的是抽样误差。

[解析] 抽样误差与总体分布有关，总体单位值之间差异越大，即总体方差越大，抽样误差越大。抽样误差与样本量 n 有关，其他条件相同，样本量越大，抽样误差越小。抽样误差与抽样方式和估计量的选择也有关。例如分层抽样的估计量方差一般小于简单随机抽样。利用有效辅助信息的估计量也可以有效地减小抽样误差。

错题收集

第二十六章 回归分析

本章考情分析

年份	单项选择题	多项选择题	合计
2017 年	3 题 3 分	—	3 分
2016 年	1 题 1 分	1 题 2 分	3 分
2015 年	2 题 2 分	1 题 2 分	4 分

【提示】本章是 2015 年教材在原有基础上调整出来的一章，内容上也有较大的变化，故未提供 2015 年之前的考情分析。

本章考点概览

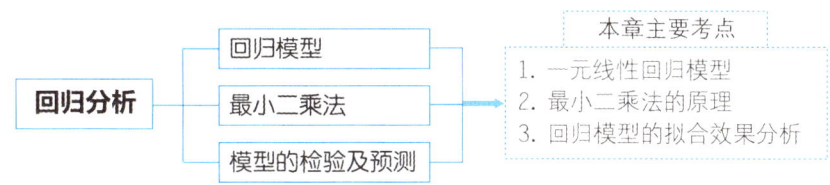

本章考点详解

【考点一】一元线性回归模型

一、回归分析的概念

回归分析就是根据相关关系的具体形态，选择一个合适的数学模型，来近似地表达变量间的依赖关系。

进行回归分析时，首先需要确定因变量和自变量。回归分析中，被预测或被解释的变量称为因变量，一般用 Y 表示；用来预测或解释因变量的变量称为自变量，一般用 X 表示。

例如，在研究边际消费倾向时，目的是预测一定人均收入条件下的平均人均消费金额，因此人均消费金额是因变量，而人均收入为自变量。

二、一元线性回归模型的概念及表示

一元线性回归模型是描述两个变量之间相关关系的最简单的回归模型，只涉及一个自变量。该模型可以表示为：

$$Y = \beta_0 + \beta_1 X + \varepsilon$$

上式中，β_0、β_1 表示模型的参数；ε 表示误差项，是一个随机变量。

【提示1】因变量 Y 是自变量 X 的线性函数（$\beta_0+\beta_1 X$）加上误差项 ε；$\beta_0+\beta_1 X$ 反映了由于自变量 X 的变化而引起的因变量 Y 的线性变化。

误差项 ε 是个随机变量，表示除线性关系之外的随机因素对 Y 的影响。它是不能由 X 和 Y 的线性关系所解释的 Y 的变异性。

【提示2】描述因变量 Y 的期望值 $E(Y)$ 如何依赖自变量 X 的方程称为回归方程。

一元线性回归方程的形式如下：

$$E(Y)=\beta_0+\beta_1 X$$

一元线性回归方程的图示是一条直线，β_0 是回归直线的截距，β_1 是回归直线的斜率，表示 X 每变动一个单位时，$E(Y)$ 的变动量。

【提示3】回归分析的一个重要应用就是预测，即利用估计的回归模型预估因变量数值。

------ 经典例题 ------

[例题·多选题] 线性回归模型 $Y=\beta_0+\beta_1 X+\varepsilon$ 中，下列表述正确的有（　　）。

A. β_0 为回归直线的截距

B. β_1 为回归直线的斜率，表示 X 每变动一个单位时，Y 的变动量

C. 误差项 ε 表示观测值和估计值之间的残值

D. 误差项 ε 表示除 X 和 Y 线性关系之外的随机因素对 Y 的影响

E. $\beta_0+\beta_1 X$ 反映了由于自变量 X 的变化而引起的因变量 Y 的线性变化

[答案] ABDE

[解析] 线性回归模型 $Y=\beta_0+\beta_1 X+\varepsilon$ 中，ε 是个随机变量，表示除线性关系之外的随机因素对 Y 的影响。它是不能由 X 和 Y 的线性关系所解释的 Y 的变异性，C 项错误。

【考点二】最小二乘法的原理

在现实中，模型的参数 β_0 和 β_1 都是未知的，需要利用样本数据去估计，采用的估计方法是最小二乘法。最小二乘法就是使得因变量的观测值与估计值之间的离差（残差）平方和最小来估计 β_0 和 β_1 的方法。

------ 经典例题 ------

[2016年真题·单选题] 线性回归模型常用的参数估计方法是（　　）。

A. 最大二乘法　　B. 最小残差和法　　C. 最大残差和法　　D. 最小二乘法

[答案] D

[解析] 线性回归模型常用的参数估计方法是最小二乘法。

【考点三】回归模型的拟合效果分析

一、回归模型检验

一般情况下，使用估计的回归方程之前，需要对模型进行检验，其内容包括：

（1）结合经济理论和经验分析回归系数的经济含义是否合理。

（2）分析估计的模型对数据的拟合效果如何。

（3）对模型进行假设检验。

二、决定系数

一元线性回归模型拟合效果的一种测度方法是决定系数。

(1) 决定系数，也称 R^2，可以测度回归直线对样本数据的拟合程度。

(2) 决定系数的取值在 0 到 1 之间，大体说明了回归模型所能解释的因变量变化占因变量总变化的比例。决定系数越接近 1，回归直线的拟合效果越好。$R^2=1$，说明回归直线可以解释因变量的所有变化；$R^2=0$，说明回归直线无法解释因变量的变化，因变量的变化与自变量无关。

经典例题

[例题·多选题] 关于决定系数的表述正确的有（　　）。

A. 决定系数可以测度回归直线对样本数据的拟合程度
B. 决定系数的取值在 -1 到 1 之间
C. 决定系数等于 1，说明回归直线可以解释因变量的所有变化
D. 决定系数等于 0，说明回归直线无法解释因变量的变化，因变量与自变量无关
E. 决定系数越接近 0，回归直线的拟合效果越好

[答案] ACD

[解析] 决定系数的取值在 0—1 之间，B 项错误；决定系数说明了回归模型所能解释的因变量变化占因变量总变化的比例，决定系数越接近 1，回归直线的拟合效果越好，E 项错误。

本章易错易混考点

【易错易混考点】回归分析与相关分析的联系与区别（如表 26-1 所示）

表 26-1　回归分析与相关分析的联系与区别

联系或区别	具体内容
联系	(1) 它们具有共同的研究对象 (2) 在具体应用时，常常须互相补充 相关分析需要依靠回归分析来表明现象数量相关的具体形式，而回归分析则需要依靠相关分析来表明现象数量变化的相关程度。只有变量之间存在高度相关时，进行回归分析寻求其相关的具体形式才是有意义的
区别	相关分析与回归分析在研究目的和方法上具有明显的区别： (1) 相关分析研究变量之间相关的方向和相关的程度 (2) 回归分析是研究变量之间相关关系的具体形式。它对具有相关关系的变量之间的数量联系进行测定，确定相关的数学方程式。根据这个数学方程式可以从已知量来推测未知量，从而为估算和预测提供了一个重要方法

[2014 年真题·多选题] 关于相关分析和回归分析的说法，正确的有（　　）。

A. 相关分析可以从一个变量的变化来推测另一个变量的变化
B. 相关分析研究变量间相关的方向和相关的程度
C. 相关分析中需要明确自变量和因变量
D. 回归分析研究变量间相互关系的具体形式
E. 相关分析和回归分析在研究方法和研究目的上有明显区别

[答案] BDE

[解析] 回归分析需要明确自变量和因变量，可以从一个变量的变化来推测另一个变量的变化，A、C 两项错误。相关分析研究变量相关的方向（如正相关或负相关）和相关程度（如高度相关、中度相关、低度相关），B 项正确。回归分析研究变量间相互关系的具体形式，D 项正确。相关分析和回归分析在研究方法和研究目的上有明显区别，E 项正确。

经济基础知识（中级）

历年经典真题回顾

一、单项选择题（每题1分，每题备选项中，只有1个最符合题意）

1. 若要定量研究边际消费倾向，并预测一定收入条件下的人均消费金额，适用的统计方法是（　　）。[2017年真题]
   A. 相关分析 B. 回归分析
   C. 偏态分析 D. 描述分析

   [答案] B

   [解析] 回归分析就是根据相关关系的具体形态，选择一个合适的数学模型，来近似地表达变量间的平均变化关系。

2. 下列回归模型中，属于一元线性回归模型的是（　　）。[2017年真题]
   A. $Y=\beta_0+\beta_1 X_1+\beta_2 X_2+\varepsilon$
   B. $Y=\beta_0+\beta_1 X_1+\beta_2 X_2^2+\varepsilon$
   C. $Y=\beta_0 X_1^{\beta_1} X_2^{\beta_2}+\varepsilon$
   D. $Y=\beta_0+\beta_1 X+\varepsilon$

   [答案] D

   [解析] 一元线性回归模型是研究两个变量之间相关关系的最简单的回归模型，只涉及一个自变量，如 $Y=\beta_0+\beta_1 X+\varepsilon$。

3. 回归模型决定系数的取值范围是（　　）。[2017年真题]
   A. -1 到 1 之间 B. 大于等于 0
   C. 0 到 1 之间 D. 没有限制

   [答案] C

   [解析] 决定系数的取值在 0 到 1 之间，大体说明了回归模型所能解释的因变量变化占因变量总变化的比例。决定系数越接近 1，回归直线的拟合效果越好。特别注意相关系数的取值在 -1 到 1 之间。

4. 线性回归模型 $Y=\beta_0+\beta_1 X+\varepsilon$ 中，误差项 ε 的含义是（　　）。[2015年真题]
   A. 回归直线的截距
   B. 回归直线的斜率
   C. 观测值和估计值之间的残值
   D. 除 X 和 Y 线性关系之外的随机因素对 Y 的影响

   [答案] D

   [解析] ε 是个随机变量，表示除线性关系之外的随机因素对 Y 的影响。它是不能由 X 和 Y 的线性关系所解释的 Y 的变异性。

5. 回归模型的决定系数的取值范围是（　　）。[2015年真题]
   A. -1 到 0 之间 B. 0 到 1 之间
   C. -1 到 1 之间 D. 负无穷到正无穷之间

   [答案] B

   [解析] 决定系数的取值在 0 到 1 之间，而相关系数的取值在 -1 到 1 之间。本题与2017年单项选择题考点相同但干扰项是不同的。

6. 在回归分析中，估计回归系数的最小二乘法的原理是（　　）。[2014年真题]
   A. 使得因变量观测值与均值之间的离差平方和最小
   B. 使得因变量估计值与均值之间的离差平方和最小

C. 使得观测值与估计值之间的乘积和最小

D. 使得因变量观测值与估计值之间的离差平方和最小

[答案] D

[解析] 最小二乘法就是使得因变量的观测值与估计值之间的离差平方和最小来估计的方法。

二、多项选择题（每题2分，每题备选项中，有2个或2个以上符合题意，至少有1个错项。错选，本题不得分；少选，所选的每个选项得0.5分）

1. 关于回归方程决定系数的说法，正确的有（　　）。[2016年真题]

   A. 决定系数测度回归模型对样本数据的拟合程度

   B. 决定系数取值越大，回归模型的拟合效果越差

   C. 决定系数等于1，说明回归模型可以解释因变量的所有变化

   D. 决定系数取值在[0，1]之间

   E. 如果决定系数等于1，所有观测点都回落在回归线上

   [答案] ACDE

   [解析] 决定系数可以测度回归直线对样本数据的拟合程度，A项正确。决定系数大体说明了回归模型所能解释的因变量变化占因变量总变化的比例，决定系数越接近1，回归直线的拟合效果越好，B项错误。决定系数的取值在0到1之间，D项正确。决定系数等于1，说明回归直线可以解释因变量的所有变化，所有观测点都回落在回归线上，C、E两项正确。

2. 根据抽样调查数据中人均收入和人均可支配消费进行回归分析，得到估计的一元线性回归模型 $Y=1\,000+0.7X$（X：人均可支配收入；Y：人均消费，单位为元），关于该回归模型的说法，正确的有（　　）。[2015年真题]

   A. 人均可支配收入每增加1元，人均消费将平均增长0.7元

   B. 人均可支配收入每减少1元，人均消费将平均增长0.7元

   C. 人均可支配收入每增加1%，人均消费将平均增长0.7%

   D. 当人均可支配收入为20 000元时，人均消费将为15 000元

   E. 人均可支配收入每减少1%，人均消费将平均增长0.7%

   [答案] AD

   [解析] $Y=1\,000+0.7X$，X为人均收入、Y为人均消费。X与Y同方向变化，可排除B、E两项。当$X=20\,000$时，$Y=1\,000+0.7\times20\,000=15\,000$（元），D项正确。当$X$变动时，$\Delta Y=(1\,000+0.7X_1)-(1\,000+0.7X_2)=0.7\times\Delta X$，由此可知$X$增加1元，$Y$增加0.7元，A项正确。假设$X$原来为100元，$Y=1\,000+0.7\times100=1\,070$，$X$增长1%后，$X=100\times(1+1\%)=101$，$Y=1\,000+0.7\times101=1\,070.7$，$Y$的增长率$=(1\,070.7-1\,070)/1\,070=0.065\%$，C项错误。

本章同步练习

一、单项选择题（每题1分，每题备选项中，只有1个最符合题意）

1. 关于一元线性回归模型，下列表述错误的是（　　）。

   A. 只涉及一个自变量的回归模型称为一元线性回归模型

   B. 因变量Y是自变量X的线性函数加上误差项

   C. $\beta_0+\beta_1X$反映了由于自变量X的变化而引起的因变量Y的线性变化

   D. 误差项ε是个随机变量，表示除线性关系之外的随机因素对Y的影响，它是能由X和Y的线性关系所解释的Y的变异性

2. 估计的城镇居民人均可支配收入和人均消费的一元线性直线回归方程式：人均消费 $Y=1\,300+0.79X$，则当城镇居民家庭人均可支配收入是 15 000 元，人均消费支出是（　　）元。
   A. 13 000　　　　　　　　　　　　B. 13 150
   C. 12 560　　　　　　　　　　　　D. 15 000

3. 回归分析的一个重要应用就是（　　），即利用估计的回归模型预估因变量数值。
   A. 分析　　　　　　　　　　　　　B. 检查
   C. 预测　　　　　　　　　　　　　D. 评估

4. 对于一元线性回归方程 $Y=\beta_0+\beta_1 X+\varepsilon$，确定 β_0 和 β_1 的方法是（　　）。
   A. 二次平均　　　　　　　　　　　B. 加权平均
   C. 斯特基方法　　　　　　　　　　D. 最小二乘法

5. 测度回归直线对样本数据的拟合程度的指标是（　　）。
   A. 相关系数　　　　　　　　　　　B. 样本估计量
   C. 决定系数　　　　　　　　　　　D. 投资乘数

6. 根据相关关系的具体形态，选择一个合适的数学模型，来近似地表达变量间的平均变化关系，这是（　　）。
   A. 相关分析　　　　　　　　　　　B. 回归分析
   C. 定量分析　　　　　　　　　　　D. 定性分析

二、多项选择题（每题 2 分，每题备选项中，有 2 个或 2 个以上符合题意，至少有 1 个错项。错选，本题不得分；少选，所选的每个选项得 0.5 分）

1. 回归分析和相关分析之间的关系包括（　　）。
   A. 具有共同的研究方法
   B. 具有共同的研究对象
   C. 具体应用时，常常必须互相补充
   D. 相关分析需要依靠回归分析来表明现象数量相关的具体形式
   E. 回归分析需要依靠相关分析来表明现象数量变化的相关程度

2. 关于一元线性回归模型的正确表述有（　　）。
   A. 用来计算相关系数
   B. 是描述两个变量之间相关关系的最简单的回归模型
   C. 只涉及一个自变量
   D. 使用最小二乘法确定一元线性回归方程的参数
   E. 用来验证相关系数

本章同步练习参考答案及解析

一、单项选择题

1. [答案] D
   [解析] 只涉及一个自变量的一元线性回归模型表示为 $\beta_0+\beta_1 X+\varepsilon$，因变量 Y 是自变量 X 的线性函数（$\beta_0+\beta_1 X$）加上误差项 ε；$\beta_0+\beta_1 X$ 反映了由于自变量 X 的变化而引起的因变量 Y 的线性变化。误差项 ε 是个随机变量，表示除线性关系之外的随机因素对 Y 的影响，是不能由 X 和 Y 的线性关系所解释的 Y 的变异性，D 项错误。

2. [答案] B
   [解析] 人均消费支出 $Y=1\,300+0.79\times15\,000=13\,150$（元）。

3. [答案] C
   [解析] 回归分析的一个重要应用就是预测，即利用估计的回归模型预估因变量

数值。

4. ［答案］D

［解析］在现实中，模型的参数 β_0 和 β_1 都是未知的，需要利用样本数据去估计，采用的估计方法是最小二乘法。

5. ［答案］C

［解析］决定系数，也称 R^2，可以测度回归直线对样本数据的拟合程度。

6. ［答案］B

［解析］回归分析就是根据相关关系的具体形态，选择一个合适的数学模型，来近似地表达变量间的平均变化关系。

二、多项选择题

1. ［答案］BCDE

［解析］相关分析和回归分析在研究目的和方法上具有明显的区别，A 项错误。

2. ［答案］BCD

［解析］回归分析是对具有相关关系的变量之间的数量联系进行测定，确定相关的数学方程式，根据这个数学方程式可以从已知量来推测未知量，从而为估算和预测提供了一个重要方法，A、E 两项错误。一元线性回归模型是研究两个变量之间相关关系的最简单的回归模型，只涉及一个自变量，B、C 两项正确。在现实中，模型的参数 β_0 和 β_1 都是未知的，需要利用样本数据去估计，采用的估计方法是最小二乘法，D 项正确。

错题收集

第二十七章　时间序列分析

本章考情分析

年份	单项选择题	多项选择题	合计
2017 年	1 题 1 分	1 题 2 分	3 分
2016 年	3 题 3 分	1 题 2 分	5 分
2015 年	1 题 1 分	—	1 分
2014 年	2 题 2 分	1 题 2 分	4 分
2013 年	1 题 1 分	1 题 2 分	3 分
2012 年	2 题 2 分	1 题 2 分	4 分

本章考点概览

时间序列分析
- 时间序列的含义与分类
- 时间序列的水平分析
- 时间序列的速度分析
- 平滑预测法

本章主要考点
1. 时间序列的分类
2. 平均发展水平
3. 增长量与平均增长量
4. 发展速度与增长速度
5. 速度分析应注意的问题
6. 平滑预测法

本章考点详解

扫码听课

【考点一】时间序列的分类

统计对事物进行动态研究的基本方法是编制时间序列，为便于理解，现以我国 1991—1994 年期间若干经济指标的时间序列为例来分析时间序列的含义及分类，如表 27-1 所示。

表 27-1　我国 1991—1994 年若干经济指标

年份 指标	1991	1992	1993	1994
国内生产总值（亿元）	21 618	26 638	34 634	46 759
年底总人口数（万人）	115 823	117 171	118 517	119 850
人均国内生产总值（元/人）	1 879	2 287	2 939	3 923
城镇人口比重（%）	26.37	27.63	28.14	28.62

时间序列也称动态数列，是将某一统计指标在各个不同时间上的数值按时间先后顺序编制形成的序列。时间序列按照其构成要素中统计指标值的表现形式，分为绝对数时间序列、相对数时间序列和平均数时间序列，具体如表 27-2 所示。

表 27-2　时间序列的分类

时间序列		含义
绝对数时间序列	时期序列	反映现象在一定时期内发展的结果，即"过程总量"（如表 27-1 中的国内生产总值）
	时点序列	反映现象在一定时点上的瞬间水平（如表 27-1 中的年底总人口数）
相对数时间序列		统计指标值是相对数（如表 27-1 中的城镇人口比重）
平均数时间序列		统计指标值是平均数（如表 27-1 中的人均国内生产总值）

经典例题

[例题·多选题] 下表中的能源生产总量是（　　）时间序列。

我国 1997—2003 年能源产总量

年份	1997	1998	1999	2000	2001	2002	2003
能源生产总量（万吨标准煤）	132 410	124 250	109 126	106 988	120 900	138 369	160 300

A. 相对数　　　B. 时期　　　C. 绝对数　　　D. 平均数　　　E. 时点

[答案] BC

[解析] 能源生产总量属于一段时期内发展的结果，应属于绝对数时间序列中的时期序列。

【考点二】平均发展水平

平均发展水平，也称序时平均数或动态平均数，是对时间序列中各时期发展水平计算的平均数。它可以概括性描述现象在一段时期内所达到的一般水平。时间序列类型不同，计算方法也不同，如表 27-3 所示。

表 27-3　不同时间序列类型的平均发展水平的计算方法

序列	具体类别		平均数的计算方法
时点序列	由连续时点计算（以天为时间单位）	逐日登记且逐日排列	简单算术平均数
		指标值变动时才登记	加权算术平均数（权重是每一指标值的持续天数占总天数的比例）
	由间断时点计算	登记间隔时间相等	两次平均法（两次均为简单算术平均）
		登记间隔时间不相等	两次平均法（第一次相邻两个指标采用简单算术平均，第二次采用加权算术平均，权重为间隔时间占总间隔时间的比例）
时期序列			简单算术平均数

经典例题

[例题·单选题] 某地区 1999—2003 年原煤产量如下表。

某地区 1999—2003 年原煤产量

年份	1999 年	2000 年	2001 年	2002 年	2003 年
原煤产量（万吨）	45	46	59	68	72

该地区 1999—2003 年的平均每年原煤产量为（　　）万吨。

A. 58　　　　　B. 57.875　　　　　C. 59　　　　　D. 60

[答案] A

[解析] 原煤产量是时期指标,对应的时间序列为时期序列,采用简单算术平均法计算平均发展水平。平均产量=(45+46+59+68+72)/5=58(万吨)。

[2014年真题·单选题] 某超市2013年6月某商品的库存量记录见下表,该商品6月份的平均日库存量是( )台。

某超市2013年6月某商品的库存量

日期	1—9日	10—15日	16—27日	28—30日
库存量(台)	50	60	40	50

A. 48　　　　　B. 40　　　　　C. 45　　　　　D. 50

[答案] A

[解析] 本题属于连续时点序列中指标值变动才登记的一种情况。采用一次加权平均法来计算。权重为指标持续天数占总天数的比重。例如50这个指标持续了9天,时间序列中总天数为30天,所以50这个指标对应的权重为9/30,其余指标依此类推。平均库存量=50×9/30+60×6/30+40×12/30+50×3/30=48。

[2009年真题·单选题] 某行业2000—2008年的职工数量(年底数)的记录如下表。

某行业2000—2008年的职工数量

年份	2000年	2003年	2005年	2008年
职工人数(万人)	1 000	1 200	1 600	1 400

则该行业2000年至2008年平均每年职工人数为( )万人。

A. 1 300　　　　B. 1 325　　　　C. 1 333　　　　D. 1 375

[答案] B

[解析] 年末职工人数是时点指标,所对应的时间序列为间断时点序列,本题中登记的间隔期不同,所以采用"两次平均法"计算平均发展水平。第一次平均(简单算术平均,相邻两个指标计算算术平均数):(1 000+1 200)/2=1 100;(1 200+1 600)/2=1 400;(1 600+1 400)/2=1 500。第二次平均(加权平均):1 100×3/8+1 400×2/8+1 500×3/8=1 325(万人)。

【考点三】增长量与平均增长量

增长量与平均增长量的内容如表27-4所示。

表27-4 增长量与平均增长量

项目	计算公式	要点提示
增长量	=报告期水平-基期水平	根据基期的不同确定方法,增长量分为逐期增长量和累计增长量
逐期增长量	=报告期水平-报告期前一期水平	同一时间序列中,累计增长量等于相应时期逐期增长量之和
累计增长量	=报告期水平-最初水平	
平均增长量	=逐期增长量的合计/逐期增长量个数 =累计增长量/(最末时间-最初时间)	平均增长量是时间序列中逐期增长量的序时平均数

经典例题

[例题·单选题] 某国2000—2005年不变价国内生产总值资料如下表。

年份	2000	2001	2002	2003	2004	2005
不变价国内生产总值(亿元)	10 000	18 235.1	27 993.7	39 744.3	52 749.9	68 806.1

该国2000—2005年期间不变价国内生产总值平均增加( )亿元。

A. 58 806.1　　　B. 16 056.2　　　C. 11 761.2　　　D. 7 821.1

[答案] C

[解析] 根据公式平均增长量＝累计增长量/（最末时间－最初时间），本题中时间序列的最末时间为2005，最初时间为2000，逐期增长量的个数＝2005－2000＝5（个）；累计增长量＝68 806.1－10 000＝58 806.1（亿元）；平均增长量＝58 806.1/5＝11 761.2（亿元）。

【考点四】发展速度与增长速度

发展速度与增长速度的具体内容如表27-5所示。

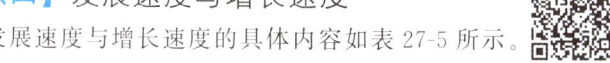

表27-5 发展速度与增长速度

项目	含义	计算	要点提示
发展速度	是以相对数形式表示的两个不同时期发展水平的比值	$=\dfrac{报告期水平}{基期水平}$	由于基期选择的不同，发展速度分为定基发展速度与环比发展速度
定基发展速度	是报告期水平与某一固定时期水平（通常是最初水平）的比值	$=\dfrac{报告期水平(y_i)}{基期水平(y_0)}$	定基发展速度与环比发展速度的关系： (1) 定基发展速度等于相应时期内各环比发展速度的连乘积 (2) 两个相邻时期定基发展速度的比率等于相应时期的环比发展速度
环比发展速度	是报告期水平与其前一期水平的比值	$=\dfrac{报告期水平(y_i)}{报告期前一期水平(y_{i-1})}$	
平均发展速度	是一定时期内各期环比发展速度的序时平均数	$=\sqrt[n]{环比发展速度连乘积}$ $=\sqrt[n]{定基发展速度}$	(1) 目前计算平均发展速度通常采用几何平均法 (2) 公式中的 n 为环比发展速度的时期数，即为时间序列中的最末时间减去最初时间
增长速度	是报告期增长量与基期水平的比值，表明报告期水平比基期增长（或降低）了百分之几（或若干倍）	$=\dfrac{报告期增长量}{基期水平}$	增长速度$=\dfrac{报告期水平－基期水平}{基期水平}$ $=$ 发展速度-1
定基增长速度	是报告期累计增长量与基期水平的比值	$=\dfrac{报告期累计增长量}{基期水平}$	定基增长速度＝定基发展速度－1
环比增长速度	是报告期逐期增长量与基期水平的比值	$=\dfrac{报告期逐期增长量}{基期水平}$	环比增长速度＝环比发展速度－1
平均增长速度	是一定时期内逐期增长（降低）变化的一般程度	—	平均增长速度＝平均发展速度－1

经典例题

[2012年真题·单选题] 某企业2000—2006年销售收入的年平均增长速度是27.6％，这期间相应的年平均发展速度是（ ）。

A. 4.6％　　　　　B. 17.6％　　　　　C. 127.6％　　　　　D. 72.4％

[答案] C

[解析] 平均发展速度＝平均增长速度＋1＝27.6％＋1＝127.6％。

[例题·多选题] 关于时间序列速度分析的说法，正确的有（ ）。

A. 两个相邻时期环比增长速度的比率等于相应时期的定基增长速度

B. 定基发展速度等于相应时期内各环比增长速度的连乘积

C. 环比增长速度等于环比发展速度减去1

D. 平均发展速度是一定时期内各期定基发展速度的序时平均数

E. 计算平均发展速度通常采用几何平均法

[答案] CE

[解析] 两个相邻时期定基发展速度的比率等于相应时期的环比发展速度，A项错误。定基发展速度等于相应时期内各环比发展速度的连乘积，B项错误。环比增长速度＝环比发展速度－1，C项正确。平均发展速度是一定时期内各期环比发展速度的序时平均数，D项错误。计算平均发展速度通常采用几何平均法，E项正确。

【考点五】速度分析应注意的问题

（1）当时间序列中的指标值出现0或负数时，不宜计算速度。

（2）速度指标的数值与基数的大小有密切关系。在环比增长速度时间序列中，各期的基数不同，因此，运用这一指标反映现象增长的快慢时，往往要结合"增长1％的绝对值"分析，这一指标反映同样的增长速度，在不同时间条件下所包含的绝对水平。计算公式为：

$$增长1\%的绝对值 = \frac{逐期增长量}{环比增长速度} = 报告期前一期发展水平 \times 1\%。$$

经典例题

[2012年真题·多选题] 在对时间序列及发展速度分析时，应注意的事项有（　　）。
A. 不宜采用几何平均法计算平均发展速度　B. 不需要结合水平指标进行分析
C. 速度指标数值与基数大小有密切关系　　D. 时间序列指标值出现负数时不宜计算速度
E. 时间序列指标值出现0时不宜计算速度

[答案] CDE

[解析] 适宜采用几何平均法计算平均发展速度，A项错误。需要结合水平指标进行分析，B项错误。速度指标数值与基数大小有密切关系，C项正确。时间序列指标值出现负数或0时不宜计算速度，D、E两项正确。

【考点六】平滑预测法

平滑预测法的具体内容如表27-6所示。

表27-6　平滑预测法

方法		具体内容
目的		"消除"时间序列的不规则成分所引起的随机波动
适用范围		适用于平稳时间序列的预测，即没有明显的趋势、循环和季节波动的时间序列
优点		简单易用，对数据的要求最低，通常对于近期的预测具有较高的精度
分类	移动平均法	使用时间序列中离预测期最近k期数据值的平均数作为下一期的预测值
	指数平滑法	预测值 F_{t+1}＝平滑系数 α × 第 t 期实际观察值＋（1－α）× 第 t 期预测值 F_t 【提示】α 的取值范围：$0 < \alpha < 1$ 特点：观测值离预测时期越久远，其权重也变得越小，呈现出指数下降

经典例题

[例题·单选题] 我国居民消费价格指数1996—2002年的数据如下表。

我国居民消费价格指数1996—2002年的数据

时间（月）	1996	1997	1998	1999	2000	2001	2002
CPI预测值	—	—	—	—	98.9	100.1	100.6
CPI实际值	108.3	102.8	99.2	98.6	100.4	100.7	99.2

1. 选取平滑系数为0.8，用指数平滑法预测，则2003年居民消费价格指数的预测值为（ ）。
   A. 100.8　　　　　　　　　　　　B. 103.4
   C. 100.1　　　　　　　　　　　　D. 99.48

   [答案] D

   [解析] 预测期上一期的实际值99.2，预测值100.6，则指数平滑法下2003年预测值＝0.8×99.2＋（1－0.8）×100.6＝99.48。

2. 若采用移动平均法，若移动间隔 $k=3$，则2003年居民消费价格指数的预测值为（ ）。
   A. 100.8　　　　　　　　　　　　B. 103.4
   C. 100.1　　　　　　　　　　　　D. 99.4

   [答案] C

   [解析] 选取离预测期最近的3期实际值求算术平均数，则2003年预测值＝（100.4＋100.7＋99.2）/3＝100.1。

本章易错易混考点

【易错易混考点】 定基发展速度与环比发展速度的关系（如表27-7所示）

表27-7　定基发展速度与环比发展速度的关系

关系	简记口诀	解释
定基发展速度等于相应时期内各环比发展速度的连乘积	定基积	前两个字代表求什么，后一个字代表如何求。本关系中求定基发展速度，简称"定基"，如何求，将环比发展速度连乘积，简称"积"，合在一起就是"定基积"
两个相邻时期定基发展速度的比率等于相应时期的环比发展速度	环比比	本关系中求环比发展速度，简称"环比"，如何求，两期定基发展速度的比值，简称"比"，合在一起就是"环比比"

[2012年真题·单选题] 已知某城市商品住宅平均销售价格2006年、2007年、2008年连续三年环比增长速度分别为1％、6％、9％，这三年该城市商品住宅平均销售价格的定基增长速度为（ ）。
A.（101％×106％×109％）－1　　B. 1％×6％×9％
C.（1％×6％×9％）＋1　　　　　D. 101％×106％×109％

[答案] A

[解析] 定基增长速度＝定基发展速度－1＝环比发展速度连乘积－1。环比发展速度＝1＋环比增长速度。所以定基增长速度＝（101％×106％×109％）－1。

[2011年真题·单选题] 以2000年为基期，2008年和2009年我国粮食总产量定基增长速度分别为14.40％和14.85％。2009年对2008年的环比发展速度为（ ）。
A. 0.39％　　　　　　　　　　　　B. 14.63％
C. 100.39％　　　　　　　　　　　D. 114.63％

[答案] C

[解析] 两个相邻时期定基发展速度的比率等于相应时期的环比发展速度，环比发展速度＝2009年定基发展速度/2008年定基发展速度，而定基发展速度＝1＋定基增长速度，所以可得环比发展速度＝（1＋14.85％）/（1＋14.4％）＝100.39％。

历年经典真题回顾

一、单项选择题（每题1分，每题备选项中，只有1个最符合题意）

1. 2011—2016年我国工业生产者出厂价格指数分别为106.0、98.3、98.1、98.1、94.8、98.6，选取移动间隔$k=3$，应用移动平均法预测2017年工业生产者出厂价格指数，则预测值为（　　）。[2017年真题]

   A. 99.0　　　　　　　　　　　　B. 98.3

   C. 96.7　　　　　　　　　　　　D. 97.2

   [答案] D

   [解析] 选择离预测期2017年最近的3期数据计算算术平均数，移动平均法下2017年预测值＝(98.1＋94.8＋98.6)/3＝97.17≈97.2。

2. 如果以Y_t表示第t期实际观测值，F_t表示第t期指数平滑预测值，$α$表示平滑系数，则指数平滑预测值的计算公式是（　　）。[2016年真题]

   A. $F_{t+1}=αF_t+(1-α)Y_t+1$　　　　B. $F_{t+1}=αY_t+(1-α)F_t$

   C. $F_{t+1}=α(F_t+Y_t)$　　　　　　D. $F_{t+1}=αF_t$

   [答案] B

   [解析] 指数平滑法是利用过去时间序列值的加权平均数作为预测值，即$t+1$期的预测值等于第t期的实际观察值与第t期预测值的加权平均数。

3. 我国2010—2015年人均国内生产总值分别为：3.1、3.6、4.0、4.3、4.7和5.2（单位：万元/人），我国2010—2015年人均国内生产总值的平均增长速度算式是（　　）。[2016年真题]

   A. $\sqrt[5]{\frac{5.2}{3.1}}$　　　　　　　　　　B. $\frac{1}{5}\left(\frac{3.6}{3.1}+\frac{4.0}{3.6}+\frac{4.3}{4.0}+\frac{4.7}{4.3}+\frac{5.2}{4.7}\right)$

   C. $\sqrt[5]{\frac{5.2}{3.1}}-1$　　　　　　　D. $\frac{1}{5}\left(\frac{3.6}{3.1}+\frac{4.0}{3.6}+\frac{4.3}{4.0}+\frac{4.7}{4.3}+\frac{5.2}{4.7}\right)-1$

   [答案] C

   [解析] 本题掌握两点：①平均增长速度＝平均发展速度－1，所以要选择有减1的选项；②平均发展速度用几何平均法求解，即$\sqrt[5]{2015生产总值/2010生产总值}$，综上本题选择C项。

4. 时间序列分析中，报告期水平与某一固定时期水平的比率是（　　）。[2016年真题]

   A. 定基发展速度　　　　　　　　B. 环比发展速度

   C. 环比增长速度　　　　　　　　D. 定基增长速度

   [答案] A

   [解析] 定基发展速度是报告期水平与某一固定时期水平的比率。

5. "年底总人口数"指标的时间序列属于（　　）。[2015年真题]

   A. 时点序列　　　　　　　　　　B. 平均数时间序列

   C. 相对数时间序列　　　　　　　D. 时期序列

   [答案] A

   [解析] 本题可通过"年底"二字选择时点序列。时点序列反映现象在一定时点上的瞬间水平。

6. "国内生产总值"指标的时间序列属于（　　）。[2014年真题]

   A. 时点序列　　　　　　　　　　B. 相对数时间序列

   C. 平均数时间序列　　　　　　　D. 时期序列

   [答案] D

   [解析] 国内生产总值是一定时期的总量，所对应的时间序列是绝对数时期序列。

7. 在时间序列的水平分析中，报告期水平与前一期水平的差是（　　）。[2013年真题]
   A. 累计增长量　　　　B. 逐期增长量　　　　C. 平均增长量　　　　D. 定基增长量
   [答案] B
   [解析] 在时间序列的水平分析中，逐期增长量是报告期水平与前一期水平的差。

8. 逐期增长量与累计增长量的区别是（　　）。[2012年真题]
   A. 适用的时间序列类型不同　　　　　　　B. 计量单位不同
   C. 基期确定方法不同　　　　　　　　　　D. 报告期确定方法不同
   [答案] C
   [解析] 根据基期的不同确定方法，增长量分为逐期增长量和累计增长量。逐期增长量是报告期水平与前一期水平之差，累计增长量是报告期水平与某一固定时期水平（通常是最初水平）之差。

二、多项选择题（每题2分，每题备选项中，有2个或2个以上符合题意，至少有1个错项。错选，本题不得分；少选，所选的每个选项得0.5分）

1. 关于时间序列的说法，正确的有（　　）。[2017年真题]
   A. 平均增长量等于累计增长量与逐期增长量之比
   B. 同一时间序列中，累计增长量等于相应时期逐期增长量之和
   C. 定基增长速度等于相应时期内各环比增长速度的连乘积
   D. 定基发展速度等于相应时期内各环比发展速度的连乘积
   E. 两个相邻时期定基发展速度的比率等于相应时期的环比发展速度
   [答案] BDE
   [解析] 平均增长量等于逐期增长量的平均数，A项错误。定基增长速度是报告期累计增长量与基期水平的比值，而环比增长速度是报告期逐期增长量与基期水平的比值，两者之间无C项描述的关系。

2. 关于变量增长的说法，正确的有（　　）。[2016年真题]
   A. 增长量是报告期发展水平与基期发展水平之差
   B. 累计增长量是报告期水平与前一期水平之差
   C. 逐期增长量是报告期水平与前一期水平之差
   D. 同一时间序列中，累计增长量等于相应时期内逐期增长量的乘积
   E. 平均增长量是时间序列中逐期增长量的序时平均数
   [答案] ACE
   [解析] 累计增长量＝报告期水平－最初水平，B项错误。同一时间序列中，累计增长量等于相应时期逐期增长量之和，D项错误。

3. 下列时间序列分析指标中，用于水平分析的有（　　）。[2014年真题]
   A. 发展水平　　　　B. 平均发展水平　　　　C. 发展速度　　　　D. 平均增长速度
   E. 平均增长量
   [答案] ABE
   [解析] 时间序列的水平分析内容包括发展水平、平均发展水平、增长量与平均增长量、增长1%的绝对值。时间序列的速度分析包括发展速度与增长速度、平均发展速度与平均增长速度。

4. 关于时间序列速度分析的说法，正确的有（　　）。[2013年真题]
   A. 两个相邻时期环比发展速度的比率等于相应时期的定基发展速度
   B. 定基发展速度等于相应时期内各环比发展速度的连乘积

C. 平均增长速度等于平均发展速度减去1

D. 当时间序列中的指标值出现0或负数时，不宜计算速度

E. 计算平均发展速度通常采用简单算术平均法

[答案] BCD

[解析] 两个相邻时期定基发展速度的比率等于相应时期的环比发展速度，A项错误。计算平均发展速度通常采用几何平均法，E项错误。

本章同步练习

一、单项选择题（每题1分，每题备选项中，只有1个最符合题意）

1. "经济增长率"指标的时间序列属于（　　）。
   A. 时点序列　　　　　　　　　　　B. 平均数时间序列
   C. 相对数时间序列　　　　　　　　D. 时期序列

2. 某企业职工人数资料（单位：人）如下表。

某企业职工人数资料

时间	3月31日	4月30日	5月31日	6月30日
职工人数	1 400	1 500	1 460	1 420

该企业3—6月份平均职工人数为（　　）人。
   A. 1 500　　　B. 1 400　　　C. 1 445　　　D. 1 457

3. 在序时平均数的计算过程中，与间隔相等的间断时点序列序时平均数计算思路相同的是（　　）。
   A. 间隔不相等的间断时点序列序时平均数
   B. 时期序列序时平均数
   C. 资料逐日登记且逐日排列的连续时点序列序时平均数
   D. 只在指标值发生变动时才记录一次的连续时点序列序时平均数

4. 在同一时间序列中，累计增长量与相应时期逐期增长量之间的数量关系是（　　）。
   A. 累计增长量等于相应时期逐期增长量的加权平均数
   B. 累计增长量等于相应时期逐期增长量之积
   C. 累计增长量等于相应时期逐期增长量之和除以逐期增长量个数
   D. 累计增长量等于相应时期逐期增长量之和

5. 某国2011—2016年不变价国内生产总值资料如下表。

年份	2011	2012	2013	2014	2015	2016
不变价国内生产总值逐期增长量（亿元）	—	8 235.1	9 758.6	11 750.6	13 005.6	16 056.2

该国2011—2016年期间不变价国内生产总值累计增加（　　）亿元。
   A. 58 806.1　　　B. 16 056.2　　　C. 11 761.2　　　D. 7 821.5

6. 平均增长量是时间序列中（　　）的序时平均数。
   A. 累计增长量
   B. 报告期水平与某一固定时期水平（通常是时间序列最初水平）之差
   C. 逐期增长量
   D. 报告期发展水平

7. 以2000年为基期，2008年和2009年我国粮食总产量定基增长速度分别为14.40%和14.85%。

2009 年对 2008 年的环比增长速度为（　　）。

  A. 0.39%　　　　B. 14.63%　　　　C. 100.39%　　　　D. 114.63%

8. 某市财政收入 2017 年比 2012 年增长了 72.6%，则该市 2012 年至 2017 年财政收入的平均增长速度为（　　）。

  A. $\sqrt[6]{72.6\%}$ B. $\sqrt[6]{172.6\%}-1$

  C. $\sqrt[6]{72.6\%}-1$ D. $\sqrt[5]{172.6\%}-1$

9. 已知一个时间序列的环比增长速度分别为 2%、8%、10%，则该时间序列的定基增长速度为（　　）。

  A. 2%×8%×10%   B. （2%×8%×10%）+1

  C. （102%×108%×110%）-1   D. 102%×108%×110%

10. 在环比增长速度时间序列中，由于各期的基数不同，运用速度指标反映现象增长的快慢时往往需要结合（　　）这一指标分析才能得出正确结论。

  A. 报告期水平   B. 增长 1% 的绝对值

  C. 累计增长量   D. 平均增长量

11. 指数平滑法下求得的 $t+1$ 期的预测值等于（　　）。

  A. 第 t 期的实际观察值与第 $t+1$ 期指数平滑值的加权平均数

  B. 第 t 期的实际观察值与第 t 期预测值的加权平均数

  C. 第 t 期的实际观察值与第 $t+1$ 期实际观察值的加权平均数

  D. 第 $t+1$ 期的实际观察值与第 t 期指数平滑值的加权平均数

12. 环比发展速度等于（　　）。

  A. 逐期增长量与其前一期水平之比   B. 累计增长量与最初水平之比

  C. 报告期水平与最初水平之比   D. 报告期水平与其前一期水平之比

13. "增长 1% 的绝对值"反映的是同样的增长速度在不同（　　）条件下所包含的绝对水平。

  A. 计量单位   B. 数据类型   C. 时间   D. 调查方法

14. 使用时间数列中最近 k 期数据值的平均数作为下一期的预测值的平滑法称为（　　）。

  A. 移动平均法   B. 算术平均法

  C. 指数平滑法   D. 几何平均法

15. 指数平滑法的特点是（　　）。

  A. 观测值离预测时期越久远，其权重也变得越大

  B. 观测值离预测时期越久远，其权重也变得越小，呈现出指数下降

  C. 观测值离预测时期越近，其权重也变得越小

  D. 不管观测值离预测时期远近，其权重都相同

二、**多项选择题**（每题 2 分，每题备选项中，有 2 个或 2 个以上符合题意，至少有 1 个错项。错选，本题不得分；少选，所选的每个选项得 0.5 分）

1. 依据指标值的特点，绝对数时间序列分为（　　）。

  A. 时期序列   B. 时点序列

  C. 相对数时间序列   D. 平均数时间序列

  E. 整数时间序列

2. 下列指标和时间构成的序列中，属于时点序列的有（　　）。

  A. 年末总人口   B. 钢产量

C. 国内生产总值
D. 人口自然增长率
E. 月末库存量

3. 下列时间序列属于相对数时间序列的有（　　）。
   A. 经济增长率
   B. 物价指数
   C. 产品产量
   D. 人均国内生产总值
   E. 全社会固定资产投资增长率

4. 下列时间序列分析指标中，用于速度分析的有（　　）。
   A. 发展水平
   B. 平均发展水平
   C. 发展速度
   D. 平均增长速度
   E. 平均增长量

5. 平滑法的目的是"消除"时间序列的不规则成分所引起的随机波动，包括（　　）。
   A. 移动平均法　　B. 算术平均法　　C. 指数平滑法　　D. 几何平均法
   E. 加权平均法

6. 根据基期的不同，增长量可分为（　　）。
   A. 累计增长量　　B. 平均增长量　　C. 逐期增长量　　D. 环比增长量
   E. 最终增长量

7. 由于基期选择的不同，发展速度有（　　）之分。
   A. 基期水平
   B. 报告期水平
   C. 定基发展速度
   D. 环比发展速度
   E. 最末水平

本章同步练习参考答案及解析

一、单项选择题

1. [答案] C
   [解析] "经济增长率"属于相对数，所对应的时间序列属于相对数时间序列。

2. [答案] D
   [解析] 月末职工人数是时点指标，由此构成的时间序列为间断时点时间序列。间隔期均为1个月。采用"两次平均"的思想计算平均发展水平：①第一次平均：（1 400＋1 500）/2＝1 450；（1 500＋1 460）/2＝1 480；（1 460＋1 420）/2＝1 440。②第二次平均：（1 450＋1 480＋1 440）/3＝1 457。

3. [答案] A
   [解析] 间隔相等的间断时点序列序时平均数与间隔不相等的间断时点序列序时平均数的计算思路均是两次平均。

4. [答案] D
   [解析] 同一时间序列中，累计增长量等于相应时期逐期增长量之和。

5. [答案] A
   [解析] 累计增长量＝8 235.1＋9 758.6＋11 750.6＋13 005.6＋16 056.2＝58 806.1。

6. [答案] C
   [解析] 平均增长量是时间序列中逐期增长量的序时平均数。

7. [答案] A
   [解析] 依据"环比比"，可得环比发展速度＝（1＋14.85％）/（1＋14.4％）＝100.39％；环比增长速度＝环比发展速度－1＝100.39％－1＝0.39％。

8. [答案] D
   [解析] 平均发展速度是一定时期内各期环比发展速度的序时平均数。目前计算平均发展速度通常采用几何平均法。平均增长速度＝平均发展速度－1＝$\sqrt[5]{定基发展速度}-1=\sqrt[5]{(1+定基增长速度)}-1=\sqrt[5]{172.6\%}-1$。

9. [答案] C
   [解析] 定基增长速度＝定基发展速度－1

＝环比发展速度连乘积－1＝［（环比增长速度＋1）连乘积］－1。

10. ［答案］B

［解析］在环比增长速度时间序列中，各期的基数不同，因此，运用这一指标反映现象增长的快慢时，往往要结合水平指标（"增长1％的绝对值"）的分析才能得出正确结论。增长1％绝对值＝$\dfrac{逐期增长量}{环比增长速度}$，反映的是同样的增长速度在不同时间条件下所包含的绝对水平。

11. ［答案］B

［解析］指数平滑法是利用过去时间序列值的加权平均数作为预测值，即 $t+1$ 期的预测值等于第 t 期的实际观察值与第 t 期预测值的加权平均数。

12. ［答案］D

［解析］由于基期选择的不同，发展速度有定基与环比之分。定基发展速度是报告期水平与某一固定时期水平（通常是最初水平）的比值；环比发展速度是报告期水平与其前一期水平的比值。

13. ［答案］C

［解析］"增长1％的绝对值"反映同样的增长速度，在不同时间条件下所包含的绝对水平。

14. ［答案］A

［解析］移动平均法使用时间数列中最近 k 期数据值的平均数作为下一期的预测值。

15. ［答案］B

［解析］指数平滑法的特点是，观测值离预测时期越久远，其权重也变得越小，呈现出指数下降，因而称为指数平滑。

二、多项选择题

1. ［答案］AB

［解析］时间序列按照其构成要素中统计指标值的表现形式，分为绝对数时间序列、相对数时间序列和平均数时间序列。其中，绝对数时间序列包括时期序列和时点序列。

2. ［答案］AE

［解析］绝对数时间序列中，统计指标值是绝对数。根据指标值的时间特点，绝对数时间序列分为时期序列和时点序列。时期序列中，每一指标值反映现象在一定时期内发展的结果，即过程总量，如本题中的B、C两项；时点序列中，每一指标值反映现象在一定时点上的瞬间水平，如本题中的A、E两项。人口自然增长率属于相对数时间序列。

3. ［答案］ABE

［解析］相对数时间序列涉及的指标是相对指标。相对指标是两个绝对数之比，如：经济增长率、物价指数、全社会固定资产投资增长率。C项属于绝对数时间序列，D项属于平均数时间序列。

4. ［答案］CD

［解析］发展水平及增长量均属于水平分析指标。

5. ［答案］AC

［解析］平滑法包括移动平均法和指数平滑法。

6. ［答案］AC

［解析］根据基期不同，增长量可以分为：①逐期增长量（报告期水平与前一期水平之差）；②累计增长量（报告期水平与某一固定时期水平之差）。

7. ［答案］CD

［解析］发展速度是以相对数形式表示的两个不同时期发展水平的比值，表明报告期水平已发展到基期水平的几分之几或若干倍。由于基期选择的不同，发展速度有定基与环比之分。

✐ 错题收集

第五部分 会 计

考情分析

年份	单项选择题		多项选择题		合计分值
	题量	分值	题量	分值	
2012—2017	11	11	5	10	21

知识脉络

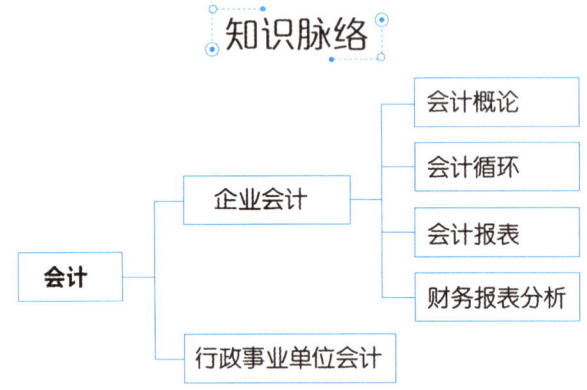

学习提示

会计这部分内容涉及的专业术语较多,学习起来略有难度,尽量在理解的基础上进行记忆。从应试的角度看,侧重考查会计基础知识和理论,尤其是历年真题的相关考点。

第二十八章　会计概论

本章考情分析

年份	单项选择题	多项选择题	合计
2017 年	5 题 5 分	1 题 2 分	7 分
2016 年	4 题 4 分	2 题 4 分	8 分
2015 年	2 题 2 分	1 题 2 分	4 分
2014 年	6 题 6 分	2 题 4 分	10 分
2013 年	3 题 3 分	2 题 4 分	7 分
2012 年	4 题 4 分	1 题 2 分	6 分

本章考点概览

【提示】本章所学内容若用数字来总结主要就是"2、4、6、7、8"。

本章考点详解

【考点一】现代会计的两大分支

现代会计以企业会计为核心。现代会计按照对外提供还是对内提供决策所需的信息分为财务会计和管理会计两大分支。关于财务会计和管理会计的主要内容如表28-1所示。

表 28-1　现代会计的两大分支

分支	具体内容
财务会计	(1) 以会计准则为依据 (2) 确认、计量、记录、报告企业财务状况、经营成果和现金流量 (3) 财务会计主要为外部会计信息使用者提供信息 (4) 财务会计提供的信息是对过去生产经营活动的客观反映
管理会计	(1) 用于满足企业内部管理人员编制、提高经济效益的需要 (2) 包括预测分析、决策分析、全面预算、成本控制和责任会计等内容

经典例题

[例题·多选题] 下列会计工作中,属于财务会计范畴的有（　　）。
A. 会计计量　　B. 预测分析　　C. 全面预算　　D. 会计报告
E. 责任会计
[答案] AD
[解题思路] 本题可以采用排除法,排除管理会计的内容。管理会计包括预测分析、决策分析、全面预算、成本控制和责任会计等内容,故排除 B、C、E 三项。因为多选题至少有两个正确选项,所以本题选择 A、D 两项。

【考点二】会计的两项基本职能

会计具有核算和监督两项基本职能,具体内容如图 28-1 所示。

会计核算是会计通过确认、计量、记录、报告,运用一定的方法或程序,利用货币形式,从价值量方面反映企业已经发生或完成的客观经济活动情况,为经济管理提供可靠的会计信息。会计核算具有完整性、连续性和系统性的特点

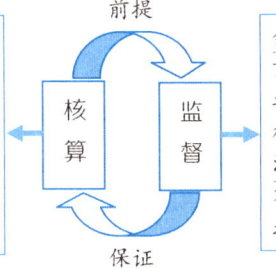

会计监督职能是指在经济事项发生之前、经济事项进行当中和经济事项发生之后,会计利用预算、检查、考核、分析等手段,对单位的会计核算及其经济活动的真实性、完整性、合规性和有效性进行检查与控制。会计监督包括事前、事中和事后监督

图 28-1　会计的基本职能

经典例题

[2014 年真题·单选题] 会计通过确认、计量、记录、报告,运用一定的方法或程序,从价值量方面反映企业已经发生或完成的客观经济活动情况,为经济管理提供可靠的会计信息,这体现的是会计的（　　）职能。
A. 监督　　B. 核算　　C. 管理　　D. 控制
[答案] B
[解析] 会计的基本职能包括核算职能和监督职能。核算职能强调四个关键词,即"确认、计量、记录和报告"。

【考点三】会计对象

会计对象即会计的客体,是会计所核算和监督的内容。凡是特定对象能以货币表现的经济活动都是会计核算和监督的内容。企业中以货币表现的经济活动一般称为价值运动或资金运动。常见的工业企业的资金运动过程如表 28-2 所示。

表 28-2　工业企业的资金运动过程

资金运动过程	主要内容
资金的投入	(1) 资金投入是企业资金运动的起点 (2) 资金投入包括：①企业所有者投入的资金（自有）——形成企业的所有者权益；②企业债权人投入的资金（借入）——形成企业的负债 (3) 投入企业的资金构成流动资产和非流动资产
资金的循环与周转	(1) 企业将资金运用于生产经营过程 (2) 资金循环过程（如图 28-2 所示） 货币资金→储备资金→生产资金→成品资金→货币资金 　　　　　供应过程　　生产过程　　销售过程 图 28-2　资金循环过程 (3) 资金周转：上述循环过程周而复始地不断循环，称为资金周转
资金的退出	包括缴纳税金、偿还债务、向投资者分配股利和利润

经典例题

[2014年真题·单选题] 一般来说，工业生产企业完整的资金循环过程是（　　）。
A. 货币资金→储备资金→生产资金→成品资金→货币资金
B. 货币资金→生产资金→货币资金
C. 货币资金→货币资金
D. 货币资金→储备资金→货币资金
[答案] A
[解析] 资金循环过程包括供应过程、生产过程和销售过程，在资金运动过程中资金形态的变化是由货币资金到储备资金到生产资金再到成品资金，最后再到货币资金。

【考点四】会计核算的七项内容

根据《会计法》，应当办理会计手续，进行会计核算的经济业务事项如表 28-3 所示。

表 28-3　会计核算的内容

会计核算的内容	具体阐述
款项和有价证券的收付	(1) 款项是作为支付手段的货币资金，主要包括现金、银行存款以及其他视同现金和银行存款的银行汇票存款、银行本票存款、信用卡存款、信用证存款 (2) 有价证券是指表示一定财产拥有权或支配权的证券，如国库券、股票、企业债券等 【提示】款项和有价证券是流动性最强的资产
财物的收发、增减和使用	财物是企业用以进行生产经营活动且具有实物形态的经济资源，一般包括原材料、燃料、包装物、低值易耗品、在产品、库存商品等流动资产以及房屋、建筑物等固定资产
债权债务的发生和结算	(1) 债权：企业收取款项的权利，包括应收账款、应收票据、其他应收款、预付账款等应收及预付款项 (2) 债务：企业承担的需要偿付的现时义务，包括各项借款、应付和预收款项
资本的增减	资本是投资者为开展生产经营活动而投入的本金。会计上所说的资本专指所有者权益中的投入资本，包括实收资本和资本公积
收入、支出、费用、成本的计算	(1) 收入：企业在销售商品、提供劳务及让渡资产使用权等日常活动中形成的经济利益总流入 (2) 支出：企业所实际发生的各项开支和损失 (3) 费用：企业为销售商品、提供劳务等日常活动所发生的经济利益总流出 (4) 成本：企业为生产产品、提供劳务而发生的各项耗费。它与一定种类和数量的产品或某种劳务相联系，是对象化了的费用

会计核算的内容	具体阐述
财务成果的计算和处理	财务成果主要是指企业在一定时期内通过从事生产经营活动而在财务上所取得的成果，具体表现为盈利或亏损
需要办理会计手续、进行会计核算的其他事项	

> **经典例题**
>
> [例题·多选题] 根据《会计法》，应该进行会计核算的经济业务事项包括（　　）。
> A. 款项和有价证券的收付
> B. 成本费用的预测分析
> C. 财务成果的统计分析
> D. 债权、债务的发生和结算
> E. 收入、支出、费用、成本的计算
> [答案] ADE
> [解析] 财务活动预决策、控制、统计分析、审计等都不属于会计核算的内容。

【考点五】企业的六个会计要素及两个会计等式

一、会计要素

会计要素是会计对象按照交易或事项的经济特征所做的基本分类，是会计核算和监督对象的具体化。企业会计要素的类别如图28-3所示。

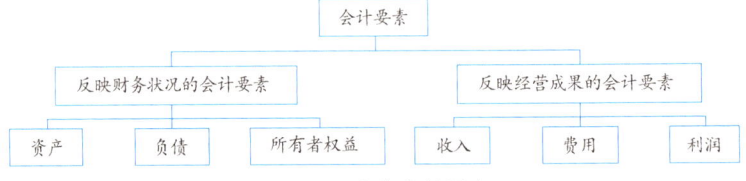

图28-3　企业会计要素

> **经典例题**
>
> [2014年真题·单选题] 下列会计要素组合中，反映企业财务状况的是（　　）。
> A. 资产、负债、费用
> B. 收入、费用、利润
> C. 资产、负债、所有者权益
> D. 资产、负债、利润
> [答案] C
> [解析] 反映企业财务状况的会计要素是资产、负债和所有者权益。

（一）反映财务状况的会计要素

反映财务状况的会计要素如表28-4所示。

表28-4　反映企业财务状况的会计要素

会计要素	含义及特征	具体项目
资产	资产是过去的交易、事项形成并由企业拥有或者控制的，能以货币计量并且预期会给企业带来经济利益的资源 其特征是：①必须是现实的资产，而不是预期的资产；②必须是企业拥有或者控制的资源；③必须是预期能够直接或间接给企业带来经济利益；④必须能以货币计量	资产按照流动性可以分为流动资产和非流动资产： (1) 流动资产：预计在一个营业周期中变现、出售或耗用，或者主要为交易目的而持有，或者预计在资产负债表日起1年内变现的资产。包括货币资金、交易性金融资产、应收票据、应收账款、预付款项、应收利息、应收股利、其他应收款、存货等 (2) 非流动资产：是指除流动资产以外的资产。包括长期股权投资、工程物资、在建工程、固定资产、无形资产、开发支出等

续表

会计要素	含义及特征	具体项目
负债	负债是由过去的交易、事项形成的，预期会导致经济利益流出企业的现时义务	负债按照流动性可分为流动负债和非流动负债： (1) 流动负债：预计在一个正常营业周期中清偿，或者主要为交易目的而持有，或者自资产负债表日起1年内到期应予以清偿的负债。包括短期借款、应付票据、应付账款、预收账款、应付职工薪酬、应交税费、应付利息、应付股利、其他应付款等 (2) 非流动负债：是指除流动负债以外的负债。包括长期借款、应付债券等
所有者权益	所有者权益是指企业资产扣除负债后由所有者享有的剩余权益 所有者权益来源包括：①企业投资人投入的资本。②直接计入所有者权益的利得和损失。③留存收益。包括盈余公积和未分配利润	所有者权益的具体项目包括： (1) 实收资本（股本） (2) 资本公积。包括企业收到投资者出资超过其在注册资本或股本中所占份额的部分，以及直接计入所有者权益的利得和损失 (3) 盈余公积 (4) 未分配利润

> **经典例题**
>
> [例题·多选题] 下列各项中，属于资产必须具备的基本特征有（　　）。
> A. 预期会给企业带来经济利益　　B. 被企业拥有或控制
> C. 由过去的交易或事项形成　　　D. 具有可辨认性
> E. 能以货币计量
> [答案] ABCE
> [解析] 资产是指由于过去的交易、事项形成的并由企业拥有或者控制的资源，该资源预期会给企业带来经济利益。其特征是：必须是企业拥有或者控制的资源；必须是预期能够直接或间接给企业带来经济利益；必须是现实的资产；必须能以货币计量。
> [例题·多选题] 下列会计项目中，属于企业流动资产的有（　　）。
> A. 应收票据　　　　　　　　　B. 工程物资
> C. 预付账款　　　　　　　　　D. 应收账款
> E. 预收账款
> [答案] ACD
> [解析] 通过本题掌握流动资产的分类。流动资产包括货币资金、交易性金融资产、各种债权以及存货。本题中应收票据、应收账款、预付账款均属于债权。工程物资属于非流动资产，预收账款属于流动负债。
> [例题·多选题] 下列负债中，属于流动负债的有（　　）。
> A. 应付债券　　B. 短期借款　　C. 应付账款　　D. 预收账款
> E. 预付账款
> [答案] BCD
> [解析] 应付债券属于非流动负债，预付账款属于流动资产，短期借款、应付账款及预收账款属于流动负债。

（二）反映经营成果的会计要素

反映经营成果的会计要素如表28-5所示。

表 28-5　反映经营成果的会计要素

会计要素	含义	注意
收入	收入是指日常活动中形成的、会导致所有者权益增加的、与所有者投入资本无关的经济利益的总流入	(1) 为第三方代收的款项不属于企业收入 (2) 偶发活动带来的经济利益不属于收入 (3) 收入表现为企业资产的增加，也可表现负债减少或者二者兼而有之
费用	费用是指企业日常活动中发生的、会导致所有者权益减少的、与向所有者分配利润无关的经济利益的总流出	狭义的费用是指为取得收入而发生的各种与提供商品和劳务有关的资产耗费，即营业费用。营业费用按是否构成产品成本，分为制造成本和期间费用。期间费用包括管理费用、财务费用和销售费用
利润	利润是指企业在一定期间内的经营成果，是反映经营成果的最终要素	包括收入减费用后的净额（日常活动的业绩）、直接计入当期利润的利得和损失（非日常活动的业绩）

经典例题

[2016年真题·单选题] 企业在日常经营活动中发生的、会导致所有者权益减少的、与向所有者分配利润无关的经济利益的总流出，在会计上称为（　　）。
A. 成本　　　　B. 费用　　　　C. 价格　　　　D. 投资
[答案] B
[解题思路] 本题通过"日常活动""总流出"即可选择"费用"。

二、会计等式

企业六个会计要素相互之间存在一定的数量关系。反映这种数量关系的恒等式，即为会计等式，具体内容如表 28-6 所示。

表 28-6　会计等式

会计等式	反映的内容
资产＝权益 ＝债权人权益＋所有者权益 ＝负债＋所有者权益	反映资产的归属关系
	在某个特定的时点，资产与负债和所有者权益三者之间所存在的平衡关系，是复式记账法的理论基础，也是编制资产负债表的基础
收入－费用＝利润	反映企业利润的形成过程
	收入、费用和利润之间的关系是编制利润表的基础

【提示】经济业务发生会引起会计要素的变动，但并不会破坏"资产＝负债＋所有者权益"的平衡关系。

经典例题

[例题·单选题] 一项经济业务发生后会引起相关会计要素的变动，下列会计要素变动情形中，错误的是（　　）。
A. 一项资产和一项负债同时等额增加
B. 一项资产和一项所有者权益同时等额减少
C. 一项负债和一项所有者权益同时等额增加
D. 一项负债增加，另一项负债等额减少，资产和所有者权益不变
[答案] C
[解析] 依据"资产＝负债＋所有者权益"的恒等关系来判断。C项，负债和所有者权益同时等额增加，导致资产＜（负债＋所有者权益），会计等式的恒等关系被破坏，所以表述错误。

> 经典例题

[例题·多选题] 下列属于企业会计等式的有（　　）。
A. 本期借方余额合计＝本期贷方余额合计　　B. 本期借方发生额合计＝本期贷方发生额合计
C. 资产＝负债＋所有者权益　　D. 收入－费用＝利润
E. 资产＝权益
[答案] CDE
[解析] 会计等式反映的是会计要素之间的关系，本题选择 C、D、E 三项。

【考点六】会计要素确认和计量的四个基本原则

会计要素确认和计量基本原则包括<u>权责发生制原则、配比原则、历史成本原则、划分收益性支出与资本性支出原则</u>。其具体内容如表 28-7 所示。

表 28-7　会计要素确认和计量的基本原则

原则	具体内容
权责发生制原则	该原则是按收入的权利和支出的义务是否属于本期来确认收入和费用的入账时间；而收付实现制是以收到款项或支付款项作为确认收入、费用的基础 <u>企业会计核算应当采用权责发生制</u>；而我国行政事业单位预算会计核算采用<u>收付实现制</u>，<u>财务会计核算采用权责发生制</u>，国务院另有规定的，依照其规定
配比原则	在会计核算中，一个会计期间内的各项收入与其相关的成本、费用应当在同一会计期间内进行确认、计量和记录，而不能提前或延后，否则就会造成经营成果虚假不实。对于一切预支的款项的成本、费用，要递延到有关的收入取得时才能列支；对于与本期收入有关的一切未来费用，则应在本期内预提，以达到配比的目的
历史成本原则	企业的各项财产<u>在取得时</u>应当按照实际成本计量，其后，各项财产如果发生减值，应当按照规定计提相应的减值准备，除法律、行政法规和国家统一的会计制度另有规定外，企业一律不得自行调整其账面价值
划分收益性支出与资本性支出原则	（1）支出的效益仅惠及本会计年度（或一个营业周期）的，应当作为<u>收益性支出</u>，收益性支出作为费用列入利润表中 （2）凡支出的效益惠及几个会计年度（或几个营业周期）的，应当作为<u>资本性支出</u>。如购入固定资产和无形资产的支出，固定资产更新改造支出，应当作为资产列入资产负债表中

> 经典例题

[例题·单选题] 下列关于划分收益性支出与资本性支出的表述，错误的是（　　）。
A. 将收益性支出作为资本性支出处理会少计费用多计资产
B. 将收益性支出作为资本性支出处理会出现当期净收益降低，甚至亏损，以及资产价值偏低的结果
C. 收益性支出是指在本期发生的只与本期收益有关的应当在本期已实现的收益中得到补偿的支出
D. 划分收益性支出与资本性支出的目的在于正确确认企业的当期损益
[答案] B
[解析] 收益性支出计入费用，资本性支出计入资产。将收益性支出作为资本性支出处理会出现当期费用少计，资产多计，从而使净收益增加，以及资产价值偏高，B 项错误。
[例题·多选题] 下列会计处理原则中，属于会计要素确认和计量基本原则的有（　　）。
A. 实质重于形式　　B. 历史成本原则　　C. 会计主体　　D. 货币计量
E. 权责发生制原则
[答案] BE

[解析] 会计要素确认和计量基本原则包括权责发生制原则、配比原则、历史成本原则、划分收益性支出与资本性支出原则。

【考点七】会计的四个基本前提

会计基本前提包括会计主体、持续经营、会计分期和货币计量。其具体内容如表28-8所示。

表28-8 会计基本前提

基本前提	具体内容
会计主体	是企业会计确认、计量和报告的空间范围，是会计所服务的特定单位
	划分会计主体是为了把会计主体的经济业务与其他会计主体以及投资者的经济业务划分开
	会计主体与法律主体的关系：一般来说，法律主体必然是会计主体，但会计主体可以是一个独立的法律主体，也可以不是一个独立的法律主体，可以是营利性组织，也可以不是营利性组织
持续经营	只有在持续经营的前提下，企业的资产和负债才区分为流动和长期的；企业资产才能以历史成本计价而不以现行成本或清算价格计价
会计分期	又叫会计期间，就是在会计工作中为核算生产经营活动或预算执行情况所规定的起讫日期，一般分年度和中期
	会计分期是建立在持续经营基础上的
	明确了会计期间的前提，才产生了本期与非本期的区别，才产生了收付实现制和权责发生制，才能正确贯彻配比原则
货币计量	企业在进行会计确认、计量和报告时采用货币为主要计量单位进行记录，并假定货币的币值保持不变。我国《企业会计准则》规定，企业会计应当以货币计量，以人民币为记账本位币
	【提示】货币计量的假设并不表示货币是会计核算中唯一的计量单位，有时在会计核算中也辅以实物数量等计量单位

经典例题

[2016年真题·多选题] 下列会计概念中，属于会计基本前提的有（　　）。
A. 历史成本　　B. 持续经营　　C. 货币计量　　D. 会计主体
E. 以权责发生制为核算基础
[答案] BCD
[解析] 会计基本前提包括会计主体、持续经营、会计分期和货币计量。

[2011年真题·单选题] 会计分期是建立在（　　）基础上的。
A. 会计主体　　B. 货币计量　　C. 持续经营　　D. 权责发生制
[答案] C
[解析] 会计分期是建立在持续经营基础上的。

【考点八】会计的八个信息质量要求

《企业会计准则》对企业提供的会计信息的质量要求包括可靠性、相关性、清晰性、可比性、实质重于形式、重要性、谨慎性和及时性。其具体内容如表28-9所示。

表28-9 会计信息质量要求

会计信息质量要求	具体内容
可靠性	要求企业应当以实际发生的交易或事项为依据，如实反映
	可靠性包括真实性和客观性

续表

会计信息质量要求	具体内容
相关性	又称有用性，要求企业提供的会计信息应当与财务会计报告使用者的经济决策需要相关
清晰性	又称可理解性，要求会计提供的会计信息应当清晰明了，便于财务报告使用者理解和使用
可比性	(1) 要求同一企业不同时期发生相同或者相似的交易或者事项，必须采用一致的会计政策。企业会计核算方法和程序前后各期应当保持一致，不得随意变更 (2) 不同企业发生的相同或者相似的交易或者事项，应当采用规定的会计政策和会计处理办法
实质重于形式	要求企业应当按照交易或事项的经济实质进行会计确认、计量和报告，而不应仅仅以交易或者事项的法律形式为依据
	如融资租赁固定资产，从经济实质上，企业拥有资产的实际控制权，在会计核算上视为企业资产
重要性	在会计核算过程中对交易或事项应当区别其重要程度，采用不同的核算方式：重要事项充分、准确披露；次要事项在不影响会计信息真实性和不至于误导财务会计报告使用者做出正确判断的前提下，可以适当简化和合并反映
	重要性的应用需要依赖职业判断，从项目的性质和金额大小两方面来判断。一般情况下，对决策者的利益关联度高的和金额占总业务量比重较大的项目应当作为重要项目在财务报表上进行反映
谨慎性	又称稳健性，要求企业对交易或者事项进行会计确认、计量和报告应当保持应有的谨慎，不应高估资产或者收益，不应低估负债或者费用。如某一经济业务有多种处理方法可供选择时，应选择采取一种不导致夸大资产、虚增账面利润、扩大所有者权益的方法。对于预计会发生的损失应计算入账，对于可能产生的收益则不预计入账
	谨慎性在会计上的应用：存货在物价上涨时采用后进先出法、对应收账款计提坏账准备、对固定资产采用加速折旧法、对可能发生的资产损失计提减值准备等。谨慎性原则的应用并不允许企业设置秘密准备
及时性	要求企业对已发生的交易或事项应及时核算，不得提前或者延后

经典例题

[例题·单选题] 下列会计业务中，不能体现会计核算谨慎性原则的是（　　）。
A. 对固定资产采用加速折旧法计提折旧
B. 对应收账款计提坏账准备
C. 在物价上涨时期对存货采用后进先出法计价
D. 企业将生产资料分为低值易耗品和固定资产
[答案] D
[解析] 企业将生产资料分为低值易耗品和固定资产体现了重要性的要求。

[例题·多选题] 下列会计核算要求中，属于我国《企业会计准则》规定的会计信息质量要求的有（　　）。
A. 可控性　　　B. 可靠性　　　C. 全面性　　　D. 相关性
E. 实质重于形式
[答案] BDE
[解析] 会计信息质量要求包括可靠性、相关性、清晰性、可比性、实质重于形式、重要性、谨慎性和及时性。

本章易错易混考点

【易错易混考点】 会计相关概念（如表28-10所示）

表28-10 会计相关概念

项目	包括	关键词记忆法
会计要素确认计量的基本原则	权责发生制原则、配比原则、历史成本原则、划分收益性支出与资本性支出原则	历史上划分收支的原则是权责配比
会计基本前提	会计主体、持续经营、会计分期、货币计量	会计主体持续分钱 【提示】钱：货币
会计信息质量要求	及时性、清晰性、谨慎性、实质重于形式、可靠性、可比性、相关性、重要性	及时的清晰的谨慎的反映实情那可是相当地重要 【提示】可：可靠性、可比性

[2013年真题·多选题] 下列会计核算要求中，属于我国《企业会计准则》规定的会计信息质量要求的有（　　）。

A. 持续经营　　B. 可靠性　　C. 权责发生制　　D. 相关性

E. 实质重于形式

[答案] BDE

[解题思路] 本题通过"及时的清晰的谨慎的反映实情那可是相当地重要"可以选择B、D、E三项。

历年经典真题回顾

一、单项选择题（每题1分，每题备选项中，只有1个最符合题意）

1. 下列会计要素中，能够反映企业财务状况的是（　　）。[2017年真题]

　　A. 利润　　　　B. 负债　　　　C. 费用　　　　D. 结余

[答案] B

[解析] 反映企业财务状况的会计要素包括资产、负债和所有者权益；反映企业经营成果的会计要素包括收入、费用和利润。

2. 企业在日常经营活动中发生的，会导致所有者权益减少的、与向所有者分配利润无关的、能够可靠计量的经济利益的总流出，在会计上称为（　　）。[2017年真题]

　　A. 利润　　　　B. 价格　　　　C. 投资　　　　D. 费用

[答案] D

[解析] 费用是企业在日常活动中发生的，会导致所有者权益减少的，与向所有者分配利润无关的经济利益的总流出。

3. 按照对外提供还是对内提供决策所需的信息划分，现代会计分为（　　）。[2017年真题]

　　A. 行政事业单位会计与企业会计　　B. 预算会计与财务会计

　　C. 政府会计与企业会计　　　　　　D. 财务会计与管理会计

[答案] D

[解析] 现代会计的两大分支是财务会计和管理会计，简单记忆两个字，即"财管"。

4. 在工业企业的资金运动中，企业资金从货币资金转化为储备资金形态的过程属于资金循环中的（　　）过程。[2017年真题]

　　A. 生产　　　　B. 销售　　　　C. 供应　　　　D. 投入

[答案] C

[解析] 由货币资金到储备资金的过程属于工业企业的供应过程,例如某工业企业用货币购买原材料的过程就是供应过程。

5. 关于货币计量这一会计基本前提的说法,错误的是( )。[2017年真题]
   A. 我国《企业会计准则》规定,企业会计应当以货币计量
   B. 以货币计量时假定币值是稳定的
   C. 只能用人民币作为唯一的货币来计量企业发生的经济业务
   D. 企业在进行会计核算时货币不一定是唯一的计量单位
   [答案] C
   [解析] 货币计量是指企业在进行会计确认、计量和报告时采用货币为主要计量单位进行记录,并假定货币的币值保持不变。我国《企业会计准则》规定,企业会计应当以货币计量,以人民币为记账本位币。对企业经济活动的计量,可以采用多种计量单位,如实物数量、货币、重量、长度、体积等。

6. 在不影响会计信息真实性和不至于误导报告使用者做出正确判断的前提下,对影响资产、负债、损益较大的会计事项予以充分、准确的披露,对影响较小的次要会计事项进行简化或合并反映,这体现了会计信息质量的( )要求。[2016年真题]
   A. 一贯性　　　　　　　　　　B. 重要性
   C. 客观性　　　　　　　　　　D. 谨慎性
   [答案] B
   [解析] 本题通过"次要"即可选择重要性。重要性要求对于对资产、负债、损益等有较大影响,并进而影响财务会计报告使用者据以做出合理判断的重要的会计事项必须按照规定的方法和程序进行处理,并在财务会计报告中予以充分、准确的披露;而对于次要的会计事项,在不影响会计信息真实性和不至于误导财务会计报告使用者做出正确判断的前提下,可以适当简化和合并反映。

7. 下列负债中,属于非流动负债的是( )。[2016年真题]
   A. 应付债券　　B. 短期借款　　C. 应付账款　　D. 预收账款
   [答案] A
   [解析] 应付债券属于非流动负债。短期借款、应付及预收款均属于流动负债。

8. 下列会计活动中,属于管理会计内容的是( )。[2016年真题]
   A. 确认和计量企业资产、负债、所有者权益的增减变动
   B. 预测分析企业成本变化趋势
   C. 记录经营收入的取得、费用的发生和归属以及收益的形成和分配
   D. 报告企业财务状况、经营成果和现金流量
   [答案] B
   [解析] 管理会计的内容包括预测分析、决策分析、全面预算、成本控制和责任会计等。确认、计量、记录和报告属于财务会计的四个环节。

9. 企业采用融资租赁方式租入的固定资产在会计核算上视为企业的总资产,这体现了会计信息质量( )的要求。[2015年真题]
   A. 相关性　　　　　　　　　　B. 实质重于形式
   C. 重要性　　　　　　　　　　D. 谨慎性
   [答案] B
   [解析] 融资租入固定资产依据实质重于形式的会计信息质量要求作为企业的资产处理。

10. 在会计核算的基本前提中，界定会计核算空间范围的是（　　）。[2015年真题]

　　A. 持续经营　　　　　　　　　B. 会计主体

　　C. 会计期间　　　　　　　　　D. 货币计量

[答案] B

[解析] 会计主体是会计确认、计量和报告的空间范围。

11. 预计在一个正常营业周期中变现、出售或耗用的资产是（　　）。[2014年真题]

　　A. 固定资产　　　　　　　　　B. 流动资产

　　C. 递延资产　　　　　　　　　D. 无形资产

[答案] B

[解析] 流动资产强调"1"，即流动资产是预计在1个营业周期中变现、出售或耗用，或者主要为交易目的而持有，或者预计在资产负债表日起1年内变现的资产。

12. 企业应当对应收账款计提坏账准备，这体现的会计信息质量要求是（　　）。[2014年真题]

　　A. 重要性　　B. 清晰性　　C. 可靠性　　D. 谨慎性

[答案] D

[解析] 固定资产加速折旧法以及对应收款项计提坏账准备均体现了谨慎性的要求。

13. 下列会计概念中，属于有价证券的是（　　）。[2013年真题]

　　A. 现金　　　　　　　　　　　B. 国库券

　　C. 银行存款　　　　　　　　　D. 银行汇票存款

[答案] B

[解析] 有价证券是指表示一定财产拥有权或支配权的证券，如国库券、股票、企业债券。

14. 银行对发放的贷款计提贷款风险准备金，体现了会计信息质量的（　　）要求。[2012年真题]

　　A. 谨慎性　　B. 重要性　　C. 真实性　　D. 收支配比

[答案] A

[解析] 谨慎性在会计上的应用是多方面的，如存货在物价上涨时采用后进先出法、对应收账款计提坏账准备、对固定资产采用加速折旧法和对可能发生的资产损失计提减值准备等。

二、多项选择题（每题2分，每题备选项中，有2个或2个以上符合题意，至少有1个错项。错选，本题不得分；少选，所选的每个选项得0.5分）

1. 根据《中华人民共和国会计法》，属于应当办理会计手续、进行会计核算的经济业务事项有（　　）。[2017年真题]

　　A. 款项和有价证券的收付　　　B. 企业变更工商登记

　　C. 企业编制经营预算　　　　　D. 财产物资的收发、增减和使用

　　E. 财务成果的计算和处理

[答案] ADE

[解析] 根据《中华人民共和国会计法》，下列经济业务事项，应当办理会计手续，进行会计核算：①款项和有价证券的收付；②财物的收发、增减和使用；③债权、债务的发生和结算；④资本的增减；⑤收入、支出、费用、成本的计算；⑥财务成果的计算和处理；⑦需要办理会计手续、进行会计核算的其他事项。

2. 关于资产特征的说法，正确的有（　　）。[2016年真题]

　　A. 资产必须是企业拥有或控制的资源，通过对它的有效使用，能够为企业提供未来的经济利益

　　B. 资产必须是预期能够直接或间接给企业带来经济利益的资源

C. 资产必须是现实的资产,而不是预期的资产

D. 资产必须能以货币计量

E. 资产是过去的交易活动形成的且必须于未来某一特定时期予以清偿的现时义务

[答案] ABCD

[解析] 资产的特征包括:①必须是现实的资产,而不是预期的资产;②必须是企业拥有或者控制的资源;③必须是预期能够直接或间接给企业带来经济利益;④必须能以货币计量。

3. 下列会计工作中,属于管理会计范畴的有（ ）。[2015年真题]

A. 会计计量　　　　　　　　　　B. 预测分析

C. 全面预算　　　　　　　　　　D. 会计报告

E. 责任会计

[答案] BCE

[解析] 管理会计范畴包括预测分析、决策分析、全面预算、成本控制和责任会计。

4. 会计的基本前提包括（ ）。[2014年真题]

A. 会计主体　　　　　　　　　　B. 持续经营

C. 会计分期　　　　　　　　　　D. 货币计量

E. 历史成本

[答案] ABCD

[解析] 会计基本前提包括会计主体、持续经营、会计分期和货币计量。

5. 下列会计项目中,属于企业流动资产的有（ ）。[2013年真题]

A. 应收票据　　　　　　　　　　B. 工程物资

C. 预付账款　　　　　　　　　　D. 应收账款

E. 无形资产

[答案] ACD

[解析] 通过本题掌握流动资产的分类。流动资产包括货币资金、交易性金融资产、各种债权以及存货。本题中应收票据、应收账款、预付账款均属于债权。

本章同步练习

一、单项选择题（每题1分,每题备选项中,只有1个最符合题意）

1. 会计的基本职能是（ ）。

A. 核算和监督　　　　　　　　　B. 监督和评价

C. 监督和检查　　　　　　　　　D. 预测和决策

2. 负债是企业所承担的现时义务,履行该义务预期会导致（ ）。

A. 经济利益流出企业　　　　　　B. 企业利润的增加

C. 企业费用的降低　　　　　　　D. 企业收入的减少

3. 下列各项中,已经形成企业负债的是（ ）。

A. 企业的银行贷款　　　　　　　B. 企业签订的期货合同

C. 企业购买的固定资产　　　　　D. 企业发生的销售费用

4. 企业预收销货款10 000元,存入银行。这项经济业务所引起的会计要素变动情况属于（ ）。

A. 一项资产与一项负债同时增加

B. 一项资产与一项负债同时减少

C. 一项资产增加,另一项资产减少

D. 一项负债增加，另一项负债减少

5. 企业1月份预付全年仓库租金12 000元，按权责发生制确认的本月费用为（　　）元。
   A. 12 000
   B. 10 000
   C. 5 000
   D. 1 000

6. 在会计处理上，按照款项实际收到或支付的日期来确定收益和费用的归属的方法称为（　　）。
   A. 复式记账
   B. 权责发生制
   C. 收付实现制
   D. 会计分期

7. 我国《企业会计准则》规定，企业的会计核算应当以（　　）为基础。
   A. 实地盘存制
   B. 永续盘存制
   C. 收付实现制
   D. 权责发生制

8. 一个会计期间的收入和与其相关的成本费用应当在该会计期间内确认，并相互比较，以便计算本期损益，这体现的是会计要素确认计量原则中的（　　）。
   A. 配比原则
   B. 一致性原则
   C. 相关性原则
   D. 可比性原则

9. 各项资产应按照取得时支付的实际成本计量，其后不得自行调整其账面价值，这遵循的是会计要素确认计量原则中的（　　）原则。
   A. 客观性
   B. 相关性
   C. 历史成本
   D. 权责发生制

10. 下列支出中，属于资本性支出的是（　　）。
    A. 购买固定资产的支出
    B. 支付职工工资
    C. 购买原材料的支出
    D. 支付固定资产日常修理费

11. 将收益性支出按资本性支出进行账务处理会导致（　　）。
    A. 少计费用多计资产
    B. 多计费用少计资产
    C. 少计费用少计资产
    D. 多计费用多计资产

12. 下列会计处理原则中，属于会计要素确认和计量基本原则的是（　　）。
    A. 实质重于形式
    B. 历史成本原则
    C. 会计主体
    D. 货币计量

13. 投资者个人的经济业务与其所投资企业的经济业务分开，符合（　　）这一会计核算基本前提的要求。
    A. 会计主体
    B. 持续经营
    C. 货币计量
    D. 会计分期

14. 会计核算中，区分权责发生制和收付实现制两种记账基础的会计基本前提是（　　）。
    A. 会计主体
    B. 持续经营
    C. 货币计量
    D. 会计分期

15. 企业在进行会计确认、计量和报告时采用的主要计量单位是（　　）。
    A. 实物数量
    B. 货币
    C. 重量
    D. 长度

16. 所有者权益又称为股东权益，是（　　）后由所有者享有的剩余收益。
    A. 流动资产扣除流动负债
    B. 资产扣除负债
    C. 收入扣除费用
    D. 资产扣除长期负债

17. 下列项目中，属于流动资产的是（　　）。
    A. 预收账款
    B. 预付账款

C. 工程物资　　　　　　　　　　D. 应付股利

18. 企业收到投资者出资超过其在注册资本或股本中所占份额的部分，以及直接计入所有者权益的利得和损失，应计入（　　）。
    A. 资本公积　　　　　　　　　　B. 实收资本
    C. 盈余公积　　　　　　　　　　D. 未分配利润

19. 企业在对某一经济业务进行会计核算过程中，应根据交易或事项的重要程度采用不同的核算方式。判断交易或事项重要程度的主要标准是（　　）。
    A. 决策层次
    B. 对决策者利益的关联度和金额占总业务量的比重
    C. 变现速度
    D. 决策者的喜好

二、多项选择题（每题2分，每题备选项中，有2个或2个以上符合题意，至少有1个错项。错选，本题不得分；少选，所选的每个选项得0.5分）

1. 下列会计工作中，属于财务会计内容的有（　　）。
   A. 进行经营决策分析　　　　　　B. 编制会计报表
   C. 设置会计科目　　　　　　　　D. 清查财产
   E. 成本控制

2. 下列业务中，属于资金退出的有（　　）。
   A. 购买材料　　　　　　　　　　B. 缴纳税金
   C. 分配利润　　　　　　　　　　D. 银行借款
   E. 销售商品

3. 下列会计概念中，属于款项的有（　　）。
   A. 现金　　　　　　　　　　　　B. 国库券
   C. 银行存款　　　　　　　　　　D. 银行汇票存款
   E. 银行本票存款

4. 下列各项目中，构成企业所有者权益的有（　　）。
   A. 资本公积　　　　　　　　　　B. 盈余公积
   C. 未分配利润　　　　　　　　　D. 实收资本
   E. 货币资金

5. 企业历年实现的净利润留存于企业的部分称为留存收益，包括（　　）。
   A. 资本公积　　　　　　　　　　B. 盈余公积
   C. 未分配利润　　　　　　　　　D. 实收资本
   E. 货币资金

6. 企业财务会计信息的主要内容包括有关（　　）的信息。
   A. 财务状况　　　　　　　　　　B. 经营成果
   C. 现金流量　　　　　　　　　　D. 管理水平
   E. 财务人员水平

7. 反映一定时期企业经营成果的会计要素有（　　）。
   A. 收入　　　　　　　　　　　　B. 费用
   C. 投资　　　　　　　　　　　　D. 利润
   E. 所有者权益

8. 下列会计概念中，属于企业会计要素的有（　　）。
   A. 收入
   B. 资产
   C. 现金流量
   D. 负债
   E. 公允价值

9. 资产按流动性分为流动资产和非流动资产，下列项目属于流动资产的有（　　）。
   A. 货币资金
   B. 工程物资
   C. 存货
   D. 预付账款
   E. 无形资产

10. 下列各项中，属于企业负债的有（　　）。
    A. 企业购买的国债
    B. 企业欠职工的工资
    C. 企业欠银行的贷款
    D. 企业签订的采购合同
    E. 企业负责人个人购房时向朋友的借款

11. 按权责发生制的要求，下列项目中，应作为本期收入的有（　　）。
    A. 本期销售商品本期收到货款
    B. 上期销售商品本期收到货款
    C. 本期预收货款下期发货
    D. 本期销售商品本期未收到货款
    E. 本期预付购货款

12. 谨慎性原则要求会计人员在选择会计处理方法时应做到（　　）。
    A. 不高估资产
    B. 不低估负债
    C. 预计任何可能的收益
    D. 确认一切可能发生的损失
    E. 选择不虚增账面利润、不扩大所有者权益的方法

本章同步练习参考答案及解析

一、单项选择题

1. [答案] A
   [解析] 会计的基本职能是核算和监督。

2. [答案] A
   [解析] 负债是过去的交易、事项形成的，预期会导致经济利益流出企业的现时义务。

3. [答案] A
   [解析] 企业银行贷款形成了企业负债。企业签订的期货合同意味着将来可能会形成负债。企业购买的固定资产、企业发生的销售费用并没有涉及负债。

4. [答案] A
   [解析] 预收销货款反映银行存款增加，预收账款增加。银行存款是资产项目，预收账款是负债项目。

5. [答案] D
   [解析] 权责发生制原则是按收入的权利和支出的义务是否属于本期来确认收入和费用的入账时间。1月份虽然预付了全年仓库租金，但由1月份承担的就是第1个月的费用。因此，按权责发生制确认的本月费用＝12 000÷12＝1 000（元）。

6. [答案] C
   [解析] 收付实现制是以收到款项或支付款项作为确认收入、费用的基础。

7. [答案] D
   [解析] 我国企业会计核算应当以权责发生制为基础。

8. [答案] A
   [解析] 配比原则要求在会计核算中，一个

会计期间内的各项收入和与其相关的成本、费用，应当在同一会计期间内进行确认、计量和记录，而不能提前或延后，否则就会造成经营成果虚假不实。

9. ［答案］ C
   ［解析］ 历史成本原则要求企业的各项财产在取得时应当按照实际成本计量。其后，各项财产如果发生减值，应当按照规定计提相应的减值准备。

10. ［答案］ A
    ［解析］ 凡支出的效益惠及几个会计年度（或几个营业周期）的，应当作为资本性支出。如购入固定资产和无形资产的支出，固定资产更新改造支出，它应当作为资产列入资产负债表中。

11. ［答案］ A
    ［解析］ 收益性支出作为费用，资本性支出作为资产，若将收益性支出按资本性支出处理会导致费用少计、资产多计。

12. ［答案］ B
    ［解析］ 会计要素确认和计量的基本原则包括权责发生制原则、配比原则、历史成本原则、划分收益性支出与资本性支出原则。

13. ［答案］ A
    ［解析］ 划分会计主体是为了把会计主体的经济业务与其他会计主体以及投资者的经济业务划分开。

14. ［答案］ D
    ［解析］ 明确了会计期间的前提，才产生了本期与非本期的区别，才产生了收付实现制和权责发生制，才能正确贯彻配比原则。

15. ［答案］ B
    ［解析］ 企业在进行会计确认、计量和报告时采用货币为主要计量单位进行记录。

16. ［答案］ B
    ［解析］ 所有者权益是指企业资产扣除负债后由所有者享有的剩余收益，是投资人在企业中享有的经济利益。

17. ［答案］ B
    ［解析］ A、D两项属于流动负债；C项属于非流动资产。

18. ［答案］ A
    ［解析］ 通过本题掌握资本公积核算的内容。资本公积包括企业收到投资者出资超过其在注册资本或股本中所占份额的部分，以及直接计入所有者权益的利得和损失。盈余公积及未分配利润称为留存收益，是企业历年实现的净利润留存于企业的部分。

19. ［答案］ B
    ［解析］ 通过本题掌握判断重要性的标准。重要性的应用需要依赖职业判断，从项目的性质和金额大小两方面来判断。一般情况下，对决策者的利益关联度高的和金额占总业务量比重较大的项目应当作为重要项目在财务报表上进行反映。

二、多项选择题

1. ［答案］ BCD
   ［解析］ 本题可以用排除法做选择。管理会计包括预测分析、决策分析、全面预算、成本控制和责任会计等内容。A、E两项属于管理会计的内容，应予以排除。

2. ［答案］ BC
   ［解析］ B、C两项属于资金退出。A项是供应过程，E项是销售过程，均属于资金周转和循环。D项是资金的筹集，属于资金投入。

3. ［答案］ ACDE
   ［解析］ 款项是作为支付手段的货币资金，主要包括现金、银行存款以及其他视同现金和银行存款的银行汇票存款、银行本票存款、信用卡存款、信用证存款。B项属于有价证券。

4. ［答案］ ABCD
   ［解析］ 所有者权益包括实收资本（股本）、资本公积、盈余公积、未分配利润。E项属于资产。

5. ［答案］ BC
   ［解析］ 盈余公积和未分配利润又合称为留存收益。

6. ［答案］ ABC
   ［解析］ 财务会计信息内容包括有关企业财务状况的信息，通过资产负债表来反映；有关

企业经营成果的信息，通过利润表来反映；有关企业现金流量的信息，通过现金流量表来反映。

7. ［答案］ABD

［解析］反映企业经营成果的会计要素包括收入、费用和利润。

8. ［答案］ABD

［解析］企业会计要素包括资产、负债、所有者权益、收入、费用和利润。

9. ［答案］ACD

［解析］资产按流动性分为流动资产和非流动资产。其中，流动资产包括货币资金、交易性金融资产、应收票据、应收账款、预付款项、应收利息、应收股利、其他应收款、存货等。B、E两项属于非流动资产。

10. ［答案］BC

［解析］通过本题掌握负债的特征。A项属于企业的资产，政府的负债；D项属于将来可能形成负债的项目，不满足负债"过去形成"的特征；E项属于企业负责人个人的负债，而非企业负债。

11. ［答案］AD

［解析］权责发生制原则是根据权责关系的实际发生期间来确认企业的收入和费用。即收入归属期是创造收入的会计期间；费用的归属期应是费用所服务的会计期间。本期销售商品不管款项是否收到，均应确认为本期的收入。上期销售本期收款，应确认为上期的销售收入，B项错误；本期预收货款下期发货应确认为下期的收入，C项错误；本期预付购货款不确认收入，E项错误。

12. ［答案］ABE

［解析］谨慎性原则要求选择会计处理方法时尽可能选用一种不会导致高估资产或收益、低估负债或费用的方法，合理核算可能发生的费用和损失。如某一经济业务有多种处理方法可供选择时，应选择采取一种不导致扩大资产、虚增账面利润、扩大所有者权益的方法。

✏️ 错题收集

第二十九章　会计循环

本章考情分析

年份	单项选择题	多项选择题	合计
2017 年	1 题 1 分	1 题 2 分	3 分
2016 年	2 题 2 分	1 题 2 分	4 分
2015 年	2 题 2 分	1 题 2 分	4 分
2014 年	2 题 2 分	1 题 2 分	4 分
2013 年	—	1 题 2 分	2 分
2012 年	1 题 1 分	1 题 2 分	3 分

本章考点概览

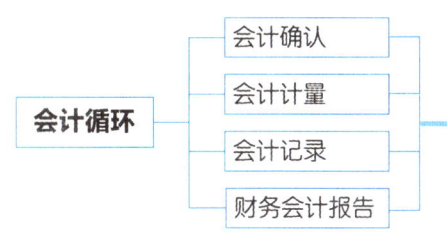

本章主要考点
1. 会计确认主要解决的问题及一般标准
2. 会计计量属性
3. 会计记录的方法
4. 账务处理程序
5. 会计报告的分类

本章考点详解

【考点一】会计确认主要解决的问题及一般标准

会计上将按照确认、计量、记录和报告为主要环节的会计基本程序及相应的方法称为会计循环。会计确认是将某一会计事项作为资产、负债、所有者权益、收入、费用或利润等会计要素正式列入会计报表的过程。

一、会计确认主要解决的三个问题

(1) 确定某一经济业务是否需要进行确认。
(2) 确定该业务应在何时进行确认。
(3) 确定该业务应确认为哪个会计要素。

二、会计确认的一般标准

(1) 被确认的项目是通过经济业务活动所产生的，其交易性质符合会计要素的要求。

(2) 与该项目有关的未来经济利益流入或流出企业的不确定性能明确地评估。

(3) 该项目应有可以计量的属性。

权责发生制构成了确认收入和费用的基础，也进一步构成了资产和负债的确认基础。

经典例题

[2011年真题·多选题] 会计确认主要解决的问题包括（　　）。

A. 确定某一经济业务是否需要进行确认
B. 确定一项经济业务的货币金额
C. 确定某一经济业务应在何时进行确认
D. 确定某一经济业务应确认为哪个会计要素
E. 为编制财务报告积累数据

[答案] ACD

[解析] 通过本题掌握会计确认需要解决的三个问题，即是否需要确认、何时确认及确认为哪个会计要素。B项属于会计计量的内容；E项属于会计记录的内容。

【考点二】会计计量属性

会计计量是指为了在会计报表中确认和计量有关会计要素的实际状况而确定其货币金额的过程。计量问题是会计的核心问题。会计计量由计量单位和计量属性两个方面构成。会计计量单位主要是以货币为主的计量单位，同时为了管理的需要辅之以各种实物量度。

会计计量属性主要有五种，如表29-1所示。

表29-1　会计计量属性

计量属性	具体内容
历史成本	又称原始成本，是指以取得资产时实际发生的成本作为资产的入账价值
	在历史成本计量下，资产按照购置时支付的现金或者现金等价物的金额，或者按照购置资产时所付出的对价的公允价值计量
重置成本	是指企业重新取得与其所拥有的某项资产相同或与其功能相当的资产需要支付的现金或现金等价物
	适用的前提是资产处于使用状态，且能够继续使用，对所有者具有使用价值
可变现净值	是指资产按照其正常对外销售所能收到现金或者现金等价物的金额扣减该资产至完工时估计将要发生的成本、估计销售所必需的费用以及相关税费后的金额计量
	资产负债表日，存货应当按照成本和可变现净值孰低计量。对可变现净值低于存货成本的差额，应当计提存货跌价准备，计入当期损益
现值	是指资产按照预计从其持续使用和最终处置中所产生的未来净现金流入量的折现金额计量
公允价值	是指在公平交易中，熟悉情况的交易双方自愿进行资产交换或者债务清偿的金额计量
	在公允价值下，资产和负债按照公平市场参与者在计量日发生的有序交易中，出售资产所能收到或者转移负债所需支付的价格计量
企业对会计要素进行计量时，一般应当采用历史成本，采用重置成本、可变现净值、现值、公允价值计量的，应当保证所确定的会计要素金额能够取得并可靠计量	

经典例题

[例题·多选题] 关于会计计量属性的表述错误的有（　　）。

A. 重置成本适用的前提是资产处于使用状态，且能够继续使用，对所有者具有使用价值
B. 资产负债表日存货按照历史成本计量
C. 在公允价值计量下，资产按照购置时所付出的对价的公允价值计量

D. 可变现净值是指企业在日常的生产经营活动中，以估计售价减去完工时估计将要发生的成本以及估计销售所必需的费用以及相关税费后的金额

E. 在历史成本计量下，资产按照购置时支付的现金或者现金等价物的金额来计量

[答案] BC

[解题思路] A 项考查重置成本的适用情况，表述正确；B 项考查存货的计量，资产负债表日存货按照成本与可变现净值孰低来计量，如果成本低于可变现净值，存货就按照成本计量，反之亦然，表述错误；C 项考查历史成本，"购置时"是判断的关键，按购置时的公允价值计量，这是采用历史成本来计量，表述错误；D 项考查可变现净值的概念，判断关键是"减去"两个字，表述正确；E 项强调购置时，考查历史成本计量属性，表述正确。

【考点三】会计记录的方法

会计记录是通过账户、会计凭证和账簿等载体，运用复式记账等手段，对确认和计量的结果进行记录，为编制财务会计报告积累数据的过程。

会计记录的方法主要包括设置账户、复式记账、填制和审核凭证、登记账簿。

一、设置账户

账户是指根据会计科目设置的，以会计科目为名称，具有一定格式和结构，用来分类反映会计要素各项目增减变动情况和结果的载体。

会计科目是指对会计要素的具体内容进行分类的项目。

（一）账户的分类

账户的分类如表 29-2 所示。

表 29-2　账户的分类

分类标准	具体类别
反映会计要素的具体内容	资产类、负债类、所有者权益类、收入类、成本类、费用类和损益类
提供信息的详细程度及其统驭关系	（1）总分类账户：如"应收账款"账户 （2）明细分类账户：如"应收账款——甲公司"账户

（二）账户结构

账户结构分为两个基本部分，即左方（记账符号为借）和右方（记账符号为贷），一方登记增加（称为增加发生额），另一方登记减少（称为减少发生额）。

资产、成本、费用类账户，借方登记增加额，贷方登记减少额；负债、所有者权益、收入类账户，借方登记减少额，贷方登记增加额。

增减相抵后的差额，称为账户的余额（包括期初余额和期末余额）。账户的基本结构如图 29-1 所示。

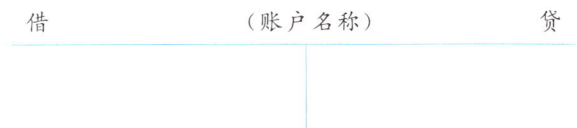

图 29-1　账户的基本结构

账户的四个金额要素之间的基本关系为：

期末余额＝期初余额＋本期增加发生额－本期减少发生额

（1）对于资产类账户，借方登记增加额，贷方登记减少额（简记为"借增贷减"），期末余额

在借方。其账户结构如图 29-2 所示。

借	资产类账户	贷
期初余额		
本期增加发生额		本期减少发生额
期末余额		

图 29-2　资产类账户结构

资产类账户的金额关系为：

资产账户期末余额＝期初余额＋本期借方发生额－本期贷方发生额

（2）对于负债、所有者权益账户，借方登记减少额，贷方登记增加（简记为"借减贷增"），期末余额在贷方。其账户结构如图 29-3 所示。

借	负债类（所有者权益类）账户	贷
		期初余额
本期减少发生额		本期增加发生额
		期末余额

图 29-3　负债类及所有者权益类账户结构

负债及所有者权益账户的金额关系为：

负债及所有者权益账户期末余额＝期初余额＋本期贷方发生额－本期借方发生额

二、复式记账

复式记账的具体内容如表 29-3 所示。

表 29-3　复式记账

项目	具体内容		
概念	是指对每一项经济业务都要以相等的金额，同时计入两个或两个以上的有关账户的一种记账方法		
作用	通过账户记录可以全面、清晰地反映有关经济业务内容的来龙去脉，通过账户的平衡关系，可以检查有关业务记录是否正确		
分类	收付记账法		
	增减记账法		
	借贷记账法（被普遍接受并广泛使用的方法）	以"借、贷"为记账符号	
		账户结构：借方核算资产期初余额和期末余额、资产（成本、费用）的增加、负债与所有者权益（收入）减少；贷方核算负债及所有者权益的期初余额和期末余额、负债、所有者权益及收入的增加，资产、成本、费用的减少	
		记账规则：有借必有贷，借贷必相等	
		试算平衡等式	全部账户借方发生额合计＝全部账户贷方发生额合计
			全部账户借方期初余额合计＝全部账户贷方期初余额合计
			全部账户借方期末余额合计＝全部账户贷方期末余额合计

三、填制和审核凭证

（1）会计凭证是记录经济业务、明确经济责任的书面证明，也是登记账簿的依据。填制和审核会计凭证是会计工作的开始。

（2）会计凭证按照其填制程序和用途可以分为原始凭证和记账凭证两种。

原始凭证是经济业务发生时取得或填制的，用以证明经济业务的发生或者完成情况，并作为记账原始依据的会计凭证。

记账凭证是会计人员依据审核无误的原始凭证，用来确定经济业务应借、应贷的会计科目和金额而填制的，作为登记账簿直接依据的会计凭证。

（3）通过填制和审核会计凭证，可以控制经济活动，保证会计资料真实正确，明确经济责任，为记账提供可靠依据，保证会计记录真实可靠。

四、登记账簿

（1）账簿是用来全面、连续、系统地记录各项经济业务的簿籍，是保存会计数据资料的重要工具。登记账簿必须以凭证为依据。

（2）设置和登记账簿是会计工作得以开展的基础环节，是联结会计凭证和财务会计报告的中间环节。

（3）按照账簿的用途，账簿可分为序时账簿、分类账簿和备查账簿三类。

（4）为了保证会计账簿所提供会计资料的真实、完整，会计人员要定期对账，做到账证相符、账账相符、账实相符、账表相符，对账工作至少每年进行一次。

经典例题

[2016年真题·多选题] 关于借贷记账法的说法，正确的有（　　）。

A. 有借必有贷，借贷必相等
B. 全部账户本期借方发生额合计等于全部账户本期贷方发生额合计
C. 全部账户借方期末余额合计等于全部账户贷方期末余额合计
D. 资产账户余额合计等于负债账户余额合计
E. 收入账户本期发生额合计等于费用类账户本期发生额合计

[答案] ABC

[解析] 借贷记账法的记账规则是"有借必有贷，借贷必相等"，A项正确。B、C、D、E四项均考查试算平衡等式。试算平衡等式包括：全部账户借方发生额合计＝全部账户贷方发生额合计；全部账户期初借方余额合计＝全部账户期初贷方余额合计；全部账户期末借方余额合计＝全部账户期末贷方余额合计。试算平衡等式中必须是企业的"全部账户"，个别类别的账户之间不存在这种相等的关系。B、C两项表述正确，D、E两项表述错误。

[2012年真题·单选题] 下列会计概念中，属于会计记录方法的是（　　）。

A. 记账凭证　　　B. 历史成本　　　C. 复式记账　　　D. 会计报告

[答案] C

[解析] 会计记录的方法主要包括设置账户、复式记账、填制和审核凭证、登记账簿。

[2011年真题·单选题] 下列账户记录方法中，符合负债类账户记账规则的是（　　）。

A. 增加记借方　　　　　　　　B. 增加记贷方
C. 减少记贷方　　　　　　　　D. 期末无余额

[答案] B

[解析] 负债类账户"借减贷增"，期末余额在贷方。

【考点四】账务处理程序

一、主要的会计账务处理程序

账务处理程序也称为会计核算组织程序，是指对会计数据的记录、归类、汇总、报告的步骤和方法，基本模式可以概括为：原始凭证—记账凭证—会计账簿—会计报表。

各种账务处理程序的主要区别在于登记总分类账的依据和方法不同，具体如表29-4所示。

表 29-4　账务处理程序

账务处理程序	登记总账的方式	优缺点	适用范围
记账凭证账务处理程序（最基本）	记账凭证→总账	简单明了，总分类账较详细地反映经济业务的发生情况，但登记总分类账的工作量较大	规模较小、经济业务量较少的单位
汇总记账凭证账务处理程序	汇总记账凭证→总账	便于了解账户之间的对应关系，但不利于会计核算日常分工，转账凭证较多时，编制汇总转账凭证工作量较大	适用于规模较大、经济业务较多的单位
科目汇总表账务处理程序	科目汇总表→总账	可做到试算平衡，但不能反映账户对应关系，不便于查对账目	适用于经济业务较多的单位
多栏式日记账账务处理程序	收付款凭证→多栏式日记账→总账	减少登记总账的工作量，但若单位经济业务多，会使日记账栏目多，不便于登记	适用于生产经营规模大、经济业务量多，但使用会计科目较少的单位
日记总账账务处理程序	日记账和总分类账结合	简单易行，但会导致账页过长，不便于记账和查阅	适用于经济业务量少且使用会计科目也少的单位

二、出纳账务处理程序

（1）根据原始凭证或汇总原始凭证填制收款凭证、付款凭证；对于转账投资有价证券业务，还要根据原始凭证或汇总原始凭证直接登记有价证券明细分类账。

（2）根据收款凭证、付款凭证逐笔登记现金日记账、银行存款日记账、有价证券明细分类账。

（3）现金日记账的余额与库存现金每天进行核对。银行存款日记账的余额与开户银行出具的银行对账单逐笔进行核对，至少每月一次。银行存款日记账的余额与银行存款总分类账定期进行核对。

（4）根据现金日记账、银行存款日记账、有价证券明细分类账、开户银行出具的银行对账单等，定期或不定期编制出纳报告，提供出纳核算信息。

> **经典例题**
>
> [2011年真题·单选题] 在会计账务处理中，对发生的经济业务事项都要根据原始凭证或汇总原始凭证编制记账凭证，然后直接根据记账凭证逐笔登记总分类账。这种账务处理程序是（　　）。
> A. 记账凭证账务处理程序　　　　B. 汇总记账凭证账务处理程序
> C. 科目汇总表账务处理程序　　　D. 日记总账账务处理程序
> [答案] A
> [解题思路] 本题判断的关键是"直接根据记账凭证逐笔登记总分类账。"通常直接依据什么登记总账，就称为什么账务处理程序。
>
> [例题·单选题] 账务处理程序也称为会计核算组织程序，其基本模式可以概括为（　　）。
> A. 原始凭证—记账凭证—会计账簿—会计报表
> B. 记账凭证—原始凭证—会计账簿—会计报表
> C. 会计账簿—会计报表
> D. 会计凭证—会计报表
> [答案] A
> [解析] 账务处理程序也称为会计核算组织程序，是指对会计数据的记录、归类、汇总、报告的步骤和方法。其基本模式可以概括为：原始凭证—记账凭证—会计账簿—会计报表。

【考点五】会计报告的分类

会计报告是指企业对外提供的反映企业在某一特定日期财务状况和某一会计期间经营成果、现金流量等会计信息的文件。会计报告的分类如表 29-5 所示。

表 29-5　会计报告的分类

分类标准		具体类别
反映经济内容		反映财务状况的报表、反映经营成果的报表、反映现金流量的报表
报送对象	对外会计报表	对外会计报表种类、格式和编制方法由财政部统一制定
	对内会计报表	对内报表是根据企业内部需要自行规定、自行设计的
编报主体		个别会计报表、合并会计报表
编制的时间范围		年度会计报表、季度会计报表、月份会计报表

经典例题

[2014年真题·单选题] 按照所反映经济内容的不同，企业会计报表可分为（　　）。
A. 对外会计报表和对内会计报表
B. 年度会计报表、季度会计报表和月份会计报表
C. 预算报表和决算报表
D. 财务状况报表、经营成果报表和现金流量报表

[答案] D

[解析] 会计报表按照其反映经济内容不同，可分为反映财务状况的报表、反映经营成果的报表和反映现金流量的报表三类。

本章易错易混考点

【易错易混考点】借贷记账法的账户结构（如表 29-6 所示）

表 29-6　借贷记账法的账户结构

账户类别	账户结构
资产、成本、费用类账户	借方登记增加额，贷方登记减少额
	资产类账户有余额，余额在借方
负债、所有者权益、收入类账户	借方登记减少额，贷方登记增加额
	负债类和所有者权益类账户有余额，余额在贷方

【考点小贴士】借贷记账法的账户结构既是难点又是重点，对于考生来说，记忆难度较大，非常容易混淆，为更好应试，现提供一种记忆方法。即用会计恒等式："资产＝负债＋所有者权益"来记忆。等式相当于账户，等号左面即借方，等号右面即贷方。首先，只记忆增加的方向，在等号左面的项目增加就记在账户的左面，也就是借方；在等号右面的项目增加就记在账户的右面，也就是贷方。余额的方向和增加的方向一致。若考查减少的方向，就与增加方向相反。这样就很容易地掌握了常考的资产、负债、所有者权益类账户的基本结构。其次，记住费用与资产增减方向相同，收入与负债增减方向相同。也可以用"资产＋费用＝负债＋所有者权益＋收入"等式来记忆。

[2013年真题·多选题] 在借贷记账法下，经济业务发生时借方登记增加额的账户有（　　）。
A. 负债类账户
B. 收入类账户
C. 资产类账户
D. 所有者权益类账户
E. 费用类账户

[答案] CE

[解题思路] 根据"资产＋费用＝负债＋所有者权益＋收入"来选择，等号左面的资产、费用增加就记在账户的借方，等号右面的负债、所有者权益、收入增加就记在账户的贷方。

------- 历年经典真题回顾 -------

一、单项选择题（每题1分，每题备选项中，只有1个最符合题意）

1. 按照记账凭证账务处理程序进行记账时，正确的做法是（　　）。[2017年真题]
   A. 根据原始凭证编制记账凭证
   B. 根据账簿记录编制记账凭证
   C. 根据明细账编制记账凭证
   D. 根据会计报表记录总分类账

   [答案] A

   [解析] 账务处理程序也称为会计核算组织程序，是指对会计数据的记录、归类、汇总、报告的步骤和方法。其基本模式可以概括为：原始凭证—记账凭证—会计账簿—会计报表。A项与基本模式的顺序一致。

2. 按提供信息的详细程度及其统驭关系分类，账户可以分为（　　）。[2017年真题]
   A. 总分类账户和明细分类账户
   B. 一级账户和二级账户
   C. 资产类账户和权益类账户
   D. 基本账户和辅助账户

   [答案] A

   [解析] 按照反映会计要素的具体内容划分，账户分为资产类账户、负债类账户、所有者权益类账户、成本类账户、收入类账户、费用类账户和损益类账户。按照提供信息的详细程度及其统驭关系划分，账户分为总分类账户和明细分类账户。

3. 企业重新取得与其所拥有的某项资产相同或与其功能相当的资产需要支付的现金及现金等价物的金额，会计上称为（　　）。[2016年真题]
   A. 重置成本
   B. 历史成本
   C. 可变现净值
   D. 公允价值

   [答案] A

   [解析] 本题根据"重新取得"可选择"重置成本"。

4. 企业进行会计要素计算时，一般应当采用的计量属性是（　　）。[2016年真题]
   A. 公允价值
   B. 重置成本
   C. 现值
   D. 历史成本

   [答案] D

   [解析] 企业在对会计要素进行计量时，一般应采用历史成本。（注意：2014年也考查了此题）

5. 在公平交易中，熟悉情况的交易双方自愿进行资产交换或者债务清偿的金额为（　　）。[2015年真题]
   A. 可变现净值
   B. 现值
   C. 价格
   D. 公允价值

   [答案] D

   [解析] 本题通过"公平交易"与"公允价值"的关联可选择D项。

6. 下列会计账户类别中，应在借方登记增加额的是（　　）账户。[2015年真题]
   A. 负债类
   B. 收入类
   C. 所有者权益类
   D. 资产类

   [答案] D

   [解析] 借方登记增加的是资产、成本和费用类账户。

二、**多项选择题**（每题2分，每题备选项中，有2个或2个以上符合题意，至少有1个错项。错选，本题不得分；少选，所选的每个选项得0.5分）

1. 按照出纳业务处理程序进行账务处理时，正确的做法有（　　）。[2017年真题]

   A. 现金日记账余额和库存现金每月进行核对

   B. 根据收款凭证和付款凭证逐笔登记现金日记账和银行存款日记账

   C. 至少每月一次将银行存款日记账与开户银行出具的银行对账单进行核对

   D. 对于转账投资有价证券业务，根据原始凭证或汇总原始凭证直接登记有价证券明细分类账

   E. 每日营业结束后，根据库存现金增减数额汇总记录现金日记账

   [答案] BCD

   [解析] 现金日记账余额和库存现金每天进行核对，A项错误。根据收款凭证、付款凭证逐笔登记现金日记账，E项错误。

2. 下列借贷记账法试算平衡的等式中，正确的有（　　）。[2015年真题]

   A. 全部会计科目本期借方发生额合计＝全部会计科目本期贷方发生额合计

   B. 全部会计科目借方期末余额合计＝全部会计科目贷方期末余额合计

   C. 全部会计科目借方期初余额合计＝全部会计科目贷方期初余额合计

   D. 全部资产账户本期借方发生额合计＝全部资产账户本期贷方发生额合计

   E. 全部资产账户借方期末余额合计＝全部资产账户贷方期末余额合计

   [答案] ABC

   [解析] 试算平衡的基本公式是：全部会计科目借方合计＝全部会计科目贷方合计。其包括发生额借贷之间、期初余额借贷之间以及期末余额借贷之间的相等。

3. 会计记录的方法主要包括（　　）。[2014年真题]

   A. 设置账户　　　　　　　　　B. 复式记账

   C. 填制和审核凭证　　　　　　D. 登记账簿

   E. 编制报表

   [答案] ABCD

   [解析] 会计记录的方法包括设置账户、复式记账、填制和审核凭证、登记账簿。

本章同步练习

一、**单项选择题**（每题1分，每题备选项中，只有1个最符合题意）

1. 会计确认的一般标准不包括（　　）。

   A. 被确认的项目是通过经济业务活动所产生的，其交易性质符合会计要素的要求

   B. 与该项目有关的未来经济利益流入或流出企业的不确定性能明确地评估

   C. 该项目应有可以计量的属性

   D. 该项目应以历史成本计量

2. 符合资产类账户记账规则的是（　　）。

   A. 增加记借方　　　　　　　　B. 增加记贷方

   C. 减少记借方　　　　　　　　D. 期末无余额

3. 确定某一项目、交易或事项应否、应在何时以及如何列作一项会计要素正式记入账内，列入财务报表的过程称为（　　）。

   A. 会计确认　　　　　　　　　B. 会计计量

   C. 会计记录　　　　　　　　　D. 会计报告

4. 会计的核心问题是（　　）。
   A. 确认　　　　　B. 计量　　　　　C. 记录　　　　　D. 报告
5. 负债类账户的发生额与余额之间的关系是（　　）。
   A. 期初余额＋本期贷方发生额＝期末余额
   B. 期初余额＋本期借方发生额－本期贷方发生额＝期末余额
   C. 期初余额＋本期借方发生额＝期末余额
   D. 期初余额＋本期贷方发生额－本期借方发生额＝期末余额
6. 账户结构的基本关系是（　　）。
   A. 期初余额＝期末余额
   B. 期初余额＋本期增加发生额＝期末余额
   C. 期初余额－本期减少发生额＝期末余额
   D. 期初余额＋本期增加发生额－本期减少发生额＝期末余额
7. 关于借贷记账法的说法，正确的是（　　）。
   A. 账户借方登记增加额，贷方登记减少额，余额在借方
   B. 所有者权益类账户借方登记增加额，贷方登记减少额
   C. 从单个账户看，借方发生额等于贷方发生额
   D. 一个企业全部账户本期借方发生额合计等于全部账户本期贷方发生额合计
8. 不同会计账务处理程序的主要区别在于（　　）。
   A. 登记总分类账的依据和方法不同　　B. 登记明细分类账的方法不同
   C. 编制会计报表的依据不同　　　　　D. 编制记账凭证的依据不同
9. 记账凭证账务处理程序适用于（　　）的单位。
   A. 规模较小，业务量较少　　　　　　B. 规模较小，业务量较多
   C. 规模较大，业务量较少　　　　　　D. 规模较大，业务量较多
10. 将会计报表分为对外会计报表和对内会计报表，其划分依据是（　　）。
    A. 会计报表编报主体不同　　　　　　B. 会计报表编制的时间范围不同
    C. 会计报表所反映的经济内容不同　　D. 会计报表报送对象不同
11. 账务处理程序也称为会计核算组织程序，是指对会计数据的记录、归类、汇总、报告的步骤和方法。我国账务处理程序中最基本的是（　　）。
    A. 汇总记账凭证账务处理程序　　　　B. 科目汇总表账务处理程序
    C. 日记总账账务处理程序　　　　　　D. 记账凭证账务处理程序
12. 科目汇总表账务处理程序的优点是（　　）。
    A. 详细反映经济业务的发生情况　　　B. 可以做到试算平衡
    C. 便于了解账户之间的对应关系　　　D. 便于查对账目

二、多项选择题（每题2分，每题备选项中，有2个或2个以上符合题意，至少有1个错项。错选，本题不得分；少选，所选的每个选项得0.5分）

1. 会计计量属性主要包括（　　）。
   A. 历史成本　　　　　　　　　　　　B. 重置成本
   C. 现行市价　　　　　　　　　　　　D. 公允价值
   E. 货币
2. 在借贷记账法下，经济业务发生时贷方登记增加额的账户有（　　）。
   A. 负债类账户　　　　　　　　　　　B. 收入类账户

C. 资产类账户 D. 所有者权益类账户
E. 费用类账户

3. 财务会计记录运用的会计方法有（　　）。
   A. 填制和审核凭证 B. 设置账户
   C. 复式记账 D. 登记账簿
   E. 成本计算

4. 下列记账方法中，属于复式记账法的有（　　）。
   A. 重复记账法 B. 借贷记账法
   C. 增减记账法 D. 收付记账法
   E. 左右记账法

5. 填制和审核会计凭证是进行财务会计确认的必要程序，其作用包括（　　）。
   A. 控制经济活动 B. 保证会计资料真实正确
   C. 提供记账依据 D. 明确经济责任
   E. 保护财产安全完整

6. 借贷记账法下，可以在账户借方登记的有（　　）。
   A. 资产的增加 B. 负债的减少
   C. 收入的减少 D. 费用的减少
   E. 所有者权益的增加

7. 按照所反映经济内容的不同，企业会计报表可分为（　　）。
   A. 财务状况报表 B. 经营成果报表
   C. 预算报表 D. 决算报表
   E. 现金流量报表

本章同步练习参考答案及解析

一、单项选择题

1. ［答案］D
   ［解析］会计确认的三大标准：①被确认的项目是通过经济业务活动所产生的，其交易性质符合会计要素的要求；②与该项目有关的未来经济利益流入或流出企业的不确定性能明确地评估；③该项目应有可以计量的属性。可计量的属性不一定就是历史成本，D项错误。

2. ［答案］A
   ［解析］资产类账户、成本类账户、费用类账户借方登记增加额，贷方登记减少额；负债类账户、所有者权益类账户、收入类账户借方登记减少额，贷方登记增加额。

3. ［答案］A
   ［解析］会计循环的确认环节是确定某一项目、交易或事项应否、应在何时以及如何列作一项会计要素正式记入账内，列入财务报表的过程。

4. ［答案］B
   ［解析］计量是会计的核心问题，贯穿于会计从确认、记录到报告的全过程。

5. ［答案］D
   ［解析］对于负债、所有者权益类账户借记减少、贷记增加，余额在贷方。负债及所有者权益账户期末余额＝期初余额＋本期贷方发生额－本期借方发生额。

6. ［答案］D
   ［解析］账户四个金额要素之间的基本关系为：期末余额＝期初余额＋本期增加发生额－本期减少发生额。

7. ［答案］D
   ［解析］并不是所有类别的账户借方都登记增加额，贷方都登记减少额，对于资产、成本、

费用类账户借记增加，贷记减少；对于负债、所有者权益、收入类账户借记减少，贷记增加，A、B两项错误。一个企业全部账户本期借方发生额合计等于全部账户本期贷方发生额合计，C项错误，D项正确。

8. [答案] A

    [解析] 各种会计账务处理程序的主要区别在于登记总分类账的依据和方法不同。

9. [答案] A

    [解析] 记账凭证账务处理程序是最基本的一种账务处理程序，简单明了，易于理解。总分类账可以较详细地反映经济业务的发生情况，但登记总分类账的工作量较大。其适用于规模较小、经济业务量较少的单位。

10. [答案] D

    [解析] 会计报表按照报送对象不同，分为对外会计报表和对内会计报表两类。

11. [答案] D

    [解析] 记账凭证账务处理程序是指发生的经济业务事项，都要依据原始凭证编制记账凭证，然后直接根据记账凭证逐笔登记总分类账的一种账务处理程序。它是最基本的账务处理程序。

12. [答案] B

    [解析] 记账凭证账务处理程序的优点中强调"详细"；汇总记账凭证账务处理程序的优点中强调"对应"；科目汇总表账务处理程序的优点中强调"试算平衡"。

二、多项选择题

1. [答案] ABD

    [解析] 计量属性主要有历史成本、重置成本、可变现净值、现值和公允价值五种。货币是会计的主要计量单位。

2. [答案] ABD

    [解析] 通过本题掌握不同性质的账户结构。借方登记增加的有资产类账户、成本类账户及费用类账户；贷方登记增加的是负债类账户、所有者权益类账户及收入类账户。

3. [答案] ABCD

    [解析] 会计记录的方法主要包括设置账户、复式记账、填制和审核凭证、登记账簿。

4. [答案] BCD

    [解析] 复式记账是对每一项经济业务都以相等的金额，同时计入两个或两个以上的有关账户的一种记账方法。主要的复式记账法有借贷记账法、收付记账法和增减记账法。

5. [答案] ABCD

    [解析] 通过填制和审核会计凭证，可以控制经济活动，保证会计资料真实正确，明确经济责任，为记账提供可靠依据，保证会计记录真实可靠。

6. [答案] ABC

    [解析] 账户借方核算资产期初余额、资产增加、负债与所有者权益减少、成本费用的增加、收入的减少和资产期末余额。账户贷方核算负债与所有者权益期初余额、负债与所有者权益增加、资产减少、收入的增加、成本费用的减少和负债与所有者权益期末余额。

7. [答案] ABE

    [解析] 会计报表按照其反映经济内容不同，可分为反映财务状况的报表、反映经营成果的报表和反映现金流量的报表三类。

错题收集

第三十章　会计报表

本章考情分析

年份	单项选择题	多项选择题	合计
2017 年	4 题 4 分	1 题 2 分	6 分
2016 年	2 题 2 分	1 题 2 分	4 分
2015 年	4 题 4 分	—	4 分
2014 年	1 题 1 分	2 题 4 分	5 分
2013 年	5 题 5 分	—	5 分
2012 年	3 题 3 分	1 题 2 分	5 分

本章考点概览

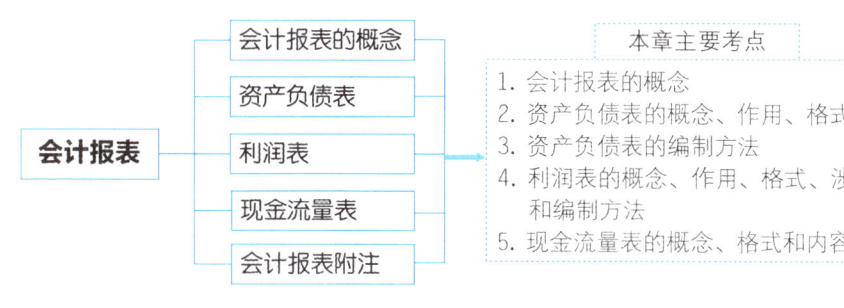

本章主要考点
1. 会计报表的概念
2. 资产负债表的概念、作用、格式和内容
3. 资产负债表的编制方法
4. 利润表的概念、作用、格式、涉及的公式和编制方法
5. 现金流量表的概念、格式和内容

本章考点详解

【考点一】会计报表的概念

会计报表是以日常账簿资料为主要依据编制的，总括反映企业财务状况、经营成果和现金流量等会计信息的书面文件。

【提示1】会计报表是会计核算环节的最后一个环节，也是会计循环过程的终点。

【提示2】会计报表是企业对外提供信息的主要形式，是对企业财务状况、经营成果和现金流量的结构性表述。

一套完整的会计报表至少应包括资产负债表、利润表、现金流量表、所有者权益变动表以及财务报表附注。

（1）资产负债表是反映企业在某一特定日期财务状况的报表。

（2）利润表是反映企业在一定会计期间经营成果的报表。

（3）现金流量表是反映企业在一定会计期间内现金和现金等价物流入和流出的报表。

(4)所有者权益变动表是反映组成所有者权益的各组成部分当期增减变动的报表。

(5)附注是对资产负债表、利润表、现金流量表和所有者权益变动表中列示的文字描述或明细资料,以及对未能在这些报表中列示项目的说明等。

经典例题

[2015年真题·单选题] 在会计核算工作中,以日常会计账簿资料为主要依据定期编制的,总括反映企业财务状况、经营成果和现金流量等会计信息的书面文件是( )。
A. 财务分析报告　　B. 会计报表　　C. 决算报告　　D. 会计凭证
[答案] B
[解析] 会计报表是以日常账簿资料为主要依据编制的,总括反映企业财务状况、经营成果和现金流量等会计信息的书面文件。

【考点二】资产负债表的概念、作用、格式和内容

资产负债表的概念、作用、格式和内容,如表30-1所示。

表30-1 资产负债表的概念、作用、格式和内容

项目	具体内容
概念	资产负债表是反映企业在某一特定日期财务状况的会计报表,是月度报表,以"资产=负债+所有者权益"这一基本等式为基础进行编制,反映企业的静态财务状况
作用	(1) 为报表使用者提供企业所拥有或控制的经济资源及这些经济资源的分布和构成情况的信息 (2) 总括反映企业资金的来源渠道和构成情况 (3) 通过对资产负债表的分析可以了解企业的财务状况,尤其是企业偿债能力的情况,以及财务状况变化情况等信息
格式	包括账户式和报告式两种。我国的资产负债表采用账户式
内容	(1) 资产类项目按流动性(即变现能力)进行排列,流动性强的在前,流动性差的在后,并按流动资产和非流动资产分项列示 (2) 负债类项目按到期日的远近进行排列,先到期的排在前面,后到期的排在后面,并按流动负债和长期负债分项列示 (3) 所有者权益排列顺序依次为:实收资本、资本公积、盈余公积和未分配利润。其中,盈余公积和未分配利润是企业在生产经营过程中形成的

经典例题

[例题·多选题] 下列各项,可以通过资产负债表反映的有( )。
A. 某一时点的财务状况　　　　　　B. 某一时点的偿债能力
C. 某一期间的经营成果　　　　　　D. 某一期间的获利能力
E. 企业所拥有或控制掌握的经济资源及其分布和构成情况的信息
[答案] ABE
[解析] 资产负债表反映企业某一特定日期(即某一时点)的财务状况,为报表使用者提供企业所拥有或控制掌握的经济资源及其分布和构成情况的信息,也能反映企业某一时点的偿债能力。反映某一期间经营成果和获利能力的报表是利润表。

[例题·多选题] 在资产负债表上,资产是按其流动性进行排列的,流动性强的排在前面,流动性差的排在后面。排在应收账款前面的项目有( )。
A. 固定资产　　B. 货币资金　　C. 长期投资　　D. 存货
E. 交易性金融资产

[答案] BE
[解析] 流动资产流动性由强到弱排列顺序：货币资金、交易性金融资产、应收预付款等、存货。

【考点三】资产负债表的编制方法

资产负债表中每个项目都有"年初余额"和"年末余额"两栏。年初余额根据上年末资产负债表的期末数填列或调整填列，年末余额直接填列和分析计算填列，具体内容如表30-2所示。

表30-2 资产负债表部分项目期末余额的填列方法

填列方法	具体方法	报表项目
直接填列法	根据总账科目的期末余额直接填列报表项目	应付票据、短期借款、应付职工薪酬、应交税费、实收资本、资本公积、盈余公积
分析计算填列法	根据若干总账科目期末余额分析计算填列	货币资金、未分配利润
	根据总账科目期末余额与其备抵科目抵消后的数据填列	固定资产、在建工程、无形资产、长期股权投资、应收账款、其他应收款、存货、持有待售资产
	根据明细账期末余额分析计算填列	预收账款、预付账款、应付账款、其他应付款
	根据总账科目和明细科目余额分析计算填列	其他非流动负债、长期借款

经典例题

[2010年真题·单选题] 在资产负债表中，根据总账科目余额直接填列的项目是（　　）。
A. 应收账款　　B. 短期借款　　C. 预付账款　　D. 存货
[答案] B
[解析] 短期借款项目根据总账科目余额直接填列。

【考点四】利润表的概念、作用、格式、涉及的公式和编制方法

利润表的概念、作用、格式、涉及的公式和编制方法如表30-3所示。

表30-3 利润表

项目	具体内容
概念	利润表是反映企业在一定会计期间经营成果的报表。其依据权责发生制和配比原则的要求，以"收入－费用＝利润"的会计等式为基础，是一张动态的会计报表
作用	为报表使用者提供企业盈利能力方面的信息 (1) 了解企业利润的形成情况，据以分析、考核企业经营目标及利润指标的完成情况，分析企业利润增减变动情况及原因 (2) 评价企业经济效益、盈利能力，评价或考核企业经营管理者的经营业绩和盈利能力
格式	包括单步式和多步式。我国的利润表采用多步式
涉及的公式	(1) 营业利润＝营业收入－营业成本－税金及附加－销售费用－管理费用－财务费用－资产减值损失＋投资收益＋公允价值变动损益 (2) 利润总额＝营业利润（亏损以"－"号填列）＋营业外收入－营业外支出 (3) 净利润＝利润总额－所得税费用
编制方法	一般设有"本月数"和"本年累计数"两栏。表中"本月数"栏反映各项目的本月实际发生数；表中"本年累计数"栏反映各项目自年初起至本月末止的累计实际发生数，在编制报表时，应根据有关损益类科目的本期累计发生额计算填列

【考点小贴士】利润的三种形式中，考试中侧重考查营业利润，考查方式一般有两种，一是哪些项目影响营业利润；二是营业利润的计算。但直接记忆营业利润的公式略有难度，可以记忆在利润的计算中有哪些项目不影响营业利润。不影响营业利润的项目包括营业外收入、营业外支出、所得税费用。

经济基础知识（中级）

> **经典例题**
>
> [2016年真题·单选题] 下列会计科目中，会影响企业利润表中营业利润的是（　　）。
> A. 财务费用　　　　　　B. 营业外收入
> C. 营业外支出　　　　　D. 所得税费用
> [答案] A
> [解析] 本题用排除法选择。不影响营业利润的项目包括营业外收入、营业外支出、所得税费用。排除B、C、D三项后，本题选择A项。
>
> [2013年真题·单选题] 已知某企业本年"主营业务收入"为80万元，"主营业务成本"为60万元，"管理费用"为6万元，"营业外支出"为4万元。假设不考虑其他因素，该企业本年利润表中营业利润为（　　）万元。
> A. 14　　　　B. 10　　　　C. 16　　　　D. 20
> [答案] A
> [解析] 本题注意营业外支出不影响营业利润，营业利润＝80－60－6＝14（万元）。

【考点五】现金流量表的概念、格式和内容

一、现金流量表的概念

现金流量表是反映企业在一定会计期间内有关<u>现金和现金等价物</u>的流入和流出的报表。现金流量表涉及的概念如表30-4所示。

表30-4　现金流量表涉及的概念

项目			具体内容
现金			包括企业的库存现金、可随时支付的存款、银行存款及其他货币资金
现金等价物			是指企业持有的期限短、流动性强、易于转换为已知金额的现金，价值变动风险很小的投资，通常指3个月以内到期的债券投资
现金流量	概念		是指一定会计期间企业现金和现金等价物流入和流出的数量
	企业发生的经济业务对现金流量的影响		若企业发生的经济业务只涉及现金各项目之间的增减变动或只涉及非现金项目之间的增减变动，则不会影响现金流量。如：从银行提取现金或将现金存入银行；以固定资产清偿债务、用原材料或固定资产对外投资等经营业务
			只有发生的经济业务涉及现金各项目和非现金各项目之间的增减变动时，才会影响现金流量。如用现金购买材料、用现金对外投资、收回长期债券投资等
	影响现金流量的因素	经营活动	是指企业投资活动和筹资活动以外的所有交易和事项，包括销售商品或提供劳务、购买商品或接受劳务、收到返还的税费、经营性租赁、支付工资、支付广告费用、交纳各项税款、支付的差旅费、业务招待费用支出、支付的保险费等
		投资活动	是指企业长期资产的购建和不包括在现金等价物范围内的投资及其处置活动，包括取得和收回投资、购建和处置固定资产、购买和处置无形资产等
		筹资活动	是指企业资本及债务规模和构成发生变化的活动，包括发行股票或接受投入资本、分派现金股利、取得和偿还银行借款、发行和偿还公司债券等

二、现金流量表的格式和内容

我国企业现金流量表，属于<u>年度报表</u>，由报表正表和补充资料两部分组成。

（一）报表正表

<u>正表采用报告式</u>，分为经营活动产生的现金流量、投资活动产生的现金流量和筹资活动产生

的现金流量,最后汇总反映企业现金及现金等价物的净增加额。其具体内容如表30-5所示。

表30-5　现金流量表的主要项目

项目	具体内容
经营活动产生的现金流量	(1) 销售商品、提供劳务收到的现金 (2) 收到的税费返还 (3) 购买商品、接受劳务支付的现金 (4) 支付给职工以及为职工支付的现金 (5) 支付的各项税费
投资活动产生的现金流量	(1) 收回投资所收到的现金 (2) 取得投资收益所收到的现金 (3) 处置固定资产、无形资产和其他长期资产所收回的现金净额 (4) 购建固定资产、无形资产和其他长期资产所支付的现金 (5) 投资支付的现金
筹资活动产生的现金流量	(1) 吸收投资所收到的现金 (2) 取得借款所收到的现金 (3) 偿还债务所支付的现金 (4) 分配股利、利润或偿付利息支付的现金
汇率变动对现金的影响	可能导致现金流出,也可能导致现金流入
现金及现金等价物净增加额	现金及现金等价物净增加额=经营活动产生的现金流量净额+投资活动产生的现金流量净额+筹资活动产生的现金流量净额+汇率变动对现金的影响额

(二) 补充资料

(1) 将净利润调节为经营活动的现金流量(即按间接法编制经营活动现金流量)。
(2) 不涉及现金收支的投资和筹资活动。
(3) 现金及现金等价物净增加情况。

【提示】我国企业按直接法编制现金流量正表,按间接法编制补充资料。

经典例题

[2013年真题·单选题] 下列经济业务所产生的现金流量中,应列入现金流量表中"投资活动产生的现金流量"项目的是(　　)。
A. 支付设备价款　　　　　　B. 支付应交税费
C. 支付职工薪酬　　　　　　D. 支付现金股利
[答案] A
[解析] B、C两项属于经营活动;D项属于筹资活动。

[例题·多选题] 下列经济业务中,会导致企业现金流量表中现金流量发生变化的有(　　)。
A. 从银行提取现金　　　　　B. 以材料清偿债务
C. 以设备对外投资　　　　　D. 收到商业银行贷款
E. 以银行存款购入股票
[答案] DE
[解析] 若企业发生的经济业务只涉及现金各项目之间的变动或只涉及非现金各项目之间的增减变动,则不会影响现金流量。

[例题·单选题] 2017年某企业经营活动产生的现金流入量为3 000万元,现金流出量为2 400万元;投资活动产生的现金流入量为300万元,现金流出量为1 400万元;筹资活动产生的现金

流入量为1 500万元，现金流出量为1 000万元；汇率变动导致现金流入量为100万元，则在该企业2017年度现金流量表上，现金和现金等价物净增加额为（　　）万元。
A. 100　　　　B. 600　　　　C. 4 900　　　　D. 0
[答案] A
[解析] 经营活动产生的现金流量净额＝经营活动产生的现金流入量－经营活动产生的现金流出量＝3 000－2 400＝600（万元）；投资活动产生的现金流量净额＝投资活动产生的现金流入量－投资活动产生的现金流出量＝300－1 400＝－1 100（万元）；筹资活动产生的现金流量净额＝筹资活动产生的现金流入量－筹资活动产生的现金流出量＝1 500－1 000＝500（万元）；现金及现金等价物净增加额＝经营活动产生的现金流量净额＋投资活动产生的现金流量净额＋筹资活动产生的现金流量净额＋汇率变动对现金的影响额＝600＋（－1 100）＋500＋100＝100（万元）。

本章易错易混考点

【易错易混考点】资产负债表部分项目期末余额的填列方法（如表30-6所示）

表30-6　资产负债表部分项目期末余额的填列方法

编制方法	具体项目	要点提示
直接填列	应付票据、短期借款、应付职工薪酬、应交税费、实收资本、资本公积、盈余公积	直接填列的项目中没有资产类项目，考试时可采用排除资产项目的方法先进行筛选
根据若干总账科目期末余额分析计算填列	货币资金、未分配利润	主要记忆"货币资金"项目，根据现金、银行存款和其他货币资金三个总账科目余额汇总填列
根据总账科目期末余额与其备抵科目抵消后的数据填列	固定资产、在建工程、无形资产、长期股权投资、应收账款、其他应收款、存货、持有待售资产	这些报表项目均属于资产类项目
根据明细账期末余额分析计算填列	预收账款、预付账款、应付账款、其他应付款	这些报表项目均属于往来款项（应收应付；预收预付；其他应收其他应付） 【提示】应收账款和其他应收款既要根据明细账分析计算填列也要减去备抵科目余额
根据总账科目和明细科目余额分析计算填列	其他非流动负债、长期借款	两个项目中若有一年内到期的就列入"一年内到期的非流动负债项目"

[例题·多选题] 在资产负债表中，根据总账期末余额直接填列的项目有（　　）。
A. 应付职工薪酬　　B. 应付账款　　C. 预收账款　　D. 固定资产
E. 实收资本
[答案] AE
[解题思路] 直接填列的报表项目不包括资产项目，先排除D项；应付账款和预收账款属于往来款项，是根据明细账期末余额分析计算填列的，再排除B、C两项。作为多选题至少两个正确的选项，所以本题选择A、E两项。

·······历年经典真题回顾········

一、单项选择题（每题1分，每题备选项中，只有1个最符合题意）
1. 编制资产负债表依据的会计等式是（　　）。[2017年真题]
　　A. 资产＝收入－费用　　　　　　　　B. 资产＝负债＋所有者权益
　　C. 资产＝投资＋利润　　　　　　　　D. 资产＋负债＝所有者权益

[答案] B

[解析] 资产负债表的编制依据是"资产＝负债＋所有者权益"；利润表的编制依据是"收入－费用＝利润"。

2. 下列资产项目中，流动性最强的是（　　）。[2017年真题]

   A. 应收票据 B. 固定资产
   C. 短期投资 D. 长期股权投资

   [答案] C

   [解析] 按流动性强弱，资产分为流动资产和非流动资产。其中，流动资产流动性由强到弱分别是货币资金、短期投资、应收预付款、存货。（2018年教材将资产负债表中的"短期投资"项目改为了"交易性金融资产"）

3. 已知某企业本年"主营业务收入"为560万元，"主营业务成本"为310万元，"管理费用"为150万元，"营业外支出"为40万元。假设不考虑其他因素，该企业本年营业利润为（　　）万元。[2017年真题]

   A. 210 B. 100
   C. 250 D. 370

   [答案] B

   [解析] 营业利润＝560－310－150＝100（万元），营业外支出不影响营业利润。

4. 下列经济业务中，属于现金流量表中"经营活动产生的现金流量"项目的是（　　）。[2017年真题]

   A. 企业取得银行贷款 B. 企业处置固定资产取得现金
   C. 股东投入资本 D. 企业销售商品取得现金

   [答案] D

   [解析] D项属于经营活动产生的现金流量；A、C两项属于筹资活动产生的现金流量；B项属于投资活动产生的现金流量。

5. 我国企业编制利润表多采用的格式是（　　）。[2016年真题]

   A. 报告式 B. 单步式
   C. 账户式 D. 多步式

   [答案] D

   [解析] 利润表的基本格式有单步式和多步式。我国利润表编制主要采用的是多步式。

6. 我国资产负债表采用的编制格式是（　　）。[2015年真题]

   A. 报告式 B. 单步式
   C. 多步式 D. 账户式

   [答案] D

   [解析] 资产负债表的格式有账户式和报告式。我国资产负债表编制主要采用的是账户式。

7. 下列企业经济业务产生的现金变动中，属于经营活动产生的现金流量的是（　　）。[2015年真题]

   A. 销售商品收到现金 B. 处置固定资产收到现金
   C. 取得投资收益收到现金 D. 向银行借款收到现金

   [答案] A

   [解析] 销售商品收到的现金属于经营活动产生的现金流量。处置固定资产收到的现金属于投资活动产生的现金流量；取得投资收益收到的现金属于投资活动产生的现金流量；向银行借款收到的现金属于筹资活动产生的现金流量。

8. 假设某企业 2014 年实现营业收入 8 200 万元，发生营业成本 4 400 万元，缴纳税金及附加 451 万元，发生营业费用 1 200 万元、管理费用 850 万元、财务费用 200 万元；取得投资收益 100 万元、营业外收入 200 万元；发生营业外支出 40 万元。则该企业 2014 年的营业利润是（　　）万元。[2015 年真题改编]

　　A. 1 299　　　　　　B. 1 099　　　　　　C. 1 199　　　　　　D. 1 359

[答案] C

[解析] 本题采用排除法计算。根据 2018 年教材的规定，不影响营业利润的项目包括营业外收入、营业外支出、所得税费用。营业利润＝8 200－4 400－451－1 200－850－200＋100＝1 199（万元）。

9. 企业编制现金流量表的作用在于（　　）。[2014 年真题]

　　A. 提供企业一定会计期间内现金和现金等价物流入和流出的信息

　　B. 提供企业盈利能力方面的信息

　　C. 提供企业所拥有和控制的经济资源及其构成情况的信息

　　D. 提供企业财务状况、偿债能力和支付能力的信息

[答案] A

[解析] 本题凭题干和选项的关联即可猜测。现金流量表是反映企业在一定会计期间内有关现金和现金等价物的流入和流出的报表。

10. 反映企业在某一特定日期财务状况的会计报表是（　　）。[2013 年真题]

　　A. 利润表　　　　　　　　　　　　B. 资产负债表

　　C. 现金流量表　　　　　　　　　　D. 所有者权益变动表

[答案] B

[解析] 资产负债表是反映企业在某一特定日期财务状况的会计报表。

11. 下列资产项目中，流动性最强的是（　　）。[2013 年真题]

　　A. 存货　　　　　　　　　　　　　B. 固定资产

　　C. 长期股权投资　　　　　　　　　D. 应收票据

[答案] D

[解析] 资产负债表中资产类项目按流动性（即变现速度）进行排列。流动资产中流动性由强到弱分别是货币资金、交易性金融资产、应收预付款等（包括应收票据）、存货。B、C 两项属于非流动资产。

二、多项选择题（每题 2 分，每题备选项中，有 2 个或 2 个以上符合题意。至少有 1 个错项。错选，本题不得分；少选，所选的每个选项得 0.5 分）

1. 关于资产负债表的说法，错误的有（　　）。[2017 年真题]

　　A. 资产负债表反映企业在某一特定日期的财务状况

　　B. 资产负债表可以总括反映企业资金的来源渠道和构成情况

　　C. 资产负债表主要用于反映企业的盈利能力

　　D. 目前我国采用报告式资产负债表格式

　　E. 资产负债表反映企业在一定会计期间的经营成果

[答案] CDE

[解析] 资产负债表是反映企业在某一特定日期财务状况的会计报表，A 项正确、C、E 两项错误；资产负债表总括反映了企业资金的来源渠道和构成情况的信息，B 项正确。目前我国采用账户式资产负债表格式，D 项错误。

2. 下列企业经济活动产生的现金变动中，属于"投资活动产生的现金流量"的有（　　）。[2016年真题]

　　A. 收回投资收到现金　　　　　　　　B. 销售商品收到现金
　　C. 处置固定资产收到现金　　　　　　D. 支付职工工资付出现金
　　E. 取得银行借款收到现金
　　[答案] AC
　　[解析] 本题中，销售商品收到的现金、支付职工工资付出的现金属于经营活动产生的现金流量。而取得银行借款收到的现金属于筹资活动产生的现金流量。

3. 在资产负债表中，根据有关明细账期末余额计算填列的项目有（　　）。[2014年真题]

　　A. 应付职工薪酬　　　　　　　　　　B. 应付账款
　　C. 预收账款　　　　　　　　　　　　D. 固定资产
　　E. 实收资本
　　[答案] BC
　　[解析] 根据明细账期末余额分析计算填列的报表项目有预收账款、预付账款、应付账款、其他应付款等。

4. 下列经济业务中，因经营活动而引起现金流入的有（　　）。[2014年真题]

　　A. 收到咨询收入　　　　　　　　　　B. 收到投资收益
　　C. 处置固定资产收到的现金　　　　　D. 销售产品取得现金
　　E. 收到出口退税
　　[答案] ADE
　　[解析] 收到投资收益及处置固定资产收到的现金均属于投资活动产生的现金流量。

5. 企业利润表的作用在于（　　）。[2012年真题]

　　A. 提供企业盈利能力方面的信息
　　B. 提供企业所拥有或控制的经济资源及其分布和构成情况的信息
　　C. 提供企业财务状况、偿债能力和支付能力的信息
　　D. 反映企业在一定会计期间的经营结果
　　E. 反映企业在一定会计期间内现金的流动情况
　　[答案] AD
　　[解析] 利润表是反映企业在一定会计期间经营成果的报表，为报表使用者提供企业盈利能力方面的信息。

本章同步练习

一、**单项选择题**（每题1分，每题备选项中，只有1个最符合题意）

1. 下列会计项目中，对利润表中营业利润具有影响的是（　　）。

　　A. 营业外收入　　　　　　　　　　　B. 营业外支出
　　C. 所得税费用　　　　　　　　　　　D. 管理费用

2. 资产负债表中负债项目按照（　　）进行排列。

　　A. 到期日的远近　　　　　　　　　　B. 金额大小
　　C. 发生时间先后　　　　　　　　　　D. 重要程度

3. 我国企业的资产负债表中，资产类项目的排序规则是（　　）。

　　A. 按照资产的变现能力顺序由快到慢排列

B. 按照资产的变现能力顺序由慢到快排列

C. 按照资产的金额大小顺序由大到小排列

D. 按照各项资产占总资产的比重由大到小排列

4. 在资产负债表中，根据总账科目余额直接填列的项目是（　　）。

　　A. 应收账款　　　　　　　　　　　B. 短期借款

　　C. 预付账款　　　　　　　　　　　D. 存货

5. 下列资产负债表项目中，根据若干总账科目期末余额分析计算填列的是（　　）。

　　A. 货币资金　　　　　　　　　　　B. 长期借款

　　C. 短期借款　　　　　　　　　　　D. 资本公积

6. 某企业2017年末资产负债表反映的资产总额为840万元、负债总额为552万元，利润表反映利润总额为300万元。那么该企业2017年末所有者权益是（　　）万元。

　　A. 288　　　　　　　　　　　　　B. 588

　　C. 540　　　　　　　　　　　　　D. 252

7. 已知某企业本年"主营业务收入"为90万元，"主营业务成本"为60万元，"管理费用"为6万元，"营业外支出"为4万元，"投资收益"为3万元。假设不考虑其他因素，该企业本年利润表中营业利润为（　　）万元。

　　A. 24　　　B. 20　　　C. 26　　　D. 27

8. 下列经济业务中，会导致企业现金流量表中现金流量发生变化的是（　　）。

　　A. 将现金存入银行　　　　　　　　B. 以存货清偿债务

　　C. 以固定资产对外投资　　　　　　D. 收到商业银行贷款

9. 我国企业现金流量表编制的方法是（　　）。

　　A. 采用间接法编制现金流量表正表，在补充资料中提供按直接法将净利润调节为经营活动现金流量的信息

　　B. 采用直接法编制现金流量表正表，在补充资料中提供按间接法将净利润调节为经营活动现金流量的信息

　　C. 采用直接法编制现金流量表正表，在补充资料中提供按直接法将净利润调节为经营活动现金流量的信息

　　D. 采用间接法编制现金流量表正表，在补充资料中提供按间接法将净利润调节为经营活动现金流量的信息

10. 会计核算的最后一个环节是（　　）。

　　A. 确认　　　B. 计量　　　C. 记录　　　D. 报告

11. 下列项目中，不属于资产负债表中流动资产的是（　　）。

　　A. 货币资金　　　　　　　　　　　B. 工程物资

　　C. 预付账款　　　　　　　　　　　D. 存货

12. 按一定标准和顺序适当排列编制的，反映某一特定日期所拥有或控制的经济资源，所承担的现时义务和所有者对净资产要求权的会计报表是（　　）。

　　A. 所有者权益变动表　　　　　　　B. 利润表

　　C. 资产负债表　　　　　　　　　　D. 现金流量表

13. 在资产负债表上，资产是按其流动性进行排列的，流动性强的排在前面，流动性差的排在后面。排存货前面的项目是（　　）。

　　A. 固定资产　　　　　　　　　　　B. 应收账款

C. 长期投资　　　　　　　　　　　　D. 无形资产

14. 下列关于利润表项目之间关系的等式中，正确的是（　　）。
　　A. 营业利润＝主营业务收入－税金及附加
　　B. 营业利润＝主营业务利润＋其他业务利润
　　C. 利润总额＝营业利润－营业外支出
　　D. 净利润＝利润总额－所得税费用

15. 用来评价企业的经济效益、盈利能力，评价或考核企业经营管理者的经营业绩和能力的会计报表是（　　）。
　　A. 所有者权益变动表　　　　　　　　B. 利润表
　　C. 资产负债表　　　　　　　　　　　D. 现金流量表

16. 下列经济业务所产生的现金流量中，应列入"筹资活动所产生的现金流量"项目的是（　　）。
　　A. 变卖固定资产收回的现金
　　B. 支付经营租赁费用付出的现金
　　C. 取得投资收益收到的现金
　　D. 取得银行借款收到的现金

17. 现金等价物通常是指（　　）。
　　A. 一年内到期的债券投资　　　　　　B. 股票投资
　　C. 银行汇票　　　　　　　　　　　　D. 3个月内到期的债券投资

二、多项选择题（每题2分，每题备选项中，有2个或2个以上符合题意，至少有1个错项。错选，本题不得分；少选，所选的每个选项得0.5分）

1. 下列会计项目中，不影响利润表中"营业利润"项目的有（　　）。
　　A. 营业外收入　　　　　　　　　　　B. 营业外支出
　　C. 所得税费用　　　　　　　　　　　D. 财务费用
　　E. 主营业务收入

2. 一般情况下，下列账户的期末余额应列入资产负债表中"流动负债类"项目的有（　　）。
　　A. 长期股权投资　　　　　　　　　　B. 预付账款
　　C. 其他应付款　　　　　　　　　　　D. 应付账款
　　E. 存货

3. 下列经济业务所产生的现金流量中，应列入现金流量表中"经营活动产生的现金流量"项目的有（　　）。
　　A. 支付设备价款　　　　　　　　　　B. 支付应交税费
　　C. 支付职工薪酬　　　　　　　　　　D. 支付现金股利
　　E. 收到现金股利及利息

4. 资产负债表中"货币资金"项目包括的内容有（　　）。
　　A. 库存现金　　　　　　　　　　　　B. 应收账款
　　C. 银行存款　　　　　　　　　　　　D. 其他货币资金
　　E. 预收账款

5. 一般情况下，下列账户的期末余额应列入资产负债表中"流动资产类"项目的有（　　）。
　　A. 预收账款　　　　　　　　　　　　B. 预付账款
　　C. 短期借款　　　　　　　　　　　　D. 应付账款
　　E. 存货

6. 利润表的特点包括（　　）。
   A. 反映企业一定期间的经营成果
   B. 属于动态报表
   C. 根据结账后的余额编制
   D. 对外报送
   E. 反映企业特定时点的财务状况

7. 现金等价物，是指企业持有的（　　）投资。
   A. 期限短
   B. 流动性强
   C. 易于转换为已知金额现金
   D. 价值变动风险很小
   E. 可上市交易

本章同步练习参考答案及解析

一、单项选择题

1. [答案] D
   [解析] 不影响营业利润的项目有营业外收入、营业外支出、所得税费用。

2. [答案] A
   [解析] 负债类项目按到期日的远近进行排列，先到期的排在前面，后到期的排在后面，并按流动负债和长期负债分项列示，流动负债在前。

3. [答案] A
   [解析] 资产负债表中资产类项目按流动性（即变现能力）进行排列，流动性强的在前，流动性差的在后，并按流动资产和非流动资产分项列示。

4. [答案] B
   [解析] 根据总账科目的期末余额直接填列报表项目包括应付票据、短期借款、应付职工薪酬、应交税费、实收资本、资本公积、盈余公积。

5. [答案] A
   [解析] 根据若干总账科目期末余额分析计算填列的项目有货币资金、未分配利润。

6. [答案] A
   [解析] 所有者权益＝资产－负债＝840－552＝288（万元）。

7. [答案] D
   [解析] 本题可用排除法计算营业利润。营业外支出不影响营业利润。营业利润＝90－60－6＋3＝27（万元）。

8. [答案] D
   [解析] 若企业发生的经济业务只涉及现金各项目之间的变动或只涉及非现金项目之间的增减变动，则不会影响现金流量。

9. [答案] B
   [解析] 现金流量表包括正表和补充资料两部分，采用直接法编制正表；采用间接法编制补充资料。

10. [答案] D
    [解析] 报告是会计核算的最后一个环节，也是会计循环过程的终点。

11. [答案] B
    [解析] 工程物资、无形资产、固定资产等均属于非流动资产项目。

12. [答案] C
    [解析] 资产负债表是反映企业在某一特定日期财务状况的会计报表，是按一定标准和顺序适当排列编制的，反映某一特定日期所拥有或控制的经济资源，所承担的现时义务和所有者对净资产的要求权。

13. [答案] B
    [解析] 通过本题掌握流动资产的排列顺序。按大类来说，流动性由强到弱依次是货币资金、交易性金融资产、应收预付款等、存货。

14. [答案] D
    [解析] 通过本题掌握利润总额及净利润的计算公式。营业利润＝营业收入－营业成本－税金及附加－销售费用－管理费用－财务费用－资产减值损失＋投资收益＋公允价值变动损益；利润总额＝营业利润（亏损以"－"号填列）＋营业外收入－营业外支出；净利润＝利润总额－所得税

费用。

15. [答案] B
    [解析] 利润表的作用是为报表使用者提供企业盈利能力方面的信息，具体包括：①了解企业利润的形成情况，分析考核企业经营目标及利润指标的完成情况，分析企业利润增减变动情况及原因；②评价企业的经济效益、盈利能力，评价或考核企业经营管理者的经营业绩和能力。

16. [答案] D
    [解析] 取得银行借款收到的现金属于筹资活动产生的现金流量。支付经营租赁费用付出的现金属于经营活动产生的现金流量；变卖固定资产收到的现金属于投资活动产生的现金流量；取得投资收益收到的现金属于投资活动产生的现金流量。

17. [答案] D
    [解析] 现金等价物是指企业持有的期限短、流动性强、易于转换为已知金额的现金，价值变动风险很小的投资，通常包括3个月内到期的债券投资等。

二、多项选择题

1. [答案] ABC
   [解析] 不影响利润表营业利润的项目有营业外收入、营业外支出、所得税费用。

2. [答案] CD
   [解析] 通过本题掌握资产负债表中流动资产和流动负债的项目。A项属于非流动资产；B、E两项属于流动资产。

3. [答案] BC
   [解析] 经营活动是指企业投资活动和筹资活动以外的所有交易和事项，包括销售商品或提供劳务、购买商品或接受劳务、收到返还的税费、经营性租赁、支付工资、支付广告费用、交纳各项税款、支付的差旅费、业务招待费用支出、支付的保险费等。本题中支付设备价款及收到现金股利和利息属于投资活动，支付现金股利属于筹资活动。

4. [答案] ACD
   [解析] "货币资金"项目，根据"库存现金""银行存款""其他货币资金"科目期末余额的合计数填列。

5. [答案] BE
   [解析] 预付账款和存货属于流动资产；预收账款、短期借款和应付账款属于流动负债。

6. [答案] ABD
   [解析] 利润表各项目应根据有关损益类科目的累计发生额计算填列，C项错误。利润表反映企业在一定会计期间经营成果的报表，E项错误。

7. [答案] ABCD
   [解析] 现金等价物，是指企业持有的期限短、流动性强、易于转换为已知金额现金，价值变动风险很小的投资。

错题收集

第三十一章 财务报表分析

本章考情分析

年份	单项选择题	多项选择题	合计
2017 年	—	1 题 2 分	2 分
2016 年	1 题 1 分	1 题 2 分	3 分
2015 年	2 题 2 分	—	2 分
2014 年	2 题 2 分	—	2 分
2013 年	2 题 2 分	—	2 分
2012 年	2 题 2 分	—	2 分

本章考点概览

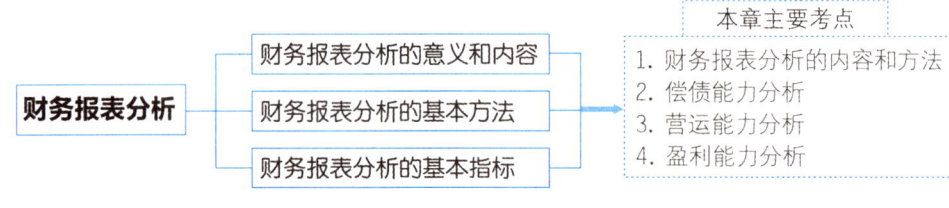

本章考点详解

【考点一】财务报表分析的内容和方法

一、财务报表分析的内容

财务报表分析是通过收集、整理企业财务会计报告中的有关数据,并结合其他有关的补充信息,对企业的财务状况、经营成果和现金流量情况进行综合比较,并通过财务指标的高低评价企业的偿债能力、盈利能力、营运能力和发展能力。其具体内容如表 31-1 所示。

表 31-1 财务报表分析的内容

分析内容	具体阐述
分析企业的偿债能力	分析企业权益的结构,评价企业归还债务的能力,估量企业对债务资金的利用程度
	偿债能力是企业财务目标实现的稳健保证
评价企业资产的营运能力	分析企业资产的分布和周转使用情况,估量企业对资产的利用效率
	营运能力是企业财务目标实现的物质基础

续表

分析内容	具体阐述
评价企业的盈利能力	分析企业利润目标的完成情况和不同年度盈利水平的变动情况
评价企业的发展能力	分析企业发展的方向和发展潜力

二、财务报表分析的方法

财务报表分析常用的方法包括比率分析法、比较分析法和趋势分析法。其中最基本的分析方法是比较分析法。比率分析法下常用的三种比率是相关比率、结构比率和效率比率，具体内容如表31-2所示。

表31-2　比率分析法

类别	含义	举例
相关比率	是某个项目和与其有关但又不同的项目加以比较所得的相关数值的比率	流动资产与流动负债的比，即流动比率
结构比率	某项目数值占各项目总和的比率，反映部分与总体的关系	存货与流动资产的比率、流动资产与全部资产的比率
效率比率	用以计算某项经济活动所费与所得的比例，反映投入与产出的关系，可以进行得失比较，考查经营成果，评价经济效益	主营业务利润率、净资产利润率、成本利润率

> **经典例题**
>
> [例题·单选题] 反映投入与产出的关系，可以进行得失比较的比率称为（　　）。
> A. 相关比率　　B. 结构比率　　C. 效率比率　　D. 动态比率
> [答案] C
> [解析] 效率比率是用以计算某项经济活动所费与所得的比例，反映投入与产出的关系。其可以进行得失比较，考查经营成果，评价经济效益。

扫码听课

【考点二】偿债能力分析

偿债能力是企业偿还到期债务的能力。能否及时偿还到期债务，是反映财务状况好坏的重要标志。企业偿债能力包括短期偿债能力和长期偿债能力。企业偿债能力的分析指标如表31-3所示。

表31-3　企业偿债能力的分析指标

类别	指标及计算公式	指标分析
反映短期偿债能力	流动比率 $=\dfrac{流动资产}{流动负债}\times 100\%$	反映企业可在短期内转变为现金的流动资产偿还到期流动债务的能力。一般来说，流动比率越高，说明资产的流动性越大、短期偿债能力越强
		一般认为流动比率应维持在 2∶1 左右
	速动比率 $=\dfrac{速动资产}{流动负债}\times 100\%$（速动资产＝流动资产－存货）	计算速动比率要排除存货的原因是存货是流动资产中流动性最差的一种
		反映企业短期内可变现资产偿还短期内到期债务的能力。一般情况下，速动比率越高，表明企业偿还流动负债的能力越强
		一般认为，速动比率应维持在 1∶1 左右较为理想，对其进行分析时，要注重应收账款变现能力的分析
	现金比率 $=\dfrac{现金}{流动负债}\times 100\%$	该比率反映企业的即刻变现能力，现金包括现金和现金等价物

续表

类别	指标及计算公式	指标分析
反映长期偿债能力	资产负债率 = $\dfrac{\text{负债总额}}{\text{资产总额}} \times 100\%$	用来衡量企业利用债权人提供资金进行经营活动的能力，反映债权人发放贷款的安全程度
		一般来说，企业的资产总额应大于负债总额，资产负债率应小于100%。如果企业的资产负债率较低（50%以下），说明企业有较好的偿债能力和负债经营能力。在企业资产净利润率高于负债资本成本率的条件下，企业负债经营会因代价较小使所有者的收益增加
	产权比率 = $\dfrac{\text{负债总额}}{\text{所有者权益总额}}$ $\times 100\%$	表明财务结构是否稳健及债权人投入的资本受到所有者权益保障的程度
		一般来说，所有者提供的资本大于借入资本为好。产权比率指标越低，表明企业的长期偿债能力越强，债权人权益的保障程度越高，承担的风险越小
	已获利息倍数 = $\dfrac{\text{息税前利润}}{\text{利息费用}}$ = $\dfrac{\text{利润总额} + \text{利息费用}}{\text{利息费用}}$	反映企业用经营所得支付债务利息的能力，用来衡量盈利能力对债务偿付的保证程度
		利息费用包括财务费用中的利息和计入固定资产成本的资本化利息
		已获利息倍数越高，支付债务利息的能力越强，企业长期偿债能力越强

经典例题

[2012年真题·单选题] 在企业财务报表分析的基本指标中，流动比率反映的是（ ）。
A. 企业可在短期内转变为现金的流动资产偿还到期流动负债的能力
B. 企业用经营所得支付债务利息的能力
C. 企业立即偿还到期债务的能力
D. 企业利用债权人的资金进行经营活动的能力
[答案] A
[解析] 通过本题掌握反映偿债能力的各指标的含义。B项对应"已获利息倍数"；C项对应"现金比率"；D项对应"资产负债率"。

[例题·单选题] 下列财务分析指标中，用来反映企业短期偿债能力的是（ ）。
A. 速动比率　　　B. 资产负债率　　　C. 产权比率　　　D. 流动资产周转率
[答案] A
[解析] 反映企业短期偿债能力的比率包括流动比率、速动比率和现金比率；反映企业长期偿债能力的比率包括资产负债率、产权比率、已获利息倍数。

【考点三】营运能力分析

营运能力是指通过企业生产经营资金周转速度等指标所反映出来的企业资金利用的效率，是衡量企业整体经营能力高低的一个重要方面。

企业营运能力的分析指标如表31-4所示。

表31-4　企业营运能力的分析指标

指标名称	计算公式	指标含义
存货周转率	存货周转次数 = $\dfrac{\text{销货成本}}{\text{平均存货}}$	反映存货周转速度的比率。存货周转次数多，周转天数少，说明存货周转快，企业实现的利润会增加
	存货周转天数 = $\dfrac{360}{\text{存货周转次数}}$	

续表

指标名称	计算公式	指标含义
应收账款周转率	应收账款周转次数 = 主营业务收入净额 / 应收账款平均余额 应收账款周转天数 = 360 / 应收账款周转次数	反映应收账款周转速度的比率。应收账款周转次数多，周转天数少，表明应收账款周转快，企业信用销售严格
流动资产周转率	流动资产周转率 = 主营业务收入净额 / 流动资产平均余额	反映企业流动资产的利用效率
总资产周转率	总资产周转率 = 主营业务收入净额 / 总资产平均余额	反映企业全部资产的使用效率

【提示】上表中的平均值等于（期初值＋期末值）/2。应收账款平均余额不扣除坏账准备。

上述反映企业营运能力的指标归纳如下：

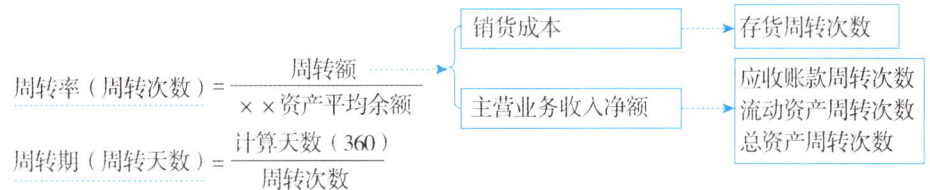

$$\text{周转率（周转次数）}=\frac{\text{周转额}}{\text{××资产平均余额}}$$

$$\text{周转期（周转天数）}=\frac{\text{计算天数（360）}}{\text{周转次数}}$$

经典例题

[例题·单选题] 以下指标中，反映企业全部资产的使用效率的是（　　）。
A. 流动比率　　　B. 资产总额　　　C. 总资产周转率　　　D. 利润总额
[答案] C
[解题思路] 题干中"全部资产"即总资产；"使用效率"用"周转率"来反映，这样反映全部资产使用效率的指标就是"总资产周转率"。

[例题·多选题] 下列各项指标中，反映企业营运能力的有（　　）。
A. 存货周转天数　　B. 市盈率　　C. 已获利息倍数　　D. 应收账款周转次数
E. 现金比率
[答案] AD
[解题思路] 通过"周转"二字即可选择 A、D 两项。因为营运能力的分析指标中均带有"周转"两个字。

【考点四】盈利能力分析

扫码听课

盈利能力是指企业获取利润的能力。企业盈利能力的分析指标如表 31-5 所示。

表 31-5　企业盈利能力的分析指标

指标名称	计算公式	指标含义
营业利润率	$=\dfrac{\text{营业利润}}{\text{业务收入}}\times100\%$	营业利润率越大，说明企业经营活动的盈利能力越强
营业净利润率	$=\dfrac{\text{净利润}}{\text{营业收入净额}}\times100\%$	指标越高，说明企业从营业收入中获取利润的能力越强
资本收益率	$=\dfrac{\text{净利润}}{\text{实收资本（股本）}}\times100\%$	反映企业资本的盈利能力，影响该指标的因素包括影响净利润的各项因素，以及企业负债经营的规模大小

续表

指标名称	计算公式	指标含义
净资产收益率	$=\dfrac{\text{净利润}}{\text{所有者权益平均余额}}\times 100\%$	该指标越高，说明企业所有者权益的盈利能力越强。在我国，该指标是上市公司对外必须披露的信息内容，也是决定上市公司能否配股进行再融资的重要依据
资产净利润率	$=\dfrac{\text{净利润}}{\text{平均资产总额}}\times 100\%$	用于衡量运用资产创造利润的能力，指标越高说明企业全部资产的盈利能力越强
普通股每股收益	$=\dfrac{\text{净利润}-\text{优先股股利}}{\text{发行在外的普通股股数}}$	反映普通股每股的盈利能力，影响该指标的因素包括企业的获利水平和企业的股利发放政策
市盈率	$=\dfrac{\text{普通股每股市价}}{\text{普通股每股收益}}$	通常认为，该指标在5—20之间是正常的。当人们预期将发生通货膨胀或提高利率时，股票的市盈率普遍下降；当人们预期公司利润将增大时，市盈率通常会上升。债务比重大的公司，股票市盈率通常较低
资本保值增值率	$=\dfrac{\text{期末所有者权益}}{\text{期初所有者权益}}$	这一指标是根据资本保全原则设计的，反映企业资本保全和增值的情况。它充分体现了对所有者权益的保护

经典例题

[2011年真题·单选题] 已知某企业2010年末所有者权益中，股本为2 780万元，资本公积为220万元，盈余公积为400万元，未分配利润为200万元；而该企业2009年末所有者权益中，股本为2 480万元，资本公积为520万元，盈余公积为300万元，未分配利润为700万元，则该企业2010年的资本保值增值率为（　　）。

A. 29%　　　　B. 100%　　　　C. 112%　　　　D. 90%

[答案] D

[解析] 本题考查两点：一是所有者权益的构成；二是资本保值增值率的计算。根据题干数据可知，2010年期末所有者权益＝2 780＋220＋400＋200＝3 600（万元），2010年期初所有者权益＝2 480＋520＋300＋700＝4 000（万元），则资本保值增值率＝期末所有者权益/期初所有者权益＝3 600/4 000＝90%。

[2009年真题·单选题] 某公司普通股股票每股面值为1元，每股市价为3元，每股收益为0.2元，每股股利为0.15元，该公司无优先股，则该公司市盈率为（　　）。

A. 15%　　　　B. 20%　　　　C. 15　　　　D. 20

[答案] C

[解析] 市盈率＝每股市价/每股收益＝3/0.2＝15。

[例题·单选题] 资本保值增值率是反映企业（　　）的指标。

A. 偿债能力　　B. 盈利能力　　C. 资产变现能力　　D. 营运能力

[答案] B

[解析] 资本保值增值率反映了企业的盈利能力。

本章易错易混考点

【易错易混考点】财务分析指标

财务分析指标的考查中，比较侧重考查财务指标的归属，即哪些指标反映营运能力，哪些指标反映盈利能力，哪些指标反映偿债能力，以及在反映偿债能力的指标中又有哪些指标反映短期偿债能力，哪些指标反映长期偿债能力。其具体归类记忆如表31-6所示。

表 31-6 财务分析指标

类别		具体指标	归类记忆方法
反映偿债能力	短期	流动比率、速动比率和现金比率	三个指标均有"比率"二字
	长期	资产负债率、产权比率、已获利息倍数	只有产权比率有"比率"二字，但因为"产权"有长期的意思，所以产权比率属于反映长期偿债能力的指标。其余两个指标用排除法就可以判定是长期偿债能力的指标
反映营运能力		存货周转率、应收账款周转率、流动资产周转率、总资产周转率	指标名称中均带有"周转"二字
反映盈利能力		营业利润率、主营业务净利润率、资本收益率、净资产收益率、资产净利润率、普通股每股收益、市盈率、资本保值增值率	此类指标的特点是含有盈利的关键词，如：利润率、净利率、收益率、盈余、盈等。特殊记忆的就是"资本保值增值率"

[2015年真题·单选题] 下列财务分析指标中，用来反映企业偿债能力的是（ ）。
A. 流动资产周转率 B. 资产负债率
C. 市盈率 D. 营业利润率
[答案] B
[解析] 反映偿债能力的指标是资产负债率。带有"周转"二字的指标反映的是营运能力。带有"盈、利润率、收益率等"的指标反映的是盈利能力。

·· 历年经典真题回顾 ··

一、单项选择题（每题1分，每题备选项中，只有1个最符合题意）

1. 下列财务指标中，反映投资者投入资本盈利能力的是（ ）。[2016年真题]
  A. 营业性利润 B. 净资产收益率
  C. 资产周转率 D. 主营业务净利润率
  [答案] B
  [解析] 投资者投入资本属于净资产的范畴，所以在本题四个选项中，能反映投资者投入资本盈利能力的是净资产收益率。

2. 在财务报表分析中，企业息税前利润与利息费用的比率称为（ ）。[2015年真题]
  A. 市盈率 B. 流动比率
  C. 营业利润率 D. 已获利息倍数
  [答案] D
  [解析] 本题通过题干中的"利息"即可选择"已获利息倍数"。

3. 财务报表分析指标中，流动比率主要反映企业的（ ）能力。[2014年真题]
  A. 长期偿债 B. 盈利
  C. 短期偿债 D. 即刻变现
  [答案] C
  [解析] 流动比率反映企业短期偿债能力。速动比率反映企业即刻变现能力。

4. 已知某企业年末流动资产合计为800万元，非流动资产合计为1 200万元，流动负债合计为400万元，非流动负债合计为400万元，则该企业年末流动比率为（ ）。[2013年真题]
  A. 2 B. 0.4
  C. 0.5 D. 2.5
  [答案] A

[解析] 流动比率＝流动资产/流动负债＝800/400＝2。

二、多项选择题（每题2分，每题备选项中，有2个或2个以上符合题意，至少有1个错项。错选，本题不得分；少选，所选的每个选项得0.5分）

1. 下列财务比率指标中，属于衡量企业盈利能力的有（　　）。[2017年真题]
   A. 应收账款周转率　　　　　　　　B. 资产负债率
   C. 营业利润率　　　　　　　　　　D. 市盈率
   E. 资本保值增值率

   [答案] CDE

   [解析] 反映盈利能力的指标有营业利润率、市盈率、资本保值增值率等。应收账款周转率属于反映营运能力的指标；资产负债率属于反映偿债能力的指标。

2. 下列财务分析指标中，用来分析企业盈利能力的有（　　）。[2016年真题]
   A. 营业利润率　　　　　　　　　　B. 资本保值增值率
   C. 应收账款周转次数　　　　　　　D. 流动比率
   E. 市盈率

   [答案] ABE

   [解题思路] 反映盈利能力的指标带有"利润率、收益率、盈"等，另外，资本保值增值率也属于反映盈利能力的指标。"比率"二字对应的是偿债能力指标，"周转"二字对应的是营运能力指标。

本章同步练习

一、单项选择题（每题1分，每题备选项中，只有1个最符合题意）

1. 下列比率指标的不同类型中，流动比率属于（　　）。
   A. 构成比率　　　　　　　　　　　B. 动态比率
   C. 相关比率　　　　　　　　　　　D. 效率比率

2. 已知某企业年末流动资产合计为800万元，其中存货为500万元，非流动资产合计为1 200万元，流动负债合计为400万元，非流动负债合计为400万元，则该企业年末速动比率为（　　）。
   A. 2　　　　　　　　　　　　　　B. 0.4
   C. 0.75　　　　　　　　　　　　　D. 1.25

3. 在企业财务报表分析的基本指标中，资产负债率反映的是（　　）。
   A. 企业可在短期内转变为现金的流动资产偿还到期流动负债的能力
   B. 企业用经营所得支付债务利息的能力
   C. 企业立即偿还到期债务的能力
   D. 企业利用债权人的资金进行经营活动的能力

4. 速动比率反映的是企业（　　）的能力。
   A. 短期偿债
   B. 长期偿债
   C. 盈利
   D. 利用债权人提供的资金进行经营活动

5. 在反映企业偿债能力的财务指标中，速动比率维持在（　　）较为理想。
   A. 1∶2　　　　　　　　　　　　　B. 1∶1
   C. 2∶1　　　　　　　　　　　　　D. 4∶1

6. 某公司2017年度销售收入为7 500万元，销货成本为4 500万元，年初存货为2 800万元，年末存货为2 200万元，则该公司2017年度的存货周转天数为（　　）天。(1年按360天计算)
   A. 80　　　　　　　　　　　　　　　B. 100
   C. 120　　　　　　　　　　　　　　　D. 200
7. 通过（　　），分析企业资产的分布及周转使用情况，估量企业对资产的利用效率，是企业财务目标实现的物质基础。
   A. 分析企业的偿债能力　　　　　　　B. 评价企业资产的营运能力
   C. 评价企业的盈利能力　　　　　　　D. 评价企业的发展能力
8. 最基本的财务报表分析方法是（　　）。
   A. 比率分析法　　　　　　　　　　　B. 比较分析法
   C. 趋势分析法　　　　　　　　　　　D. 动态分析法
9. 计算速动资产时，需要扣除的资产项目是（　　）。
   A. 应收账款　　　　　　　　　　　　B. 固定资产
   C. 无形资产　　　　　　　　　　　　D. 存货
10. 资产净利润率是反映企业（　　）能力的指标。
    A. 偿债　　　　B. 盈利　　　　C. 发展　　　　D. 营运
11. 某企业本年度的年平均资产总额为2 000万元，当年平均资产负债率为60%，则该企业当年的产权比率为（　　）。
    A. 5.6　　　　　　　　　　　　　　　B. 9.3
    C. 1.5　　　　　　　　　　　　　　　D. 1.4
12. 市盈率是反映企业（　　）的指标。
    A. 偿债能力　　　　　　　　　　　　B. 发展能力
    C. 营运能力　　　　　　　　　　　　D. 盈利能力

二、多项选择题（每题2分，每题备选项中，有2个或2个以上符合题意，至少有1个错项。错选，本题不得分；少选，所选的每个选项得0.5分）

1. 下列各项指标属于结构比率的有（　　）。
   A. 存货与流动资产的比率
   B. 流动资产与全部资产的比率
   C. 成本利润率
   D. 净资产利润率
   E. 流动比率
2. 财务分析的基本方法有（　　）。
   A. 比较分析法　　　　　　　　　　　B. 比率分析法
   C. 事前分析法　　　　　　　　　　　D. 趋势分析法
   E. 历史分析法
3. 下列各项指标中，反映企业长期偿债能力的有（　　）。
   A. 产权比率　　　　　　　　　　　　B. 应收账款周转次数
   C. 已获利息倍数　　　　　　　　　　D. 流动比率
   E. 资本保值增值率
4. 反映偿债能力的比率有（　　）。
   A. 流动比率　　　　　　　　　　　　B. 应收账款周转次数

C. 已获利息倍数　　　　　　D. 现金比率
E. 速动比率

5. 产权比率用来表明（　　）。
   A. 由债权人提供的和由投资者提供的资金来源的相对关系
   B. 企业基本财务结构是否稳定
   C. 债权人投入的资本受到所有者权益保障的程度
   D. 企业清算时对债权人利益的保障程度
   E. 盈利能力对债务偿付的保证程度

本章同步练习参考答案及解析

一、单项选择题

1. [答案] C
   [解析] 相关比率是以某个项目和与其相关但又不同的项目加以对比所得的比率。流动比率＝流动资产/流动负债，流动资产与流动负债是相关的。

2. [答案] C
   [解析] 速动比率＝速动资产/流动负债＝（800－500）/400＝0.75。

3. [答案] D
   [解析] 资产负债率用来衡量企业利用债权人提供资金进行经营活动的能力。

4. [答案] A
   [解析] 流动比率、速动比率、现金比率均反映企业短期偿债能力。资产负债率反映利用债权人提供的资金进行经营活动的能力。

5. [答案] B
   [解析] 流动比率维持在2∶1较为合适；速动比率维持在1∶1较为合适。

6. [答案] D
   [解析] 平均存货＝（期初存货＋期末存货）÷2＝（2 800＋2 200）÷2＝2 500；存货周转次数＝销货成本÷平均存货＝4 500÷2 500＝1.8（次）；存货周转天数＝360÷存货周转次数＝360÷1.8＝200（天）。

7. [答案] B
   [解析] 评价企业资产的营运能力，分析企业资产的分布及周转使用情况，估量企业对资产的利用效率，是企业财务目标实现的物质基础。

8. [答案] B
   [解析] 财务报表分析常用的方法包括比率分析法、比较分析法和趋势分析法。其中最基本的分析方法是比较分析法。

9. [答案] D
   [解析] 速动资产＝流动资产－存货。计算该比率要排除存货的原因是：存货是流动资产中变现速度最慢的资产而且存货在销售时受到市场价格的影响，使其变现价值具有很大的不确定性。

10. [答案] B
    [解析] 本题可通过题干中的"净利润率"选择"盈利能力"。

11. [答案] C
    [解析] 平均负债总额＝2 000×60％＝1 200（万元）；平均所有者权益总额＝2 000－1 200＝800（万元）；产权比率＝负债总额/所有者权益总额＝1 200/800＝1.5。

12. [答案] D
    [解析] 可通过题干中的"盈"字选择"盈利能力"。

二、多项选择题

1. [答案] AB
   [解析] 结构比率是指某项目数值占各项目总和的比率，反映部分与总体的关系。如：存货与流动资产的比率、流动资产与全部资产的比率。C、D两项属于效率比率；E项属于相关比率。

2. [答案] ABD
   [解析] 财务分析的基本方法包括比较分析法、比率分析法和趋势分析法。

3. [答案] AC

[解析] 反映长期偿债能力的指标包括资产负债率、产权比率和已获利息倍数。B项反映营运能力，D项反映短期偿债能力，E项反映盈利能力。

4. [答案] ACDE

[解析] 反映短期偿债能力的比率：流动比率、速动比率和现金比率。反映长期偿债能力的比率：资产负债率、产权比率、已获利息倍数。B项反映的是营运能力。

5. [答案] ABCD

[解析] 产权比率 $=\dfrac{负债总额}{所有者权益总额}\times 100\%$，A项正确。产权比率反映基本财务结构是否稳，B项正确。产权比率指标表明债权人投入的资本受到所有者权益保障的程度，或者说是企业清算时对债权人利益的保障程度，C、D两项正确。盈利能力对债务偿付的保障程度通过"已获利息倍数"反映，E项错误。

错题收集

第三十二章 行政事业单位会计

本章考情分析

年份	单项选择题	多项选择题	合计
2017 年	—	1 题 2 分	2 分
2016 年	1 题 1 分	—	1 分
2015 年	1 题 1 分	3 题 6 分	7 分
2014 年	—	—	0 分
2013 年	1 题 1 分	2 题 4 分	5 分
2012 年	1 题 1 分	2 题 4 分	5 分

本章考点概览

行政事业单位会计
- 行政事业单位会计要素和核算特点
- 国库集中收付制度
- 行政事业单位财务会计报告

本章主要考点
1. 行政事业单位会计核算的特点
2. 行政事业单位会计要素的内容
3. 国库单一账户体系
4. 财政性资金的支付方式
5. 行政事业单位财务会计报告

本章考点详解

【考点一】行政事业单位会计核算的特点

行政事业单位会计核算特点是与企业会计核算比较而言的，具体内容如表 32-1 所示。

表 32-1 行政事业单位会计核算与企业会计核算的主要区别

主要不同		企业	行政事业单位
记账基础		采用权责发生制	一般采用收付实现制，特殊业务事项按规定采用权责发生制
会计要素	反映财务状况	资产、负债、所有者权益	资产、负债、净资产
	反映有关活动成果	反映经营成果： 收入、费用、利润	反映行政事业活动成果： 收入、支出

> **经典例题**

[例题·多选题]下列会计要素中,反映行政事业活动成果的有( )。
A. 资产　　　　　B. 收入　　　　　C. 利润　　　　　D. 支出　　　　　E. 净资产
[答案] BD
[解析] 行政事业单位会计要素包括两类:①反映财务状况的会计要素,即资产、负债、净资产;②反映行政事业活动成果的会计要素,即收入和支出。

【考点二】行政事业单位会计要素的内容

一、反映行政事业单位财务状况的会计要素

反映行政事业单位财务状况的会计要素如表32-2所示。

表32-2　反映行政事业单位财务状况的会计要素

要素	具体项目	要点提示
资产	货币资金	包括库存现金、银行存款和零余额账户用款额度等
	短期投资	(1) 行政单位不得以任何形式用占有、使用的国有资产对外投资或者举办经济实体 (2) 未经同级财政部门批准,行政单位不得将占用、使用的国有资产对外出租、出借
	应收及预付款项	行政事业单位的应收及预付款项一般不计提坏账准备
	存货	(1) 行政单位购入的材料以购价作为入账价格,材料采购运输过程中发生的差旅费、运杂费等<u>不计入库存材料价格,直接列入有关支出科目核算</u> (2) 行政单位的存货发出时,可以根据实际情况选择先进先出法、加权平均法等方法来确定当期发出存货的实际成本 (3) 行政单位的库存材料每年至少盘点一次,对于发生的盘盈盘亏等情况应当查明原因,属于正常的溢出或损耗作为减少或增加当期支出处理,属于非正常性的毁损应按规定的程序报经批准后处理
	对外投资	(1) 行政单位的对外投资是指行政单位用结余资金购买的国债,其利息在实际收到时确认为其他收入 (2) 事业单位的对外投资是事业单位依法取得的,持有时间超过1年的各种股权和债权性质的投资
	在建工程	是指行政事业单位已经发生必要支出,但尚未达到交付使用状态的建筑和设备安装工程
	固定资产	(1) 固定资产的价值标准:一般设备单位价值在1 000元以上,专用设备价值在1 500元以上 (2) 固定资产入账价值:<u>购建—实际成本;捐赠—同类市价;盘盈—重置成本;</u>融资租入—实际租金 (3) 行政单位固定资产不计提折旧,财政部另有规定的除外 (4) 事业单位是否对固定资产计提折旧由财政部在相关财务会计制度中规定。我国《事业单位会计制度》规定,事业单位应当对<u>除文物和陈列品</u>、动植物、图书档案、以名义金额计量的固定资产以外的其他固定资产计提折旧
	无形资产	是指不具有实物形态而能为行政事业单位提供某种权利的资产,包括专利权、土地使用权、非专利技术、著作权、商标权及购入的不构成相关硬件不可缺少组成部分的应用软件等
负债	应缴预算款、应缴财政专户款、借入款项等	(1) 应缴预算款主要包括代收的纳入预算管理的政府性基金、行政性收费、罚没收入、无主财物变价款、赃款和赃物变价款以及其他按预算管理规定应上缴预算的款项 (2) 借入款项一般不预计利息支出,实际支付时直接计入支出项目
净资产	行政单位	结转资金和结余资金	(1) 结转资金是指当年预算已执行但未完成,或者因故未执行,下一年度需要按照原用途继续使用的资金 (2) 结余资金是指结转资金在规定使用年限未使用或者未使用完的资金

续表

要素	具体项目	要点提示
净资产	事业单位	
	非流动资产基金	是指固定资产、无形资产等非流动资产占用的金额
	事业基金	是指非限定用途的净资产,主要为非财政补助结余扣除结余分配后滚存的金额
	专用基金	包括修购基金以及职工福利基金等
	财政补助结转结余	是指各项财政补助收入与其相关支出相抵后剩余滚存的、须按规定管理和使用的结转和结余资金
	非财政补助结转结余	是指除财政补助收支以外的各项收入与各项支出相抵后的余额。其包括非财政补助结转和非财政补助结余
	非财政补助结余分配	年度终了,事业结余转入结余分配;经营结余通常应当转入结余分配,但如为亏损则不予结转。结余分配的内容主要有两项:①有所得税缴纳业务的事业单位计算应交所得税;②事业单位按规定计提专用基金(职工福利基金),进行上述分配后结存的,当年未分配结余转入事业基金

【提示1】事业单位的净资产等于资产减去负债。

【提示2】将事业单位结余从经营活动及事业活动角度划分,事业单位结余包括事业结余和经营结余。事业结余是指事业单位在一定期间内除经营收支外各项收支相抵后的余额。

二、反映行政事业单位活动成果的会计要素

反映行政事业单位活动成果的会计要素如表32-3所示。

表32-3 反映行政事业单位活动成果的会计要素

要素	具体项目	要点提示
收入	行政单位收入包括财政拨款收入和其他收入	行政单位依法取得的应当上缴财政的罚没收入、行政事业性收费、政府性基金、国有资产处置和出租出借收入等不属于行政单位的收入
	事业单位收入包括财政补助收入、上级补助收入、事业收入、经营收入、附属单位上缴收入、其他收入	(1)事业收入是事业单位开展专业业务活动及其辅助活动取得的收入 (2)经营收入是开展非独立核算经营活动取得的收入 (3)其他收入包括投资收益、利息收入、捐赠收入等
支出	行政单位支出包括基本支出和项目支出	(1)基本支出是指行政单位为保障机构正常运转和完成日常工作任务发生的支出,包括人员支出和公用支出 (2)项目支出是指行政单位为完成特定的工作任务,在基本支出之外发生的支出
	事业单位支出包括事业支出、对附属单位补助支出、上缴上级支出、经营支出和其他支出	(1)事业支出是事业单位开展各项专业业务活动及其辅助活动发生的基本支出和项目支出 (2)经营支出是事业单位开展非独立核算经营活动发生的支出 (3)其他支出包括利息支出、捐赠支出等

经典例题

[例题·多选题] 事业单位净资产包括( )。
A. 资本公积   B. 事业基金   C. 专用基金   D. 未分配利润
E. 经营结余
[答案] BCE
[解析] 事业单位净资产包括事业基金、非流动资产基金、专用基金、财政补助结转结余、非财政补助结转结余(包括经营结余和事业结余)。A、D两项均属于企业的所有者权益项目。

经典例题

[例题·单选题] 关于行政单位的固定资产核算，说法错误的是（ ）。
A. 行政单位的固定资产应当按照取得或购建时的实际成本记账
B. 接受捐赠固定资产时，按同类资产的市场价格或者有关凭据注明价值以及接受捐赠时发生的相关费用入账
C. 融资租入固定资产时，按实际支付的租金入账
D. 行政单位应当对除文物和陈列品、动植物、图书档案、以名义金额计量的固定资产以外的其他固定资产计提折旧
[答案] D
[解析] D项，事业单位应当对除文物和陈列品、动植物、图书档案、以名义金额计量的固定资产以外的其他固定资产计提折旧，而行政单位的固定资产不计提折旧，财政部另有规定的除外。

【考点三】国库单一账户体系

国库单一账户体系的构成如表32-4所示。

表32-4 国库单一账户体系

账户构成	具体内容
国库单一账户	是指财政部门在中国人民银行开设的账户
	用于记录核算反映财政预算资金和纳入预算管理的政府性基金的收入和支出
	国库单一账户在财政总预算会计中使用，行政单位和事业单位会计中不设置该账户
财政部门零余额账户	是指财政部门在商业银行开设的零余额账户
	用于财政直接支付和与国库单一账户清算
	财政部门零余额账户在国库会计中使用
预算单位零余额账户	是指财政部门在商业银行为预算单位开设的零余额账户
	用于财政授权支付和清算预算单位零余额账户，可以办理转账、提取现金等结算业务；可以向本单位按账户管理规定保留的相应账户划拨工会经费、住房公积金及提租补贴，以及经财政部门批准的特殊款项；不得违反规定向本单位其他账户和上级主管单位所属下级单位账户划拨资金
	预算单位零余额账户在行政单位和事业单位会计中使用，一个基层预算单位原则上只能开设一个预算单位零余额账户
预算外资金专户	是指财政部门在商业银行开设的财政专户
	用于记录核算和反映预算外资金的收入和支出活动，并用于预算外资金日常收支清算
	预算外资金专户在财政部门设立和使用
特设专户	是指经国务院或国务院授权财政部批准，为预算单位在商业银行开设的特殊专户
	用于记录核算和反映预算单位的特殊专项支出活动，并用于与国库单一账户清算
	特设专户在按规定申请设置了特设专户的预算单位使用

经典例题

[2015年真题·单选题] 财政部门在中国人民银行开设的用于记录核算财政预算资金和纳入预算管理的政府性基金的收入和支出的账户是（ ）。
A. 财政部门零余额账户   B. 预算单位零余额账户
C. 国库单一账户   D. 特设专户

[答案] C

[解题思路] 国库单一账户体系中唯一一个在中国人民银行开设的账户就是国库单一账户,通过题干中的"在中国人民银行开设"即可选择国库单一账户。

【考点四】财政性资金的支付方式

财政性资金的支付方式实行财政直接支付和财政授权支付两种方式,具体内容如表32-5所示。

表32-5 财政性资金的支付方式

支付方式	含义	适用范围
财政直接支付	财政部门向中国人民银行和代理银行签发支付指令,代理银行根据支付指令通过国库单一账户体系将资金直接支付到收款人账户	工资支出、工程采购支出、物品和服务采购支出
财政授权支付	预算单位按照财政部门的授权自行向代理银行签发支付指令,代理银行根据支付指令在财政部门批准的预算单位的用款额度内,通过国库单一账户将资金支付到收款人账户	未纳入工资支出、工程采购支出、物品服务采购支出管理的购买支出和零星支出,包括单件物品或单项服务购买额不足10万元人民币的购买支出、年度财政投资不足50万元人民币的工程采购支出、特别紧急的支出和经财政部门批准的其他支出

经典例题

[例题·单选题] 财政直接支付方式适用于(   )。

A. 工资支出

B. 年度财政投资不足50万元人民币的工程采购支出

C. 单件物品或单项服务购买额不足10万元人民币的购买支出

D. 特别紧急的支出

[答案] A

[解析] 财政性资金的支付方式实行财政直接支付和财政授权支付两种方式。工资支出采用财政直接支付的方式,B、C、D三项适用于财政授权支付。

【考点五】行政事业单位财务会计报告

一、行政事业单位财务报表

行政事业单位财务报表如表32-6所示。

表32-6 行政事业单位财务报表

单位性质	报表种类
行政单位	包括资产负债表、收入支出表、支出明细表、财政拨款收入支出表、固定资产投资决算报表
	资产负债表应于每月末、季末、年末编制,其中月报和季报按照"资产+支出=负债+净资产+收入"的会计等式编排
事业单位	包括资产负债表、收入支出表、财政补助收入支出表
	(1) 资产负债表反映事业单位在某一特定日期的财务状况的报表,一般按照"资产+支出=负债+净资产+收入"的会计等式编排 (2) 收入支出表反映事业单位在某一会计期间的事业成果及其分配情况的报表 (3) 财政补助收入支出表反映事业单位在某一会计期间财政补助收入、支出、结转及结余情况的报表

> **经典例题**

[例题·单选题] 下列报表中，属于行政单位编制的会计报表的是（　　）。
A. 固定资产明细表　　　　　　B. 收入明细表
C. 利润表　　　　　　　　　　D. 收入支出表
[答案] D
[解析] 行政单位会计报表包括资产负债表、收入支出表、支出明细表、财政拨款收入支出表、固定资产投资决算报表。

二、行政事业单位财务分析

（一）行政单位财务分析指标

行政单位财务分析指标的具体含义如表32-7所示。

表32-7　行政单位财务分析指标

指标名称	含义
支出增长率	衡量行政单位支出的增长水平
当年预算支出完成率	衡量行政单位当年支出总预算及分项预算完成的程度
人均开支	衡量行政单位人均年消耗经费水平
项目支出占总支出的比率	衡量行政单位的支出结构
人员支出、公用支出占总支出的比率	衡量行政单位的支出结构
人均办公使用面积	衡量行政单位办公用房配备情况
人车比例	衡量行政单位公务用车配备情况

（二）事业单位财务分析指标

事业单位财务分析指标的具体含义如表32-8所示。

表32-8　事业单位财务分析指标

指标名称	含义
预算收入完成率、预算支出完成率	衡量事业单位收入和支出总预算及分项预算完成的程度
人员支出、公用支出占事业支出的比率	衡量事业单位事业支出结构
人均基本支出	衡量事业单位按照实际在编人数平均的基本支出水平
资产负债率	衡量事业单位利用债权人提供资金开展业务活动的能力以及反映债权人提供资金的安全保障程度

> **经典例题**

[例题·多选题] 事业单位财务分析指标主要有（　　）。
A. 市盈率　　　　　　　　　　B. 预算收入完成率
C. 净资产收益率　　　　　　　D. 资产负债率
E. 人均基本支出
[答案] BDE
[解析] 企业财务分析指标与事业单位财务分析指标相同的只有"资产负债率"，其余均不同。本题A、C两项均属于企业财务分析指标。

本章易错易混考点

【易错易混考点】 事业单位净资产项目与企业所有者权益项目（如表32-9所示）

表32-9 事业单位净资产与企业所有者权益项目

类别	具体项目
事业单位净资产	(1) 非流动资产基金 (2) 事业基金 (3) 专用基金：修购基金和职工福利基金 (4) 财政补助结转结余 (5) 非财政补助结转结余：事业结余和经营结余
企业所有者权益	(1) 实收资本 (2) 资本公积 (3) 盈余公积 (4) 未分配利润

【考点小贴士】企业所有者权益项目和事业单位净资产的项目是考试中比较容易放到一起来考核的知识点。事业单位净资产项目简单的记忆方法是"基金＋结余"，简称"金余"，若谐音记忆就是"金鱼"。

[2012年真题·多选题] 事业单位净资产包括（　　）。

A. 实收资本　　　　　　　　B. 事业基金
C. 非流动资产基金　　　　　D. 未分配利润
E. 事业结余

[答案] BCE

[解题思路] 事业单位净资产项目主要是"金余"，这样应选择B、C、E三项。

·············· 历年经典真题回顾 ··············

一、单项选择题（每题1分，每题备选项中，只有1个最符合题意）

1. 行政单位进行固定资产核算时，购建的固定资产应当（　　）。[2016年真题]

   A. 按同类资产的市场价格或者有关凭证证明价值入账
   B. 按重置完全价值入账
   C. 按购建时发生的实际成本入账
   D. 按名义价值入账

   [答案] C

   [解析] 固定资产核算时，行政单位的固定资产应当按照取得或购建时的实际成本记账。盘盈固定资产时按照重置完全价值入账，接受捐赠固定资产时按照同类资产的市场价格或者有关凭证证明价值入账。

2. 反映事业单位在某一会计期间事业成果及其分配情况的会计报表是（　　）。[2013年真题]

   A. 利润表
   B. 资产负债表
   C. 所有者权益变动表
   D. 收入支出表

   [答案] D

   [解析] 反映行政事业活动成果的要素是收入和支出，构成的会计报表是收入支出表。事业单

位收入支出表反映了事业单位在某一会计期间事业成果及其分配情况的会计报表。

3. 行政单位编制资产负债表时依据的会计等式是（　　）。[2012年真题]

　　A. 资产－支出＝负债＋净资产＋收入

　　B. 资产＝负债＋净资产－支出

　　C. 资产＋支出＝负债＋净资产＋收入

　　D. 资产＋收入＝负债－支出＋净资产

　　[答案] C

　　[解析] 行政事业单位资产负债表应于每月末、季末、年末编制。月报和季报按照"资产＋支出＝负债＋净资产＋收入"的会计等式编排；年报按照"资产－负债＝净资产"的会计等式编排。

二、多项选择题（每题2分，每题备选项中，有2个或2个以上符合题意，至少有1个错项。错选，本题不得分；少选，所选的每个选项得0.5分）

1. 下列会计报表中，属于行政单位财务报表的有（　　）。[2017年真题]

　　A. 利润表　　　　　　　　　　B. 收入支出表

　　C. 资产负债表　　　　　　　　D. 所有者权益变动表

　　E. 财政拨款收入支出表

　　[答案] BCE

　　[解析] 行政单位财务报表包括资产负债表、收入支出表、支出明细表、财政拨款收入支出表、固定资产投资决算报表。

2. 财务分析指标中，用于分析行政单位财务状况的有（　　）。[2015年真题]

　　A. 支出增长率　　　　　　　　B. 人均开支

　　C. 资产负债率　　　　　　　　D. 人车比例

　　E. 资本收益率

　　[答案] ABD

　　[解析] C项，资产负债率属于事业单位及企业财务分析指标。E项，资本收益率属于企业财务分析指标。

3. 我国事业单位会计制度规定，事业单位财务报表应当包括（　　）。[2015年真题]

　　A. 资产负债表　　　　　　　　B. 财政拨款收入支出表

　　C. 收入支出表　　　　　　　　D. 财政补助收入支出表

　　E. 会计报表附注

　　[答案] ACD

　　[解析] 事业单位会计报表包括资产负债表、收入支出表、财政补助收入支出表。

4. 我国财政性资金的支付方式包括（　　）。[2015年真题]

　　A. 财政直接支付　　　　　　　B. 财政转移支付

　　C. 银行扣款　　　　　　　　　D. 企业直接支付

　　E. 财政授权支付

　　[答案] AE

　　[解析] 财政性资金的支付方式包括财政直接支付和财政授权支付。

5. 事业单位按照规定提取或者设置的专用基金有（　　）。[2013年真题]

　　A. 修购基金　　　　　　　　　B. 职工福利基金

　　C. 资本公积　　　　　　　　　D. 法定盈余公积

E. 非流动资产基金

[答案] AB

[解析] 事业单位净资产包括基金和结余。基金包括非流动资产基金、事业基金和专用基金。其中，专用基金包括修购基金和职工福利基金。资本公积和盈余公积属于企业所有者权益的项目。

6. 下列会计要素中，反映行政事业单位财务状况的有（　　）。[2013年真题]

   A. 资产　　　　　　　　　　　B. 负债
   C. 利润　　　　　　　　　　　D. 所有者权益
   E. 净资产

[答案] ABE

[解析] 行政事业单位会计要素包括两类：①反映财务状况的会计要素，即资产、负债、净资产；②反映行政事业活动成果的会计要素，即收入和支出。

本章同步练习

一、单项选择题（每题1分，每题备选项中，只有1个最符合题意）

1. 目前我国行政单位会计采用的会计确认和计量的基础是（　　）。
   A. 收付实现制　　　　　　　　B. 实地盘存制
   C. 永续盘存制　　　　　　　　D. 权责发生制

2. 下列各项中，不属于事业单位净资产项目的是（　　）。
   A. 事业结余　　　　　　　　　B. 非流动资产基金
   C. 专用基金　　　　　　　　　D. 应缴预算款

3. 行政单位进行固定资产核算时，盘盈的固定资产应当（　　）。
   A. 按同类资产的市场价格或者有关凭证注明价值入账
   B. 按重置完全价值入账
   C. 按购建时发生的实际成本入账
   D. 按名义价值入账

4. 事业单位开展各项专业业务活动及其辅助活动发生的支出称为（　　）。
   A. 事业支出　　　　　　　　　B. 经营支出
   C. 专款支出　　　　　　　　　D. 对附属单位补助

5. 下列各项中，不属于事业单位负债的是（　　）。
   A. 借入款项　　　　　　　　　B. 应付票据
   C. 应付工资　　　　　　　　　D. 应收及预付款项

6. 事业单位拥有的非限定用途的净资产是（　　）。
   A. 专用基金　　　　　　　　　B. 事业基金
   C. 非流动资产基金　　　　　　D. 经营结余

7. 财政部门在中国人民银行开设的国库单一账户用于（　　）。
   A. 记录核算反映财政预算资金和纳入预算管理的政府性基金的收入和支出
   B. 财政直接支付和与国库单一账户清算
   C. 财政授权支付和清算预算单位零余额账户
   D. 记录核算和反映预算外资金的收入和支出活动，并用于预算外资金日常收支清算

8. 具有财政直接支付并具有与国库单一账户进行支出清算功能的账户是（　　）。
   A. 国库存款账户　　　　　　　B. 财政部门零余额账户

C. 预算单位的零余额账户　　　　　　D. 特设专户
9. 在国库单一账户体系中，在行政单位和事业单位会计中使用的是（　　）。
   A. 国库单一账户　　　　　　　　　　B. 财政部门零余额账户
   C. 预算单位零余额账户　　　　　　　D. 预算外资金专户
10. 行政单位财务分析的指标不包括（　　）。
    A. 支出增长率　　　　　　　　　　　B. 人均办公使用面积
    C. 当年预算支出完成率　　　　　　　D. 资产负债率
11. 反映事业单位某一特定日期财务状况的报表是（　　）。
    A. 利润表　　　　　　　　　　　　　B. 资产负债表
    C. 所有者权益变动表　　　　　　　　D. 收入支出表
12. 衡量事业单位利用债权人提供资金开展业务活动的能力以及反映债权人提供资金的安全保障程度的财务分析指标是（　　）。
    A. 人均基本支出　　　　　　　　　　B. 产权比率
    C. 资产负债率　　　　　　　　　　　D. 已获利息保障倍数

二、多项选择题（每题2分，每题备选项中，有2个或2个以上符合题意，至少有1个错项。错选，本题不得分；少选，所选的每个选项得0.5分）
1. 根据我国《事业单位会计制度》规定，事业单位应当对（　　）计提折旧。
   A. 房屋　　　　　　　　　　　　　　B. 设备
   C. 文物　　　　　　　　　　　　　　D. 图书档案
   E. 陈列品
2. 行政事业单位的会计要素中，反映行政事业单位财务状况的有（　　）。
   A. 资产　　　　　　　　　　　　　　B. 负债
   C. 净资产　　　　　　　　　　　　　D. 所有者权益
   E. 支出
3. 国库单一账户体系的基本构成有（　　）。
   A. 国库单一账户　　　　　　　　　　B. 财政部门零余额账户
   C. 预算单位零余额账户　　　　　　　D. 预算单位基本存款账户
   E. 预算外资金专户
4. 行政单位的支出包括（　　）。
   A. 人员支出　　　　　　　　　　　　B. 项目支出
   C. 公用支出　　　　　　　　　　　　D. 经营支出
   E. 事业支出
5. 行政事业单位的会计要素包括（　　）。
   A. 资产和负债　　　B. 净资产　　　　C. 收入　　　　　　D. 支出
   E. 利润
6. 事业单位的净资产包括（　　）。
   A. 非流动资产基金　　　　　　　　　B. 事业基金
   C. 专用基金　　　　　　　　　　　　D. 非财政补助结转结余
   E. 留存收益
7. 下列关于预算单位零余额账户的说法，正确的有（　　）。
   A. 预算单位零余额账户用于财政直接支付

B. 预算单位零余额账户用于财政授权支付和清算预算单位零余额账户
C. 预算单位零余额账户可用于转账
D. 预算单位零余额账户可以向本单位按账户管理规定保留的相应账户划拨工会经费、住房公积金及提租补贴
E. 预算单位零余额账户在国库会计中使用

8. 事业单位财务会计报表至少包括（　　）。

A. 资产负债表
B. 利润表
C. 现金流量表
D. 收入支出表
E. 财政补助收入支出表

本章同步练习参考答案及解析

一、单项选择题

1. [答案] A
   [解析] 行政单位会计核算基础是收付实现制；企业会计核算基础是权责发生制；事业单位会计核算基础一般是收付实现制，对事业单位经营活动采用权责发生制。

2. [答案] D
   [解析] 应缴预算款属于事业单位的负债项目。

3. [答案] B
   [解析] 固定资产核算时，行政单位的固定资产应当按照取得或购建时的实际成本记账。盘盈固定资产时按照重置完全价值入账；接受捐赠固定资产时按照同类资产的市场价格或者有关凭证注明价值入账。

4. [答案] A
   [解析] 本题强调"专业业务活动"。事业支出是指事业单位开展各项专业业务活动及其辅助活动发生的基本支出和项目支出。

5. [答案] D
   [解析] 应收及预付款项属于资产项目。

6. [答案] B
   [解析] 事业基金是指事业单位拥有的非限定用途的净资产。

7. [答案] A
   [解析] 国库单一账户用于记录核算反映财政预算资金和纳入预算管理的政府性基金的收入和支出。国库单一账户在财政总预算会计中使用，行政单位和事业单位会计中不设置该账户。

8. [答案] B
   [解析] 财政部门按资金使用性质在商业银行开设零余额账户，用于财政直接支付和与国库单一账户支出清算。

9. [答案] C
   [解析] 预算单位零余额账户用于财政授权支付和清算预算单位零余额账户。该账户在行政单位和事业单位会计中使用。

10. [答案] D
    [解析] 行政单位财务分析的指标主要包括支出增长率、当年预算支出完成率、人均开支、项目支出占总支出的比率、人员支出占总支出的比率、公用支出占总支出的比率、人均办公使用面积、人车比例。行政单位财务分析指标不包括资产负债率。企业及事业单位财务分析指标包括资产负债率。

11. [答案] B
    [解析] 资产负债表反映事业单位某一特定日期的财务状况。收入支出表或者收入费用表反映事业单位在某一会计期间的事业成果及其分配情况的报表。财政补助收入支出表是指反映事业单位在某一会计期间财政补助收入、支出、结转及结余情况的报表。事业单位的财务报表不包括所有者权益变动表。

12. [答案] C
    [解析] 资产负债率是衡量事业单位利用债权人提供资金开展业务活动的能力以及反映债权人提供资金的安全保障程度的财务分析指标。

二、多项选择题

1. ［答案］AB
   ［解析］行政单位固定资产不计提折旧，财政部另有规定的除外。事业单位是否对固定资产计提折旧由财政部在相关财务会计制度中规定。我国《事业单位会计制度》规定，事业单位应当对除文物和陈列品、动植物、图书档案、以名义金额计量的固定资产以外的其他固定资产计提折旧。

2. ［答案］ABC
   ［解析］行政事业单位会计要素包括两类：①反映财务状况的会计要素，即资产、负债、净资产；②反映行政事业活动成果的会计要素，即收入和支出。

3. ［答案］ABCE
   ［解析］国库单一账户体系的构成包括国库单一账户、财政部门零余额账户、预算单位零余额账户、预算外资金专户、特设专户。

4. ［答案］ABC
   ［解析］行政单位支出包括基本支出和项目支出。其中，基本支出包括人员支出和公用支出。

5. ［答案］ABCD
   ［解析］行政事业单位的会计要素包括资产、负债、净资产、收入、支出。

6. ［答案］ABCD
   ［解析］事业单位净资产包括事业基金、非流动资产基金、专用基金、财政补助结转结余、非财政补助结转结余（包括经营结余和事业结余）。

7. ［答案］BCD
   ［解析］预算单位零余额账户用于财政授权支付和清算预算单位零余额账户，可以办理转账、提取现金等结算业务；可以向本单位按账户管理规定保留的相应账户划拨工会经费、住房公积金及提租补贴，以及经财政部门批准的特殊款项；不得违反规定向本单位其他账户和上级主管单位所属下级单位账户划拨资金。预算单位零余额账户在行政单位和事业单位会计中使用。

8. ［答案］ADE
   ［解析］事业单位会计报表至少包括资产负债表、收入支出表或者收入费用表和财政补助收入支出表。行政单位财务报表包括资产负债表、收入支出表、支出明细表、财政拨款收入支出表、固定资产投资决算报表等主表和有关附表。

错题收集

第六部分 法 律

考情分析

年份	单项选择题		多项选择题		合计分值
	题量	分值	题量	分值	
2012—2017	11	11	6	12	23

知识脉络

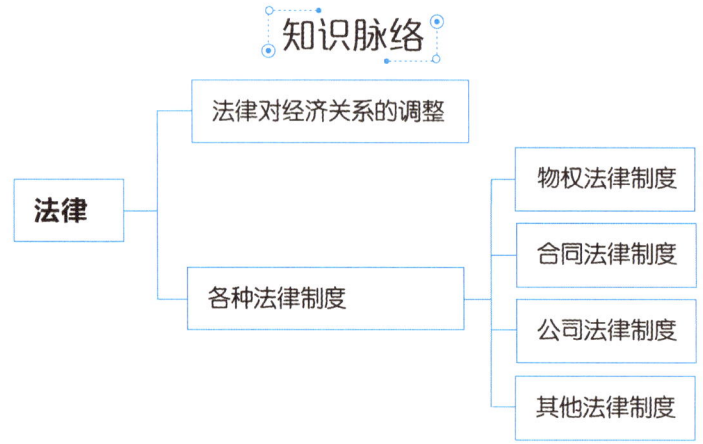

学习提示

  法律这部分内容略显枯燥，知识点较多，考查也较为细致，侧重考查概念、特征、分类、原则等法律的基础知识。考查内容大部分涉及考试指定教材上的原文原话，但在2017年的试卷中也显露了灵活考查的趋势，在物权法和合同法中考查了一些小案例，并要求根据所学法律知识来对案例进行分析。所以对于法律这部分内容的学习除了要记忆一些法律基础知识外，还要尽量理解，学习时要做到耐心、细心、不急不躁。

第三十三章 法律对经济关系的调整

本章考情分析

年份	单项选择题	多项选择题	合计
2017年	1题1分	—	1分
2016年	1题1分	1题2分	3分
2015年	1题1分	—	1分
2014年	1题1分	—	1分
2013年	1题1分	—	1分
2012年	1题1分	1题2分	3分

本章考点概览

法律对经济关系的调整
- "调整经济的法律"和"经济法"
- 调整社会主义市场经济的法律体系

本章主要考点
1. 法律对经济关系调整的三个阶段
2. "经济法"与"调整经济的法"
3. 调整社会主义市场经济的法律体系
4. 经济法的调整对象

本章考点详解

【考点一】法律对经济关系调整的三个阶段

<u>法律的调整对象是社会关系</u>。因此从法学视角来界定经济,"经济"就是指人们围绕社会物质财富的生产、交换、分配和消费过程所进行的各种社会关系的总和。调整经济是法律的一项重要功能。从历史的角度来看,法律对经济关系的调整经历了三个阶段,具体内容如表33-1所示。

表33-1 法律对经济关系调整的三个阶段

阶段	时期	特点
第一阶段	奴隶制社会和封建社会	诸法合一,刑法和民法不分
第二阶段	封建社会末期和自由资本主义阶段	法律进入大分化、大发展时期,这时期起主导作用的是民商法
第三阶段	当代社会	民法、商法、经济法主导,环境法、劳动法、社会保障法等辅助(调整经济关系的法)

经典例题

[2012年真题·单选题] 在当代中国，法律对经济关系的调整模式是（   ）。
A. 民商法主导模式
B. 民商法、经济法主导，其他部门法辅助模式
C. 行政法主导模式
D. 经济法主导模式
[答案] B
[解析] 当代社会，民法、商法和经济法共同对经济关系进行调整，同时社会保障法、环境保护法等也成为调整经济关系的辅助性法律部门。

【考点二】"经济法"与"调整经济的法"

"经济法"和"调整经济的法"是两个不同的概念，具体内涵如表33-2所示。

表33-2　"经济法"和"调整经济的法"的内涵

项目	具体内涵
"经济法"	"经济法"是与民法、商法、行政法、刑法等部门法并列的一个法律部门，是现代法律体系的一个重要组成部分
"调整经济的法"	"调整经济的法"是调整各种经济关系的法律规范的总体，既包括民法、商法，也包括经济法；既包括调整国内经济关系的法，也包括调整国际经济关系的国际私法和国际经济法。它是一国所有调整经济关系的法律规范的总和

【提示】"调整经济的法"包含了"经济法"。

经典例题

[2014年真题·单选题] 关于"经济法"和"调整经济的法"的说法，正确的是（   ）。
A. 两个概念内涵一致
B. "经济法"的外延比"调整经济的法"的外延大
C. "调整经济的法"包括了"经济法"
D. "经济法"是与"调整经济的法"并列的法律部门
[答案] C
[解析]"调整经济的法"包括了经济法、民商法等，其外延大于经济法的外延，C项正确。

【考点三】调整社会主义市场经济的法律体系

现代市场经济是混合经济，是市场力量与政府干预力量综合作用的经济形态。法律对市场经济的调整，表现为多个法律部门的综合运用、协调作用。调整社会主义市场经济的法律体系包括三个层次：民商法、经济法和其他法律部门。其具体内容如表33-3所示。

表33-3　调整社会主义市场经济的法律体系

项目	具体内容
民商法	在对市场经济进行规制的法律体系中，民商法处于基本法的地位。民商法主要调整市场力量发挥作用的经济领域
	包括物权法、知识产权法、合同法、公司法、保险法、票据法、民事主体制度、民事责任制度等
经济法	经济法与民商法协调互补，构成现代市场经济社会调整经济关系的两大法律体系。经济法的调整对象主要是国家对市场经济进行宏观调控所形成的法律关系

续表

项目	具体内容
其他法律部门	其他法律部门包括劳动法、环境法、社会保障法等。在最为广泛的意义上，对市场经济的法律调整，是包括宪法、刑法、行政法、诉讼法等整个有中国特色社会主义法律体系的任务

经典例题

[例题·多选题] 下列关于调整社会主义市场经济的法律体系的说法，正确的是（　　）。
A. 调整社会主义市场经济的法律体系包括民商法、经济法和其他法律部门
B. 在对市场进行规制的法律体系中，民商法处于基本法的地位
C. 民商法主要调整市场力量发挥作用的经济领域
D. 物权法和知识产权法属于民商法
E. 民商法和劳动法相互补充构成现代市场经济社会调整经济关系的两大法律体系
[答案] ABCD
[解析] 民商法和经济法相互补充构成现代市场经济社会调整经济关系的两大法律体系，E项错误。

【考点四】经济法的调整对象

经济法的调整对象包括三类，具体内容如表33-4所示。

表33-4　经济法的调整对象

经济法的调整对象	具体内容
经济管理关系	是指国家作为社会管理者运用一系列手段在对宏观经济进行调控过程中所形成的社会关系。这种宏观经济管理关系是一种以市场经济体制为基础、综合运用各种手段、宏观领域的经济关系。如计划关系、财政政策关系、货币政策关系、产业政策关系等
市场管理关系	是指国家在市场管理过程中所形成的一种社会关系，具体包括：①维护公平竞争关系；②产品质量管理关系；③消费者权益保护关系
组织管理性的流转和协作关系	这些关系主要有两种表现形式： (1) 国家通过政府机构或设立企业、委托代理人直接参与经济活动或经济关系，如进行招标、定（购）货、发包、出让、信贷、担保等活动时发生的合同关系 (2) 平等的国家机关或财政主体之间的经济协作关系

经典例题

[例题·多选题] 关于经济法的说法，错误的是（　　）。
A. 经济法的调整对象包括行政指导关系、市场管理关系以及组织管理性的流转和协作关系
B. 经济法就是调整经济的法
C. 经济法是调整各种经济关系的法律规范的总称
D. 物权法是经济法的重要组成内容
E. 市场管理关系包括维护公平竞争关系、产品质量管理关系和消费者权益保护关系
[答案] ABCD
[解析] 本题考点非常综合。经济法的调整对象包括三种管理关系，A项错误。物权法属于民商法，不属于经济法，D项错误。经济法和调整经济的法的关系——调整经济的法包括经济法，B项错误。调整经济的法是调整各种经济关系的法律规范的总称，C项错误。

本章易错易混考点

【易错易混考点】调整市场经济的法律体系（如图33-1所示）

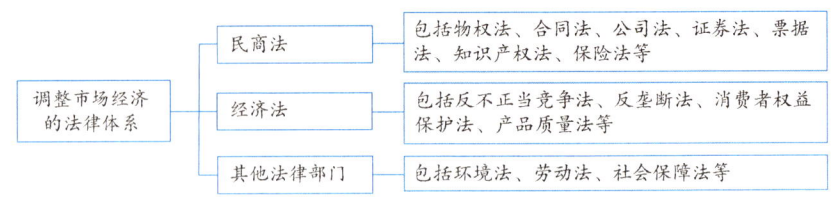

图33-1 调整市场经济的法律体系

[例题·多选题] 下列法律中，属于经济法的有（ ）。
A. 社会保障法   B. 物权法
C. 合同法   D. 反不正当竞争法
E. 消费者权益保护法
[答案] DE
[解析] 经济法的调整对象主要是国家对市场经济进行宏观调控所形成的法律关系。反不正当竞争法、反垄断法、消费者权益保护法、产品质量法、会计法、金融法等均属于经济法。物权法、知识产权法、合同法等属于民商法。社会保障法属于其他法律部门。

---------- 历年经典真题回顾 ----------

一、单项选择题（每题1分，每题备选项中，只有1个最符合题意）

1. 关于"经济法"和"调整经济的法"的说法，错误的是（ ）。[2017年真题]
   A. "经济法"是与行政法、刑法等部门法并列的一个法律部门
   B. 调整社会主义市场经济的法律体系包括民商法、经济法和劳动法、环境法等其他法律部门
   C. "调整经济的法"是一国所有调整经济关系的法律规范的总和
   D. "调整经济的法"就是"经济法"
   [答案] D
   [解析] "调整经济的法"包括了"经济法"，范畴更广，D项错误。

2. 在对市场经济进行规制的法律体系中，处于基本法地位的是（ ）。[2016年真题]
   A. 环境保护法   B. 民商法
   C. 劳动法   D. 社会保障法
   [答案] B
   [解析] 在对市场经济进行规制的法律体系中，民商法处于基本法的地位。

3. 法律调整的对象是（ ）。[2015年真题]
   A. 宗教信仰   B. 自然规律
   C. 社会关系   D. 道德理论
   [答案] C
   [解析] 法律的调整对象是社会关系。

二、多项选择题（每题2分，每题备选项中，有2个或2个以上符合题意，至少有1个错项。错选，本题不得分；少选，所选的每个选项得0.5分）

1. 下列法律中，属于民商法部门的有（ ）。[2016年真题]
   A. 产品质量法   B. 物权法
   C. 合同法   D. 知识产权法

E. 消费者权益保护法

[答案] BCD

[解析] 民商法包括物权法、知识产权法、合同法、公司法、票据法等。A、E 两项产品质量法和消费者权益保护法属于经济法的内容。

2. 在经济法调整对象中，市场管理关系的内容包括（　　）。[2012 年真题]

　　A. 合同法律关系　　　　　　　　　B. 维护公平竞争关系

　　C. 消费者权益保护关系　　　　　　D. 产品质量管理关系

　　E. 物权法律关系

[答案] BCD

[解析] 市场管理关系是国家在市场管理过程中所形成的一种社会关系。其具体包括：①维护公平竞争关系；②产品质量管理关系；③消费者权益保护关系。

本章同步练习

一、**单项选择题**（每题 1 分，每题备选项中，只有 1 个最符合题意）

1. 国家通过政府机构或设立企业、委托代理人直接参与经济活动或经济关系，这种关系应由（　　）调整。

　　A. 民法　　　　　　　　　　　　　B. 商法

　　C. 劳动法　　　　　　　　　　　　D. 经济法

2. 在奴隶制社会和封建社会法律对经济关系的调整模式是（　　）。

　　A. 诸法合一，刑法、民法不分

　　B. 民商法主导模式

　　C. 行政法主导模式

　　D. 民商法、经济法主导，环境法、劳动法、社会保障法等辅助模式

3. 在现代市场经济条件下，市场发挥着对资源配置的基础性作用，在对市场经济进行规制的法律体系中，处于基本法地位的是（　　）。

　　A. 经济法　　　　　　　　　　　　B. 宪法

　　C. 刑法　　　　　　　　　　　　　D. 民商法

4. 国家作为社会管理者运用一系列手段在对宏观经济进行调控过程中所形成的社会关系称为（　　）。

　　A. 市场管理关系

　　B. 经济管理关系

　　C. 组织管理型的流转关系

　　D. 组织管理性的协作关系

5. 主要以国家对市场经济进行宏观调控所形成的法律关系为调整对象的法律规范称为（　　）。

　　A. 民法　　　　　　　　　　　　　B. 商法

　　C. 经济法　　　　　　　　　　　　D. 环境法

6. 人类要进行物质资料的生产，首先要完成人与生产资料的结合。这种结合具体体现为财产的支配关系，在法律上就表现为（　　）。

　　A. 物权法律制度和知识产权法律制度

　　B. 所有权法律制度和支配权法律制度

　　C. 行政法律制度和经济法律制度

　　D. 民事责任法律制度和刑事责任法律制度

经济基础知识（中级）

二、多项选择题（每题2分，每题备选项中，有2个或2个以上符合题意，至少有1个错项。错选，本题不得分；少选，所选的每个选项得0.5分）

1. 关于"经济法"和"调整经济的法"的说法，错误的有（　　）。
   A. 调整经济关系的法律规范称为"经济法"
   B. "经济法"的外延比"调整经济的法"的外延大
   C. "调整经济的法"包括了"经济法"
   D. "经济法"是与"调整经济的法"并列的法律部门
   E. "经济法"和"调整经济的法"是两个不同的概念

2. 经济法即调整（　　）的法律规范总称。
   A. 经济管理关系
   B. 市场管理关系
   C. 平等主体之间的交易关系
   D. 组织管理性的流转和协作关系
   E. 刑事责任关系

3. 经济管理关系是经济法的调整对象之一，经济管理关系包括（　　）。
   A. 计划关系
   B. 财政政策关系
   C. 货币政策关系
   D. 维护公平竞争关系
   E. 组织管理型的流转和协作关系

4. 从法学视角来界定经济，"经济"就是指人们围绕社会物质财富的（　　）过程所进行的各种社会关系的总和。
   A. 生产
   B. 消费
   C. 分配
   D. 交换
   E. 消灭

5. 下列法律中，属于民商法部门的有（　　）。
   A. 公司法
   B. 保险法
   C. 物权法
   D. 诉讼法
   E. 产品质量法

本章同步练习参考答案及解析

一、单项选择题

1. [答案] D
   [解析] 经济法调整对象之一是组织管理性的流转和协作关系。其包括两种表现形式：①国家通过政府机构或设立企业、委托代理人直接参与经济活动或经济关系，如进行招标、定（购）货、发包、出让、信贷、担保等活动时发生的合同关系；②平等的国家机关或财政主体之间的经济协作关系。

2. [答案] A
   [解析] 在奴隶制社会和封建社会，法律对经济关系的调整是诸法合一，刑法、民法不分。

3. [答案] D
   [解析] 强调"在对市场经济进行规制"，所以应选择民商法。

4. [答案] B
   [解析] 经济管理关系是指国家作为社会管理者运用一系列手段在对宏观经济进行调控过程中所形成的社会关系。这种宏观经济管理关系是一种以市场经济体制为基础、综合运用各种手段、宏观领域的经济关系。

5. [答案] C
   [解析] 经济法是市场经济制度的基本法。其调整对象主要是国家对市场经济进行宏观调控所形成的法律关系。

6. [答案] A

[解析] 人对财产的支配关系，在法律上表现为物权法律制度和知识产权法律制度。

二、多项选择题

1. [答案] ABD

[解析] 调整经济的法包括经济法、民商法等，是两个不同的概念。

2. [答案] ABD

[解析] 经济法是市场经济制度的基本法，其调整对象主要是国家对市场经济进行宏观调控所形成的法律关系。其调整的关系包括经济管理关系、市场管理关系及组织管理性的流转和协作关系。

3. [答案] ABC

[解析] 经济管理关系包括计划关系、财政政策关系、货币政策关系、产业政策关系。D项属于市场管理关系。

4. [答案] ABCD

[解析] 法律的调整对象是社会关系，因此从法学视角来界定经济，"经济"就是指人们围绕社会物质财富的生产、交换、分配和消费过程所进行的各种社会关系的总和。

5. [答案] ABC

[解析] 民商法主要调整市场力量发挥作用的经济领域，包括物权法、知识产权法、合同法、公司法、保险法、票据法等。D项，诉讼法属于其他法律部门；E项，产品质量法属于经济法。

错题收集

第三十四章 物权法律制度

本章考情分析

年份	单项选择题	多项选择题	合计
2017 年	3 题 3 分	—	3 分
2016 年	2 题 2 分	1 题 2 分	4 分
2015 年	3 题 3 分	2 题 4 分	7 分
2014 年	4 题 4 分	1 题 2 分	6 分
2013 年	2 题 2 分	3 题 6 分	8 分
2012 年	3 题 3 分	1 题 2 分	5 分

本章考点概览

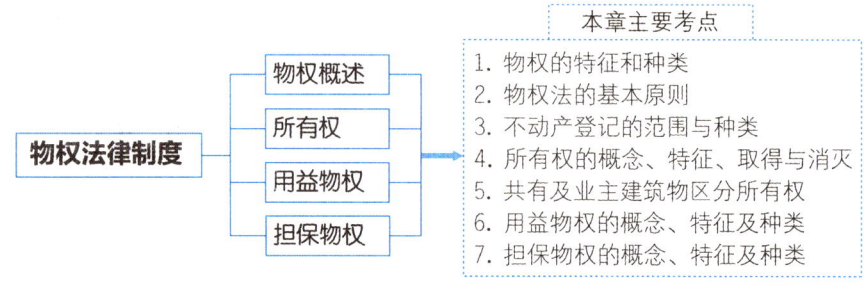

本章考点详解

【考点一】物权的特征和种类

一、物权的特征

物权和债权构成了市场经济社会的最基本的财产权利。在商品经济条件下,人和财产的结合表现为物权,当财产进入流通领域之后,在不同主体之间的交换则体现为债权。物权的法律特征及其与债权的特征的对比如表 34-1 所示。

表 34-1 物权的法律特征及其与债权的特征的对比

物权的特征	具体内容
物权是绝对权 (对世权)	(1) 物权的义务主体为权利人以外的不特定的一切人。物权的权利主体是特定的,其他任何人都负有不得非法干涉和侵害权利人所享有的物权的义务 (2) 债权人的请求权只对特定的债务人发生效力,因此债权是相对权,又称"对人权"

续表

物权的特征	具体内容
物权属于支配权	(1) 物权的权利人不必依赖他人的帮助就能行使其权利。物权的权利人可自由地根据自己的意志行使自己的权利，无须他人给予协助，更不须征得他人的同意 (2) 债权属于请求权，债权必须有相对的义务人给予协助方可顺利实现
物权是法定的，物权设定采用法定主义	(1) 物权的种类和基本内容由法律规定，不允许当事人自由创设，且物权设定时必须公示。动产所有权、动产质权、动产留置权均以动产的占有为权利象征。不动产以登记为权利象征 (2) 债权只是在特定的当事人之间存在的，不具有公示性，设立债权不需要公示。另外债权特别是合同债权，主要由当事人自由确定，也不需公示
物权的客体一般为物	(1) 物权的客体是特定物、有体物、独立物、独立于人身之外的物 【提示】人的身体不可成为物权的客体；人体器官在未经合法程序和手段与人体分离之前，也不可成为物权的客体 (2) 债权一般直接指向的是行为，而间接涉及物
物权具有追及效力	(1) 物权的标的物无论辗转流向何处，权利人均得追及于物之所在地行使其权利，依法请求不法占有人返还原物 (2) 债权原则上不具有追及效力（一物二卖中，后买者若合法占有了物，先买者无权请求返还财产，只能请求债务人履行债务和承担违约责任）
物权具有优先效力	物权优先	①对外优先：当物权与债权并存时，物权优先于债权。但物权优先于债权并不是绝对的（设立抵押合同前抵押财产已经出租，原租赁关系不受抵押权的影响，又如"买卖不破租赁"原则） ②对内优先：同一标的物上存在着两个或两个以上内容或性质相同的物权时，成立在先的物权优先于成立在后的物权
	债权不具有对内优先的效力，在同一物上可以设立多个债权，各个债权都具有平等的效力，债权人在依法受偿时都是平等的

经典例题

[例题·多选题] 关于物权与债权区别的说法，正确的有（   ）。
A. 物权是支配权，债权是请求权
B. 物权为绝对权，债权为相对权
C. 物权不允许当事人自由创设，债权主要由当事人自由确定
D. 物权具有优先效力与追及效力，债权只有追及效力
E. 同一标的物上存在着两个抵押权时，成立在先的抵押权优先于成立在后的抵押权
[答案] ABCE
[解析] 通过本题掌握物权的特征。物权是支配权、绝对权、物权是法定的，债权是请求权、相对权，A、B、C三项正确。物权具有优先效力与追及效力，债权原则上不具有追及效力，D项错误。同一标的物上存在着两个或两个以上内容或性质相同的物权时，成立在先的物权优先于成立在后的物权，E项正确。

二、物权的种类

根据不同的分类标准可以将物权分为不同的种类，具体内容如表34-2所示。

表34-2 物权的种类

分类标准	类别	物权种类
物权的权利人行使权利的范围不同	自物权	所有权
	他物权	用益物权、担保物权

续表

分类标准	类别	物权种类
他物权从设立目的的角度	用益物权	土地承包经营权、建设用地使用权、宅基地使用权、地役权、典权等
	担保物权	抵押权、质权、留置权等
物权有无从属性	主物权	所有权、地上权等
	从物权	地役权、担保物权等
物权的发生是否基于当事人的意思	法定物权	留置权、法定抵押权等
	意定物权	质权、抵押权等
物权之存续有无期限	有期限物权	抵押权、质权、留置权等
	无期限物权	所有权等

经典例题

[2015年真题·多选题] 下列物权中,属于从物权的有( )。
A. 所有权   B. 抵押权   C. 留置权   D. 地役权
E. 质权
[答案] BCDE
[解析] 从物权包括所有的担保物权(抵押、质押、留置)和用益物权中的地役权。

【考点二】物权法的基本原则

物权法基本原则的具体内容如表34-3所示。

表34-3 物权法的基本原则

基本原则	具体内容
物权法定原则	指物权的种类、内容、效力、得丧变更及其保护的方法均源自法律的直接规定,当事人不得自由地创设
一物一权原则	(1) 一个特定的标的物上只有一个所有权 (2) 同一物上不得设有两个以上相互冲突和矛盾的物权。同一物之上可以并存数个不相矛盾的物权。例如所有权与他物权同时并存;在同一物之上设定数个不相矛盾的担保物权等
物权公示原则	(1) 物权的公示方法必须由法律规定 不动产物权的设立、变更、转让和消灭,应当依照法律规定登记。动产物权的设立和转让,应当依照法律规定交付 (2) 物权公示的效力必须由法律规定 普通的动产一经交付,便发生所有权转移的后果;不动产的转让一经办理登记手续,便发生该不动产物权变动的法律后果

经典例题

[2012年真题·多选题] 物权法的基本原则包括( )。
A. 物权法定原则   B. 诚实信用原则
C. 平等自愿原则   D. 一物一权原则
E. 物权公示原则
[答案] ADE
[解析] 物权法的三原则是物权法定、一物一权和物权公示。

【考点三】不动产登记的范围与种类

我国目前已经开始实施不动产统一登记制度。由国务院国土资源主管部门负责监督、指导全国的不动产登记工作。其具体内容如表34-4所示。

表34-4 不动产登记的范围与种类

项目		具体内容
登记范围		①集体土地所有权；②房屋等建筑物、构筑物所有权；③森林、林木所有权；④耕地、林地、草地等土地承包经营权；⑤建设用地使用权；⑥宅基地使用权；⑦海域使用权；⑧地役权；⑨抵押权；⑩法律规定需要登记的其他不动产权利
登记种类	预告登记	是指当事人所期待的不动产物权变动所需要的条件缺乏或者尚未成就时，即权利人只对未来取得物权享有请求权时，法律为保护这一请求权而进行的不动产登记 (1) 未经预告登记的权利人同意，转移不动产所有权或者设定建设用地使用权、地役权、抵押权等其他物权的，不发生物权效力 (2) 预告登记后，债权消灭或者自能够进行不动产登记之日起三个月内未申请登记的，预告登记失效
	首次登记	是指不动产物权首次产生时进行的登记，如商品房第一次登记
	变更登记	是指不动产物权具体内容发生变化时进行的登记
	转移登记	是指不动产物权发生权利转移时进行的登记
	注销登记	是指不动产物权消灭时进行的登记
	更正登记或异议登记	权利人、利害关系人认为不动产登记簿记载的事项错误的，可以申请更正登记。不动产登记簿记载的权利人不同意更正的，利害关系人可以申请异议登记。申请人在异议登记之日起15日内不起诉，异议登记失效。异议登记不当，造成权利人损害的，权利人可以向申请人请求损害赔偿
	查封登记	是指作为被执行人的不动产权利人，因判决或者强制执行等原因，当事人尚未向权属登记机关办理登记手续，而由执行法院向登记机关提供被执行人取得财产所依据的生效判决书或者执行裁定书及协助执行通知书，由登记机关对该房屋的权属直接进行登记，然后再予以查封

【提示】变更登记与转移登记的区别：①转移登记的权利主体不一致，而变更登记前后的权利主体一致。这是两者最主要的区别。②转移登记是不动产权利转让行为，变更登记则不是。③转移登记一般应依法缴纳相关契税所得税等，变更登记不需缴纳税款。

经典例题

[例题·多选题] 转移登记与变更登记的区别表述正确的有（　　）。
A. 转移登记前后的权利主体不一致，变更登记前后的权利主体一致
B. 转移登记是不动产权利转让行为
C. 变更登记是不动产权利转让行为
D. 转移登记只是不动产权利主体或客体形式上的变化
E. 转移登记一般应依法缴纳相关契税所得税等，变更登记不需缴纳税款
[答案] ABE
[解析] 转移登记的权利主体不一致，而变更登记前后的权利主体一致。这是转移登记和变更登记最主要的区别。变更登记只是不动产权利主体或客体形式上的变化。

【考点四】所有权的概念、特征、取得与消灭

一、所有权的概念

所有权是指所有人对自己的不动产或者动产依法享有的占有、使用、收益和处分的权利。

所有权包括占有权、使用权、收益权和处分权四项权能。处分权是所有权内容的核心，是拥有所有权的根本标志。

二、所有权的法律特征

所有权的法律特征如表34-5所示。

表34-5 所有权的法律特征

法律特征	具体内容
所有权的独占性	所有人对其财产享有的所有权，可依法排斥他人的非法干涉，不允许其他任何人加以妨碍或侵害。当所有权受到不法占有或者侵害时，财产所有人有权请求返还原物、停止侵害、排除妨碍或者赔偿损失
所有权的全面性	所有人在法律规定的范围内对所有物加以全面支配的权利
所有权的单一性	所有权并非占有、使用、收益和处分四项权利的简单相加，而是一个整体的权利
所有权的存续性	一般而言，财产所有权一经合法获得，就可以永久存续
所有权的弹力性	所有权的各项权能可以通过法定的方式或合同约定的方式同作为整体的所有权相分离。而与所有权发生分离的权能在分离期限届满后，最终仍属于所有权人

三、所有权的取得与消灭

（一）所有权的取得

1. 原始取得

所有权的原始取得的具体内容如表34-6所示。

表34-6 所有权的原始取得

取得原因	取得方式		具体内容
物权首次产生而获得所有权	生产		是指民事主体通过自己的劳动创造出新的财产进而取得该财产的所有权的方式
	孳息		是指由原物所产生的收益
		天然孳息	因物的自然属性而获得的收益，如从果树上摘下来的果实、母牛生出的小牛。天然孳息由所有权人取得；既有所有权人又有用益物权人的，由用益物权人取得，当事人另有约定的，按照约定
		法定孳息	因法律关系所获得的收益，如存款取得的利息，出租人根据租赁合同收取的租金、彩票中奖所获奖金等。法定孳息按约定取得；没有约定或约定不明确的，按交易习惯取得
因公法方式获得所有权	国有化和没收		国家根据法律、法规的强行性规定，采取强制措施将一定的财产收归国有，无须征得原物所有权人的同意，直接依法获得物的所有权。如国家根据法律、法规采取强制手段，剥夺违法犯罪分子的财产归国家所有
其他直接根据法律规定确定所有权的归属	先占		指民事主体以所有的意思占有无主动产而取得其所有权的法律事实
	添附		指不同所有人的物因一定的行为而结合在一起形成不可分割的物或具有新质的物
			包括混合（两种饮料混一起）、附合（他人建筑物上刷漆）和加工三种情形，其中加工标的物仅限于动产
	发现埋藏物和隐藏物		根据我国《民法总则》的规定，所有权人不明的埋藏物和隐藏物归国家所有。在该物上缴国家以后，接收单位应当对上缴的单位或者个人给予奖励
	拾得遗失物		是指发现他人不慎丧失占有的动产而予以占有的法律事实。根据我国《民法总则》的规定，拾得遗失物应当归还失主，拾得人不能取得遗失物的所有权。同样，拾得漂流物或失散的饲养动物，也应归还失主。如果找不到失主，经法定程序，国家可获得物的所有权

取得原因	取得方式	具体内容
其他直接根据法律规定确定所有权的归属	善意取得	是指受让人以财产所有权转移为目的，善意、对价受让且占有该财产，即使出让人无转移所有权的权利，受让人仍可取得该财产的所有权
		善意取得既可适用于动产，也可适用于不动产。不动产的转让以办理登记为物权变动的标志，动产的转让以交付作为基本标志 【提示1】禁止或限制流通物不适用善意取得制度，例如枪支弹药、黄金、麻醉品等 【提示2】货币和不记名证券是一种特殊的动产，谁持有就成为其权利主体，因此适用善意取得制度

2. 继受取得

继受取得是指通过一定的法律行为或基于法定的事实从原所有人处取得所有权。这种取得方式须以原所有人对该项财产的所有权作为取得的前提条件。

所有权继受取得的原因主要包括：

（1）因一定的法律行为而取得所有权。法律行为具体包括买卖合同、赠与和互易等。

（2）因法律行为以外的事实而取得所有权。如继承遗产、接受遗赠等。

（3）因其他合法原因取得所有权。如合作经济组织的成员通过合股集资的方式形成新的所有权形式。

（二）所有权的消灭

所有权的消灭如表34-7所示。

表34-7 所有权的消灭

消灭方式	具体含义
所有权的相对消灭	指因物权主体的原因而消灭，如权利人转让或抛弃物权或作为权利人的公民死亡等
所有权的绝对消灭	指因所有权客体的原因而消灭，如标的物毁损或灭失导致原物权的终止

经典例题

[2011年真题·多选题] 下列财产所有权的取得方式中，属于原始取得的有（　　）。

A. 继承房产　　　　　　　　B. 财产收归国有

C. 没收非法所得　　　　　　D. 生产产品

E. 接受赠与

[答案] BCD

[解析] 本题中继承房产和接受赠与属于继受取得方式，A、E两项错误。

[例题·多选题] 所有权的消灭包括绝对消灭和相对消灭，下列情形中，属于所有权相对消灭的有（　　）。

A. 甲死后其房产由其子继承　　B. 乙将其手机赠送给朋友

C. 丙的汽车自燃后报废　　　　D. 丁的古董在地震中破碎

E. 戊将其电脑转让给同事

[答案] ABE

[解题思路] 所有权的相对消灭可理解为"物是人非"，由此判断A、B、E三项均属于所有权的相对消灭；所有权的绝对消灭可理解为"物已经不存在了"，由此判断C、D两项属于所有权的绝对消灭。

【考点五】共有及业主建筑物区分所有权

一、共有

共有是指两个或两个以上的权利主体就同一财产共同享有所有权的法律制度。共有包括按份共有和共同共有两种形式，具体内容如表34-8所示。

表34-8 共有

共有方式	含义	具体规定
按份共有	又称为分别共有，是指两个或两个以上的共有人按照各自的份额分别对共有财产享有权利和承担义务的一种共有关系	(1) 按份共有的共有人对共有财产享有一定的应有部分。如果根据当事人的意思及法律这两种方法不能确定应有部分的比例时，则应推定为各共有人的应有部分均等 (2) 按份共有人依据其应有部分，对于共有物的全部享有使用收益权 (3) 按份共有中的共有人不需经过其他共有人的同意而出卖自己的应有部分，在同等条件下，其他共有人有优先购买权 (4) 处分按份共有的不动产或者动产以及对共有的不动产或者动产作重大修缮的，应当经占份额三分之二以上的按份共有人同意，但共有人之间另有约定的除外
共同共有	是指根据一定原因成立共同关系的数人，共享一物的所有权	(1) 共同共有的发生以共同共有人之间存在共同关系为前提。共同关系如夫妻关系、家庭关系等 (2) 在共同共有关系存续期间，共同共有人不能对共同共有财产确定份额；共同共有关系终止，才能确定各个共有人的份额，分割共有财产 (3) 一般情况下，共同共有财产的处分应经全体共有人的同意，但共有人之间另有约定的除外 (4) 共同共有的形式主要包括三种：①夫妻共同财产；②家庭共有财产；③遗产分割前的共有

二、业主的建筑物区分所有权

业主的建筑物区分所有权是指业主对建筑物内的住宅、经营性用房等专有部分享有所有权，对专有部分以外的共有部分享有共有和共同管理的权利。

《物权法》规定，业主行使权利不得危及建筑物的安全，不得损害其他业主的合法权益。业主不得违反法律、法规以及管理规约，将住宅改变为经营性用房。业主将住宅改变为经营性用房的，除遵守法律、法规以及管理规约外，应当经有利害关系的业主同意。

业主不得以放弃权利为由不履行义务。业主对共有部分享有的共有和共同管理的权利随着业主对专有部分所有权的转让而一并转让。

经典例题

[例题·单选题] 甲、乙、丙3人按份共有一辆车，甲占该车50%份额，乙、丙各占25%的份额。现甲欲用该车作抵押向银行申请贷款。如各共有人事先对此事项未作约定，则甲的抵押行为（ ）。
A. 须经乙、丙一致同意
B. 无须经乙、丙同意
C. 须经乙、丙中的一人同意
D. 无效

[答案] C

[解题思路]《物权法》规定，处分按份共有的不动产或者动产以及对共有的不动产或者动产作重大修缮的，应当经占份额三分之二以上的按份共有人同意，但共有人之间另有约定的除外。本题中甲的份额为50%，只要再加乙、丙中的一个人的份额25%，就超过了总份额的2/3。

> **经典例题**

[2011年真题·单选题] 根据《物权法》，业主将住宅改为经营性用房的，除遵守法律、法规以及管理规约外，还应当经过（ ）同意。
A. 小区全体业主　　　　　　　　　B. 物业管理公司
C. 业主委员会　　　　　　　　　　D. 有利害关系的业主
[答案] D
[解析] 根据规定，业主将住宅改变为经营性用房的，除遵守法律、法规以及管理规约外，应当经有利害关系的业主同意。

【考点六】用益物权的概念、特征及种类

用益物权的概念、特征及种类如表34-9所示。

表34-9　用益物权的概念、特征及种类

项目	具体内容
概念	是指权利人对他人所有的财产依法享有的占有、使用和收益的权利
特征	用益物权是具有独立性的他物权；用益物权是限制物权；用益物权具有使用的目的；用益物权的标的物主要是不动产
种类	主要包括建设用地使用权、土地承包经营权、宅基地使用权、海域使用权、地役权、国家集体自然资源使用权、典权、探矿权、采矿权、取水权、渔业养殖捕捞权
要点提示	建设用地使用权	设立建设用地使用权可以采取出让或者划拨等方式： (1) 工业、商业、旅游、娱乐和商品住宅等经营性用地以及同一土地有两个以上意向用地者的，应当采取招标、拍卖等公开竞价的方式出让 (2) 划拨土地没有期限的限制。《物权法》规定，严格限制以划拨方式设立建设用地使用权
	土地承包经营权	承包经营合同是确认土地承包经营权的主要依据
	宅基地使用权	须遵循法定的申请程序，经批准后方可取得
	地役权	(1) 地役权是利用他人不动产的一种权利 (2) 地役权是为了提高自己不动产的效益 (3) 地役权是按照合同设立的。设立地役权，当事人应当采取书面形式。地役权不能由法律强制，应采取协商的方式由当事人约定

> **经典例题**

[2013年真题·多选题] 下列物权类型中，属于用益物权的有（ ）。
A. 质权　　　　　　　　　　　　　B. 建筑物区分所有权
C. 地役权　　　　　　　　　　　　D. 建设用地使用权
E. 土地承包经营权
[答案] CDE
[解析] 用益物权的种类有建设用地使用权、宅基地使用权、地役权和土地承包经营权等。

【考点七】担保物权的概念、特征及种类

一、担保物权的概念及特征

担保物权是指为确保债务清偿的目的，在债务人或第三人所有的物或所属的权利上设定的、以取得担保作用的定限物权。担保物权以取得担保标的物的交换价值为实质内容，具体特征如

表 34-10 所示。

表 34-10 担保物权的法律特征

法律特征	具体含义
担保物权具有价值权性	担保物权以支配标的物的交换价值为内容，以担保债务的清偿为目的
担保物权具有法定性	当事人不得约定设立担保物权，也不得协议变更担保物权发生的要件和内容
担保物权具有从属性	一般情况下，担保物权从属于债权而存在，担保物权的成立以债权的成立为前提，而且因债权的移转而移转，因债权的消灭而消灭。但担保物权的从属性并不是绝对的，如最高额抵押并不以债权的存在为其发生或存在的前提条件
担保物权具有不可分性	在所担保的债权未受全部清偿前，担保权人可就担保物的全部行使权利。担保物权的不可分性不是担保物权在性质上的不可分，而是为增加其效力赋予担保物权不可分性，当事人可约定排除担保物权行使的不可分性
担保物权具有物上代位性	担保标的物变化为其他的价值形态时，担保物权所具有的支配效力及于变形物或者代替物。担保物因毁损灭失所获得的赔偿金成为担保物的代替物，担保物权人可就该代替物行使担保物权

经典例题

[2014年真题·单选题] 担保期间，担保财产毁损、灭失的，担保物权人可以就获得的赔偿金优先受偿，这体现了担保物权的（　　）特征。
A. 物上代位性　　　　　　　B. 价值权性
C. 从属性　　　　　　　　　D. 不可分性
[答案] A
[解析] 赔偿金为担保财产的替代物，说明担保物权的支配效力及于代替物，故体现的是担保物权的物上代位性。

二、担保物权的种类

（一）抵押权

1. 抵押权的概念

抵押权是指债权人对债务人或者第三人所提供担保的财产不移转占有，在债务人不履行债务时，依法享有的就所担保的财产变价并优先受偿的权利。债权人为抵押权人，债务人或者第三人为抵押人，所提供担保的财产为抵押物。

2. 抵押权的设定

（1）依照法律规定直接产生的抵押权是法定抵押权。

法定抵押不需要当事人在合同中约定，只要发生法律规定的情形，抵押自然设立。《物权法》规定："以建筑物抵押的，该建筑物占用范围内的建设用地使用权一并抵押。以建设用地使用权抵押的，该土地上的建筑物一并抵押。"

（2）基于抵押合同而产生的抵押权是意定抵押权。

《物权法》规定："设立抵押权，当事人应当采取书面形式订立抵押合同。"

3. 抵押标的

允许抵押及禁止抵押的财产如图 34-1 所示。

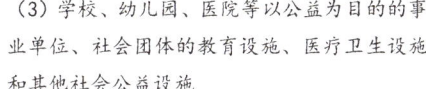

允许抵押的财产	禁止抵押的财产
（1）建筑物和其他土地附着物 （2）建设用地使用权 （3）以招标、拍卖、公开协商等方式取得的荒地等土地承包经营权 （4）生产设备、原材料、半成品、产品 （5）正在建造的建筑物、船舶、航空器 （6）交通运输工具 （7）法律、行政法规未禁止抵押的其他财产	（1）土地所有权 （2）耕地、宅基地、自留地、自留山等集体所有的土地使用权，但法律规定可以抵押的除外 （3）学校、幼儿园、医院等以公益为目的的事业单位、社会团体的教育设施、医疗卫生设施和其他社会公益设施 （4）所有权、使用权不明或者有争议的财产 （5）依法被查封、扣押、监管的财产 （6）法律、行政法规规定不得抵押的其他财产

图 34-1　允许抵押及禁止抵押的财产

4. 抵押登记

抵押登记的具体内容如表 34-11 所示。

表 34-11　抵押登记

抵押权的取得	抵押标的	注意
抵押权自登记时设立	以建筑物和其他土地附着物，建设用地使用权，以招标、拍卖、公开协商等方式取得的荒地等土地承包经营权，或者以正在建造的建筑物抵押的	房地产必须登记
抵押权自抵押合同生效时设立	以生产设备、原材料、半成品、产品，交通运输工具，正在建造的船舶、航空器抵押的	未经登记，不得对抗善意第三人

经典例题

[2010年真题·单选题] 根据《中华人民共和国物权法》，下列财产中，可以设定抵押的是（　　）。

A. 土地所有权　　　　　　　　B. 建设用地使用权
C. 使用权有争议的财产　　　　D. 依法被查封的财产

[答案] B

[解题思路] 本题可以通过排除法选择，禁止抵押的财产相对容易记忆。土地所有权、使用权有争议的财产和依法被查封的财产禁止抵押。

[2013年真题·多选题] 根据《中华人民共和国物权法》，下列财产中，必须进行抵押登记后其抵押权才发生法律效力的有（　　）。

A. 正在建造的船舶　　　　　　B. 房屋
C. 交通运输工具　　　　　　　D. 建设用地使用权
E. 正在建造的建筑物

[答案] BDE

[解析] 根据《物权法》的规定，需要进行抵押登记的财产主要有：①建筑物（B项属于建筑物）和其他土地附着物；②建设用地使用权；③以招标、拍卖、公开协商等方式取得的荒地等土地承包经营权；④正在建造的建筑物。以正在建造的船舶和交通运输工具抵押的，无须登记，自抵押合同生效时设立，A、C两项不符合题意。

（二）质权

质权的法律特征与类型如表 34-12 所示。

表 34-12　质权的法律特征与类型

项目	具体内容
质权的法律特征	（1）质权的设定必须移转占有，以某些特定财产作质物时，还必须依法办理登记手续。这是质权与抵押权的一个重要的区别 （2）质权的标的主要为动产或权利，不包括不动产 （3）质权具有物上代位性、从属性和不可分性
质权的类型	质权分为动产质权和权利质权 可以质押的权利包括：①汇票、支票、本票；②债券、存款单；③仓单、提单；④可以转让的基金份额、股权；⑤可以转让的注册商标专用权、专利权、著作权等知识产权中的财产权；⑥应收账款

经典例题

[例题·多选题] 根据《中华人民共和国物权法》，下列权利凭证中，可以用于质押的有（　　）。

A. 房产证　　　　　　　　　　B. 可以转让的基金份额

C. 仓单　　　　　　　　　　　D. 汇票

E. 提单

[答案] BCDE

[解析] 质权的标的不包括不动产，本题中房产证不能质押。仓单、提单、汇票及可转让的基金份额均可用于质押。

（三）留置权

留置权，是指债权人按照合同的约定占有债务人的动产，债务人不按照合同约定的期限履行债务时，债权人有权留置该动产，并依照法律的规定将动产折价或者以拍卖、变卖后的价款优先受偿的权利。

【提示1】留置权是一种法定的担保物权。

留置权的成立无需双方当事人的约定，也就是说，即使双方当事人在合同中没有任何关于留置权的规定，也不影响留置权的存在，当债务人不履行其债务时，债权人可直接基于法律的规定行使留置权。

同一动产上已设立抵押权或者质权，该动产又被留置的，留置权人优先受偿。这条规定体现了法定担保物权和意定担保物权在受偿顺序上的不同。

【提示2】留置权只发生在特定的合同关系中。如保管合同、加工承揽合同等。法律规定或者当事人约定不能留置的动产，不得留置。

本章易错易混考点

【易错易混考点】质权的类型

质权包括动产质权和权利质权，不动产不能设立质权。权利质权主要包括6个方面，这是考试常考查的内容，可以将设立质押的权利分类记忆，具体内容如表34-13所示。

表 34-13　可设立质押的权利

归类记忆	具体类别
三票三单	汇票、支票、本票；存款单、仓单、提单
债股金	债券、可转让的股权、可转让的基金份额
其他	可转让的知识产权中的财产权及应收账款

[2013年真题·单选题] 根据《中华人民共和国物权法》，下列权利凭证中，可以用于质押的是（　　）。

A. 房产证　　　　　　　　B. 土地使用权证

C. 债券　　　　　　　　　D. 财产保险单

[答案] C

[解题思路] 质权的标的不包括不动产，本题中房产证、土地使用权证代表的是不动产，不能质押。用于质押的三单只包括存款单、仓单和提单，不包括财产保险单。债券可以用于质押。

历年经典真题回顾

一、单项选择题（每题1分，每题备选项中，只有1个最符合题意）

1. 关于不动产转移登记的说法，错误的是（　　）。[2017年真题]

   A. 转移登记需要交纳契税和所得税等相关税款

   B. 转移登记是一种不动产权利转让行为

   C. 转移登记前后的权利主体一致

   D. 转移登记属于对交易行为的确认

   [答案] C

   [解析] 转移登记一般应依法缴纳相关契税所得税等，A项正确；不动产转移登记是不动产权利转让行为，属于对交易行为的确认，B、D两项正确；转移登记前后的权利主体不一致，C项错误。

2. 关于物权特征的说法，错误的是（　　）。[2017年真题]

   A. 物权是绝对权　　　　　　B. 物权具有优先效力

   C. 物权具有追及效力　　　　D. 物权是请求权

   [答案] D

   [解析] 本题考查物权的特征。物权是绝对权、支配权，A项正确、D项错误；物权具有追及效力和优先效力，B、C两项正确。

3. 村民韩某盖房挖地基时挖出一大坛银元，坛内有一块木牌，上写"为防日寇搜查，特埋于此。王天民"。经查，王天民是同村村民王某的爷爷，抗战期间王天民的家人除王某一人在姨娘家躲过此难之外，其他人都被日寇杀害。此坛银元应（　　）。[2017年真题]

   A. 归王某所有　　　　　　　B. 归韩某所有

   C. 属无主财产，应归国家所有　D. 由韩某和王某平分

   [答案] A

   [解析]《民通意见》规定："公民、法人对于挖掘、发现埋藏物、隐藏物，如果能够证明属其所有，而且根据现行法律、政策又可以归其所有的，应当予以保护。银元属于王某的爷爷，不属于所有权不明的埋藏物，不能归国家，应该归王天民继承人王某所有。

4. 同一动产上已设立抵押权或者质权，该动产又被留置的，（　　）优先受偿。[2016年真题]

   A. 抵押权人　　　　　　　　B. 质权人

   C. 留置权人　　　　　　　　D. 所有权人

   [答案] C

   [解析] 同一动产上已设立抵押权或者质权，该动产又被留置的，留置权人优先受偿。

5. 所有权的消灭包括绝对消灭和相对消灭，下列情形中，属于所有权绝对消灭的是（　　）。[2016年真题]

   A. 甲的汽车在其死后被其子继承　　B. 乙的珍珠项链遗失

C. 丙将其房屋变卖　　　　　　D. 丁的一幅古代字画被焚毁

[答案] D

[解析] 所有权绝对消灭是因所有权客体的原因而消灭，如标的物毁损或灭失导致原物权的终止。D项属于物毁损，属于所有权的绝对消灭。

6. 下列财产中，可以适用善意取得制度的是（　　）。[2015年真题]

　　A. 黄金　　　　　　　　　　　B. 不记名证券
　　C. 枪支弹药　　　　　　　　　D. 麻醉品

[答案] B

[解析] 禁止或限制流通物不适用善意取得制度，例如，枪支弹药、黄金、麻醉品等。货币和不记名证券适用善意取得制度。

7. 下列权利凭证中，不可以质押的是（　　）。[2015年真题]

　　A. 汇票　　　　　　　　　　　B. 仓单
　　C. 不动产权属证书　　　　　　D. 债券

[答案] C

[解析] 质押的标的包括动产和权利，不动产不可以质押。

8. 下列所有权取得方式中，属于继受取得的是（　　）。[2014年真题]

　　A. 添附　　　　　　　　　　　B. 互易
　　C. 国有化　　　　　　　　　　D. 没收

[答案] B

[解析] 继受取得包括买卖、互易、继承等。

9. 关于抵押的说法，错误的是（　　）。[2014年真题]

　　A. 当事人应当采取书面形式订立抵押合同
　　B. 在同一抵押物上先成立的抵押权优先于后成立的抵押权
　　C. 所有的抵押都必须办理抵押登记才能产生法律效力
　　D. 抵押财产必须是可以转让的

[答案] C

[解析] 以建筑物和其他土地附着物，建设用地使用权，以招标、拍卖、公开协商等方式取得的荒地等土地承包经营权，或者以正在建造的建筑物抵押的，必须办理抵押登记才能产生法律效力，其他抵押财产不需要办理抵押登记。C项错误。

10. 在我国，确认土地承包经营权的主要依据是（　　）。[2013年真题]

　　A. 国家法律的规定　　　　　　B. 集体经济组织的规定
　　C. 国家土地政策　　　　　　　D. 土地承包经营合同

[答案] D

[解析] 土地承包经营权是指由公民或集体组织，对国家所有或集体所有的土地从事生产活动，依照承包合同的规定而享有的占有、使用和收益的权利。承包经营合同是确认土地承包经营权的主要依据。

11. 根据《中华人民共和国物权法》，处分按份共有的财产，应当经（　　）共有人同意，共有人另有约定的除外。[2012年真题]

　　A. 全体　　　　　　　　　　　B. 占份额二分之一以上的
　　C. 占份额三分之二以上的　　　D. 占人数三分之二以上的

[答案] C

[解析] 处分按份共有的不动产或者动产以及对共有的不动产或者动产作重大修缮的,应当经占份额三分之二以上的按份共有人同意,但共有人之间另有约定的除外。

12. 根据《中华人民共和国物权法》,下列财产中,可以作为抵押权标的的是（　　）。[2012年真题]

　　A. 土地所有权　　　　　　　　B. 学校的教育设施
　　C. 被扣押的财产　　　　　　　D. 建设用地使用权

　　[答案] D

　　[解析] 禁止抵押的财产包括：土地所有权；学校、幼儿园、医院等以公益为目的的事业单位、社会团体的教育设施、医疗卫生设施和其他社会公益设施；依法被查封、扣押、监管的财产；所有权、使用权不明或者有争议的财产等。

二、多项选择题（每题2分,每题备选项中,有2个或2个以上符合题意,至少有1个错项。错选,本题不得分；少选,所选的每个选项得0.5分）

1. 下列权利中,属于担保物权的有（　　）。[2016年真题]

　　A. 抵押权　　　　　　　　　　B. 留置权
　　C. 地役权　　　　　　　　　　D. 建设用地使用权
　　E. 宅基地使用权

　　[答案] AB

　　[解析] 通过本题掌握担保物权的具体种类。担保物权包括抵押权、质权、留置权。

2. 下列用于抵押的财产中,进行抵押登记后抵押权才能生效的有（　　）。[2015年真题]

　　A. 正在建造的建筑物　　　　　B. 生产设备和原材料
　　C. 交通运输工具　　　　　　　D. 正在建造的航空器
　　E. 建设用地使用权

　　[答案] AE

　　[解析] 以建筑物和其他土地附着物,建设用地使用权,招标、拍卖、公开协商等方式取得的荒地等土地承包经营权,或者正在建造的建筑物抵押的,必须办理抵押登记才能产生法律效力。

3. 物权法定原则的具体内容包括（　　）。[2014年真题]

　　A. 物权种类法定化　　　　　　B. 物权客体使用方法法定化
　　C. 物权效力法定化　　　　　　D. 物权内容法定化
　　E. 物权变更规则法定化

　　[答案] ACDE

　　[解析] 物权法定原则是指物权的种类、内容、效力、得丧变更及其保护的方法均源自法律的直接规定,当事人不得自由地创设。

4. 担保物权的法律特征有（　　）。[2014年真题]

　　A. 价值权性　　B. 从属性　　　C. 物上代位性　　　D. 可分性
　　E. 法定性

　　[答案] ABCE

　　[解析] 担保物权的法律特征包括价值权性、法定性、从属性、不可分性和物上代位性。

本章同步练习

一、单项选择题（每题1分,每题备选项中,只有1个最符合题意）

1. 下列物权属于无期限主物权的是（　　）。

　　A. 所有权　　　　　　　　　　B. 抵押权

C. 质权 D. 留置权

2. 根据《物权法》的规定，下列表述错误的是（　　）。
   A. 所有权和抵押权可以同时存在于一物之上
   B. 用益物权和抵押权可以同时存在于一物之上
   C. 一间房屋上可以同时存在两个所有权
   D. 一间房屋上可以同时存在两个抵押权

3. 物权的权利主体是特定的，权利人之外的其他任何人都负有不得非法干涉和侵害权利人所享有的物权的义务。这说明物权是（　　）。
   A. 绝对权 B. 相对权
   C. 对人权 D. 支配权

4. 关于预告登记的表述错误的是（　　）。
   A. 商品房建成后第一次登记称为预告登记
   B. 预告登记的目的在于将来发生不动产物权变动的请求权
   C. 预告登记后，债权消灭或者自能够进行不动产登记之日起三个月内未申请登记的，预告登记失效
   D. 预告登记的本质特征是使被登记的请求权具有物权的效力

5. 所有权的核心内容是（　　），它是拥有所有权的根本标志。
   A. 占有权 B. 使用权
   C. 收益权 D. 处分权

6. 转移登记与变更登记最主要的区别是（　　）。
   A. 转移登记前后的权利主体不一致，变更登记的权利主体一致
   B. 转移登记是不动产权利转让行为
   C. 变更登记是不动产权利转让行为
   D. 转移登记只是不动产权利主体或客体形式上的变化

7. 所有权客体并未消失的情况下，所有权因物权主体的原因而消灭，这属于（　　）。
   A. 所有权的绝对消灭 B. 所有权的相对消灭
   C. 所有权的主观消灭 D. 所有权的客观消灭

8. 下列所有权取得方式中，属于继受取得的是（　　）。
   A. 先占 B. 买卖
   C. 善意取得 D. 生产

9. 根据《中华人民共和国物权法》，下列物品中，可以适用善意取得制度的是（　　）。
   A. 黄金 B. 枪支
   C. 房屋 D. 麻醉品

10. 关于孳息的表述正确的是（　　）。
    A. 在一物之上设定了用益物权的，该物产生的天然孳息，除当事人另有约定外，由所有权人取得
    B. 法定孳息按约定取得
    C. 法定孳息没有约定或约定不明确的，由所有权人取得
    D. 存款取得的利息是天然孳息

11. 下列关于地役权的说法，正确的是（　　）。
    A. 地役权属于从物权 B. 地役权属于主物权

C. 地役权属于法定物权　　　　　　D. 地役权属于自物权

12. 甲、乙、丙、丁4人按份共有一艘轮船，甲占该船70%份额。现甲欲用该船作抵押向银行申请贷款。如各共有人事先对此事项未作约定，则甲的抵押行为（　　）。
    A. 须经乙、丙、丁一致同意
    B. 无须经乙、丙、丁同意
    C. 须经乙、丙、丁中的两人同意
    D. 须经乙、丙、丁中份额最大的一人同意

13. 物权属于（　　）。
    A. 请求权、绝对权、对世权　　　　B. 绝对权、撤销权、对人权
    C. 相对权、支配权、对人权　　　　D. 绝对权、支配权、对世权

14. 下列项目中，不属于物权法基本原则的是（　　）。
    A. 物权法定原则　　　　　　　　　B. 物权意定原则
    C. 一物一权原则　　　　　　　　　D. 物权公示原则

15. 在所担保的债权未受全部清偿前，担保权人可就担保物的全部行使权利，这体现了担保物权的（　　）特点。
    A. 价值权性　　　　　　　　　　　B. 法定性
    C. 不可分性　　　　　　　　　　　D. 物上代位性

16. 根据《中华人民共和国物权法》规定，下列财产中，禁止作为抵押权客体的是（　　）。
    A. 在建房屋　　　　　　　　　　　B. 某大学的教学楼
    C. 企业的生产设备、原材料　　　　D. 正在建造的建筑物

17. 根据《中华人民共和国物权法》，下列财产中，可以设定质押的是（　　）。
    A. 土地所有权　　　　　　　　　　B. 建设用地使用权
    C. 债券、存款单　　　　　　　　　D. 交通运输工具

二、**多项选择题**（每题2分，每题备选项中，有2个或2个以上符合题意，至少有1个错项。错选，本题不得分；少选，所选的每个选项得0.5分）

1. 下列物权类型中，属于用益物权的有（　　）。
   A. 抵押权　　　　　　　　　　　　B. 建设用地使用权
   C. 地役权　　　　　　　　　　　　D. 共有
   E. 土地承包经营权

2. 与债权相比，下列关于物权的特征的说法，正确的有（　　）。
   A. 物权是对人权　　　　　　　　　B. 物权是法定的
   C. 物权属于支配权　　　　　　　　D. 物权的客体一般为物和行为
   E. 当物权与债权并存时，物权优先于债权

3. 根据物权的权利人行使权利的范围不同，物权可以分为（　　）。
   A. 自物权　　　　　　　　　　　　B. 用益物权
   C. 担保物权　　　　　　　　　　　D. 他物权
   E. 主物权

4. 根据《不动产登记暂行条例》的规定，纳入不动产统一登记范围的不动产物权包括（　　）。
   A. 抵押权　　　　　　　　　　　　B. 质押权
   C. 建设用地使用权　　　　　　　　D. 房屋所有权
   E. 宅基地使用权

5. 所有权的法律特征包括（   ）。
   A. 所有权的存续性 B. 所有权的单一性
   C. 所有权的从属性 D. 所有权的独占性
   E. 所有权的弹力性

6. 根据物权法律制度的规定，下列关于建筑物区分所有权的表述中，正确的有（   ）。
   A. 业主对于专有部分的占有、使用、收益和处分，不得损害其他业主的合法权益
   B. 业主对于共有部分的使用，应征得其他业主的同意
   C. 业主对于共有部分的使用权，应当按照业主专有部分建筑面积的比例来决定
   D. 业主若放弃共有部分的权利，也可不履行其共有义务
   E. 业主将住宅改为经营性用房的，除遵守法律、法规以及管理规约外，还应当经过有利害关系的业主同意

7. 《中华人民共和国物权法》规定了地役权制度，下列有关地役权的表述中，正确的有（   ）。
   A. 地役权是自物权
   B. 设定地役权应当签订书面合同
   C. 地役权自地役权合同生效时设立
   D. 地役权属于用益物权
   E. 地役权是供役地所有人或者使用人享有的权利

8. 下列关于用益物权的说法，错误的有（   ）。
   A. 用益物权是具有独立性的自物权
   B. 用益物权是限制的物权
   C. 设置用益物权的目的在于对他人之物的使用和收益
   D. 用益物权的标的物主要是动产
   E. 用益物权多以不动产尤其是土地为使用收益的对象

9. 留置权是法定担保物权，适用于（   ）。
   A. 买卖合同 B. 租赁合同
   C. 保管合同 D. 加工合同
   E. 承揽合同

10. 下列权利可以作为质权标的的有（   ）。
    A. 汇票、本票、支票、债券、存款单、仓单、提单
    B. 依法可以转让的基金份额、股权
    C. 可以转让的商标专用权、专利权
    D. 著作权中的署名权
    E. 应收账款

本章同步练习参考答案及解析

一、单项选择题

1. [答案] A
   [解析] 通过本题掌握物权的种类。所有权属于无期限物权、主物权、自物权。

2. [答案] C
   [解析] 根据一物一权原则：一个特定的标的物上只有一个所有权。同一物之上可以并存数个不相矛盾的物权。例如所有权与他物权同时并存；在同一物之上设定数个不相矛盾的担保权等。

3. [答案] A
   [解析] 物权是绝对权，即物权的义务主体为

448

权利人以外的不特定的一切人。物权的权利主体是特定的，其他任何人都负有不得非法干涉和侵害权利人所享有的物权的义务。

4. [答案] A
   [解析] 商品房建成后的第一次登记称为首次登记，A项错误。

5. [答案] D
   [解析] 所有权包括占有权、使用权、收益权和处分权四项权能。处分权是所有权内容的核心，是拥有所有权的根本标志。

6. [答案] A
   [解析] 转移登记前后的权利主体不一致，而变更登记前后的权利主体一致。这是转移登记和变更登记最主要的区别。

7. [答案] B
   [解析] 所有权消灭的方式包括：①所有权的相对消灭，是指因物权主体的原因而消灭；②所有权的绝对消灭，是指因所有权客体的原因而消灭。

8. [答案] B
   [解析] 继受取得包括买卖、互易、继承等。

9. [答案] C
   [解析] 善意取得既可适用于动产，也可适用于不动产。禁止或限制流通物不适用善意取得制度，例如，枪支弹药、黄金、麻醉品等。

10. [答案] B
    [解析] 一物之上既有所有权人，又有用益物权人的，因该物产生的天然孳息由用益物权人取得。当事人另有约定的，按照约定。A项错误。法定孳息按约定取得；没有约定或约定不明确的，按交易习惯取得。B项正确、C项错误。法定孳息是因法律关系所获得的收益。如存款取得的利息，出租人根据租赁合同收取的租金。D项错误。

11. [答案] A
    [解析] 地役权具有从属性，属于从物权；地役权不能由法律直接规定，只能由当事人之间协商，所以属于意定物权；地役权属于他物权。

12. [答案] B
    [解析]《中华人民共和国物权法》规定，处分按份共有的不动产或者动产以及对共有的不动产或者动产作重大修缮的，应当经占份额三分之二以上的按份共有人同意，但共有人之间另有约定的除外。甲的份额为70%，大于三分之二，因此无须经乙、丙、丁同意。

13. [答案] D
    [解析] 物权属于绝对权、对世权、支配权；债权属于相对权、对人权、请求权。

14. [答案] B
    [解析] 物权法的基本原则包括物权法定原则、一物一权原则、物权公示原则。

15. [答案] C
    [解析] 担保物权具有不可分性，即在所担保的债权未受全部清偿前，担保权人可就担保物的全部行使权利。担保物权的不可分性不是担保物权在性质上的不可分，而是为增加其效力赋予担保物权不可分性，当事人可约定排除担保物权行使的不可分性。

16. [答案] B
    [解析] 对于学校、幼儿园、医院等以公益为目的的事业单位、社会团体的教育设施、医疗卫生设施和其他公益设施不得用于抵押。

17. [答案] C
    [解析] 在我国，不动产不能成为质权的标的，不动产只能作为抵押权的标的。A、B、D三项均属于不动产。

二、多项选择题

1. [答案] BCE
   [解析] 用益物权的种类有建设用地使用权、宅基地使用权、地役权和土地承包经营权等。

2. [答案] BCE
   [解析] 通过本题掌握物权的特征。物权是对世权，A项错误；物权的客体一般为物，D项错误。

3. [答案] AD
   [解析] 按照物权的权利人行使权利的范围不同，物权可分为自物权和他物权。自物

权是权利人对自己所有的标的物依法进行全面支配的物权。他物权是权利人在他人所有的标的物上享有的被限定于某一特定方面或某一特定期间的物权。

4. [答案] ACDE

   [解析] 质押权的标的物是动产和权利，不动产不能质押，所以不属于不动产物权。

5. [答案] ABDE

   [解析] 所有权的法律特征包括独占性、全面性、单一性、存续性和弹力性。

6. [答案] AE

   [解析] 业主对建筑物专有部分以外的共有部分，享有权利，承担义务，使用共有部分时不需要征得其他业主同意，B、C两项错误。业主不得以放弃权利为由不履行义务，D项错误。

7. [答案] BCD

   [解析] 地役权属于他物权中的用益物权，A项错误、D项正确；地役权是按合同设立的，设立地役权应当采用书面形式，B、C两项正确；地役权是需役地所有人或者使用人享有的权利，E项错误。

8. [答案] AD

   [解析] 用益物权的特征如下：①用益物权是具有独立性的他物权（A项错误）；②用益物权是限制物权（B项正确）；③用益物权具有使用的目的（C项正确）；④用益物权的标的物主要是不动产，多以不动产尤其是土地作为使用收益的对象（D项错误、E项正确）。

9. [答案] CDE

   [解析] 留置权，是指债权人按照合同的约定占有债务人的动产，债务人不按照合同约定的期限履行债务时，债权人有权留置该动产，并依照法律的规定将动产折价或者以拍卖、变卖后的价款优先受偿的权利。留置权只发生在特定的合同关系中，如保管合同、加工承揽合同等。

10. [答案] ABCE

    [解析] 著作权中的财产权是可以作为权利质权的标的，但著作权中的人身权（署名权属于人身权）不可以作为权利质权的标的，D项错误。

错题收集

第三十五章 合同法律制度

本章考情分析

年份	单项选择题	多项选择题	合计
2017 年	5 题 5 分	2 题 4 分	9 分
2016 年	3 题 3 分	1 题 2 分	5 分
2015 年	2 题 2 分	2 题 4 分	6 分
2014 年	4 题 4 分	1 题 2 分	6 分
2013 年	2 题 2 分	2 题 4 分	6 分
2012 年	2 题 2 分	1 题 2 分	4 分

本章考点概览

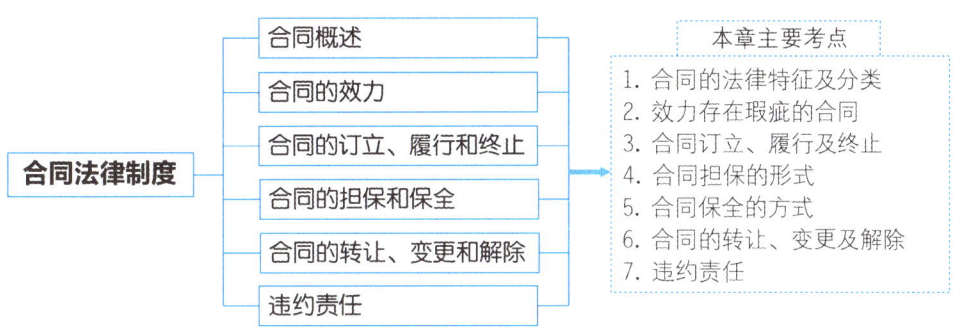

本章考点详解

【考点一】合同的法律特征及分类

一、合同具有的法律特征

（1）合同当事人的法律地位平等。
（2）合同是在当事人自愿基础上进行的民事法律行为。
（3）合同是双方或多方的民事法律行为。
（4）合同是关于民事权利义务关系的协议。

【提示】非民事性质的行政关系中的权利、义务不属于民事合同的内容。同时，有关身份关系的协议，如婚姻、收养、监护等，也不由合同法调整，民事合同的内容实际就是民事财产关系中的债权债务关系。

二、合同的分类

根据不同的标准可以将合同分成不同的种类，具体内容如表35-1所示。

表35-1 合同的分类

分类标准	类别	具体内容
当事人各方权利义务的分担方式不同	双务合同	指当事人相互享有权利，相互负有义务的合同。如买卖合同、租赁合同等
	单务合同	指当事人一方只负有义务而不享有权利，另一方只享有权利而不负担义务的合同。如借用合同、赠与合同等
合同的成立是否以交付标的物为要件	诺成合同	指当事人双方意思表示一致即可成立的合同。如买卖合同、赠与合同
	实践合同	指一方当事人实际交付标的物才能成立的合同。如保管合同、借用合同、定金合同
根据法律上是否规定一定的名称	有名合同	指法律中有明文规定的合同，又称为典型合同
		《中华人民共和国合同法》规定了十五类基本合同类型，分别是：买卖合同、供用电、水、气、热力合同、赠与合同、借款合同、租赁合同、融资租赁合同、承揽合同、建设工程合同、运输合同、技术合同、保管合同、仓储合同、委托合同、行纪合同及居间合同
	无名合同	指法律上没有确定一定名称，又没有作出特别规定的合同
合同的成立是否需要特定的形式	要式合同	指需要采取特定的方式才能成立的合同
	不要式合同	指某一合同的成立不需要采用特定方式
根据有关联的合同之间的主从关系	主合同	指不依赖其他合同的存在为前提，能够独立存在的合同
	从合同	指必须以主合同的存在为前提的合同，如担保合同等

【提示】买卖合同是双务合同、诺成合同、不要式合同、有名合同、主合同；赠与合同是单务合同、诺成合同、不要式合同、有名合同、主合同；借用合同是单务合同、实践合同、不要式合同、无名合同、主合同；保管合同是双务合同、实践合同、不要式合同、有名合同、主合同；定金合同是双务合同、实践合同、要式合同、无名合同、从合同。

经典例题

[2012年真题·多选题] 从合同的法律性质分析，赠与合同属于（　　）。

A. 单务合同　　　　　　　　B. 要式合同
C. 从合同　　　　　　　　　D. 单方合同
E. 有名合同

[答案] AE

[解析] 赠与合同是单务合同、诺成合同、不要式合同、有名合同、主合同。

【考点二】效力存在瑕疵的合同

合同生效的要件包括主体合格、内容合法、意思表示真实、合同的形式合法。

根据2017年10月1日实施的《民法总则》的规定，效力存在瑕疵的合同主要包括无效合同、效力待定的合同和可撤销的合同三大类。《民法通则》和《合同法》的规定与《民法总则》规定不一致，优先适用《民法总则》。

一、无效合同

无效合同的具体内容如表35-2所示。

表35-2　无效合同

项目		具体内容
含义		是指不具备合同的生效条件而不能产生当事人所预期的法律后果的合同
订立情形	无民事行为能力人签订的合同	例如，6岁小孩在超市用200元钱买了一个玩具，该买卖合同无效
	违反法律、行政法规的强制性规定的合同（但是该强制性规定不导致该民事法律行为无效的除外）	例如，对于因赌博、吸毒等违法犯罪活动而形成的借款合同
		例如，一家经营水果的商店出售种子，农户购买了种子，该商店违法经营种子，必须承担法律责任，但出于保护农户的目的，不宜认定该买卖种子的合同无效
	违背公序良俗的合同	例如，已婚张某与未婚李某签订的包养协议
	行为人与相对人以虚假的意思表示签订的合同	虚假意思表示又称为虚伪表示，是指行为人与相对人都知道自己所表示的意思并非真意，通谋作出与真意不一致的意思表示一般而言，虚伪表示包括伪装行为和隐藏行为
		例如，双方名为买卖实为赠与，买卖属于表面行为或伪装行为，而赠与是双方真实的意思表示，属于隐藏行为
	行为人与相对人恶意串通，损害他人合法权益的合同	例如，在招投标过程中，投标人之间串通，压低标价；在买卖中，双方抬高货物的价格以获取贿赂等
效力		(1) 无效的合同自始没有法律约束力 (2) 合同部分无效，不影响其他部分效力的，其他部分仍然有效 (3) 合同被确认无效不影响合同中独立存在的有关解决争议方法的条款的效力

二、效力待定的合同

效力待定的合同的具体内容如表35-3所示。

表35-3　效力待定的合同

项目	具体内容
含义	是指由于不完全具备法律规定的有效条件，因而其是否能够生效还须经权利人的承认才能确定的合同
特征	效力待定的合同是自身有瑕疵的合同，而这种瑕疵经权利人的承认是可以弥补的
订立情形	(1) 合同的主体不具有相应的民事行为能力 限制民事行为能力人订立的合同，经法定代理人追认后，该合同有效，但纯获利益的合同或者与其年龄、智力、精神健康状况相适应而订立的合同，不必经法定代理人追认 (2) 因无权代理而订立的合同 《合同法》第48条规定，行为人没有代理权、超越代理权或者代理权终止后以被代理人名义订立的合同，未经被代理人追认，对被代理人不发生效力，由行为人承担责任 (3) 无权处分他人财产而订立的合同
效力	合同是否能生效还须权利人的承认才能确定 《合同法》第51条规定，无处分权的人处分他人财产，经权利人追认或者无处分权的人订立合同后取得处分权的，该合同有效

三、可撤销的合同

可撤销的合同的具体内容如表35-4所示。

表 35-4 可撤销的合同

项目	具体内容
含义	是指由于当事人在意思表示不真实，而可以因一方当事人撤销权的行使而自始不发生效力的合同
订立情形	（1）因重大误解订立的合同 例如，对标的物的品种、质量、规格、数量等存在错误认识或未认识到自己的错误，从而严重背离了自己的真实意愿 （2）一方以欺诈手段使对方在违背真实意思的情况下订立的合同，对方知道或应该知道该欺诈行为的，受欺诈方有权请求人民法院或者仲裁机构予以撤销 （3）一方或第三人以胁迫手段，使对方在违背真实意思的情况下订立的合同，受胁迫方有权请求人民法院或者仲裁机构予以撤销 （4）一方利用对方处于危困状态、缺乏判断能力等情形，致使订立的合同显失公平的，受损害方有权请求人民法院或者仲裁机构予以撤销
撤销权消灭的情形	（1）当事人自知道或者应当知道撤销事由之日起一年内、重大误解的当事人知道或者应当知道撤销事由之日起三个月内没有行使撤销权 （2）当事人受胁迫，自胁迫行为终止之日起一年内没有行使撤销权 （3）当事人知道撤销事由后明确表示或者以自己的行为表明放弃撤销权 （4）当事人自民事法律行为发生之日起五年内没有行使撤销权的，撤销权消灭
效力	合同撤销前为有效合同，只有当撤销权人行使撤销权时，合同才自始无效。如果当事人没有提出请求的，人民法院或仲裁机构不能主动予以撤销

> **经典例题**

[例题·单选题] 根据《中华人民共和国民法总则》的规定，当事人自民事法律行为发生之日起（　　）没有行使撤销权的，撤销权消灭。
A. 五年内　　　　　　　　B. 二年内
C. 六年内　　　　　　　　D. 三年内
[答案] A
[解析] 本题考查撤销权消灭的情形。当事人自民事法律行为发生之日起五年内没有行使撤销权的，撤销权消灭。

[例题·单选题] 下列关于无效合同和可撤销合同的说法中，错误的是（　　）。
A. 被撤销的合同自始没有法律约束力
B. 合同部分无效，不影响其它部分效力的，其它部分仍然有效
C. 无效的合同自始没有法律约束力
D. 可撤销的合同在合同撤销前就是无效的
[答案] D
[解析] 可撤销合同，在合同撤销前为有效合同，只有当撤销权人行使撤销权时，合同才自始无效。D 项错误。

[例题·多选题] 根据《中华人民共和国民法总则》，下列合同中，属于可撤销合同的有（　　）。
A. 限制民事行为能力人订立的合同　　B. 无民事行为能力人签订的合同
C. 因重大误解而订立的合同　　　　　D. 订立时显失公平的合同
E. 无权处分他人财产而订立的合同
[答案] CD
[解析] 根据《中华人民共和国民法总则》，因重大误解订立的合同以及订立时显失公平的合同均属于可撤销的合同。本题中，A 项和 E 项属于效力待定的合同。B 项属于无效合同。

【考点三】合同订立、履行及终止

一、合同订立

（一）合同订立的过程

要约和承诺是合同订立的两个阶段，具体内容如表 35-5 所示。

表 35-5　合同订立的过程

项目	要约	承诺
概念	指当事人一方以订立合同为目的，就合同的主要条款向另一方提出建议的意思表示	指受要约人同意要约的意思表示，承诺的法律效力在于承诺一经作出并送达要约人，合同即告成立
要件	（1）要约必须是特定人的意思表示 （2）要约是以订立合同为目的的意思表示 （3）要约是向要约人希望与其缔结合同的相对人发出的意思表示 （4）要约的内容必须具体确定 【提示 1】内容不具体确定的提议不构成要约，而是要约邀请。五种典型的要约邀请形式包括寄送的价目表、拍卖公告、招标公告、招股说明书和商业广告 【提示 2】悬赏合同以及商店中明码标价的商品销售均属于要约	（1）承诺只能由受要约人向要约人作出 （2）承诺必须在有效期限内作出 （3）承诺的内容必须与要约的内容一致。这是承诺最实质性的要件
生效	要约到达受要约人时生效	承诺通知到达要约人时生效
撤回	撤回要约的通知应当在要约到达受要约人之前或者与要约同时到达受要约人	受要约人发出承诺后，承诺生效前，可以撤回所发出的承诺，取消其效力
撤销	在要约生效后，受要约人尚未发出承诺通知之前，要约人可以要求撤销该要约，有下列情形之一的，要约不得撤销： （1）要约人确定了承诺期限或者以其他形式明示要约不可撤销 （2）受要约人有理由认为要约是不可撤销，并已经为履行合同作了准备工作	如果承诺已经生效，则合同已经成立，此时受要约人已受合同效力的约束。所以承诺不存在撤销的可能

（二）缔约过失责任

缔约过失责任发生在合同成立前，是指在合同订立过程中，因一方当事人的过失给对方造成损失所应承担的民事责任。当事人在订立合同过程中有下列情形之一，给对方造成损失的，应当承担损害赔偿责任：①假借订立合同，恶意进行磋商；②故意隐瞒与订立合同有关的重要事实或者提供虚假情况；③有其他违背诚实信用原则的行为。

经典例题

[2011年真题·单选题] 关于要约的说法，错误的是（　　）。
A. 要约到达受要约人时生效　　B. 要约是以订立合同为目的的意思表示
C. 要约的内容必须具体确定　　D. 要约可以撤回但不能撤销
[答案] D
[解析] 通过本题掌握要约的生效、撤回与撤销。要约可以撤回也可以撤销，D 项错误。

二、合同的履行

合同的履行，是指债务人依照合同的约定或法律的规定，全面、适当地履行合同义务的行为。关于合同履行的具体内容如表 35-6 所示。

表 35-6　合同履行

项目		具体内容
履行原则	全面履行原则	履行主体适当
		履行标的适当
		履行期限适当
		履行地点和方式适当。如果履行地点不明确，给付货币的，在接受货币一方所在地履行；交付不动产的，在不动产所在地履行；其他标的，在履行义务一方所在地履行
	诚实信用原则	人民法院或仲裁机构在处理合同纠纷时，即使当事人未提出请求，也可以主动适用诚信原则。根据诚实信用原则，当事人在履行合同时，应积极履行以下义务：①通知义务；②协助履行义务；③保密义务
双务合同履行中的抗辩权	同时履行抗辩权	当事人互负债务，没有先后履行顺序的，应当同时履行。一方在对方履行之前有权拒绝其履行要求。一方在对方履行债务不符合约定时，有权拒绝其相应的履行要求
	不安抗辩权	在双务合同中由先给付义务的当事人在有证据证明后给付人具有丧失或者可能丧失履行债务能力的情况时，可以中止自己先给付义务的履行
		后给付义务人丧失或可能丧失履行债务能力的情况有：①经营状况严重恶化；②转移财产、抽逃资金，以逃避债务；③丧失商业信誉；④有丧失或者可能丧失履行债务能力的其他情形
双务合同履行中的抗辩权	先履行抗辩权	《合同法》规定："当事人互负债务，有先后履行顺序，先履行一方未履行的，后履行一方有权拒绝其履行要求。先履行一方履行债务不符合约定的，后履行一方有权拒绝其相应的履行要求。"先履行抗辩权也是一种延期抗辩权

经典例题

[2016年真题·多选题] 合同履行的基本原则包括（　　）。
A. 合理性原则　　B. 全面履行原则　　C. 合法性原则　　D. 公平原则
E. 诚实守信原则
[答案] BE
[解析] 本题注意"履行"两个字。合同履行原则包括全面履行原则和诚实守信原则。

三、合同的终止

合同的终止，又称合同的消灭，是指合同关系当事人双方之间权利义务于客观上不复存在。合同终止的形式如表 35-7 所示。

表 35-7　合同终止的形式

形式		具体内容
合同履行		是合同终止最正常和最主要的形式
抵销	含义	是当事人双方互相负有同种类的给付义务时，将两项义务相互冲抵，使其相互在对等额内消灭
	适用条件	（1）当事人双方必须互相有债务、债权 （2）当事人双方的给付债务应为同一种类 （3）当事人双方的债务均已到履行期 （4）当事人双方的债务均是可以抵销的债务
	不可抵销情形	（1）相互提供劳务的债务 （2）与人身不可分离的债务 （3）法律规定禁止强制执行的债务 （4）侵权行为所生的损害赔偿债务

续表

形式	具体内容
提存	指债务人于债务已届履行期时，将无法给付的标的物交给提存机关，以消灭债务的行为。债务人提存后，债务人的债务即告消灭
免除债务	指债权人免除债务人的债务而使合同关系消灭的法律行为
混同	债权与债务同归于一人而使合同关系终止的事实 发生混同的原因有两种：①概括承受，即合同关系的一方当事人概括承受他人的权利与义务。概括承受是混同的主要原因，常见的现象是企业的合并。②特定承受，指因债权人让与或债务人承担而承受权利义务

经典例题

[2012年真题·单选题] 甲向乙借了30元钱，同时甲又为乙修好了收音机，修理费恰好是30元，则他们之间的债权债务可以（　　）。
A. 提存　　　　　　　　　　　B. 混同
C. 抵销　　　　　　　　　　　D. 免除
[答案] C
[解析] 抵销是当事人双方互负同种类的给付义务时，将两项义务相互冲抵，使其相互在对等额内消灭。甲与乙相互的给付30元义务，可以通过抵销方式来终止合同。

【考点四】合同担保的形式

担保物权，如抵押、质押和留置，都是合同担保的形式，除了这些物权担保之外，合同担保还有保证及定金。

一、保证

保证是指保证人和债权人约定，当债务人不履行债务时，保证人按照约定履行债务或者承担责任的行为。其具体内容如表35-8所示。

表35-8　保证人的资格及保证方式

项目		具体内容
保证人的资格		保证人必须是具有代为清偿债务能力的法人、其他组织或者公民 【提示】国家机关和学校、幼儿园、医院等以公益为目的的事业单位、社会团体以及企业法人的分支机构、职能部门均不得作为保证人
保证的方式	一般保证	当事人在保证合同中约定，债务人不能履行债务时，由保证人承担保证责任的，为一般保证。它是只对债务人不履行债务承担补充责任的保证
	连带责任保证	是指在债务人不履行债务时由保证人与债务人承担连带责任的保证。在连带责任保证中，保证人的责任是较重的
	【提示】对保证方式没有约定或者约定不明确的，按照连带责任保证承担保证责任	

二、定金

定金是合同当事人一方为保证合同的履行，在合同订立时或履行前，给付对方一定数额金钱的担保方式。其具体内容如表35-9所示。

表 35-9　定金

定金	具体内容
定金的效力	债务人履行债务后，定金应当抵作价款或者收回。定金的担保作用是通过定金罚则体现出来的
定金罚则	给付定金的一方不履行约定的债务的，无权要求返还定金；收受定金的一方不履行约定债务的，应当双倍返还定金
定金合同性质	定金合同是实践合同。定金合同从实际交付定金之日起生效；定金的数额由当事人约定，但不得超过主合同标的额的百分之二十
其他	当事人既约定违约金，又约定定金的，一方违约时，对方可以选择适用违约金或者定金条款，即违约金与定金的罚则不能并用，二者只能择其一适用

经典例题

[2011年真题·多选题] 关于合同定金的说法，正确的有（　　）。
A. 定金具有担保效力
B. 收受定金的一方不履行约定债务的，应当双倍返还定金
C. 定金合同从实际交付定金之日起生效
D. 定金的数额由当事人约定，但不得超过主合同标的额的50%
E. 当事人既约定定金又约定违约金的，未违约一方可以同时要求赔偿定金和违约金
[答案] ABC
[解析] 定金具有担保作用，这种作用是通过定金罚则体现出来的，A项正确。收受定金的一方不履行约定债务的，应当双倍返还定金，B项正确。定金合同属于实践合同，从实际交付定金之日起生效，C项正确。定金的数额由当事人约定，但不得超过主合同标的额的20%，D项错误。违约金与定金的罚则不能并用，二者只能择其一适用，E项错误。

【考点五】合同保全的方式

合同的保全，是指法律为防止因债务人财产的不当减少致使债权人债权的实现受到危害，而设置的保全债务人责任财产的法律制度，具体包括债权人代位权制度和债权人撤销权制度。合同保全的方式如表35-10所示。

表 35-10　合同保全的方式

方式	含义	要点提示
代位权	当债务人怠于行使其对第三人的权力而危害债权实现时，债权人享有的以自己名义代位行使债务人权利的权利	(1) 债务人对第三人的权力为非专属性权力和可以强制执行的权力 (2) 债权人代位权必须通过诉讼方式行使 (3) 代位权的范围以债权人的债权为限 (4) 行使代位权的必要费用由债务人承担
撤销权	因债务人放弃其到期债权或无偿转让其财产，对债权人造成损害的，债权人请求法院撤销债务人该行为的权利	(1) 债权人的撤销权由债权人以自己的名义在诉讼中行使，其范围以债权人债权为限 (2) 债权人行使撤销权的必要费用由债务人承担 (3) 法院认定撤销权成立的，债务人处分财产的行为自始无效

经典例题

[例题·多选题] 关于合同保全的说法，正确的有（　　）。
A. 债权人必须以债务人的名义行使代位权
B. 债权人代位权必须通过诉讼程序行使

C. 债权人代位权的行使必须取得债务人的同意
D. 代位权行使的费用必须由债权人自己承担
E. 合同保全的方式包括代位权和撤销权

[答案] BE

[解析] 债权人以自己的名义行使代位权，A 项错误。债权人代位权的行使不必取得债务人的同意，C 项错误。代位权行使的费用必须由债务人自己承担，D 项错误。

【考点六】合同的转让、变更及解除

一、合同的转让

（一）合同权利的转让

债权人转让权利的，应当通知债务人，未经通知，该转让对债务人不发生效力。债权人转让权利的通知不得撤销，但经受让人同意的除外。

根据《中华人民共和国合同法》，合同权利不具有可转让性的情形包括：

（1）根据合同性质不得转让。如具有人身性质的债权属于专属性的权利，基于对特定当事人的信用而发生的债权等都是不能转让的。

（2）按照当事人约定不得转让。当事人在订立合同时可以特别约定不得转让合同权利，这一约定与合同具有同样的法律效力。

（3）依照法律规定不得转让。

（二）合同义务的转让

合同义务的转让是指债务人将合同的义务全部或者部分转移给第三人的，应当经债权人同意。

（三）合同权利义务概括转让

合同权利义务概括转让是指合同当事人一方将其权利义务一并转让给第三人，第三人概括承受该合同权利义务的行为。

二、合同的变更

合同的变更主要发生在下列场合：

（1）基于法律的直接规定而变更合同，如因债务人的违约行为使合同不能履行时，履行合同债务变更为损害赔偿债务。

（2）经当事人双方协商一致而变更合同。

（3）因重大误解而订立合同的，有重大误解的一方当事人可以通过行使变更权变更合同。

（4）因情势变更使合同继续履行显失公平的，当事人可以请求变更合同。

当事人之间通过协商的形式变更合同的，不必经诉讼程序或仲裁程序。当事人一方因重大误解或情势变更而提出变更合同请求的，一般应经过法院或仲裁机构的裁决。

三、合同的解除

（一）合同解除的概念

合同解除是指在合同成立后，在具备解除条件时，因当事人一方或双方的意思表示，提前消灭合同效力的法律行为。

（二）合同解除的类型

合同解除的类型如图 35-1 所示。

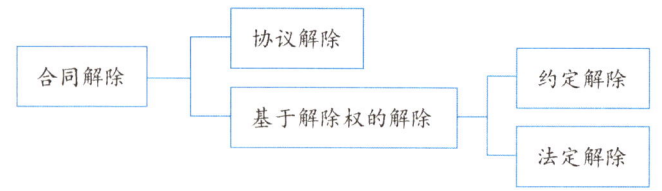

图 35-1　合同解除的类型

1. 协议解除

《中华人民共和国合同法》规定："当事人协商一致，可以解除合同。"经协议解除合同的，实际就是通过订立一个新的合同来解除原来的合同。

2. 基于解除权的解除

解除权是指合同当事人可以依据法律规定或合同约定的条件解除合同的权利。解除权是一种形成权，即只要解除权人将解除合同的单方意思表示通知对方即可产生解除合同的效力，而不必经对方的同意。所以，基于解除权解除合同属于合同的单方解除。

基于解除权解除合同包括约定解除和法定解除两种形式。

（1）约定解除和协议解除的区别。

约定解除和协议解除的区别如表 35-11 所示。

表 35-11　约定解除和协议解除的区别

项目	约定解除	协议解除
是否事先约定	事先的约定	事后的约定
是否一定产生解除合同的效果	不一定产生	能够产生
是否为单方行为	单方行为，解除权人不必经对方同意	双方行为，当事人双方通过协议解除合同，不能单方解除合同

（2）法定解除。

法定解除是指在合同成立之后，没有履行或没有履行完毕前，当事人一方根据法律规定的合同解除的条件而解除合同的行为。我国《中华人民共和国合同法》规定，有下列情形之一的，当事人可以解除合同：①因不可抗力致使不能实现合同目的；②在履行期限届满之前，当事人一方明确表示或者以自己的行为表明不履行主要债务；③当事人一方迟延履行主要债务，经催告后在合理期限内仍未履行；④当事人一方迟延履行债务或者有其他违约行为致使不能实现合同目的；⑤法律规定的其他情形。

经典例题

[例题·单选题] 关于合同权利转让的说法，错误的是（　　）。

A. 具有人身性质的债权不能转让

B. 债权人转让权利的通知不得撤销，但经受让人同意的除外

C. 双方订立合同时特别约定不得转让的权利不能转让

D. 债权人转让权利，应当经过债务人的同意

[答案] D

[解析] 债权人转让权利，应当通知债务人，而不是经过债务人的同意，D 项错误。

【考点七】违约责任

违约责任是指合同当事人不履行或不适当履行合同义务所应承担的民事责任，具体内容如表 35-12 所示。

表 35-12　违约责任

项目			具体内容
概念			违约责任只在合同关系当事人之间产生，对于合同以外的第三人并不发生违约责任
			不论是在债务人向第三人履行债务的场合，还是在第三人向债权人履行债务的场合，均由债务人向债权人承担违约责任
构成要件	违约行为	预期违约	指在合同有效成立后履行期限届满前的违约行为。实践中可能表现为明示的预期违约和默示的预期违约
		实际违约	指合同履行期限届满后发生的违约行为
	主观过错		我国实行的是严格责任，只要当事人实施了违约行为，就推定其主观上有过错
承担违约责任的方式	继续履行		指债权人在债务人违约行为发生后请求人民法院或仲裁机构强制债务人继续按照合同的约定履行债务
	支付违约金		违约金具有的法律特征： (1) 当事人可以约定一方违约时应当根据违约情况向对方支付一定数额的违约金，如果当事人在合同中没有约定违约金，则不产生违约金的责任形式 (2) 关于违约金数额的条款并不是绝对不变的 (3) 合同中的违约金条款具有从合同性质 (4) 违约金只有在违约行为发生后才能生效
承担违约责任的方式	违约损害赔偿		当事人一方违约，在履行义务或者采取补救措施后，对方还有其他损失的，应当赔偿损失。损害赔偿的目的主要是弥补或填补违约行为造成债权人的利益损失。损害赔偿的范围原则上以当事人的实际损失为限
违约的免责事由	不可抗力		指不能预见、不能避免并不能克服的客观情况。不可抗力仅指客观情况，属于事件范畴，并不包括民事主体行为 (1) 并不是所有不可抗力的发生都能构成违约的免责事由，只有不可抗力影响到合同的履行时才可以免责 (2) 只有当不可抗力发生在合同履行期内，才能构成免责事由
	受害人的过错		当事人双方都违反合同的，应当各自承担相应的责任；当事人一方违约后，对方应当采取适当措施防止损失的扩大，没有采取适当措施致使损失扩大的，不得就扩大的损失要求赔偿
	免责条款		指合同当事人在合同中约定的免除其在将来可能发生的违约责任的条款
			合同中的下列免责条款无效：①造成对方人身伤害的；②因故意或者重大过失造成对方财产损失的

经典例题

[例题·多选题] 关于违约责任的说法，正确的有（　　）。

A. 不可抗力只要发生就构成违约的免责事由
B. 承担违约责任的方式包括继续履行、支付违约金和违约损害赔偿
C. 在合同履行期限届满之前，当事人一方明确表示或者以自己的行为表明不履行合同义务的行为称为实际违约
D. 造成对方人身伤害的合同中的免责条款无效
E. 违约的免责事由通常包括不可抗力、受害人的过错和免责条款

[答案] BDE

[解析] 并不是所有不可抗力的发生都能构成违约的免责事由，只有不可抗力影响到合同的履行时才可以免责，A 项错误。在合同履行期限届满之前，当事人一方明确表示或者以自己的行为表明不履行合同义务的行为称为预期违约，C 项错误。

本章易错易混考点

【易错易混考点】不安抗辩权及先履行抗辩权(如表35-13所示)

表35-13 不安抗辩权及先履行抗辩权

抗辩权	含义	区分关键	举例
不安抗辩权	在双务合同中由先给付义务的当事人在有证据证明后给付人具有丧失或者可能丧失履行债务能力的情况时,可以中止自己先给付义务的履行	由先履行义务一方向后履行义务一方行使抗辩权	买卖合同中,约定甲先发货、乙后付款,因乙出现一些情况导致甲不安,担心发货后无法回款,怕"鸡飞蛋打",于是中止发货义务。此时甲向乙行使的就是不安抗辩权
先履行抗辩权	先履行一方未履行的,后履行一方有权拒绝其履行要求。先履行一方履行债务不符合约定的,后履行一方有权拒绝其相应的履行要求	由后履行义务一方向先履行义务一方行使抗辩权	买卖合同中,约定甲先发货、乙后付款,甲发的货不符合合同约定,乙拒绝付款,此时乙向甲行使的是先履行抗辩权

[2014年真题·单选题] 甲公司与乙公司签订一份购销手机的合同,双方约定由甲公司先交货,三天后乙公司付款。后甲公司在交货前,发现乙公司经营状况严重恶化,已经被其债权人向法院申请破产,事实上已无力支付货款。甲公司遂拒绝交货。此案中,甲公司行使的是(   )。

A. 先履行抗辩权 B. 同时履行抗辩权
C. 先诉抗辩权   D. 不安抗辩权

[答案] D

[解析] 甲公司是先履行义务的一方,向后履行义务一方乙公司行使的抗辩权为不安抗辩权。

历年经典真题回顾

一、单项选择题（每题1分,每题备选项中,只有1个最符合题意）

1. 乙公司向甲公司发出要约,随后立即又发出一份"要约作废"的函件。甲公司的董事长助理收到乙公司"要约作废"的函件后,忘了交给已经看到了要约函件的董事长。第三天甲公司董事长发函给乙公司,提出只要将交货日期推迟两个星期,其他条件都可以接受。后甲、乙公司未能缔约,双方缔约未成功的法律原因是(   )。[2017年真题]

A. 乙公司的要约已被撤销
B. 乙公司的要约已被撤回
C. 甲公司对要约作了实质性改变
D. 甲公司承诺超过了有效期间

[答案] A

[解析] 本题较为灵活,在要约到达受要约人后、受要约人做出承诺之前,要约人有权撤销要约,题中乙公司撤销要约的通知是在甲公司收到要约后做出承诺前做出的,产生撤销要约的效力。要约撤回是指撤回的通知应当在要约到达受要约人之前或者与要约同时到达受要约人,本题中"要约作废"的到达时间是要约到达后,做出承诺之前,故B项错误。

2. 关于债权人代位权的说法,正确的是(   )。[2017年真题]

A. 债权人代位权的行使必须通过诉讼程序,而且代位权范围以其债权为限
B. 债权人必须以债务人的名义行使代位权
C. 债权人代位权的行使必须取得债务人的同意
D. 代位权行使的费用必须由债权人自己承担

[答案] A

[解析] 代位权是指当债务人怠于行使其债权对债权人造成损害时，债权人为保全其债权，以自己的名义行使债务人权利的权利。行使代位权须向法院提起诉讼，由此产生的费用由债务人承担。

3. 甲向乙借了 300 元钱，同时甲又为乙修好了笔记本电脑，修理费恰好是 300 元。则甲乙之间的债权债务可以（   ）。[2017 年真题]

   A. 提存   B. 抵销   C. 混同   D. 免除

   [答案] B

   [解析] 抵销是当事人双方互负同种类的给付义务时，将两项义务相互冲抵，使其相互在对等额内消灭。

4. 秦某与李某签订一份货物买卖合同，秦某为卖方，住在甲市；李某为买方，住在乙市。双方对履行地点没有约定，且不能通过交易习惯、合同性质确定，双方也未能达成补充协议。关于该合同履行地点的说法，正确的是（   ）。[2017 年真题]

   A. 交付货币应在甲市，交付货物应在乙市
   B. 交付货物应在甲市，交付货币应在乙市
   C. 交付货币和货物均在甲市
   D. 交付货币和货物均在乙市

   [答案] C

   [解析] 根据规定，如果合同履行地点不明确，双方未达成补充协议的，交付货币的，应在接受货币一方所在地履行，本题中，李某为买方，交付货币应在卖方秦某所在地甲市；交付货物的，应在履行义务一方所在地，本题中，秦某为卖方，有义务交付货物，故交付货物应在甲市。综上，本题中交付货币和货物均在甲市，C 项正确。

5. 甲、乙公司签订了一份货物买卖合同，后来乙公司和丙公司协商一致将乙公司的部分供货义务转移给丙公司，则乙公司（   ）。[2017 年真题]

   A. 应通知甲公司
   B. 无需通知任何公司
   C. 应通知丙公司，由丙公司通知甲公司
   D. 应当经甲公司同意

   [答案] D

   [解析] 本题涉及债的转让，债务的转让应经过债权人的同意，D 项正确。

6. 下列合同中，属于实践合同的是（   ）。[2016 年真题]

   A. 保管合同   B. 买卖合同
   C. 抵押合同   D. 委托合同

   [答案] A

   [解析] 实践合同包括保管合同、借用合同、定金合同。

7. 关于定金的说法，错误的是（   ）。[2016 年真题]

   A. 定金合同从实际交付定金之日起生效
   B. 定金的数额不得超过主合同标的额的 20%
   C. 定金罚则和违约金可以同时并用
   D. 定金具有担保作用

   [答案] C

[解析] 定金罚则和违约金不可同时适用，二者只能选其一。C项错误。

8. 关于合同解除权的说法，错误的是（　　）。[2016年真题]
   A. 基于解除权解除合同需要经过对方当事人的同意
   B. 解除权是一种形成权
   C. 约定解除和协议解除的法律性质不同
   D. 解除权的形式是一种单方法律行为
   [答案] A
   [解析] 解除权是指合同当事人可以依据法律规定或合同约定的条件解除合同的权利。解除权是一种形成权，即只要解除权人将解除合同的单方意思表示通知对方即可产生解除合同的效力，而不必经对方的同意。所以，基于解除权解除合同属于合同的单方解除，A项错误。约定解除是单方行为，协议解除是双方通过协议解除合同，二者法律性质不同。

9. 根据《中华人民共和国合同法》，违约责任的承担方式不包括（　　）。[2015年真题]
   A. 继续履行
   B. 支付违约金
   C. 赔礼道歉
   D. 违约损害赔偿
   [答案] C
   [解析] 承担违约责任的方式包括继续履行、支付违约金和违约损害赔偿，不包括赔礼道歉。

10. 下列合同中，属于单务合同的是（　　）。[2014年真题]
    A. 买卖合同　　　　　　　B. 租赁合同
    C. 赠与合同　　　　　　　D. 保管合同
    [答案] C
    [解析] 赠与合同、借用合同属于单务合同。买卖、租赁和保管合同均属于双务合同。

11. 下列权利中，属于合同保全制度内容的是（　　）。[2014年真题]
    A. 不动产抵押权
    B. 留置权
    C. 债权人的代位权
    D. 违约损害赔偿请求权
    [答案] C
    [解析] 合同保全的内容包括代位权和撤销权。

12. 与债务同归于一人而使合同关系终止的法律事实是（　　）。[2013年真题]
    A. 免除　　　　　　　　　B. 抵销
    C. 混同　　　　　　　　　D. 提存
    [答案] C
    [解析] 混同是指债权与债务同归于一人而使合同关系终止的事实。

13. 在合同履行期限届满之前，当事人一方明确表示或者以自己的行为表明不履行合同义务的行为称为（　　）。[2013年真题]
    A. 实际违约　　　　　　　B. 预期违约
    C. 不可抗力　　　　　　　D. 解除合同
    [答案] B
    [解析] 本题可通过题干的表述予以判断。合同履行期限届满前的违约属于预期违约。

二、**多项选择题**（每题2分，每题备选项中，有2个或2个以上符合题意，至少有1个错项。错选，本题不得分；少选，所选的每个选项得0.5分）

1. 下列合同中，属于诺成合同的有（　　）。[2017年真题]

    A. 买卖合同

    B. 租赁合同

    C. 保管合同

    D. 加工合同

    E. 借用合同

    [答案] ABD

    [解析] 诺成合同是当事人双方意思表示一致即可成立的合同，如买卖合同、租赁合同、加工合同等。实践合同是一方当事人实际交付标的物才能成立的合同，如保管合同、借用合同、定金合同。

2. 关于定金的说法，正确的有（　　）。[2015年真题]

    A. 定金和违约金无本质不同

    B. 定金合同是实践合同

    C. 定金数额由法律直接规定

    D. 定金罚则与违约金可以并用

    E. 定金的担保作用是通过定金罚则体现的

    [答案] BE

    [解析] 定金合同属于实践合同，B项正确；定金的担保作用是通过定金罚则体现的，E项正确。

3. 关于不可抗力的说法，正确的有（　　）。[2015年真题]

    A. 不可抗力只要发生就构成违约的免责事由

    B. 不可抗力包括客观情况和主观情况

    C. 不可抗力属于事件的范畴

    D. 不可抗力具有不可预测性

    E. 不可抗力具有不可避免性和不可克服性

    [答案] CDE

    [解析] 不可抗力是指不能预见、不能避免并不能克服的客观情况。并不是所有不可抗力的发生都能构成违约的免责事由，只有不可抗力影响到合同的履行时才可以免责，A项错误。不可抗力仅指客观情况，属于事件范畴，并不包括民事主体行为，B项错误。

4. 根据《中华人民共和国合同法》，下列文书中，属于要约邀请的有（　　）。[2013年真题]

    A. 寄送的价目表

    B. 招标公告

    C. 悬赏广告

    D. 招股说明书

    E. 拍卖公告

    [答案] ABDE

    [解析] 本题考查要约与要约邀请的区别。典型的要约邀请形式包括寄送的价目表、拍卖公告、招标公告、招股说明书和商业广告。

本章同步练习

一、单项选择题（每题1分，每题备选项中，只有1个最符合题意）

1. 民事合同可以分为诺成合同与实践合同。下列合同中，属于实践合同的是（　　）。
   A. 买卖合同　　　　　　　　B. 委托合同
   C. 技术合同　　　　　　　　D. 保管合同

2. 关于合同的法律特征，下列表述错误的是（　　）。
   A. 合同当事人的法律地位平等
   B. 合同是一种合意行为，是在自愿的基础上平等协商的结果
   C. 合同是双方或多方的民事法律行为
   D. 民事合同实际就是民事财产关系中的债权债务关系和有关身份关系的协议

3. 根据《中华人民共和国民法总则》的规定，下列情形中，不属于无效合同的是（　　）。
   A. 违背公序良俗的合同
   B. 行为人与相对人恶意串通，损害他人合法权益的合同
   C. 一方或第三人以胁迫手段，使对方在违背真实意思的情况下订立的合同
   D. 行为人与相对人以虚假的意思表示订立的合同

4. 下列关于要约的说法，错误的是（　　）。
   A. 要约是向要约人希望与其缔结合同的相对人发出的意思表示
   B. 要约只有得到受要约人的承诺，才能使合同成立
   C. 要约必须是向受要约人发出的
   D. 受要约人必须是特定的

5. 根据《中华人民共和国合同法》的规定，下列要约中，允许撤销的是（　　）。
   A. 要约人确定了承诺期限的要约
   B. 要约人明示不可撤销的要约
   C. 已经到达受要约人但受要约人尚未承诺的要约
   D. 受要约人有理由认为不可撤销，且已为履约做了准备的要约

6. 关于缔约过失责任的表述，错误的是（　　）。
   A. 缔约过失责任发生在合同订立过程中
   B. 缔约过失责任发生在合同成立之后
   C. 一方违背其依据诚实信用原则应负的义务
   D. 假借订立合同，恶意进行磋商应承担缔约过失责任

7. 甲公司与乙公司签订一份购销手机的合同，双方约定由甲公司先交货，三天后乙公司付款。甲公司在交货后，乙公司发现货物与合同要求不符，乙公司遂拒绝付款。则乙公司行使的是（　　）。
   A. 先履行抗辩权　　　　　　B. 同时履行抗辩权
   C. 先诉抗辩权　　　　　　　D. 不安抗辩权

8. 甲乙双方在合同中对合同履行的地点约定不明确，根据法律规定，给付货币的，应在（　　）履行。
   A. 履行义务一方所在地　　　B. 给付货币一方所在地
   C. 接受货币一方所在地　　　D. 机构所在地

9. 根据《中华人民共和国担保法》的规定，即使下列单位具有代为清偿债务能力，但只有（　　）

可以作保证人。
   A. 某公立学校　　　　　　　　B. 某公立医院
   C. 某公益社会团体　　　　　　D. 某企业法人
10. 根据《中华人民共和国担保法》的规定，在定金担保中，定金的数额由当事人约定，但不得超过主合同标的额的（　　）。
   A. 30%　　　B. 20%　　　C. 10%　　　D. 50%
11. 根据合同法律制度的规定，债务人的下列行为中，债权人认为对自己造成损害的，不可以请求人民法院予以撤销的是（　　）。
   A. 放弃到期债权
   B. 无偿转让财产
   C. 拍卖优良资产
   D. 以明显不合理的低价转让财产，且受让人知道该情形
12. 根据《中华人民共和国担保法》的规定，下列关于保证的说法中，错误的是（　　）。
   A. 社会团体不得为保证人
   B. 保证人与债权人应当以书面形式订立保证合同
   C. 当事人在保证合同中约定，债务人不能履行债务时，由保证人承担保证责任的，为连带责任保证
   D. 保证合同是一种从合同
13. 在履行期限届满之前，当事人一方明确表示或者以自己的行为表明不履行主要债务，另一方当事人可以解除合同，该情形属于（　　）。
   A. 协议解除　　B. 约定解除　　C. 裁定解除　　D. 法定解除

二、多项选择题（每题2分，每题备选项中，有2个或2个以上符合题意，至少有1个错项。错选，本题不得分；少选，所选的每个选项得0.5分）
1. 借用合同属于（　　）。
   A. 要式合同　　　　　　　　B. 单务合同
   C. 实践合同　　　　　　　　D. 有名合同
   E. 主合同
2. 下列合同中，属于单务合同的有（　　）。
   A. 买卖合同　　　　　　　　B. 租赁合同
   C. 赠与合同　　　　　　　　D. 保管合同
   E. 借用合同
3. 根据《中华人民共和国民法总则》规定，下列合同可以请求人民法院或者仲裁机构予以撤销的有（　　）。
   A. 一方利用对方处于危困状态、缺乏判断能力等情形，致使订立的合同显失公平的
   B. 无权处分他人财产而订立的合同
   C. 一方或者第三人以胁迫手段，使对方在违背真实意思的情况下订立的合同
   D. 一方以欺诈手段，使对方在违背真实意思的情况下订立的合同
   E. 因重大误解订立的合同
4. 根据《中华人民共和国合同法》的规定，应当先履行债务的当事人，在对方当事人有（　　）行为时，可以行使不安抗辩权。
   A. 经营状况严重恶化

B. 转移财产、抽逃资金，以逃避债务
C. 丧失商业信誉
D. 合并或者分立
E. 发生亏损

5. 根据《中华人民共和国合同法》的规定，下列关于债务抵销的说法中，错误的有（   ）。
   A. 当事人双方必须互相有债务、债权
   B. 当事人双方的给付债务应为同一种类
   C. 与人身不可分离的债务不适用于抵销
   D. 相互提供劳务的债务可以抵销
   E. 企业合并属于抵销的合同关系终止情形

6. 能够引起合同关系消灭的法律事实包括（   ）。
   A. 债务已经按照约定履行   B. 混同
   C. 债务相互抵销   D. 债务人依法将标的物提存
   E. 债务人经营状况严重恶化

7. 下列各项中，属于合同担保方式的有（   ）。
   A. 违约金   B. 定金
   C. 留置   D. 抵押
   E. 代位权

8. 下列权利中，属于合同保全制度内容的有（   ）。
   A. 不动产抵押权   B. 留置权
   C. 债权人的代位权   D. 违约损害赔偿请求权
   E. 债权人的撤销权

9. 合同解除主要包括协议解除和基于解除权的解除，下列关于合同解除的表述正确的有（   ）。
   A. 基于解除权解除合同属于合同的单方解除
   B. 协议解除是当事人双方通过协议解除合同，不能单方解除合同
   C. 当事人约定解除权，并不一定会产生解除合同的后果
   D. 协议解除属于事前的约定
   E. 经协议解除合同的，实际就是通过订立一个新的合同来解除原来的合同

10. 下列关于合同转让的说法，正确的有（   ）。
    A. 合同权利转让的主体是债权人和债务人
    B. 债权人转让权利应当通知债务人，未经通知，转让对债务人不发生效力
    C. 合同债务的转让应当通知债权人
    D. 合同债务的转让应当以债权人同意为前提
    E. 合同权利的转让不改变合同权利的内容

11. 根据《中华人民共和国民法总则》的规定，有下列情形中的（   ），撤销权消灭。
    A. 当事人自知道或者应当知道撤销事由之日起一年内
    B. 重大误解的当事人自知道或者应当知道撤销事由之日起两个月内没有行使撤销权
    C. 当事人受胁迫，自胁迫行为终止之日起两年内没有行使撤销权
    D. 当事人知道撤销事由后明确表示或者以自己的行为表明放弃撤销权
    E. 当事人自民事法律行为发生之日起五年内没有行使撤销权的，撤销权消灭

本章同步练习参考答案及解析

一、单项选择题

1. [答案] D
   [解析] 实践合同是一方当事人实际交付标的物才能成立的合同,如保管合同、借用合同、定金合同。

2. [答案] D
   [解析] 非民事性质的行政关系中的权利、义务不属民事合同的内容。同时,有关身份关系的协议,如婚姻、收养、监护等,也不由合同法调整。民事合同的内容实际就是民事财产关系中的债权债务关系,D项错误。

3. [答案] C
   [解析] 一方或第三人以胁迫手段,使对方在违背真实意思的情况下订立的合同,受胁迫方有权请求人民法院或者仲裁机构予以撤销,所以本题中C项属于可撤销的合同。

4. [答案] D
   [解析] 在有些情况下,受要约人也可以是不特定的,D项错误。比如,商店中标明价格的商品销售、悬赏广告等,就是向不特定的顾客发出的要约。

5. [答案] C
   [解析] 有下列情形之一的,要约不得撤销:①要约人确定了承诺期限或者以其他形式明示要约不可撤销;②受要约人有理由认为要约是不可撤销,并已经为履行合同做了准备工作。

6. [答案] B
   [解析] 缔约过失责任发生在合同成立前,是指在合同订立过程中,因一方当事人的过失给对方造成损失所应承担的民事责任。

7. [答案] A
   [解析] 先履行抗辩权是后履行义务一方所行使的抗辩权。而不安抗辩权是由先履行义务一方行使的。本题中是后履行义务一方行使的抗辩权,这属于先履行抗辩权。

8. [答案] C
   [解析] 履行地点不明确,给付货币的,在接受货币一方所在地履行;交付不动产的,在不动产所在地履行;其他标的,在履行义务一方所在地履行。

9. [答案] D
   [解析] 国家机关和学校、幼儿园、医院等以公益为目的的事业单位、社会团体以及企业法人的分支机构、职能部门均不得作为保证人。

10. [答案] B
    [解析] 定金的数额由当事人约定,但不得超过主合同标的额的20%。

11. [答案] C
    [解析] 能够行使撤销权的处分财产的行为包括:放弃债权或债权担保、恶意延长到期债权的履行期限、无偿转让财产、以明显不合理低价转让财产或者以明显不合理的高价收购他人财产等。C项,拍卖优良资产不能行使撤销权。

12. [答案] C
    [解析] 通过本题掌握保证人的资格、保证的方式。当事人在保证合同中约定,债务人不能履行债务时,由保证人承担保证责任的,为一般保证,C项错误。

13. [答案] D
    [解析]《中华人民共和国合同法》规定,有下列情形之一的,当事人可以解除合同(法定解除方式):①因不可抗力致使不能实现合同目的;②在履行期限届满之前,当事人一方明确表示或者以自己的行为表明不履行主要债务;③当事人一方迟延履行主要债务,经催告后在合理期限内仍未履行;④当事人一方迟延履行债务或者有其他违约行为致使不能实现合同目的;⑤法律规定的其他情形。

二、多项选择题

1. [答案] BCE
   [解析] 借用合同是单务合同、实践合同、不要式合同、无名合同、主合同。

2. [答案] CE
   [解析] 赠与合同、借用合同属于单务合同。买卖、租赁和保管合同均属于双务合同。

3. [答案] ACDE
   [解析] 可撤销合同的订立情形包括：①因重大误解订立的合同；②一方以欺诈手段使对方在违背真实意思的情况下订立的合同，对方知道或应该知道该欺诈行为的，受欺诈方有权请求人民法院或者仲裁机构予以撤销；③一方或第三人以胁迫手段，使对方在违背真实意思的情况下订立的合同，受胁迫方有权请求人民法院或者仲裁机构予以撤销；④一方利用对方处于危困状态、缺乏判断能力等情形，致使订立的合同显失公平的，受损害方有权请求人民法院或者仲裁机构予以撤销。

4. [答案] ABC
   [解析] 应当先履行债务的当事人，有确切证据证明对方有下列情形之一的，可以中止履行：①经营状况严重恶化；②转移财产、抽逃资金，以逃避债务；③丧失商业信誉；④有丧失或可能丧失履行债务能力的其他情形。

5. [答案] DE
   [解析] 相互提供劳务的债务不可以抵销，D项错误。企业合并属于混同的合同终止情形，E项错误。

6. [答案] ABCD
   [解析] 合同终止的情形包括合同履行、抵销、提存、免除债务、混同。

7. [答案] BCD
   [解析] 合同担保的方式包括抵押、留置、质押、定金、保证。A项属于承担违约责任的方式；E项属于合同保全的方式。

8. [答案] CE
   [解析] 合同保全的内容包括代位权和撤销权。

9. [答案] ABCE
   [解析] 通过本题掌握合同解除的有关规定。协议解除是当事人协商一致，可以解除合同，属于事后的约定，D项错误。

10. [答案] BDE
    [解析] 合同权利转让的主体是债权人，合同义务转让的主体是债务人，A项错误。合同债务的转让，应当经债权人同意，C项错误。

11. [答案] ADE
    [解析] 撤销权消灭的情形包括：①当事人自知道或者应当知道撤销事由之日起一年内、重大误解的当事人自知道或者应当知道撤销事由之日起三个月内没有行使撤销权；②当事人受胁迫，自胁迫行为终止之日起一年内没有行使撤销权；③当事人知道撤销事由后明确表示或者以自己的行为表明放弃撤销权；④当事人自民事法律行为发生之日起五年内没有行使撤销权的，撤销权消灭。

✏️ 错题收集

第三十六章 公司法律制度

本章考情分析

年份	单项选择题	多项选择题	合计
2017 年	1 题 1 分	1 题 2 分	3 分
2016 年	2 题 2 分	1 题 2 分	4 分
2015 年	2 题 2 分	1 题 2 分	4 分
2014 年	1 题 1 分	2 题 4 分	5 分
2013 年	4 题 4 分	—	4 分
2012 年	2 题 2 分	1 题 2 分	4 分

本章考点概览

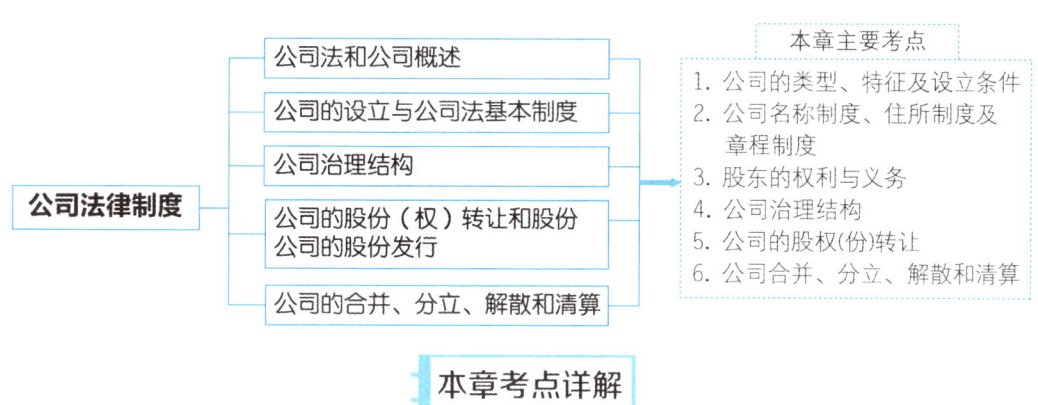

本章考点详解

【考点一】公司的类型、特征及设立条件

一、公司的类型

我国《公司法》规定的公司形式仅为有限责任公司和股份有限公司。国有独资公司是有限责任公司的特殊形式,是指国家授权投资的机构或者国家授权的部门单独投资设立的有限责任公司。国务院确定的生产特殊产品的公司或者属于特定行业的公司,应当采取国有独资公司的形式。

二、公司的特征

(1) 公司是以营利为目的的经济组织。

(2) 公司具备法人资格。公司有独立的财产,公司对公司财产享有法人财产权,公司的财产与股东的个人财产相分离。

(3) 公司以章程为存在和活动的根据。

三、公司的设立条件

公司设立须满足一定的条件，具体内容如表36-1所示。

表36-1 公司的设立条件

公司类型	设立条件
有限责任公司	（1）除国有独资公司外，自然人和法人都可以成为股东。有限责任公司由50个以下股东出资设立 （2）股东可以用货币出资，也可以用实物、知识产权、土地使用权等可以用货币估价并可以依法转让的非货币财产作价出资；但是，法律、行政法规规定不得作为出资的财产除外 （3）有限责任公司的注册资本为在公司登记机关登记的全体股东认缴的出资额 （4）股东共同制作公司章程，公司有名称、住所，并建立符合有限责任公司要求的组织机构
股份有限公司	（1）设立股份有限公司，应当有2人以上200人以下为发起人，其中须有半数以上的发起人在中国境内有住所 （2）有符合公司章程规定的全体发起人认购的股本总额或募集的实收股本总额 （3）股份发行、筹办事项符合法律规定 （4）发起人制订公司章程，采用募集方式设立的经创立大会通过 （5）有公司名称，建立符合股份有限公司要求的组织机构 （6）有公司住所

> **经典例题**
>
> [2012年真题·多选题] 根据《中华人民共和国公司法》，公司股东可以用（　　）作为出资入股。
> A. 货币　　　　B. 实物　　　　C. 知识产权　　　　D. 个人劳务
> E. 土地使用权
> [答案] ABCE
> [解析] 公司股东的出资形式包括货币、实物、知识产权、土地使用权等。个人劳务不得作为公司股东的出资形式。

【考点二】公司名称制度、住所制度及章程制度

公司名称制度、住所制度及章程制度的具体内容如表36-2所示。

表36-2 公司名称制度、住所制度及章程制度

公司制度	具体内容
公司名称制度	（1）我国法律对公司名称实行强制注册制度，即公司名称权的取得以设立登记为要件。公司名称变更，须经变更登记 （2）设立公司应当申请名称预先核准。公司名称经预先核准后，预先核准的公司名称保留期为6个月。在保留期内，不得以预先核准的公司名称从事营业，也不得转让预先核准的公司名称。保留期届满，不办理公司设立登记的，其名称自动失效
公司住所制度	（1）公司以其主要办事机构所在地为住所 （2）公司住所必须在公司章程中载明 （3）登记的公司住所只能有一个，且须在登记机关辖区内 （4）设有分支机构的，以总公司的所在地为住所 （5）公司住所的确定和变更以登记为要件，不经登记的公司住所，不得对抗第三人
公司章程制度	（1）公司章程对公司、股东、董事、监事、高级管理人员具有约束力 （2）订立公司章程是设立公司的条件之一。公司没有公司章程，不能获得批准，也不能获得登记 （3）公司章程的修改权限专属公司的股东（大）会。修改公司章程须经特别程序。有限责任公司股东会会议做出修改公司章程的决议，必须经代表三分之二以上表决权的股东通过。股份有限公司股东大会做出修改公司章程的决议，必须经出席会议的股东所持表决权的三分之二以上通过

第二篇 考点精讲及同步练习

> **经典例题**

[2015年真题·多选题] 关于公司住所制度的说法，正确的有（　　）。

A. 公司必须有住所　　　　　　　B. 公司章程中应当载明公司住所
C. 公司可以登记多个住所　　　　D. 公司分支机构以其主要业务经营地为住所
E. 公司住所的变更以登记为要件

[答案] ABE

[解析] 登记的公司住所只能有一个，且须在登记机关辖区内，C项错误；设有分支机构的，以总公司的所在地为住所，D项错误。

[例题·多选题] 关于公司章程，下列说法正确的有（　　）。

A. 公司章程一经制定不得修改
B. 我国《公司法》规定，订立公司章程是设立公司的条件之一
C. 公司需在设立登记后提交公司章程
D. 公司章程的修改权限专属公司的股东（大）会
E. 有限责任公司股东会会议做出修改公司章程的决议，必须经全体股东一致通过

[答案] BD

[解析] 订立公司章程是设立公司的条件之一，公司没有公司章程，不能获得批准，也不能获得登记，B项正确、C项错误。公司章程的修改权限专属公司的股东（大）会，A项错误、D项正确。有限责任公司股东会会议做出修改公司章程的决议，必须经代表三分之二以上表决权的股东通过，E项错误。

【考点三】股东的权利与义务

股东的权利与义务如表36-3所示。

表36-3　股东的权利与义务

项目	具体内容
股东的权利	（1）出席或委托代理人出席股东（大）会并对公司重大决策问题行使表决权 （2）选举公司董事、监事权和被选举为公司董事、监事和高管人员权 （3）股息红利分配请求权 （4）依法转让出资或股份的权利 （5）临时股东（大）会的召集请求权和提案权 （6）公司章程、股东会会议记录、董事会会议决议、监事会会议决议和财务会计报告的查阅和复制权 （7）公司会计账簿查阅权 （8）公司增资或发行新股的优先认购权 （9）公司剩余财产的分配请求权 （10）特殊情况下要求公司收购其股权的请求权。特殊情况包括：①公司连续五年盈利而不分，并且符合本法规定的分配利润条件的；②公司合并、分立、转让主要财产的；③解散事由出现，修改章程使公司存续 （11）强制解散公司的权利。公司经营管理发生严重困难，继续存续会使股东利益受到重大损失，通过其他途径不能解决的（用尽公司内部救济原则），持有公司全部股东表决权10%以上的股东，可以请求人民法院解散公司 （12）对公司经营的建议与质询权 （13）向人民法院提起诉讼的权利
股东的义务	（1）缴纳所认缴的出资 （2）公司设立登记后，不得抽回出资 （3）公司章程规定的其他义务，即应当遵守公司章程，履行公司章程规定的义务

经济基础知识（中级）

> **经典例题**

[2015年真题·单选题] 关于公司股东法定义务的说法，错误的是（ ）。
A. 股东对公司负有忠实义务和勤勉义务 B. 股东应向公司缴纳所认缴的出资
C. 公司设立登记后股东不得抽回出资   D. 股东应当遵守公司章程
[答案] A
[解析] 公司董事、监事和高层管理人员对公司负有忠实义务和勤勉义务，A项错误。

【考点四】公司治理结构

一、股东会、董事会、经理和监事会

公司股东会、董事会、经理和监事会的具体内容如表36-4所示。

表36-4　公司股东会、董事会、经理和监事会

组织机构		具体内容
股东（大）会		是公司的权力机构，决定有关公司的一切重大事项
		决议采取"资本多数决"原则，有限责任公司按全体股东出资比例行使表决权；股份有限公司按出席会议股东出资比例行使表决权，公司章程另有规定的除外
		一般决议经全体（出席会议）代表二分之一以上表决权的股东通过；特别决议经全体（出席会议）代表三分之二以上表决权的股东通过
		下列事项必须经全体（出席会议）代表三分之二以上表决权的股东通过： （1）修改公司章程 （2）增加或者减少注册资本的决议 （3）公司合并、分立、解散或者变更公司形式的决议
董事会		是公司的业务执行机关，享有业务执行权和日常经营的决策权
		有限责任公司董事会成员为3人至13人，股东人数较少或者规模较小的有限责任公司可以设一名执行董事，不设董事会；股份有限公司设董事会，其成员为5人至19人。董事会成员中可以有公司职工代表
	职权	（1）召集股东会会议，并向股东会报告工作 （2）执行股东会的决议 （3）决定公司的经营计划和投资方案 （4）制订公司的年度财务预算方案、决算方案 （5）制订公司的利润分配方案和弥补亏损方案 （6）制订公司增加或者减少注册资本以及发行公司债券的方案 （7）制订公司合并、分立、解散或者变更公司形式的方案 （8）决定公司内部管理机构的设置 （9）决定聘任或者解聘公司经理及其报酬事项，并根据经理的提名决定聘任或者解聘公司副经理、财务负责人及其报酬事项 （10）制定公司的基本管理制度 （11）公司章程规定的其他职权
经理		是负责公司日常经营管理工作的高级管理人员，对董事会负责
监事会		是公司经营活动的监督机构
		监事会成员不得少于三人，包括股东代表和适当比例的公司职工代表，其中职工代表的比例不得低于三分之一，具体比例由公司章程规定。董事、高级管理人员不得兼任监事。股东人数较少或者规模较小的有限责任公司，可以设一至二名监事，不设监事会。监事会行使职权所必需的费用，由公司承担

续表

组织机构		具体内容
监事会	职权	(1) 检查公司财务 (2) 对董事、高级管理人员执行公司职务的行为进行监督，对违反法律、行政法规、公司章程或者股东会决议的董事、高级管理人员提出罢免的建议 (3) 当董事、高级管理人员的行为损害公司的利益时，要求董事、高级管理人员予以纠正 (4) 提议召开临时股东会会议。在董事会不履行本法规定的召集和主持股东会会议职责时，召集和主持股东会会议 (5) 向股东会会议提出提案 (6) 对董事、高级管理人员提起诉讼 (7) 公司章程规定的其他职权

【提示】公司的董事、监事和高级管理人员应遵守法律、行政法规和公司章程，对公司负有忠实义务和勤勉义务。

二、上市公司治理结构的特别规定

上市公司治理结构的特别规定如表36-5所示。

表36-5　上市公司治理结构的特别规定

特别规定	具体内容
上市公司设独立董事制度	上市公司应当设立独立董事，具体办法由国务院规定
关联董事的回避制度	上市公司董事与董事会会议决议事项所涉及的企业有关联关系的，不得对该项决议行使表决权，也不得代理其他董事行使表决权
上市公司的特别决议事项制度	上市公司在一年内购买、出售重大资产或者担保金额超过公司资产总额30%的，应当由股东大会做出决议，并经出席会议的股东所持表决权的三分之二通过
上市公司的财务披露义务	上市公司必须依照法律、行政法规的规定，公开其财务状况、经营情况及重大诉讼，在每会计年度内半年公布一次财务会计报告

经典例题

[2013年真题·单选题] 根据《中华人民共和国公司法》，应当设立独立董事的公司是（　　）。
A. 有限责任公司
B. 国有独资公司
C. 上市公司
D. 一人公司
[答案] C
[解析] 上市公司应当设立独立董事。

[2011年真题·多选题] 根据《中华人民共和国公司法》，股份有限公司股东大会做出（　　）的决议时，必须经过出席会议的股东所持表决权的三分之二以上通过。
A. 决定公司经营计划
B. 增加或减少注册资本
C. 决定公司投资方案
D. 修改公司章程
E. 变更公司形式
[答案] BDE
[解析] 股份有限公司股东大会的特别决议须经过出席会议的股东所持表决权的三分之二以上通过。特别决议包括增加或减少注册资本、修改公司章程、合并、分立、解散或变更公司形式。

【考点五】公司的股权（份）转让

一、有限责任公司的股权转让

有限责任公司的股东之间可以相互转让其全部或者部分股权。

有限责任公司股东可以将其所持公司股权转让给股东以外的第三人，但须符合《公司法》规定的条件。

（一）其他股东的同意权及其行使

股东向股东以外的人转让股权，应当经其他股东过半数同意。股东应就其股权转让事项书面通知其他股东征求同意，其他股东自接到书面通知之日起满三十日未答复的，视为同意转让。其他股东半数以上不同意转让的，不同意的股东应当购买该转让的股权；不购买的，视为同意转让。

（二）其他股东的优先购买权

经股东同意转让的股权，在同等条件下，其他股东有优先购买权。两个以上股东主张行使优先购买权的，协商确定各自的购买比例；协商不成的，按照转让时各自的出资比例行使优先购买权。公司章程对股权转让另有规定的，从其规定。

二、股份有限公司的股份转让

股份有限公司的股份转让如表36-6所示。

表36-6 股份有限公司的股份转让

项目	具体规则
转让方式	股东转让其股份，应当在依法设立的证券交易所进行或者按照国务院规定的其他方式进行 （1）记名股票，由股东以背书方式或者法律、行政法规规定的其他方式转让，转让后由公司将受让人的姓名或者名称及住所记载于股东名册 （2）无记名股票的转让，由股东将该股票交付给受让人后即发生转让的效力
转让限制	发起人持有的本公司股份，自公司成立之日起一年内不得转让 公司董事、监事、高级管理人员在任职期间每年转让的股份不得超过其所持有本公司股份总数的25%；所持本公司股份自公司股票上市交易之日起一年内不得转让。上述人员离职后半年内，不得转让其所持有的本公司股份
股份回购的规定	公司不得收购本公司股份。但是，有下列情形之一的除外：①减少公司注册资本；②与持有本公司股份的其他公司合并；③将股份奖励给本公司职工；④股东因对股东大会做出的公司合并、分立决议持异议，要求公司收购其股份的

经典例题

[例题·多选题] 根据《中华人民共和国公司法》的规定，下列关于股份有限公司股份转让的说法，正确的有（   ）。

A. 股东持有的股份可以依法转让
B. 股东转让其股份，应当在依法设立的证券交易所进行或者按照国务院规定的其他方式进行
C. 记名股票，由股东以背书方式或者法律、行政法规规定的其他方式转让
D. 无记名股票的转让，由股东将该股票交付给受让人后即发生转让的效力
E. 发起人持有的本公司的股份，自公司成立之日起三年内不得转让

[答案] ABCD

[解析] 通过本题掌握股份有限公司的股权转让规定。发起人持有的本公司股份，自公司成立之日起一年内不得转让，E项错误。

经典例题

[2011年真题·多选题] 关于有限责任公司股权转让的说法,正确的有(   )。
A. 股东之间可以转让全部或部分股权
B. 经股东同意转让的股权,在任何情况下,其他股东都享有优先购买权
C. 公司章程对股权转让另有规定的,该规定无效
D. 股东向股东以外的人转让股权的,应当经其他股东过半数同意
E. 股东向股东以外的人转让股权的,股东应书面通知其他股东征求同意

[答案] ADE

[解析] 经股东同意转让的股权,同等条件下,其他股东都享有优先购买权,B项错误;公司章程对股权转让另有规定的,从其规定,C项错误。

【考点六】公司合并、分立、解散和清算

公司合并、分立、解散和清算的具体内容如表36-7所示。

表36-7 公司合并、分立、解散和清算

项目	有关规定	
公司合并与分立	公司应当自做出合并(分立)决议之日起10日内通知债权人,并于30日内在报纸上公告	
公司解散	公司解散的原因如下: (1) 公司章程规定的营业期限届满或者公司章程规定的其他解散事由出现 (2) 股东会或者股东大会决议解散 (3) 因公司合并或者分立需要解散 (4) 依法被吊销营业执照、责令关闭或者被撤销 (5) 公司经营管理发生严重困难,继续存续会使股东利益受到重大损失,通过其他途径不能解决的,持有公司全部股东表决权10%以上的股东,可以请求人民法院解散公司	
公司清算	清算组的组成	公司除因合并或者分立需要解散以外,应当在解散事由出现之日起十五日内成立清算组,开始清算。有限责任公司的清算组由股东组成,股份有限公司的清算组由董事或者股东大会确定人员组成。逾期不成立清算组进行清算的,债权人可以申请人民法院指定有关人员组成清算组进行清算
	清算组的职权	(1) 清理公司财产,分别编制资产负债表和财产清单 (2) 通知、公告债权人 (3) 处理与清算有关的公司未了结的业务 (4) 清缴所欠税款以及清算过程中产生的税款 (5) 清理债权、债务,处理公司清偿债务后的剩余财产,代表公司参与民事诉讼活动 【提示】清算期间,公司存续,但不得开展与清算无关的经营活动

经典例题

[例题·多选题] 公司解散清算组在清算期间行使的职权有(   )。
A. 通知或者公告债权人
B. 清理公司财产,分别编制资产负债表和财产清单
C. 清缴所欠税款
D. 代表公司开展新业务
E. 清理债权、债务

[答案] ABCE

[解析] 清算期间,公司存续,但不得开展与清算无关的经营活动,D项属于与清算无关的经营活动,因此不属于清算组的职权。

本章易错易混考点

【易错易混考点】公司股东（大）会、董事会、监事会的职权（如表36-8所示）

表36-8 公司股东（大）会、董事会、监事会的职权

机构	主要职权	记忆的关键点
股东（大）会	(1) 修改公司章程 (2) 增加或者减少注册资本的决议 (3) 公司合并、分立、解散或者变更公司形式的决议 (4) 其他重大事项。董事会制订的各种方案，如利润分配方案、年度财务预算方案等要由股东会来决定	重大事项，对于关乎公司"生死存亡"的大事要经过2/3表决权股东通过
董事会	(1) 制订公司各种重大的方案 (2) 决定公司的经营计划和投资方案；决定聘任或解聘经理、副经理、财务负责人；决定公司内部管理机构的设置；制定公司的基本管理制度	主要为日常经营的决策权，记忆董事会能"决定"的事项
监事会	(1) 检查公司财务；对违规董事、高级管理人员提出罢免的建议 (2) 对董事、高级管理人员执行公司职务的行为进行监督 (3) 当董事、高级管理人员的行为损害公司的利益时，要求董事、高级管理人员予以纠正 (4) 提议召开临时股东会会议	与"监督"相联系的词语，如"检查、纠正、提起诉讼、提出建议"等

[例题·单选题] 根据《中华人民共和国公司法》，关于有限责任公司董事会职权的说法，正确的是（ ）。

A. 董事会有权对公司合并做出决议　　B. 董事会有权决定公司的经营方针
C. 董事会有权修改公司章程　　　　　D. 董事会有权制订公司的利润分配方案

[答案] D

[解析] 董事会享有业务执行权和日常经营的决策权，本题中公司的经营方针、合并决议、修改公司章程均为重大事项，不属于日常经营决策，这些事项应由股东会来决议。

历年经典真题回顾

一、单项选择题（每题1分，每题备选项中，只有1个最符合题意）

1. 关于股份有限公司监事会的说法，正确的是（ ）。[2017年真题]

    A. 股份有限公司可以设一至二名监事，不设监事会

    B. 监事会应当包括股东代表和适当比例的公司职工代表

    C. 董事不可以兼任监事，高级管理人员可以兼任监事

    D. 监事会中股东代表的比例不低于三分之一

    [答案] B

    [解析] 监事会成员不得少于三人，包括股东代表和适当比例的公司职工代表，其中职工代表的比例不得低于三分之一，具体比例由公司章程规定。董事、高级管理人员不得兼任监事。

2. 关于公司特征的说法，错误的是（ ）。[2016年真题]

    A. 公司是以营利为目的的经济组织

    B. 公司以章程为存在和活动的根据

    C. 公司股东可以直接占有、使用和处分公司财产

    D. 公司具备法人资格

[答案] C

[解析] 公司财产和公司股东财产相互分离，C 项错误。

3. 股份有限公司章程的修改权限属于公司的（　　）。[2016 年真题]
   A. 董事会　　　B. 监事会　　　C. 职工代表大会　　　D. 股东大会

   [答案] D

   [解析] 公司章程的修改权限专属公司的股东（大）会。有限责任公司股东会会议做出修改公司章程的决议，必须经代表三分之二以上表决权的股东通过。股份有限公司股东大会做出修改公司章程的决议，必须经出席会议的股东所持表决权的三分之二以上通过。

4. 关于有限责任公司设立的说法，正确的是（　　）。[2015 年真题]
   A. 公司法对有限责任公司最低注册资本有限额要求
   B. 全体股东的货币出资金额应占注册资本的 30%
   C. 全体股东首次出资额应达到法律规定的比例
   D. 有限责任公司由 50 个以下股东出资设立

   [答案] D

   [解析] 新修订的公司法对有限责任公司的最低注册资本不做要求，也删掉了首次出资的比例以及对全体股东的货币出资金额占注册资本 30% 的要求。A、B、C 三项均表达错误；有限责任公司由 50 个以下的股东出资设立，D 项正确。

5. 下列民事行为中，公司的清算组不能从事的是（　　）。[2014 年真题]
   A. 代表公司对外提供担保　　　B. 代表公司参与民事诉讼
   C. 清缴公司所欠税款　　　D. 通知债权人

   [答案] A

   [解析] 清算期间，公司存续，但不得开展与清算无关的经营活动。A 项，代表公司对外提供担保属于与清算无关的经营活动，清算组不能从事该活动。

6. 根据《中华人民共和国公司法》，有限责任公司增加注册资本的决议，必须经（　　）表决通过。[2013 年真题]
   A. 代表三分之二以上表决权的股东　　　B. 代表二分之一以上表决权的股东
   C. 全体股东　　　D. 出席股东会的全体股东

   [答案] A

   [解析] 有限责任公司增减注册资本必须经全体代表三分之二以上表决权的股东通过。

7. 根据《中华人民共和国公司法》，下列人员中，可以担任有限责任公司监事的是（　　）。[2013 年真题]
   A. 公司董事长　　　B. 公司股东
   C. 公司高级管理人员　　　D. 公司董事

   [答案] B

   [解析] 监事会成员不得少于三人，包括股东代表和适当比例的公司职工代表。董事、高级管理人员不得兼任监事。

8. 根据《中华人民共和国公司法》，公司解散后，有限责任公司的清算组由（　　）组成。[2012 年真题]
   A. 董事　　　B. 股东
   C. 公司股东会确定的人员　　　D. 董事和股东

   [答案] B

[解析] 有限责任公司的清算组由股东组成，股份有限公司的清算组由董事或者股东大会确定人员组成。

9. 根据《中华人民共和国公司法》，股份有限公司的经理由（　　）决定聘任或者解聘。[2012年真题]

　　A. 监事会　　　B. 股东大会　　　C. 职工代表大会　　　D. 董事会

[答案] D

[解析] 股份有限公司的经理由董事会决定聘任或者解聘。

二、多项选择题（每题2分，每题备选项中，有2个或2个以上符合题意，至少有1个错项。错选，本题不得分；少选，所选的每个选项得0.5分）

1. 关于公司住所的说法，正确的有（　　）。[2017年真题]

　　A. 公司住所必须在公司章程中载明

　　B. 设立公司必须有明确的住所

　　C. 登记的公司住所只能有一个

　　D. 登记的公司住所须在登记机关辖区内

　　E. 设有分支机构的公司，以分支机构的所在地为其住所

[答案] ABCD

[解析] 公司住所必须在公司章程中载明，A项正确；公司必须有明确的住所，登记的公司住所只能有一个，且须在登记机关辖区内，B、C、D三项正确；设有分支机构的，以总公司的所在地为住所，E项错误。

2. 根据有限责任公司的股东会议事规则，下列决议事项中，必须经代表三分之二以上表决权的股东通过的有（　　）。[2016年真题]

　　A. 变更公司形式　　　　　　B. 解聘公司高级经理人员

　　C. 增加公司注册资本　　　　D. 修改公司章程

　　E. 决定公司经营计划和投资方案

[答案] ACD

[解析] 有限责任公司下列事项必须经全体代表三分之二以上表决权的股东通过：①修改公司章程；②增加或者减少注册资本的决议；③公司合并、分立、解散或者变更公司形式的决议。

3. 根据《中华人民共和国公司法》，股东可以采取的出资形式有（　　）。[2014年真题]

　　A. 集体土地所有权　　　　　B. 劳务

　　C. 货币　　　　　　　　　　D. 知识产权

　　E. 管理能力

[答案] CD

[解析] 股东可以用货币出资，也可以用实物、知识产权、土地使用权等可以用货币估价并可以依法转让的非货币财产作价出资；集体土地所有权不能出资，但集体土地使用权可以出资；劳务及管理能力均不能作为公司股东出资的形式。

本章同步练习

一、单项选择题（每题1分，每题备选项中，只有1个最符合题意）

1. 在我国，由国务院确定的生产特殊产品的公司或者属于特定行业的公司，应当采取（　　）的形式。

　　A. 国有独资公司　　　　　　B. 股份有限公司

　　C. 无限责任公司　　　　　　D. 两合公司

2. 关于公司股东的说法，正确的是（　　）。
   A. 只有自然人可以成为股东　　　　B. 外国自然人不能成为我国公司的股东
   C. 股东的个人财产与公司的财产相分离 D. 股东必须是公司的法定代表人
3. 关于我国公司名称登记管理工作，下列说法不正确的是（　　）。
   A. 我国实行公司名称预先核准制度
   B. 公司名称经预先核准后，预先核准的公司名称保留期为 6 个月
   C. 在公司名称保留期内，可以以预先核准的公司名称从事营业
   D. 公司名称保留期届满，不办理公司设立登记的，其名称自动失效
4. 有限责任公司由（　　）股东共同出资设立。
   A. 2 个以上，30 个以下　　　　　　B. 1 个以上，30 个以下
   C. 2 个以上，50 个以下　　　　　　D. 50 个以下
5. 公司经营管理发生严重困难，继续存续会使股东利益受到重大损失，通过其他途径不能解决的，持有公司全部股东表决权（　　）的股东，可以请求人民法院解散公司。
   A. 5%　　　　B. 10%　　　　C. 15%　　　　D. 20%
6. 根据《中华人民共和国公司法》的规定，有限责任公司设董事会，其成员为（　　）人。
   A. 1—5　　　　B. 2—10　　　　C. 5—10　　　　D. 3—13
7. 关于有限责任公司股权转让的说法，错误的是（　　）。
   A. 股东之间可以转让全部或部分股权
   B. 经股东同意转让的股权，在同等条件下，其他股东享有优先购买权
   C. 股东向股东以外的人转让股权的，应当经其他股东过半数同意
   D. 其他股东自接到书面通知之日起满三十日未答复的，不得转让
8. 下列有关股份有限公司监事会的表述中，不符合公司法律制度规定的是（　　）。
   A. 监事会行使职权所必需的费用，由公司承担
   B. 监事会成员中必须有职工代表
   C. 董事、高级管理人员可以担任监事
   D. 监事会成员不得少于三人

二、**多项选择题**（每题 2 分，每题备选项中，有 2 个或 2 个以上符合题意，至少有 1 个错项。错选，本题不得分；少选，所选的每个选项得 0.5 分）
1. 根据《中华人民共和国公司法》关于有限责任公司的规定，股东会若通过（　　）的决议，对决议投反对票的股东可以请求公司按照合理价格收购其股权。
   A. 公司连续五年不向股东分配利润，而公司该五年连续盈利，并且符合本法规定的分配利润条件的
   B. 公司合并、分立、转让主要财产的
   C. 为控股股东提供担保
   D. 对外进行重大投资
   E. 公司章程规定的营业期限届满或者章程规定的其他解散事由出现，股东会会议通过决议修改章程使公司存续的
2. 根据《中华人民共和国公司法》的规定，下列人员中，不得担任公司监事的有（　　）。
   A. 本公司董事　　　　　　　　B. 本公司经理
   C. 本公司副经理　　　　　　　D. 本公司财务负责人
   E. 职工代表

3. 根据《中华人民共和国公司法》的规定，股东会会议做出（   ）事项必须经代表三分之二以上表决权的股东通过。
   A. 修改公司章程
   B. 增减注册资本
   C. 公司合并、分立、解散以及变更公司形式
   D. 对发行公司债券做出决议
   E. 决定公司的经营方针和投资计划

4. 根据《中华人民共和国公司法》，股东可以采取的出资形式有（   ）。
   A. 集体土地所有权
   B. 劳务
   C. 货币
   D. 知识产权
   E. 土地使用权

5. 根据《中华人民共和国公司法》，公司可以收购本公司股份的情形包括（   ）。
   A. 减少公司注册资本
   B. 增加公司注册资本
   C. 将股份奖励给本公司职工
   D. 与持有本公司股份的其他公司合并
   E. 股东因对股东大会做出的公司合并、分立决议持异议，要求公司收购其股份

6. 下列关于公司的特征及种类的说法，正确的有（   ）。
   A. 我国《公司法》规定的公司形式仅为有限责任公司和股份有限公司
   B. 国有独资公司是股份有限公司的特殊形式
   C. 公司以章程为存在和活动的根据
   D. 公司有独立的财产，公司对公司财产享有法人财产权
   E. 公司的财产与股东的个人财产相分离

7. 公司解散的原因包括（   ）。
   A. 公司章程规定的营业期限届满
   B. 股东会决议解散
   C. 因公司合并需要解散的
   D. 因公司分立需要解散的
   E. 公司不能清偿到期债务

本章同步练习参考答案及解析

一、单项选择题

1. [答案] A
   [解析] 国务院确定的生产特殊产品的公司或者属于特定行业的公司，应当采取国有独资公司的形式。国有独资公司是有限责任公司的特殊形式。

2. [答案] C
   [解析] 除国有独资公司外，自然人和法人都可以为股东，A项错误。外国自然人也可以成为我国公司的股东，B项错误。股东的个人财产与公司的财产相分离，C项正确。公司的法定代表人是对外代表公司，对内行使职权（职权的范围由公司章程规定）的完全民事行为能力自然人。公司的法定代表人可以是公司股东，也可以不是公司的股东，D项错误。

3. [答案] C
   [解析] 通过本题掌握公司名称制度。公司名称经预先核准后，预先核准的公司名称保留期为6个月。在保留期内，不得以预先核准的公司名称从事营业，也不得转让预先核准的公司名称。C项错误。

4. [答案] D
   [解析] 有限责任公司由50个以下股东出资设立。

5. [答案] B
   [解析] 公司经营管理发生严重困难，继续存续会使股东利益受到重大损失，通过其

他途径不能解决的（用尽公司内部救济原则），持有公司全部股东表决权10%以上的股东，可以请求人民法院解散公司。

6. [答案] D
   [解析] 有限责任公司董事会成员为3人—13人；股份有限公司董事会成员为5人—19人。

7. [答案] D
   [解析] 股东应就其股权转让事项书面通知其他股东征求同意，其他股东自接到书面通知之日起满三十日未答复的，视为同意转让。其他股东半数以上不同意转让的，不同意的股东应当购买该转让的股权；不购买的，视为同意转让。D项错误。

8. [答案] C
   [解析] 监事会行使职权所必需的费用，由公司承担，A项正确。监事会包括股东代表和适当比例的公司职工代表，其中职工代表的比例不得低于1/3，B项正确。董事、高级管理人员不得兼任监事，C项错误。股份有限公司监事会成员不得少于3人，D项正确。

二、多项选择题

1. [答案] ABE
   [解析] 有下列情形之一的，对股东会该项决议投反对票的股东可以请求公司按照合理的价格收购其股权：①公司连续五年不向股东分配利润，而公司该五年连续盈利，并且符合本法规定的分配利润条件的；②公司合并、分立、转让主要财产的；③公司章程规定的营业期限届满或者章程规定的其他解散事由出现，股东会会议通过决议修改章程使公司存续的。

2. [答案] ABCD
   [解析] 董事、高级管理人员（经理、副经理、财务负责人）不得兼任监事。

3. [答案] ABC
   [解析] 有限责任公司股东会会议做出修改公司章程、增加或者减少注册资本的决议，以及公司合并、分立、解散或者变更公司形式的决议，必须经代表三分之二以上表决权的股东通过。

4. [答案] CDE
   [解析] 集体土地所有权不能出资，但集体土地使用权可以出资；劳务、管理能力、自然人名字等均不能作为公司股东出资的形式。

5. [答案] ACDE
   [解析] 公司不得收购本公司股份。但是，有下列情形之一的除外：①减少公司注册资本；②与持有本公司股份的其他公司合并；③将股份奖励给本公司职工；④股东因对股东大会做出的公司合并、分立决议持异议，要求公司收购其股份的。

6. [答案] ACDE
   [解析] 国有独资公司是有限责任公司的特殊形式，是指国家授权投资的机构或者国家授权的部门单独投资设立的有限责任公司。B项错误。

7. [答案] ABCD
   [解析] 公司解散的原因如下：①公司章程规定的营业期限届满或者公司章程规定的其他解散事由出现；②股东会或者股东大会决议解散；③因公司合并或者分立需要解散；④依法被吊销营业执照、责令关闭或者被撤销；⑤公司经营管理发生严重困难，继续存续会使股东利益受到重大损失，通过其他途径不能解决的，持有公司全部股东表决权10%以上的股东，可以请求人民法院解散公司。

✎ 错题收集

第三十七章 其他法律制度

本章考情分析

年份	单项选择题	多项选择题	合计
2017 年	1 题 1 分	3 题 6 分	7 分
2016 年	3 题 3 分	2 题 4 分	7 分
2015 年	3 题 3 分	1 题 2 分	5 分
2014 年	1 题 1 分	2 题 4 分	5 分
2013 年	2 题 2 分	1 题 2 分	4 分
2012 年	3 题 3 分	2 题 4 分	7 分

本章考点概览

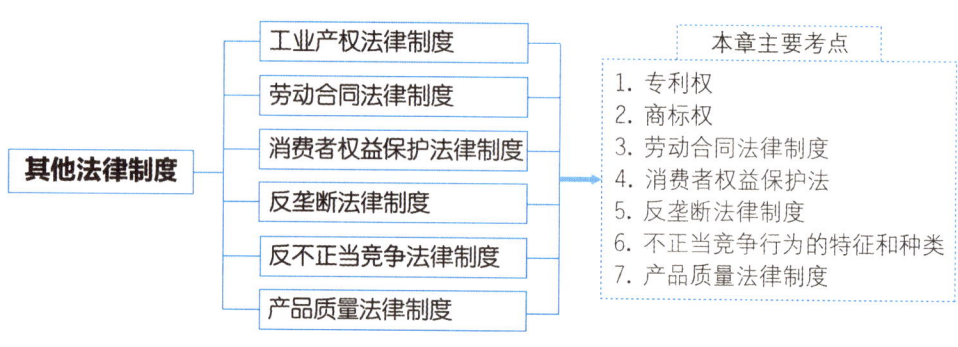

本章考点详解

【考点一】专利权

扫码听课

一、专利权的主体

专利权的主体是指依法申请并取得专利权的单位和个人，具体内容如表 37-1 所示。

表 37-1 专利权的主体

专利权主体	具体内容
发明人或设计人的单位	对于职务发明创造，申请专利的权利属于发明人或者设计人的单位。职务发明创造是指执行本单位的任务或者主要是利用本单位的物质条件所完成的发明创造

续表

专利权主体	具体内容
发明人或设计人	对于非职务发明创造，申请专利的权利属于发明人或者设计人 【提示1】在完成发明过程中，只负责组织工作的人、为物质技术条件的利用提供方便的人或者从事其他辅助性工作的人均不是发明人或设计人 【提示2】发明人或设计人只能是自然人，不能是单位、集体或课题组
受让人	是指通过合同或继承而依法取得专利权的单位或个人 【提示】一个单位或者个人接受其他单位或者个人委托所完成的发明创造，如果双方约定发明创造的申请专利权归委托方，从其约定。如果单位或个人之间没有协议，构成委托开发的，申请专利权以及取得的专利权归受托人，但委托人可以免费实施该专利
外国人	包括外国自然人和法人
共同发明人或者共同设计人	由两个或两个以上单位协作研究、设计任务所完成的发明创造，除另有协议外，申请专利的权利属于共同完成的单位。申请被批准后，专利权归申请单位共同所有或共同持有

二、专利权的客体

专利权的客体是指专利权保护的对象。受专利法保护的对象及不受专利法保护的对象如表37-2所示。

表37-2 受专利法保护的对象及不受专利法保护的对象

项目	具体内容
受专利法保护的对象 （专利权的客体）	(1) 发明 (2) 实用新型 (3) 外观设计
不受专利法保护的对象	(1) 违反法律、社会公德或妨害公共利益的发明创造 (2) 对违反法律、行政法规的规定获取或者利用遗传资源，并依赖该遗传资源完成的发明创造 (3) 科学发现 (4) 智力活动的规则和方法 (5) 疾病的诊断和治疗方法 (6) 动物和植物品种，但对于动物和植物品种的生产方法，可以依法授予专利权 (7) 用原子核变换方法获得的物质 (8) 对平面印刷品图案、色彩或者二者的结合做出的主要起标识作用的设计

三、授予专利的条件

授予专利的条件如表37-3所示。

表37-3 授予专利的条件

授予发明和实用新型专利的条件	授予外观设计专利的条件
(1) 新颖性 (2) 创造性 (3) 实用性	(1) 新颖性 (2) 实用性 (3) 富有美感 (4) 不得与他人在先取得的合法权利相冲突

四、专利权的内容与限制

（一）专利权人的权利

专利权人的权利如表37-4所示。

表 37-4 专利权人的权利

权利		内容
人身权利		发明人对发明创造所享有的署名权
财产权利	独占实施权	专利权人依法享有排他性的自己制造、使用、销售和进口其专利产品或者使用其专利方法的权利
	实施许可权	许可他人实施专利并收取专利使用费的权利
	专利转让权	专利权的转让必须订立书面合同，经专利局公告和登记后方可生效
	专利标记权	专利权人有权在其专利产品或者该产品的包装上标明专利标记或专利号
	专利放弃权	专利权人有权以书面形式放弃其专利权

（二）专利权人的义务

专利权人有缴纳年费的义务。在职务发明中，作为专利权人的单位有向发明人或设计人给予精神和物质奖励的义务。

（三）专利权的期限和终止

专利权的期限和终止的具体规定如表 37-5 所示。

表 37-5 专利权的期限和终止

项目	具体规定
专利权的期限	发明专利权的期限为 20 年，实用新型和外观设计专利权的期限为 10 年，均自申请之日起计算
专利权的终止	专利权的终止包括正常终止和提前终止。提前终止是由于专利权人没有按期缴纳年费，或者专利权人以书面形式声明放弃专利权

（四）专利的强制许可实施

强制许可实施是指国务院专利行政部门在一定条件下，不需要经过专利权人的同意，直接许可具备条件的申请者实施发明或实用新型专利的一种行政措施。

五、专利权的保护

专利侵权行为是指在专利权有效期内，未经专利权人许可，为了生产经营目的，侵害专利权人的实施权和标记权的行为。专利权人发现侵权行为后，可以请求专利管理机关处理。

专利管理机关有权责令侵权人停止其侵权行为，并赔偿专利权人的损失。对于专利管理机关的处理决定不服的，可以在收到通知之日起 3 个月内向人民法院起诉。专利权人发现侵权行为后，也可以直接向人民法院起诉。侵犯专利权的诉讼时效是 2 年，自专利权人或利害关系人得知或者应当得知侵权行为之日起计算。

【经典例题】

[例题·多选题] 根据《中华人民共和国专利法》的规定，下列有关专利权的表述正确的有（　　）。

A. 专利权的客体包括发现、实用新型和外观设计
B. 发明专利权的期限为 20 年，自申请之日起计算
C. 专利权人以口头形式声明放弃其专利权的，专利权在期限届满以前终止
D. 非职务发明创造的专利申请权属于发明人
E. 对于动物和植物品种的生产方法可以依法授予专利权

[答案] BDE

[解析] 专利权的客体包括发明、实用新型和外观设计，发现不能申请专利，A项错误。专利权提前终止的条件之一是专利权人以书面形式声明放弃专利权，C项错误。

【考点二】商标权

扫码听课

一、商标权的取得

商标权的取得分为原始取得和继受取得。商标权的原始取得应当按照商标注册程序办理，继受取得应当按照合同转让和继承注册商标的程序办理。关于商标注册的有关规定如表37-6所示。

表37-6　商标注册

项目	具体规定
商标注册的原则	(1) 采用自愿注册和强制注册相结合、以自愿注册为主的制度 (2) 强制注册的商品有人用药品和烟草制品，以及由国家工商行政管理局公布的必须使用注册商标的其他商品。法律、行政法规规定必须使用注册商标的商品，必须申请商标的注册，未经核准注册的，不得在市场上销售 (3) 经商标管理机关核准注册的商标为注册商标，商标注册人对注册商标享有商标专用权，受法律保护。未经注册的商标虽然也可以使用，但使用人不享有专用权
商标注册的条件	(1) 申请人必须具备合法资格 (2) 商标具备法律规定的构成要素，商标设计须具备显著特征，便于识别 (3) 商标不含《中华人民共和国商标法》明确禁止使用的图形和文字，如外国或者我国的国家名称、国旗、国徽、军旗相同或者近似的图形、文字等
申请商标注册的方法	商标注册申请人可通过一份申请就多个类别的商品申请注册同一商标。注册商标需要在核定使用范围之外的商品上取得专用权的，应另行提出注册申请
商标注册的审查和核准	商标局对受理的商标申请，依法进行审查，对符合规定的或者在部分指定商品上使用商标的注册申请符合规定的，予以初步审定，并予以公告。对初步审定的商标，自公告之日起3个月内，任何人均可以向商标局提出异议。公告期满无异议或者经裁定异议不能成立的，给予核准注册，发给商标注册证，并予公告
商标注册申请的优先权	(1) 商标注册申请人自其商标在外国第一次提出商标注册申请之日起6个月内，又在中国就相同商品以同一商标提出商标注册申请的，可享有优先权 (2) 商标在中国政府主办的或者承认的国际展览会展出的商品上首次使用的，自该商品展出之日起6个月内，该商标的注册申请人可以享有优先权

二、商标权的内容

商标权的内容如表37-7所示。

表37-7　商标权的内容

内容	具体阐述
专用权	是指商标权人对其注册商标依法享有的自己在指定商品或服务项目上独占、排他使用的权利
续展权	注册商标的有效期为10年，期满可续展，续展的次数法律不做限制。注册商标的续展申请，应在商标有效期满前12个月内向商标局提出，若因故不能在规定的期限内提出，可以给予6个月的宽展期
转让权	转让注册商标经核准后，予以公告，受让人自公告之日起享有商标专用权。受让人应当保证使用该注册商标的商品质量
使用许可权	商标注册人可以通过签订商标使用许可合同，许可他人使用其注册商标。许可人应当将其商标使用许可报商标局备案，由商标局公告
标示权	商标注册人使用注册商标，有权标明"注册商标"字样或者注册标记。在商品上不便标明的，可以在商标包装、说明书或者附着物上标明

三、商标权的保护

注册商标中含有本商品的通用名称、图形、型号，或者直接标示商品的质量、主要原料、功能、用途、重量、数量及其他特点，或者含有地名，注册商标专用权人无权禁止他人正当使用。对他人的正当使用行为不能作为商标侵权行为查处。

经典例题

[例题·多选题] 根据《中华人民共和国商标法》的规定，下列有关商标注册的表述中，正确的有（　　）。
A. 注册商标需要在核定使用范围之外的商品上取得商标专用权，应当另行提出注册申请
B. 注册商标的有效期为 20 年
C. 我国商标注册实行强制注册原则
D. 商标注册人对其注册商标享有的专用权具有排他性
E. 对初步审定的商标，自公告之日起 3 个月内，任何人均可以向商标局提出异议
[答案] ADE
[解析] 注册商标需要在核定使用范围之外的商品上取得专用权的，应另行提出注册申请，A 项正确；注册商标的有效期为 10 年，B 项错误；我国商标注册采用自愿注册和强制注册相结合、以自愿注册为主的制度，C 项错误；商标注册人对其注册商标享有的专用权具有排他性，D 项正确；对初步审定的商标，自公告之日起 3 个月内，任何人均可以向商标局提出异议，E 项正确。

【考点三】劳动合同法律制度

一、劳动合同的订立

劳动合同订立的具体内容如表 37-8 所示。

表 37-8　劳动合同的订立

项目		具体内容
	协商订立	用人单位与劳动者协商一致，可以订立无固定期限劳动合同
订立无固定劳动期限合同的情形	法定强制	《劳动合同法》规定，有下列情形之一，劳动者提出或者同意续订、订立劳动合同的，除劳动者提出订立固定期限劳动合同外，应当订立无固定期限劳动合同： (1) 劳动者在该用人单位连续工作满十年的 (2) 用人单位初次实行劳动合同制度或者国有企业改制重新订立劳动合同时，劳动者在该用人单位连续工作满十年且距法定退休年龄不足十年的 (3) 连续订立二次固定期限劳动合同，而且用人单位对劳动者不能依据《劳动合同法》享有法定解除权，续订劳动合同的
订立原则		①合法原则；②公平原则；③平等自愿原则；④诚实信用原则
劳动合同的条款	必要条款	①用人单位的名称、住所和法定代表人或者主要负责人；②劳动者姓名、住址和居民身份证或者其他有效身份证件号码；③劳动合同期限；④工作内容和工作地点；⑤工作时间和休息休假；⑥劳动报酬；⑦社会保险；⑧劳动保护、劳动条件和职业危害防护等
	选择性条款	用人单位与劳动者可以约定试用期、培训、保守秘密、补充保险、福利待遇等其他事项

二、劳动合同的解除

劳动合同的解除有多种方式，具体内容如表 37-9 所示。

表37-9 劳动合同解除的方式

解除方式		具体规定
协商解除		用人单位提出解除的,用人单位应向劳动者支付解除劳动合同的经济补偿
用人单位单方解除劳动合同	过错性解除	劳动者有下列情形之一的,用人单位可以解除劳动合同: (1) 在试用期间被证明不符合录用条件的 (2) 严重违反用人单位的规章制度的 (3) 严重失职,营私舞弊,给用人单位造成重大损害的 (4) 劳动者同时与其他用人单位建立劳动关系,对完成本单位的工作任务造成严重影响,或者经用人单位提出,拒不改正的 (5) 因劳动者过错致使劳动合同无效的 (6) 被依法追究刑事责任的
	非过错性解除	有下列情形之一的,用人单位提前30日以书面形式通知劳动者本人或者额外支付劳动者一个月工资后,可以解除劳动合同: (1) 劳动者患病或者非因工负伤,在规定的医疗期满后不能从事原工作,也不能从事由用人单位另行安排的工作的 (2) 劳动者不能胜任工作,经过培训或者调整工作岗位,仍不能胜任工作的 (3) 劳动合同订立时所依据的客观情况发生重大变化,致使劳动合同无法履行,经用人单位与劳动者协商,未能就变更劳动合同内容达成协议的
	经济性裁员	法律规定,有一定情形,需要裁减人员二十人以上或者裁减不足二十人但占企业职工总数百分之十以上的,用人单位提前三十日向工会或者全体职工说明情况,听取工会或者职工的意见后,裁减人员方案经向劳动行政部门报告,可以裁减人员
劳动者单方解除劳动合同	预告解除	劳动者提前三十日以书面形式通知用人单位,可以解除劳动合同。劳动者在试用期内提前三日通知用人单位,可以解除劳动合同
	即时解除	在用人单位危及劳动者人身自由和人身安全的情况下,劳动者有权立即解除劳动合同

【提示】 劳动者有下述情形之一的,除非劳动者具备过错性解除的情况,用人单位不得对劳动者采取经济性裁员和非过错性解除:①从事接触职业病危害作业的劳动者未进行离岗前职业健康检查,或者疑似职业病病人在诊断或者医学观察期间的;②在本单位患职业病或者因工负伤并被确认丧失或者部分丧失劳动能力的;③患病或者非因工负伤,在规定的医疗期内的;④女职工在孕期、产期、哺乳期的;⑤在本单位连续工作满十五年,且距法定退休年龄不足五年的;⑥法律、行政法规规定的其他情形。《劳动合同法》还规定,劳动者有上述情形之一的,劳动合同到期也不得终止,应当延续至相应的情形消失时为止。

三、劳动合同的终止

劳动合同不存在约定终止,只有法定终止。法定的劳动合同终止情形包括:
(1) 劳动合同期满的。
(2) 劳动者开始依法享受基本养老保险待遇的。
(3) 劳动者死亡,或者被人民法院宣告死亡或者宣告失踪的。
(4) 用人单位被依法宣告破产的。
(5) 用人单位被吊销营业执照、责令关闭、撤销或者用人单位决定提前解散的。
(6) 法律、行政法规规定的其他情形。

经典例题

[2012年真题·单选题] 劳动合同包括必要条款和选择性条款,下列劳动合同事项中,属于选择性条款的是( )。
A. 劳动报酬　　B. 试用期条款　　C. 劳动合同期限　　D. 工作时间

[答案] B
[解析] 选择性条款包括试用期、培训、保守秘密、补充保险、福利待遇等其他事项。
[2011年真题·单选题] 根据《劳动合同法》，下列情形中，用人单位不得与劳动者解除劳动合同的是（   ）。
A. 劳动者在试用期间被证明不符合录用条件的
B. 劳动者被依法追究刑事责任的
C. 劳动者因工负伤并被确认丧失劳动能力的
D. 因劳动者过错致使劳动合同无效的
[答案] C
[解析] A、B、D三项均属于过错性解除的情况。C项，劳动者因工负伤并被确认丧失劳动能力的，用人单位不得对劳动者采取经济性裁员和非过错性解除。

【考点四】消费者权益保护法

一、消费者权益保护法的概念及适用对象

消费者权益保护法是调整在保护消费者权益过程中所产生的各种社会关系的法律规范的总称。消费者权益保护法适用对象包括：

（1）为生活消费需要而购买、使用商品或者接受服务的消费者。
（2）购买、使用直接用于农业生产的生产资料的农民。
（3）为消费者提供其生产、销售的商品或者提供服务的经营者。

二、消费者的权利和经营者的义务

消费者的权利和经营者的义务的具体内容如表37-10所示。

表37-10 消费者的权利和经营者的义务

项目	具体内容
消费者的权利	(1) 安全保障权（最基本的权利） (2) 知悉真情权 (3) 自主选择权 (4) 公平交易权 (5) 依法求偿权 求偿的主体包括：商品的购买者、使用者；服务的接受者；第三人（消费者之外的因某种原因在事故发生现场而受到损害的人。求偿的内容包括：人身损害赔偿（无论是生命健康还是精神损害）；财产损害赔偿（包括直接损失和可得利益的损失） (6) 依法结社权 (7) 求教获知权 (8) 维护尊严权 (9) 监督批评权
经营者的义务	(1) 履行法定义务以及约定义务 (2) 接受监督的义务 (3) 安全保障义务 (4) 缺陷商品召回义务 (5) 提供真实信息的义务 (6) 标明真实名称和标志的义务 (7) 出具凭证或单据的义务 (8) 履行"三包"或其他责任义务 (9) 格式条款的合理使用义务

续表

项目	具体内容
经营者的义务	(10) 质量担保的义务。机动车、计算机、电视机、电冰箱、空调器、洗衣机等耐用商品或者装饰装修等服务，消费者自接受商品或者服务之日起六个月内发现瑕疵，发生争议的，由经营者承担有关瑕疵的举证责任 (11) 无理由退货义务。经营者采用网络、电视、电话、邮购等方式销售商品，消费者有权自收到商品之日起七日内退货，且无需说明理由，但下列商品除外：①消费者定作的商品；②鲜活易腐品；③在线下载或消费者拆封的音像制品、计算机软件等数字化商品；④交付的报纸、期刊 (12) 不得侵犯消费者人格权的义务 (13) 信息说明义务 (14) 消费者信息保护义务

【考点小贴士】经营者的14项义务是考试的重点，但并不直接考查义务有哪些，主要考查每项义务所对应的内容，重在理解而不是死记硬背，建议通读两遍此处对应的考试指定教材内容。

三、争议的解决

消费者与经营者发生权益争议的，可以自主选择通过以下五种途径来解决：

（1）与经营者协商和解。
（2）提请消费者协会调解。
（3）向有关行政部门投诉。
（4）根据与经营者达成的仲裁协议提请仲裁机构仲裁。
（5）向人民法院提起诉讼。

【提示1】消费者向有关行政部门投诉的，该部门自收到投诉之日起七个工作日内，予以处理并告知消费者。

【提示2】对侵害众多消费者合法权益的行为，中国消费者协会以及在省、自治区、直辖市设立的消费者协会，可以向人民法院提起诉讼。

四、违反消费者权益保护法的法律责任

违反消费者权益保护法规定要相应承担行政责任、刑事责任、民事责任。其中，民事责任的具体规定为：

（1）经营者提供商品或者服务有欺诈行为的，消费者不仅可获得补偿性的赔付，还可要求增加赔偿，增加赔偿的金额为消费者购买商品的价款或者接受服务的费用的三倍；增加赔偿的金额不足五百元的，为五百元。法律另有规定的，依照其规定。

（2）经营者明知商品或者服务存在缺陷，仍然向消费者提供，造成消费者或者其他受害人死亡或者健康严重损害的，受害人还有权要求所受损失二倍以下的惩罚性赔偿。

经典例题

[例题·多选题] 根据《中华人民共和国消费者权益保护法》，关于经营者义务的说法，正确的有（　　）。

A. 经营者对消费者承担信息说明义务
B. 租赁他人柜台或者场地的经营者，应当标明其真实名称和标记
C. 经营者对一切商品都承担7日内无理由退货义务
D. 经营者在任何情况下都应承担质量担保的义务
E. 经营者不得向消费者发送商业性信息

[答案] AB

[解析] 经营者采用网络、电视、电话、邮购等方式销售商品，消费者有权自收到商品之日起七日内退货，且无需说明理由，但下列商品除外：①消费者定作的商品；②鲜活易腐品；③在线下载或消费者拆封的音像制品、计算机软件等数字化商品；④交付的报纸、期刊。C项错误。若消费者事前已经知道商品存在瑕疵，且瑕疵不违反法律强制性规定的，经营者不就该瑕疵承担质量担保义务。D项错误。根据消费者信息保护义务，经营者未经消费者同意或者请求，或者消费者明确表示拒绝的，不得向其发送商业性信息。E项错误。

【考点五】反垄断法律制度

一、反垄断法的适用

反垄断法的适用的具体内容如表37-11所示。

表37-11 反垄断法的适用

使用范围	具体内容
适用反垄断法的情况	(1) 中华人民共和国境内经济活动中的垄断行为 (2) 中华人民共和国境外的垄断行为，对境内市场竞争产生排除、限制影响的 (3) 经营者滥用知识产权，排除、限制竞争的行为
不适用反垄断法的情况	(1) 经营者依照有关知识产权的法律、行政法规规定行使知识产权的行为 (2) 农业生产者及农村经济组织在农产品生产、加工、销售、运输、储存等经营活动中实施的联合或者协同行为

二、反垄断机构设置

(1) 国务院设立反垄断委员会，负责组织、协调、指导反垄断工作。

(2) 国务院反垄断执法机构根据工作需要，可以授权省、自治区、直辖市人民政府相应的机构，负责有关反垄断执法工作。

三、垄断行为

（一）垄断协议

经营者达成垄断协议是经济生活中一种最常见、最典型的垄断行为。垄断协议及垄断协议的豁免的具体内容如表37-12所示。

表37-12 垄断协议及垄断协议的豁免

项目	具体行为
垄断协议 （反垄断法禁止的行为）	禁止具有竞争关系的经营者达成的垄断协议： (1) 固定或者变更商品价格 (2) 限制商品的生产数量或者销售数量 (3) 分割销售市场或者原材料采购市场 (4) 限制购买新技术、新设备或者限制开发新技术、新产品 (5) 联合抵制交易 禁止经营者与交易相对人达成的垄断协议： (1) 固定向第三人转售商品的价格 (2) 限定向第三人转售商品的最低价格

续表

项目	具体行为
垄断协议的豁免 （反垄断法允许的行为）	经营者能够证明所达成的协议属于下列情形之一的，不适用上述禁止达成的垄断协议的规定： （1）为改进技术、研究开发新产品的 （2）为提高产品质量、降低成本、增进效率，统一产品规格、标准或者实行专业化分工的 （3）为提高中小经营者经营效率，增强中小经营者竞争力的 （4）为实现节约能源、保护环境、救灾救助等社会利益的 （5）因经济不景气，为缓解销售量严重下降或者生产明显过剩的 （6）为保障对外贸易和对外经济合作中的正当利益的 【提示】上述（1）至（5）经营者还应当证明所达成的协议不会严重限制相关市场的竞争，并且能够使消费者分享由此产生的利益

（二）经营者滥用市场支配地位

1. 有下列情形之一的，可以推定经营者具有市场支配地位

（1）一个经营者在相关市场的市场份额达到二分之一的。

（2）两个经营者在相关市场的市场份额合计达到三分之二的。

（3）三个经营者在相关市场的市场份额合计达到四分之三的。

有前述第二项、第三项规定的情形，其中有的经营者市场份额不足十分之一的，不应当推定该经营者具有市场支配地位。

2. 经营者滥用市场支配地位的行为

（1）以不公平的高价销售商品或者以不公平的低价购买商品。

（2）没有正当理由，以低于成本的价格销售商品。

（3）没有正当理由，拒绝与交易相对人进行交易。

（4）没有正当理由，限定交易相对人只能与其进行交易或者只能与其指定的经营者进行交易。

（5）没有正当理由搭售商品，或者在交易时附加其他不合理的交易条件。

（6）没有正当理由，对条件相同的交易相对人在交易价格等交易条件上实行差别待遇。

【提示】上述行为除了（1）外，其余均涉及"没有正当理由"的前提。

（三）经营者集中

经营者集中是指经营者合并、经营者通过取得其他经营者的股份、资产以及通过合同方式取得对其他经营者的控制权，或者能够对其他经营者施加决定性影响的情形。

我国《反垄断法》对经营者集中规定了事前申报制度，经营者集中达到国务院规定的申报标准的，经营者应当事先向国务院反垄断执法机构申报，未申报的不得实施集中。

经营者集中具有或可能具有排除、限制竞争效果的，国务院反垄断执法机构应做出禁止经营者集中的决定。

（四）滥用行政权力排除、限制竞争

行政垄断，是指行政机关和法律、法规授权的具有管理公共事务职能的组织滥用行政权力，排除、限制竞争的行为。其行为包括：

（1）限定或者变相限定单位或者个人经营、购买、使用其指定的经营者提供的商品。

（2）妨碍商品在地区之间的自由流通。

（3）以设定歧视性资质要求、评审标准或者不依法发布信息等方式，排斥或者限制外地经营者参加本地的招标投标活动。

（4）采取与本地经营者不平等待遇等方式，排斥或者限制外地经营者在本地投资或者设立分支机构。

（5）强制经营者从事《中华人民共和国反垄断法》规定的垄断行为。

经典例题

[例题·单选题] 根据《中华人民共和国反垄断法》，垄断行为不包括（　　）。

A. 低价倾销行为

B. 经营者达成垄断协议

C. 具有市场支配地位的经营者以不公平的高价销售商品

D. 具有或可能具有排除、限制竞争效果的经营者集中

[答案] A

[解析] 垄断行为包括四种：垄断协议、经营者滥用市场支配地位、经营者集中和行政机关滥用行政权力。

【考点六】不正当竞争行为的特征和种类

不正当竞争行为的特征和种类如表37-13所示。

表 37-13　不正当竞争行为的特征和种类

项目		具体内容
特征	主体	经营者（强调经营性和营利性，不包括政府机关法人）
	行为	违法性
	后果	损害其他经营者的合法权益
种类	假冒行为	具体包括：①假冒他人的注册商标；②与知名商品名称、包装、装潢相混淆；③擅自使用他人的企业名称或姓名，引人误认为是他人的商品；④伪造、冒用各种质量标志和产地的行为
	商业贿赂行为	即经营者暗中给予对方交易人员或者其他对交易有影响的人员以财物或者其他好处以争取交易机会的行为
	虚假宣传行为	即经营者利用广告或者其他方法，对商品的分类、制作成分、性能、用途、生产者、有效期限、产地等做引人误解的宣传的行为
	侵犯商业秘密行为	即经营者不正当获取、披露或使用权利人商业秘密的行为
	低价倾销行为	下列四种情况不属于低价倾销行为：①销售鲜活商品；②处理有效期限即将到期的商品或者其他积压的商品；③季节性降价；④因清偿债务、转产、歇业降价销售商品
	不正当有奖销售行为	抽奖式的有奖销售，最高奖的金额超过5 000元（以非现金的物品或者其他经济利益作为奖励的，按照同期市场同类商品或者服务的正常价格折算其金额）
	诋毁商誉行为	即经营者捏造、散布虚假事实，损害竞争对手商誉的行为

经典例题

[例题·单选题] 下列有奖销售行为中，不构成不正当有奖销售行为的是（　　）。

A. 采用谎称有奖的欺骗方式进行有奖销售

B. 采用故意让内定人员中奖的欺骗方式进行有奖销售

C. 利用有奖销售的手段推销质次价高的商品

D. 抽奖式的有奖销售，最高奖的金额为1 000元

[答案] D

[解析] 抽奖式的有奖销售，最高奖的金额超过5 000元，构成不正当有奖销售。

【考点七】产品质量法律制度

产品质量法律制度的具体内容如表37-14所示。

表37-14　产品质量法律制度

项目			具体内容
《中华人民共和国产品质量法》所称的"产品"的概念			产品是指经过加工、制作，用于销售的产品
			对"产品"这一概念要明确： (1) 天然的物品，非用于销售的物品，不属于该法所称的产品 (2) 建设工程不适用该法规定；但是，建设工程使用的建筑材料、建筑构配件和设备，属于经过加工、制作，用于销售的产品范围的，适用本法规定
生产者的产品质量义务			生产者的义务包括作为的义务和不作为的义务
销售者的产品质量义务			(1) 进货验收义务 (2) 保持产品质量的义务 (3) 有关产品标识的义务 (4) 遵守有关禁止性规范
违反产品质量法的法律责任	产品质量责任		是指产品的生产者、销售者以及对产品质量负有直接责任的人违反产品质量法规定的产品质量义务应承担的法律后果
	产品责任	含义	专指因产品存在缺陷引起的民事赔偿责任
		归责原则	法律区分生产者和销售者，采取不同的归责原则： (1) 生产者的严格责任 (2) 销售者的过错责任
		产品责任的赔偿范围	因产品存在缺陷造成受害人人身伤害的，侵害人应当赔偿医疗费、治疗期间的护理费、因误工减少的收入等费用；造成残疾的，还应当支付残疾者生活自助费、生活补助费、残疾赔偿金以及由其扶养的人所必需的生活费等费用；造成受害人死亡的，并应当支付丧葬费、死亡赔偿金以及由死者生前扶养的人所必需的生活费等费用。因产品存在缺陷造成受害人财产损失的，侵害人应当恢复原状或折价赔偿。受害人因此遭受其他重大损失的，侵害人应当赔偿损失
		诉讼时效	因产品缺陷造成损害要求赔偿的诉讼时效期间为2年，自当事人知道或者应当知道其权益受到损害时起计算。因产品存在缺陷造成损害要求赔偿的请求权，在造成损害的缺陷产品交付最初消费者满10年丧失；但是，尚未超过明示的安全使用期的除外

--- 经典例题 ---

[例题·多选题] 根据《中华人民共和国产品质量法》，下列物品中，属于"产品"的是（　　）。

A. 经过加工制作并用于销售的建筑材料
B. 天然的物品
C. 建设工程
D. 自产自用的物品
E. 建设工程使用的建筑材料、建筑构配件和设备

[答案] AE

[解析]《产品质量法》所称的产品强调的是"用于销售"，本题中天然物品、建设工程、自产自用的物品均不用于销售，因此不属于《产品质量法》所称产品的范畴。

经济基础知识（中级）

本章易错易混考点

【易错易混考点】 垄断行为和不正当竞争行为的对比（如表37-15所示）

表37-15 垄断行为和不正当竞争行为的对比

行为	特点	行为种类
垄断行为	排除、限制竞争，从而扩张自己的经济规模或形成对自己有利的经济地位	(1) 垄断协议 (2) 经营者滥用市场支配地位 (3) 经营者集中 (4) 滥用行政权力排除、限制竞争（行政垄断）
不正当竞争行为	经营者违反竞争规则损害其他经营者的合法权益	(1) 假冒行为 (2) 商业贿赂行为（暗中） (3) 虚假宣传行为 (4) 侵犯商业秘密行为 (5) 低价倾销行为（四种情况除外：①销售鲜活商品；②处理有效期限即将到期的商品或者其他积压的商品；③季节性降价；④因清偿债务、转产、歇业降价销售商品） (6) 不正当有奖销售行为（奖金超过5 000元） (7) 诋毁商誉行为

[例题·多选题] 下列行为中，构成不正当竞争行为的有（　　）。

A. 与知名商品名称、包装、装潢相混淆

B. 经营者集中

C. 没有正当理由，拒绝与交易相对人进行交易

D. 虚假宣传行为

E. 以低于成本价格销售鲜活商品

[答案] AD

[解析] A项属于假冒行为。B、C两项均属于垄断行为，其中，C项属于垄断行为中滥用市场支配地位。D项属于不正当竞争行为。E项属于正常降价行为，不属于低价倾销行为。

历年经典真题回顾

一、单项选择题（每题1分，每题备选项中，只有1个最符合题意）

1. 关于我国商标注册法律制度的说法，正确的是（　　）。[2017年真题]

    A. 商标注册采取自愿注册的原则

    B. 未经注册的商标不可以使用

    C. 商标设计必须具备显著特征，易于识别

    D. 未使用注册商标的商品不得在市场上销售

    [答案] C

    [解析] 商标注册采用自愿注册和强制注册相结合、以自愿注册为主的制度，A项错误。法律、行政法规规定必须使用注册商标的商品，必须申请商标的注册，未经核准注册的，不得在市场上销售，而自愿注册的商品，未经注册的商标虽然也可以使用，但使用人不享有专用权，B、D两项错误。商标设计必须具备显著特征，易于识别，C项正确。

2. 根据《中华人民共和国反不正当竞争法》，下列情形中，属于低价倾销行为的是（　　）。[2016年真题]

    A. 为独占市场而以低于成本的价格销售商品

    B. 销售鲜活商品

C. 季节性降价

D. 歇业降价商品

[答案] A

[解析] B、C、D三项均属于正常降价行为，不属于低价倾销行为。而"独占市场、低于成本价格销售"侵害了其他经营者的权益，属于不正当竞争行为中的低价倾销行为。

3. 根据《中华人民共和国消费者权益保护法》，经营者不得以通知、声明、店堂告示等方式，排除或者限制消费者权利、减轻或者免除经营者责任，这属于经营者的（　　）义务。[2016年真题]

　　A. 不得侵犯消费者人格权　　　　B. 安全保障

　　C. 格式条款的合理使用义务　　　D. 质量担保

[答案] C

[解析] 本题题干中的"通知、声明、店堂告示"均属于格式条款，因此题干所述内容应属于经营者的"格式条款的合理使用义务"。

4. 因产品存在缺陷造成受害人人身伤害的，侵害人应当赔偿受害者费用中，不属于产品责任的赔偿范围的是（　　）。[2016年真题]

　　A. 受害人医疗费　　　　　　　　B. 受害人在治疗期间发生的投资收益损失

　　C. 受害人治疗期间的护理费　　　D. 受害人的残疾赔偿金

[答案] B

[解析] 因产品存在缺陷造成受害人人身伤害的，侵害人应当赔偿医疗费、治疗期间的护理费、因误工减少的收入等费用；造成残疾的，还应当支付残疾者生活自助费、生活补助费、残疾赔偿金以及由其扶养的人所必需的生活费等费用。

5. 不正当竞争行为直接侵害的是（　　）。[2015年真题]

　　A. 消费者的利益　　　　　　　　B. 其他经营者的合法权益

　　C. 社会公众权益　　　　　　　　D. 国家利益

[答案] B

[解析] 不正当竞争行为直接侵害的是其他经营者的合法权益。

6. 关于产品责任的说法，正确的是（　　）。[2015年真题]

　　A. 产品的生产者适用过错责任归责

　　B. 产品的销售者适用严格责任归责

　　C. 因产品缺陷造成损害要求赔偿的诉讼时效期间为2年

　　D. 产品责任是指产品质量不符合产品质量法规定而引起的民事赔偿责任

[答案] C

[解析] 生产者适用严格责任归责，A项错误。销售者适用过错责任归责，B项错误。因产品缺陷造成损害要求赔偿的诉讼时效期间为2年，C项正确。产品责任是指产品存在缺陷而引起的民事赔偿责任，D项错误。

7. 根据《中国人民共和国消费者权益保护法》，经营者在消费者明确表示拒绝的情况下不得向其发送商业性信息，这属于经营者的（　　）的义务。[2014年真题]

　　A. 不得侵犯消费者人格权　　　　B. 消费者安全保障

　　C. 保护消费者自主选择权　　　　D. 消费者信息保护

[答案] D

[解析] 本题根据题干和选项共同的关键词"信息"即可做出选择。

8. 任何人认为商标局初步审定并予以公告的商标不具有合法性,都可以在公告之日起的 3 个月内,向( )提出商标异议。[2013 年真题]
   A. 商标局   B. 商标使用人
   C. 人民法院   D. 仲裁机构
   [答案] A
   [解析] 对初步审定的商标,自公告之日起 3 个月内,任何人均可以向商标局提出异议。公告期满无异议或者经裁定异议不能成立的,给予核准注册,发给商标注册证,并予公告。

9. 根据《中华人民共和国产品质量法》,下列物品中,属于"产品"的是( )。[2013 年真题]
   A. 经过加工制作并用于销售的建筑材料
   B. 天然的物品
   C. 建设工程
   D. 自产自用的物品
   [答案] A
   [解析] 通过本题掌握《产品质量法》中产品的范畴。产品是指经过加工、制作用于销售的产品。

10. 根据《中华人民共和国消费者权益保护法》,关于消费者的"依法求偿权"的说法,正确的是( )。[2012 年真题]
    A. 只有商品的购买者、使用者或服务的接受者可以作为求偿权主体
    B. 非消费者的第三人在事故现场受到损害,不能享有依法求偿权
    C. 消费者可以要求人身损害赔偿,既包括生命健康损害赔偿,也包括精神损害赔偿
    D. 消费者可以要求财产损害赔偿,但只包括直接损失
    [答案] C
    [解析] 依法求偿权的主体为商品的购买者、使用者,服务的接受者,第三人(消费者之外的因某种原因在事故发生现场而受到损害的人)。依法求偿权求偿的内容包括人身损害赔偿(无论是生命健康还是精神损害)和财产损害赔偿(包括直接损失和可得利益的损失)。

11. 经营者擅自使用他人的企业名称或姓名,引人误以为是他人的商品,这种行为属于( )。[2012 年真题]
    A. 假冒行为   B. 虚假宣传行为
    C. 诋毁商誉行为   D. 侵犯商业秘密行为
    [答案] A
    [解析] 假冒行为具体包括:①假冒他人的注册商标;②与知名商品名称、包装、装潢相混淆;③擅自使用他人的企业名称或姓名,引人误认为是他人的商品;④伪造、冒用各种质量标志和产地的行为。

二、多项选择题(每题 2 分,每题备选项中,有 2 个或 2 个以上符合题意,至少有 1 个错项。错选,本题不得分;少选,所选的每个选项得 0.5 分)

1. 根据《中华人民共和国反不正当竞争法》,属于不正当有奖销售行为的有( )。[2017 年真题]
   A. 利用有奖销售手段推销质次价高的商品
   B. 采用谎称有奖的欺骗方式进行有奖销售
   C. 采取暗箱操作手段故意让内定人员中奖
   D. 故意将带有不同奖金金额或奖品标志的商品、奖券按不同时间投放市场
   E. 进行最高奖金为 4 000 元的抽奖式的有奖销售

[答案] ABCD

[解析] 抽奖式的有奖销售，最高奖的金额超过 5 000 元，可构成不正当有奖销售行为，E 项错误。

2. 下列物品中，属于《中华人民共和国产品质量法》所称的产品的有（　　）。[2017 年真题]

   A. 建筑材料　　　　　　　　B. 家用电器
   C. 汽车配件　　　　　　　　D. 天然的物品
   E. 建设工程

   [答案] ABC

   [解析]《中华人民共和国产品质量法》所称的"产品"，是指经过加工、制作用于销售的产品。天然的物品、非用于销售的物品，不属于该法所称的产品；建设工程不适用该法规定；但是，建设工程使用的建筑材料、建筑构配件和设备，属于经过加工、制作，用于销售的产品范围的，适用该法规定。

3. 根据《中华人民共和国劳动合同法》，应签订无固定期限劳动合同的法定情形包括（　　）。[2017 年真题]

   A. 劳动者在该用人单位累计工作满十年
   B. 劳动者在该用人单位连续工作满十年
   C. 用人单位初次实行劳动合同制度或者国有企业改制重新订立劳动合同时，劳动者在该用人单位连续工作满十年且距法定退休年龄不足十年的
   D. 连续订立两次固定期限劳动合同，而且单位对劳动者依法不能享有法定解除权，续订劳动合同的
   E. 劳动者在该用人单位连续工作满十年，劳动者提出订立固定期限劳动合同

   [答案] BCD

   [解析] 有下列情形之一，劳动者提出或者同意续订、订立劳动合同的，除劳动者提出订立固定期限劳动合同外，应当订立无固定期限劳动合同：①劳动者在该用人单位连续工作满十年的；②用人单位初次实行劳动合同制度或者国有企业改制重新订立劳动合同时，劳动者在该用人单位连续工作满十年且距法定退休年龄不足十年的；③连续订立二次固定期限劳动合同，而且单位对劳动者不能依据《劳动合同法》享有法定解除权，续订劳动合同的。

4. 根据《中华人民共和国反垄断法》，下列行为中，属于垄断行为的有（　　）。[2016 年真题]

   A. 经营者达成垄断协议　　　B. 经营者滥用市场支配地位
   C. 低价倾销行为　　　　　　D. 经营者集中
   E. 滥用行政权力排除竞争

   [答案] ABDE

   [解析] 低价倾销行为属于不正当竞争行为。

5. 下列消费协会中，对侵害众多消费者合法权益的行为中，可以代表消费者向人民法院提起诉讼的有（　　）。[2016 年真题]

   A. 北京市海淀区消费者协会　　B. 中国消费者协会
   C. 北京市消费者协会　　　　　D. 吉林省消费者协会
   E. 南京市消费者协会

   [答案] BCD

   [解析] 对侵害众多消费者合法权益的行为中，可以代表消费者向人民法院提起诉讼的有中国消费者协会以及在省、自治区、直辖市设立的消费者协会。南京市不属于直辖市。

6. 用人单位依法可单方面解除劳动合同的情形包括（　　）。[2015年真题]
   A. 劳动者在试用期间被证明不符合录用条件的
   B. 女职员在哺乳期的
   C. 劳动者被依法追究刑事责任的
   D. 因劳动者过错致使劳动合同无效的
   E. 劳动者因工负伤并被确认失去劳动能力的
   [答案] ACD
   [解析] 用人单位单方面解除劳动合同的情形包括：①过错性解除；②非过错性解除；③经济性裁员。本题中A、C、D三项均属于过错性解除的情况。女职工在哺乳期及劳动者因工负伤并被确认失去劳动能力的除非劳动者具备过错性解除的情况，用人单位不得对劳动者采取经济性裁员和非过错性解除。

7. 根据《中华人民共和国劳动合同法》，下列条款中，属于劳动合同必要条款的有（　　）。[2014年真题]
   A. 工作时间和休息休假条款　　B. 劳动报酬条款
   C. 社会保障条款　　　　　　　D. 试用期条款
   E. 劳动合同期限条款
   [答案] ABCE
   [解析] 劳动合同的条款包括必要条款和选择性条款。其中，劳动合同的选择性条款包括用人单位与劳动者可以约定试用期、培训、保守秘密、补充保险和福利待遇等其他事项。

8. 根据《中华人民共和国反垄断法》，滥用行政权力，排除、限制竞争的行为是一种垄断行为。有可能实施这种行为的主体包括（　　）。[2013年真题]
   A. 行政机关　　　　　　　　　B. 行业协会
   C. 商会　　　　　　　　　　　D. 企业集团
   E. 法律、法规授权的具有管理公共事务职能的组织
   [答案] AE
   [解析] 行政垄断是指行政机关和法律、法规授权的具有管理公共事务职能的组织滥用行政权力，排除、限制竞争的行为。

本章同步练习

一、单项选择题（每题1分，每题备选项中，只有1个最符合题意）

1. 下列各项中，不是《中华人民共和国专利法》所称发明创造的是（　　）。
   A. 发明　　　　　　　　　　　B. 发现
   C. 实用新型　　　　　　　　　D. 外观设计

2. 发明专利权的期限为20年，自（　　）起计算。
   A. 申请之日　　　　　　　　　B. 登记之日
   C. 公告之日　　　　　　　　　D. 授予之日

3. 下列各项中，不会导致专利权终止的是（　　）。
   A. 专利期限届满
   B. 专利权人没有按期缴纳年费
   C. 专利权人以书面形式声明放弃专利权
   D. 专利权人以口头形式声明放弃专利权

4. 某研究所工作人员甲在工作之余自行完成了一项发明，但其利用的辅助物质条件来源于其所在的研究所，该发明（   ）。
   A. 属于非职务发明，专利申请权属于甲
   B. 属于职务发明，专利申请权属于甲
   C. 属于职务发明，专利申请权属于某研究所
   D. 属于非职务发明，专利申请权属于某研究所

5. 授予外观设计专利权的条件不包括（   ）。
   A. 新颖性
   B. 创造性
   C. 实用性
   D. 富有美感

6. 下列商品中，依照法律规定必须使用注册商标的是（   ）。
   A. 家用电器
   B. 卷烟
   C. 饮料
   D. 婴儿用品

7. 关于商标注册的说法，错误的是（   ）。
   A. 未经商标注册人许可，法律禁止任何人以任何形式使用注册商标
   B. 国家规定必须使用注册商标的商品，未经核准注册的，不得在市场销售
   C. 未经注册的商标可以使用，但是使用人不享有专有权
   D. 我国商标注册采用自愿注册和强制注册相结合，以自愿原则为主的制度

8. 以下情形不属于用人单位单方面解除劳动合同的是（   ）。
   A. 过错性解除
   B. 非过错性解除
   C. 经济性裁员
   D. 预告解除

9. 下列商品或服务中，消费者购买或接受后，在法律规定的时间内发现瑕疵，发生争议的，不由经营者承担有关瑕疵的举证责任的是（   ）。
   A. 洗衣机
   B. 计算机
   C. 服装
   D. 房屋装修

10. 经营者提供商品或者服务有欺诈行为的，消费者不仅可获得补偿性的赔付，还可要求增加赔偿，增加赔偿的金额为消费者购买商品的价款或者接受服务费用的（   ）；增加赔偿的金额不足五百元的，为五百元。
    A. 3 倍
    B. 2 倍
    C. 1 倍
    D. 5 倍

11. 按照《中华人民共和国消费者权益保护法》，无理由退货制度规定，退回商品的运费由（   ）承担，经营者和消费者另有约定的，按照约定执行。
    A. 网络平台经营者
    B. 运输者
    C. 经营者
    D. 消费者

12. 下列行为中，不适用《中华人民共和国反垄断法》的是（   ）。
    A. 农业生产者及农村经济组织在农产品生产经营活动中实施的联合行为
    B. 中华人民共和国境内经济活动中的垄断行为
    C. 中华人民共和国境外的垄断行为，对境内市场竞争产生排除、限制影响的
    D. 经营者滥用知识产权，排除、限制竞争的行为

13. 根据《中华人民共和国反垄断法》的规定，对于经营者从事的下列滥用市场支配地位的行为，反垄断执法机构进行违法性认定时，无须考虑行为是否有正当理由的是（   ）。
    A. 以不公平的高价销售商品

B. 拒绝与交易相对人进行交易

C. 限定交易相对人只能与其进行交易

D. 搭售商品

14. 我国《中华人民共和国反垄断法》对经营者集中规定了（　　）。
    A. 事后申报制度　　　　　　　　B. 事前申报制度
    C. 事中申报制度　　　　　　　　D. 双方申报制度

15. 根据《中华人民共和国反不正当竞争法》的规定，下列各项中，不属于假冒行为的是（　　）。
    A. 假冒他人的注册商标
    B. 擅自使用商品特有的名称、包装、装潢，造成和他人的商品相混淆
    C. 擅自使用他人的企业名称或者姓名，使人误认为是他人的商品
    D. 在商品上伪造认证标志、名优标志等质量标志，伪造产地，对商品质量做引人误解的虚假表示

16. 下列行为中，不属于商业贿赂的是（　　）。
    A. 以明示方式给对方折扣
    B. 在账外给中间人佣金
    C. 在账外暗中给对方单位或者个人回扣
    D. 对方单位或个人在账外暗中收受回扣

17. 关于生产者产品质量义务的说法，错误的是（　　）。
    A. 产品不存在危及人身、财产安全的不合理危险
    B. 产品应当具备其应有的使用性能，但对产品存在使用性能的瑕疵做出说明的除外
    C. 限期使用的产品，应在显著位置清晰地标明生产日期和安全使用期或者失效日期
    D. 裸装的食品必须附加产品标识

18. 《中华人民共和国产品质量法》所称产品是指经过加工、制作，用于销售的产品，但（　　）不适用该法规定。
    A. 建筑材料　　　　　　　　　　B. 建设工程
    C. 服装　　　　　　　　　　　　D. 小汽车

二、多项选择题（每题2分，每题备选项中，有2个或2个以上符合题意，至少有1个错项。错选，本题不得分；少选，所选的每个选项得0.5分）

1. 《中华人民共和国专利法》不予保护的对象包括（　　）。
    A. 违反社会公德的发明创造　　　B. 科学发现
    C. 智力活动的规则和方法　　　　D. 疾病的诊断和治疗方法
    E. 动物和植物品种的生产方法

2. 根据《中华人民共和国专利法》，授予实用新型专利的条件包括（　　）。
    A. 新颖性　　　　　　　　　　　B. 富有美感
    C. 创造性　　　　　　　　　　　D. 具有经济价值
    E. 实用性

3. 依据《中华人民共和国商标法》的规定，下列说法正确的有（　　）。
    A. 注册商标的有效期为10年
    B. 转让注册商标，受让人自转让协议签订之日起享有商标专用权
    C. 注册商标不得侵犯他人在先权利和合法权益
    D. 我国商标注册采用自愿注册和强制注册相结合、以自愿注册为主的制度
    E. 注册商品含有本商品通用名称，注册商标专用权人无权禁止他人正当使用

4. 根据我国商标法的规定，商标不得使用的文字、图形有（   ）。
   A. 国家名称
   B. 同我国国旗相同的图形
   C. 同我国的国徽相近似的图形
   D. 主要起标识作用的图形、文字
   E. 同我国军旗相同或相近似的图形

5. 根据《中华人民共和国劳动合同法》，下列条款中，属于劳动合同必要条款的有（   ）。
   A. 工作时间和休息休假条款
   B. 劳动报酬条款
   C. 社会保障条款
   D. 试用期条款
   E. 劳动合同期限条款

6. 根据《中华人民共和国劳动合同法》的规定，下列情形中，可导致劳动合同关系终止的有（   ）。
   A. 劳动合同期满
   B. 劳动者达到法定退休年龄
   C. 用人单位被依法宣告破产
   D. 女职工在哺乳期
   E. 劳动者开始依法享受基本养老保险待遇

7. 消费者权益争议的解决途径包括（   ）。
   A. 与经营者协商和解
   B. 提请消费者协会调解
   C. 向有关行政部门投诉
   D. 向税务机关举报
   E. 向人民法院提起诉讼

8. 经营者采用网络、电视、电话、邮购等方式销售商品，消费者有权自收到商品之日起七日内退货，且无需说明理由，但下列商品中的（   ）除外。
   A. 消费者定作的商品
   B. 鲜活易腐品
   C. 在线下载或者消费者拆封的音像制品、计算机软件等数字化商品
   D. 交付的报纸、期刊
   E. 交付的高档家具

9. 根据《中华人民共和国反垄断法》，垄断行为包括（   ）。
   A. 诋毁商誉行为
   B. 经营者达成垄断协议
   C. 具有市场支配地位的经营者以不公平的高价销售商品
   D. 具有或可能具有排除、限制竞争效果的经营者集中
   E. 行政机关滥用行政权力排除、限制竞争

本章同步练习参考答案及解析

一、单项选择题

1. [答案] B
   [解析] 专利权的客体包括发明、实用新型和外观设计三种。

2. [答案] A
   [解析] 发明专利权的期限为 20 年，实用新型和外观设计专利权的期限为 10 年，均自申请之日起计算。

3. [答案] D
   [解析] 专利期限届满导致专利权正常终止。提前终止是由于专利权人没有按期缴纳年费，或者专利权人以书面形式声明放弃专利权。

4. [答案] A
   [解析] 非职务发明创造，是指不是执行本单位任务，也没有主要利用单位提供的物质技术条件所完成的发明创造。本题中，甲辅助利用研究所物质技术条件，并不是"主要利用"，所以应界定为"非职务发明"，专利申请权属于甲。

5. [答案] B
   [解析] 授予外观设计专利的条件包括：①新颖性；②实用性；③富有美感；④不得与他人在先取得的合法权利相冲突。

6. [答案] B
   [解析] 目前必须使用注册商标的是烟草制品和人用药品。

7. [答案] A
   [解析]《中华人民共和国商标法》规定，未经商标注册人的许可，在同一种商品或者类似商品上使用与其注册商标相同或者近似的商标的属于商标侵权行为。在不同种类的商品或者不类似商品上使用则不属于商标侵权，A 项错误。

8. [答案] D
   [解析] 用人单位单方面解除劳动者的情形包括过错性解除、非过错性解除和经济性裁员。劳动者单方面解除劳动合同的情形包括预告解除和即时解除。

9. [答案] C
   [解析] 机动车、计算机、电视机、电冰箱、空调器、洗衣机等耐用商品或者装饰装修等服务，消费者自接受商品或者服务之日起六个月内发现瑕疵，发生争议的，由经营者承担有关瑕疵的举证责任。

10. [答案] A
    [解析] 经营者提供商品或者服务有欺诈行为的，消费者不仅可获得补偿性的赔付，还可要求增加赔偿，增加赔偿的金额为消费者购买商品的价款或者接受服务的费用的三倍；增加赔偿的金额不足五百元的，为五百元。

11. [答案] D
    [解析] 通过本题掌握经营者承担的"无理由退货义务"。经营者应当自收到退回商品之日起七日内返还消费者支付的商品价款。退回商品的运费由消费者承担，经营者和消费者另有约定的，按照约定。

12. [答案] A
    [解析] 不适用《中华人民共和国反垄断法》的情况包括：①经营者依照有关知识产权的法律、行政法规规定行使知识产权的行为；②农业生产者及农村经济组织在农产品生产、加工、销售、运输、储存等经营活动中实施的联合或者协同行为。

13. [答案] A
    [解析] 具有市场支配地位的经营者以不公平的高价销售商品或者以不公平的低价购买商品就属于滥用市场支配地位的行为。反垄断执法机构进行违法性认定时，无须考虑是否有正当理由。

14. [答案] B
    [解析] 我国《反垄断法》对经营者集中规定了事前申报制度。经营者集中达到国务院规定的申报标准的，经营者应当事先向国务院反垄断执法机构申报，未申报的不得实施集中。

15. [答案] B
    [解析] 与知名商品名称、包装、装潢相混淆的行为属于假冒行为，本题 B 项缺少"知名"两个字，所以不属于假冒行为。

16. [答案] A
    [解析] 商业贿赂是指经营者暗中给予对方交易人员或者其他对交易具有影响的人员以财物或者其他好处以争取交易机会的行为。商业贿赂强调"暗中"二字。

17. [答案] D
    [解析] 裸装的食品和其他根据产品的特点难以附加标识的裸装产品，可以不附加产品标识。D 项错误。

18. [答案] B
    [解析]《中华人民共和国产品质量法》所称产品是指经过加工、制作，用于销售的产品。建设工程不适用本法规定；但是，建设工程使用的建筑材料、建筑构配件和设备，属于规定的产品范围的，适用本法规定。

二、多项选择题

1. [答案] ABCD
   [解析] 动物和植物品种不受专利法的保护，但对于动物和植物品种的生产方法可以依法授予专利权。

2. ［答案］ACE
［解析］授予发明和实用新型专利的条件包括新颖性、创造性、实用性。
3. ［答案］ACDE
［解析］转让注册商标经核准后，予以公告，受让人自公告之日起享有商标专用权，B项错误。
4. ［答案］ABCE
［解析］商标不含《商标法》明确禁止使用的图形和文字，如外国或者我国的国家名称、国旗、国徽、军旗相同或者近似的图形、文字。
5. ［答案］ABCE
［解析］劳动合同的条款包括必要条款和选择性条款。D项属于选择性条款，而其余四个选项内容均属于必要条款。
6. ［答案］ABCE
［解析］女职工在孕期、产期、哺乳期的，用人单位既不得解除劳动合同，也不得终止劳动合同，劳动合同应当续延至相应的情形消失时终止，D项错误。
7. ［答案］ABCE
［解析］消费者权益争议的解决途径包括：与经营者协商和解；提请消费者协会调解；向有关行政部门投诉；根据与经营者达成的仲裁协议提请仲裁机构仲裁；向人民法院提起诉讼。
8. ［答案］ABCD
［解析］经营者采用网络、电视、电话、邮购等方式销售商品，消费者有权自收到商品之日起七日内退货，且无需说明理由，但下列商品除外：①消费者定作的商品；②鲜活易腐品；③在线下载或消费者拆封的音像制品、计算机软件等数字化商品；④交付的报纸、期刊。
9. ［答案］BCDE
［解析］垄断行为有四种：垄断协议、经营者滥用市场支配地位、经营者集中和滥用行政权力排除、限制竞争。

错题收集

第三篇
2018年模拟试卷及参考答案与解析

既然是必须面对的，何惧坦然承认；既然是必须争取的，又何必迟疑退缩。模拟《经济基础知识》（中级）的考试试题，让我们在实战中学习技巧，让我们在困难中超越自我！

2018年经济基础知识（中级）模拟试卷

一、单项选择题（每题1分，每题备选项中，只有1个最符合题意）

1. 下列关于经营者的质量担保义务的说法，错误的是（　　）。
   A. 经营者应当保证在正常使用商品或者接受服务的情况下其提供的商品或者服务应当具有的质量、性能、用途和有效期限
   B. 经营者以广告、产品说明、实物样品或者其他方式表明商品或者服务的质量状况的，应当保证其提供的商品或者服务的实际质量与表明的质量状况相符
   C. 消费者在购买该商品或者接受该服务前已经知道其存在瑕疵，且存在该瑕疵不违反法律强制性规定的，经营者不承担质量担保义务
   D. 机动车、计算机、日常用品等，消费者自接受商品或者服务之日起六个月内发现瑕疵，发生争议的，由经营者承担有关瑕疵的举证责任

2. 下列关于最高限价的说法中，错误的是（　　）。
   A. 在我国，实行最高限价属于政府对市场价格的干预措施
   B. 总是低于均衡价格
   C. 导致市场过剩，需要政府收购
   D. 导致市场短缺，需要实行配给制

3. 根据《中华人民共和国会计法》，不应该进行会计核算的事项是（　　）。
   A. 款项和有价证券的收付
   B. 收入、支出、费用、成本的计算
   C. 财务成果的统计分析
   D. 债权、债务的发生和结算

4. 关于货币需求理论的表述正确的是（　　）。
   A. 剑桥学派的现金余额数量说提出，假设其他因素不变，货币价值与货币量成正比
   B. 根据流动性偏好理论，由利率决定并与利率为减函数关系的货币需求动机是预防动机
   C. 根据凯恩斯的流动性偏好理论，决定货币需求的动机包括交易动机、预防动机和投资动机
   D. 在弗里德曼的货币需求理论中，金融资产预期收益率与货币需求成反比

5. 在一定的预算约束下，为了实现效用最大化，消费者应该选择商品的最优组合，使得（　　）。
   A. 商品边际替代率等于商品价格与收入之比
   B. 商品边际替代率大于商品价格之比
   C. 商品边际替代率小于商品价格与收入之比
   D. 商品边际替代率等于商品价格之比

6. 根据《中华人民共和国合同法》，关于债权转让的说法，错误的是（　　）。
   A. 具有人身性质的债权不能转让
   B. 债权人转让权利，应当经过债务人同意
   C. 债权人转让权利的通知不得撤销，但经受让人同意的除外
   D. 双方订立合同时约定不得转让的权利不能转让

7. 关于实行价格歧视的说法，错误的是（　　）。
   A. 市场上存在收入水平不同的购买者
   B. 能根据不同的需求价格弹性划分出两组或两组以上不同的购买者

C. 实施价格歧视的基本原则是不同市场的边际收益相等并且等于边际成本

D. 同一产品不能在不同市场之间流动

8. 为了克服市场失灵，政府通常需要对市场进行干预和调控，下列政府干预手段中，能克服信息不对称缺陷的是（　　）。

　　A. 政府作为主要的供给者

　　B. 进行价格管制，设定价格上限

　　C. 对污染企业收取排污费或排污税

　　D. 政府可以指定有关商品说明质量标准和广告等的法律法规

9. 凯恩斯消费理论的主要假设不包括（　　）。

　　A. 边际消费倾向递减

　　B. 收入是决定消费的最重要的因素

　　C. 平均消费倾向会随着收入的增加而减少

　　D. 消费取决于家庭所处的生命周期阶段

10. 关于税收乘数的说法，错误的是（　　）。

　　A. 税收乘数是指国民收入变动与引起这种变动的税收变动的比率

　　B. 税收乘数大小取决于边际消费倾向

　　C. 税收乘数为负数

　　D. 政府增税时，如果边际消费倾向为0.8，则税收乘数为－5

11. 假设其他因素不变，导致商品供给曲线向左位移的因素是（　　）。

　　A. 商品价格下降　　　　　　　B. 替代品价格上涨

　　C. 生产成本下降　　　　　　　D. 生产成本上升

12. 下列财产所有权的取得方式中，属于继受取得的是（　　）。

　　A. 善意取得　　　　　　　　　B. 互易

　　C. 孳息　　　　　　　　　　　D. 生产产品

13. 关于就业和失业的说法，错误的是（　　）。

　　A. 失业是指有劳动能力并愿意就业但在目前没有从事有报酬或收入的工作的现象

　　B. 解决自愿失业是宏观经济调控的重点

　　C. 促进经济增长是增加就业的主要途径

　　D. 如果第三产业在GDP中所占比例较大，则就业弹性较高

14. 政府对进口贸易进行干预的手段不包括（　　）。

　　A. 歧视性公共采购　　　　　　B. 关税限制

　　C. 自愿出口限制　　　　　　　D. 出口退税

15. 根据政府间财政收入划分原则，一般应作为地方政府财政收入的是（　　）。

　　A. 流动性较强的税收收入

　　B. 调控功能较强的税收收入

　　C. 收入份额较大的主体税种收入

　　D. 收益与负担能够直接对应的使用费收入

16. 下列关于公共物品的表述，正确的是（　　）。

　　A. 增加一个人消费的边际供给成本等于零

　　B. 居民不付费便不能享用公共物品

　　C. 公共物品供给制度的核心是受益分配制度

D. 公共物品的排他性消费符合社会资源的帕累托准则

17. 在所担保的债权未受全部清偿前，担保权人可就担保物的全部行使权利，这体现了担保物权的（ ）特点。
    A. 价值权性
    B. 法定性
    C. 不可分性
    D. 物上代位性

18. 下列税种中，属于财产税类的是（ ）。
    A. 土地使用税
    B. 城市维护建设税
    C. 增值税
    D. 房产税

19. 下列统计变量中，属于分类变量的是（ ）。
    A. 可支配收入
    B. 年末总人口
    C. 员工受教育水平
    D. 员工性别

20. 为了了解某地区职工家庭生活状况，调查时将职工家庭按居委会分组，并以居委会为单位进行简单随机抽样，再对抽中的居委会所辖每户职工家庭一一进行调查，这种调查组织方式为（ ）。
    A. 多阶段抽样
    B. 系统抽样
    C. 分层抽样
    D. 整群抽样

21. 下列关于车船税的表述，错误的是（ ）。
    A. 车船税的纳税人是车辆、船舶的所有人或者管理人
    B. 车船税属于财产税，具有收入分配的功能
    C. 车辆和船舶由省、自治区、直辖市人民政府来确定税额
    D. 车船税是在保有环节征收的税种

22. 下列关于复式预算的表述，错误的是（ ）。
    A. 经常预算主要以税收为收入来源、以行政事业项目为支出对象
    B. 资本预算主要以国债为收入来源、以经济建设项目为支出对象
    C. 复式预算便于编制，易于操作
    D. 区分各项财政收支的经济性质，有利于政府对复杂的财政活动进行深入分析、管理和监督

23. 下列各项中，不属于普查特点的是（ ）。
    A. 时效性强
    B. 使用范围比较窄
    C. 通常是一次性或周期性的
    D. 规定统一的标准调查时间

24. 下列税收收入中，属于中央地方共享收入的税种是（ ）。
    A. 增值税
    B. 证券交易印花税
    C. 车辆购置税
    D. 消费税

25. 下列关于物权及物权法的表述，错误的是（ ）。
    A. 物权的义务主体是权利人之外的不特定的一切人
    B. 物权的权利人不必依赖他人的帮助就能行使其权利，从而实现自己的利益
    C. 同一物上可以设多个物权，各个物权都具有平等的效力，物权人在依法受偿时都是平等的
    D. 物权法的基本原则包括物权法定原则、一物一权原则和物权公示原则

26. 金融风险有很多类型，下列情况中，可能会导致市场风险的是（ ）。
    A. 市场交易对手违约
    B. 资产流动性降低

C. 交易系统不完善 D. 利率波动

27. 下列财政政策中,属于自动稳定财政政策的是( )。
   A. 减税政策 B. 补偿政策
   C. 累进所得税制 D. 汲水政策

28. 下列合同中,同时具有单务和诺成性质的合同是( )。
   A. 定金合同 B. 借用合同
   C. 赠与合同 D. 买卖合同

29. 下列各项中,不属于我国广义货币供应量的是( )。
   A. 单位活期存款 B. 单位定期存款
   C. 财政存款 D. 个人存款

30. 治理通货膨胀可以采取的货币政策是( )。
   A. 降低再贴现率 B. 提高法定存款准备金率
   C. 增加税收 D. 在公开市场上买入有价证券

31. 下列中央银行资产负债表项目中,应计入资产方的是( )。
   A. 自有资金 B. 政府债券
   C. 政府存款 D. 储备货币

32. 下列中央银行的业务中,属于对政府提供的业务是( )。
   A. 货币发行 B. 集中准备金
   C. 全国清算 D. 代理国库

33. 某商业银行向某企业贷款5 000万元,体现了商业银行( )的职能。
   A. 支付中介 B. 信用中介
   C. 信用创造 D. 货币创造

34. 下列关于弹性的表述,错误的是( )。
   A. 消费者的收入增加了30%,此时消费者对某商品的需求增加了15%,则该商品属于高档品
   B. 在其他条件不变的情况下,如果某产品需求价格弹性系数大于1,则当该产品价格提高时,会使生产者的销售收入减少
   C. 两种商品的需求交叉弹性系数为正数,则这两种商品是替代品
   D. 时间是决定供给价格弹性的首要因素

35. 关于"十三五"时期经济社会发展的基本理念中,表述正确的是( )。
   A. 创新是国家繁荣发展的必由之路
   B. 绿色是引领发展的第一动力
   C. 协调是持续健康发展的内在要求
   D. 开放是中国社会主义的本质要求

36. 金本位制下的汇率制度属于( )。
   A. 自发的浮动汇率制度
   B. 自发的固定汇率制度
   C. 人为的浮动汇率制度
   D. 人为的可调整的固定汇率制度

37. 关于当前我国人民币汇率制度的特点,下列表述错误的是( )。
   A. 可调整的固定汇率
   B. 以市场供求为基础

C. 参考一篮子货币进行调节

D. 有管理的浮动汇率

38. 关于国际货币基金组织的说法，正确的是（　　）。

   A. 国际货币基金组织的贷款通常没有附加政策条件

   B. 国际货币基金组织是国际货币体系的核心机构

   C. 减贫与增长贷款是最早设立的一种贷款

   D. 国际货币基金组织的资金来源主要是业务净收益

39. 在资本物品交易中，生产要素购买者将所购买的生产要素未来应当缴纳的税款，通过从购入价格中预先扣除（压低生产要素购买价格）的方法，向后转嫁给生产要素的出售者，这种税收转嫁称为（　　）。

   A. 后转　　　　　　　　　　　B. 前转

   C. 消转　　　　　　　　　　　D. 税收资本化

40. 假设某个国家2014—2018年GDP增长7.3%，资本存量增长6.6%，劳动力增长5.4%。如果资本在GDP增长中的份额为30%，劳动力为70%，则这一时期的技术进步率是（　　）。

   A. 2.35%　　　　　　　　　　B. 1.54%

   C. 5.34%　　　　　　　　　　D. 3.25%

41. 下列转移支付中，属于专项转移支付的是（　　）。

   A. 均衡性转移支付　　　　　　B. 支农转移支付

   C. 民族地区转移支付　　　　　D. 调整工资转移支付

42. 某班2017年中级经济师考试中，已知公共课考试的全班平均分为100分，标准差为5分，如果学生的考试分数服从对称的钟形分布，则依据经验法则，可以判断成绩在90—110分之间的学生大概占全班学生的（　　）。

   A. 68%　　　B. 95%　　　C. 99%　　　D. 100%

43. 下列关于预算线的表述，正确的是（　　）。

   A. 预算线的位置取决于消费者的偏好

   B. 预算线斜率的绝对值是商品边际替代率

   C. 其他情况不变，两种商品的价格同比例上升会导致预算线左移

   D. 其他情况不变，当某种商品的价格下降，预算线向左旋转

44. 在某企业中随机抽取9名员工来了解该企业2017年上半年职工请假情况，这9名员工2017年上半年请假天数分别为：

   1　4　5　3　10　0　7　12　2

   这组数据的中位数是（　　）。

   A. 3　　　B. 10　　　C. 4　　　D. 5

45. 下列抽样方法中，不属于非概率抽样的是（　　）。

   A. 判断抽样　　　　　　　　　B. 配额抽样

   C. 方便抽样　　　　　　　　　D. 整群抽样

46. 在城乡住户收支调查中，计量误差的可能来源是（　　）。

   A. 抽样框遗漏部分城乡住户

   B. 部分高收入住户拒绝接受调查

   C. 受访者记忆模糊

   D. 抽样的随机性

47. 债务依存度是指（　　）。
    A. 当年国债累计余额占当年国内生产总值的比重
    B. 当年债务收入占当年国内生产总值的比重
    C. 当年债务收入占当年财政支出的比例关系
    D. 当年债务收入占当年财政收入的比例关系

48. 在回归分析中，估计回归系数的最小二乘法的原理是（　　）。
    A. 使得因变量观测值与均值之间的离差平方和最小
    B. 使得因变量估计值与均值之间的离差平方和最小
    C. 使得因变量观测值与估计值之间的离差平方和最小
    D. 使得观测值与估计值之间的乘积和最小

49. 某国2010—2015年不变价国内生产总值资料如下表所示（单位：亿元）。

年份	2010	2011	2012	2013	2014	2015
不变价国内生产总值	10 000	18 235.1	27 993.7	39 744.3	52 749.9	68 806.1

该国2010—2015年期间不变价国内生产总值平均增加（　　）亿元。
    A. 58 806.1
    B. 16 056.2
    C. 11 761.2
    D. 7 821.1

50. 会计的基本职能是（　　）。
    A. 核算和监督
    B. 监督和评价
    C. 监督和检查
    D. 预测和决策

51. 根据芝加哥大学教授法玛对有效市场的分类，如果公开发表的证券资料对证券的价格变动没有任何影响，则证券市场达到（　　）。
    A. 零效率
    B. 弱型效率
    C. 半强型效率
    D. 强型效率

52. 企业对固定资产采用加速折旧法计提折旧，体现了会计信息质量的（　　）要求。
    A. 谨慎性
    B. 重要性
    C. 真实性
    D. 收支配比

53. 关于会计计量属性的表述，错误的是（　　）。
    A. 重置成本适用的前提是资产处于使用状态，且能够继续使用，对所有者具有使用价值
    B. 资产负债表日存货按照历史成本计量
    C. 企业在对会计要素进行计量时，一般应当采用历史成本
    D. 公允价值是指在公平交易中，熟悉情况的交易双方自愿进行资产交换或者债务清偿的金额计量

54. 下列变量间，相关程度最高的是（　　）。
    A. 某城市居民人均收入与私人汽车拥有量之间的相关系数为0.63
    B. 某产品单位成本与利润之间的相关系数为－0.72
    C. 某城市景点游客数量与票价的相关系数为－0.48
    D. 某城市居民收入水平与食品支出之间的相关系数为－0.93

55. 在资产负债表中，根据有关明细账期末余额计算填列的项目是（　　）。
    A. 应付职工薪酬
    B. 应付账款
    C. 固定资产
    D. 货币资金

56. 下列会计科目中，不会影响企业利润表中营业利润的是（　　）。
    A. 财务费用　　　　　　　　　B. 公允价值变动损益
    C. 投资收益　　　　　　　　　D. 所得税费用

57. 下列各项中，属于经营活动产生的现金流量的是（　　）。
    A. 变卖固定资产　　　　　　　B. 取得债券利息收入
    C. 支付各项税费　　　　　　　D. 支付融资租赁费用

58. 下列项目中，反映企业短期偿债能力的比率是（　　）。
    A. 流动比率　　　　　　　　　B. 应收账款周转率
    C. 资产负债率　　　　　　　　D. 销售利润率

59. 在企业财务报表分析的基本指标中，营业利润率反映的是（　　）。
    A. 企业可在短期内转变为现金的流动资产偿还到期流动负债的能力
    B. 企业用经营所得支付债务利息的能力
    C. 企业经营活动的盈利能力
    D. 企业利用债权人的资金进行经营活动的能力

60. 反映事业单位在某一特定日期财务状况的会计报表是（　　）。
    A. 利润表　　　　　　　　　　B. 资产负债表
    C. 所有者权益变动表　　　　　D. 收入支出表

61. 市场管理关系是经济法的调整对象之一，下列各项中，不属于市场管理关系的是（　　）。
    A. 维护公平竞争关系　　　　　B. 产品质量管理关系
    C. 消费者权益保护关系　　　　D. 经济管理关系

62. 会计记录的方法不包括（　　）。
    A. 划分会计期间　　　　　　　B. 设置账户
    C. 复式记账　　　　　　　　　D. 填制和审核凭证

63. 供给侧结构性改革的主要任务不包括（　　）。
    A. 去产能、去杠杆
    B. 化解房地产库存
    C. 降低政府行政成本
    D. 扩大有效供给，加快技术、产品、业态等创新，继续抓好农业生产，补齐短板

64. 关于财政支出规模变化的指标表述，错误的是（　　）。
    A. 反映财政支出规模变化情况的指标包括财政支出增长率、财政支出增长的弹性系数、财政支出增长的边际倾向
    B. 财政支出增长的弹性系数反映的是财政支出增长额与国内生产总值增长额之间的关系
    C. 财政支出增长的边际倾向反映国内生产总值每增加一个单位时，财政支出增加多少
    D. 财政支出增长的弹性系数大于1，表明财政支出增长速度快于国内生产总值增长速度

65. 出口企业按国际市场的正常价格出售产品给进口商，但进口商则以倾销性的低价在进口国市场上抛售，其亏损部分由出口企业予以补偿。这种倾销方式称为（　　）。
    A. 掠夺性倾销　　　　　　　　B. 持续性倾销
    C. 隐蔽性倾销　　　　　　　　D. 偶然性倾销

66. 关于要约的说法，错误的是（　　）。
    A. 要约到达受要约人时生效
    B. 要约是以订立合同为目的的意思表示

C. 要约的内容必须具体确定
D. 要约可以撤回但不能撤销

67. 关于成本曲线的说法，正确的是（   ）。
    A. 平均固定成本曲线、平均可变成本曲线、边际成本曲线都具有 U 型特征
    B. 当边际成本与平均可变成本相等时，平均可变成本曲线位于最低点
    C. 平均固定成本曲线总是低于边际成本曲线
    D. 总可变成本曲线从纵轴一个截点即产量为零时总成本等于固定成本的那个点开始，并随产量的增加而逐步上升

68. 关于公司章程的说法，正确的是（   ）。
    A. 公司章程一经制定不得修改
    B. 《中华人民共和国公司法》规定，订立公司章程是设立公司的条件之一
    C. 公司章程的修改权限专属公司的董事会
    D. 有限责任公司股东会会议做出修改公司章程的决议，必须经全体股东一致通过

69. 公司除因合并或者分立需要解散以外，应当依法成立清算组。根据规定，下列有关公司解散、清算组成立及其职权的表述中，错误的是（   ）。
    A. 有限责任公司股东会会议决议解散的，应当在 15 日内成立由董事组成的清算组
    B. 清算期间，公司存续，但不得开展与清算无关的经营活动
    C. 清算组有权代表公司参与民事诉讼活动
    D. 清算组有权清理公司债权、债务并处理公司清偿债务后的剩余财产

70. 下列数据搜集方法中，属于搜集第一手数据的是（   ）。
    A. 通过房地产管理部门数据库获得的房价数据
    B. 通过网络调查得到的网民对某项政策的支持率数据
    C. 购买公开出版的统计年鉴
    D. 与原调查单位合作获得未公开的内部调查资料

二、多项选择题（每题 2 分，每题备选项中，有 2 个或 2 个以上符合题意，至少有 1 个错项。错选，本题不得分；少选，所选的每个选项得 0.5 分）

71. 下列统计量中，适用于描述顺序数据集中趋势的有（   ）。
    A. 变异系数   B. 中位数
    C. 众数   D. 均值
    E. 偏态系数

72. 关于无差异曲线的说法，正确的有（   ）。
    A. 无差异曲线反映了消费者的预算约束
    B. 消费者在同一条无差异曲线上的效用相同
    C. 任意两条无差异曲线不能相交
    D. 商品边际替代率递减规律导致无差异曲线从左向右下方倾斜
    E. 离原点越远的无差异曲线，消费者的偏好程度越高

73. 关于科斯的企业形成理论的说法，正确的有（   ）。
    A. 交易成本的节约是企业存在的根本原因
    B. 企业与市场机制是两种不同的协调生产和配置资源的方式
    C. 企业是市场机制的补充物
    D. 交易成本只包括签订、监督和执行契约所花费的成本

E. 导致市场机制和企业交易费用不同的主要因素在于信息的不完全性

74. 关于时间序列速度分析的说法，错误的有（　　）。
    A. 定基发展速度等于相应时期内各环比发展速度的累加
    B. 平均增长速度等于平均发展速度减去1
    C. 当时间序列中的指标值出现0或负数时，不宜计算速度
    D. 计算平均发展速度通常采用简单算术平均法
    E. 速度指标的数值与基数的大小有密切的关系

75. 关于生产要素市场理论的说法，正确的有（　　）。
    A. 工资增加的收入效应表现为劳动供给增加
    B. 生产者使用生产要素的原则是边际收益产品等于边际要素成本
    C. 生产者对生产要素的需求是引致需求和联合需求
    D. 劳动供给曲线是一条垂直线
    E. 完全竞争生产者的要素需求曲线是向右下方倾斜的

76. 关于外部性的表述中，正确的有（　　）。
    A. 外部经济的存在，通常会使市场主体的活动水平低于社会所需求的水平
    B. 对于可能产生外部经济的行为，政府一般应通过征税或收费的措施予以限制
    C. 政府对那些产生外部不经济的企业征收适度的排污税
    D. 根据科斯定理，只要产权是明确的，并且交易成本为零或者很小，市场均衡的最终结果都是有效率的
    E. 外部性的存在，在很大程度上是由产权不清晰引起的

77. 关于借贷记账法及账务处理程序的说法，正确的有（　　）。
    A. 负债类账户借方登记增加额，贷方登记减少额，余额在借方
    B. 借贷记账法的记账规则是有借必有贷，借贷必相等
    C. 从单个账户看，借方发生额等于贷方发生额
    D. 一个企业全部账户本期借方发生额合计等于全部账户本期贷方发生额合计
    E. 各种会计账务处理程序的主要区别在于登记总分类账的依据和方法不同

78. 下列实现公共财政职能的手段中，属于实现收入分配职能的手段有（　　）。
    A. 征收企业所得税
    B. 提供社会福利
    C. 开征资源税调节自然资源形成的级差收入
    D. 征收财产税
    E. 优化财政支出结构

79. 根据《中华人民共和国物权法》，下列权利凭证中，可以用于质押的有（　　）。
    A. 房产证　　　　　　　　B. 土地使用权证
    C. 债券　　　　　　　　　D. 财产保险单
    E. 应收账款

80. 下列关于增值税的表述，正确的有（　　）。
    A. 按对外购固定资产价款允许扣税的范围不同，增值税包括生产型增值税、收入型增值税和消费型增值税
    B. 我国从2009年1月1日起，在全国全面实施消费型增值税
    C. 纳税人认定为一般纳税人后可以转为小规模纳税人

D. 增值税一般纳税人缴纳增值税采用扣税法

E. 逐环节征税，逐环节扣税，最终消费者承担全部税款

81. 决定某种商品需求价格弹性大小的因素主要有（　　）。

    A. 替代品的数量和相近程度

    B. 商品的重要性

    C. 商品用途的多少

    D. 投入品替代性

    E. 生产周期和自然条件

82. 我国现阶段实施全面规范、公开透明的预算制度，其主要内容有（　　）。

    A. 实行中期财政规划管理

    B. 建立政府资产报告制度

    C. 建立财政库底目标余额管理制度

    D. 清理压缩政府采购规模

    E. 推进预算决算公开

83. 优化我国财政支出结构的措施包括（　　）。

    A. 扩大购买性支出的比重

    B. 更多关注资源配置职能

    C. 严控一般性行政消费支出

    D. 增加专项转移支付的规模和比例

    E. 保障经济社会发展薄弱环节和民生支出需要

84. 关于完全竞争市场的说法，正确的有（　　）。

    A. 企业的需求曲线和整个行业的需求曲线相同

    B. 所有企业都是价格的接受者

    C. 企业的需求曲线和边际收益曲线是完全重合的

    D. 不同企业生产的产品存在差别

    E. 边际成本是完全竞争企业产量决策的唯一依据

85. 关于一般性货币政策工具的说法，错误的有（　　）。

    A. 没有税收政策的配合，公开市场操作无法发挥作用

    B. 商业银行掌握着再贴现政策的主动权

    C. 法定存款准备金率政策通常被作为经常性政策工具来使用

    D. 调整法定存款准备金率能迅速影响货币供应量

    E. 中央银行运用公开市场业务直接影响货币供应量

86. 下列金融业务中，属于商业银行资产业务的有（　　）。

    A. 贷款　　　　　　　　　　B. 投资

    C. 再贴现　　　　　　　　　D. 财产信托

    E. 贴现

87. 关于价格总水平的说法，正确的有（　　）。

    A. 从长期来看，总供给变动与价格总水平无关

    B. 其他条件不变，价格总水平的变动与货币供给量成反方向变动

    C. 如果总需求增长快于总供给增长，价格总水平就有可能上升

    D. 价格总水平变动一定不利于经济增长

E. 我国目前采用居民消费价格指数作为衡量价格总水平变动的基本指标

88. 关于2010年巴塞尔协议Ⅲ的内容，表述正确的有（　　）。
    A. 待新标准实施后，正常情况下，商业银行的普通股充足率、一级资本充足率和总资本充足率应分别达到7％、8.5％和10.5％
    B. 引入了杠杆率监管标准
    C. 建立流动性风险量化监管标准
    D. 确定了新监管标准的三大支柱
    E. 确定了银行的核心资本和附属资本

89. 下列经济事项中，属于国际货币基金组织会员国国际储备构成内容的有（　　）。
    A. 直接投资收益
    B. 货币性黄金
    C. 外汇储备
    D. 特别提款权
    E. 国际货币基金组织的储备头寸

90. 下列统计处理中，属于推断统计的有（　　）。
    A. 利用统计图表展示GDP的变化
    B. 利用增长率描述人均可支配收入的基本走势
    C. 利用统计表描述公司员工年龄分布
    D. 利用抽样调查数据估计城镇居民人均消费支出水平
    E. 利用抽样调查数据验证满意度高的客户更倾向于成为忠诚客户

91. 根据《中华人民共和国预算法》，下列各项属于各级人民代表大会常务委员会的预算管理职权的有（　　）。
    A. 审批本级预算调整方案
    B. 组织编制本级预算草案
    C. 提出本级政府预备费的动用方案
    D. 组织编制本级决算草案
    E. 审批本级政府决算

92. 下列关于偏态系数的表述，正确的有（　　）。
    A. 偏态系数等于0，说明数据的分布是对称的
    B. 偏态系数等于－2，说明数据分布为严重左偏
    C. 偏态系数大于0，说明数据分布为右偏
    D. 偏态系数绝对值越大，说明数据分布的偏斜程度越小
    E. 偏态系数为0.8，说明数据分布为中度右偏

93. 下列关于抽样误差的表述，正确的有（　　）。
    A. 抽样误差无法避免，但可计算
    B. 抽样误差与总体分布有关，总体方差越大，抽样误差越大
    C. 其他条件相同，样本量越大，抽样误差越小
    D. 抽样误差与抽样方式和估计量的选择也有关
    E. 分层抽样的估计量方差一般大于简单随机抽样

94. 纳入到我国社会融资规模统计范畴的有（　　）。
    A. 保险公司赔款
    B. 信托贷款
    C. 非金融企业境内股票筹资
    D. 财政部门存款
    E. 未贴现的银行承兑汇票

95. 下列项目中，属于流动资产的项目有（　　）。

　　A. 应收账款

　　B. 存货

　　C. 预收账款

　　D. 工程物资

　　E. 应付债券

96. 下列各项中，属于会计要素确认和计量原则的有（　　）。

　　A. 会计分期

　　B. 持续经营

　　C. 权责发生制

　　D. 货币计量

　　E. 划分收益性支出和资本性支出

97. 根据我国《存款保险条例》的规定，下列表述正确的有（　　）。

　　A. 存款保险实行限额偿付，最高偿付限额为人民币50万元

　　B. 存款保险基金的资金来源主要是金融机构和存款人缴纳的保费

　　C. 存款保险基金的运用应当遵循安全、流动、保值增值的原则

　　D. 存款保险基金可投资于政府债券、金融债券和股票

　　E. 被保险的存款既包括人民币存款，也包括外国存款以及中资银行海外分支机构的存款

98. 下列各项，可以通过资产负债表反映的有（　　）。

　　A. 某一时点的财务状况和偿债能力

　　B. 企业资金的来源渠道和构成情况的信息

　　C. 某一期间的经营成果

　　D. 某一期间的获利能力

　　E. 企业所拥有或控制掌握的经济资源及其分布和构成情况的信息

99. 下列各项中，属于事业单位净资产项目的有（　　）。

　　A. 经营结余

　　B. 非流动资产基金

　　C. 专用基金

　　D. 资本公积

　　E. 事业基金

100. 根据《中华人民共和国物权法》的规定，下列财产中禁止抵押的有（　　）。

　　A. 土地所有权

　　B. 正在建造的建筑物

　　C. 生产设备

　　D. 建设用地使用权

　　E. 公立医院医疗卫生设施

101. 在社会总需求大于社会总供给的经济过热时期，政府可以采取的财政政策有（　　）。

　　A. 提高税率

　　B. 减少税收优惠政策

　　C. 降低政府投资水平

　　D. 减少财政补贴支出

E. 提高法定存款准备金率

102. 根据《中华人民共和国民法总则》，下列合同中，属于无效合同的有（　　）。
   A. 无民事行为能力人订立的合同
   B. 限制民事行为能力人订立的合同
   C. 一方利用对方处于危困状态订立的显失公平的合同
   D. 行为人与相对人以虚假的意思表示签订的合同
   E. 因重大误解订立的合同

103. 下列权利中，属于合同保全制度内容的有（　　）。
   A. 不动产抵押权
   B. 留置权
   C. 债权人的代位权
   D. 违约损害赔偿请求权
   E. 债权人的撤销权

104. 根据《中华人民共和国公司法》，股东可以采取的出资形式有（　　）。
   A. 建设用地使用权
   B. 劳务
   C. 货币
   D. 知识产权
   E. 管理能力

105. 下列行为中，构成不正当竞争行为的有（　　）。
   A. 与知名商品名称、包装、装潢相混淆
   B. 以明示方式给对方折扣
   C. 利用有奖销售的手段推销质次价高的商品
   D. 抽奖式的有奖销售，最高奖的金额为1 000元
   E. 以低于成本价格销售鲜活商品

2018年经济基础知识（中级）模拟试卷参考答案与解析

一、单项选择题

1. [答案] D

    [解析] 机动车、计算机、电视机、电冰箱、空调器、洗衣机等耐用商品或者装饰装修等服务，消费者自接受商品或者服务之日起六个月内发现瑕疵，发生争议的，由经营者承担有关瑕疵的举证责任，D项错误。

2. [答案] C

    [解析] 本题考查最高限价的影响。商品价格上涨幅度过大，市场价格过高，政府实施最高限价，目的是保护买方的利益。最高限价低于均衡价格。其会导致市场短缺，进而导致生产者变相涨价及黑市高价，政府应实施配给制。相反，保护价格会导致市场过剩，C项错误。

3. [答案] C

    [解析] 会计核算的具体内容包括：①款项和有价证券的收付；②财物的收发、增减和使用；③债权债务的发生和结算；④资本的增减（会计上所说的资本专指所有者权益中的投入资本，包括实收资本和资本公积）；⑤收入、支出、费用、成本的计算；⑥财务成果的计算和处理。

4. [答案] D

    [解析] 货币需求理论如下表所示。

理论	具体内容
费雪现金交易数量说	假定其他因素不变，物价水平与货币量成正比
剑桥学派现金余额数量说	假定其他因素不变，货币价值与货币量成反比
凯恩斯流动性偏好	货币需求由交易动机、预防动机和投机动机决定
	交易动机和预防动机构成交易性需求，由获得的收入的多少决定，是国民收入的增函数；投机动机构成投机需求，由利率的高低决定，是利率的减函数
弗里德曼货币需求理论	影响货币需求的因素： （1）财富总额：恒久性收入越高，所需货币越多 （2）财富构成：人力财富比例越高，所需准备的货币就越多 （3）金融资产的预期收益率：与货币需求成反比 （4）其他因素

5. [答案] D

    [解析] 消费者效用最大化的均衡条件：商品边际替代率＝商品的价格之比（预算线是无差异曲线的切线，切点上消费能实现消费者的效用最大化）。其经济含义是在一定的预算约束下，为了实现效用最大化，消费者应该选择商品的最优组合，使得两种商品的边际替代率等于两种商品价格之比。

6. [答案] B

    [解析] 债权人转让权利，应当通知债务人，而不是经过债务人同意，B项错误。

7. [答案] A

    [解析] 实施价格歧视的基本条件：①必须有可能根据不同的需求价格弹性划分出两组或两组

以上的不同购买者（A 项错误、B 项正确）；②市场必须能够有效地隔离开，同一产品不能在不同市场之间流动（D 项正确）。实施价格歧视的基本原则是不同市场的边际收益相等且等于边际成本（C 项正确）。

8. [答案] D

   [解析] A 项可以克服公共物品导致的市场失灵；B 项可以克服垄断导致的市场失灵；C 项可以克服外部不经济导致的市场失灵；D 项可以克服信息不对称导致的市场失灵。

9. [答案] D

   [解析] 凯恩斯消费理论的基本假设（"2 减 1 收"）包括边际消费倾向递减；收入是决定消费的重要因素；平均消费倾向会随着收入的增加而减少。D 项是莫迪利安尼的生命周期理论的内容。

10. [答案] D

    [解析] 税收乘数＝国民收入变动率/税收变动率＝$-b/(1-b)$＝$-0.8/(1-0.8)$＝-4 或者税收乘数＝$1-1/(1-0.8)$＝-4，说明国民收入的变动率是税收变动率的 4 倍，且与税收的变化方向相反，D 项错误。

11. [答案] D

    [解析] 价格之外的成本等因素的变化会导致供给曲线的位移。产品价格不变，生产成本降低、生产技术提高等因素会导致供给曲线向右移动，反之亦然。本题中替代品价格上涨会导致需求曲线向右平移。

12. [答案] B

    [解析] 所有权的合法取得方式可分为原始取得与继受取得两种。继受取得是指通过一定的法律行为或基于法定的事实从原所有人处取得所有权，包括买卖合同、赠与和互易、继承遗产、接受遗赠、合作经济组织的成员通过合股集资的方式形成新的所有权形式。

13. [答案] B

    [解析] 失业是指有劳动能力并愿意就业但在目前没有从事有报酬或收入的工作的现象，A 项正确；解决非自愿失业是宏观经济调控的重点，B 项错误；奥肯定律强调促进经济增长是增加就业的主要途径，C 项正确；如果第三产业在 GDP 中所占比例较大，则就业弹性高，D 项正确。

14. [答案] D

    [解析] 政府对进口贸易的干预措施包括关税限制和非关税限制。其中，非关税限制包括进口配额制、自愿出口限制、歧视性公共采购、技术标准和卫生检疫标准。政府对出口贸易进行干预的措施主要是出口补贴，包括直接补贴和间接补贴。其中，间接补贴包括出口退税和出口信贷。

15. [答案] D

    [解析] 根据集权原则将收入份额较大的主体税种划归中央政府；根据效率原则将一些流动性较强的收入，作为中央政府收入；根据恰当原则将一些调控功能较强的税种作为中央政府收入；对于体现国家主权的收入（如关税），作为中央政府收入；根据收益与负担对等原则将对于收益与负担能够直接对应的收入（如使用费等），一般作为地方政府收入。本题也可用排除法，"强大"的归中央，这样排除 A、B、C 三项。

16. [答案] A

[解析] 非竞争性是指某种公共物品一旦被提供，增加一个人的消费并不增加任何额外成本，也就是增加一个人消费的边际供给成本为零，A项正确；公共物品具有免费搭车的现象，一旦被生产出来，如果阻止未付费者消费，从社会资源利用的角度看，是缺乏效率的，也就是说排他性消费不符合效率原则，B、D两项错误；公共物品的供给包括公共物品的融资和公共物品的生产两重含义，公共物品供给制度结构的核心是决策制度，C项错误。

17. [答案] C

[解析] 担保物权的特征如下表所示。

特征	具体内容
具有价值权性	以支配标的物的交换价值为内容，以担保债务的清偿为目的
具有法定性	当事人不得约定设立担保物权，也不得协议变更担保物权发生的要件和内容
具有从属性	担保物权从属于债权而存在
具有不可分性	在所担保的债权未受全部清偿前，担保权人可就担保物的全部行使权利
具有物上代位性	担保标的物变化为其他的价值形态时，担保物权所具有的支配效力及于变形物或者代替物

18. [答案] D

[解析] A项属于资源税；B项属于行为税；C项属于流转税；D项属于财产税。

19. [答案] D

[解析] 变量的分类如下表所示。

分类		具体内容
定量变量（数量变量）		变量的取值是数量。如企业销售额、注册员工数、可支配收入
定性变量	分类变量	变量的取值是类别。如企业所属行业、员工性别
	顺序变量	变量的取值是类别且有顺序。如员工受教育水平

20. [答案] D

[解析] 本题以居委会为群，对抽中的群中所有单位均进行调查，运用的是整群抽样的方法。

21. [答案] C

[解析] 车船税的纳税人是车辆、船舶的所有人或者管理人，A项正确；车船税属于财产税，具有收入分配的功能，B项正确；车辆由省、自治区、直辖市人民政府确定具体税额，船舶由国务院确定具体适用税额，C项错误；车船税是在保有环节征收的税种，D项正确。

22. [答案] C

[解析] 复式预算编制和实施较为复杂，C项错误。

23. [答案] A

[解析] 普查的特点如下：①普查通常是一次性的或周期性的；②一般需要规定统一的标准调查时间，以避免调查数据的重复或遗漏，保证普查结果的准确性；③数据一般比较准确；④使用范围比较窄。A项属于抽样调查的特点。

24. [答案] A

[解析] 中央和地方共享收入包括：增值税（50∶50）、资源税、企业所得税和个人所得税（60∶40）。

25. [答案] C

[解析] 物权法的原则之一是一物一权原则,即:①一个特定的标的物上只有一个所有权。②同一物上不得设有两个以上相互冲突和矛盾的物权。同一物之上可以并存数个不相矛盾的物权。C项错误。

26. [答案] D

[解析] 金融风险常见的类型有市场风险、信用风险、流动性风险和操作风险。其中,市场风险是由于市场因素(利率、汇率、股价以及商品价格等)的波动而导致金融参与者的资产价值变化的风险。D项,利率波动可能会导致市场风险。

27. [答案] C

[解析] 自动稳定财政政策有累进所得税制及政府福利支出政策。

28. [答案] C

[解析] 关于一些重要合同的类别如下:买卖合同是双务合同、诺成合同、不要式合同、有名合同、主合同;赠与合同是单务合同、诺成合同、不要式合同、有名合同、主合同;借用合同是单务合同、实践合同、不要式合同、无名合同、主合同;保管合同是双务合同、实践合同、不要式合同、有名合同、主合同;定金合同是双务合同、实践合同、要式合同、无名合同、从合同。

29. [答案] C

[解析] 我国货币层次划分如下表所示。

项目	具体内容
M_0(流通中货币)	是指企业事业单位、个人、机关团体、非存款类金融机构所持有的硬币和现钞总和(即通常所指的现金)
M_1(狭义货币供应量)	$=M_0+$单位活期存款
M_2(广义货币供应量)	$=M_1+$单位定期存款+个人存款+其他存款(财政存款除外)

30. [答案] B

[解析] 治理通货膨胀可采用紧缩性货币政策,即减少货币供给量。其一般包括以下措施:①提高法定存款准备金率;②提高再贴现率;③公开市场业务(通货膨胀时期,中央银行一般会在公开市场向商业银行等金融机构出售有价证券)。

31. [答案] B

[解析] 中央银行持有的政府债券,属于中央银行对政府的债权,属于中央银行的资产;政府存款、储备货币、自有资金等均属于中央银行的负债项目。

32. [答案] D

[解析] 中央银行对政府提供的业务包括代理国库、代理国家发行债券、对国家给予信贷支持、保管外汇和黄金储备等。集中准备金及全国清算业务属于中央银行对银行的业务。货币发行是中央银行单独的一项业务。

33. [答案] B

[解析] 吸收存款、发放贷款体现了商业银行的信用中介职能。

34. [答案] A

[解析] 需求的增加小于收入的增加,这种商品属于必需品,A项错误;需求价格弹性大于1,提高产品价格会使生产者的销售收入减少,B项正确;需求交叉弹性系数为正数,则这两

种商品是替代品，C项正确；影响供给价格弹性的因素包括时间、生产周期及自然条件、投入品的替代性，其中，时间是首要因素，D项正确。

35. [答案] C

[解析]"十三五"时期经济社会发展的基本理念如下：①创新是引领发展的第一动力；②协调是持续健康发展的内在要求；③绿色是永续发展的必要条件和人民对美好生活追求的重要体现；④开放是国家繁荣发展的必由之路；⑤共享是中国社会主义的本质要求。

36. [答案] B

[解析] 金本位制度下的汇率制度是自发的固定汇率制度；布雷顿森林体系下的汇率制度是以美元为中心的人为可调整的固定汇率制度。

37. [答案] A

[解析] 2005年7月21日，在主动性、可控性、渐进性原则的指导下，改革人民币汇率形成机制，实行以市场供求为基础，参考一篮子货币进行调节、有管理的浮动汇率制度。

38. [答案] B

[解析] 国际货币基金组织的贷款是有政策条件的，A项错误；国际货币体系的核心机构是国际货币基金组织，B项正确；备用安排是最早设立的一种贷款，C项错误；国际货币基金组织的资金来源主要是份额和借款，D项错误。

39. [答案] D

[解析] 税负转嫁方式包括前转、后转、混转、消转、旁转、税收资本化。本题根据题干中的"未来"可选择"税收资本化"。税收资本化是现在承担未来的税收，最典型的就是对土地交易的课税。

40. [答案] B

[解析] 经济增长率＝技术进步率＋（劳动份额×劳动增加率）＋（资本份额×资本增长率），由此可得，技术进步率＝7.3%－30%×6.6%－70%×5.4%＝1.54%。

41. [答案] B

[解析] 专项转移支付是指中央财政为实现特定的宏观政策及事业发展战略目标，以及对委托地方政府代理的一些事务或中央地方共同承担事务进行补偿而设立的补助资金，需要按规定用途使用。专项转移支付重点用于教育、医疗卫生、社会保障、支农等公共服务领域。

42. [答案] B

[解析] 90—110分与平均分的差是±10分，即差了2个标准差（2×5），可根据"295"选择，即约有95%的数据与平均数的距离在2个标准差之内。

43. [答案] C

[解析] 预算线的位置取决于消费者的收入和商品的价格，A项错误；预算线斜率的绝对值是两种商品价格比，B项错误；其他情况不变，两种商品的价格同比例上升，相对价格不变，但会使得m/P变小，故会导致预算线左移，C项正确；其他情况不变，当某种商品的价格下降，会使某一端点不变的情况下，另一端点向外移动，截距变长，故预算线向右旋转，D项错误。

44. [答案] C

[解析] 通过本题掌握中位数的计算。本题计算的关键是一定要先排序，由小到大排序后的数

据是"0、1、2、3、4、5、7、10、12"。中位数的位置是(9+1)/2=5,即第5个位置对应的数为中位数。所以中位数为"4",或者直观观察即可知为"4"。

[提示] 根据本题变形的相关考点有众数的确定、均值的计算、变异系数的计算。

45. [答案] D

[解析] 概率抽样包括简单随机抽样、分层抽样、系统抽样、整群抽样、多阶段抽样;非概率抽样包括判断抽样、方便抽样、自愿样本、配额抽样。

46. [答案] C

[解析] 计量误差是指由于调查所获得的数据与其真值之间不一致造成的误差。这种误差可能是由调查人员、问卷设计、受访者等原因造成的。

47. [答案] C

[解析] 债务依存度是指当年的债务收入与当年财政支出的比例关系。国债负担率又称国民经济承受能力,是指国债累计余额占国内生产总值(GDP)的比重。

48. [答案] C

[解析] 在现实中,模型的参数 β_0、β_1 都是未知的,需要利用样本数据去估计,采用的估计方法是最小二乘法。最小二乘法就是使得因变量的观测值与估计值之间的离差平方和最小来估计 β_0、β_1 的方法。

49. [答案] C

[解析] 平均增长量=累计增长量/(最末时间-最初时间)=(68 806.1-10 000)/(2 015-2 010)=11 761.2(亿元)。

50. [答案] A

[解析] 会计具有核算和监督两项基本职能。

51. [答案] C

[解析] 根据信息对证券价格影响的不同程度,市场有效性分为弱型效率、半强型效率和强型效率。如果有关证券公开发表的资料(如公司对外公布的盈利报告等)对证券的价格变动没有任何影响,则市场达到半强型效率。如果有关证券的历史资料(如价格、交易量等)对证券的价格变动没有任何影响,则市场达到弱型效率。如果有关证券的所有相关信息,包括公开发表的资料以及内幕信息对证券的价格变动没有任何影响,即证券价格充分、及时地反映了与证券有关的所有信息,则证券市场达到强型效率。

52. [答案] A

[解析] 谨慎性又称为稳健性,要求企业对交易或者事项进行会计确认、计量和报告应当保持应有的谨慎,不应高估资产或者收益、低估负债或者费用。谨慎性在会计上的应用是多方面的,如存货在物价上涨时采用后进先出法,对应收账款计提坏账准备,对固定资产采用加速折旧法,对可能发生的资产损失计提减值准备等。

53. [答案] B

[解析] 重置成本适用的前提是资产处于使用状态,且能够继续使用,对所有者具有使用价值,A项正确;资产负债表日存货按照历史成本与可变现净值孰低来计量,B项错误;企业在对会计要素进行计量时,一般应当采用历史成本,C项正确;公允价值是指在公平交易中,熟悉情况的交易双方自愿进行资产交换或者债务清偿的金额计量,D项正确。

54. [答案] D

[解析] 变量的相关程度可以用相关系数判定。相关系数的取值范围在 [-1, 1] 之间，对应的变量之间的相关程度如下表所示。

$|r|$ 的取值	两变量之间的相关程度
$|r| \geq 0.8$	高度相关
$0.5 \leq |r| < 0.8$	中度相关
$0.3 \leq |r| < 0.5$	低度相关
$|r| < 0.3$	相关程度极弱，可视为无线性相关关系

因此，此题只需选择绝对值最大的选项即可，即 D 项。

55. [答案] B

[解析] 根据明细账期末余额计算填列的项目包括预收账款、预付账款、应付账款、其他应付款等往来款项。

56. [答案] D

[解析] 不影响营业利润的项目有营业外收入、营业外支出、所得税费用，本题选择 D 项。

57. [答案] C

[解析] 经营活动是指企业投资活动和筹资活动以外的所有交易和事项，包括销售商品或提供劳务、购买商品或接受劳务、收到返还的税费、经营性租赁、支付工资、支付广告费用、交纳各项税款等。C 项属于经营活动产生的现金流量；A、B 两项属于投资活动产生的现金流量；D 项属于筹资活动产生的现金流量。

58. [答案] A

[解析] 反映短期偿债能力的比率有流动比率、速动比率、现金比率；反映长期偿债能力的比率有资产负债率、产权比率、已获利息倍数。

59. [答案] C

[解析] 营业利润率是企业营业利润与业务收入的比率，营业利润率越大，说明企业经营活动的盈利能力强。A 项对应的指标是流动比率；B 项对应的指标是利息保障倍数；D 项对应的指标是资产负债率。

60. [答案] B

[解析] 事业单位会计报表的分类及含义如下表所示。

报表	含义
资产负债表	反映事业单位在某一特定日期的财务状况的报表
收入支出表	反映事业单位在某一会计期间的事业成果及其分配情况的报表
财政补助收入支出表	反映事业单位在某一会计期间财政补助收入、支出、结转及结余情况的报表

61. [答案] D

[解析] 市场管理关系是国家在市场管理过程中所形成的一种社会关系。其具体包括：①维护公平竞争关系；②产品质量管理关系；③消费者权益保护关系。

62. [答案] A

[解析] 会计记录的方法包括：设置账户、复式记账、填制和审核凭证、登记账簿。

63. [答案] C

[解析] 供给侧结构性改革的主要任务为"三去一降一补"。其具体阐释为：①去产能：积极化解产能过剩。②去库存：化解房地产库存。③去杠杆：防范化解金融风险，包括依法处置信用违约风险、有效化解地方政府债务风险、做好金融监管等措施。④降成本：帮助企业降低成本，包括降低制度性交易成本、降低企业税费负担、降低社会保险费、降低企业财务成本、降低电力价格以及降低物流成本等措施。⑤补短板：培育发展新产业，加快技术、产品、业态等创新以及抓好农业生产、保障农产品有效供给措施，补齐短板。

64. [答案] B

[解析] 反映财政支出规模变化情况的指标有财政支出增长率、财政支出增长的弹性系数、财政支出增长的边际倾向，A 项正确；财政支出增长的弹性系数是财政支出增长率与国内生产总值增长率之比，弹性系数大于 1 表明财政支出增长速度快于国内生产总值增长速度，B 项错误，D 项正确；财政支出增长的边际倾向表明财政支出增长额与国内生产总值增长额之间的关系，即国内生产总值每增加一个单位时财政支出增加多少，或财政支出增长额占国内生产总值增长额的比例，C 项正确。

65. [答案] C

[解析] 隐蔽性倾销是指出口企业按国际市场的正常价格出售产品给进口商，但进口商则以倾销性的低价在进口国市场上抛售，其亏损部分由出口企业予以补偿。

66. [答案] D

[解析] 要约到达受要约人时生效。要约人在发出要约后，如果认为该要约的内容与自己的利益不符，在不给相对人造成损害的前提下，可以撤回已经发出的要约。撤回要约的通知应当在要约到达受要约人之前或者与要约同时到达受要约人。如果撤回的通知后于要约到达受要约人的，不发生撤回的效力。在要约生效后，受要约人尚未发出承诺通知之前，要约人可以要求撤销该要约，D 项错误。

67. [答案] B

[解析] 平均固定成本曲线向右下方倾斜，平均可变成本曲线、边际成本曲线都具有 U 形特征，A 项错误；当边际成本与平均可变成本相等时，平均可变成本曲线位于最低点，B 项正确；平均固定成本曲线与边际成本曲线相交，在交点左边，平均固定成本大于边际成本，在交点右边，平均固定成本小于边际成本，C 项错误；总可变成本曲线从原点开始，随产量的增加而逐步上升，D 项错误。

68. [答案] B

[解析] 订立公司章程是设立公司的条件之一，公司没有公司章程，不能获得批准，也不能获得登记，B 项正确；公司章程的修改权限专属公司的股东（大）会，C 项错误；有限责任公司股东会会议做出修改公司章程的决议，必须经全体代表三分之二以上表决权的股东通过，A、D 两项错误。

69. [答案] A

[解析] 公司除因合并或者分立需要解散以外，应当在解散事由出现之日起 15 日内成立清算组，开始清算。有限责任公司的清算组由股东组成，股份有限公司的清算组由董事或者股东大会确定人员组成。清算组在清算期间行使下列职权：①清理公司财产，分别编制资产负债

表和财产清单；②通知、公告债权人，处理与清算有关的公司未了结的业务；③清缴所欠税款以及清算过程中产生的税款；④清理债权、债务，处理公司清偿债务后的剩余财产；⑤代表公司参与民事诉讼活动。清算期间，公司存续，但不得开展与清算无关的经营活动。

70. [答案] B

[解析] 一手数据是来源于直接的调查和科学实验的数据，对使用者来说这是数据的直接来源。B项获得的数据属于一手数据；A、C、D三项获得的数据属于二手数据。

二、多项选择题

71. [答案] BC

[解析] 描述集中趋势的指标有中位数、众数、均值，各自适用范围如下表所示。

指标	适用数据类型	是否受极端值影响
众数	分类数据、顺序数据	不受
中位数	顺序数据、数值型数据	不受
均值	数值型数据	受

72. [答案] BCDE

[解析] 无差异曲线反映了消费者的偏好，A项错误；消费者在无差异曲线上各个点的偏好程度是无差异的，即同一条无差异曲线上的效用相同，B项正确；任意两条无差异曲线都不能相交，C项正确；无差异曲线从左向右下方倾斜，凸向原点，斜率为负，这是由商品边际替代率递减规律决定的，D项正确；离原点越远的无差异曲线，消费者的偏好程度越高，E项正确。

73. [答案] ABE

[解析] 交易成本的节约是企业存在的根本原因，即企业是市场交易费用节约的产物，A项正确；历史上，从企业产生以后，企业与市场机制就是两种不同的协调生产和配置资源的方式，B项正确；企业的本质特征是作为市场机制或价格机制的替代物，C项错误；交易费用是围绕契约所产生的成本费用，包括签订契约时交易双方面临的偶然因素所可能带来的损失以及签订契约、监督和执行契约所花费的成本，D项错误；导致市场机制和企业的交易费用不同的主要因素是信息的不完全性，E项正确。

74. [答案] AD

[解析] 定基发展速度等于相应时期环比发展速度的连乘积，A项错误；平均增长速度等于平均发展速度减1，B项正确；平均发展速度的计算方法采用几何平均法，D项错误；速度分析应注意的问题包括：当时间序列中的指标值出现0或负数时，不宜计算速度；速度指标的数值与基数的大小有密切的关系，往往结合增长1%的绝对值进行分析，C、E两项正确。

75. [答案] BCE

[解析] 劳动供给曲线向后弯曲是由工资增加的替代效应和收入效应导致的，替代效应表现为劳动供给增加，收入效应表现为劳动供给减少，A、D两项错误；生产者使用生产要素的原则是边际收益产品等于边际要素成本，B项正确；生产者对生产要素的需求是引致需求（派生需求）和联合需求（复合需求），C项正确；完全竞争生产者的要素需求曲线向右下方倾斜，E项正确。

76. [答案] ACDE

[解析] 外部经济是某人或某企业的经济活动会给社会上其他成员带来好处，但该人或该企业却不能由此得到补偿。这种情况下，私人收益小于社会收益，缺乏生产积极性，产出水平低于社会最优产出水平，A 项正确。政府对于可能产生外部经济的行为，一般应通过补贴的措施予以鼓励，B 项错误。外部不经济会使产品供给过多，政府可对产生外部不经济的企业征收适度的排污税，C 项正确。科斯定理强调，只要产权是明确的，并且交易成本为零或者很小，市场均衡的最终结果都是有效率的，D 项正确。外部性的存在很大程度上是由产权不清晰引起的，所以明晰产权可以解决外部性，E 项正确。

77. [答案] BDE

[解析] 负债类账户借方登记减少额，贷方登记增加额，余额在贷方，A 项错误；借贷记账法的记账规则是有借必有贷，借贷必相等，B 项正确；单个账户没有这种借贷相等的关系，C 项错误；全部账户借方发生额合计等于全部账户贷方发生额合计，D 项正确；我国账务处理程序有 5 种，各种账务处理程序的主要区别在于登记总分类账的依据和方法不同，E 项正确。

78. [答案] ABCD

[解析] 收入分配职能的实现手段包括加强税收调节（所得税、资源税、财产税、遗产税等）、增加社会保障支出，提供社会福利等。优化财政支出结构属于资源配置职能的实现机制与手段。

79. [答案] CE

[解析] 质权的标的主要为动产或权利，不包括不动产。选项中，房产证、土地使用权证代表的是不动产，不能质押；财产保险单是保险人与被保险人订立保险合同的书面证明，并不是有价证券，也不是可以折价或者变卖的财产，因此，财产保险单不能用于质押。用于质押的权利包括"三票三单"、"债股基"、知识产权中的财产权和应收款项。

80. [答案] ABDE

[解析] 除国家税务总局另有规定外，纳税人一经认定为一般纳税人后不得转为小规模纳税人，C 项错误。

81. [答案] ABC

[解析] 影响需求价格弹性的因素包括替代品的数量和相近程度，商品的重要性，商品用途的多少以及时间。

82. [答案] ABCE

[解析] 全面规范、公开透明的预算制度的主要内容包括：①建立健全预算编制、执行、监督相互制约、相互协调机制；②完善政府预算体系；③实施跨年度预算平衡机制；④实行中期财政规划管理；⑤全面推进预算绩效管理；⑥建立政府资产报告制度；⑦建立权责发生制的政府综合财务报告制度；⑧建立财政库底目标余额管理制度；⑨推进预算、决算公开。

83. [答案] CE

[解析] 优化财政支出结构的措施包括：①应当更多地关注再分配问题，相应压缩购买性支出，扩大转移性支出的比重，并使财政支出向人力资本和社会资本倾斜（A、B 两项错误）。②在处理投资性支出与消费性支出的关系时，一方面要控制并调减投资性支出的规模，另一方面要注意投资性支出应当有保有压，新增财政支出的投向应更多投到最终需求；在消费性支出上，要从严控制行政性公共消费，预算支出保证重点支出需要，使有限的资金主要用于

教育、医疗、社会保障与就业、三农、自主创新、环境保护等社会发展的薄弱环节和与民生密切相关的支出上（C、E两项正确）。③优化转移支付的结构，增加一般性转移支付的规模和比例，逐步将一般性转移支付提高到60％以上（D项错误）。

84. ［答案］BC

［解析］完全竞争市场中，整个行业的需求曲线向右下方倾斜，企业的需求曲线是一条水平线，A项错误；由于完全竞争市场具有"很多、同质、了解、自由"的特点，因此所有企业都是价格接受者，B项正确；完全竞争企业的边际收益＝平均收益＝产品价格，所以企业的需求曲线与平均收益线、边际收益线重合，C项正确；完全竞争企业生产的产品是同质的，D项错误；边际收益＝边际成本是完全竞争企业产量决策的依据，E项错误。

85. ［答案］ACD

［解析］没有其他货币政策的配合，公开市场操作无法发挥作用，A项错误；再贴现政策的主动权操纵在商业银行手中，所以中央银行的再贴现政策是否能够获得预期效果，还取决于商业银行是否采取主动配合态度，B项正确；法定准备金政策对货币乘数的影响很大，作用力度很强，往往被当作是一剂"猛药"，因此通常不作为经常性政策工具来使用，C项错误；法定存款准备金政策成效较慢、时滞较长，对货币供应量和信贷量的影响要通过商业银行的辗转存贷逐级递推而实现，D项错误；中央银行运用公开市场业务可以直接影响货币供应量，E项正确。

86. ［答案］ABE

［解析］商业银行资产业务是将所聚集的货币资金加以运用的业务，是商业银行获得收益的主要业务。其包括票据贴现、贷款和投资业务。

87. ［答案］ACE

［解析］从长期来看，总供给变动与价格总水平无关，A项正确；其他条件不变，价格总水平的变动与货币供给量成同方向变动，B项错误；如果总需求增长快于总供给增长，价格总水平就有可能上升，C项正确；一般来说，价格总水平变动，特别是剧烈、大幅度的变化不利于经济增长，但短期内，在价格变动没有被市场主体预期到的情况下，通货膨胀在一定程度上可能有利于促进经济增长，D项错误；我国目前采用居民消费价格指数作为衡量价格总水平变动的基本指标，E项正确。

88. ［答案］ABC

［解析］2010年巴塞尔协议Ⅲ的内容包括：①强化资本充足率监管标准，待新标准实施后，正常情况下，商业银行的普通股充足率、一级资本充足率和总资本充足率应分别达到7％、8.5％和10.5％；②引入杠杆率监管标准；③建立流动性风险量化监管标准；④确定了新监管标准的实施过渡期。

89. ［答案］BCDE

［解析］国际储备的构成包括货币性黄金、外汇储备、国际货币基金组织的储备头寸、特别提款权。

90. ［答案］DE

［解析］推断统计包括参数估计及假设检验。其中，参数估计是利用样本信息推断总体特征；假设检验是利用样本信息判断对总体假设是否成立。D项属于参数估计；E项属于假设检验；A、B、C三项均属于描述统计的内容。

91. [答案] AE

[解析] 全国人大常委会有权监督中央和地方预算的执行，审查和批准中央预算的调整方案、中央决算，A、E两项正确；B、D两项属于各级政府的预算管理职权；C项属于政府财政部门的职权。

92. [答案] ABCE

[解析] 如果偏态系数等于0，说明数据的分布是对称的，A项正确。如果偏态系数为正值，说明分布为右偏，C项正确。如果偏态系数为负值，说明分布为左偏。如果和0的距离在0—0.5之间，说明轻度偏斜；在0.5—1之间，说明中度偏斜；在1以上，说明严重偏斜。B、E两项正确。偏态系数绝对值越大，说明数据分布的偏斜程度越大，D项错误。

93. [答案] ABCD

[解析] 影响抽样误差的因素：①抽样误差与总体分布有关。总体单位值之间差异越大，即总体方差越大，抽样误差越大。②抽样误差与样本量n有关。其他条件相同，样本量越大，抽样误差越小。③抽样误差与抽样方式和估计量的选择也有关。例如，分层抽样的估计量方差一般小于简单随机抽样（E项错误）。④利用有效辅助信息的估计量也可以有效地减小抽样误差。

94. [答案] ABCE

[解析] 社会融资规模统计指标的构成有人民币贷款和外币贷款，委托贷款、信托贷款和未贴现的银行承兑汇票，非金融企业境内股票筹资和债券筹资，保险公司赔偿、贷款公司贷款、投资性房地产。但财政部门存款不纳入社会融资规模的统计范围。

95. [答案] AB

[解析] 资产包括流动资产和非流动资产。其中，流动资产包括货币资金（库存现金、存款、其他货币资金）、交易性金融资产、应收及预付款项、存货（原材料、库存商品、在产品、包装物、低值易耗品等）；非流动资产包括工程物资、在建工程、固定资产、无形资产、长期投资。

96. [答案] CE

[解析] 会计要素确认和计量基本原则包括权责发生制原则、配比原则、历史成本原则、划分收益性支出与资本性支出原则。

[提示] 通过本题还需掌握：会计基本前提包括会计主体（空间范围）、持续经营、会计分期（以持续经营为前提，是权责发生制及收付实现制的前提）、货币计量。《企业会计准则》对企业提供的会计信息的质量要求包括可靠性、相关性、清晰性、可比性、实质重于形式、重要性、谨慎性和及时性。

97. [答案] AC

[解析] 存款保险实行限额偿付，最高偿付限额为人民币50万元，A项正确；存款保险基金的资金来源主要是金融机构按规定交纳的保费，存款人并不需要交纳保费，B项错误；存款保险基金的运用应遵循安全、流动、保值增值的原则，C项正确；存款保险基金应投资于政府债券、中央银行票据，信用等级较高的金融债券及其他高级债券，不允许投资股票，D项错误；被保险的存款既包括人民币存款，也包括外国存款，但不包括中资银行海外分支机构的存款，E项错误。

98. [答案] ABE

[解析] 资产负债表是反映企业在某一特定日期财务状况的会计报表，其作用为：①为报表使

用者提供企业所拥有或控制的经济资源及这些经济资源的分布和构成的信息；②总括反映了企业资金的来源渠道和构成情况的信息；③通过对资产负债表的分析可以使使用者了解企业的财务状况，尤其是企业偿债能力的情况，以及财务状况的变化情况等信息。

99. [答案] ABCE

    [解析] 事业单位净资产的构成包括非流动资产基金、事业基金、专用基金、经营结余及事业结余。

100. [答案] AE

     [解析] 不得用于抵押的财产包括：①土地所有权；②耕地、宅基地、自留地、自留山等集体所有的土地使用权，但法律规定可以抵押的除外；③学校、幼儿园、医院等以公益为目的的事业单位、社会团体的教育设施、医疗卫生设施和其他社会公益设施；④所有权、使用权不明或者有争议的财产；⑤依法被查封、扣押、监管的财产；⑥法律、行政法规规定不得抵押的其他财产。

101. [答案] ABCD

     [解析] 经济过热时政府采取少花多收的政策来抑制总需求。A、B两项属于政府多收入的政策；C、D两项属于政府少支出的政策，均能抑制经济过热；E项属于货币政策。

102. [答案] AD

     [解析] 根据《民法总则》，无效合同订立的情形包括：①无民事行为能力人签订的合同；②违反法律、行政法规的强制性规定的合同（但是该强制性规定不导致该民事法律行为无效的除外）；③违背公序良俗的合同；④行为人与相对人以虚假的意思表示签订的合同；⑤行为人与相对人恶意串通，损害他人合法权益的合同。本题中，B项属于效力待定的合同；C项和E项属于可撤销的合同。

103. [答案] CE

     [解析] 合同保全制度的内容包括代位权和撤销权。

104. [答案] ACD

     [解析] 股东可以用货币出资，也可以用实物、知识产权、土地使用权等出资，也可以用货币估价并可以依法转让的非货币财产作价出资；但是，法律行政法规规定不得作为出资的财产除外。

105. [答案] AC

     [解析]《中华人民共和国反不正当竞争法》规定的不正当竞争行为包括七种，即：假冒行为、商业贿赂行为（暗中）、虚假宣传行为、侵犯商业秘密行为、低价倾销行为（四种情况除外：①销售鲜活商品；②处理有效期限即将到期的商品或者其他积压的商品；③季节性降价；④因清偿债务、转产、歇业降价销售商品）、不正当有奖销售行为（奖金超过5 000元）、诋毁商誉行为。A项属于假冒行为；C项属于不正当有奖销售行为。

问卷调查

扫码参与问卷调查
赢大礼包

《零基础过经济师·经济基础知识》的图书读到这一部分，已经进入收尾阶段。恭喜您，从备考起点走到了终点。

这个系列的图书从制作到出版历时9个多月，四位作者、上百位教研和编辑人员付出了无数的心血，每位参与的人员都尽心尽力，力求让这套书的内容更完善，但是我们仍感觉还有一些可以改进的地方。现在，我们想听听您的心声，了解一下您学完这套书的感悟。

请您协助完成此问卷，将问卷拍照后发至QQ邮箱：**1297271115@qq.com**。我们收到后将以邮件形式回复，并赠送您一份价值188元的经济师考前突击超值电子版资料。

为了更好地保障调研数据的真实及有效性，请您仔细填写以下信息（部分可多选）。

1. 您的专业基础　　　　□ 0基础，我就是一张大白纸
　　　　　　　　　　　　□ 50基础，一瓶不满，半瓶咣当
　　　　　　　　　　　　□ 100基础，我是行业精英，就差个证了

2. 封面设计　　　　　　□ 美观，有欲望读下去　　□ 设计一般，不是我喜欢的　　□ 无感觉

3. 内文字号　　　　　　□ 大小刚刚好，适合我　　□ 有些小，看得眼花　　　　　□ 还可以再小点

4. 内文行距及字间距　　□ 还好，舒适　　　　　　□ 太密，我有密集恐惧症　　　□ 有些稀松　　□ 无感觉

5. 全书用纸　　　　　　□ 颜色舒适　　　　　　　□ 颜色不舒服　　　　　　　　□ 透字　　　　□ 不透字

6. 装订印刷效果　　　　□ 好　　　　　　　　　　□ 不好　　（建议改进的地方：_____）

7. 图书购买价格　　　　□ 能承受　　　　　　　　□ 还需考虑一下　　　　　　　□ 偏贵　　　　□ 物有所值

8. 是否推荐别人购买　　□ 推荐　　　　　　　　　□ 不推荐

9. 看完这套书是否还需要教材　　□ 需要　　　　　□ 不需要

10. 您认为这套书设计不合理的地方　□ 篇幅长，找不到重点　□ 专业术语强，看不懂　□ 书厚，看不完
　　　　　　　　　　　　　　　　　□ 其他不足，如_____

11. 您认为书中有待改进的是哪一个部分？请提出宝贵的改进建议。
_____
_____

12. 平时工作较忙，还想一次考过，您希望的辅导书还应该具备哪些特点？
_____
_____

上册

零基础过经济师 2018

经济基础知识（中级）

刘艳霞 主编

环球网校经济师考试研究院 组编

中国商业出版社

图书在版编目（CIP）数据

经济基础知识：中级：全2册/刘艳霞主编；环球网校经济师考试研究院组编．—北京：中国商业出版社，2018.7

ISBN 978－7－5208－0449－3

Ⅰ．①经… Ⅱ．①刘… ②环… Ⅲ．①经济学－资格考试－自学参考资料 Ⅳ．①F0

中国版本图书馆CIP数据核字（2018）第139554号

责任编辑　孙锦萍

中国商业出版社出版发行
010－63180647　www.c-cbook.com
（100053　北京广安门内报国寺1号）
新华书店经销
三河市华润印刷有限公司印制

★ ★ ★ ★

787毫米×1092毫米　16开　34.5印张　828千字
2018年7月第1版　　2018年7月第1次印刷
定价：98.00元（全2册）

★ ★ ★ ★

（如有印装质量问题可更换）

作者寄语

2004年的初夏，我开始了中级经济师的辅导。十多年来，我专注于这一件事。在年复一年、周而复始的教学中，我不但没有感觉到枯燥乏味，反而每年都能收获新知，激情澎湃。在每一个考生考试的日子里，我也会忐忑兴奋，犹如我就在考场；在读每一封考后感言时，我都会感动万分，为自己、为考生骄傲。也许这些都源于我对教学的热爱吧！

在中级经济师的两门考试科目中，《经济基础知识》包罗万象，晦涩难懂，考生普遍反映学习难度较大。为了能够让考生顺利通过这个科目，我根据多年的教学经验，将该科目内容化繁为简，把萃取的精华考点和教学中总结的学习方法、应试技巧进行汇总，精心编写了这本辅导用书。

当您翻开这本书时，成功就已经近在眼前了，剩下来的就是希望您能坚持阅读到最后，相信我，更要相信您自己，让我们一起努力，中级经济师必过！

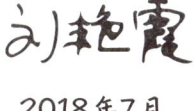

2018年7月

本书 亮点 介绍

第 1 篇　历年命题规律总结及2018年备考指导

本篇旨在通过分析历年考试特点、命题规律来为考生指引备考经济师的方向。只有方向明确了，才能避免南辕北辙。

第 2 篇　考点精讲及同步练习

◆**考点详尽，讲解透彻**　本书结合考试大纲对精华考点逐一讲解，并辅之以经典例题，方便考生明确考点，同时掌握考点的考查方式。

◆**点线/变色，重点突出**　本书对于正文中以文字叙述的非常关键的考点采用字体变蓝色的方式突出标记，以表格呈现的部分采用点线的形式标记，方便考生在较长的文字中抓取关键词句，从而进行有针对性的记忆。

◆**图表结合，便于记忆**　大量的文字内容不便于考生记忆，所以本辅导书尽量将笔墨较多的文字以图形或者表格的形式体现出来，内容上更加清晰，有助于分类记忆。

◆**授之以鱼并授之以渔**　本辅导书除了告诉考生有哪些重要的考点外，还将很多考点通过【考点小贴士】的版块告知考生应如何巧妙记忆，考生可参考这种方式根据自身情况对所学知识点进行总结，以一定的方法来巧记、速记。

◆**易错易混，辨析明确**　由于应试的考点较多，极易混淆，所以本书每章都提炼了【本章易错易混考点】，详细讲解，并配以相应的题目予以区分。

◆**经典真题，回顾总结**　在《经济基础知识》(中级)科目的考试中，历年真题所涉及的有关考点重复率高达50%，因此本书在每一章都配备了【历年经典真题回顾】，通过这些题目考生可以明确历年考试中的出题点、命题规律。

◆**同步练习，强化考点**　每一章考点掌握如何，还需要考生亲自做题来检验和强化，故本书也给考生配备了【本章同步练习】，对于这些题目需要"做会"，就是除了做对之外，还能够举一反三，争取能够以不变应万变。

第 3 篇　2018年模拟试卷及参考答案与解析

经过各章的学习后，考生还应要进行综合训练，以应对考试。本书按照考试的题型、题量给考生配备了一套高质量的模拟试题，并给出详细的解析。希望通过这套试题来总结过去、预测未来，也就是检验考生整个科目考点的掌握情况，同时也对2018年的考试试题做出一定的预测。请考生尽最大努力掌握每道题目的考点及相关考点以应对变形题目。

目 录

第一篇 历年命题规律总结及 2018 年备考指导

一、教材结构介绍及分值分布情况/3

二、本年度教材变化/4

三、近几年经济基础知识考试命题规律/5

四、2018年经济基础知识科目复习建议及应试技巧/7

第二篇 考点精讲及同步练习

第一部分 经济学基础/13

考情分析/13

知识脉络/13

学习提示/13

第一章 市场需求、供给和均衡价格/14

本章考情分析/14

本章考点概览/14

本章考点详解/14

本章易错易混考点/24

历年经典真题回顾/25

本章同步练习/28

本章同步练习参考答案及解析/32

第二章 消费者行为分析/35

本章考情分析/35

本章考点概览/35

本章考点详解/35

本章易错易混考点/40

历年经典真题回顾/41

本章同步练习/43

本章同步练习参考答案及解析/46

第三章 生产和成本理论/48

本章考情分析/48

本章考点概览/48

本章考点详解/48

本章易错易混考点/55

历年经典真题回顾/56

本章同步练习/58

本章同步练习参考答案及解析/61

第四章 市场结构理论/63

本章考情分析/63

本章考点概览/63

本章考点详解/63

本章易错易混考点/70

历年经典真题回顾/70

本章同步练习/73

本章同步练习参考答案及解析/76

第五章 生产要素市场理论/79

本章考情分析/79

本章考点概览/79

本章考点详解/79

本章易错易混考点/83

历年经典真题回顾/84

本章同步练习/85

本章同步练习参考答案及解析/87

第六章　市场失灵和政府的干预/89

本章考情分析/89

本章考点概览/89

本章考点详解/89

本章易错易混考点/94

历年经典真题回顾/94

本章同步练习/97

本章同步练习参考答案及解析/99

第七章　国民收入核算和简单的宏观经济模型/101

本章考情分析/101

本章考点概览/101

本章考点详解/101

本章易错易混考点/107

历年经典真题回顾/108

本章同步练习/110

本章同步练习参考答案及解析/111

第八章　经济增长和经济发展理论/113

本章考情分析/113

本章考点概览/113

本章考点详解/113

本章易错易混考点/120

历年经典真题回顾/120

本章同步练习/122

本章同步练习参考答案及解析/124

第九章　价格总水平和就业、失业/126

本章考情分析/126

本章考点概览/126

本章考点详解/126

本章易错易混考点/130

历年经典真题回顾/130

本章同步练习/132

本章同步练习参考答案及解析/134

第十章　国际贸易理论和政策/136

本章考情分析/136

本章考点概览/136

本章考点详解/136

本章易错易混考点/139

历年经典真题回顾/140

本章同步练习/142

本章同步练习参考答案及解析/143

第二部分　财政/145

考情分析/145

知识脉络/145

学习提示/145

第十一章　公共物品与财政职能/146

本章考情分析/146

本章考点概览/146

本章考点详解/146

本章易错易混考点/152

历年经典真题回顾/152

本章同步练习/154

本章同步练习参考答案及解析/157

第十二章　财政支出/159

本章考情分析/159

本章考点概览/159

本章考点详解/159

本章易错易混考点/164

历年经典真题回顾/165

本章同步练习/168

本章同步练习参考答案及解析/170

第十三章　财政收入/172
　　本章考情分析/172
　　本章考点概览/172
　　本章考点详解/172
　　本章易错易混考点/179
　　历年经典真题回顾/179
　　本章同步练习/181
　　本章同步练习参考答案及解析/184

第十四章　税收制度/186
　　本章考情分析/186
　　本章考点概览/186
　　本章考点详解/186
　　本章易错易混考点/193
　　历年经典真题回顾/194
　　本章同步练习/196
　　本章同步练习参考答案及解析/198

第十五章　政府预算/200
　　本章考情分析/200
　　本章考点概览/200
　　本章考点详解/200
　　本章易错易混考点/206
　　历年经典真题回顾/207
　　本章同步练习/209
　　本章同步练习参考答案及解析/212

第十六章　财政管理体制/214
　　本章考情分析/214
　　本章考点概览/214
　　本章考点详解/214
　　本章易错易混考点/218
　　历年经典真题回顾/219
　　本章同步练习/221

　　本章同步练习参考答案及解析/223

第十七章　财政政策/226
　　本章考情分析/226
　　本章考点概览/226
　　本章考点详解/226
　　本章易错易混考点/231
　　历年经典真题回顾/231
　　本章同步练习/233
　　本章同步练习参考答案及解析/235

第三部分　货币与金融/237
考情分析/237
知识脉络/237
学习提示/237

第十八章　货币供求与货币均衡/238
　　本章考情分析/238
　　本章考点概览/238
　　本章考点详解/238
　　本章易错易混考点/245
　　历年经典真题回顾/246
　　本章同步练习/249
　　本章同步练习参考答案及解析/251

第十九章　中央银行与货币政策/254
　　本章考情分析/254
　　本章考点概览/254
　　本章考点详解/254
　　本章易错易混考点/259
　　历年经典真题回顾/260
　　本章同步练习/263
　　本章同步练习参考答案及解析/265

第二十章　商业银行与金融市场/267
　　本章考情分析/267
　　本章考点概览/267

本章考点详解/267

本章易错易混考点/273

历年经典真题回顾/273

本章同步练习/276

本章同步练习参考答案及解析/278

第二十一章　金融风险与金融监管/280

本章考情分析/280

本章考点概览/280

本章考点详解/280

本章易错易混考点/285

历年经典真题回顾/286

本章同步练习/288

本章同步练习参考答案及解析/290

第二十二章　对外金融关系与政策/292

本章考情分析/292

本章考点概览/292

本章考点详解/292

本章易错易混考点/298

历年经典真题回顾/298

本章同步练习/299

本章同步练习参考答案及解析/301

第一篇
历年命题规律总结及2018年备考指导

对于一艘盲目航行的船来说,所有的风都是逆风。揭秘《经济基础知识》(中级)的考试规律,让我们一起顺风起航。

第一篇　历年命题规律总结及 2018 年备考指导

您知道吗？经济师的考试已经有 20 多年了，最早可追溯至 1993 年，当年 1 月，人事部下发了《人事部关于印发〈经济专业资格考试暂行规定〉及其〈实施办法〉的通知》（人职发〔1993〕1 号），决定在经济专业人员中实行中、初级专业技术资格考试制度。考试每年举行一次，考试时间一般安排在 11 月的第一个周末。2018 年中级经济师首次实行机考，截至 7 月 15 日前公布的各地的考试事项通知中，本年度中级经济师考试按专业分四个批次考核（但不排除有些地区例外，大家以各地具体通知为准），每个批次 3 小时，总共考核两个科目，即《经济基础知识》和《专业知识与实务》。每一科目的考试时间为 1.5 小时，两门连考。其中《经济基础知识》属于公共课，无论您报考经济师中的哪个专业均需要考核《经济基础知识》。这一科目涵盖知识非常全面，故考核面较广，但不算太深入，只要按部就班、扎扎实实地按本书内容夯实基础，相信您必会顺利地拿下中级经济师的职称！

下表是目前公布的十几个地区的中级经济师考试科目及对应时间表。

2018 年中级经济师考试科目及对应时间表

批次	专业	考试时间		科目
1	农业经济、房地产经济、建筑经济等 3 个专业	11 月 3 日上午	09：00—10：30	经济基础知识（中级）
			10：30—12：00	专业知识与实务（中级）
2	运输水路、运输公路、运输铁路、运输民航、人力资源管理、邮电经济、旅游经济等 7 个专业	11 月 3 日下午	15：00—16：30	经济基础知识（中级）
			16：30—18：00	专业知识与实务（中级）
3	商业经济、金融、保险等 3 个专业	11 月 4 日上午	09：00—10：30	经济基础知识（中级）
			10：30—12：00	专业知识与实务（中级）
4	工商管理、财政税收等 2 个专业	11 月 4 日下午	15：00—16：30	经济基础知识（中级）
			16：30—18：00	专业知识与实务（中级）

【提示】参加考试的人员须在 1 个考试年度内通过全部科目的考试。考试合格后，获得人力资源和社会保障部统一印制的《专业技术资格证书》。该证书在全国范围内有效。若任何一门科目的考试成绩不合格，第二年需参加两门科目的考试。

一、教材结构介绍及分值分布情况

《经济基础知识》这一科目"麻雀虽小，但五脏俱全"，涉及经济领域的大部分知识。该科目的官方教材设置了共计 6 部分 37 章的内容，具体章节及分值分布如下表所示。

经济基础知识六大部分章节分布及分值情况表

各部分名称	章数	历年分值
经济学基础	10 章	29 分
财政	7 章	23 分
货币与金融	5 章	23 分
统计	5 章	21 分
会计	5 章	21 分
法律	5 章	23 分
合计	37 章	140 分

经济基础知识（中级）

二、本年度教材变化

从总体上来看，2018年教材变动不大，主要是根据新政策对个别章节做了调整，并修订了原教材表述错误的地方，针对2018年可考性较强的变化如下表所示。

2018年可考性较强的内容变化表

2018年可考性较强的变化章节		2017页码	2018年教材可考性较强的变化内容
第八章 经济增长和经济发展理论	第3节	P62	P62—64，新增了"（七）建设现代化经济体系的主要内容"
第九章 价格总水平和就业、失业	第2节	P65	P67倒数第3行，新增了"2018年，我国首次正式公布城镇调查失业率"
第十二章 财政支出	第1节	P82	P84最后一段，P85第一段，按照《2018年政府收支分类科目》调整了支出功能分类和支出经济分类的项目
第十三章 财政收入	第1节	P92	P94倒数第二段，调整了我国政府收入的类别，由原来6类调整为4类，即税收收入、非税收入、债务收入、转移性收入
第十四章 税收制度	第2节	P105	P107，调整了增值税税率，将原17%的增值税税率调整为16%；将原11%的增值税税率调整为10%
第十四章 税收制度	第4节	P107	P109倒数第二段，我国现行税制中属于财产税类的税种主要有房产税、车船税，此处删除了"城镇土地使用税"
第十九章 中央银行与货币政策	第2节	P154	P156，调整了选择性货币政策工具的名称，即消费者信用控制、不动产信用控制、优惠利率、预缴进口保证金等
第二十一章 金融风险与金融监管	第4节	P170	P172，新增了第二段和第三段。主要内容是"2018年3月21日，决定组建中国银行保险监督管理委员会"并阐述了银保监会的职责
第二十八章 会计概论	第4节	P224	P227，调整了行政事业单位会计核算的原则，即我国行政事业单位预算会计核算采用收付实现制，财务会计核算采用权责发生制，国务院另有规定的，依照其规定
第三十章 会计报表	第2节	P241	P244—245，调整了一些资产、负债项目的名称。如将"短期投资"改为"交易性金融资产"，将"应付职工工资"和"应付福利费"合并为"应付职工薪酬"，将"应交税金"改为"应交税费"
第三十章 会计报表	第3节	P245	P248，调整了营业利润及利润总额的计算公式，并相应调整了利润表的项目。利润总额＝营业利润＋营业外收入－营业外支出；净利润＝利润总额－所得税费用
第三十五章 合同法律制度	第2节	P291	P294—296，根据2017年10月1日开始实施的《民法总则》调整了无效合同、效力待定合同及可撤销合同的订立情形
第三十七章 其他法律制度	第4节	P324	P328，删除了反垄断执法机构，即原教材中的"其主要包括商务部、国家发展改革委员会和国家工商行政管理总局"
第三十七章 其他法律制度	第5节	P327	P331，删除了"（四）对不正当竞争行为的监督检查部门"这一段
第三十七章 其他法律制度	第6节	P328	P332，删除了第二段中"这里的产品质量监督管理部门是指国家质量监督检验检疫总局及地方各级质量技术监督局"这一句话

三、近几年经济基础知识考试命题规律

(一) 出题趋势分析

经济基础知识侧重考核教材的基础知识，大部分题目直接来源于教材的原文，包括基础概念、分类、特征、原则、理论等，故多看、多记教材上的内容对通过考试至关重要。但是，为了体现中级经济师职称的含金量，最近几年考试试题也在悄悄发生一些变化，具体变化情况有以下几点。

1. 考题不断呈现综合性及细致性的趋势

一个题目中通常含有多个知识点，题干表述形式经常是"关于……的说法正确的是（　　）/关于……的说法错误的是（　　）"，在2017年中级经济基础知识的真题中，采用这种提问方式的单项选择题有21个，多项选择题有10个，总计41分。

[2017年单选题] 关于税负转嫁的说法，正确的是（　　）。

A. 对非生活必需品的课税，税负容易转嫁
B. 课税范围越狭窄，税负越容易转嫁
C. 对需求弹性小的商品课税，税负容易转嫁
D. 与经济交易无关而直接对纳税人课征的税，税负容易转嫁

【答案】C

【分析】本题考查影响税负转嫁的因素。教材列示影响税负转嫁的主要因素有4个，本题一个不漏均进行了考查，而且并不直接考查因素有哪些而是考查了这些因素是如何影响税负转嫁的。

[2017年多选题] 关于不同类型金融危机的说法，正确的有（　　）。

A. 流动性危机主要限于一国国内发生，不会在国际间蔓延
B. 支付能力危机主要是指一国的债务不合理、无法按期偿还债务而引起的危机
C. 发生内部综合性危机的国家的共同特点是金融体系脆弱，危机由证券行业传导至整个经济体系
D. 国际债务危机、欧洲货币危机和亚洲金融危机的共同特点是危机国家实行盯住汇率制度
E. 综合性金融危机一定程度上暴露了危机国家所存在的深层次结构问题

【答案】BDE

【分析】本题考查金融危机的类型。针对金融危机，教材列示的有债务危机（也称支付能力危机）、货币危机、流动性危机和综合性危机（包括内部综合性危机和外部综合性危机），本题全部考查，涉及教材满满2页的知识，考查极其综合和细致。

2. 考题更加全面，较偏考点也会有所涉及

2017年的真题考查犄角旮旯的题目相比往年真题来说略多，除常规考点之外的偏难考点有25分。通常考查这样题目较多的部分是教材第二部分财政和第六部分法律。

3. 考题更加灵活，需要真正掌握考点，知其然并知其所以然

2017年的真题中，个别题目非常灵活，考生不能仅靠背会知识点就答对题目，而是需要深入理解知识点。其中，最具代表性的就是第六部分法律。在以往真题中，几乎都在考查教材的原文原话，但是在2017年的真题中法律部分以小案例形式考查的题目有3个单选，1个多选，总计5分。

[2017年单选题] 村民韩某盖房挖地基时挖出一大坛银元，坛内有一块木牌，上写"为防日寇搜查，特埋于此。王天民"。经查，王天民是同村村民王某的爷爷，抗战期间王天民的家人除王某一人在姨娘家躲过此难之外，其他人都被日寇杀害。此坛银元应（　　）。

A. 归王某所有　　　　　　　　B. 归韩某所有
C. 属无主财产，应归国家所有　　D. 由韩某和王某平分

【答案】A

【分析】本题考查非常灵活,考查的是物权法中所有权的取得。教材原文为:"所有权人不明的埋藏物和隐藏物归国家所有,在该物上缴国家以后,接收单位应当对上缴的单位或个人给予奖励"。教材上强调"所有权不明"归"国家所有",而本题考查的是对这句话的理解及延伸,即所有权明确,归谁所有呢?针对教材此内容可延伸至《民通意见》第93条:"公民、法人对于挖掘、发现埋藏物、隐藏物,如果能够证明其所有,而且根据现行法律、政策又可以归其所有的,应当予以保护。"银元属于王某的爷爷,不属于所有权不明的埋藏物,不能归国家,应该归王天民继承人王某所有。

(二)出题规律分析

当您了解了近年出题趋势之后,是不是备受打击呀,不会还没有开始就要放弃了吧?不要害怕,您要知道我们的奋斗目标不是满分,而是及格分数。只要认真学习教材上的常规考点,及格绝对不成问题,偏难题以及灵活题目的对错只能证明你是否是超级学霸。下面给大家分析一下经济基础知识真题的考点构成,具体如下图1所示。

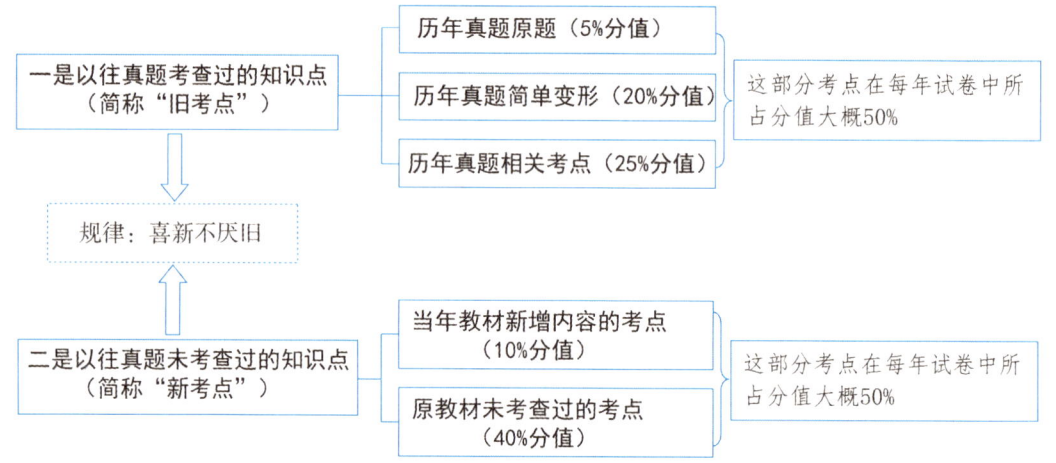

图1 经济基础知识真题的考点构成

上述"历年真题相关考点"通常指的是与历年真题原题考点有关联的知识点,例如下面列举的2017年单项选择题所涉及考点就是2013年单项选择题的相关考点。

[2017年单选题] 企业在日常经营活动中发生的,会导致所有者权益减少的、与向所有者分配利润无关的、能够可靠计量的经济利益的总流出,在会计上称为( )。

A. 利润　　　B. 价格　　　C. 投资　　　D. 费用

【答案】D

【分析】本题考查会计要素中"费用"的含义。

[2013年单选题] 企业在日常活动中形成的、会导致所有者权益增加的、与所有者投入资本无关的经济利益的总流入,在会计上称为( )。

A. 资产　　　B. 负债　　　C. 费用　　　D. 收入

【答案】D

【分析】本题考查会计要素中"收入"的含义。"收入"与"费用"两个会计要素的含义具有密切的关联性,收入强调的是日常活动经济利益总流入,费用强调的是日常活动经济利益总流出。既然考查过"收入"的含义,那就非常有可能考查"费用"的含义。

针对喜新不厌旧的出题规律,复习备考的时候可以结合历年真题来理解记忆教材上关于这些题目的考点及相关考点。但是要注意单纯"背"会历年真题是不够的,要能做到举一反三,如果这部分知识点掌握得比较透彻的话,那么及格就近在眼前啦。当然,备考时还需看未考查过的可考性较强的考点，尤其教材第二部分财政和第六部分法律，研究每个考点可能会如何出题，如何能够记忆下来。

四、2018年经济基础知识科目复习建议及应试技巧

(一) 复习建议

1. 要有认真学习的决心和态度

您可能听到过这样的话"经济师考试那么简单，随便学学就过了"，如果您信以为真，那结果应该有两种，要么在考场上没有看见您（因为您学着学着就放弃了），要么就是考过后躲在没人的地方掩面痛哭（考得一塌糊涂）。

中级经济师考试相对于中级会计师考试来说，的确是简单些，但随便学学是肯定过不了的，一定要认识到，只有扎扎实实地、按部就班地认真学，才能顺利通过考试。

您的态度决定了您将来的成绩！

2. 制订合理的学习计划，坚持执行

凡事"预则立，不预则废"，对于中级经济师的学习，制订一个明确的、具有可行性的学习计划是必不可少的，这样能够让您在走进考场时信心十足。但想要在您走出考场时，信心更足的话，就必须要坚持不懈地执行您的学习计划。

您的坚持决定了您将来的成绩！

那如何来制订一个合理的学习计划呢？概括来讲，可以分为三个阶段。

(1) 夯实基础阶段（6月—8月）。

基础学习阶段是最耗时、最痛苦，但也是最重要的一个阶段。对于首次接触经济方面知识的考生，入门会更难。也许刚看到教材第1章就坚持不下去了（教材37章中最难的就是教材第1章），一定要坚持下来，如果自己学太费劲儿，那就选择一个辅导班吧，让老师来为你导航。如果你选择了辅导班，那教材每一章学习步骤如下：

快速通读教材→结合本辅导书听基础班课程→做本辅导书上的练习题→回顾总结

经济基础知识这一科目的知识点很多，通常是学了后面忘了前面，所以滚动复习非常重要，也就是在开始新一章的学习时要复习前一章所学习的重要知识点。

(2) 强化提高阶段（9月）。

当基础阶段学习完成后，就需要就整本书的内容进行一次全面的复习，来巩固基础阶段的学习成果。基本过程：结合本书或教材回顾各章重要考点→做题→总结题目考点。本阶段侧重做题，要保证做题的质量，做完一道题，要停下来，想想题目涉及什么知识点，万一题目变形还会不会做。总之，做题的目的是掌握题目所涉及的考点及相关的考点。另外，要针对错题进行归纳总结，不能在一个题上错两次。

(3) 最后冲刺阶段（10月至考前）。

1）做成套试卷，包括近6年真题及模拟试题，争取每套试卷成绩在100分以上。通过做这些试卷来提高答题的速度、掌握答题的技巧以及强化对知识点的综合运用能力。

2）浏览基础阶段、强化提高阶段做的题目，尤其是错题。

3）考前一周，浏览记忆各章重要考点，最好再把教材的第二部分财政和第六部分法律仔细通读一下。

3. 掌握一定的学习方法

(1) 夯实基础，必不可少。

(2) 历年试题，无可替代。

(3) 少记、巧记，事半功倍。

经济师的考试大部分题目都是教材上的原话，关键是知识点太多，内容太繁杂，很难记忆，如果

把所有知识点都死记硬背下来,这种可能性极小,所以考生应学会记忆,掌握一些记忆的方法,比如:①联想记忆法、口诀法;②找出关键点,归纳总结,理解记忆;③图表、卡片等多种手段结合记忆。

关于教材中具体知识点的独特记忆方法,本辅导用书会在后面章节中详细告诉大家。

4. 熟悉机考操作系统,适应上机答题方式

从 2018 年开始,中级经济师的考试将采用机考形式,建议考生尽量熟悉机考操作过程,适应上机作答的方式。但这种变化只是考试形式的变化,考试核心内容不变,考生只要掌握了教材的基础内容,什么形式都会胸有成竹。

(二)应试技巧

中级经济基础知识考试试题均为选择题(单项选择题和多项选择题)。

答题时间的基本安排:考试时间为 90 分钟,单项选择题应控制在 45 分钟内;多项选择题应控制在 35 分钟内;最后 10 分钟检查,检查时一定要管住自己的手,不能随意更改自己第一印象的答案。

答题时要按照题目顺序号依次作答,看清楚题目要求,不要犯低级错误,比如要求选"不正确"的,结果把表述正确的都选上了,费力不讨好。另外,千万不要为一道难题钻牛角尖儿,浪费过多的时间,要考虑"成本—效益"原则。

1. 单项选择题

通常单项选择题大部分题目难度不是很大,一个题目有四个备选项,只有一个选项是符合题意的,想要及格,单项选择题的得分极其关键。

单项选择题应试方法如下:

(1) 如果有把握确定正确答案,可以直接挑选。

(2) 如果无法确定正确答案,可以采用排除法(一般将没有见过的选项、不合常理的选项、说法相同的选项以及说法特别绝对的选项排除)。

[2011 年单选题] 关于国内生产总值的说法,正确的是(   )。

A. 国内生产总值又称为国民总收入

B. 国内生产总值又称为国民生产总值

C. 国内生产总值是按市场价格计算的一个国家(或地区)在一定时期内生产活动的最终成果

D. 国内生产总值仅具有价值形态

【答案】C

【分析】本题可采用排除法选择,先将说法相同的 A 项和 B 项排除,再将说法太绝对的 D 项排除,即可选择出正确答案 C 项。

(3) 如果遇到不熟悉考点的题目,要仔细阅读题干,找出关键点,合理地猜测,也可以联系相关知识或者结合现实进行猜测。

[2015 年单选题] 在公平交易中,熟悉情况的交易双方自愿进行资产交换或者债务清偿的金额是(   )。

A. 可变现净值 B. 现值

C. 价格 D. 公允价值

【答案】D

【分析】本题可通过"公平交易"与"公允价值"的关联选择。

(4) 即使一无所知,单项选择题也不能空着,可以猜测一个选项,蒙对的概率还有 25%。

2. 多项选择题

多项选择题虽然侧重考查教材原文原话,但知识点较为分散,难度较大。每一个题目有五个备选项,每个备选项中,有 2 个或 2 个以上符合题意的,至少有 1 个错项。错选,本题不得分,少选，所选每个选项得 0.5 分。根据上述判分标准，可以遵循适当谨慎性原则，将选项中比较有把握的选出来。此类型题目可以采用排除法、比较法等对备选答案进行比较、分析、判断。

[2014 年多选题] 下列时间序列分析指标中，用于水平分析的有（　　）。

A. 发展水平
B. 平均发展水平
C. 发展速度
D. 平均增长速度
E. 平均增长量

【答案】ABE

【分析】本题可通过"水平"两个字来选择，能拿到 1 分（A 项给 0.5 分，B 项给 0.5 分），当然也可用排除法，排除带"速度"两字的选项，可拿到 2 分。

[2015 年多选题] 关于税制要素的说法，正确的有（　　）。

A. 纳税人只能是法人
B. 纳税期限是税法规定的纳税人发生纳税义务后向国家缴纳税款的期限
C. 纳税地点和纳税义务发生地总是一致的
D. 税率是税法规定的应征税额与征税对象之间的比例
E. 课税对象是不同税种间相互区别的主要标志

【答案】BDE

【分析】若选项中描述得较为绝对（"仅"，"一定"，"只能"……）通常就是表述错误的。

通过上面的内容，相信大家已经了解了经济基础知识这门课程的考试情况，接下来就要努力地坚持学下去了。常言说"天道酬勤"，只要各位考生按照正确的方向坚持不懈地学习，相信在 2018 年一定能够顺利地通过中级经济师的考试，加油！

第二篇
考点精讲及同步练习

信心源于实力,实力源于不懈的努力。夯实《经济基础知识》(中级)的各章内容,让我们底气十足地喊出"经济师,我必过"。

第一部分 经济学基础

考情分析

年份	单项选择题		多项选择题		合计分值
	题量	分值	题量	分值	
2012—2017	15	15	7	14	29

知识脉络

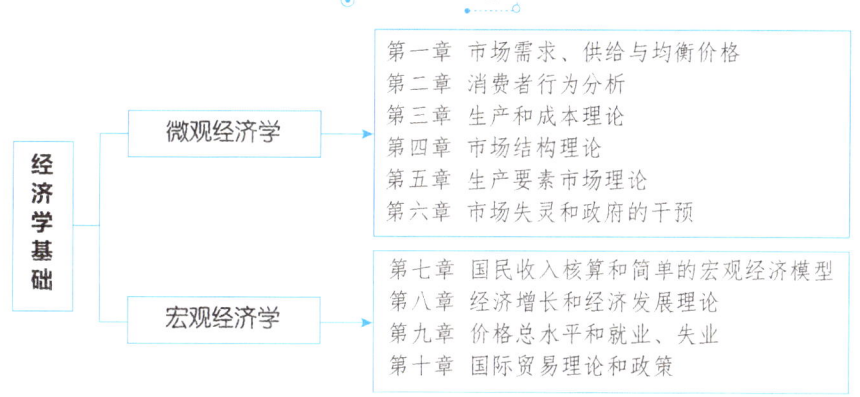

学习提示

经济学基础这部分内容较为抽象，尤其是微观经济学部分，涉及需求曲线、供给曲线等20多条曲线以及一些计算公式。学习时要根据考试的情况，尽量在理解的基础上进行巧记，不要钻牛角尖儿，对于一些看不懂的地方，别着急，可以先学习后面的知识，等思路开阔了再回过头来看看，可能就豁然开朗了；也可以扫描二维码听听老师是如何讲解的，对于这部分内容老师会用通俗易懂的方式讲解，把复杂的问题简单化；如果还是不明白，只要知道该知识点是如何考试的，做几个题目强化记忆就行了，当然考生还是要知道该如何死记硬背，该背哪些关键词。总之，我们的学习目标不是要把理论掌握得多么透彻，不是要解决现实中多么复杂的问题，我们的学习目标是通过考试。我相信，聪明、努力的您一定会克服种种困难，坚持到最后一刻的。

第一章 市场需求、供给和均衡价格

本章考情分析

年份	单项选择题	多项选择题	合计
2017年	2题2分	1题2分	4分
2016年	2题2分	1题2分	4分
2015年	2题2分	1题2分	4分
2014年	2题2分	1题2分	4分
2013年	5题5分	1题2分	7分
2012年	5题5分	2题4分	9分

本章考点概览

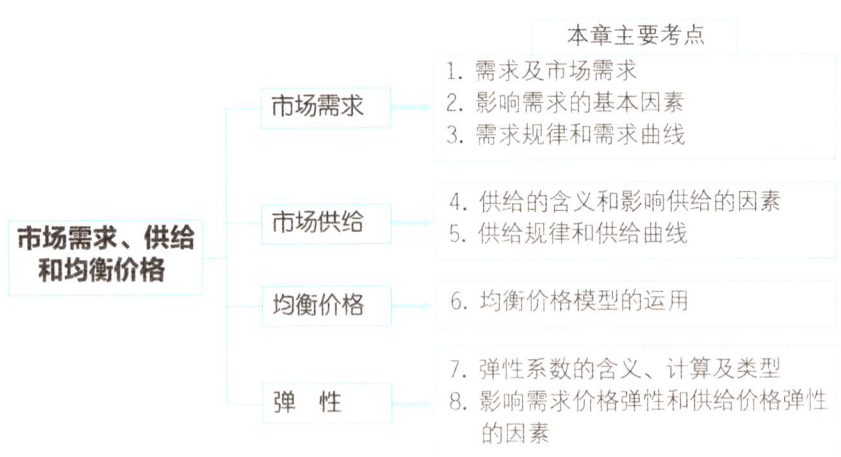

本章考点详解

【考点一】需求及市场需求

需求及市场需求的具体内容如表1-1所示。

表 1-1　需求及市场需求

项目	含义	考试重点	
需求	在一定时间内和一定价格条件下，消费者对某种商品或服务愿意而且能够购买的数量	需求的构成要素	购买欲望（愿意） 支付能力（能够）
市场需求	在一定时间内、一定价格条件下和一定的市场上所有的消费者对某种商品或服务愿意而且能够购买的数量	市场需求是消费者需求的总和	

【考点小贴士】需求的构成要素是常考点，可简记为"我想我能"。其中，"我"是买方，主要指消费者；"想"是购买的欲望；"能"是支付能力。如：我想我能买一套北京四环边的房子。

经典例题

[2013年真题·多选题] 需求的构成要素有（　　）。
A. 消费者偏好　　　　　　　B. 商品价格
C. 生产者预期　　　　　　　D. 消费者有支付能力
E. 消费者有购买欲望
[答案] DE
[解题思路] 本题根据"我想我能"找关键字，即可选择出E项（消费者购买欲望）和D项（消费者支付能力）。本题注意，需求的构成要素只有两个，"想＋能"，对于影响"想"的因素和影响"能"的因素均不选。

【考点二】影响需求的基本因素

影响需求的基本因素如图1-1所示。

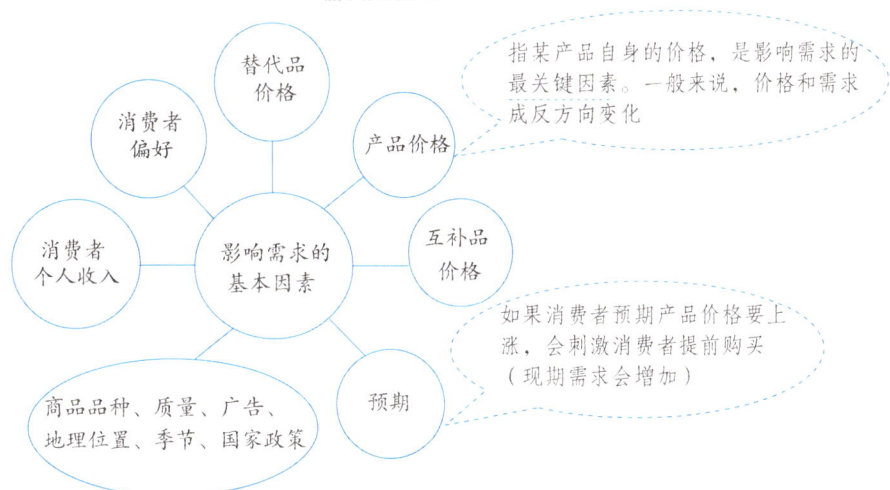

图 1-1　影响需求的基本因素

【解释1】影响需求的主要因素有消费者偏好、消费者个人收入、产品价格、替代品价格、互补品价格、预期以及其他因素。其中，最关键的因素是商品本身的价格。

【解释2】替代品的价格。替代品是指使用价值相近，可以相互替代来满足人们同一需要的商品，如煤气和电力。一般来说，商品的需求与替代品的价格成同方向变化，具体分析如图1-2所示。

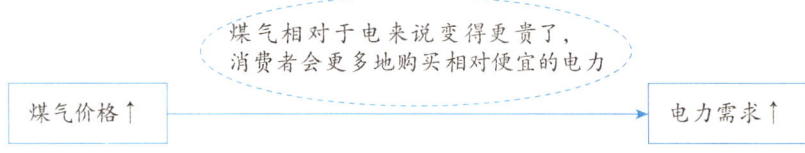

图 1-2 替代品价格对需求的影响

【解释3】互补品的价格。互补品是指使用价值上必须互相补充才能满足人们某种需要的商品，如汽车和汽油。一般来说，商品的需求与互补品的价格成反方向变化，具体分析如图1-3所示。

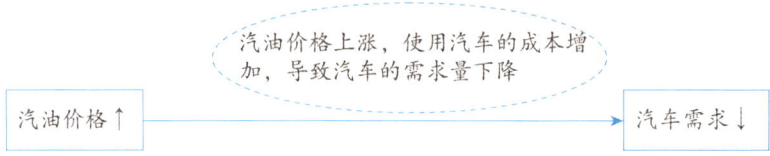

图 1-3 互补品价格对需求的影响

【考点小贴士】关于替代品价格和互补品价格对商品需求的影响，是非常重要的考点，但考生不能死记硬背结论，否则就极易混淆。考生可以直接根据替代品和互补品的含义举例子，虽然替代品和互补品例子很多，但为了快速做题，要始终用一个例子，比如替代品用"煤气和电"，互补品用"汽车和汽油"，然后经过简单的分析，画出箭头方向，就可以把题做对。

经典例题

[2009年真题·单选题] 某月内，甲商品的替代品和互补品的价格同时上升，引起的甲商品的需求变动量分别为50单位和80单位，则在这类商品价格变动的共同作用下，该月甲商品的需求量变动情况是（ ）。

A. 增加30单位
B. 减少30单位
C. 增加130单位
D. 减少130单位

[答案] B

[解题思路] 本题通过举例子，画箭头就可以做正确。为简便起见，不需要找甲商品的替代品和甲商品的互补品，直接用我们平时常用的两个例子就可以，因为结论都是相同的。具体分析过程如下：

(1) 替代品价格变化对于商品需求的影响（煤气为电的替代品）。

(2) 互补品价格变化对于商品需求的影响（汽油为汽车的互补品）。

汽油价格↑ —汽油贵了开车成本增加→ 汽车需求↓ → 甲商品互补品价格↑ → 甲商品需求↓80单位

替代品价格和互补品价格上升使甲商品的需求量共计减少30单位。本题选择B项。

【考点三】需求规律和需求曲线

需求规律和需求曲线的具体内容如表1-2所示。  扫码听课

表 1-2 需求规律及需求曲线

项目	具体内容
需求规律	需求与价格之间成反方向变化的关系，即商品价格提高，需求量减少；商品价格下降，需求量增加

续表

项目	具体内容
需求曲线	是描述需求量和价格对应关系的曲线（需求曲线是向右下方倾斜的曲线） 需求的变化情形有两种： (1) 需求数量变动：假定其他因素不变，只考虑需求和价格的关系，需求量的变化是沿着既定的需求曲线进行的。如图1-4所示，P为商品价格，Q_d为需求量，D为需求曲线 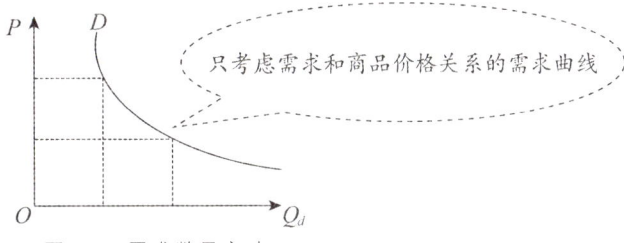 图1-4　需求数量变动 【提示】价格对需求量的影响在图形上的表现是"线不动，线上的点动" (2) 需求变动：由于消费者收入和消费者偏好等因素的变化引起需求的相应变化，这种变化表现为需求曲线的位移（简记：线动），如图1-5所示，P为商品价格，Q_d为需求量，D和D'为需求曲线 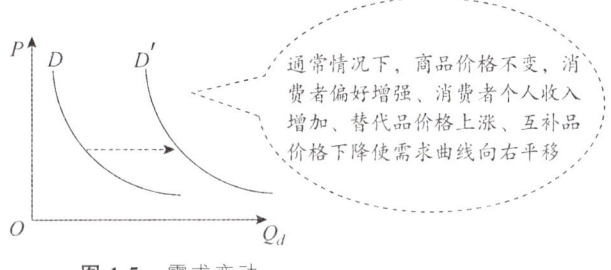 图1-5　需求变动 【提示】本处需掌握什么因素导致需求曲线位移，是向右平移还是向左平移

由于某种商品的市场需求就是所有消费者个人对该种商品的需求之和，因此，市场需求曲线也就是所有个别消费者需求曲线水平加总。

经典例题

[例题·多选题] 一般来说，导致需求曲线向右平移的因素有（　　）。

A. 商品价格下降　　　　　　　　B. 替代品价格上涨

C. 互补品价格下降　　　　　　　D. 消费者偏好增强

E. 生产成本上升

[答案] BCD

[解题思路] 根据"需求"排除影响供给的因素（E项）；再根据"平移"排除商品本身价格因素（A项）；最后根据"向右"，即需求量变大，选出B、C、D三项。

【考点四】供给的含义和影响供给的因素

一、供给的含义

供给是某一时间内和一定价格水平下生产者愿意并可能为市场提供商品或服务的数量。

二、影响供给的因素

影响供给的主要因素如图1-6所示。

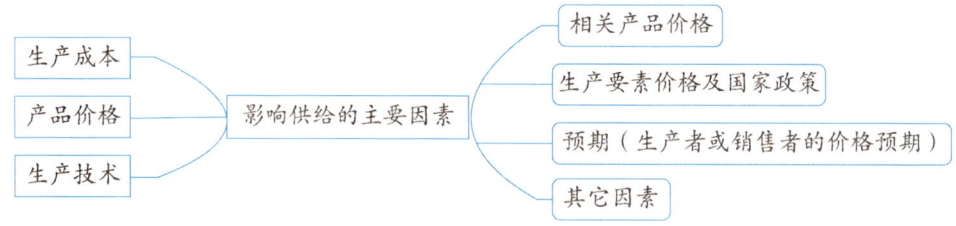

图 1-6 影响供给的主要因素

【解释1】产品价格。在其他条件不变的情况下，某种产品自身的价格和其供给的变动呈正方向变化。

【解释2】生产成本。在其他条件不变的情况下，某种产品自身的成本和其供给的变动成反方向变化。

【解释3】生产技术。技术水平在一定程度上决定着生产成本并进而影响供给。

经典例题

[2017年真题·单选题] 影响供给的主要因素是（ ）。
A. 消费者偏好
B. 生产成本
C. 消费者预期
D. 消费者收入
[答案] B
[解题思路] 本题主要考查影响供给的因素和影响需求的因素的区分。影响供给的因素包括生产成本、生产技术、产品价格等，主要是和"生产"挂钩的因素，而影响需求的因素主要是和"消费者"挂钩。

【考点五】供给规律和供给曲线

供给规律和供给曲线的具体内容如表1-3所示。

表 1-3 供给规律和供给曲线

项目	具体内容
供给规律	供给与价格之间成同方向变化的关系，即市场价格越高，供给量越大；市场价格越低，供给量越小
供给曲线	是描述供给量和价格关系的曲线（供给曲线是向右上方倾斜的曲线） 供给的变化情形有两种： (1) 供给数量变动：假定其他因素不变，只考虑供给和价格的关系，供给量的变化是沿着既定的供给曲线进行的(简记：线不动，线上的点动)。如图1-7所示，P 为商品价格，Q_s 为供给量，S 为供给曲线  图 1-7 供给数量变动

18

项目	具体内容
供给曲线	(2) 供给变动：由于价格以外的其他因素如成本变化引起供给的相应变化，这种变化表现为供给曲线的位移（简记：线动），如图1-8所示，P为商品价格，Q_S为供给量，S和S'为供给曲线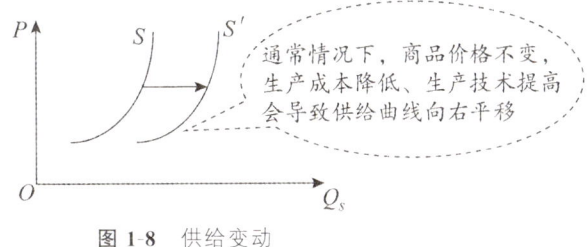图 1-8 供给变动

经典例题

[2013年真题·单选题] 以纵轴代表价格、横轴代表产量绘制某种农产品的需求曲线和供给曲线。假设其他条件不变，当生产成本上升时，在坐标图上就表现为这种农产品的（　　）。

A. 供给曲线将向左移动　　　　　B. 需求曲线将向左移动
C. 需求曲线将向右移动　　　　　D. 供给曲线将向右移动

[答案] A

[解题思路] 本题考查供给曲线的位移。由于价格以外的其他因素如成本变动引起供给的相应变动，这种变动表现为供给曲线的位移。当产品价格不变，生产成本增加时会导致供给量下降，从而导致供给曲线向左平移。

【考点小贴士】不管是需求曲线还是供给曲线，如果产品价格不变，当量变大时，曲线向右平移；当量变小时，曲线向左平移。

【考点六】均衡价格模型的运用

一、均衡价格的含义

均衡价格是指市场供给力量和需求力量相互抵消时所达到的价格水平，即供给量和需求量相等时的价格，此时供求数量为均衡数量。在实际生活中，供求十分活跃，经常发生变化，所以任何市场上供求平衡都是偶然的、暂时的、相对的。

二、均衡价格模型的运用

政府对市场的干预措施包括最高限价和保护价格。运用均衡价格模型可以比较具体地对最高限价和保护价格的效应进行分析。

关于最高限阶和保护价格的具体内容如表1-4所示。

表 1-4　最高限阶和保护价格

项目	最高限价	保护价格（最低限价或支持价格）
概念	由政府为某种产品规定一个具体的价格，市场交易只能在这一价格之下进行	由政府为某种产品规定一个具体的价格，市场交易只能在这一价格之上进行
适用情况	价格上涨幅度过大（市场价格太高）	价格下降幅度过大（市场价格太低）
目标	保护消费者利益或降低某些生产者的生产成本（目的是保护买方利益）	保护生产者的利益或支持某一产业的发展（目的是保护卖方利益）

续表

项目	最高限价	保护价格（最低限价或支持价格）
作用	最高限价低于均衡价格，会刺激消费、限制生产，使供给减少、需求增加，结果是市场短缺	保护价格高于均衡价格，会刺激生产、限制消费，导致市场过剩
不良后果	若政府监管不力可能出现： (1) 黑市交易和黑市高价 (2) 生产者变相涨价等现象	若没有政府收购可能出现： (1) 黑市交易和黑市低价 (2) 生产者变相降价等现象
实施条件	(1) 须有强有力的行政措施和分配措施（配给制） (2) 只适宜短期或局部地区实行，不应长期化	(1) 须有强有力的行政措施，还必须建立政府的收购和储备系统 (2) 保护价格只适宜在粮食等少数农产品上实行

【考点小贴士】关于最高限价和保护价格的记忆方法：可以通过记忆"保过"举一反三。下列是保护价格的记忆方法：

保过 { 保护价格市场过剩 →变相降价、黑市低价→政府收购储备
       保护价格超过均衡价格 →保护卖方的利益

若考查最高限价，全部取反义词即可。

经典例题

[2016年真题·多选题] 当政府对部分重要产品（例如肉类禽蛋等）实施最高限价政策时，通常会发生的情况有（　　）。
A. 刺激生产增加
B. 增加经营者收入
C. 增加生产者成本
D. 出现市场短缺
E. 如果政府监管不力，会产生黑市交易
[答案] DE
[解题思路] 本题考查最高限价，可依据"保过"反义词去选。实施保护价格市场过剩，那实施最高限价市场就会短缺，先选出D项，也可选出E项。根据短缺（供给少），可判断卖方不愿意卖，即抑制生产，刺激消费，会减少经营者收入，A、B两项错误。增加生产者成本可以从"最高限价低于均衡价格"来判断，若生产者购买的材料物资实施了最高限价，就会使生产者的购买成本降低，从而降低生产者的成本，C项错误。

[2012年真题·多选题] 关于对农产品实行保护价格的说法，正确的有（　　）。
A. 保护价格总是低于均衡价格
B. 保护价格总是高于均衡价格
C. 保护价格有可能导致市场过剩
D. 保护价格有可能导致市场短缺
E. 保护价格会导致变相涨价现象
[答案] BC
[解题思路] 本题题干出现"保护价格"，就要立即想到上述[考点小贴士]中的"保过"两个字，稍加思量，就可以选择出C项"过剩"和B项"超过"。

【考点七】弹性系数的含义、计算及类型

一、四种弹性系数的含义及计算

四种弹性系数的含义及计算如表1-5所示。

扫码听课

表 1-5　四种弹性系数的含义及计算

名称	含义	计算公式
需求价格弹性系数（E_d）	是需求量对价格变动的反应程度，是需求量变动百分比与价格变动百分比的比率	$E_d = \dfrac{需求量的相对变动}{价格的相对变动} = \dfrac{需求量变动率}{价格变动率}$ 【提示1】在计算需求量相对变动和价格的相对变动时有点弹性和弧弹性之分： (1) 点弹性：变动率的分母是原需求量和原价格 (2) 弧弹性：变动率的分母是平均需求量和平均价格 【提示2】点弹性适用价格和需求变动较小的场合；弧弹性适用价格和需求变动较大的场合
	需求的变动与价格的变动符号相反，因此需求价格弹性系数 E_d 为负数，为简便起见，通常把负号略去，取其绝对值	
需求收入弹性系数（E_y）	是需求量的变动和引起这一变动的消费者收入变动之比，用以衡量需求变动对消费者收入变动的反应程度	$E_y = \dfrac{需求量的相对变动}{收入的相对变动}$
需求交叉弹性系数（E_{ij}）	是一种商品（j）价格的相对变化与由此引起的另一种商品（i）需求量相对变动之间的比率	$E_{ij} = \dfrac{商品\,i\,需求量的相对变化}{商品\,j\,价格的相对变化}$（涉及两种商品）
供给价格弹性系数（E_s）	是价格的相对变化与所引起的供给量的相对变化之间的比率	$E_s = \dfrac{供给量的相对变动}{价格的相对变动}$

【考点小贴士】上述四种弹性系数重点掌握需求价格弹性系数。需求价格弹性系数最简单的理解就是需求的变动率是价格变动率的多少倍。例如，需求价格弹性系数是2，表示需求量的变动率是价格变动率的2倍，价格若变动10%，需求量的变动率就是20%。

经典例题

[2013年真题·单选题] 已知某种商品的需求价格弹性系数是0.5，当价格为每台32元时，其销售量为1 000台。如果这种商品价格下降10%，在其他因素不变的条件下，其销售量是(　　)台。
A. 950　　　　B. 1 050　　　　C. 1 000　　　　D. 1 100
[答案] B
[解题思路] 本题考查需求价格弹性的计算。需求价格弹性系数0.5，表示需求量的变动率是价格变动率的0.5倍，价格变动率是10%，则需求量的变动率就是0.5×10%＝5%，确定需求量变动率后，再确定变动方向，价格和需求量反方向变动，即商品价格下降10%，需求量应增加5%。原来的销售量为1 000台，增加5%后的销售量＝1 000×（1＋5%）＝1 050（台）。

二、弹性系数的类型

（一）需求价格弹性系数（E_d）的类型

需求价格弹性系数通常有三种类型。其大小与生产者或销售者的总销售收入有着密切的关系，如表1-6所示。

表 1-6　需求价格弹性系数的类型及不同类型下价格与销售收入的关系

需求价格弹性系数的类型	价格与销售收入的关系
$E_d>1$，需求富有弹性的商品，即需求量的变动率大于价格的变动率	价格上升会使销售收入减少，价格下降会使销售收入增加。销售收入与价格变动成反方向变动趋势
$E_d<1$，需求缺乏弹性的商品，即需求量的变动率小于价格的变动率	价格上升会使销售收入增加，价格下降会使销售收入减少。销售收入与价格变动成同方向变动趋势

续表

需求价格弹性系数的类型	价格与销售收入的关系
$E_d=1$，需求单位弹性的商品，即需求量的变动率等于价格的变动率	价格变动不会引起销售收入的变动

综上，企业对于需求富有弹性的商品适合实行薄利多销的方法。

【考点小贴士】$E_d<1$，说明价格对需求的影响小，即价格上涨很多，需求量只下降一点，价格乘以销售量的结果是销售收入。因此，销售收入就会随着价格的上涨有所增加，简单记忆就是对于<u>需求价格弹性系数小于1的商品</u>，站在卖方的角度"涨价好"，涨价销售收入会增加。

经典例题

[2012年真题·单选题] 通常情况下，生产者通过提高某产品单位销售价格而增加其销售总收入的前提条件是该产品的（　　）。

A. 需求价格弹性系数大于1　　B. 需求收入弹性系数大于1
C. 需求收入弹性系数小于1　　D. 需求价格弹性系数小于1

[答案] D

[解题思路] 本题通过题干中提高价格增加收入，即"涨价好"，选择D项需求价格弹性系数小于1。

（二）需求交叉弹性系数（E_{ij}）的类型

需求交叉弹性系数有三种类型，如表1-7所示。

表1-7　需求交叉弹性系数的类型

需求交叉弹性系数的类型	两种商品之间的关系	应用举例
$E_{ij}>0$	替代关系	煤气和电
$E_{ij}<0$	互补关系	汽车和汽油
$E_{ij}=0$	不存在相关关系	—

【考点小贴士】需求交叉弹性系数主要用来判断两种商品的关系。不用死背结论，只要用例子来理解即可。

经典例题

[2010年真题·单选题] 如果两种商品 x 和 y 的需求交叉弹性系数是-2.3，那么可以判断出（　　）。

A. x 和 y 是替代品　　B. x 和 y 是互补品
C. x 和 y 是高档品　　D. x 和 y 是低价品

[答案] B

[解题思路] 本题考查需求交叉弹性系数，判断方法如下所示：

$$汽车需求\downarrow \div 汽油价格\uparrow = 需求交叉弹性系数<0$$

此类题目考试中举出例子，简单分析，如汽油涨价，汽车需求下降，画出箭头相反，用汽车需求变动率除以汽油价格变动率就是需求交叉弹性系数，此时需求交叉弹性系数是负数，因此判断两种商品为互补品。

（三）需求收入弹性系数（E_y）的类型

需求收入弹性系数有如下五种类型，如表1-8所示。

表 1-8 需求收入弹性的类型

需求收入弹性系数的类型	含义	商品性质
$E_y=1$	收入变动和需求数量变动是成相同比例的	—
$E_y>1$	收入弹性高,即需求数量的相应增加大于收入的增加	高档品、奢侈品
$0<E_y<1$	收入弹性低,即需求数量的相应增加小于收入的增加	必需品
$E_y=0$	不管收入如何变动,需求数量不变	—
$E_y<0$	收入增加时买得少,收入降低时买得多	低档品

经典例题

[2012年真题·单选题] 假设一定时期内消费者的个人收入增加了20%,由此导致消费者对某商品的需求下降了12%,这在一定程度上可以说明该商品属于( )。

A. 高档品　　　　B. 边际商品　　　　C. 低档品　　　　D. 必需品

[答案] C

[解题思路] 需求收入弹性的大小可以作为划分"高档品""必需品""低档品"的标准。具体为:①需求收入弹性大于1的商品,称为"高档品";②需求收入弹性小于1的商品,称为"必需品";③需求收入弹性小于0的商品,称为"低档品"。本题中收入增加,需求减少,可判断该商品为低档品。

(四) 供给价格弹性系数 (E_s) 的类型

(1) $E_s>1$,供给富有弹性。

(2) $E_s<1$,供给缺乏弹性。

(3) $E_s=1$,供给单位弹性。

(4) $E_s=0$,供给完全无弹性,现实的市场供给中很少见到。

(5) $E_s=\infty$,供给完全有弹性,现实的市场供给中很少见到。

【考点八】影响需求价格弹性和供给价格弹性的因素

一、影响需求价格弹性的因素

影响需求价格弹性的因素如表 1-9 所示。

扫码听课

表 1-9 影响需求价格弹性的因素

影响需求价格弹性的因素	具体影响
替代品的数量和相近程度	一种商品若有许多相近的替代品,则需求价格弹性大
商品的重要性	生活基本必需品,需求弹性小;非必需的高档商品,需求弹性大
商品用途的多少	一般来说商品的用途越多,它的需求弹性就越大
时间	时间越短,商品的需求弹性越小;时间越长,商品的需求弹性就越大

二、影响供给价格弹性的因素

影响供给价格弹性的因素如表 1-10 所示。

表 1-10 影响供给价格弹性的因素

影响供给价格弹性的因素	具体影响
时间(决定供给价格弹性的首要因素)	短期内,供给价格弹性一般较小

续表

影响供给价格弹性的因素	具体影响
生产周期和自然条件	对于农产品来说,短期内供给价格弹性几乎为0
投入品替代性大小和相似程度	投入品替代性大,相似程度高,则供给价格弹性大

经典例题

[2011年真题·多选题] 决定某种商品需求价格弹性大小的因素主要有( )。
A. 该种商品的替代品的数量和相近程度
B. 该种商品的生产周期长短
C. 该种商品的生产自然条件状况
D. 该种商品在生活消费中的重要性
E. 该种商品的用途多少
[答案] ADE
[解题思路] 本题实质考查影响需求价格弹性的因素与影响供给价格弹性的因素的区分。可以用排除法进行选择。影响供给价格弹性的因素多与"生产"挂钩,如:生产需要时间,生产需要料、工、费等投入品,生产要有生产周期,生产要依赖自然条件。这样记忆会很容易区分影响二者的因素。另外对于"时间"这个因素不仅影响需求价格弹性也影响供给价格弹性。

本章易错易混考点

【易错易混考点一】 影响需求的因素与影响供给的因素(如表1-11所示)

表1-11 影响需求的因素与影响供给的因素

影响需求的因素 (影响买方想买能买的数量)	影响供给的因素 (影响卖方想卖能卖的数量)
消费者的偏好	生产成本
消费者的个人收入	生产技术
产品价格(最关键的因素)	产品价格
替代品的价格	相关产品的价格
互补品的价格	
预期(即消费者预算)	预期(即生产者的预期)
其他因素(国家政策、广告宣传、商品品种、质量等)	其他因素(国家政策、生产要素的价格等)

【提示】区分影响需求的因素及影响供给的因素的关键是:带"生产"两个字的因素必然影响的是供给,带"消费者"三个字的因素必然影响的是需求;另外,"产品价格"与"预期"既影响需求又影响供给。

[例题·多选题] 影响供给的主要因素包括( )。
A. 消费者偏好   B. 生产成本
C. 产品价格   D. 消费者的个人收入
E. 生产者的预期
[答案] BCE
[解题思路] 本题可通过"生产"两个字,先选出B项和E项,再根据"产品价格"既影响需求又影响供给,即可选出C项。

【易错易混考点二】点弹性与弧弹性（如表 1-12 所示）

表 1-12　点弹性与弧弹性

类型	含义	适用情形
点弹性	是需求曲线某一点上的弹性，等于需求量的无穷小的相对变化对价格的一个无穷小的相对变化的比值。即： $E_d = \dfrac{\Delta Q}{Q_0} \div \dfrac{\Delta P}{P_0}$（提示：下标 0，代表变化前）	价格和需求量变动较小
弧弹性	是需求曲线上两点之间弧的弹性，等于需求量的相对变化量对价格相对变动量的比值。即： $E_d = \dfrac{\Delta Q}{(Q_0+Q_1)/2} \div \dfrac{\Delta P}{(P_0+P_1)/2}$（提示：下标 1，代表变化后）	价格和需求量变动较大

【提示】点弹性与弧弹性的主要区别是计算需求变动率与价格变动率时，点弹性变动率的分母是原需求量和原价格，弧弹性变动率的分母是平均需求量和平均价格。

[2011 年真题·单选题] 某商品的价格为 2 元/件时，销售量为 300 件；当价格提高到 4 元/件时，销售量为 100 件。按照弧弹性公式计算，该商品的需求价格弹性是（　　）。
A. 0.40　　　　　B. 0.67　　　　　C. 1.50　　　　　D. 2.00
[答案] C
[解题思路] 本题考查弧弹性的计算公式：$\Delta Q = 100 - 300 = -200$（件），$\Delta P = 4 - 2 = 2$（元），$(Q_1 + Q_2)/2 = (300 + 100)/2 = 200$（件），$(P_1 + P_2)/2 = (2+4)/2 = 3$（元），需求价格弹性 $= [-200/200] / (2/3) = -1.5$。由于需求价格弹性系数始终是负数，所以可以直接用绝对值表示。
[延伸] 本题若按点弹性计算公式可得，需求价格弹性 $= [(100-300)/300] / [(4-2)/2] = -2/3$，即需求价格弹性系数为 2/3。

历年经典真题回顾

一、单项选择题（每题 1 分，每题备选项中，只有 1 个最符合题意）

1. 就生产者或销售者而言，如果想通过降低其生产或销售的某种商品的价格来增加其总销售收入，那么其生产或销售的该种商品的（　　）。[2017 年真题]
   A. 需求价格弹性系数应等于 1　　　　B. 需求收入弹性系数应等于 1
   C. 需求价格弹性系数应大于 1　　　　D. 需求交叉弹性系数应大于 1
   [答案] C
   [解析] 需求价格弹性系数大于 1，降低价格，生产者销售收入会提高。

2. 政府为了保护农业生产者利益，在必要时对某些农产品可以采取的价格干预措施是（　　）。[2016 年真题]
   A. 调控均衡价格　　　　　　　　　　B. 规定最高限价
   C. 规定保护价格　　　　　　　　　　D. 降低农业生产资料价格
   [答案] C
   [解析] 本题可通过"保护农业生产者利益"即可选择"保护价格"。保护价格保护的是卖方的利益，而最高限价保护的是买方的利益，即保护消费者利益或降低某些生产者的生产成本。

3. 影响商品需求的最关键因素是（　　）。[2015 年真题]
   A. 商品价格　　　　　　　　　　　　B. 消费者收入
   C. 预期　　　　　　　　　　　　　　D. 消费者偏好
   [答案] A

[解析] 影响商品需求最关键的因素是商品价格。

4. 两种商品的需求交叉弹性系数为正数,表明这两种商品的关系属于( )。[2015年真题]
   A. 互补关系　　　　　　　　B. 替代关系
   C. 正反馈关系　　　　　　　D. 无关产品关系
   [答案] B
   [解析] 需求交叉弹性是正值,说明两种商品是替代品。本题可通过举例进行理解,如煤气是电的替代品,煤气涨价,电的需求量增加,二者的需求交叉弹性系数为正数。

5. 某月因替代品价格上升,甲商品需求量变动500千克,同期互补品价格上升,导致甲商品的需求量变动800千克,那么,在相关产品价格变动的共同作用下,该月甲商品需求量的实际变动量是( )。[2014年真题]
   A. 增加300千克　　　　　　B. 增加1 300千克
   C. 减少300千克　　　　　　D. 减少1 300千克
   [答案] C
   [解析] 本题通过举例子可将抽象问题具体化,如煤气和电属于替代品,煤气价格上升,会导致电的需求量增加,即替代品价格上涨,导致甲商品需求量增加500千克;汽车与汽油属于互补品,当汽油价格上升时,会导致汽车的需求量下降,即互补品的价格上升使甲商品的需求量下降800千克;故替代品价格上升与互补品价格上升,二者共同作用使甲商品需求减少300千克(500-800=-300)。

6. 导致某种商品供给曲线发生位移的因素是( )。[2014年真题]
   A. 该商品的成本　　　　　　B. 该商品的价格
   C. 该商品的税率　　　　　　D. 消费者偏好
   [答案] A
   [解析] 由于价格以外的其他因素如成本变动引起供给的相应变动,这种变动表现为供给曲线的位移。本题中,A项(商品的成本)属于价格之外影响供给的因素,因此本题选A项。

7. 当某种生活必需品的市场价格上涨幅度过大时,为保障大多数消费者的基本生活稳定,政府采取最高限价进行干预,可能导致的结果是( )。[2013年真题]
   A. 政府储备增加　　　　　　B. 供给过多
   C. 生产成本上升　　　　　　D. 供给短缺
   [答案] D
   [解析] 本题考查最高限价的影响。最高限价可能导致的结果是市场供给短缺。

8. 可以用于判断两种商品或者服务是否具有替代关系或互补关系的指标是( )。[2013年真题]
   A. 需求价格弹性　　　　　　B. 需求交叉弹性
   C. 供给价格弹性　　　　　　D. 需求收入弹性
   [答案] B
   [解析] 通过本题掌握需求交叉弹性的含义及类型。需求交叉弹性是指一种商品(j)价格的相对变化与由此引起的另一种商品(i)需求量相对变动之间的比率,通过需求交叉弹性的取值可以判断两种商品或者服务是否具有替代关系或互补关系。

9. 假设消费者收入增加25%,会导致某种商品的需求量增加10%,则该商品的类型为( )。
   [2013年真题]
   A. 低档品　　　B. 高档品　　　C. 劣等品　　　D. 必需品
   [答案] D

[解析] 需求收入弹性的大小，可以作为划分"高档品""必需品""低档品"的标准。本题中，收入增加得多，需求增加得少，由此可判断该商品为必需品。

10. 当某种生活必需品价格（例如粮食）的市场价格上涨幅度过大，有可能影响城镇居民的生活水平时，政府一般可以采取的干预方式是（　　）。[2012年真题]

A. 限制进口　　　　　　　　　　B. 实施最高限价
C. 实施保护价格　　　　　　　　D. 增加政府库存

[答案] B

[解析] 本题考查最高限价的含义。最高限价是由政府为某种产品（价格上涨幅度过大）规定一个具体的价格，市场交易只能在这一价格之下进行。

11. 某城市决定从2011年8月1日起，把辖区内一著名风景区门票价格从32元提高到40元，已知该风景区2011年8月的游客为88 000人次，与2010年8月相比减少了12%，则以弧弹性公式计算的该风景区旅游的需求价格弹性系数是（　　）。[2012年真题]

A. 0.57　　　　B. 0.48　　　　C. 1.10　　　　D. 2.08

[答案] A

[解析] 需求价格弹性系数＝需求量变动率/价格变动率。弧弹性下，变动率的分母用平均数。本题中，需求量相比于2010年8月下降了12%。由2010年需求量×（1－12%）＝88 000，可得2010年需求量＝88 000/（1－12%）＝100 000（人次），平均需求量＝（88 000＋100 000）/2＝94 000（人次），弧弹性下需求量变动率＝（100 000－88 000）/94 000＝12.77%，平均价格＝(40＋32)/2＝36（元），价格变动率＝（40－32）/36＝8/36＝22.22%，弧弹性下需求价格弹性系数＝12.77%/22.22%＝0.57。

[延伸] 本题若考查点弹性，价格变动率＝8/32＝25%，需求量变动率为12%，则点弹性＝12%/25%＝0.48，应选择B项。

12. 在构成商品需求的基本要素中，除消费者的购买欲望外，还应包括（　　）。[2011年真题]

A. 消费者的潜在收入　　　　　　B. 消费者的支付能力
C. 产品的市场价格　　　　　　　D. 产品的生产成本

[答案] B

[解析] 通过本题掌握需求的构成要素。需求是指在一定时间内和一定价格条件下，消费者对某种商品或服务愿意而且能够购买的数量。需求的构成要素包括购买欲望（愿意）和支付能力（能够）。

二、多项选择题（每题2分，每题备选项中，有2个或2个以上符合题意，至少有1个错项。错选，本题不得分；少选，所选的每个选项得0.5分）

1. 影响需求变动的主要因素有（　　）。[2017年真题]

A. 生产技术　　　　　　　　　　B. 消费者偏好
C. 替代品的价格　　　　　　　　D. 生产成本
E. 互补品的价格

[答案] BCE

[解析] 影响需求变动的主要因素包括消费者的偏好、替代品价格、互补品价格等。生产技术、生产成本等影响供给变动。

2. 能够导致某种商品的需求曲线发生位移的因素包括（　　）。[2015年真题]

A. 该商品自身的价格　　　　　　B. 消费者偏好
C. 消费者收入　　　　　　　　　D. 价格弹性

E. 生产成本

[答案] BC

[解析] 由于消费者收入和消费者偏好等因素的变化引起需求的相应变化，这种变化表现为需求曲线的位移。假定其他因素不变，只考虑需求和价格的关系，需求量的变化是沿着既定的需求曲线进行的（即线不动，点动）。生产成本的变动会导致供给曲线的位移。价格弹性不影响需求曲线。

3. 关于政府实施最低保护价格的说法，正确的有（　　）。[2014年真题]

   A. 保护价格总是低于均衡价格

   B. 保护价格总是高于均衡价格

   C. 实施保护价格有可能导致市场过剩

   D. 保护价格的顺利实施需要政府建立收购和储备系统

   E. 实施保护价格有可能导致配给制

   [答案] BCD

   [解析] 根据"保过"，可知实施保护价格可能导致市场过剩，需要政府建立收购和储备系统，保护价格超过均衡价格，即保护价格总是高于均衡价格。

4. 在一般情况下，政府实施最高限价可能产生的结果或问题有（　　）。[2009年真题]

   A. 供给短缺   B. 生产者变相涨价

   C. 黑市交易   D. 生产者变相降价

   E. 过度生产

   [答案] ABC

   [解析] 本题选择的关键是"最高限价→供给短缺"，依据供给短缺即可选择生产者变相涨价、黑市交易（黑市高价）。

本章同步练习

一、单项选择题（每题1分，每题备选项中，只有1个最符合题意）

1. 在互补商品之间，其中一种商品价格上升，需求量降低，会引起另一种商品的需求（　　）。

   A. 提高   B. 降低

   C. 不变   D. 无法确定

2. 市场需求是指在一定时间内、一定价格条件下和一定的市场上所有的消费者对某种商品或服务（　　）。

   A. 愿意购买的数量   B. 能够购买的数量

   C. 实际需要的数量   D. 愿意且能够购买的数量

3. 一般来说，产品自身的价格（　　）。

   A. 与需求成反方向变化 B. 与需求成同方向变化

   C. 不影响需求和供给   D. 与供给成反方向变化

4. 由于消费者收入和消费者偏好等因素的变化引起需求的相应变化，这种变化表现为（　　）。

   A. 需求量沿着既定的需求曲线进行 B. 需求曲线的位移

   C. 需求曲线向右下方倾斜   D. 供给曲线的位移

5. 如果两种商品是替代关系，则一种商品的需求量与另一种商品的价格之间是（　　）。

   A. 反方向变动关系   B. 同方向变动关系

   C. 没有关系   D. 难以确定

6. 市场需求曲线是所有个别消费者需求曲线（　　）加总。
   A. 纵向　　　　　　　　　B. 水平　　　　　　　　　C. 价格　　　　　　　　　D. 垂直
7. 能够导致某种商品的需求曲线发生位移的因素是（　　）。
   A. 该商品自身的价格　　　　　　　　　　B. 该商品的成本
   C. 生产技术　　　　　　　　　　　　　　D. 消费者个人收入
8. 某一时期，电冰箱的供给曲线向右平移的原因可能是（　　）。
   A. 电冰箱的价格下降　　　　　　　　　　B. 生产电冰箱的成本下降
   C. 生产电冰箱的成本上升　　　　　　　　D. 消费者的收入上升
9. 其他因素不变，导致供给沿着既定的供给曲线变动的因素是（　　）。
   A. 生产成本　　　　　　　　　　　　　　B. 产品价格
   C. 生产技术　　　　　　　　　　　　　　D. 消费者偏好
10. 在我国，保护价格属于政府对市场价格的干预措施，实施保护价格会出现（　　）。
    A. 市场过剩　　　　　　　　　　　　　　B. 市场短缺
    C. 刺激消费　　　　　　　　　　　　　　D. 限制生产
11. 最高限价是由政府为某种产品规定一个具体的价格，市场交易只能在这一价格之下进行，要保证最高限价的顺利实施，政府应（　　）。
    A. 建立政府收购和储备系统　　　　　　　B. 使这种价格全局化
    C. 实施配给制　　　　　　　　　　　　　D. 使这种价格长期化
12. 关于均衡价格的形成和变动，下列表述错误的是（　　）。
    A. 供给曲线与需求曲线相交时的市场价格为均衡价格，对应的数量为均衡数量
    B. 均衡价格是市场供给力量和需求力量相互抵消时所达到的价格水平
    C. 市场供给和需求受一系列因素的影响，每个因素的变化都可能引起供求关系的变化，而供求关系的变化又会引起价格的变化
    D. 实际经济生活中，任何市场上的供求都是一直平衡的
13. 政府为了扶持农业，对农产品规定了高于其均衡价格的支持价格。政府为了维持支持价格，应该采取的相应措施是（　　）。
    A. 增加对农产品的税收　　　　　　　　　B. 实行农产品配给制
    C. 收购过剩的农产品　　　　　　　　　　D. 对农产品生产者予以补贴
14. 假定某消费者的需求价格弹性系数为1.3，在其他条件不变的情况下，商品价格下降2%对商品需求数量的影响是（　　）。
    A. 需求量上升1.3%　　　　　　　　　　　B. 需求量下降2%
    C. 需求量上升2.6%　　　　　　　　　　　D. 需求量下降2.6%
15. 假设消费者的收入增加了20%，此时消费者对某商品的需求增加了100%，则该商品属于（　　）。
    A. 高档品　　　　　　　　　　　　　　　B. 替代品
    C. 必需品　　　　　　　　　　　　　　　D. 低档品
16. 如果需求价格弹性系数E_d大于1，则（　　）。
    A. 价格上升会使销售收入增加　　　　　　B. 价格上升会使销售收入减少
    C. 价格下降会使销售收入减少　　　　　　D. 企业不适用薄利多销策略
17. 关于需求价格弹性的影响因素表述错误的是（　　）。
    A. 时间越短，商品的需求弹性越缺乏

B. 生活基本必需品的需求缺乏弹性

C. 一般来说，一种商品的用途越多，它的需求弹性越大

D. 一般来说，一种商品若有极少的替代品，则该商品的需求价格弹性大

18. 一种商品价格的相对变化与由此引起的另一种商品需求量相对变动之间的比率称为（   ）。

　　A. 需求价格弹性　　　　　　　　　　B. 供给价格弹性

　　C. 需求交叉弹性　　　　　　　　　　D. 供给交叉弹性

19. 决定供给价格弹性的首要因素是（   ）。

　　A. 资金有机构成　　　　　　　　　　B. 生产周期和自然条件

　　C. 投入品替代性大小　　　　　　　　D. 时间

20. 需求收入弹性小于 0 的商品，可以称为（   ）。

　　A. 高档品　　　　　　　　　　　　　B. 必需品

　　C. 互补品　　　　　　　　　　　　　D. 低档品

21. 当供给价格弹性系数 E_s（   ）时，表示供给富有弹性。

　　A. 大于 1　　　　　　　　　　　　　B. 小于 1

　　C. 等于 0　　　　　　　　　　　　　D. 无穷大

22. 设某种商品的需求弹性为 0.5，该商品现在的价格为 2 元，则按点弹性计算公式，商品价格上升到（   ）元，才能使需求量减少 15%。

　　A. 0.6　　　　　　　　　　　　　　　B. 2.6

　　C. 2.4　　　　　　　　　　　　　　　D. 3

23. 关于需求交叉弹性说法错误的是（   ）。

　　A. 需求交叉弹性可以用来判断两种商品或者服务是否具有替代关系或互补关系

　　B. 若两种商品之间存在互补关系，则需求交叉弹性大于零

　　C. 需求交叉弹性等于零，两种商品之间不存在相关关系

　　D. 需求交叉弹性大于零，则两种商品之间存在替代关系

24. 市场供给力量与需求力量相互抵消时所达到的价格水平称为（   ）。

　　A. 平均价格　　　　　　　　　　　　B. 理论价格

　　C. 平准价格　　　　　　　　　　　　D. 均衡价格

25. 在我国，实行最高限价属于政府对市场价格的（   ）。

　　A. 平衡措施　　　　　　　　　　　　B. 引导措施

　　C. 紧急措施　　　　　　　　　　　　D. 干预措施

二、**多项选择题**（每题 2 分，每题备选项中，有 2 个或 2 个以上符合题意，至少有 1 个错项。错选，本题不得分；少选，所选的每个选项得 0.5 分）

1. 影响需求的主要因素有（   ）。

　　A. 消费者偏好　　　　　　　　　　　B. 生产技术

　　C. 生产成本　　　　　　　　　　　　D. 替代品价格

　　E. 消费者预期

2. 一般情况下，导致需求曲线向左平移的因素有（   ）。

　　A. 商品价格下降　　　　　　　　　　B. 替代品价格下降

　　C. 互补品价格上升　　　　　　　　　D. 消费者偏好增强

　　E. 生产成本上升

3. 以纵轴代表价格、横轴代表产量绘制某种产品的需求曲线和供给曲线。假设其他条件不变，当

产品价格上升时,在坐标图上就表现为这种产品的(　　)。
  A. 供给曲线将向右移动　　　　　　B. 需求曲线将向左移动
  C. 需求量沿着既定的需求曲线变动　　D. 供给曲线将向左移动
  E. 供给量沿着既定的供给曲线变动

4. 关于需求和供给表述正确的有(　　)。
  A. 价格和需求量之间成反方向变化的关系称为需求规律
  B. 价格和供给量之间成同方向变化的关系称为供给规律
  C. 供给曲线通常是向右下方倾斜的曲线
  D. 需求曲线通常是向右上方倾斜的曲线
  E. 一般来说,市场价格越高,供给量越大;市场价格越低,供给量减少

5. 下列关于最高限价的说法,正确的有(　　)。
  A. 目标是保护消费者利益或降低某些生产者的生产成本
  B. 属于政府对价格的干预措施
  C. 最高限价低于均衡价格
  D. 市场交易只能在这一价格之上进行
  E. 其目标是保护生产者利益或支持某一产业的发展

6. 下列关于需求交叉价格弹性表述正确的有(　　)。
  A. 需求交叉弹性系数 $E_{ij}>0$,两种商品之间存在替代关系
  B. 需求交叉弹性系数 $E_{ij}<0$,两种商品之间存在互补关系
  C. 需求交叉弹性系数 $E_{ij}=0$,两种商品之间不存在相关关系
  D. 需求交叉弹性系数 $E_{ij}>0$,两种商品之间存在互补关系
  E. 需求交叉弹性系数 $E_{ij}<0$,两种商品之间存在替代关系

7. 下列各项中,影响供给价格弹性的因素有(　　)。
  A. 时间
  B. 商品的用途多少
  C. 预期
  D. 投入品的替代性大小和相似程度
  E. 生产周期和自然条件

8. 下列关于影响需求价格弹性的因素表述正确的有(　　)。
  A. 一种商品若有许多相近的替代品,这种商品的需求价格弹性大
  B. 一种商品若属于生活基本必需品,则这种商品的需求弹性大
  C. 一般来说,一种商品的用途越多,需求弹性就越大
  D. 一般来说,时间越短,商品的需求弹性越小;时间越长,商品的需求弹性就越大
  E. 贵重首饰、高档服装等非必需的高档商品,需求弹性小

9. 下列关于需求收入弹性的表述,正确的有(　　)。
  A. 一般来说,高档品的需求收入弹性大于1
  B. 一般来说,必需品的需求收入弹性大于0小于1
  C. 一般来说,低档品的需求收入弹性等于0
  D. 需求收入弹性大于1,表明收入弹性高
  E. 需求收入弹性小于0,表明收入增加时买得少

本章同步练习参考答案及解析

一、单项选择题

1. [答案] B
   [解析] 此种题目用举例很容易选择。如汽油与汽车为互补品，汽油涨价，汽油需求量降低，导致汽车的需求下降。

2. [答案] D
   [解析] 市场需求是指在一定时间内、一定价格条件下和一定的市场上所有的消费者对某种商品或服务愿意而且能够购买的数量。

3. [答案] A
   [解析] 一般来说，产品自身的价格和需求的变动成反方向变化，和供给的变动成同方向变化。

4. [答案] B
   [解析] 通过本题掌握需求的两种变化情况。具体包括：①需求数量变动。假定其他因素不变，只考虑需求和价格的关系，需求量的变化是沿着既定的需求曲线进行的（线不动，点动）。②需求变动。由于消费者收入和消费者偏好等因素的变化引起需求的相应变化，这种变化表现为需求曲线的位移（线动）。

5. [答案] B
   [解析] 本题最好举例，将抽象的问题具体化。煤气和电力（互为替代品）：电的价格上涨，会导致煤气的需求量上升（同向）；汽车和汽油（互为互补品）：汽油的价格上涨，会导致汽车的需求量下降（反向）。

6. [答案] B
   [解析] 某种商品的市场需求量一定是每一价格水平上所有个别消费者需求量之和；某种商品的市场需求就是所有消费者个人对该种商品需求之和。因此市场需求曲线也就是所有个别消费者需求曲线水平加总。

7. [答案] D
   [解析] 通过本题掌握商品需求的两种变化情形以及各情形对需求曲线的影响。需求变动是指由于价格以外的其他因素（如：消费者偏好、消费者个人收入变动）引起需求的相应变动，这种变动表现为需求曲线的位移。

8. [答案] B
   [解析] 供给变动是指由于价格以外的其他因素如成本变动引起供给的相应变动，这种变动表现为供给曲线的位移。生产电冰箱的成本下降，在其他条件不变的情况下，会使企业利润增加，从而导致生产者增加电冰箱的供给量，即导致在电冰箱本身价格不变的情况下，供给量增加，供给曲线向右移动。A项会导致供给曲线上点的移动；C项会导致供给曲线向左移动；D项影响需求曲线，会导致需求曲线向右移动。

9. [答案] B
   [解析] 通过本题掌握供给的变化情况。其他因素不变，产品价格的变化会导致供给沿着既定的供给曲线变动；而产品价格不动，生产成本、生产技术等价格之外的因素变化会导致供给曲线的位移。

10. [答案] A
    [解析] 保护价格高于均衡价格，会刺激生产，限制消费，导致市场供给过剩。

11. [答案] C
    [解析] 要保证最高限价顺利实施，必须有强有力的行政措施或分配措施（配给制），而且只适宜短期或在局部地区实行。

12. [答案] D
    [解析] 本题考查均衡价格的含义及变动。实际经济生活中，任何市场上的供求平衡都是偶然的、暂时的、相对的。本题D项错误。

13. [答案] C
    [解析] 政府对农产品规定了高于其均衡价格的支持价格，如果没有政府收购，就会出现变相降价或黑市交易，所以当生产出现供给过剩时，政府要及时入市收购过剩产品并予以储备。

14. [答案] C

[解析] 需求价格弹性系数 $1.3=\dfrac{\text{需求量的相对变动}}{\text{价格的相对变动}}=\dfrac{\text{需求量的相对变动}}{2\%}$，则需求量相对变动 $=1.3\times 2\%=2.6\%$，即需求量上升 2.6%。

15. [答案] A
 [解析] 需求收入弹性系数 $=100\%/20\%=5>1$，该商品属于高档品。

16. [答案] B
 [解析] 如果需求价格弹性系数大于1，说明需求弹性大，需求量变动百分数大于价格变动百分数，价格上升，会导致较大幅度的需求量的下降，导致销售收入减少；价格下降，导致销售收入增加，因此适用薄利多销策略。

17. [答案] D
 [解析] 一种商品若有极少的替代品，则该商品的需求价格弹性小，所以 D 项错误。

18. [答案] C
 [解析] 需求交叉弹性是指一种商品价格的相对变化与由此引起的另一种商品需求量相对变动之间的比率。

19. [答案] D
 [解析] 时间是决定供给价格弹性的首要因素。

20. [答案] D
 [解析] 需求收入弹性大于1的商品，可以称为"高档品"。需求收入弹性小于1的商品称为"必需品"。需求收入弹性小于0的商品称为"低档品"或"劣质品"。

21. [答案] A
 [解析] 通过本题掌握供给弹性的类型。供给弹性的类型包括：① $E_s>1$，供给富有弹性；② $E_s<1$，供给缺乏弹性；③ $E_s=1$，供给单位弹性；④ $E_s=0$，供给完全无弹性，现实的市场很少见到；⑤ $E_s=\infty$，供给完全有弹性，现实的市场很少见到。

22. [答案] B
 [解析] 根据公式"商品需求弹性＝需求量变动率/价格变动率"可得，$0.5=15\%/$价格变动率，则价格变动率$=30\%$，所以，$(P-2)/2=30\%$，解得，$P=2.6$（元）。

23. [答案] B
 [解析] 需求交叉弹性是指一种商品（j）价格的相对变化与由此引起的另一种商品（i）需求量相对变动之间的比率。可以用来判断两种商品或者服务是否具有替代关系或互补关系。可通过"煤气和电""汽车和汽油"的例子去判断。

24. [答案] D
 [解析] 均衡价格是指市场供给力量和需求力量相互抵消时所达到的价格水平，即供给量和需求量相等时的价格。

25. [答案] D
 [解析] 在我国，实行最高限价及保护价格均属于政府对市场价格的干预措施。

二、多项选择题

1. [答案] ADE
 [解析] B、C 两项是影响供给的主要因素。

2. [答案] BC
 [解析] 需求曲线向左位移，说明商品自身价格不变的情况下，需求量减少了。一般情况下，产品价格不变，替代品价格下降、互补品价格上升、消费者偏好减弱、消费者收入减少均会导致需求量下降。

3. [答案] CE
 [解析] 本题考查供给和需求的数量变动。其他条件不变，产品价格上升，导致需求量下降，需求量沿着既定的需求曲线变动。其他条件不变，产品价格上升，导致供给量上升，供给量沿着既定的供给曲线变动。

4. [答案] ABE
 [解析] 供给曲线通常是向右上方倾斜的曲线。需求曲线通常是向右下方倾斜的曲线。

5. [答案] ABC
 [解析] 最高限价低于均衡价格，其目的是保护消费者利益或降低某些生产者的生产成本，市场交易只能在这一价格之下进行。

6. [答案] ABC

[解析] 需求交叉弹性系数 $E_{ij}>0$，两种商品之间存在替代关系，一种商品的需求量会随着它的替代品的价格的变动成同方向的变动。需求交叉弹性系数 $E_{ij}<0$，两种商品之间存在互补关系，即一种商品的需求量会随着它的互补品价格的变动成反方向的变动。需求交叉弹性系数 $E_{ij}=0$，两种商品之间不存在相关关系，即其中任何商品的需求量都不会对另一种商品的价格变动做出反应。

7. [答案] ADE

[解析] 影响供给价格弹性的因素：①时间是决定供给弹性的首要因素；②供给弹性还受到生产周期和自然条件的影响；③投入品替代性大小和相似程度对供给弹性的影响也很大。

8. [答案] ACD

[解析] 商品的重要性影响需求的表现是：一种商品若属于生活基本必需品，则这种商品的需求弹性小；若属于非必需的高档商品，需求弹性就大。所以 B、E 两项错误。

9. [答案] ABDE

[解析] 一般来说，低档品的需求收入弹性小于0，表明收入增加时买得少。

错题收集

第二章 消费者行为分析

本章考情分析

年份	单项选择题	多项选择题	合计
2017 年	1 题 1 分	1 题 2 分	3 分
2016 年	1 题 1 分	—	1 分
2015 年	1 题 1 分	—	1 分
2014 年	3 题 3 分	1 题 2 分	5 分
2013 年	2 题 2 分	—	2 分
2012 年	3 题 3 分	—	3 分

本章考点概览

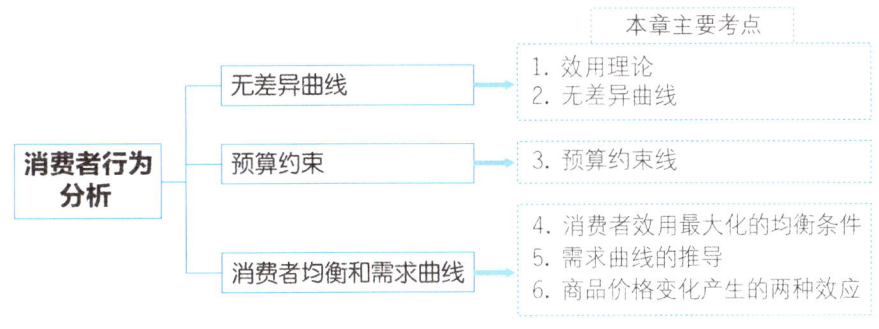

本章考点详解

【考点一】效用理论

关于效用理论的要点如表 2-1 所示。

表 2-1 效用理论的要点

项目	具体内容
经济人假设	假定消费者是追求效用最大化的和理性的，即每一个从事经济活动的人都是利己的，总是力图以最小的经济代价去获得自己最大的经济利益。经济人假设是整个经济学的基础
效用	效用是消费者在消费商品或服务时所能感受到的满足程度，是人们的心理感觉，是一种主观评价，没有客观标准

续表

项目	具体内容
基数效用论	该理论认为效用是可以直接度量的，存在绝对的效用量的大小，可以用基数，就是用1、2、3、4…这些绝对数值来衡量效用的大小
	基数效用论下，效用是可计量的，所以效用分为总效用和边际效用，其中，边际效用是指消费者增加一个单位商品消费时所带来的满足程度的增加或者效用的增量
	边际效用的变动趋势是边际效用递减的规律。即在一定时间内，随着消费某种商品数量的不断增加，消费者从中得到的总效用是在增加的，但是以递减的速度增加，即边际效用是递减的；当商品消费量达到一定程度后，总效用达到最大时，边际效用为0；如果继续增加消费，总效用不但不会增加，反而会逐渐减少，此时边际效用变为负数
序数效用论	该理论认为消费者可以知道自己对不同消费组合的偏好次序，用第一、第二……这些表示次序的相对数值来衡量效用
基数效用论与序数效用论的异同	相同点：均用来分析消费者行为，二者得出的分析结论基本是相同的
	不同点：基数效用理论运用边际效用论分析，序数效用理论用无差异曲线和预算约束线来分析；基数效用论下效用可加总，即能直接衡量，而序数效用论下效用不能加总，即不能直接衡量

经典例题

[2014年真题·单选题] 基数效用论和序数效用论的主要区别是（　　）。
A. 边际效用是否递减　　　　　B. 效用是否可以直接衡量
C. 效用函数是否线性　　　　　D. 是否承认效用
[答案] B
[解析] 通过本题掌握基数效用论与序数效用论的区别。基数效用论下效用能直接衡量，而序数效用论下效用不能直接衡量。

【考点二】无差异曲线

一、消费者偏好的基本假定

扫码听课

消费者偏好的基本假定是学习无差异曲线的基础。其具体内容如表2-2所示。

表2-2　消费者偏好的基本假定

基本假定	阐述及示例
完备性	如果只有A和B两种组合，消费者总是可以做出，也只能做出下面三种判断中的一种：①对A的偏好大于B；②对B的偏好大于A；③对两者偏好无差异
	【提示】完备性保证消费者总可以把自己的偏好准确地表达出来
可传递性	假定有A、B、C三种组合，如果消费者对A的偏好大于B，对B的偏好又大于C，那么对A的偏好必定大于对C的偏好
	【提示】可传递性可以保证消费者偏好的一致性
消费者总是偏于多而不是少	如果两组商品的区别只是在其中一种商品数量的不同，那么消费者总是偏好较多的那个组合，即多多益善

二、无差异曲线

（一）无差异曲线的含义

无差异曲线是一条表示能够给消费者带来相同满足程度的两种商品的所有组合的曲线，消费者对这条曲线上各个点的偏好程度是无差异的，若以 X_1 和 X_2 代表消费组合中两种商品的消费数

量，则无差异曲线图形如图 2-1 所示。

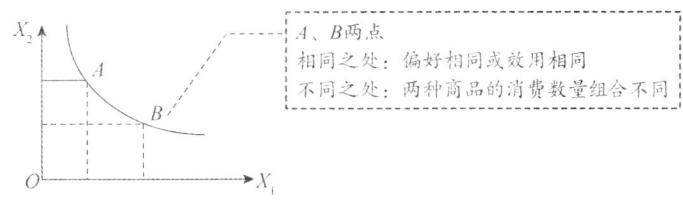

图 2-1 无差异曲线

【提示】无差异曲线用来描述消费者的偏好，其理论基础是序数效用论。

（二）无差异曲线的特征

无差异曲线的特征是历年考试的重点。其主要考点如表 2-3 所示。

表 2-3 无差异曲线的特征

特征	依据
离原点越远的无差异曲线，消费者的偏好程度越高	偏好的"多比少好"假定
任意两条无差异曲线都不能相交	偏好的"可传递性"假定
无差异曲线从左向右下倾斜，凸向原点，斜率为负	由商品边际替代率递减规律决定的。商品边际替代率是指在效用水平不变的条件下，消费者增加一单位某商品时必须放弃的另一种商品的数量

商品边际替代率递减规律表明的经济含义是指随一种商品消费量的逐渐增加，消费者为了获得这种商品的额外消费而愿意放弃的另一种商品的数量会越来越少。无差异曲线上某一点的边际替代率就是无差异曲线上该点的切线斜率的绝对值，如右图 2-2 所示。

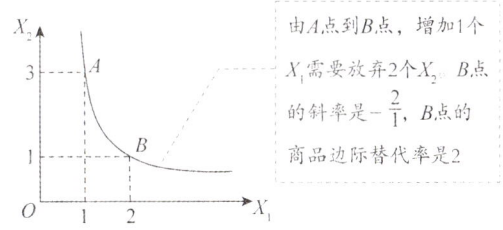

图 2-2 商品边际替代率递减规律

【考点小贴士】商品边际替代率的含义中需关注"效用水平不变"的前提条件，即在同一条无差异曲线上，两种商品相互替换的比率就是商品边际替代率。

经典例题

[2010 年真题·单选题] 如果无差异曲线上任何一点的斜率 $\dfrac{dy}{dx}=-\dfrac{1}{2}$，则意味着当消费者拥有更多的商品 x 时，愿意放弃（　　）单位商品 x 而获得 1 单位的商品 y。

A. $\dfrac{1}{2}$　　　　　　　　　　　　B. 1

C. $1\dfrac{1}{2}$　　　　　　　　　　　D. 2

[答案] D

[解题思路] 通过本题理解商品边际替代率的含义。无差异曲线上某一点的边际替代率就是无差异曲线上该点的切线斜率的绝对值，本题中，商品边际替代率是 1/2，即两种商品的替换关系是 1∶2，当消费者拥有更多 x 时，愿意用 2 个 x 来换取 1 个 y。

> **经典例题**
>
> [2014年真题·单选题] 在序数效用理论中，用来描述消费者偏好的曲线是（ ）。
> A. 预算约束线　　　　　　　　B. 平均成本线
> C. 无差异曲线　　　　　　　　D. 等产量线
> [答案] C
> [解析] 无差异曲线用来描述消费者的偏好。

【考点三】预算约束线

假定只有两种商品 X_1 和 X_2 可供消费者选择，这两种商品的价格分别是 P_1 和 P_2，消费者可以支配的收入金额是 m。若全部收入 m 都用来购买 X_1，所能购买的数量是 m/P_1，如果全部收入 m 都用来购买 X_2，所能购买的数量是 m/P_2，如右图2-3所示。图中的A、B两点连接起来的线叫做预算线，也称预算约束线，表示在消费者的收入和商品的价格在给定的条件下，消费者的全部收入所能购买到的两种商品的各种组合。

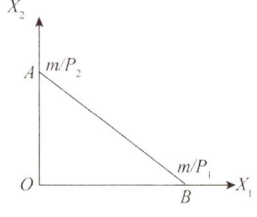

图2-3　预算约束线

一、预算线的斜率的含义

预算线的斜率是两种商品价格的负比率或两种商品价格的比率的负值，即 $-P_1/P_2$，斜率的绝对值是两种商品的相对价格，就是 P_1/P_2。斜率的大小表明在不改变总支出数量的前提下，两种商品可以相互替代的比率。

二、影响预算线变动的因素

影响预算线变动的因素包括消费者可支配的收入 m 和两种商品的价格 P_1、P_2。

三、预算线的变动特性（平移或旋转）

判断预算线的变动特性的关键是相对价格 P_1/P_2 和两个端点 m/P_1、m/P_2 的结果（为简化下面统称为 m/P）。

（一）平移

相对价格 P_1/P_2 不变，即斜率不变，预算线的两个端点都变动，预算线就会平移。若 m/P 变大，预算线向右平移；若 m/P 变小，则预算线向左平移。

（二）旋转

相对价格 P_1/P_2 变化，即斜率变动，预算线的某个端点变动，预算线就会旋转。若 m/P 变大，预算线向右旋转；若 m/P 变小，则预算线向左旋转。

> **经典例题**
>
> [2017年真题·单选题] 在相对价格不变的情况下，如果消费者的收入减少，会使预算线（ ）。
> A. 向左平移　　　B. 向右平移　　　C. 向上旋转　　　D. 向下旋转
> [答案] A
> [解题思路] 通过本题掌握预算线的变动。相对价格不变应该判断出是"平移"，再判断 m/P 的结果，由于消费者收入 m 减少，所以 m/P 变小，在消费量变小的情况下，就是向左平移。因此本题选择A项。此考点属于高频考题，2012年的单选题也考查过此题。

【考点四】消费者效用最大化的均衡条件

如图2-4所示,预算线AB与无差异曲线I_2相切于C点。C点既位于预算线上又位于无差异曲线上,代表的商品组合既是消费者用现有收入可能买到的,也是能给消费者带来最高满足程度的,又因为,预算线的斜率的绝对值是商品价格比,无差异曲线斜率绝对值是商品边际替代率,所以消费者效用最大化的均衡条件是商品边际替代率等于商品的价格之比。其经济含义是在一定的预算约束下,为实现效用最大化,消费者应该选择商品的最优组合,使得两种商品边际替代率等于两种商品价格比。

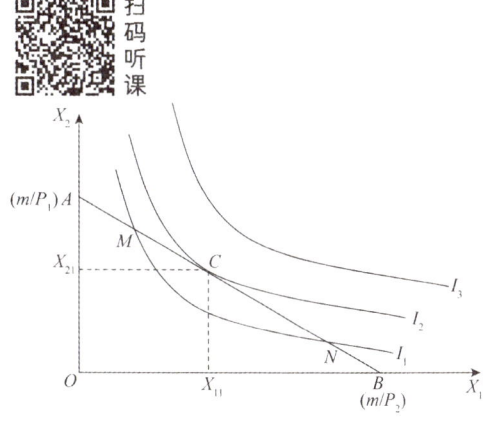

图2-4 消费者均衡

经典例题

[例题·单选题]消费者效用最大化的均衡条件是( )。
A. 商品边际替代率小于商品价格之比
B. 商品边际替代率等于商品价格之比
C. 边际收益=边际成本
D. 商品边际替代率等于商品收入与价格之比
[答案] B
[解析]消费者效用最大化的均衡条件是商品边际替代率等于商品的价格之比。

【考点五】需求曲线的推导

消费者均衡的前提条件包括:①偏好不变;②收入不变;③价格不变。现假定偏好和收入不变,用图2-5来分析横轴商品1价格变化对消费者均衡的影响,并从而说明需求曲线的形成。商品1价格为P_{11}时,消费量为X_{11};商品1价格为P_{12}时,消费量为X_{12};商品1价格为P_{13}时,消费量为X_{13}。

【解释1】MNP价格—消费曲线,表示消费者偏好和收入不变,与一种商品价格变化相联系的两种商品的效用最大化组合。

【解释2】需求曲线是通过价格—消费曲线推导出来。消费者在需求曲线上消费可以实现效用最大化。

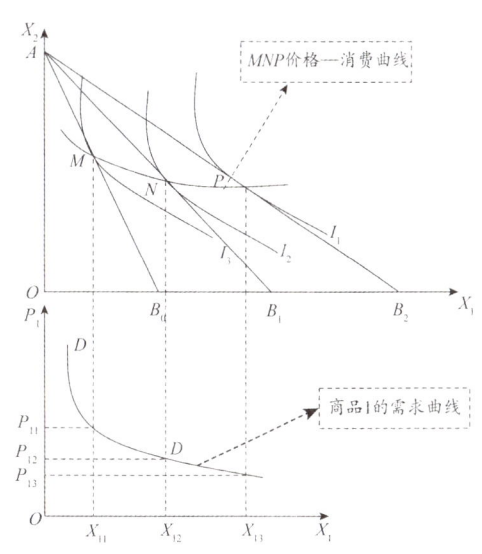

图2-5 需求曲线的推导

经典例题

[例题·单选题]表示消费者收入不变,与一种商品价格变化相联系的两种商品的效用最大化组合的曲线称为( )。
A. 价格—消费曲线 B. 需求曲线 C. 无差异曲线 D. 预算约束线
[答案] A
[解题思路]因价格变化导致效用最大化组合变化,价格变化在前,消费量变化在后,所以选择时应选价格—消费曲线。

【考点六】商品价格变化产生的两种效应

需求曲线向右下方倾斜是由价格变化的两种效应决定的,即收入效应和替代效应。

扫码听课

一、收入效应

收入效应是指在名义收入不变时,因为该商品价格的变化,而导致消费者实际收入发生变化,进而导致消费者所购买的该商品数量的变化。

【举例】可乐降价了,你兜里的钱可以买更多的可乐了,这就是收入效应(此处假设可乐是正常品)。

二、替代效应

替代效应是指在实际收入不变的情况下,因为该商品价格的变化引起的相对价格变化所导致的该商品需求数量的变化。

【举例】可乐降价了,啤酒价格没变,啤酒相对于可乐来说变贵了,你原来打算买啤酒的钱也拿来买可乐了,这就是替代效应。

两种效应与价格变化的关系取决于商品的性质,具体如表 2-4 所示。

表 2-4 商品价格变化产生的两种效应

效应	正常品	低档品
收入效应	与价格成反方向变动	与价格呈同方向变动
替代效应	与价格成反方向变动	与价格成反方向变动

【提示】大多情况下,收入效应的作用小于替代效应的作用,所以不管是正常品还是低档品,总效应与价格均成反方向变动,即商品价格提高,需求量下降,商品价格下降,需求量提高,因此需求曲线均向右下方倾斜,只不过低档品的需求曲线更陡峭,而正常品的需求曲线更平缓,对价格变化的反应更大。

【考点小贴士】低档品收入效应与价格成同方向变动,可以简记为"低收入同方向"。而其他效应与价格均成反方向变动。

经典例题

[2012年真题·单选题] 低档品价格上升导致需求下降的主要原因是( )。
A. 替代效应与价格成反方向变动,收入效应与价格成同方向变动,但收入效应小于替代效应
B. 替代效应与价格成反方向变动,收入效应与价格成反方向变动
C. 替代效应与价格成同方向变动,收入效应与价格成反方向变动,但收入效应小于替代效应
D. 替代效应与价格成同方向变动,收入效应与价格成同方向变动

[答案] A
[解题思路] 本题根据"低收入同方向"可以选择 A 项和 D 项,但因为只有低档品收入效应与价格同方向变动,其他效应均与价格呈反向变动,D 项中的"替代效应与价格成同方向变动"是错误的。因此本题选择 A 项。

本章易错易混考点

【易错易混考点一】无差异曲线和预算约束线的对比(如表 2-5 所示)

表 2-5 无差异曲线和预算约束线的对比

项目	无差异曲线	预算约束线
影响因素	消费者偏好	消费者可支配收入 m;商品的价格 P

续表

项目	无差异曲线	预算约束线
斜率的绝对值	商品边际替代率：在效用水平不变的条件下，消费者增加一单位某商品时必须放弃的另一种商品的数量	商品价格之比：表明在不改变总支出数量的前提下，两种商品可以相互替代的比率

[2010年真题·多选题] 在分析消费者行为时，无差异曲线的主要特征有（ ）。
A. 任意两条无差异曲线都不能相交
B. 在收入增长时向右移动
C. 无差异曲线从左向右下方倾斜，凸向原点
D. 离原点越远的无差异曲线，消费者的偏好程度越高
E. 无差异曲线的形状和价格变动关系密切
[答案] ACD
[解题思路] 通过本题掌握无差异曲线的特征。收入和价格影响的是预算约束线。

【易错易混考点二】正常品、低档品的收入效应与替代效应（如图2-6所示）

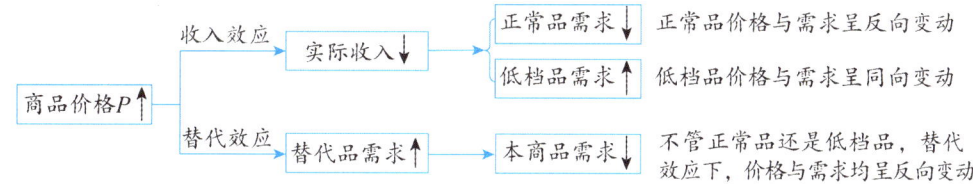

图2-6 正常品、低档品的收入效应与替代效应

[例题·多选题] 下列关于低档品价格与需求的关系表述，正确的是（ ）。
A. 替代效应与价格成反方向变动   B. 收入效应与价格成反方向变动
C. 替代效应与价格成同方向变动   D. 收入效应小于替代效应
E. 价格上升，导致需求下降
[答案] ADE
[解题思路] 低档品收入效应与价格成同方向变动，替代效应与价格成反方向变动，大多情况下，收入效应小于替代效应，所以低档品价格上升，需求下降。

·················· 历年经典真题回顾 ··················

一、单项选择题（每题1分，每题备选项中，只有1个符合题意）

1. 在效用水平不变的条件下，消费者增加一个单位某一种商品消费时，必须放弃另一种商品消费的数量称为（ ）。[2016年真题]
   A. 收入效应   B. 商品边际替代率
   C. 边际成本   D. 替代效应
   [答案] B
   [解析] 本题考查商品边际替代率的含义。商品边际替代率是指在效用水平不变的条件下，消费者增加一单位某商品时必须放弃的另一种商品的数量。

2. 在消费者行为理论中，能够描述消费者偏好的曲线是（ ）。[2015年真题]
   A. 无差异曲线   B. 需求曲线
   C. 预算约束线   D. 消费者均衡曲线
   [答案] A
   [解析] 描述消费者偏好的曲线是无差异曲线。

3. 用效用理论分析消费者行为时，会假定消费者追求效用最大化和理性的前提通常称为（ ）。[2014年真题]
   A. 边际效用最大化理论 B. 经济人假设
   C. 消费行为最优理论 D. 消费者偏好
   [答案] B
   [解析] 经济人假设是假定消费者是追求效用最大化的和理性的，即每一个从事经济活动的人都是利己的，总是力图以最小的经济代价去获得自己最大的经济利益。

4. 在效用水平不变的条件下，随着一种商品消费数量的逐渐增加，消费者为获得这种商品的额外消费而愿意放弃的另一种商品的消费数量会越来越少，这一现象在经济学上称为（ ）。[2013年真题]
   A. 消费者收入均衡规律 B. 基数效用递减规律
   C. 边际效用递减规律 D. 商品边际替代率递减规律
   [答案] D
   [解析] 通过本题掌握商品边际替代率递减规律。商品边际替代率递减规律表明的经济含义是指随一种商品消费量的逐渐增加，消费者为了获得这种商品的额外消费而愿意放弃的另一种商品的数量会越来越少。

5. 关于无差异曲线的特征的说法，错误的是（ ）。[2013年真题]
   A. 消费者对同一无差异曲线上各个点的偏好程度是无差异的
   B. 任意两条无差异曲线都可能相交
   C. 离原点越远的无差异曲线，消费者的偏好程度越高
   D. 无差异曲线从左向右下方倾斜，凸向原点
   [答案] B
   [解析] 任意两条无差异曲线都不能相交，B项错误。

6. 在分析消费者行为时，无差异曲线的形状是由（ ）决定的。[2012年真题]
   A. 消费者偏好 B. 消费者收入
   C. 所购买商品的价格 D. 相关商品的价格
   [答案] A
   [解析] 通过本题掌握无差异曲线的含义。无差异曲线用来描述消费者的偏好，消费者对这条曲线上各个点的偏好程度是无差异的，所以无差异曲线的形状是由消费者的偏好决定的，本题A项正确。

7. 任意两条无差异曲线不能相交，这是根据偏好的（ ）假定来判定的。[2009年真题]
   A. 完备性 B. 可传递性
   C. 多比少好 D. 可加总性
   [答案] B
   [解析] 根据偏好的可传递性假定可得出任意两条无差异曲线不能相交。

8. 消费者效用最大化的均衡条件是（ ）。[2009年真题]
   A. 商品边际替代率等于商品价格之比
   B. 商品边际替代率大于商品价格之比
   C. 商品边际替代率小于商品价格与收入之比
   D. 商品边际替代率等于商品价格与收入之比
   [答案] A

[解析] 消费者效用最大化的均衡条件是商品边际替代率等于商品的价格之比。其经济含义是在一定的预算约束下，为了实现效用最大化，消费者应该选择商品的最优组合，使得两种商品边际替代率等于两种商品价格之比。

二、多项选择题（每题2分，每题备选项中，有2个或2个以上符合题意，至少有1个错项。错选，本题不得分；少选，所选的每个选项得0.5分）

1. 商品价格变动会产生的效应包括（　　）。[2017年真题]
   A. 互补效应　　　　　　　　　　B. 挤出效应
   C. 替代效应　　　　　　　　　　D. 收入效应
   E. 核算效应
   [答案] CD
   [解析] 商品价格变化产生的两种效应是收入效应和替代效应。

2. 关于无差异曲线的说法，正确的有（　　）。[2014年真题]
   A. 无差异曲线反映了消费者的购买力
   B. 商品价格影响无差异曲线的形状
   C. 任意两条无差异曲线不能相交
   D. 商品边际替代率递减规律导致无差异曲线从左向右下倾斜
   E. 消费者预期影响无差异曲线形状
   [答案] CD
   [解析] 通过本题掌握无差异曲线的含义及特征。无差异曲线的形状由消费者的偏好决定，预算约束线反映消费者的购买力，商品价格影响预算约束线，所以A、B两项均错误。消费者预期影响需求曲线，不符合题意，E项错误。对于多选题至少有两个正确的选项，如果运用排除法成功排除三个选项的话，剩余的两个选项就是正确的。当然一定要保证排除的选项真的是错误的。

3. 在给定的预算线坐标图上，决定预算线变动的因素有（　　）。[2010年真题]
   A. 商品的相对价格　　　　　　　B. 消费者收入
   C. 消费者偏好　　　　　　　　　D. 价格弹性
   E. 商品边际替代率
   [答案] AB
   [解析] 通过本题掌握影响预算线变动的因素。影响预算线变动的因素是消费者可支配的收入 m、两种商品的价格 P_1、P_2。

本章同步练习

一、单项选择题（每题1分，每题备选项中，只有1个符合题意）

1. 边际效用随消费量的增加而（　　）。
   A. 递减　　　　　　　　　　　　B. 递增
   C. 按相同方向变动　　　　　　　D. 保持不变

2. 无差异曲线描述的是（　　）。
   A. 消费者的收入　　　　　　　　B. 消费者的偏好
   C. 消费者的预算约束　　　　　　D. 消费者的最大化效用

3. 当消费者总效用达到最大时，（　　）。
   A. 边际效用为最大　　　　　　　B. 边际效用为0

C. 边际效用为正　　　　　　　　　　D. 边际效用为负

4. 同一条无差异曲线上的不同点表示（　　）。
   A. 效用水平不同，但所消费的两种商品组合比例相同
   B. 效用水平相同，但所消费的两种商品组合比例不同
   C. 效用水平不同，两种商品的组合比例也不相同
   D. 效用水平相同，两种商品的组合比例也相同

5. 离原点越远的无差异曲线，消费者的偏好程度越高，这是根据偏好的（　　）假定来判定的。
   A. 完备性　　　　　　　　　　　　B. 可传递性
   C. 多比少好　　　　　　　　　　　D. 可加总性

6. 如果无差异曲线上任何一点的斜率 $\dfrac{dy}{dx}=-\dfrac{1}{2}$，则该点的商品边际替代率是（　　）。
   A. $\dfrac{1}{2}$　　　　B. 1　　　　C. $1\dfrac{1}{2}$　　　　D. 2

7. 无差异曲线从左向右下倾斜，斜率为负，这是由（　　）决定的。
   A. 多比少好　　　　　　　　　　　B. 可传递性
   C. 边际效用递减规律　　　　　　　D. 商品边际替代率递减规律

8. 在消费者偏好的基本假定中，可以保证消费者偏好一致性的是（　　）。
   A. 完备性　　　　　　　　　　　　B. 可传递性
   C. 多比少好　　　　　　　　　　　D. 客观性

9. 基数效用论和序数效用论的主要区别是（　　）。
   A. 边际效用是否递减　　　　　　　B. 效用是否可加总
   C. 效用函数是否线性　　　　　　　D. 效用是否客观

10. 下列关于效用理论的表述，错误的是（　　）。
    A. 效用就是商品或服务满足人们某种欲望的能力的主观心理评价
    B. 效用是人们的一种心理感觉
    C. 效用有客观的标准
    D. 基数效用论和序数效用论是分析消费者行为的不同方法，二者得出的分析结论基本是相同的

11. 预算线的斜率取决于（　　）。
    A. 消费者的收入　　　　　　　　　B. 消费者的偏好
    C. 商品的相对价格　　　　　　　　D. 商品价格和收入

12. 在其他情况不变时，消费者收入增加使购买商品的支出增加，这在坐标图上表现为（　　）。
    A. 预算线向左方平行移动
    B. 预算线向左旋转
    C. 预算线向右方平行移动
    D. 预算线向右旋转

13. 在实际收入不变的情况下，因为该商品价格的变化引起的相对价格变化所导致的该商品需求量的变化，称为（　　）。
    A. 互补效应　　　　　　　　　　　B. 替代效应
    C. 收入效应　　　　　　　　　　　D. 边际效应

14. 在消费者均衡点上无差异曲线的斜率（　　）。
    A. 大于预算线的斜率

B. 小于预算线的斜率

C. 等于预算线的斜率

D. 可能大于、小于或等于零预算线的斜率

15. 需求曲线是通过（　　）导出的。

　　A. 价格—消费曲线　　　　　　　　B. 收入—消费曲线

　　C. 无差异曲线　　　　　　　　　　D. 预算线

16. 对于正常品而言，下列说法错误的是（　　）。

　　A. 替代效应与价格成反方向变动

　　B. 需求曲线更为平缓，对价格变化的反应更大

　　C. 收入效应与价格成反方向变动

　　D. 收入效应与价格成同方向变动

二、多项选择题（每题2分，每题备选项中，有2个或2个以上符合题意，至少有1个错项。错选，本题不得分；少选，所选的每个选项得0.5分）

1. 序数效用论关于消费者偏好的假设条件是（　　）。

　　A. 消费者对两种商品的任意两个组合能明确说出自己的偏好程度

　　B. 消费者的偏好有传递性

　　C. 消费者偏好会发生变动

　　D. 消费者对数量多的两种商品组合的偏好大于对数量少的两种商品组合的偏好

　　E. 边际效用递减

2. 在分析消费者行为时，无差异曲线的主要特征有（　　）。

　　A. 任意两条无差异曲线都不能相交

　　B. 收入变动时，无差异曲线也会随之变动

　　C. 无差异曲线从左向右下方倾斜，凸向原点

　　D. 离原点越远的无差异曲线，消费者的偏好程度越高

　　E. 无差异曲线的形状和价格变动关系密切

3. 在给定的预算线坐标图上，决定预算线变动的因素有（　　）。

　　A. 需求价格弹性　　　　　　　　　B. 消费者收入

　　C. 消费者偏好　　　　　　　　　　D. 商品的相对价格

　　E. 商品边际替代率

4. 使需求和价格成反方向变化是（　　）共同作用的结果。

　　A. 替代效应　　　　　　　　　　　B. 互补效应

　　C. 收入效应　　　　　　　　　　　D. 蛛网效应

　　E. 乘数效应

5. 下列关于预算线的表述，正确的有（　　）。

　　A. 预算线的位置取决于消费者的偏好和商品的价格

　　B. 两种商品的价格，以及收入都同比例同方向变化，预算线不动

　　C. 其他情况不变，两种商品的价格同比例上升会导致预算线左移

　　D. 其他情况不变，当某种商品的价格下降，预算线向右旋转

　　E. 预算线斜率的绝对值就是商品边际替代率

本章同步练习参考答案及解析

一、单项选择题

1. [答案] A
   [解析] 本题考查边际效用递减规律。边际效用递减规律是指在一定时间内，随着消费某种商品数量的不断增加，消费者从中得到的总效用是在增加的，但是以递减的速度增加，即边际效用是递减的；当商品消费量达到一定程度后，总效用达到最大时，边际效用为0；如果继续增加消费，总效用不但不会增加，反而会逐渐减少，此时边际效用变为负数。

2. [答案] B
   [解析] 无差异曲线是一条表示能够给消费者带来相同满足程度的两种商品的所有组合的曲线，在这条曲线上的所有各点的两种商品组合带给消费者的满足程度是完全相同的，消费者对这条曲线上各个点的偏好程度是无差异的。所以无差异曲线描述的是消费者的偏好。

3. [答案] B
   [解析] 在一定时间内，随着消费某种商品数量的不断增加，消费者从中得到的总效用是在增加的，但是以递减的速度增加；当商品消费量达到一定程度后，总效用达到最大时，边际效用为0；如果继续增加消费，总效用不但不会增加，反而会逐渐减少，此时边际效用变为负数。

4. [答案] B
   [解析] 无差异曲线是一条表示能够给消费者带来相同满足程度的两种商品的所有组合的曲线。同一条无差异曲线上的不同点表示效用水平相同，但所消费的两种商品组合比例不同。

5. [答案] C
   [解析] 较高的无差异曲线代表的物品的量多于较低的无差异曲线，根据多比少好，可判定离原点越远的无差异曲线，消费者的偏好程度越高。

6. [答案] A
   [解析] 无差异曲线上某点切线斜率的绝对值就是商品边际替代率。

7. [答案] D
   [解析] 商品边际替代率递减规律决定了无差异曲线的斜率的绝对值是递减的，即凸向原点。

8. [答案] B
   [解析] 消费者偏好的基本假定有完备性、可传递性、消费者总是偏好于多而不是少。可传递性可以保证消费者偏好的一致性。

9. [答案] B
   [解析] 基数效用论效用可以加总，所以可将效用分为总效用和边际效用。

10. [答案] C
    [解析] 效用是消费者对商品或服务满足自己的欲望的能力的主观心理评价，因此效用没有客观标准。

11. [答案] C
    [解析] 预算线的斜率等于两种商品价格的负比率。所以预算线的斜率只取决于两种商品的价格。

12. [答案] C
    [解析] 在相对价格不变的情况下，收入改变，会使预算线出现平行移动。收入增加使预算线向右平移，收入减少使预算线向左平移。

13. [答案] B
    [解析] 替代效应是指在实际收入不变的情况下，因为该商品价格的变化引起的相对价格变化所导致的该商品需求量的变化。

14. [答案] C
    [解析] 满足效用最大化的商品组合必定位于预算线与无差异曲线相切的点上。由于切点既位于预算线上又位于无差异曲线上，所以在此点无差异曲线的斜率恰好等于预算线的斜率。

15. [答案] A
    [解析] 价格—消费曲线，表示消费者偏

好和收入不变时，与一种商品价格变化相联系的两种商品在不同价格下的效用最大化组合。某商品不同价格条件下的消费量，正是预算线和无差异曲线切点上对应的数量，也就是价格—消费曲线上各点所对应的数量。将该商品价格与消费量的对应点连接起来就形成了该商品的需求曲线。

16. ［答案］D

    ［解析］正常品的收入效应与价格成反方向变动，D项错误。

二、多项选择题

1. ［答案］ABD

    ［解析］消费者偏好的基本假定是完备性、可传递性和多比少好。其中 A 项表述的是完备性假设。

2. ［答案］ACD

    ［解析］通过本题掌握无差异曲线的特征：①离原点越远的无差异曲线，消费者的偏好程度越高；②任意两条无差异曲线都不能相交；③无差异曲线从左向右下倾斜，凸向原点，即斜率为负。

3. ［答案］BD

    ［解析］通过本题掌握影响预算线变动的因素。影响预算线变动的因素是消费者可支配的收入 m，两种商品的价格 P_1、P_2。

4. ［答案］AC

    ［解析］收入效应、替代效应的共同作用使得需求与价格变动成反方向变化。

5. ［答案］BCD

    ［解析］预算线的位置取决于消费者的收入和商品的价格，A 项错误。两种商品的价格以及收入都同比例同方向变化，比如 m 和 P 都上涨 10%，则变化后的两个端点是 $[m\times(1+10\%)]/[m\times(1+10\%)]$，依然是 m/P，说明预算线两个端点不动，所以预算线不动，B 项正确。其他情况不变，两种商品价格同比例上升，说明 P_1/P_2 不变，会使预算线平移，又由于 m 不变，P 上升，m/P 变小，所以预算线向左平移，C 项正确。其他情况不变，某种商品的价格下降，会导致预算的一个端点动，另一端点不动，所以预算会旋转，又由于 m 不变，P 下降，m/P 变大，预算线会向右旋转，D 项正确。预算线斜率的绝对值是两种商品价格比，而无差异曲线某点切线斜率绝对值是商品边际替代率，E 项错误。

错题收集

第三章　生产和成本理论

本章考情分析

年份	单项选择题	多项选择题	合计
2017 年	2 题 2 分	—	2 分
2016 年	—	2 题 4 分	4 分
2015 年	2 题 2 分	—	2 分
2014 年	2 题 2 分	—	2 分
2013 年	1 题 1 分	1 题 2 分	3 分
2012 年	2 题 2 分	1 题 2 分	4 分

本章考点概览

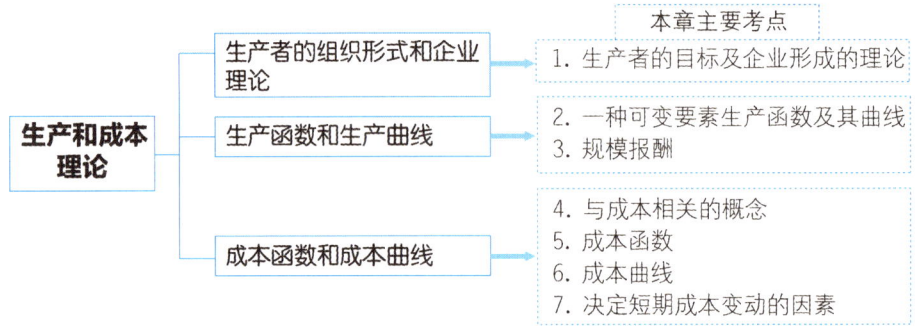

本章考点详解

【考点一】生产者的目标及企业形成的理论

一、生产者的目标

生产者即企业或厂商。企业是产品生产过程中的主要组织形式，主要包括个人独资企业、合伙制企业和公司制企业。在生产者行为的分析中，一般假定生产者或企业的目标是追求利润最大化。这一基本假定是"经济人假设"在生产和企业理论中的具体化。

【提示1】经济学家并不认为追求利润最大化是人们从事生产和交易活动的唯一动机。

【提示2】从长期来看，实现利润最大化是所有企业在竞争中求得生存的关键。

二、企业形成的理论

（1）美国经济学家科斯认为，企业是为了节约市场交易费用或交易成本而产生的，企业的本质或显著特征是作为市场机制或价格机制的替代物。

（2）企业存在的根本原因是交易成本的节约，即企业是市场交易费用节约的产物。

历史上，从企业产生以后，企业与市场机制就是两种不同的协调生产和配置资源的方式，同时社会上就形成了两种交易，即企业外部的市场交易和企业内部的交易。两种交易方式都需要支付交易费用或成本。交易费用是围绕契约所产生的成本费用，包括签订契约时交易双方面临的偶然因素所可能带来的损失以及签订契约、监督和执行契约所花费的成本，企业作为一种组织形式大大减少了需要签订的契约数量，可以大量节约交易费用。当企业交易方式的交易费用小于市场交易方式的交易费用时，企业就应运而生了。

（3）导致市场机制和企业的交易费用不同的主要因素是信息的不完全性。

经典例题

[2015年真题·单选题] 根据美国经济学家科斯的企业理论，下列说法中，正确的是（　　）。

A. 企业是市场机制的核心

B. 企业是市场机制的补充物

C. 签订、监督和执行契约所花费的成本就是全部的交易成本

D. 企业是为了节约交易成本而产生的

[答案] D

[解析] 企业存在的根本原因是交易成本的节约。根据科斯企业理论，企业是市场机制的替代物，A、B两项均错误；签订、监督和执行契约所花费的成本只是一部分交易成本，C项错误。

【考点二】一种可变要素生产函数及其曲线

一、生产函数

生产函数表示在一定时期内，在技术不变的情况下，生产中所使用的各种生产要素的数量与所能生产的最大产量之间的函数关系。生产函数是生产过程中生产要素投入量和产品产出量之间的关系。所有企业都有生产函数。

二、一种可变要素的生产函数

假定资本量固定不变时，总产量的变化只取决于劳动量 L。随着劳动量的连续变化，会引起总产量、平均产量和边际产量的变动。前述三种产量的含义如表 3-1 所示。

表 3-1　总产量、平均产量和边际产量

项目	含义
总产量（TP）	是指生产出来的用实物单位衡量的产出总量
平均产量（AP）	是指总产量除以总投入的单位数
边际产量（MP）	是指在其他投入保持不变的条件下，由于新增一单位的投入而多生产出来的产量或产出

三、生产曲线

（一）边际产量曲线及边际产量递减规律

边际产量递减规律，也称边际报酬递减规律，是指在技术水平和其他投入保持不变的条件下，连续追加一种生产要素的投入量，总是存在着一个临界点（L_1），在这一点之前，边际产量递增，超过这一点，边际产量将出现递减的趋势，直到出现负值。如图3-1所示。

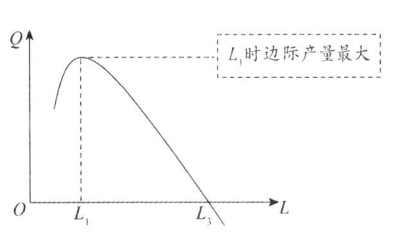

图 3-1　边际产量曲线

（二）总产量曲线

劳动投入达到 L_1 前，总产量以递增的速度增加，总产量曲线向上倾斜，凸向 L 轴。劳动投入在 L_1、L_3 之间时，劳动的边际产量递减，但为正数，总产量是以递减的速度增加，总产量曲线向上倾斜，即凹向 L 轴。当劳动投入量为 L_3，劳动的边际产量为 0，总产量达到最大值。继续增加劳动投入，劳动的边际产量为负值，总产量递减。如右图 3-2 所示。

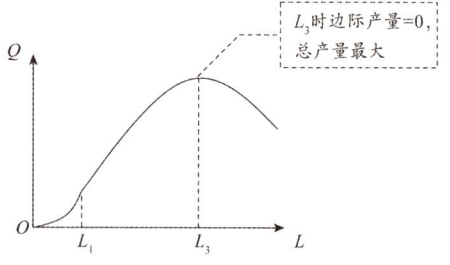

图 3-2　总产量曲线

（三）平均产量曲线

劳动投入在 L_1 之前，边际产量曲线在平均产量曲线的上方，平均产量是递增的。在 L_1 后，边际产量开始递减，但边际产量会大于平均产量，平均产量仍是递增的。边际产量曲线与平均产量曲线相交于 L_2，此时边际产量等于平均产量。在 L_2 后，平均产量递减，L_2 时平均产量最大。只要边际产量大于平均产量，平均产量就是递增的。如右图 3-3 所示。

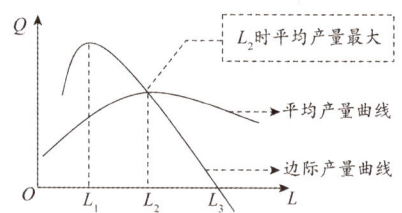

图 3-3　平均产量曲线与边际产量曲线的位置关系

【考点小贴士】边际产量与总产量的位置关系、边际产量与平均产量的位置关系是考试的重点。

经典例题

[2013 年真题·单选题] 假设只有一种生产要素投入可变、其他生产要素投入不变，关于边际产量和平均产量关系的说法，正确的是（　　）。
A. 只要边际产量大于平均产量，平均产量就是递增的
B. 只要边际产量等于平均产量，平均产量就是递增的
C. 只要边际产量小于平均产量，平均产量就是递增的
D. 只要边际产量大于平均产量，平均产量就是递减的
[答案] A
[解题思路] 本题通过画出边际产量与平均产量的图形很容易做出正确选择。边际产量＞平均产量，说明在边际产量线与平均产量线交点的左边，二者相交时，平均产量最大，在交点左边，平均产量递增，在交点右边平均产量递减。

【考点三】规模报酬

规模报酬研究的是企业长期生产决策问题。其具体内容如表 3-2 所示。

表 3-2　规模报酬

项目	具体内容
含义	规模报酬，也称规模收益，是指在其他条件不变的情况下，企业内部各种生产要素按照相同比例变化时所带来的产量的变化。企业只有在长期中才能改变全部生产要素的投入，进而影响生产规模
类型	(1) 规模报酬递增：产量增加的比例大于各种生产要素增加的比例 (2) 规模报酬不变：产量增加的比例等于各种生产要素增加的比例 (3) 规模报酬递减：产量增加的比例小于各种生产要素增加的比例

续表

项目	具体内容
规律	当企业规模较小时，扩大生产规模，报酬递增，此时企业扩大规模以得到产量递增所带来的好处，将生产保持在规模报酬不变的阶段。此后如果企业继续扩大生产规模，就会出现规模报酬递减。因此，多数行业会有一个适度最佳规模或适度规模，此时企业单位生产成本最小

经典例题

[例题·单选题] 下列关于规模报酬，说法错误的是（　　）。
A. 产量增加的比例等于各种生产要素增加的比例，这是规模报酬不变
B. 产量增加的比例大于各种生产要素增加的比例，这是规模报酬递增
C. 产量增加的比例小于各种生产要素增加的比例，这是规模报酬递减
D. 企业规模较小时，扩大生产规模，规模报酬递减，当企业规模达到临界值以后，企业继续扩大规模，规模报酬递增
[答案] D
[解题思路] 当企业规模较小时，扩大生产规模，报酬递增，此时企业扩大规模以得到产量递增所带来的好处，将生产保持在规模报酬不变的阶段。

【考点四】与成本相关的概念

成本，又称生产费用，是企业在生产经营过程中所支付的物质费用和人工费用。与成本相关的概念如表3-3所示。

表3-3　与成本相关的概念

概念		具体内容
机会成本		是指当一种生产要素被用于生产单位某产品时所放弃的使用相同要素在其他生产用途中所得到的最高收入
生产成本	显成本	是指企业购买或租用生产要素所实际支付的货币支出
	隐成本	是指企业本身所拥有的并且被用于该企业生产过程的那些生产要素的总价格，是企业拥有并使用的资源的成本
		实际上是机会成本，应当从机会成本的角度按照企业自有生产要素在其他用途中所得到的最高收入来支付和计算
经济利润		也称"超额利润"，计算公式为： 经济利润＝总收益－总成本＝总收益－（显成本＋隐成本）
		企业所追求的最大利润，指的是最大的经济利润
正常利润		是指企业对自己所提供的企业家才能的报酬支付
		正常利润是生产成本的一部分，是作为隐成本的一部分计入成本的。经济利润不包括正常利润

经典例题

[例题·多选题] 关于成本和利润的表述正确的是（　　）。
A. 企业所有的显成本和隐成本共同构成了企业的总成本
B. 在成本下降时利润一定是增加的
C. 企业所追求的最大利润，指的是最大的经济利润
D. 企业所追求的最大利润，指的是最大的正常利润
E. 经济利润中包括正常利润
[答案] AC

[解题思路] 企业利润＝总收益－总成本，在成本下降时，若总收益不变，利润一定会增加，而本题 B 项并没有总收益不变的条件，所以表述错误。企业所追求的最大利润是指最大的经济利润，D 项错误。经济利润是超额利润，不包括正常利润，E 项错误。

【考点五】成本函数

一、成本函数的含义和类型

成本函数是表示企业总成本与产量之间关系的公式，分为短期成本函数和长期成本函数。其具体内容如表 3-4 所示。

表 3-4 短期成本函数与长期成本函数

函数	涉及要素	要素阐述	要点提示
短期成本函数	固定成本	是指在短期内不随产量增减而变动的那部分成本，如厂房和设备的折旧，以及管理人员的工资费用等	短期成本函数和长期成本函数的区别在于是否含有固定成本。长期成本函数没有固定成本
	可变成本	是指随产量变动而变动的那部分成本，如原材料、燃料和动力以及生产工人的工资费用等	
长期成本函数	可变成本	从长期看一切生产要素都是可变的	

二、短期成本函数分析

（一）短期总成本（TC）

短期总成本（TC）＝总固定成本（TFC）＋总可变成本（TVC）。

（二）平均成本（AC）

平均成本（AC）＝平均固定成本（AFC）＋平均可变成本（AVC）。

平均成本是生产每一单位产品的成本，是总成本除以总产量所得之商。

（三）边际成本（MC）

边际成本是指增加一个单位产量时总成本的增加额。由于短期内固定成本是常数，不受产量的影响，因而边际成本也就是指产量变动引起的可变成本的变动。

经典例题

[2008 年真题·单选题] 当某企业的产量为 2 个单位时，其总成本、总固定成本、总可变成本、平均成本分别为 2 000 元、1 200 元、800 元和 1 000 元；当产量为 3 个单位时，其总成本、总固定成本、总可变成本、平均成本分别是 2 100 元、1 200 元、900 元和 700 元，则该企业的边际成本是（　　）元。

A. 0　　　　　　B. 150　　　　　　C. 100　　　　　　D. 300

[答案] C

[解题思路] 本题考查对边际成本概念的理解。边际成本是指增加一个单位产量时总成本的增加额，产量由 2 个单位增加到 3 个单位，总成本由 2 000 元增加到 2 100 元，所以边际成本是 100 元。

[2008 年真题·多选题] 固定成本包括的项目有（　　）。

A. 厂房和设备折旧　　　　　　B. 管理人员的工资费用

C. 原材料费用　　　　　　　　D. 燃料和动力费用

E. 生产工人的工资费用

[答案] AB

[解题思路] 固定成本包括厂房和设备的折旧，以及管理人员的工资费用等。

【考点六】成本曲线

一、总成本（TC）曲线、总可变成本（TVC）曲线和总固定成本（TFC）曲线

总成本（TC）曲线、总可变成本（TVC）曲线和总固定成本（TFC）曲线如图3-4所示。

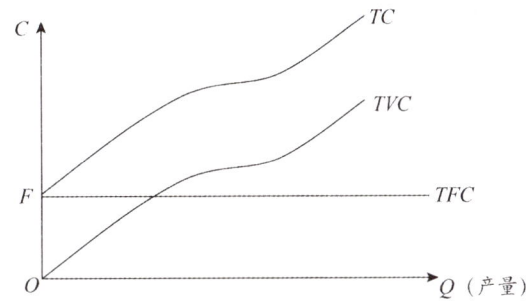

图3-4 总成本曲线、总可变成本曲线和总固定成本曲线

上图3-4所示的各成本曲线的形状及规律如表3-5所示。

表3-5 成本曲线

曲线	形状	规律
总成本曲线（TC）	从纵轴一个截点即产量为0时总成本等于固定成本的F点开始，随产量增加而逐步上升，开始时以递减的速度上升，产量达到一定水平之后以递增的速度上升	总成本曲线和总可变成本曲线的变动规律是一致的
总可变成本曲线（TVC）	从原点出发，之后随产量增加而上升，刚开始以递减的速度上升，产量达到一定水平之后以递增的速度上升	
总固定成本曲线（TFC）	平行于横轴的一条直线	—

二、平均总成本（AC）曲线、平均固定成本（AFC）曲线、平均可变成本（AVC）曲线、边际成本（MC）曲线

（一）各平均成本曲线与边际成本曲线的位置关系

各平均成本曲线与边际成本曲线的位置关系如右图3-5所示。平均总成本（AC）曲线、平均可变成本（AVC）曲线、边际成本（MC）曲线都是先下降后上升的曲线。边际成本曲线最早达到最低点，其次是平均可变成本曲线，总成本曲线的最低点出现得最慢，且高于边际成本曲线及平均可变成本曲线的最低点。

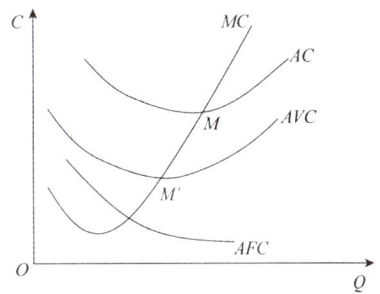

图3-5 各平均成本曲线与边际成本曲线的位置关系

（二）各平均成本曲线与边际成本曲线的形状及关系

各平均成本曲线与边际成本曲线的形状及关系如表3-6所示。

表3-6 各平均成本曲线与边际成本曲线的形状及关系

曲线	形状	与边际成本曲线的关系
平均固定成本曲线	随产量的增加而递减，逐渐向横轴接近	与边际成本曲线相交，此时平均固定成本＝边际成本，交点前，平均固定成本＞边际成本，在交点后平均固定成本＜边际成本

续表

曲线	形状	与边际成本曲线的关系
边际成本曲线	开始时随产量的增加而迅速下降，达到最低点后，便随产量的增加迅速上升，无论是上升还是下降，边际成本曲线的变动都快于平均可变成本曲线	—
平均总成本曲线	开始时随产量增加而迅速下降，达到 M 点时，平均总成本最低（与边际成本曲线相交），在 M 点后，平均总成本又随产量增加而上升	与边际成本曲线交于平均总成本曲线的最低点 M。此时，边际成本＝平均总成本；M 点前，平均总成本下降，边际成本＜平均总成本；M 点后，平均总成本上升，边际成本＞平均总成本
平均可变成本曲线	开始时随产量增加而逐步下降，达到 M' 时（与边际成本曲线相交），平均可变成本最低，在 M' 点后，平均可变成本又随产量增加而上升	与边际成本曲线交于平均可变成本曲线的最低点 M'。此时，边际成本＝平均可变成本。M' 点之前，平均可变成本下降，边际成本＜平均可变成本；M' 点之后，平均可变成本上升，边际成本＞平均可变成本

经典例题

[2015年真题·单选题] 关于短期边际成本曲线和平均成本曲线之间的关系的说法，正确的是（ ）。
A. 平均固定成本曲线和边际成本曲线都具有 U 形特征
B. 当边际成本与平均总成本相等时，平均总成本曲线位于最低点
C. 平均总成本曲线比边际成本曲线更早到达最低点
D. 平均固定成本曲线总是高于边际成本曲线
[答案] B
[解题思路] 本题可通过成本曲线图做出正确的选择。通过图形可知平均固定成本是向右下方倾斜的，A 项错误。平均总成本曲线比边际成本曲线更晚到达最低点，C 项错误。平均固定成本曲线会与边际成本曲线相交，在交点之前，平均固定成本高于边际成本，在交点之后，平均固定成本低于边际成本，D 项错误。

[2009年真题·多选题] 关于短期成本曲线的说法，正确的有（ ）。
A. 总成本曲线从原点开始，并随产量的增加而逐步上升
B. 总成本曲线从纵轴一个截点即产量为零时总成本等于固定成本的那个点开始，并随产量的增加而逐步上升
C. 总可变成本曲线从原点开始，并随产量的增加而逐步上升
D. 总可变成本曲线从纵轴一个截点即产量为零时总成本等于固定成本的那个点开始，并随产量的增加而逐步上升
E. 总固定成本曲线是平行于横轴的一条直线
[答案] BCE
[解题思路] 通过本题掌握总成本曲线、总固定成本曲线、总可变成本曲线的形状。做题的方法是画出成本曲线图，依照图形进行选择。

【考点七】决定短期成本变动的因素

决定短期成本变动的因素及其影响如表 3-7 所示。

表 3-7　决定短期成本变动的因素及其影响

决定短期成本变动的因素	影响
劳动、资本等生产要素的价格	其他条件不变，工资和原材料、机器设备等生产资料的价格以及租金的提高，会导致生产成本的相应提高

续表

决定短期成本变动的因素		影响
生产率	劳动生产率	即平均产量,是指每单位劳动的产量或产出	生产率即总产出与加权平均投入的比率,可以用劳动生产率和全要素生产率表示。一般来说,其他条件不变,生产率提高会导致生产成本的下降,生产率下降则会导致成本的上升
	全要素生产率	即每单位总投入(包括劳动投入和资本投入)的产量或产出	

【考点小贴士】决定短期成本变动的因素朝着有利于企业的方向变化,则短期成本降低,反之亦然。例如生产资料价格提高,对企业不利,则短期成本会提高;生产率提高,对企业有利,则短期成本会下降。

本章易错易混考点

【易错易混考点】生产曲线与成本曲线

一、一种可变要素变化的生产曲线

一种可变要素变化的生产曲线(横轴为劳动投入 L,纵轴为产量 Q)如图 3-6 所示。

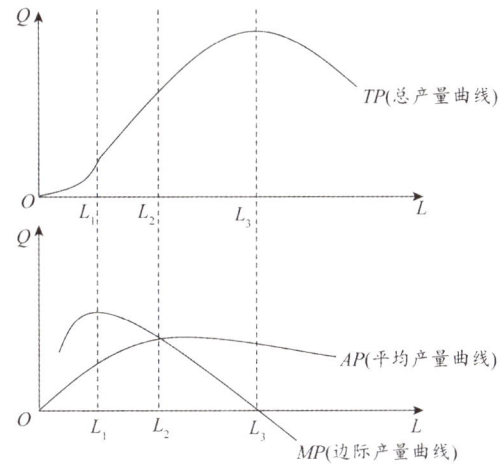

图 3-6　生产函数图形及位置关系

【考点小贴士】生产曲线简称"三点三线"。三线是指边际产量曲线、平均产量曲线和总产量曲线;三点是指边际产量最大点 L_1、平均产量最大点 L_2 及总产量最大点 L_3。考试主要考查边际产量与总产量的关系、边际产量与平均产量的关系。三条生产曲线的形状类似打羽毛球时,球的运行轨迹,即开口向下的抛物线,所以在记忆时可以记"打球"两个字,就可想起生产曲线。

二、成本曲线(横轴为产量 Q、纵轴为成本 C)

(1)总成本曲线、总可变成本曲线和总固定成本曲线如图 3-7 所示。

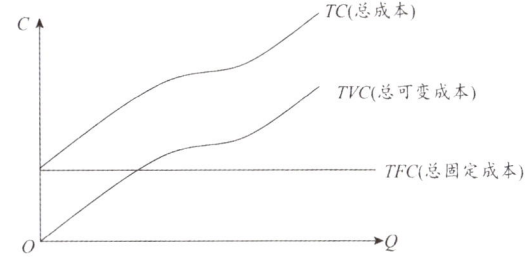

图 3-7　总成本曲线、总可变成本曲线和总固定成本曲线

(2) 边际成本曲线、平均总成本曲线、平均可变成本曲线、平均固定成本曲线如图 3-8 所示。

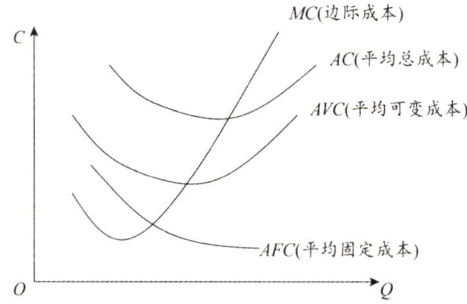

图 3-8 边际成本曲线、平均总成本曲线、平均可变成本曲线、平均固定成本曲线

【考点小贴士】7 条成本曲线首先需要掌握各自的形状，其次需要掌握平均成本曲线与边际成本曲线的位置关系。难点是图 3-8 中的 4 条线，而这 4 条线记忆的关键是边际成本曲线，其形状很像"√"（对号），所以当想到"√"时就会想起边际成本曲线。

[例题·单选题] 关于短期边际成本曲线和平均成本曲线的说法，正确的是（　　）。

A. 边际成本曲线随着产量的增加先上升后下降

B. 平均总成本曲线呈 U 形特征

C. 平均可变成本曲线向右下方倾斜

D. 平均固定成本曲线是一条平行于横轴的直线

[答案] B

[解题思路] 边际成本曲线、平均总成本曲线、平均可变成本曲线都是先下降后上升，呈 U 形特征，A、C 两项错误，B 项正确。平均固定成本曲线向右下方倾斜，D 项错误。

历年经典真题回顾

一、**单项选择题**（每题 1 分，每题备选项中，只有 1 个最符合题意）

1. 某企业在短期内，当产量为 3 个单位时，总成本为 2 100 元，当产量增长到 4 个单位时，平均总成本为 562.5 元，则该企业此时的边际成本是（　　）元。[2017 年真题]

   A. 100　　B. 200
   C. 150　　D. 250

   [答案] C

   [解析] 边际成本是指产量增加一个单位时总成本的增加数。产量为 4 个单位时，总成本 = 562.5×4 = 2 250（元）；边际成本 = 2 250 − 2 100 = 150（元）。

2. 按照经济学家科斯关于企业本质属性的理论，导致市场机制和企业的交易费用不同的主要因素是（　　）。[2017 年真题]

   A. 市场不是万能的　　B. 企业的机会成本
   C. 存在道德风险　　D. 信息的不完全性

   [答案] D

   [解析] 导致市场机制和企业的交易费用不同的主要因素是信息的不完全性。

3. 按照美国经济学家科斯的观点，企业存在的根本原因是（　　）。[2014 年真题]

   A. 科学技术进步　　B. 节约交易成本或交易费用
   C. 产品标准化　　D. 信息不对称

   [答案] B

   [解析] 企业存在的根本原因是交易成本的节约。

4. 关于总成本曲线变动规律的说法，正确的是（   ）。[2014年真题]
   A. 总成本曲线从原点开始，随产量的增加而逐步上升
   B. 总成本曲线不随产量的变动而变动
   C. 总成本曲线从纵轴一个截点即产量为零时总成本等于固定成本的那个点开始，并随产量的增加而逐步上升
   D. 总成本曲线从纵轴一个截点即产量为零时总成本等于可变成本的那个点开始，并随产量的增加而逐步上升

   [答案] C

   [解析] 产量为零时，总成本等于总固定成本，所以总成本曲线从纵轴一个截点即产量为零时总成本等于固定成本的那个点开始，并随产量的增加而逐步上升。

5. 企业使用自有的资金应计算利息，从成本角度看，这种利息属于（   ）。[2010年真题]
   A. 固定成本   B. 显成本   C. 隐成本   D. 会计成本

   [答案] C

   [解析] 隐成本是指企业本身所拥有的并且被用于该企业生产过程的那些生产要素的总价格，是企业自己拥有并使用的资源的成本。

6. 在其他条件不变的情况下，如果连续增加劳动的投入，在总产量达到最大值时，劳动的边际产量（   ）。[2009年真题]
   A. 大于零   B. 小于零
   C. 等于零   D. 等于平均产量

   [答案] C

   [解析] 当边际产量等于零时，总产量达到最大值。

7. 机会成本是指当一种生产要素被用于生产单位某产品时所放弃的使用该生产要素在其他生产用途中所得到的（   ）。[2007年真题]
   A. 最高收入   B. 最低收入   C. 平均收入   D. 超额收入

   [答案] A

   [解析] 机会成本是指当一种生产要素被用于生产单位某产品时所放弃的使用相同要素在其他生产用途中所得到的最高收入。

二、多项选择题（每题2分，每题备选项中，有2个或2个以上符合题意，至少有1个错项。错选，本题不得分；少选，所选的每个选项得0.5分）

1. 美国经济学家科斯提出的企业理论的主要观点有（   ）。[2016年真题]
   A. 企业是为了节约市场交易费用而产生的
   B. 企业的本质是作为市场机制或价格机制的代替物
   C. 信息不完全性是导致市场机制和企业交易费用不同的主要因素
   D. 企业可以使一部分市场交易内部化，从而降低交易费用
   E. 不同市场结构中的企业的本质是不同的

   [答案] ABCD

   [解析] 美国经济学家科斯认为企业的本质或显著特征是作为市场机制或价格机制的替代物，不同市场结构中的企业的本质都是相同的，E项错误。

2. 关于经济学中成本的说法，正确的有（   ）。[2016年真题]
   A. 生产成本可分为显成本和隐成本两部分
   B. 隐成本实际是一种机会成本

C. 正常利润不应作为隐成本的一部分计入成本

D. 成本是企业在生产经营过程中所支付的物质费用和人工费用

E. 不论从长期还是短期看，成本均可分为固定成本和可变成本

[答案] ABD

[解析] 生产成本包括显成本和隐成本两部分。正常利润属于隐成本中的一部分，C项错误。成本是企业在生产经营过程中所支付的物质费用和人工费用。从短期看，成本可分为固定成本和可变成本，E项错误。

3. 关于科斯的企业形成理论的说法，正确的有（　　）。[2013年真题]

A. 企业的产生增加了市场交易费用

B. 企业与市场机制是两种不同的协调生产和配置资源的方式

C. 企业作为生产的一种组织形式大大减少了需要签订的契约数量

D. 企业不以营利为目的

E. 导致市场机制和企业交易费用不同的主要因素在于信息的不完全性

[答案] BCE

[解析] 企业作为一种组织形式大大减少了需要签订的契约数量，可以大量节约交易费用，A项错误。企业以营利为目的，D项错误。

4. 下列项目中，从短期来看，属于企业可变成本的有（　　）。[2011年真题]

A. 原材料费用　　　　　　　　B. 燃料和动力费用

C. 厂房和设备折旧　　　　　　D. 生产工人的工资

E. 银行借款利息

[答案] ABD

[解析] 可变成本是指随产量变动而变动的那部分成本，如原材料、燃料和动力以及生产工人的工资费用等。C、E两项属于固定成本。

本章同步练习

一、单项选择题（每题1分，每题备选项中，只有1个最符合题意）

1. 美国经济学家科斯对企业的本质进行了开创性的探讨，下列观点表述错误的是（　　）。

A. 交易成本的节约是企业存在的根本性原因

B. 导致市场机制和企业的交易费用不同的主要因素在于信息的不完全性

C. 当企业交易方式的交易费用大于市场交易方式的交易费用时，企业就应运而生了

D. 企业的本质或显著特征是作为市场机制或价格机制的替代物

2. 在生产者行为分析中，一般假设生产者或企业的目标是追求利润最大化，这一基本假定的前提是（　　）。

A. 边际效用最大化理论　　　　B. 经济人假设

C. 生产行为最优理论　　　　　D. 公共选择理论

3. 从长期来看，实现（　　）是所有企业在竞争中求得生存的关键。

A. 销售增长率最大化　　　　　B. 市场份额最大化

C. 销售收入最大化　　　　　　D. 利润最大化

4. 下列关于总产量、边际产量和平均产量的说法，错误的是（　　）。

A. 只要总产量减少，边际产量一定为负数

B. 只要边际产量减少，总产量一定减少

C. 边际产量曲线一定在平均产量曲线的最高点与之相交

D. 只要平均产量增加，边际产量就大于平均产量

5. 一定时期内，在技术不变的情况下，生产中所使用的各种生产要素的数量与所能生产的最大产量之间的函数关系称为（　　）。

　　A. 成本函数　　　　B. 供给函数　　　　C. 生产函数　　　　D. 需求函数

6. 在其他投入保持不变条件下，由于新增一单位的投入而多生产出来的总数量或总产出称为（　　）。

　　A. 平均产量　　　　B. 总产量　　　　C. 边际成本　　　　D. 边际产量

7. 当资本和劳动等生产要素投入都增加100%时，产量增加大于100%，此时企业处于（　　）阶段。

　　A. 规模报酬递减　　　　　　　　　　B. 规模报酬递增

　　C. 规模报酬不变　　　　　　　　　　D. 规模报酬为零

8. 企业购买或租用生产要素所实际支付的货币支出称为（　　）。

　　A. 显成本　　　　B. 隐成本　　　　C. 机会成本　　　　D. 总成本

9. 经济利润是指企业的总收益和总成本的差额，经济利润也称为（　　）。

　　A. 超额利润　　　　B. 正常利润　　　　C. 会计利润　　　　D. 隐成本

10. 企业本身所拥有的、并且被用于该企业生产过程的那些生产要素的总价格称为（　　）。

　　A. 显成本　　　　B. 隐成本　　　　C. 固定成本　　　　D. 总成本

11. 短期成本函数和长期成本函数的区别在于是否含有（　　）。

　　A. 固定成本　　　　B. 可变成本　　　　C. 边际成本　　　　D. 隐成本

12. 由于短期内固定成本为一常数，不受产量的影响，因而（　　）就是产量变动引起的可变成本的变动。

　　A. 机会成本　　　　B. 平均成本　　　　C. 边际成本　　　　D. 隐成本

13. 总固定成本曲线是（　　）。

　　A. 从原点开始，随产量的增加而逐步上升

　　B. 从纵轴一个截点即产量为零时总成本等于固定成本的那个点开始，随产量的增加而逐步上升

　　C. 与横轴平行的一条直线

　　D. 先下降后上升的曲线

14. 当平均总成本随产量的增加而下降时（　　）。

　　A. 边际成本大于平均总成本　　　　　B. 边际成本小于平均总成本

　　C. 平均可变成本大于平均总成本　　　D. 边际成本等于平均总成本

15. 已知产量为8个单位时，总成本为80元，当产量增加到9个单位时，平均成本为11元，那么此时的边际成本为（　　）。

　　A. 1元　　　　B. 19元　　　　C. 88元　　　　D. 20元

16. 边际产量递减规律的基本含义是（　　）。

　　A. 在技术水平和其他投入保持不变条件下，连续追加一种生产要素的投入量，总是存在着一个临界点，在这一点之前，边际产量递增，超过这一点，边际产量将出现递减的趋势，直到出现负值

　　B. 在技术水平和其他投入变动的条件下，连续追加一种生产要素的投入量，总是存在着一个临界点，在这一点之前，边际产量递增，超过这一点，边际产量将出现递减的趋势，直到出现负值

C. 在技术水平和其他投入保持不变条件下，连续追加一种生产要素的投入量，边际产量总是递增的

D. 在技术水平和其他投入保持不变条件下，连续追加一种生产要素的投入量，边际产量总是递减的

17. 在下列情况下，平均产量达到最大值的是（　　）。

A. 平均产量＞边际产量时

B. 平均产量＝边际产量时

C. 总产量达到最大值时

D. 边际产量达到最大值时

二、多项选择题（每题2分，每题备选项中，有2个或2个以上符合题意，至少有1个错项。错选，本题不得分；少选，所选的每个选项得0.5分）

1. 关于企业及企业形成的理论，下列表述正确的有（　　）。

A. 企业是产品生产过程中的主要组织形式

B. 企业是市场交易费用节约的产物

C. 企业作为一种组织形式增加了签订契约数量

D. 企业的本质或显著特征是作为市场机制或价格机制的补充物

E. 从企业产生以后，社会上形成两种交易即企业外部的市场交易和企业内部的交易

2. 交易费用是围绕契约所产生的成本费用，包括（　　）。

A. 签订契约时交易双方面临的偶然因素所可能带来的损失

B. 签订契约所花费的成本

C. 监督契约所花费的成本

D. 执行契约所花费的成本

E. 购买的原材料成本

3. 关于生产函数图形及位置关系的表述，正确的有（　　）。

A. 当劳动的边际产量为零时，总产量达到最大值

B. 劳动的边际产量大于平均产量时，平均产量是递减的

C. 只要劳动的边际产量递减，平均产量就递减

D. 边际产量曲线与平均产量曲线相交时，平均产量达到最大值

E. 只要边际产量小于平均产量，平均产量就是递减的

4. 短期总成本可以分为固定成本和可变成本，其中可变成本主要包括（　　）等。

A. 原材料　　　　　　　　　　　　B. 燃料和动力

C. 生产工人的工资　　　　　　　　D. 厂房和设备的折旧

E. 管理人员的基本工资

5. 下列关于平均总成本（ATC）、平均固定成本（AFC）、平均可变成本（AVC）、边际成本（MC）曲线的表述，错误的有（　　）。

A. 平均总成本、平均可变成本、平均固定成本、边际成本曲线都是先下降后上升的曲线

B. 边际成本曲线与平均可变成本曲线交于平均可变成本曲线的最低点，此时边际成本（MC）＝平均可变成本（AVC）

C. 当边际成本（MC）＝平均总成本（ATC），边际成本曲线与平均总成本曲线交于边际成本曲线的最低点

D. 总成本曲线最低点最早出现且低于边际成本曲线及平均可变成本曲线的最低点

E. 无论是上升还是下降，边际成本曲线的变动都快于平均可变成本曲线
6. 若横轴为产量、纵轴为成本，下列关于成本曲线的表述，正确的有（　　）。
　　A. 总固定成本曲线是一条向右下方倾斜的曲线
　　B. 平均固定成本曲线是一条向右下方倾斜的曲线
　　C. 平均可变成本曲线是一条向右下方倾斜的曲线
　　D. 平均可变成本曲线是一条 U 形曲线
　　E. 平均总成本曲线是一条向右下方倾斜的曲线

本章同步练习参考答案及解析

一、单项选择题

1. [答案] C
   [解析] 当企业交易方式的交易费用小于市场交易方式的交易费用时，企业就应运而生了，C 项错误。

2. [答案] B
   [解析] 在生产者行为的分析中，一般假设生产者或企业的目标是追求利润最大化，这一基本假定是"经济人假设"在生产和企业理论中的具体化。

3. [答案] D
   [解析] 从长期来看，实现利润最大化是所有企业在竞争中求得生存的关键。

4. [答案] B
   [解析] 参照边际产量与总产量的图形，边际产量为零时，总产量达到最大值，所以只要总产量减少，边际产量一定为负数，而边际产量只要大于零，总产量就在增加，所以 A 项正确、B 项错误。边际产量曲线与平均产量曲线相交时，平均产量达到最大，C 项正确。只要平均产量增加，边际产量就大于平均产量，D 项正确。

5. [答案] C
   [解析] 生产函数表示一定时期内，在技术不变的情况下，生产中所使用的各种生产要素的数量与所能生产的最大产量之间的函数关系。生产函数是生产要素投入量和产品产出量之间的关系。

6. [答案] D
   [解析] 边际产量（MP）是指在其他投入保持不变条件下，由于新增一单位的投入而多生产出来的数量或产出。

7. [答案] B
   [解析] 规模报酬也称为规模收益，是指在其他条件不变的情况下，企业内部各种生产要素同比例变化时所带来的产量的变化。其中，规模报酬递增是指产量增加的比例大于各种生产要素增加的比例。

8. [答案] A
   [解析] 显成本是指企业购买或租用生产要素所实际支付的货币支出。

9. [答案] A
   [解析] 经济利润也称为超额利润。

10. [答案] B
    [解析] 隐成本是指企业本身所拥有的、并且被用于该企业生产过程的那些生产要素的总价格。

11. [答案] A
    [解析] 从长期来看一切生产要素都是可变的，所以长期成本中没有固定成本；短期来看成本可分为固定成本和可变成本，所以短期成本函数和长期成本函数的区别在于是否含有固定成本。

12. [答案] C
    [解析] 边际成本是增加一个单位产量时总成本的增加额，由于短期内固定成本为一常数，不受产量的影响，因而边际成本就是产量变动引起的可变成本的变动。

13. [答案] C
    [解析] 总固定成本不随横轴产量的变化而变化，所以总固定成本是一条水平线。A 项描述的是总可变成本曲线；B 项描述的是总成本曲线。

14. [答案] B

15. [答案] B
[解析] 参照平均成本与边际成本位置关系图，当固定成本不为零时，平均总成本始终大于平均可变成本，可排除C项；边际成本曲线与平均总成本曲线交点之前，平均总成本大于边际成本，交点之后平均总成本小于边际成本，而该交点是平均总成本的最低点，在此点之前平均总成本下降，边际成本小于平均总成本，所以B项正确。

15. [答案] B
[解析] 平均成本＝总成本/总产量。当产量为9个单位时，总成本＝9×11＝99（元），边际成本＝99－80＝19（元）。

16. [答案] A
[解析] 边际产量递减规律也称为边际报酬递减规律，是指在技术水平和其他投入保持不变条件下，连续追加一种生产要素的投入量，总是存在着一个临界点，在这一点之前，边际产量递增，超过这一点，边际产量将出现递减的趋势，直到出现负值。

17. [答案] B
[解析] 当平均产量线与边际产量线相交时，即平均产量等于边际产量时，平均产量达到最大值。

二、多项选择题

1. [答案] ABE
[解析] 企业作为一种组织形式减少了签订契约数量，可以大量节约交易费用，C项错误。企业的本质或显著特征是作为市场机制或价格机制的替代物，D项错误。

2. [答案] ABCD
[解析] 交易费用包括签订契约时交易双方面临的偶然因素可能带来的损失以及签订契约、监督执行契约所花费的成本。E项属于生产成本，不属于交易费用。
[延伸] 交易成本就是在一定的社会关系中，人们自愿交往、彼此合作达成交易所支付的成本，也即人—人关系成本。它与一般的生产成本（人—自然界关系成本）是对应概念。

3. [答案] ADE
[解析] 做对本题最好的方式是画图，请牢记总产量、平均产量和边际产量的曲线形状及位置关系。劳动的边际产量大于平均产量时，平均产量是递增的，B项错误；劳动的边际产量递减且小于平均产量时，平均产量就是递减的，C项错误。

4. [答案] ABC
[解析] 可变成本是随着产量变动而变动的那部分成本，主要包括原材料、燃料和动力以及生产工人的工资费用等。

5. [答案] ACD
[解析] 本题可通过画图选择，要注意选择表述错误的选项。平均固定成本曲线随产量的增加而递减，逐渐向横轴接近，A项错误。当边际成本（MC）＝平均总成本（ATC）时，边际成本曲线与平均总成本曲线交于平均总成本曲线的最低点，C项错误。总成本曲线最低点最晚出现且高于边际成本曲线及平均可变成本曲线的最低点，D项错误。

6. [答案] BD
[解题思路] 本题可通过成本曲线图形做出正确选择，请牢记成本曲线的两幅图七条线，把握各成本曲线的形状及它们的位置关系。

错题收集

....
....
....
....

第四章 市场结构理论

本章考情分析

年份	单项选择题	多项选择题	合计
2017年	2题2分	1题2分	4分
2016年	2题2分	—	2分
2015年	1题1分	1题2分	3分
2014年	2题2分	2题4分	6分
2013年	1题1分	1题2分	3分
2012年	2题2分	1题2分	4分

本章考点概览

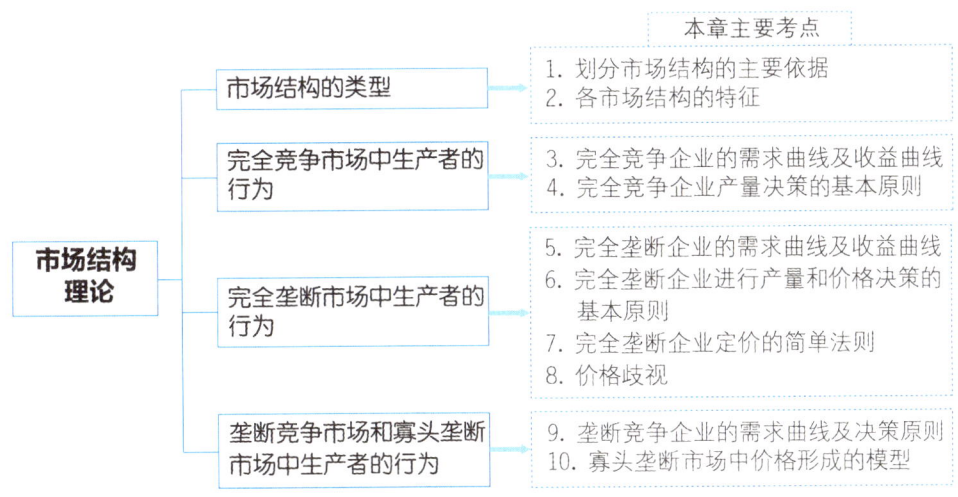

本章考点详解

【考点一】划分市场结构的主要依据

市场结构,是指一个行业内部买方和卖方的数量及其规模分布、产品差别的程度和新企业进入该行业的难易程度的综合状态。换言之,市场结构是某种产品或服务的竞争状况和竞争程度。划分一个行业所属的市场结构的主要依据如表4-1所示。

表 4-1 划分市场结构的主要依据

依据	具体内容
本行业内部的生产者数目或企业数目	一个行业内企业数目越多,其竞争程度就越高,垄断程度就越低
本行业内各企业生产者的产品的差别程度	这是垄断竞争市场和完全竞争市场的主要区别
进入障碍的大小	进入障碍越小,竞争程度越高,垄断程度越低

依据上述三因素的不同特点,将市场分为完全竞争市场、垄断竞争市场、寡头垄断市场和完全垄断市场。

经典例题

[2007年真题·多选题] 对一个行业市场结构分类的主要依据有（　　）。
A. 本行业内部生产者数目
B. 本行业内部各个生产者的产品差别程度
C. 生产技术差别程度
D. 进入障碍的大小
E. 消费者的接受程度
[答案] ABD
[解题思路] 本题可根据"数目""差别""障碍"做选择,但"差别"指的是"产品差别程度",而不是"技术差别"。

【考点二】各市场结构的特征

各市场结构的特征如表 4-2 所示。

表 4-2 各市场结构的特征

市场结构	特征
完全竞争市场 (又叫纯粹竞争市场)	(1) 市场上有很多生产者与消费者且生产者的规模都很小。每个生产者和消费者都只能是市场价格的接受者 (2) 企业生产的产品是同质的,即不存在产品差别 (3) 买卖双方对市场信息都有充分的了解 (4) 资源可以自由流动,自由进入或退出市场
垄断竞争市场	(1) 具有很多的生产者和消费者 (2) 产品具有差别性,生产者可以对价格有一定的程度的控制(这是与完全竞争市场的主要区别) (3) 进入或退出市场比较容易,不存在什么进入障碍
寡头垄断市场	(1) 在一个行业中,只有很少几个企业进行生产 (2) 它们所生产的产品有一定的差别或者完全无差别 (3) 它们对价格有很大程度的控制 (4) 进入这一行业比较困难
完全垄断市场 (或称为垄断市场)	(1) 整个行业只有一个生产者,因而它是价格的决定者 (2) 完全垄断者的产品是没有合适替代品的独特性产品 (3) 其他企业进入这一市场非常困难 完全垄断形成的原因,包括政府垄断、对某些特殊原材料的单独控制、对某些产品的专利权形成的完全垄断以及自然垄断。其中,自然垄断是指当行业中只有一家企业能够有效率地进行生产,或者当一个企业能以低于两个或更多企业的成本为整个市场供给一种产品时,这个行业就是自然垄断。自然垄断与规模经济有着密切的关系

【考点小贴士】
(1) 完全竞争市场的特征关键词是"很多、同质、了解、自由",可以谐音记忆成"很多同志们了解自由"。
(2) 各种市场结构的特征可分两条线记忆:一是通过完全竞争市场的特征举一反三记忆,比如垄断竞争市场的特征"很多、不同质、自由";寡头垄断市场的特征"很少、同质不同质都行、较困难";完全垄断市场的特征"一个、无合适替代品、非常困难"。二是对价格的影响,由完全竞争企业、垄断竞争企业、寡头垄断企业到完全垄断企业对价格的影响分别是:"接受价格""对价格有一定程度的控制""对价格有很大程度的控制""决定价格"。

经典例题

[2012年真题·多选题] 完全竞争市场具有的特征有(   )。
A. 同行业各个企业生产的同一产品不存在任何差别
B. 买卖双方对市场信息有充分的了解
C. 企业可以自由进入或退出市场
D. 同行业只有少数的生产者
E. 每个生产者都是价格的决定者
[答案] ABC
[解题思路] 本题可以根据"很多、同质、了解、自由"来选择。完全竞争企业都是价格的接受者,因为在这样的市场中每个企业规模都非常小,每个生产者或消费者都只能被动地接受市场价格,对市场价格没有任何控制的力量。

【考点三】完全竞争企业的需求曲线及收益曲线

一、完全竞争市场行业的需求曲线及个别企业的需求曲线

在完全竞争市场上,价格就是由整个行业的供给和需求曲线决定的均衡价格 P_1,如图 4-1-a、4-1-b 所示。完全竞争市场行业的需求曲线是一条向右下方倾斜的曲线,完全竞争市场行业的供给曲线是一条向右上方倾斜的曲线;而完全竞争市场上,个别企业的需求曲线是一条平行于横轴的水平线。

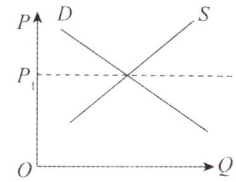

图 4-1-a 完全竞争行业的供求曲线   图 4-1-b 完全竞争企业的需求曲线

二、完全竞争企业的收益曲线

完全竞争企业的收益如表 4-3 所示。

表 4-3 完全竞争企业的收益

收益类别	定义	计算
总收益(R)	是企业出售一定数量的产品获得的全部收入	$R = P \cdot Q$
平均收益(AR)	是总收益除以销售量的商	$AR = R/Q = (P \cdot Q)/Q = P$ 即,平均收益等于单位产品的价格
边际收益(MR)	是增加一个单位产品的销售时收益的增加量	$MR = \triangle R/\triangle Q = P \cdot \triangle Q/\triangle Q = P$ 即,边际收益等于单位产品的价格

【提示】表中的公式，P 代表单位产品的价格（即单价），Q 代表销售量。

在完全竞争市场上，边际收益＝平均收益＝价格，企业的平均收益线（AR）、边际收益线（MR）、需求曲线是同一条线（三线重合），如图 4-2 所示。

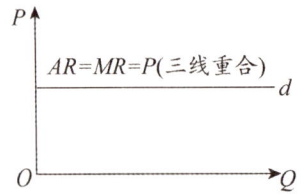

图 4-2 完全竞争企业的平均收益线、边际收益线和需求曲线

经典例题

[2010年真题·多选题] 关于完全竞争市场的说法，正确的有（   ）。
A. 个别企业的需求曲线和整个行业的需求曲线相同
B. 所有企业都是价格的接受者
C. 个别企业的需求曲线是一条平行于横轴的水平线
D. 不同企业生产的产品存在差别
E. 整个行业的需求曲线向右下方倾斜
[答案] BCE
[解析] 个别企业的需求曲线和整个行业的需求曲线不相同，A 项错误；所有企业都是价格的接受者，B 项正确；个别企业的需求曲线是一条平行于横轴的水平线，C 项正确；不同企业生产的产品是同质的，D 项错误；完全竞争市场整个行业的需求曲线向右下方倾斜，E 项正确。

【考点四】完全竞争企业产量决策的基本原则

企业在进行产量决策时遵循的原则是边际收益（MR）等于边际成本（MC）。

一个追求利润最大化的企业，总是按照边际收益等于边际成本的原则来选择最优生产规模。当边际成本小于边际收益时，企业扩大产量，供给增加。当边际成本大于边际收益时，企业缩小产量，供给减少。所以完全竞争企业的边际成本曲线是其供给曲线。

经典例题

[例题·单选题] 完全竞争企业为了实现利润最大化，应遵循的决策原则（   ）。
A. 边际收益产品等于边际成本　　B. 边际收益大于边际成本
C. 边际收益等于边际成本　　　　D. 边际收益等于平均收益曲线
[答案] C
[解题思路] 任何市场中的企业为了实现利润最大化，在价格与产量决策时均需要遵循边际收益等于边际成本的原则。

【考点五】完全垄断企业的需求曲线及收益曲线

一、完全垄断企业的需求曲线

完全垄断企业的需求曲线就是行业的需求曲线，二者完全相同，均是一条向右下方倾斜的曲线，斜率为负。这是完全垄断企业和完全竞争市场中企业的一个重要区别。

关于完全垄断市场与完全竞争市场需求曲线的比较如表 4-4 所示。

表 4-4 完全垄断市场与完全竞争市场需求曲线的比较

市场结构	完全垄断市场	完全竞争市场
行业的需求曲线形状	向右下方倾斜	向右下方倾斜
企业的需求曲线形状	向右下方倾斜	一条水平线
企业需求曲线与行业需求曲线是否相同	相同	不同

二、完全垄断企业的收益曲线

在完全垄断市场上，企业的平均收益等于单位产品的价格，所以完全垄断企业的平均收益曲线与需求曲线是重合的。但是由于单位产品价格随着销售量的增加而下降，因此边际收益小于平均收益，边际收益曲线位于平均收益曲线的下方，而且比平均收益曲线陡峭，如图 4-3 所示。

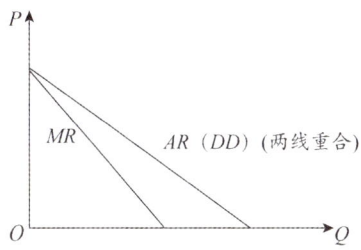

图 4-3 完全垄断企业的需求曲线（DD）、平均收益曲线（AR）与边际收益曲线（MR）

经典例题

[2014 年真题·单选题] 关于完全垄断企业的需求曲线的说法，正确的是（　　）。
A. 完全垄断企业的需求曲线是一条平行于横轴的水平线
B. 完全垄断企业的需求曲线位于其平均收益曲线的上方
C. 完全垄断企业的需求曲线与整个行业的需求曲线相同
D. 完全垄断企业的需求曲线与完全竞争企业的需求曲线相同
[答案] C
[解题思路] 完全竞争企业的需求曲线是一条水平线，A 项错误；完全垄断企业的需求曲线与平均收益线重合，均向右下方倾斜，B、D 两项错误；完全垄断企业的需求曲线就是整个行业的需求曲线，C 项正确。

【考点六】完全垄断企业进行产量和价格决策的基本原则

完全垄断企业进行产量和价格决策的基本原则是边际收益等于边际成本。与完全竞争市场相比较，在完全垄断条件下，企业向市场供应的产品数量较少，而产品价格较高，因此，完全垄断企业可以获得超额利润。需要指出的是，在完全垄断市场上不存在供给曲线，因为垄断企业关于供给多少的决策不仅取决于其成本，还受其需求曲线的约束。需求变动，也会引起垄断企业最优产量和价格变化，从而可能出现价格与产量不是一一对应的关系。

【考点七】完全垄断企业定价的简单法则

边际收益、价格及需求价格弹性间的关系式如下：

$$边际收益(MR) = 价格(P) + \frac{价格(P)}{需求价格弹性系数(E_d)}$$

由于企业的目标是利润最大化，要求边际收益等于边际成本，由此可得简单定价法则如下：

$$\frac{价格(P) - 边际成本(MC)}{价格(P)} = -\frac{1}{需求价格弹性系数(E_d)}$$

【提示1】在边际成本上的加价额占价格的比例，等于需求价格弹性倒数的相反数。

【提示2】垄断企业索取的价格超过边际成本的程度，受制于需求价格弹性。当需求价格弹性较低，即 E_d 的绝对值较小时，垄断者可以确定较高的价格；但是，随着需求价格弹性的增大，E_d 的绝对值扩大，则价格将非常接近边际成本。

经典例题

[例题·单选题] 关于完全垄断企业的下列表述，错误的是（　　）。
A. 垄断企业索取的价格超过边际成本的程度，受制于需求价格弹性
B. 在边际成本上的加价额占价格的比例，应该等于需求价格弹性倒数的相反数
C. 需求价格弹性较高，可以确定较高的价格
D. 企业进行产量和价格决策的基本原则是边际成本等于边际收益
[答案] C
[解题思路] 本题考查完全垄断企业的简单定价法则及利润最大化的决策原则。根据简单定价法则，当需求价格弹性较低时，垄断者可以确定较高的价格，C项错误。

【考点八】价格歧视

价格歧视的具体内容如表4-5所示。

表 4-5　价格歧视

项目	具体内容
含义	价格歧视也称差别定价，是指企业为了获取更大的利润，对同一产品规定不同的价格
类型	(1) 一级价格歧视是企业对每一单位产品都按消费者所愿意支付的最高价格出售，也称"完全价格歧视" (2) 二级价格歧视是指按不同价格出售不同批量的产品，但每个购买相同批量产品的购买者支付的价格相同 (3) 三级价格歧视是建立在不同的需求价格弹性的基础上，是指将消费者分为具有不同需求价格弹性的两组或更多组，分别对各组消费者收取不同的价格
实行条件	(1) 必须有可能根据不同的需求价格弹性划分出两组或两组以上的不同购买者 (2) 市场必须是能够有效地隔离开，同一产品不能在不同市场之间流动
实行原则	不同市场的边际收益相等并且等于边际成本

经典例题

[2013年真题·单选题] 完全垄断企业实行价格歧视的基本原则是（　　）。
A. 不同市场上的边际收益相等并且大于边际成本
B. 不同市场上的边际收益相等并且等于边际成本
C. 不同市场上的平均收益相等并且小于边际成本
D. 不同市场上的平均收益相等并且等于边际成本
[答案] B
[解题思路] 通过本题掌握企业实行价格歧视的基本原则，即不同市场的边际收益相等并且等于边际成本。

[2011年真题·单选题] 关于价格歧视基本条件的说法，正确的是（　　）。
A. 同一产品可以在不同市场之间流动　　B. 消费者必须具有相同的需求价格弹性
C. 垄断者生产的产品必须是耐用品　　　D. 不同市场必须有效地隔离开

[答案] D

[解题思路] 本题考查实行价格歧视的基本条件。一是消费者要有不同的需求价格弹性；二是不同市场能有效隔离，即同一产品不能在不同市场之间流动。垄断者生产的产品可以是耐用品也可以是非耐用品。

【考点九】垄断竞争企业的需求曲线及决策原则

一、垄断竞争市场中个别企业的需求曲线

（一）垄断竞争市场中企业的需求曲线的特征

垄断竞争市场中企业的需求曲线和完全垄断市场中企业的需求曲线相同，均向右下方倾斜。

（二）垄断竞争企业与完全垄断企业的需求曲线的不同点

首先，垄断竞争企业的需求曲线不是市场需求曲线，而是每一个具体企业的需求曲线。完全垄断企业的需求曲线既是企业的需求曲线，也是市场的需求曲线。

其次，垄断竞争企业的需求曲线比完全垄断企业的需求曲线具有更大的弹性。

二、短期均衡分析

与完全垄断企业类似，垄断竞争企业利润最大化原则是边际收益等于边际成本。

经典例题

[例题·多选题] 下列关于垄断竞争市场的表述，正确的有（   ）。
A. 同行业各个企业生产的产品不存在差别
B. 生产者对价格有一定程度的控制
C. 企业进入或退出市场比较容易
D. 垄断竞争市场上企业的需求曲线向右下方倾斜
E. 垄断竞争企业按照边际收益等于边际成本原则确定最优产量

[答案] BCDE

[解题思路] 通过本题掌握垄断竞争市场的特征及垄断竞争市场中企业的需求曲线及决策原则。垄断竞争市场上各个企业生产的产品存在一定的差别，A项错误。

【考点十】寡头垄断市场中价格形成的模型

寡头垄断市场中价格形成的模型有很多，这里只简单介绍两个模型，如表4-6所示。

表4-6　寡头垄断市场中价格形成的模型

模型	具体内容
协议价格制	在生产者和销售者之间存在着某种市场份额划分协议的条件下，生产者或销售者之间共同维持一个协议价格，使得行业净收益最大。其方式是限制各个生产者的产量，使行业边际收益等于行业边际成本。当某些企业联合起来一起行动，就形成了卡特尔 【提示1】世界上最著名的卡特尔是石油生产输出国组织欧佩克（OPEC）。一个卡特尔成员并不是一个大公司的一部分，它们可能在利润诱惑下违背协议。因此，许多卡特尔都是不稳定的，也很难长期存在下去 【提示2】我国企业之间实施共谋或卡特尔是一种违法行为，受到反垄断法律法规的严格禁止
价格领袖制	行业中某一个占支配地位的企业率先确定价格，其他企业则参照这个价格来制定和调整本企业产品的价格，与其保持一致

经典例题

[2017年真题·单选题] 关于寡头垄断市场协议价格的说法,正确的是( )。
A. 协议价格制度非常稳定,一旦形成就不会破裂
B. 协议价格制一般会受到政府的鼓励
C. 它是通过行业中某一占支配地位的企业率先确定价格,其他企业跟随的方式形成的
D. 它通过限制各个生产者的产量,使其行业边际收益等于行业边际成本
[答案] D
[解题思路] 协议价格制一般是不稳定的,很难长期存在下去,A项错误;协议价格制很多国家都是不鼓励的,受到反垄断法律法规的严格禁止,B项错误;价格领袖制是通过行业中某一占支配地位的企业率先确定价格,其他企业跟随的方式形成的,C项错误;协议价格制的方式是通过限制各个生产者的产量,使其行业边际收益等于行业边际成本,D项正确。

本章易错易混考点

【易错易混考点】各种市场结构下企业和行业的需求曲线

各种市场结构下,企业和行业的需求曲线的对比如表4-7所示。

表4-7 各种市场结构下企业和行业的需求曲线

市场结构	整个行业的需求曲线	个别企业的需求曲线	利润最大化原则
完全竞争市场	向右下方倾斜	一条平行于横轴的水平线	边际收益=边际成本
完全垄断市场	向右下方倾斜	向右下方倾斜	边际收益=边际成本
垄断竞争市场	向右下方倾斜	向右下方倾斜	边际收益=边际成本

【提示】垄断竞争企业的需求曲线不是行业需求曲线。完全垄断企业的需求曲线就是行业需求曲线。垄断竞争企业面临的需求曲线比完全垄断企业面临的需求曲线具有更大的弹性。

[2013年真题·多选题] 关于垄断竞争市场特征和生产者行为的说法,正确的有( )。
A. 个别企业的需求曲线是一条向右下方倾斜的曲线
B. 垄断竞争市场的产量一般低于完全竞争市场的产量
C. 企业能在一定程度上控制价格
D. 行业的需求曲线和个别企业的需求曲线是相同的
E. 个别企业的需求曲线是一条平行于横轴的水平线
[答案] ABC
[解题思路] 通过本题掌握垄断竞争市场的特征及市场需求曲线和个别企业的需求曲线。垄断竞争市场中,行业的需求曲线和个别企业的需求曲线是不同的,因为该行业中有很多企业,个别企业的需求曲线不是整个行业的需求曲线,D项错误。个别企业的需求曲线是一条向右下方倾斜的曲线,E项错误。

历年经典真题回顾

一、单项选择题(每题1分,每题备选项中,只有1个最符合题意)

1. 若企业的平均收益曲线、边际收益曲线和需求曲线是同一条曲线,则此时的市场类型是( )。[2017年真题]
   A. 完全垄断市场
   B. 完全竞争市场
   C. 寡头垄断市场
   D. 垄断竞争市场

[答案] B

[解析] 完全竞争市场中，企业的平均收益＝边际收益＝价格，所以平均收益线、边际收益线和需求曲线三线重合。

2. 在垄断竞争市场上，企业实现利润最大化的决策原则是（　　）。[2016年真题]

　　A. 边际收益等于边际成本　　　　　　B. 边际成本大于平均成本
　　C. 边际收益大于平均成本　　　　　　D. 劳动边际产量为零

[答案] A

[解析] 在产品市场上，企业实现利润最大化的决策原则都是边际收益等于边际成本。

3. 生产者实施价格歧视的基本条件之一，是必须有可能依据不同的（　　）划分出两组或两组以上的不同购买者。[2016年真题]

　　A. 需求价格弹性　　　　　　　　　　B. 需求收入弹性
　　C. 供给价格弹性　　　　　　　　　　D. 供给交叉弹性

[答案] A

[解析] 实行价格歧视的两个条件包括：①必须有可能根据不同的需求价格弹性划分出两组或两组以上的不同购买者；②市场必须是能够有效地隔离开，同一产品不能在不同市场之间流动。

4. 完全垄断企业为了实现利润最大化，应遵循的决策原则是（　　）。[2014年真题]

　　A. 按照价格弹性进行价格歧视　　　　B. 边际收益大于边际成本
　　C. 边际收益等于边际成本　　　　　　D. 边际收益等于平均收益曲线

[答案] C

[解析] 任何企业为了实现利润最大化均需要遵循边际收益等于边际成本的原则。

5. 由少数几个企业控制一个行业供给的市场结构，属于（　　）市场。[2012年真题]

　　A. 完全竞争　　　　　　　　　　　　B. 垄断竞争
　　C. 寡头垄断　　　　　　　　　　　　D. 完全垄断

[答案] C

[解析] 通过本题掌握寡头垄断市场的特征，本题可根据"少数"选寡头垄断市场。

6. 关于完全垄断企业的需求曲线和收益曲线的说法，正确的是（　　）。[2012年真题]

　　A. 需求曲线和平均收益曲线是完全重合的
　　B. 需求曲线和边际收益曲线是完全重合的
　　C. 边际收益曲线位于平均收益曲线上方
　　D. 边际收益曲线和平均收益曲线是完全重合的

[答案] A

[解析] 完全垄断企业的需求曲线、平均收益曲线是完全重合的，边际收益曲线位于需求曲线和平均收益曲线的下方。

7. 完全竞争市场和垄断竞争市场的主要区别在于（　　）。[2011年真题]

　　A. 企业是否可以取得最大利润　　　　B. 产品是否具有差别性
　　C. 是否存在政府管制　　　　　　　　D. 消费者的价格弹性大小

[答案] B

[解析] 完全竞争市场和垄断竞争市场的主要区别是产品是否具有差别性。垄断竞争市场中产品具有差别性，生产者可以对价格有一定的程度的控制。完全竞争市场中企业生产的产品是同质的，即不存在产品差别。

8. 实施价格歧视的基本条件不包括（　　）。[2009 年真题]
   A. 卖方具有垄断地位　　　　　　　　B. 企业生产的商品或服务具有耐用品性质
   C. 消费者之间存在不同的需求价格弹性　D. 不同消费者所在的市场能被隔离开
   [答案] B
   [解析] 卖方具有垄断地位才能实行价格歧视（即差别定价），A 项是实行价格歧视的默认的条件。实行价格歧视的两个条件包括：①必须有可能根据不同的需求价格弹性划分出两组或两组以上的不同购买者；②市场必须是能够有效地隔离开，同一产品不能在不同市场之间流动。

9. 自然垄断与（　　）有着密切的关系。[2008 年真题]
   A. 国家法令　　　　　　　　　　　　B. 经济规模
   C. 规模经济　　　　　　　　　　　　D. 产品质量
   [答案] C
   [解析] 当行业中只有一家企业能够有效率地进行生产，或者当一个企业能以低于两个或更多企业的成本为整个市场供给一种产品时，这个行业就是自然垄断。自然垄断与规模经济有着密切的关系。规模经济就是企业或厂商的平均总成本会随着产量的扩大而不断下降。

二、多项选择题（每题 2 分，每题备选项中，有 2 个或 2 个以上符合题意，至少有 1 个错项。错选，本题不得分；少选，所选的每个选项得 0.5 分）

1. 完全竞争市场的特征有（　　）。[2017 年真题]
   A. 同一行业有众多生产者和消费者
   B. 每个生产者或消费者都是价格的决定者
   C. 买卖双方对市场信息有充分的了解
   D. 进入或退出行业存在较大的障碍
   E. 同行业各个企业生产的同一产品不存在差别
   [答案] ACE
   [解析] 完全竞争市场的特征是"很多、同质、了解、自由"。在完全竞争市场中，每个企业都是价格的接受者。

2. 完全垄断市场的特征有（　　）。[2015 年真题]
   A. 整个行业内有很多的生产者和消费者　B. 企业生产的产品具有差别性
   C. 少数几个企业控制一个行业的供给　　D. 整个行业只有一个生产者
   E. 其他企业进入这一市场非常困难
   [答案] DE
   [解析] 完全垄断市场的特征包括：①整个行业只有一个生产者，因而它是价格的决定者，而不是价格的接受者；②完全垄断者的产品是没有合适替代品的独特性产品；③其他企业进入这一市场非常困难。

3. 关于实行价格歧视基本条件的说法，正确的有（　　）。[2014 年真题]
   A. 市场上存在收入水平不同的购买者
   B. 能根据不同的需求价格弹性划分出两组或两组以上不同的购买者
   C. 消费者在市场上选择商品不受限制
   D. 市场必须能够有效分开
   E. 同一产品不能在不同市场之间流动
   [答案] BDE
   [解析] 实行价格歧视要求消费者有不同的需求价格弹性，而非收入水平不同，A 项错误。消

费者在市场上选择商品不受限制与题目要求无关，C项错误。

4. 垄断竞争市场的特征有（　　）。[2011年真题]

　　A. 同行业各个企业生产的产品存在一定差别　　B. 生产者对价格有一定程度的控制

　　C. 企业进入或退出市场比较容易　　D. 同行业中只有少数的生产者

　　E. 生产者是完全的价格接受者

　　[答案] ABC

　　[解析] 通过本题掌握垄断竞争市场的特征。垄断竞争市场的特征是"很多、不同质、自由"。在垄断竞争市场中生产者对价格有一定程度的控制。

5. 关于垄断竞争市场的说法，正确的有（　　）。[2009年真题]

　　A. 企业的需求曲线就是行业的需求曲线　　B. 不同企业生产的产品存在差别

　　C. 企业不是完全的价格接受者　　D. 进入或退出市场比较容易

　　E. 具有很多的生产者

　　[答案] BCDE

　　[解析] 垄断竞争市场有很多企业，企业的需求曲线不是行业的需求，A项错误。

本章同步练习

一、单项选择题（每题1分，每题备选项中，只有1个最符合题意）

1. 寡头垄断厂商的产品（　　）。

　　A. 必须是同质的　　B. 一定是有差异的

　　C. 既可以是同质的又可以是有差异的　　D. 完全无差别

2. 对一个行业市场结构分类的主要依据不包括（　　）。

　　A. 本行业内部的生产者数目　　B. 本行业内部各个生产者的产品差别程度

　　C. 生产技术差别程度　　D. 进入障碍的大小

3. 在完全竞争市场上，整个行业的需求曲线（　　）。

　　A. 与个别企业需求曲线一致　　B. 向右下方倾斜

　　C. 与横轴平行　　D. 不影响市场价格

4. 完全竞争市场上，企业的边际成本曲线就是（　　）。

　　A. 边际收益曲线　　B. 需求曲线

　　C. 供给曲线　　D. 平均收益曲线

5. 下列关于完全竞争市场的表述，错误的是（　　）。

　　A. 若以横轴表示需求量、纵轴表示价格，则个别企业的需求曲线是一条平行于横轴的水平线

　　B. 企业的平均收益、边际收益和需求曲线都是同一条水平线

　　C. 企业产量决策的基本原则是边际成本等于边际收益

　　D. 在长期生产中，企业实现利润最大化的决策原则是边际收益大于边际成本

6. 一家处于完全竞争市场中的企业得到了50 000元的总收益，而且边际收益是200元，则其平均收益是（　　）元。

　　A. 200　　B. 250

　　C. 100　　D. 500

7. 具有"平均收益等于边际收益等于产品市场价格"特征的市场结构是（　　）。

　　A. 完全竞争市场　　B. 完全垄断市场

　　C. 寡头垄断市场　　D. 垄断竞争市场

8. 关于价格歧视基本条件的说法,错误的是(   )。
   A. 同一产品不能在不同市场之间流动
   B. 消费者具有不同的需求收入弹性
   C. 生产者具有垄断地位
   D. 不同市场必须有效地隔离开

9. 下列关于完全垄断市场的表述,错误的是(   )。
   A. 在完全垄断市场上不存在供给曲线
   B. 完全垄断企业的需求曲线向右下方倾斜
   C. 完全垄断企业索取的价格超过边际成本的程度,受制于需求价格弹性
   D. 当需求价格弹性较低,垄断者可以确定较低的价格

10. 将消费者分为具有不同需求价格弹性的两组或更多组,分别对各组消费者收取不同的价格,此种价格歧视的类型是(   )。
    A. 三级价格歧视   B. 一级价格歧视
    C. 二级价格歧视   D. 完全价格歧视

11. 企业实行价格歧视的基本原则是(   )。
    A. 不同市场上边际收益相等
    B. 不同市场上边际收益大于边际成本
    C. 不同市场上边际收益不同,且边际收益等于边际成本
    D. 不同市场上边际收益相等并且等于边际成本

12. 对于完全垄断厂商来说,下述说法不正确的是(   )。
    A. 面临的需求曲线向右下方倾斜
    B. 在利润最大化产量上,价格等于边际收益
    C. 边际收益与平均收益不相等
    D. 在利润最大化产量上,价格高于边际成本

13. 如果一垄断厂商的产品需求曲线上有一点,其弹性 $E_d = -2$,则垄断厂商在边际成本上的加价额占价格的比例为(   )。
    A. 50%   B. 10%
    C. 200%   D. 100%

14. 行业中某一个占支配地位的企业率先确定价格,其他企业则参照这个价格来制定和调整本企业产品的价格,与其保持一致,这种价格模型称为(   )。
    A. 协议价格制   B. 价格领袖制
    C. 卡特尔   D. 共谋

15. 垄断竞争市场上企业的需求曲线(   )。
    A. 向右上方倾斜   B. 向右下方倾斜
    C. 一条水平线   D. 就是市场的需求曲线

16. 自然垄断指的是(   )的情况。
    A. 一个企业能以低于两个或更多企业的成本为整个市场供给一种产品
    B. 企业垄断某种自然资源
    C. 政府对重要的自然资源实行完全垄断
    D. 两家企业共同控制一个市场

二、多项选择题（每题2分，每题备选项中，有2个或2个以上符合题意，至少有1个错项。错选，本题不得分；少选，所选的每个选项得0.5分）

1. 市场类型划分的标准包括（　　）。
   A. 竞争程度　　　　　　　　　　B. 规模效益
   C. 垄断程度　　　　　　　　　　D. 国家政策
   E. 资金规模

2. 下列属于垄断竞争市场特征的有（　　）。
   A. 具有很多的生产者和消费者　　B. 产品具有差别性
   C. 产品没有替代品　　　　　　　D. 生产者是价格的决定者
   E. 进入或退出市场比较容易，不存在进入障碍

3. 完全竞争市场具有的特征有（　　）。
   A. 同一行业中，只有为数不多的生产者
   B. 每个生产者都是价格的决定者
   C. 同一行业中，各企业或生产者生产的同一品种产品没有差别
   D. 买卖双方对市场信息都有充分的了解
   E. 各企业或者生产者可自由进出市场

4. 形成完全垄断的条件包括（　　）。
   A. 政府垄断　　　　　　　　　　B. 对某些特殊原材料的单独控制
   C. 拥有生产某种产品的技术专利　D. 自然垄断
   E. 成本领先

5. 下列关于完全竞争市场的表述，正确的有（　　）。
   A. 整个行业的需求曲线是一条向右下方倾斜的曲线
   B. 整个行业的供给曲线是一条向右上方倾斜的曲线
   C. 企业的平均收益、边际收益和需求曲线都是同一条水平线
   D. 企业的边际成本小于边际收益时，企业会迅速减少产量
   E. 企业的边际成本曲线就是其供给曲线

6. 下列关于完全垄断市场的分析表述，错误的有（　　）。
   A. 完全垄断企业的需求曲线是一条水平线
   B. 企业的平均收益等于产品单位价格
   C. 企业的边际收益小于平均收益
   D. 企业只能通过调整产量来实现利润最大化
   E. 垄断企业可以对需求价格弹性小的市场，实行"薄利多销"

7. 下列关于价格歧视的表述，正确的有（　　）。
   A. 假期对大学生回家和返校的火车硬座客票优惠票价属于三级价格歧视
   B. 批量作价属于二级价格歧视
   C. 企业对每一单位产品都按照消费者所愿意支付的最高价格出售，称为完全价格歧视
   D. 在需求价格弹性较低的市场上规定较低的价格
   E. 在需求价格弹性较大的市场上规定较低的价格

8. 关于完全垄断企业的需求曲线和收益曲线的说法，错误的有（　　）。
   A. 需求曲线和平均收益曲线是完全重合的
   B. 需求曲线和边际收益曲线是完全重合的

C. 边际收益曲线和平均收益曲线是完全重合的

D. 边际收益曲线位于平均收益曲线上方

E. 完全垄断企业的需求曲线与完全竞争企业的需求曲线相同

9. 下列关于卡特尔的表述，正确的有（　　）。

A. 卡特尔是垄断竞争市场上价格形成的模型之一

B. 目前世界上最著名的卡特尔是石油生产输出国组织欧佩克

C. 我国企业之间实施卡特尔是违法行为

D. 一个卡特尔就是一个大公司的一部分

E. 在寡头垄断市场中当一些企业联合起来一起行动，就形成了卡特尔

10. 关于垄断竞争企业与完全垄断企业的说法，正确的有（　　）。

A. 垄断竞争企业与完全垄断企业的需求曲线都是一条向右下方倾斜的曲线

B. 垄断竞争企业的需求曲线是市场的需求曲线

C. 完全垄断企业的需求曲线既是企业的需求曲线，也是市场需求曲线

D. 垄断竞争企业的需求曲线比完全垄断企业的需求曲线具有更大的弹性

E. 垄断竞争企业与完全垄断企业在确定企业价格与产量时均遵循边际收益等于边际成本的原则

本章同步练习参考答案及解析

一、单项选择题

1. [答案] C

[解析] 寡头垄断市场的特点包括：①在一个行业中，只有很少几个企业进行生产；②它们所生产的产品有一定的差别或者完全无差别；③它们对价格有很大程度的控制；④进入这一行业比较困难。

2. [答案] C

[解析] 划分市场结构的主要依据有：①本行业内部的生产者数目或企业数目；②本行业内各企业生产者的产品的差别程度；③进入障碍的大小。

3. [答案] B

[解析] 完全竞争市场中整个行业的需求曲线是向右下方倾斜的；而个别企业的需求曲线是一条与横轴平行的水平线。

4. [答案] C

[解析] 通过本题掌握完全竞争市场上企业的供给和需求曲线。完全竞争市场上，企业的边际成本曲线就是供给曲线，而完全竞争企业的需求曲线是一条平行于横轴的水平线。

5. [答案] D

[解析] 通过本题掌握完全竞争市场的需求曲线、产量决策原则以及收益曲线。完全竞争市场上企业产量决策的基本原则是边际成本等于边际收益，在长期生产中，企业实现利润最大化的决策原则依然是边际收益等于边际成本，即边际收益等于长期边际成本。

6. [答案] A

[解析] 通过本题掌握完全竞争市场上企业的边际收益、平均收益的关系。在完全竞争市场中，企业的边际收益等于平均收益且等于单位产品价格。故本题中，平均收益＝边际收益＝单位产品价格＝200元。

[延伸] 销售量＝总收益/单位产品价格＝50 000/200＝250（元）。

7. [答案] A

[解析] 在完全竞争市场中，企业的平均收益＝边际收益＝产品价格。

8. [答案] B

[解析] 通过本题掌握实施价格歧视的基本条件。卖方具有垄断地位才能实行价格歧视（即差别定价）。实行价格歧视的两个条件包括：①必须有可能根据不同的需求价格弹性划分出两组或两组以上的不同购买者；②市场必须能够有效地隔离开，同一

产品不能在不同市场之间流动。本题B项错误。

9. ［答案］D

［解析］完全垄断市场上，不存在供给曲线，因为垄断企业关于供给的决策不仅取决于成本，还受其需求曲线的约束，但市场需求的变化，也会引起垄断企业最优产量和价格的决策，从而可能出现价格与产量不是一一对应的关系，从而无法找到相应的供给曲线。完全垄断企业索取的价格超过边际成本的程度，受制于需求价格弹性。当需求价格弹性较低，垄断者可以确定较高的价格。

10. ［答案］A

［解析］通过本题掌握价格歧视的类型及各类型的含义。三级价格歧视建立在不同的需求价格弹性的基础上，将消费者分为具有不同需求价格弹性的两组或更多组，分别对各组消费者收取不同的价格。

11. ［答案］D

［解析］企业实行价格歧视的基本原则是不同市场的边际收益相等并且等于边际成本。

12. ［答案］B

［解析］在完全垄断市场上，企业的平均收益等于单位产品的价格。企业的边际收益不等于平均收益或价格，而是小于平均收益或价格；实现利润最大化的条件是边际收益等于边际成本，所以边际成本小于平均收益或价格。

13. ［答案］A

［解析］垄断厂商在边际成本上的加价额占价格的比例等于需求价格弹性倒数的相反数（1/2）。

14. ［答案］B

［解析］价格领袖制是指行业中某一个占支配地位的企业率先确定价格，其他企业则参照这个价格来制定和调整本企业产品的价格，与其保持一致。

15. ［答案］B

［解析］通过本题掌握垄断竞争市场上企业的需求曲线及市场的需求曲线形状。垄断竞争市场中企业的需求曲线向右下方倾斜。

16. ［答案］A

［解析］通过本题掌握自然垄断的含义。当行业中只有一家企业能够有效率地进行生产，或者当一个企业能以低于两个或更多企业的成本为整个市场供给一种产品时，这个行业就是自然垄断。

二、多项选择题

1. ［答案］AC

［解析］通过本题掌握市场结构的含义及划分的标准。市场结构是指某种产品或服务的竞争状况和竞争程度。市场类型划分的标准是市场的竞争程度或垄断程度。竞争程度高、垄断程度则低，而决定竞争或垄断程度高低的主要依据是生产者数目、产品的产别程度、进入障碍的大小。

2. ［答案］ABE

［解析］通过本题掌握垄断竞争市场结构的特征。C、D两项属于完全垄断市场结构的特征。

3. ［答案］CDE

［解析］完全竞争市场具有的特征有：①市场上有很多生产者与消费者，且生产者的规模都很小。每个生产者和消费者都只能是市场价格的接受者，不是价格的决定者，他们对市场价格没有任何控制的力量。②企业生产的产品是同质的，即不存在产品差别。③买卖双方对市场信息都有充分的了解。④资源可以自由流动，自由进入或退出市场。

4. ［答案］ABCD

［解析］形成垄断的条件包括：①政府垄断；②对某些特殊的原材料的单独控制而形成的对这些资源和产品的完全垄断；③对某些产品的专利权而形成的完全垄断；④自然垄断。

5. ［答案］ABCE

［解析］通过本题掌握完全竞争市场行业及企业的需求及供给曲线。当边际成本小于

边际收益时，企业会扩大产量；当边际成本大于边际收益时，企业应减小产量，D项错误。

6. [答案] ADE

   [解析] 完全垄断企业的需求曲线就是行业的需求曲线，是向右下方倾斜，斜率为负的一条曲线，A项错误。完全垄断市场上，企业的平均收益等于单位产品价格，但边际收益不等于平均收益，而是小于其平均收益，因为单位产品价格随着销售量的增加而下降，B、C两项正确。完全垄断市场上，企业可以通过调整产量和调整价格来实现利润最大化，原则是边际收益等于边际成本，D项错误。完全垄断市场上企业在价格决策时，需要考虑产品的市场需求状况，对于需求价格弹性小的市场采取"厚利少销"，对于需求价格弹性较大的市场规定较低价格，实行"薄利多销"，E项错误。

7. [答案] ABCE

   [解析] 垄断企业可以对需求价格弹性较小的市场规定较高的价格，实行"厚利少销"；对需求价格弹性大的市场规定较低的价格，实行"薄利多销"。D项错误。

8. [答案] BCDE

   [解析] 完全垄断企业的需求曲线、平均收益曲线是完全重合的。边际收益曲线位于需求曲线和平均收益曲线的下方。完全竞争企业的需求曲线是水平线，所以完全垄断企业的需求曲线与完全竞争企业的需求曲线不同。

9. [答案] BCE

   [解析] 通过本题掌握卡特尔的含义以及卡特尔与完全垄断者的差别。卡特尔是寡头垄断市场上价格形成的模型之一，A项错误；一个卡特尔不是一个大公司的一部分，D项错误。

10. [答案] ACDE

    [解析] 垄断竞争企业需求曲线不是市场需求曲线，而是每一个具体企业的需求曲线，B项错误。

错题收集

第五章 生产要素市场理论

本章考情分析

年份	单项选择题	多项选择题	合计
2017年	1题1分	1题2分	3分
2016年	2题2分	—	2分
2015年	1题1分	2题4分	5分

【提示】本章为2015年教材新增的一章,所以未列出2015年之前的考情分析。

本章考点概览

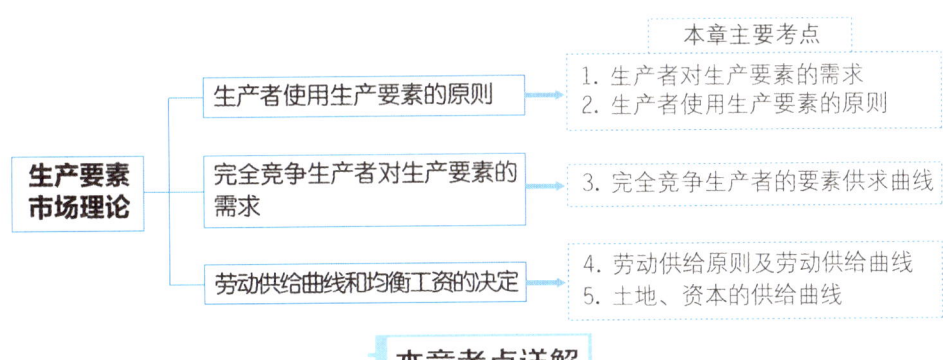

本章考点详解

【考点一】生产者对生产要素的需求

一、生产要素

生产要素是用于生产物品与劳务的投入,包括劳动、资本、土地、企业家才能等。

二、生产要素市场与产品市场的异同

生产要素市场与产品市场的异同如表5-1所示。

表5-1 生产要素市场与产品市场的异同

项目	具体内容
相同点	两种市场均由生产者和消费者的行为共同决定价格,并以此过程调节经济资源的有效配置
不同点	(1)在产品市场中,需求者是消费者或居民,供给者是生产者或厂商 (2)在生产要素市场中,需求者是生产者或厂商,供给者是消费者或居民

三、生产者对生产要素的需求

生产者对生产要素的需求是引致需求和联合需求,如表5-2所示。

表 5-2　生产者对生产要素的需求

需求	具体内容
引致需求	生产者对生产要素的需求是从消费者对最终消费品的需求中间接派生出来的，也就是说当追求利润最大化的生产者需要一种生产要素时，其原因在于该生产要素可以使他们生产出消费者现在或将来愿意购买的商品。这一需求也称"派生需求"
联合需求	生产者对生产要素的需求具有相互依赖性，各种生产要素要共同发挥作用才能生产最终产品。这一需求也称"复合需求"

经典例题

[例题·多选题] 生产者对生产要素的需求有（　　）。
A. 复合需求　　　　　　　　B. 引致需求
C. 对单种要素的需求　　　　D. 联合需求
E. 派生需求
[答案] ABDE
[解析] 生产者对生产要素的需求是引致需求（派生需求）、联合需求（复合需求）。

【考点二】生产者使用生产要素的原则

所有的生产者使用生产要素的原则均为：在一定时间内，在一定条件下，根据企业内部的生产状况和市场情况，确定要素的使用量，以实现利润最大化，即：**边际要素成本＝边际收益产品**。

相关概念如表 5-3 所示。

表 5-3　要素收益与要素成本

概念	含义
边际物质产品（边际产量 MP）	是指增加单位要素投入所带来的产量增加
边际收益产品（MRP）	是指增加单位要素使用所带来的收益的增加
	边际收益产品＝边际物质产品×边际收益
边际产品价值（VMP）	是指增加单位要素投入所增加的价值
	边际产品价值＝边际物质产品×产品价格
边际要素成本（MFC）	是指增加单位要素投入所带来的成本增量
	边际要素成本＝边际物质产品×边际成本
平均要素成本（AFC）	是指平均每单位要素投入的成本

经典例题

[2016年真题·单选题] 生产者使用生产要素的原则是（　　）。
A. 边际成本等于边际收益　　　　B. 边际物质产品等于边际收益产品
C. 边际要素成本等于边际产品价值　　D. 边际要素成本等于边际收益产品
[答案] D
[解题思路] 本题注意"要素"两个字。所有的生产者使用要素的原则：边际要素成本＝边际收益产品，本题选择 D 项。边际成本等于边际收益是产品市场实现利润最大化的原则。

【考点三】完全竞争生产者的要素供求曲线

完全竞争要素市场是指要素市场上的参与者是完全竞争的，要素的供求行为都是完全竞争的，要素的需求者，即生产者在产品市场上是完全竞争者，不存在垄断行为。

完全竞争生产者的要素供给曲线如图 5-1-a 所示；其要素需求曲线如图 5-1-b 所示。（图中 W 为要素价格）

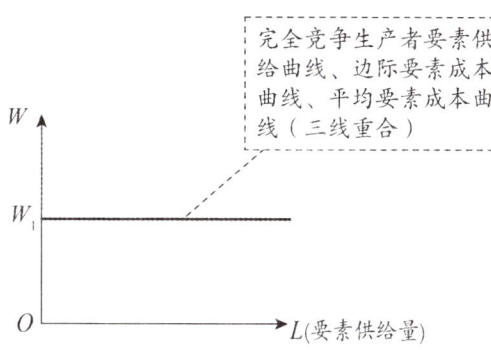

图 5-1-a　完全竞争生产者的要素供给曲线　　图 5-1-b　完全竞争生产者的要素需求曲线

【考点小贴士】

（1）本考点重在记忆完全竞争生产者要素供给曲线与要素需求曲线的形状。站在完全竞争生产者的角度，要素供给曲线是一条水平线，要素需求曲线向右下方倾斜。

（2）完全竞争要素市场中，要素价格是常数，所以边际要素成本＝平均要素成本＝要素价格，故边际要素成本曲线与平均要素成本曲线及要素供给曲线重合。

经典例题

[例题·单选题] 关于完全竞争生产者的要素需求曲线和要素供给曲线的说法，错误的是（　　）。

A. 生产者的要素需求曲线是一条水平线
B. 生产者的边际要素成本曲线及平均要素成本曲线与要素供给曲线重合
C. 生产者的要素供给曲线是一条水平线
D. 生产者的要素需求曲线是向右下方倾斜的曲线

[答案] A

[解题思路] 关于本书所涉及"需求曲线"，除了完全竞争生产者产品需求曲线是一条水平线外，其余一律向右下方倾斜，即价格和需求量反向变化，按此规律可知完全竞争生产者要素需求曲线向右下方倾斜，A 项错误。完全竞争生产者的边际要素成本曲线及平均要素成本曲线与要素供给曲线重合且为水平线。

【考点四】劳动供给原则及劳动供给曲线

一、劳动供给原则

消费者的要素供给的目标是实现效用最大化，其条件是：

　　　　　劳动的边际效用＝闲暇的边际效用

二、劳动供给曲线

劳动供给曲线表明，当工资较低时，提高工资，则劳动供给增加；当工资提高到一定程度 W_2 时，劳动供给减少，如图 5-2 所示（横轴为劳动时间 L，纵轴为工资 W）。

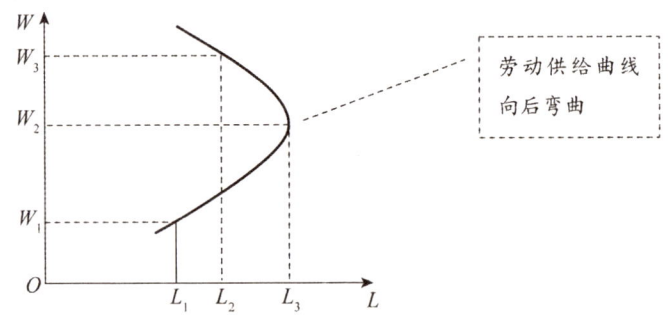

图 5-2 劳动供给曲线

劳动供给曲线向后弯曲可用工资增加的替代效应和收入效应来解释，如表 5-4 所示。

表 5-4 工资增加的替代效应和收入效应

项目	具体内容
工资增加的替代效应	工资上升，收入增加，消费者用劳动替代闲暇，劳动供给增加
工资增加的收入效应	工资上升，收入增加，消费者更加富有而追求闲暇，劳动供给减少
工资与劳动供给的关系	（1）当工资低而收入少时，工资上升，替代效应大于收入效应，消费者劳动供给增加 （2）当工资提高到一定程度时，消费者相对比较富有，工资增加的替代效应小于收入效应，劳动供给减少

> **经典例题**
>
> [2016年真题·单选题] 关于消费者的劳动供给曲线的说法，正确的是（　　）。
> A. 劳动供给曲线是一条垂直线
> B. 劳动供给曲线是一条后弯曲线
> C. 劳动供给曲线凸向原点
> D. 劳动供给曲线向右上方倾斜
> [答案] B
> [解析] 消费者的劳动供给曲线是向后弯曲的，B 项正确。

【考点五】土地、资本的供给曲线

一、土地的供给曲线

土地的供给曲线是一条垂直线（因为土地的供给数量一般不变），如图 5-3 所示。

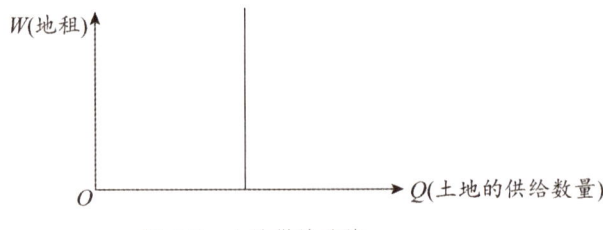

图 5-3 土地供给曲线

二、资本的供给曲线

资本的供给曲线在短期内是垂直线，长期来看是一条后弯曲线，如图 5-4-a 和 5-4-b 所示。

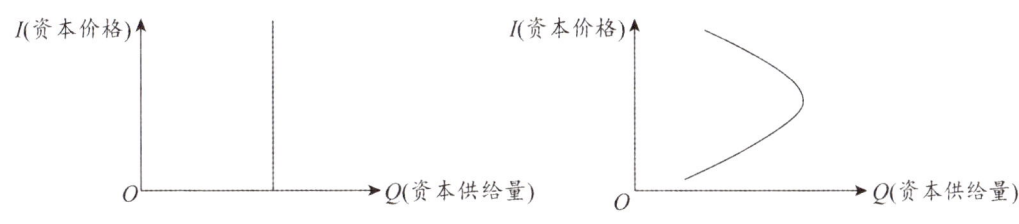

图 5-4-a　短期资本供给曲线　　　　图 5-4-b　长期资本供给曲线

【考点小贴士】考试中侧重考核劳动供给曲线、土地供给曲线、资本供给曲线的形状。较难记忆的是资本供给曲线，记忆方法是将资本想成一座大山，从山脚到山顶最短的距离是垂直线，所以短期资本供给曲线是垂直线；长期资本供给曲线可以通过一首歌名"山路十八弯"来记忆。

> **经典例题**
>
> [2015年真题·多选题] 关于生产要素供给曲线的说法，正确的有（　　）。
> A. 资本的供给曲线在短期内是一条后弯曲线，在长期内是一条垂直线
> B. 各种生产要素的供给曲线是相同的
> C. 劳动供给曲线是一条后弯曲线
> D. 土地的供给曲线是一条垂直线
> E. 资本的供给曲线在短期内是一条垂直线，在长期内是一条后弯曲线
> [答案] CDE
> [解题思路] 本题难点在于资本供给曲线。通过"山路十八弯"可知长期资本供给曲线向后弯曲，故 A 项错误、E 项正确；劳动供给曲线是向后弯曲的，C 项正确；土地的供给曲线是一条垂直线，D 项正确。结合 C、E 两项，B 项错误。

本章易错易混考点

【易错易混考点一】 完全竞争生产者要素供给曲线与消费者劳动、土地、资本供给曲线（如表 5-5 所示）

表 5-5　各供给曲线形状的比较

主体	要素供给曲线的形状
完全竞争生产者	一条水平线
消费者	（1）劳动供给曲线向后弯曲 （2）土地的供给曲线是一条垂直线 （3）短期资本的供给曲线是一条垂直线，长期资本的供给曲线向后弯曲

【考点小贴士】在判断要素供给曲线形状的时候，要注意主体是否为完全竞争生产者，若强调了完全竞争生产者则要选水平线。原因是完全竞争生产者是完全竞争要素市场中价格的接受者（即要素价格与要素供给量的多少无关），横轴为要素价格，纵轴为要素供给量，绘制的完全竞争生产者的要素供给曲线就是一条水平线。

[例题·单选题] 关于生产要素市场理论的说法，错误的是（　　）。
A. 长期资本的供给曲线是后弯曲线
B. 完全竞争生产者的要素供给曲线为后弯曲线
C. 土地的供给曲线是垂直线
D. 劳动供给曲线是后弯曲线
[答案] B

[解题思路] 完全竞争生产者的要素供给曲线为水平线，B项错误。资本的供给曲线需注意长期和短期形状不同，长期资本的供给曲线是后弯曲线，短期资本的供给曲线是垂直线。

【易错易混考点二】完全竞争生产者要素需求曲线与完全竞争生产者产品需求曲线（如图5-5-a和图5-5-b所示）

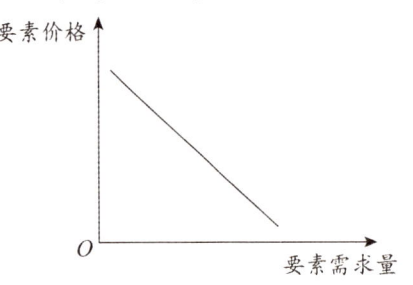
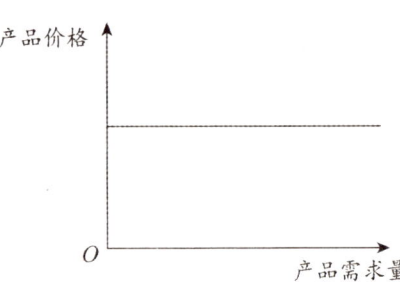

图 5-5-a 完全竞争生产者要素需求曲线　　图 5-5-b 完全竞争生产者产品需求曲线

【考点小贴士】考试时，除了注意"完全竞争"几个字外，还要注意是否有"要素"两个字，如果是"完全竞争生产者要素需求曲线"那就是向右下方倾斜的曲线。若没有"要素"两个字，例如"完全竞争生产者需求曲线"，通常指的是"完全竞争生产者产品需求曲线"就是水平线。

[例题·单选题] 完全竞争生产者要素需求曲线是（　　）。
A. 水平线　　　　　　　　　　　　B. 垂直线
C. 后弯曲线　　　　　　　　　　　D. 向右下方倾斜的曲线
[答案] D
[解题思路] 完全竞争生产者要素需求曲线向右下方倾斜，即要素价格高时，要素需求量低；要素价格低时，要素需求量高。

---------- 历年经典真题回顾 ----------

一、**单项选择题**（每题1分，每题备选项中，只有1个最符合题意）

1. 在生产要素市场上，劳动的供给原则是（　　）。[2017年真题]
   A. 劳动的平均效用等于闲暇的边际效用
   B. 劳动的边际效用等于闲暇的边际效用
   C. 劳动的边际效用大于闲暇的边际效用
   D. 劳动的平均效用等于闲暇的平均效用
   [答案] B
   [解析] 劳动供给原则是劳动的边际效用等于闲暇的边际效用。

2. 在生产者利润最大化条件，生产者使用要素的原则是（　　）。[2015年真题]
   A. 边际要素产品等于最大收益产品　　　B. 边际物质产品等于边际产品价值
   C. 平均要素成本等于平均收益产品　　　D. 边际要素成本等于边际收益产品
   [答案] D
   [解析] 所有的生产者使用要素的原则均为：在一定时间内，在一定条件下，根据企业内部的生产状况和市场情况，确定要素的使用量，以实现利润最大化，即边际收益产品＝边际要素成本。

二、**多项选择题**（每题2分，每题备选项中，有2个或2个以上符合题意，至少有1个错项。错选，本题不得分；少选，所选的每个选项得0.5分）

1. 关于生产要素的供给曲线的说法，正确的有（　　）。[2017年真题]
   A. 劳动供给曲线向右上方倾斜

B. 劳动供给曲线向后弯曲

C. 土地的供给曲线向后弯曲

D. 资本的供给曲线从长期和短期看都是后弯曲线

E. 土地的供给曲线短期看来是一条垂直线

[答案] BE

[解析] 劳动供给曲线是向后弯曲的，A项错误、B项正确；土地的供给曲线是垂直线，E项正确、C项错误；短期资本的供给曲线是垂直线，长期资本的供给曲线是向后弯曲的，D项错误。

2. 关于生产要素供给曲线的说法，正确的有（　　）。[2015年真题]

A. 资本的供给在短期内是一条后弯曲线，在长期内是一条垂直线

B. 各种生产要素的供给曲线是相同的

C. 劳动供给曲线是一条后弯曲线

D. 土地的供给曲线是一条垂直线

E. 资本的供给在短期内是一条垂直线，在长期内是一条后弯曲线

[答案] CDE

[解析] 资本的供给曲线短期内是垂直的，长期是向后弯曲的，A项错误；各种生产要素的供给曲线不全都是相同的，B项错误。

3. 关于生产要素市场理论的说法，正确的有（　　）。[2015年真题]

A. 工资增加的替代效应表现为劳动供给增加

B. 各种生产要素的供给曲线都是后弯曲线

C. 生产者对生产要素的需求是联合需求

D. 完全竞争生产者的要素供给曲线为水平线

E. 完全竞争生产者的要素需求曲线向下方倾斜

[答案] ACDE

[解析] 本题考查内容较广泛，但并不算难。工资增加的替代效应表现为劳动供给增加，A项正确；生产者对生产要素的需求是联合需求，C项正确；完全竞争生产者的要素供给曲线为水平线，D项正确；完全竞争生产者的要素需求曲线向右下方倾斜，E项正确。

本章同步练习

一、**单项选择题**（每题1分，每题备选项中，只有1个最符合题意）

1. 生产者对生产要素的需求具有相互依赖性，各种生产要素要共同发挥作用才能生产最终产品，这说明生产者对生产要素的需求是（　　）。

A. 引致需求　　　　　　　　　　B. 派生需求

C. 单一需求　　　　　　　　　　D. 联合需求

2. 边际收益产品等于边际收益乘以（　　）。

A. 边际要素成本　　　　　　　　B. 边际物质产品

C. 边际产品价值　　　　　　　　D. 平均产量

3. 生产者使用生产要素的原则是在一定时间内，在一定条件下，根据企业内部的生产状况和市场情况，确定要素使用量，以实现利润最大化，即（　　）。

A. 边际收益等于边际成本

B. 边际收益产品等于边际要素成本

C. 边际收益产品等于平均要素成本

D. 边际收益产品大于边际产品价值

4. 关于生产要素的相关概念，下列表述错误的是（　　）。
    A. 边际物质产品表示增加单位要素投入所带来的产量增加
    B. 边际收益表示增加单位要素使用所带来的收益的增加
    C. 边际产品价值表示增加单位要素投入所增加的价值
    D. 边际要素成本表示增加单位要素投入所带来的成本增量

5. 完全竞争生产者要素供给曲线是一条（　　）。
    A. 垂直线
    B. 向后弯曲的线
    C. 向右上方倾斜的线
    D. 水平线

6. 完全竞争厂商的要素需求曲线就是（　　）。
    A. 边际要素成本曲线
    B. 边际收益产品曲线
    C. 平均要素成本曲线
    D. 边际产量线

7. 消费者的劳动供给曲线是（　　）。
    A. 水平的
    B. 垂直的
    C. 向后弯曲的
    D. 向前弯曲的

8. 消费者的要素供给的目标是实现效用最大化，其条件是（　　）。
    A. 劳动的边际效用等于劳动的边际成本
    B. 劳动的边际效用等于闲暇的边际效用
    C. 替代效应等于收入效应
    D. 劳动的边际效用大于闲暇的边际效用

9. 工资上升，消费者更加富有而追求闲暇，减少劳动供给，这是工资增加的（　　）。
    A. 收入效应
    B. 替代效应
    C. 边际效应
    D. 扩张效应

10. 土地供给曲线是一条（　　）。
    A. 垂直线
    B. 水平线
    C. 向后弯曲的线
    D. 向右下方倾斜的线

二、多项选择题（每题2分，每题备选项中，有2个或2个以上符合题意，至少有1个错项。错选，本题不得分；少选，所选的每个选项得0.5分）

1. 下列关于完全竞争要素市场的表述，正确的有（　　）。
    A. 生产者完全是要素市场价格的接受者
    B. 生产者的要素供给曲线为水平线
    C. 生产者的要素供给曲线与边际要素成本曲线重合
    D. 生产者的要素需求曲线是一条水平线
    E. 生产者的边际要素成本曲线与平均要素成本曲线重合

2. 劳动供给曲线向后弯曲可用工资增加的（　　）来解释。
    A. 替代效应
    B. 收入效应
    C. 递减效应
    D. 扩张效应

E. 放大效应
3. 下列关于工资增加的替代效应和收入效应的表述，正确的有（　　）。
   A. 当工资低而收入少时，工资上升，替代效应大于收入效应，消费者劳动供给下降
   B. 当工资低而收入少时，工资上升，替代效应小于收入效应，消费者劳动供给增加
   C. 当工资低而收入少时，工资上升，替代效应大于收入效应，消费者劳动供给增加
   D. 当工资提高到一定程度时，消费者相对比较富有，工资增加的替代效应大于收入效应，劳动供给减少
   E. 当工资提高到一定程度时，消费者相对比较富有，工资增加的替代效应小于收入效应，劳动供给减少
4. 关于生产要素市场理论的说法，错误的有（　　）。
   A. 工资增加的替代效应表现为劳动供给减少
   B. 各种生产要素的供给曲线都是后弯曲线
   C. 生产者对生产要素的需求是派生需求
   D. 完全竞争生产者的要素供给曲线为水平线
   E. 资本的供给在短期内是一条垂直线，在长期内是一条后弯曲线

本章同步练习参考答案及解析

一、单项选择题

1. [答案] D
   [解析] 通过本题掌握联合需求的含义。联合需求（复合需求）是指生产者对生产要素的需求具有相互依赖性，各种生产要素要共同发挥作用才能生产最终产品。本题相关考点为"引致需求"的含义。

2. [答案] B
   [解析] 边际收益产品等于边际物质产品乘以边际收益。

3. [答案] B
   [解析] 所有的生产者使用要素的原则是边际收益产品等于边际要素成本。A项边际收益等于边际成本是产品市场企业实现利润最大化的原则。

4. [答案] B
   [解析] 边际收益产品表示增加单位要素使用所带来的收益的增加，B项主语为"边际收益"，没有"产品"二字，是错误的。

5. [答案] D
   [解析] 通过本题掌握完全竞争生产者的要素供给曲线形状（水平线），请通过图形掌握此考点。

6. [答案] B
   [解析] 在完全竞争要素市场中，完全竞争生产者边际收益产品＝边际产品价值＝要素价格，所以完全竞争厂商的边际收益产品线就是边际产品价值线，也是其要素需求曲线。

7. [答案] C
   [解析] 通过本题掌握消费者的劳动供给曲线的形状。消费者的劳动供给曲线向后弯曲。

8. [答案] B
   [解析] 消费者的要素供给的目标是实现效用最大化，其条件是劳动的边际效用等于闲暇的边际效用。

9. [答案] A
   [解析] 通过本题掌握工资增加的收入效应和替代效应的含义。工资增加的收入效应是指工资上升，消费者更加富有而追求闲暇，减少劳动供给。

10. [答案] A
    [解析] 土地的供给曲线是一条垂直线（因为土地的数量一般不变）。

二、多项选择题

1. [答案] ABCE
   [解析] 完全竞争生产者的边际要素成本曲

线及平均要素成本曲线与要素供给曲线重合且为水平线，主要原因是生产者完全是要素市场价格的接受者，要素价格为常数。生产者的要素需求曲线向右下方倾斜，D项错误。

2. [答案] AB

    [解析] 劳动供给曲线向后弯曲可用工资增加的替代效应和收入效应来解释。

3. [答案] CE

    [解析] 当工资低而收入少时，工资上升，替代效应大于收入效应，消费者劳动供给增加；当工资提高到一定程度时，消费者相对比较富有，工资增加的替代效应小于收入效应，劳动供给减少。

4. [答案] AB

    [解析] 工资增加的替代效应表现为劳动供给增加，A项错误。完全竞争生产者的要素供给曲线为水平线；消费者的劳动供给曲线是一条后弯曲线，土地供给曲线是一条垂直线，资本供给曲线在短期内是一条垂直线，在长期内是一条后弯曲线，B项错误。

错题收集

第六章 市场失灵和政府的干预

本章考情分析

年份	单项选择题	多项选择题	合计
2017 年	2 题 2 分	1 题 2 分	4 分
2016 年	2 题 2 分	1 题 2 分	4 分
2015 年	2 题 2 分	1 题 2 分	4 分
2014 年	2 题 2 分	1 题 2 分	4 分
2013 年	2 题 2 分	1 题 2 分	4 分
2012 年	2 题 2 分	—	2 分

本章考点概览

市场失灵和政府的干预
- 市场失灵的含义
- 市场失灵的原因
- 政府对市场的干预

本章主要考点
1. 资源最优配置的有关概念
2. 市场失灵的含义及原因
3. 垄断对市场的影响及政府干预
4. 外部性对市场的影响及政府干预
5. 公共物品对市场的影响及政府干预
6. 信息不对称对市场的影响及政府的干预方式

本章考点详解

【考点一】资源最优配置的有关概念

扫码听课

资源最优配置的有关概念如表 6-1 所示。

表 6-1 资源最优配置的有关概念

概念	含义
一般均衡状态 （瓦尔拉斯均衡状态）	居民和企业分别实现了效用最大化和利润最大化，整个经济的价格体系恰好使所有的商品供求都相等
资源最优配置的标准	当经济处于一般均衡状态，资源便实现了最优配置。在资源最优配置下，不可能由重新组合生产和分配来使一个人或多个人的福利增加，而不使其他任何人的福利减少（简单记忆：不管如何配置资源，整体福利不变）

· 89 ·

概念	含义
帕累托改进	既定的资源配置状态能够在其他人福利水平不下降的情况下，通过重新配置资源，使得至少有一个人的福利水平有所提高（简单记忆：能够通过资源重新配置而提高整体福利）
帕累托最优状态	是指不存在帕累托改进的资源配置状态 帕累托最优状态又被称作经济效率。满足帕累托最优状态就是具有经济效率的，不满足帕累托最优状态就是缺乏经济效率的

> **经典例题**
>
> [2009年真题·单选题] 资源配置达到帕累托最优状态的标准是（　　）。
> A. 还存在帕累托改进的资源配置状态
> B. 收入在不同居民之间分配公平
> C. 可能由重新组合生产和分配来使一个人或多个人的福利增加，而不使其他任何人的福利减少
> D. 不可能由重新组合生产和分配来使一个人或多个人的福利增加，而不使其他任何人的福利减少
> [答案] D
> [解题思路] 通过D项中的"不可能"即可做出正确选择。

【考点二】市场失灵的含义及原因

一、资源配置达到帕累托最优状态的条件

（1）经济主体是<u>完全</u>理性的。
（2）信息是<u>完全</u>的。
（3）市场是<u>完全</u>竞争的。
（4）经济主体的行为<u>不存在</u>外部影响。

如果这些条件不具备，资源最优配置或帕累托最优状态通常不能得到实现。

二、市场失灵的含义及原因

市场失灵就是指由于市场机制不能充分地发挥作用而导致的资源配置缺乏效率或资源配置失当的情况。导致市场失灵的原因主要有垄断、外部性、公共物品和信息不对称等。

> **经典例题**
>
> [例题·单选题] 资源配置达到帕累托最优状态的条件是（　　）。
> A. 市场处于完全竞争的状态　　B. 市场处于不完全竞争的状态
> C. 存在外部影响　　　　　　　D. 信息不对称
> [答案] A
> [解题思路] 资源配置达到帕累托最优状态的条件有四个，即三个完全（主体完全、信息完全、市场完全）和一个不存在（不存在外部影响）。

【考点三】垄断对市场的影响及政府干预

垄断对市场的影响及政府的干预措施如表6-2所示。

表6-2　垄断对市场的影响及政府的干预措施

项目	具体内容
垄断对市场的影响	在不完全竞争市场上，生产者生产的产量不是最大的产量，市场价格不是最低的价格，长期来看成本也比完全竞争市场条件下的生产成本要高，消费者将不再可能获取最大满足

续表

项目	具体内容
政府对垄断的干预措施	(1) 政府可以通过法律手段来限制垄断和反对不正当竞争，如制定《反不正当竞争法》《反垄断法》 (2) 对垄断行业进行公共管制，主要是对垄断行业的产品或服务的价格进行管制或规定限价，或规定利润率

【考点四】外部性对市场的影响及政府干预

外部性对市场的影响及政府干预的具体内容如图6-1所示。

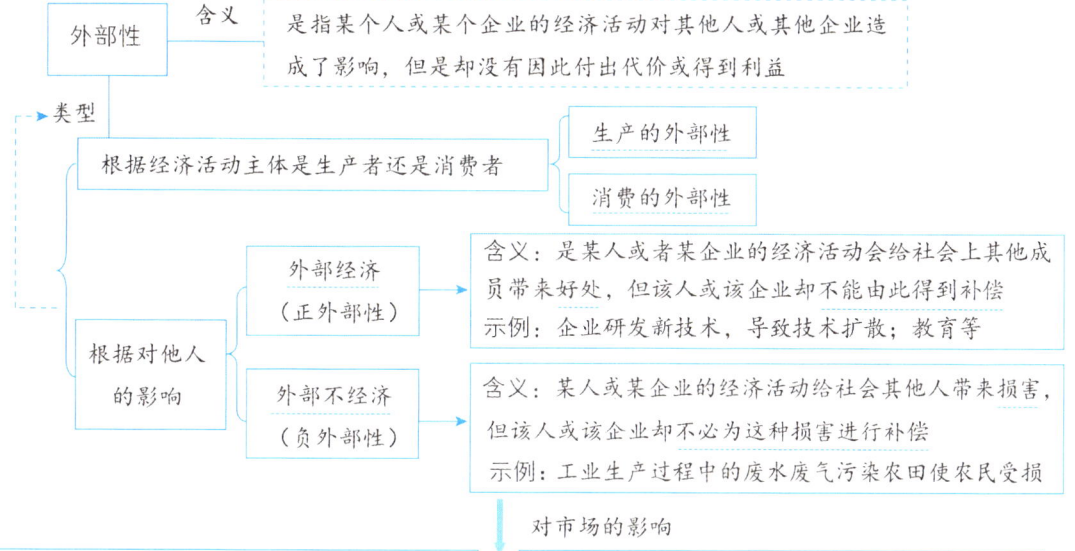

图6-1 外部性

【提示1】消除外部性的传统方法包括补贴、税收、合并相关企业。

【提示2】外部性之所以存在并导致资源配置失当都是由于产权界定不清晰。

【提示3】科斯定理指出，只要财产权是明确的，并且交易成本是零或者很小，那么无论在开始时将财产权赋予谁，市场均衡的最终结果都是有效率的，实现资源配置的帕累托最优。进一步看，还可以认为，一旦考虑到交易成本，产权的初始界定对于经济运行的效率就会产生十分重要的影响。从而可以引申出一个重要结论：不同产权制度，会导致不同的资源配置效率。

经典例题

[2017年真题·单选题] 关于外部性的说法，正确的是（ ）。
A. 在完全竞争条件下，外部性的存在不会影响资源的最优配置
B. 即使在完全竞争条件下，外部性的存在也使得资源配置难以达到帕累托最优状态
C. 外部性只有外部不经济这一种状态
D. 外部性只发生在生产领域
[答案] B
[解题思路] 资源最优配置的实现条件有四个，经济主体的行为不存在外部影响是必不可少的一个条件，A项错误、B项正确。外部性既包括外部经济也包括外部不经济，C项错误。外部性按经济活动的主体可分为生产的外部性和消费的外部性，D项错误。

[2013年真题·单选题] 根据科斯定理，可以通过市场机制解决外部性问题的前提是（ ）。
A. 交易成本为零或者很小   B. 财产权明确
C. 财产权明确且交易成本为零或者很小   D. 财产权明确且交易成本足够大
[答案] C
[解题思路] 关于科斯定理，通常的说法是：只要财产权是明确的，并且交易成本为零或者很小，那么，无论在开始时将财产权赋予谁，市场均衡的最终结果都是有效率的，实现资源配置的帕累托最优。

[2012年真题·单选题] 对于可能产生（ ）的行为，政府一般应通过征税或收费的措施予以限制。
A. 搭便车   B. 道德风险
C. 逆向选择   D. 负外部性
[答案] D
[解析] 政府对负外部性的企业可以使用税收手段，使得企业的私人成本等于社会成本。

【考点五】公共物品对市场的影响及政府干预

扫码听课

一、公共物品的特点

公共物品的特点如表6-3所示。

表6-3 公共物品的特点

特点	含义
非竞争性	指消费者对某一种公共物品的消费并不影响其他人对该公共物品的消费
非排他性	指公共物品可以由任何消费者进行消费，任何一个消费者都不会被排斥在外

绝大多数的公共物品消费中必然出现"搭便车"现象。所谓"搭便车"，就是某人不进行购买而消费某物品。

二、公共物品的分类

公共物品分为纯公共物品和准公共物品，具体内容如表6-4所示。

表6-4 公共物品的分类

分类	具体内容	示例	特点
纯公共物品	具有完全的非竞争性和完全的非排他性的物品	国防、治安等	只能由政府提供

续表

分类	具体内容	示例	特点
准公共物品	具有有限的非竞争性和非排他性的物品 具有一定程度的拥挤性	教育、医疗卫生、收费公路等	政府和私人均可提供

三、私人物品及公共物品的需求曲线

私人物品的需求曲线是个人需求曲线在水平方向，即数量上的求和。这表明私人物品在一定价格下的市场需求是该价格下每个消费者需求数量的总和。

公共物品的市场需求曲线是个人需求曲线在纵向，即价格方向求和。这表明市场为一定数量的公共物品支付的货币量是市场上每个消费者为这些公共物品支付的货币量之和。

四、公共物品政府干预

政府承担公共物品主要提供者的职责，如政府提供国防、治安、消防和公共卫生。

经典例题

[2010年真题·多选题] 关于公共物品的说法，正确的有（　　）。
A. 公共物品的消费容易产生"搭便车"现象
B. 公共物品的市场需求曲线是所有消费者需求曲线的水平方向加总
C. 公共物品的市场需求曲线是所有消费者需求曲线的纵向加总
D. 准公共物品具有一定程度的拥挤性
E. 纯公共物品只能由政府提供
[答案] ACDE
[解析] 公共物品的市场需求曲线是所有消费者需求曲线的纵向加总，B项错误。

【考点六】信息不对称对市场的影响及政府的干预方式

信息不对称对市场的影响以及政府的干预方式如图6-2所示。

逆向选择：买卖双方在不对称信息的情况下，出现劣质商品或服务驱逐优质商品或服务，以致市场萎缩甚至消失

道德风险：由于信息不对称，市场的一方不能观察到另一方的行动，则另一方就可能采取不利于对方的行动

对市场的影响 ← 信息不对称：市场上买卖双方掌握的信息量不一样的一种情况 → 政府干预方式

政府对许多商品的说明、质量标准和广告都做出了具体的法律规定，政府还通过多种方式为消费者提供信息服务

图6-2　信息不对称对市场的影响以及政府的干预方式

经典例题

[2012年真题·单选题] 由于买方和卖方之间信息不对称，市场机制会导致某些商品或服务的需求曲线向左下方弯曲，最终结果是劣质商品或服务驱逐优质商品或服务，以致市场萎缩甚至消失的现象，称为（　　）。
A. 道德风险　　　　　　　　　B. 优胜劣汰
C. 逆向选择　　　　　　　　　D. 外部性
[答案] C

[解析] 由于买方和卖方之间信息不对称，市场机制会导致某些商品或服务的需求曲线向左下方弯曲，最终结果是劣质的产品或服务驱逐优质商品或服务，以致市场萎缩甚至消失，这就是逆向选择。

本章易错易混考点

【易错易混考点】政府对市场失灵的干预措施（如表6-5所示）

表6-5 政府对市场失灵的干预措施

市场失灵的原因	政府干预措施
垄断	(1) 通过法律手段来限制垄断和反对不正当竞争，如制定《反不正当竞争法》《反垄断法》 (2) 对垄断行业进行公共管制，主要是对垄断行业的产品或服务的价格进行管制或规定限价，或规定利润率
外部性	(1) 政府对负外部性的企业使用税收手段 (2) 政府对正外部性的企业给予政府补贴 (3) 政府也可合并相关企业的方法使外部性得以"内部化" (4) 明晰产权（现代方法，通过市场机制解决外部性的新思想）
公共物品	政府承担了公共物品主要提供者的职责，如政府提供国防、治安、消防和公共卫生
信息不对称	政府可以制定有关商品说明、质量标准和广告的法律规定

[2015年真题·多选题] 关于信息不对称和市场失灵的说法，正确的有（　　）。
A. 信息不对称会导致道德风险
B. 信息不对称会导致某些商品或者服务市场出现萎缩甚至消失
C. 通过税收和补贴手段，可以解决信息不对称导致的市场失灵
D. 政府可以制定有关商品说明、质量标准和广告等的法律法规，以克服信息不对称所导致的市场失灵
E. 通过明晰产权可以克服信息不对称所引起的市场失灵
[答案] ABD
[解析] 信息不对称会出现逆向选择和道德风险，解决方法是政府可以制定有关商品说明、质量标准和广告的法律规定。

历年经典真题回顾

一、单项选择题（每题1分，每题备选项中，只有1个最符合题意）

1. 关于经济家科斯提出的产权理论的说法，正确的是（　　）。[2017年真题]
   A. 很多外部性的产生都是因为产权不清晰导致的
   B. 不同的产权制度会导致相同的资源配置效率
   C. 不论产权是否明确，只要交易成本为零，就可以实现资源的最优配置
   D. 如果产权是明晰的，不论交易成本多大，市场最终会实现资源的最优配置
   [答案] A
   [解析] 外部性之所以存在并导致资源配置失当都是由于产权界定不清晰。科斯定理指出，只要财产权是明确的，并且交易成本是零或者很小，那么无论在开始时将财产权赋予谁，市场均衡的最终结果都是有效率的，实现资源配置的帕累托最优。

2. 在市场经济条件下，资源实现最优配置的标准是（　　）。[2016年真题]
   A. 对于既定的资源配置状态，还存在帕累托改进
   B. 财政收入持续增长

C. 不存在帕累托改进的资源配置状态

D. 区域间经济协调增长

[答案] C

[解析] 资源实现最优配置的标准是当一种资源的任何重新分配，已经不可能使任何一个人的境况变好，而不使一个人的境况变坏，也就是不存在帕累托改进的资源配置状态，即帕累托最优状态。

3. 产生外部经济的生产者产出水平低于社会最优产出水平的原因是（　　）。[2015年真题]

A. 边际私人成本低于边际社会成本　　B. 边际私人成本等于边际社会成本

C. 私人收益等于边际收益　　D. 私人收益小于社会收益

[答案] D

[解析] 对于产生外部经济的生产者，私人收益小于社会收益，缺乏生产积极性，产出水平低于社会最优产出水平，造成产品的供给过少。

4. 最典型的纯公共物品是（　　）。[2015年真题]

A. 教育　　　　B. 国防　　　　C. 医疗卫生　　　　D. 交通运输

[答案] B

[解析] 最典型的纯公共物品是国防和治安。

5. 具有经济效率特征的资源配置状态是（　　）。[2010年真题]

A. 市场处于寡头垄断的状态　　B. 市场处于垄断竞争的状态

C. 不存在帕累托改进的状态　　D. 市场存在外部影响的状态

[答案] C

[解析] 帕累托最优状态是不存在帕累托改进的资源配置状态。这也是具有经济效率特征的资源配置状态。

6. 在买卖双方达成协议后，协议的一方利用信息不对称，通过改变自己行为来损害对方的利益，这种现象称为（　　）。[2010年真题]

A. 劣币驱逐良币　　B. 道德风险

C. 逆向选择　　D. 外部不经济

[答案] B

[解析] 道德风险是由于信息不对称，市场的一方不能观察到另一方的行动，则另一方就可能采取不利于对方的行动。

7. 从经济学理论上说，生产的外部不经济会造成（　　）。[2008年真题]

A. 资源均衡配置　　B. 资源有效配置

C. 产品供给过少　　D. 产品供给过多

[答案] D

[解析] 本题考查外部不经济的影响。对于产生外部不经济的生产者，边际私人成本小于边际社会成本，倾向扩大生产，产出水平就会大于社会最优产出水平，造成产品的供给过多。

二、多项选择题（每题2分，每题备选项中，有2个或2个以上符合题意，至少有1个错项。错选，本题不得分；少选，所选的每个选项得0.5分）

1. 关于公共物品的说法，正确的有（　　）。[2017年真题]

A. 公共物品的存在是导致市场失灵的原因之一

B. 准公共物品可以由非政府部门提供

C. 确定公共物品的最优数量具有非常重要的现实意义

D. 公共物品可以分为纯公共物品和准公共物品两类

E. 纯公共物品一般通过税收间接购买

[答案] ABDE

[解析] 公共物品的最优数量并没有实际意义，因为消费者并不清楚自己对公共物品的需求价格，更不可能准确说他对公共物品的需求与价格之间的关系，而且公共物品具有非竞争性和非排他性特征，消费者更愿意搭便车。纯公共物品一般通过纳税间接购买而被动消费。

2. 关于公共物品的说法，正确的有（　　）。[2016年真题]

A. 公共物品的市场需求曲线是所有消费者的需求曲线的横向加总

B. 公共物品必须由政府提供

C. 公共物品的消费可能产生"搭便车"现象

D. 市场无法供给公共物品

E. 公共物品包括纯公共物品和准公共物品

[答案] CE

[解析] 公共物品的市场需求曲线是所有消费者的需求曲线的纵向加总，A项错误。公共物品具有非竞争性和非排他性的特点，所以公共物品的消费可能产生"搭便车"现象。公共物品包括纯公共物品和准公共物品两类，国防属于典型的纯公共物品，只能由政府提供，而教育、医疗等属于准公共物品，政府和私人都会提供，B、D两项错误。

3. 消除外部性的传统方法包括（　　）。[2014年真题]

A. 政府对那些产生外部不经济的企业征收适度的排污税

B. 政府对那些具有外部经济的企业给予财政补贴

C. 通过合并相关企业使外部性得以"内部化"

D. 明确产权归属

E. 减少交易费用

[答案] ABC

[解析] 本题需要注意"传统"两个字。消除外部性的方法包括税收和补贴、合并相关企业、明晰产权。其中，传统方法是税收和补贴、合并相关企业。

4. 公共物品的特点主要包括（　　）。[2013年真题]

A. 非竞争性　　　　　　　　　　B. 消费的不可储存性

C. 必须直接购买　　　　　　　　D. 不存在搭便车问题

E. 非排他性

[答案] AE

[解析] 通过本题掌握公共物品的两大特征。公共物品的特点包括非竞争性和非排他性。

5. 美国经济学家科斯关于产权和外部性理论的主要观点和结论包括（　　）。[2011年真题]

A. 很多外部性的产生都是由于产权不清晰导致的

B. 只要产权是明确的，并且交易成本为零或者很小，市场均衡的最终结果都是有效率的

C. 即使产权不明确，只要交易成本为零或者很小，市场均衡的最终结果都是有效率的

D. 不同的产权制度，会导致不同的资源配置效率

E. 明确和界定产权是解决外部性问题的重要途径

[答案] ABDE

[解析] 科斯定理指出，只要财产权是明确的，并且交易成本是零或者很小，那么无论在开始时将财产权赋予谁，市场均衡的最终结果都是有效率的，实现资源配置的帕累托最优，C项错误。

本章同步练习

一、单项选择题（每题1分，每题备选项中，只有1个最符合题意）

1. 如果既定的配置状态能够在其他人福利水平不下降的情况下，通过资源重新配置至少使一个人的福利水平有所提高，这种资源重新配置被称为（　　）。
   A. 一般均衡状态　　　　　　　　B. 帕累托改进
   C. 瓦尔拉斯均衡　　　　　　　　D. 帕累托最优

2. 当居民和厂商分别实现了效用最大化和利润最大化，并且整个经济的价格体系恰好使所有的商品和生产要素的供求都相等时，经济就处于（　　）。
   A. 产品市场均衡　　　　　　　　B. 要素市场均衡
   C. 帕累托改进　　　　　　　　　D. 瓦尔拉斯均衡

3. 下列资源配置状态中，达到帕累托最优的是（　　）。
   A. 国民收入实现了公平分配
   B. 社会全体成员的福利同时改善
   C. 不使社会中的某些成员福利变差，就无法使其他成员福利改善
   D. 实现外部影响内部化

4. 某造纸厂在其生产过程中，向附近的河流排放了大量的污水，并因此导致了附近某粮食产量大幅度下降，但该厂却又不对附近种粮农民进行相应的赔偿。这种现象通常被称为（　　）。
   A. 生产的外部经济　　　　　　　B. 生产的外部不经济
   C. 消费的外部经济　　　　　　　D. 消费的外部不经济

5. 从经济学理论上说，生产的外部经济会造成（　　）。
   A. 资源均衡配置　　　　　　　　B. 资源有效配置
   C. 产品供给过少　　　　　　　　D. 产品供给过多

6. 关于科斯定理，下列表述正确的是（　　）。
   A. 只要财产权是明确的，那么无论在开始时将财产权赋予谁，市场均衡的最终结果都是有效率的，就可以实现资源配置的帕累托最优
   B. 只要财产权是明确的，并且交易成本为零或者很小，那么无论在开始时将财产权赋予谁，市场均衡的最终结果都是有效率的，就可以实现资源配置的帕累托最优
   C. 只要交易成本为零或者很小，市场均衡的最终结果都是有效率的，就可以实现资源配置的帕累托最优
   D. 不论财产权是否明确，只要交易成本为零或者很小，就可以实现资源配置的帕累托最优

7. 在买卖双方存在信息不对称的情况下，质量差的商品往往将质量好的商品驱逐出市场，这种现象称为（　　）。
   A. 道德风险　　　　　　　　　　B. 正向选择
   C. 逆向选择　　　　　　　　　　D. 外部不经济

8. 政府对许多商品的说明、质量标准和广告都做出了具体的法律规定，这是为了解决（　　）。
   A. 因垄断造成的市场失灵　　　　B. 因外部性造成的市场失灵
   C. 因竞争造成的市场失灵　　　　D. 因信息不对称造成的市场失灵

9. 对于可能产生（　　）的行为，政府一般应通过补贴的措施来实现资源的优化配置。
   A. 正外部性　　　　　　　　　　B. 道德风险
   C. 逆向选择　　　　　　　　　　D. 负外部性

10. 关于生产的外部经济的说法，正确的是（　　）。
   A. 生产者的社会收益等于私人成本
   B. 生产者的社会成本等于私人成本
   C. 生产者的私人收益小于社会收益
   D. 生产者的私人成本小于社会成本

二、多项选择题（每题2分，每题备选项中，有2个或2个以上符合题意，至少有1个错项。错选，本题不得分；少选，所选的每个选项得0.5分）

1. 资源配置达到帕累托最优状态的条件有（　　）。
   A. 市场处于完全竞争的状态
   B. 市场处于不完全竞争的状态
   C. 经济主体是完全理性的
   D. 市场信息具有完全性
   E. 经济主体的行为不存在外部影响

2. 导致市场失灵的原因主要有（　　）。
   A. 垄断　　B. 外部性　　C. 公共物品　　D. 信息不对称
   E. 价格波动

3. 对于产生外部不经济的生产者来说，下列表述错误的有（　　）。
   A. 倾向于扩大生产，其产出水平大于社会最优产出水平
   B. 边际私人成本低于边际社会成本
   C. 缺乏生产的积极性，其产出水平会低于社会最优产出水平
   D. 给社会上其他人带来损害，但却不必为这种损害进行补偿
   E. 给社会上其他成员带来好处，却不能由此得到补偿

4. 下列关于公共物品的表述中，正确的有（　　）。
   A. 增加一个人对该物品的消费必然减少另一个人对该物品的消费
   B. 增加一个人对该物品的消费并不影响其他人对该物品的消费
   C. 该物品在财产所有权上具有独占性
   D. 一个人不进行购买就不能消费该物品
   E. 一个人不进行购买也可以消费该物品

5. 下列公共物品中，属于准公共物品的有（　　）。
   A. 国防　　B. 治安　　C. 医疗卫生　　D. 教育
   E. 收费公路

6. 关于外部性的表述中，正确的有（　　）。
   A. 正外部性的存在，通常会使市场主体的活动水平低于社会所需要的水平
   B. 正外部性的存在，通常会使市场主体的活动水平高于社会所需要的最优水平
   C. 外部不经济的存在，会给其他经济主体带来损失
   D. 外部经济和外部不经济的存在，都意味着资源配置未能达到最优
   E. 外部性的存在，在很大程度上是由产权不清晰引起的

7. 为了消除外部性对市场的影响，政府可以采取（　　）。
   A. 税收和补贴
   B. 规定限价
   C. 合并相关企业
   D. 公共管制
   E. 明晰产权

8. 政府对垄断进行干预的手段主要有（　　）。
   A. 合并相关企业
   B. 避免过度竞争
   C. 对垄断企业的产品价格进行管制

D. 制定反垄断法，对垄断厂商的行为进行法律约束

E. 对垄断行业进行公共管制

9. 信息不对称会导致（　　）。

A. 道德风险　　　　　　　　B. 外部不经济

C. 逆向选择　　　　　　　　D. 外部经济

E. 准公共物品

本章同步练习参考答案及解析

一、单项选择题

1. [答案] B

   [解析] 通过"能够"可做选择。既定的资源配置状态能够在其他人福利水平不下降的情况下，通过重新配置资源，使得至少有一个人的福利水平有所提高，则称这种资源重新配置为帕累托改进。

2. [答案] D

   [解析] 当居民和企业分别实现了效用最大化和利润最大化，整个经济的价格体系恰好使所有的商品供求都相等时，经济就处于一般均衡状态或瓦尔拉斯均衡状态。

3. [答案] C

   [解析] 资源实现最优配置状态即为帕累托最优状态，资源实现最优配置的标准是社会整体福利不变。

4. [答案] B

   [解析] 当某一市场主体的经济活动使其他市场主体或社会成员的利益受损，而又并不为此进行相应的赔偿，那么这种活动所导致的外部影响就是外部不经济（负外部性）。本题中由于经济活动的主体是生产者，所以本题中外部不经济就是生产的外部不经济。

5. [答案] C

   [解析] 对于产生外部经济的生产者，私人收益小于社会收益，缺乏生产积极性，产出水平低于社会最优产出水平，造成产品的供给过少。

6. [答案] B

   [解析] 通过本题掌握科斯定理的内容。科斯定理指出，只要财产权是明确的，并且交易成本是零或者很小，那么无论开始时将财产权赋予谁，市场均衡的最终结果都是有效率的，实现资源配置的帕累托最优。进一步看，还可以认为，一旦考虑到交易成本，产权的初始界定对于经济运行的效率就会产生十分重要的影响。从而可以引申出一个重要结论：不同产权制度，会导致不同的资源配置效率。

7. [答案] C

   [解析] 通过本题掌握逆向选择的含义。由于买方和卖方之间信息不对称，市场机制会导致某些商品或服务的需求曲线向左下方弯曲，最终结果是劣质的产品或服务驱逐优质商品或服务，以致市场萎缩甚至消失。这就是逆向选择。

8. [答案] D

   [解析] 为了解决因信息不对称所造成的市场失灵，政府对许多商品的说明、质量标准和广告都做出了具体的法律规定，政府还通过多种方式为消费者提供信息服务。

9. [答案] A

   [解析] 通过本题掌握政府解决外部性的方法。外部经济（正外部性）是某人或者某企业的经济活动会给社会上其他成员带来好处，但该人或该企业却不能由此得到补偿，因此政府一般应通过补贴的措施来实现资源的优化配置。

10. [答案] C

    [解析] 本题考查外部经济的影响。对于产生外部经济的生产者，私人收益小于社会收益，缺乏生产积极性，产出水平低于社会最优产出水平，造成产品的供给过少。

二、多项选择题

1. [答案] ACDE

[解析] 资源配置达到帕累托最优状态的条件：①市场是完全竞争的（A项正确、B项错误）；②经济主体是完全理性的（C项正确）；③信息是完全的（D项正确）；④经济主体的行为不存在外部影响（E项正确）。

2. [答案] ABCD

[解析] 导致市场失灵的原因主要有垄断、外部性、公共物品和信息不对称等。

3. [答案] CE

[解析] 外部不经济是某人或某企业的经济活动会给社会其他人带来损害，但该人或该企业却不必为这种损害进行补偿。对于产生外部不经济的生产者，边际私人成本小于边际社会成本，倾向扩大生产，产出水平就会大于社会最优产出水平，造成产品的供给过多。

4. [答案] BE

[解析] 公共物品的特点包括：①非竞争性。即消费者对某一种公共物品的消费并不影响其他人对该公共物品的消费。例如国防、道路、环境治理、电视广播等。②非排他性。公共物品可以由任何消费者进行消费，任何一个消费者都不会被排斥在外。公共物品的这些特征决定了绝大多数的公共物品消费中必然出现"搭便车"现象。所谓"搭便车"就是某人不进行购买而消费某物品。

5. [答案] CDE

[解析] 准公共物品具有有限的非竞争性和非排他性，如：教育、医疗卫生、收费公路。

6. [答案] ACDE

[解析] 通过本题掌握外部性的影响。正外部性的存在，通常会使市场主体的活动水平低于社会所需要的最优水平，造成供给过少，B项错误。

7. [答案] ACE

[解析] 消除外部性的方法包括：①政府可以使用税收和补贴的手段对产生外部性的企业进行干预（A项正确）；②政府也可以通过合并相关企业的方法使外部性得以"内部化"（C项正确）；③明晰产权。外部性之所以存在并导致资源配置失当都是由于产权界定不清晰造成的（E项正确）。

8. [答案] CDE

[解析] 政府可以通过法律手段来限制垄断和反对不正当竞争，D项正确；政府对垄断进行干预的另一种手段是对垄断行业进行公共管制，主要是对垄断行业的产品或服务的价格进行管制或规定限价，或规定利润率，C、E两项正确。

9. [答案] AC

[解析] 信息不对称是指市场上买卖双方掌握的信息量不一样的一种情况。信息不对称的表现形式是逆向选择和道德风险。

✎ 错题收集

第七章 国民收入核算和简单的宏观经济模型

本章考情分析

年份	单项选择题	多项选择题	合计
2017 年	1 题 1 分	—	1 分
2016 年	1 题 1 分	1 题 2 分	3 分
2015 年	2 题 2 分	—	2 分
2014 年	1 题 1 分	—	1 分
2013 年	2 题 2 分	1 题 2 分	4 分
2012 年	—	1 题 2 分	2 分

本章考点概览

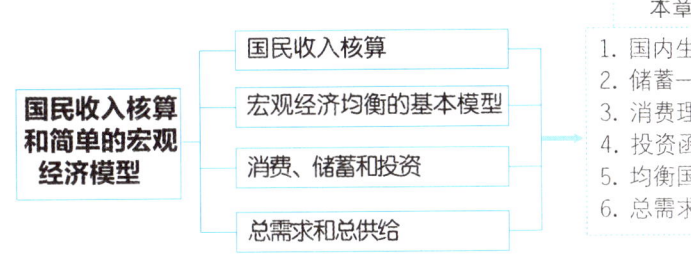

本章考点详解

【考点一】国内生产总值

一、国内生产总值的含义

国内生产总值（GDP）是按市场价格计算的一个国家（或地区）在一定时期内生产活动的最终成果。

二、国内生产总值的形态

国内生产总值有三种形态，即价值形态、收入形态和产品形态。其具体内容如表 7-1 所示。

表 7-1　国内生产总值的三种形态

形态	具体含义
价值形态	是所有常住单位在一定时期内生产的全部货物和服务价值超过同期投入的全部非固定资产货物和服务价值的差额，即所有常住单位的增加值之和
收入形态	是所有常住单位在一定时期内创造并分配给常住单位和非常住单位的初次收入之和
产品形态	是所有常住单位在一定时期内最终使用的货物和服务价值减去货物和服务进口价值

三、国内生产总值（GDP）与国民总收入（GNI）的关系

国民总收入就是过去所常用的国民生产总值，是指一个国家（或地区）所有常住单位在一定时期内收入初次分配的最终结果。国民总收入是一个收入概念，而国内生产总值是一个生产概念。

国民总收入＝国内生产总值＋来自国外的净要素收入

四、国内生产总值的计算方法

国内生产总值的计算方法有 3 种，具体内容如表 7-2 所示。

表 7-2　国内生产总值的计算方法

计算方法	含义
生产法	通过核算各个产业在一定时期生产的最终产品的市场价值来核算国内生产总值
收入法	通过核算整个社会在一定时期内获得的收入来求得国内生产总值
	国内生产总值＝劳动者报酬＋固定资产折旧＋生产税净额＋营业盈余
支出法	通过核算整个社会在一定时期内购买最终产品支付总和来核算国内生产总值
	三部分的计算公式： 国内生产总值＝最终消费＋资本形成总额＋净出口
	运用支出法核算国内生产总值，可以计算资本形成率和最终消费率。资本形成率是指资本形成总额占国内生产总值的比重；最终消费率指最终消费支出占国内生产总值的比重
	四部分的计算公式（如果对居民和政府的支出再分开核算）： 国内生产总值＝消费（C）＋投资（I）＋政府购买（G）＋净出口（$X-M$）

经典例题

[2011 年真题·单选题] 关于国内生产总值的说法，正确的是（　　）。

A. 国内生产总值又称为国民总收入

B. 国内生产总值又称为国民生产总值

C. 国内生产总值是按市场价格计算的一个国家（或地区）在一定时期内生产活动的最终成果

D. 国内生产总值仅具有价值形态

[答案] C

[解题思路] 本题可通过排除法做出正确的选择，A 项和 B 项说法相同（国民总收入即国民生产总值），所以 A 项和 B 项均错误。国内生产总值有三种形态，D 项错误。本题 C 项考查国内生产总值的含义，表述正确。

[2008 年真题·单选题] 如果 C 表示消费、I 表示投资、G 表示政府购买、X 表示出口、M 表示进口，则按照支出法计算的国内生产总值（GDP）的公式是（　　）。

A. GDP＝$C+I+G+X$　　　　　　B. GDP＝$C+I+G-M$

C. GDP＝$C+I+G+(X+M)$　　　　D. GDP＝$C+I+G+(X-M)$

[答案] D

[解析] 本题考查支出法 GDP 的计算公式，即 GDP＝$C+I+G+(X-M)$。

【考点二】储蓄—投资恒等式

储蓄—投资恒等式的具体内容如表7-3所示。

表7-3 储蓄—投资恒等式

项目	部门	储蓄—投资恒等式	公式推导过程
四部门	消费者（居民） 企业 政府部门 国外部门	$I=S+(T-G)+(M-X)$	从支出角度看： 国内生产总值（GDP）＝消费（C）＋投资（I）＋政府购买（G）＋净出口（$X-M$） 从收入角度看： 总收入（Y）＝消费（C）＋储蓄（S）＋政府净收入（T）。由于总支出等于总收入，即：$C+I+G+(X-M)=C+S+T$，两边同时消去C，就得到四部门储蓄投资恒等式
三部门	消费者（居民） 企业 政府部门	$I=S+(T-G)$	四部门基础上去掉国外部门储蓄（$M-X$）
两部门	消费者（居民） 企业	$I=S$	三部门基础上去掉政府储蓄（$T-G$）

经典例题

[2009年真题·单选题] 如果用 I 表示投资、S 表示储蓄、T 表示税收、G 表示政府购买，X 表示出口、M 表示进口，则四部门经济中储蓄和投资的恒等关系是（　　）。
A. $I=S+(T-G)+(M-X)$　　　　B. $I=S+T-G+M$
C. $I=S+(T-G)$　　　　　　　　D. $I=S+(M-X)$
[答案] A
[解析] 四部门经济中储蓄和投资的恒等关系：$I=S+(T-G)+(M-X)$。

【考点三】消费理论

一、三种消费理论

三种消费理论的具体内容如表7-4所示。

表7-4 三种消费理论

消费理论	具体内容
凯恩斯消费理论	三个假设（简称"两减一收"）： (1) 边际消费倾向递减规律 边际消费倾向（β）是指增加的1单位收入中用于增加消费的部分的比率，数值范围为：$0<\beta<1$ (2) 收入是决定消费的最重要因素 　　总消费（C）＝必不可少的自发消费（α）＋由收入引致的消费（βY） (3) 平均消费倾向会随着收入的增加而减少 平均消费倾向是指消费总量（C）在收入总量（Y）中所占的比率。平均消费倾向可能大于1、等于1或小于1 边际消费倾向小于平均消费倾向，具体推导过程如下： 　　平均消费倾向＝总消费（C）/总收入（Y）＝$(\alpha+\beta Y)/Y=\alpha/Y+\beta$ 因为自发消费必不可少，因此$\alpha/Y>0$，所以，边际消费倾向（β）＜平均消费倾向

续表

消费理论	具体内容
莫迪利安尼的生命周期理论	各个家庭的消费要取决于他们在生命周期内所获得的收入与财产，也就是说消费取决于家庭所处的生命周期阶段
弗里德曼的持久收入理论	该理论认为，消费者的消费支出不是根据他的当前收入决定的，而是根据他的持久收入决定的。消费是持久收入的稳定函数

【考点小贴士】莫迪利安尼的生命周期理论简称"莫命"，谐音"没命"；弗里德曼的持久收入理论简称"弗久"，谐音"佛教"。

二、消费函数与储蓄函数的关系

消费函数和储蓄函数互为补数，即：消费＋储蓄＝收入。消费倾向与储蓄倾向的关系如表7-5所示。

表7-5 消费倾向与储蓄倾向的关系

平均倾向	边际倾向
平均消费倾向＝总消费/总收入	边际消费倾向（β）＝增加的消费/增加的收入
平均储蓄倾向＝总储蓄/总收入	边际储蓄倾向（S）＝增加的储蓄/增加的收入
平均消费倾向＋平均储蓄倾向＝1	边际消费倾向（β）＋边际储蓄倾向（S）＝1

经典例题

[2009年真题·多选题] 凯恩斯消费理论的主要假设有（　　）。
A. 边际消费倾向递减　　　　　　　B. 收入是决定消费的最重要的因素
C. 平均消费倾向会随着收入的增加而减少　　D. 消费取决于家庭所处的生命周期阶段
E. 长期消费函数是稳定的
[答案] ABC
[解题思路] 通过本题掌握凯恩斯消费理论的三个假设。D项是莫迪利安尼生命周期理论的内容。E项是弗里德曼的持久收入理论的内容。

【考点四】投资函数及投资乘数

一、投资函数

决定投资的因素主要有实际利率、预期收益率和投资风险等。预期通货膨胀率和折旧等也在一定程度上影响投资。投资的成本取决于实际利率，如果投资的预期收益率既定，则实际利率越高，投资成本越高，投资就会减少，因此投资是利率的减函数。如果假设投资（I）和利率（r）之间呈线性关系，则投资函数可写成：

$$I = I(r) = e - dr$$

上式中，e 表示自主投资，是由于人口、技术、资源等外生变量的变动所引起的投资，与利率无关，即使利率为零也会存在；$-dr$ 表示引致投资，随利率的变化成反方向变化。

二、投资乘数

乘数也叫倍数，即一个因素或变量的变化对整个社会经济活动的影响程度。

$$投资乘数（k）= \frac{增加的收入(\Delta Y)}{增加的投资(\Delta I)} = \frac{1}{1-边际消费倾向(\beta)} = \frac{1}{边际储蓄倾向(S)}$$

上式表明投资乘数（k）为边际储蓄倾向（S）的倒数。

经典例题

[2016年真题·单选题] 假设一个社会的边际消费倾向 β 为 0.8，则投资乘数 k 等于（　　）。
A. 0.20　　　　B. 1.25　　　　C. 5.00　　　　D. 0.80
[答案] C
[解析] 投资乘数＝1/（1－边际消费倾向）＝1/（1－0.8）＝5。

【考点五】均衡国民收入（如图7-1所示）

```
总收入=总支出
    ↓
总支出=消费+投资+政府购买+净出口
    ↓
总收入=消费+投资+政府购买+净出口
    ↓
消费=自发消费+边际消费倾向×总收入
    ↓
总收入=(自发消费+边际消费倾向×总收入)+投资+政府购买+净出口
    ↓
通过上式解得的总收入即为均衡国民收入
```

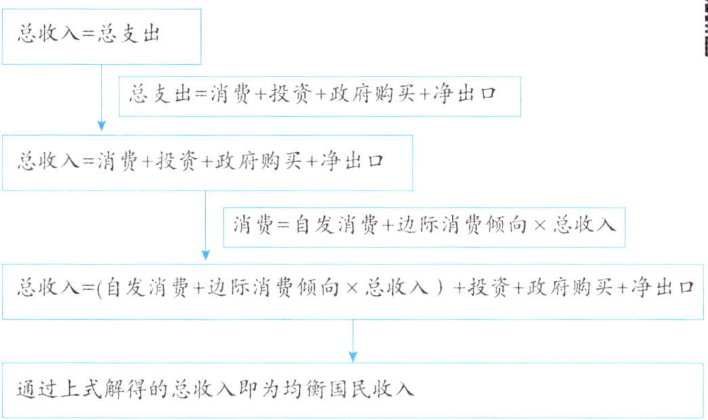

图 7-1　均衡国民收入

经典例题

[例题·单选题] 在一个三部门经济中，已知消费函数为 $C=100+0.8Y$，投资 $I=300$ 亿元，政府购买 $G=160$ 亿元，则均衡国民收入是（　　）亿元。
A. 3 200　　　　B. 1 500　　　　C. 2 800　　　　D. 1 900
[答案] C
[解析] 均衡国民收入（Y）＝100＋0.8Y＋300＋160，解得 Y＝2 800（亿元），则均衡国民收入＝2 800 亿元。

【考点六】总需求和总供给

一、总需求

总需求的具体内容如表7-6所示。

表 7-6　总需求

项目		具体内容
含义		在其他条件不变的情况下，在某一给定的价格水平上，一个国家或地区各种经济主体愿意购买的产品总量
影响因素	利率	反向变化：利率上升会引起企业投资和居民购买住宅和耐用消费品的数量的减少，从而使总需求减少
	货币供给量	同向变化：货币供给量增加，会导致总需求增加，反之亦然
	政府购买	同向变化：政府购买增加，会促使总需求增加，反之亦然
	税收	反向变化：税收的减少会增加企业和居民的收入，导致总需求增加，反之亦然
	预期	如果企业对未来的利润预期是增长的则会扩大投资；如果居民对未来收入预期是增长的，也会增加消费。这都会导致总需求增加
	价格总水平	反向变化：价格总水平下降，导致总需求上升，反之亦然

续表

项目	具体内容
总需求曲线 （只分析价格总水平与总需求的关系）	曲线特点：向右下方倾斜 价格总水平对消费、投资和出口需求的影响（需求曲线向右下方倾斜的原因）： （1）财富效应：由价格总水平的变动引起居民收入及财富的实际购买力的反向变动，从而导致总需求变动的现象 （2）利率效应：由价格总水平的变动引起利率变化并进而与投资、消费及总需求成反方向变化的现象 （3）出口效应：由价格总水平通过汇率变动影响出口需求的变化并与总需求成反方向变化的现象

经典例题

[例题·多选题] 其他条件不变的情况下，一般会导致社会总需求增加的有（　　）。

A. 利率下降　　　　　　　　　　B. 货币供给量增加
C. 税收增加　　　　　　　　　　D. 企业预期未来的利润增长
E. 政府购买增加

[答案] ABDE

[解析] 通过本题掌握影响社会总需求的因素以及这些因素是如何影响社会总需求的。税收的减少会增加企业和居民的收入，导致总需求增加，反之亦然。

二、总供给

（一）总供给的含义及其影响因素

总供给的含义及影响因素如表7-7所示。

表7-7　总供给的含义及影响因素

项目		具体内容
含义		在其他条件不变的情况下，一定时期内在一定价格水平上，一个国家或地区的生产者愿意向市场提供的产品总量
影响因素	价格成本	总供给的变动主要取决于企业利润水平，而利润水平又取决于市场价格与生产成本
	其他因素	技术进步、工资水平变动、能源及原材料价格变动等都是通过对成本的影响而影响企业利润水平，从而影响总供给的
	预期	如果企业对未来利润的预期下降，企业会减少生产，从而使总供给减少

（二）总供给曲线

由于决定供给的价格和成本中的工资在长期中具有灵活性，在短期具有黏性或缺乏弹性，因而总供给曲线分为长期和短期两种形式。其具体内容如表7-8所示。

表7-8　总供给曲线

曲线类型	曲线特点	曲线含义
长期总供给曲线	一条垂直线	从长期看，总供给变动与价格总水平无关，长期总供给只取决于劳动、资本与技术，以及经济体制等因素
短期总供给曲线	一条向右上方倾斜的曲线	总供给与价格总水平成同方向变动

三、总供求模型

长期来看，影响价格总水平的是总需求；短期来看，总需求和总供给共同影响价格总水平。若假定在短期内总供给曲线不变，由于总需求的增长使总需求曲线向右平行移动，则会导致价格总水平上涨，这就是需求拉动型通货膨胀的基本模型。其具体内容如图 7-2 所示。

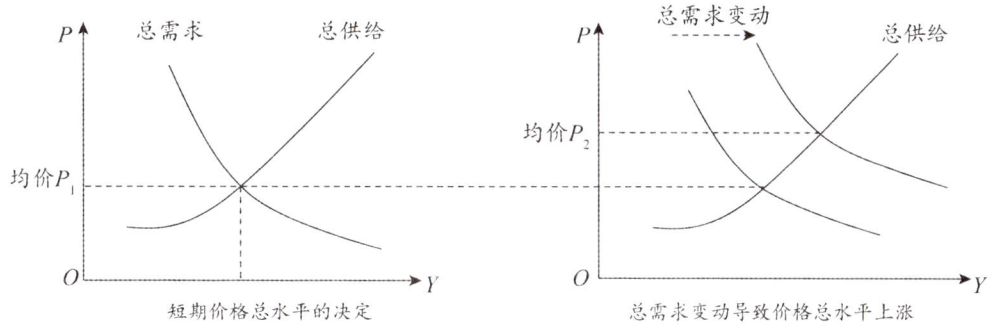

图 7-2　总供求模型

经典例题

[例题·单选题] 关于总供给和总供给曲线，下列说法错误的是（　　）。
A. 决定总供给的基本因素是价格和成本
B. 长期总供给曲线是一条与横轴相交的垂直线
C. 短期总供给与价格总水平无关
D. 从长期看，总供给变动与价格总水平无关
[答案] C
[解析] 从长期看，总供给变动与价格总水平无关，长期总供给只取决于劳动、资本与技术，以及经济体制等因素。短期总供给与价格同方向变化，C 项错误。

本章易错易混考点

【易错易混考点一】 边际消费倾向与平均消费倾向（如表 7-9 所示）

表 7-9　边际消费倾向与平均消费倾向

项目	含义	取值	二者关系
边际消费倾向	增加的消费/增加的收入	大于 0，小于 1	边际消费倾向小于平均消费倾向
平均消费倾向	总消费/总收入	大于 1、等于 1、小于 1	

【易错易混考点二】 总供给与价格总水平的关系

一、价格总水平对总供给的影响

（1）短期看，价格总水平影响总供给，价格总水平上升，总供给增加；价格总水平下降，总供给减少，所以，短期总供给曲线向右上方倾斜。

（2）长期看，价格总水平不影响总供给，即价格总水平与总供给无关。所以，长期总供给曲线为一条垂直线。

二、总供给对价格总水平的影响

（1）短期看，总供给影响价格总水平，总供给与总需求共同决定了价格总水平，总需求的增长快于总供给的增长，价格总水平上升；总需求的增长慢于总供给的增长，价格总水平下降。

(2) 长期看，总供给不影响价格总水平，二者无关，价格总水平只取决于总需求。

[例题·单选题] 下列关于总供给和总需求的表述，错误的是（　　）。

A. 长期总供给曲线是一条垂直于横轴的直线

B. 从长期来看，总供给变动与价格总水平无关

C. 短期总供给曲线向右下方倾斜

D. 从长期来看，在总供求模型中，影响价格总水平的还是总需求

[答案] C

[解析] 从长期来看，总供给不受价格总水平的影响，所以长期总供给曲线是一条垂直于横轴的直线，A、B两项正确；从长期来看，在总供求模型中，影响价格总水平的还是总需求，D项正确；短期总供给与价格总水平同方向变动，所以短期总供给曲线向右上方倾斜，C项错误。

历年经典真题回顾

一、单项选择题（每题1分，每题备选项中，只有1个最符合题意）

1. 关于边际消费倾向、平均消费倾向及其相互关系的说法，正确的是（　　）。[2017年真题]

    A. 边际消费倾向恒等于平均消费倾向

    B. 边际消费倾向可能大于、等于或小于0

    C. 平均消费倾向总是在0到1之间

    D. 边际消费倾向总是小于平均消费倾向

    [答案] D

    [解析] 边际消费倾向总是小于平均消费倾向。

2. 可用于计算资本形成率和最终消费率的国内生产总值的核算方法是（　　）。[2015年真题]

    A. 支出法　　　B. 收入法　　　C. 生产法　　　D. 综合法

    [答案] A

    [解析] 按支出法计算，国内生产总值＝最终消费＋资本形成总额＋净出口。运用支出法核算GDP，可以计算资本形成率和最终消费率。资本形成率是指资本形成总额占国内生产总值的比重；最终消费率指最终消费支出占国内生产总值的比重。

3. 提出生命周期消费理论的美国经济学家的是（　　）。[2015年真题]

    A. 莫迪利安尼　　B. 凯恩斯　　　C. 弗里德曼　　　D. 科斯

    [答案] A

    [解析] 三种消费理论分别为：凯恩斯消费理论、莫迪利安尼的生命周期理论、弗里德曼的持久收入理论。

4. 以边际消费倾向递减规律为前提的消费理论是（　　）。[2014年真题]

    A. 凯恩斯的消费理论　　　　B. 生命周期理论

    C. 持久收入理论　　　　　　D. 从众消费理论

    [答案] A

    [解析] 凯恩斯消费理论的三个假设（"两减一收"）为：①边际消费倾向递减规律；②收入是决定消费的重要因素；③平均消费倾向会随着收入的增加而减少。

5. 根据经济学家凯恩斯的消费理论，边际消费倾向和平均消费倾向的关系是（　　）。[2013年真题]

    A. 边际消费倾向总是小于平均消费倾向

    B. 边际消费倾向总是等于平均消费倾向

    C. 边际消费倾向总是大于平均消费倾向

    D. 边际消费倾向和平均消费倾向的关系不稳定

[答案] A

[解析] 边际消费倾向是指消费的增量和收入的增量之比率，0＜边际消费倾向＜1；平均消费倾向是指消费总量在收入总量中所占的比例，平均消费倾向可能大于、等于或小于1。边际消费倾向总是小于平均消费倾向。

6. 关于投资乘数的说法，正确的是（　　）。[2013年真题]

　　A. 投资乘数是平均储蓄倾向的倒数　　B. 投资乘数是边际储蓄倾向的倒数
　　C. 投资乘数是边际消费倾向的倒数　　D. 投资乘数是平均消费倾向的倒数

[答案] B

[解析] 投资乘数是边际储蓄倾向的倒数。

7. 各单位按收入法计算的增加值应包括劳动者报酬、固定资产折旧、（　　）和营业盈余。[2010年真题]

　　A. 最终消费　　　　　　　　　B. 资本形成总额
　　C. 净出口　　　　　　　　　　D. 生产税净额

[答案] D

[解析] 按收入法计算，国内生产总值＝劳动者报酬＋固定资产折旧＋生产税净额＋营业盈余。

8. 假设边际储蓄倾向 S 是0.2，则投资乘数 k 应为（　　）。[2010年真题]

　　A. 1.25　　　　B. 2.5　　　　C. 5.5　　　　D. 5

[答案] D

[解析] 投资乘数为边际储蓄倾向的倒数，则投资乘数 $k=1/0.2=5$。

9. 国内生产总值的三种表现形态包括价值形态、收入形态和（　　）。[2009年真题]

　　A. 货币形态　　　　　　　　　B. 产品形态
　　C. 消费形态　　　　　　　　　D. 资本形态

[答案] B

[解析] 国内生产总值有三种形态，即价值形态、收入形态和产品形态。

10. 消费函数和储蓄函数的关系是（　　）。[2008年真题]

　　A. 消费函数和储蓄函数为互补关系　　B. 消费函数大于储蓄函数
　　C. 消费函数小于储蓄函数　　　　　　D. 消费函数恒等于储蓄函数

[答案] A

[解析] 消费函数和储蓄函数互为补数，即消费＋储蓄＝收入。

二、多项选择题（每题2分，每题备选项中，有2个或2个以上符合题意，至少有1个错项。错选，本题不得分；少选，所选的每个选项得0.5分）

1. 关于总供给的说法，正确的有（　　）。[2016年真题]

　　A. 政府购买是影响总供给的重要因素　　B. 总供给的变动主要取决于企业的利润水平
　　C. 企业预期是影响总供给的重要因素　　D. 总供给曲线向右下方倾斜
　　E. 长期总供给曲线是一条与横轴（总产出）相交的垂直线

[答案] BCE

[解析] 政府购买影响总需求，A项错误。总供给曲线的形状分为长期和短期。短期总供给曲线向右上方倾斜，长期总供给曲线是一条垂直线，D项错误。

2. 下列经济因素中，对长期总供给有决定性影响的有（　　）。[2013年真题]

　　A. 政府购买　　B. 价格总水平　　C. 劳动　　D. 资本
　　E. 技术

[答案] CDE

[解析] 本题需注意"长期",从长期看价格总水平不影响总供给,B项错误;政府购买影响总需求,不影响总供给,A项错误。

3. 影响总需求的因素主要有（　　）。[2012年真题]

　　A. 利率　　　　　　B. 货币供给量　　　　C. 税收　　　　　　D. 价格总水平

　　E. 成本

[答案] ABCD

[解析] 通过本题掌握影响总需求及总供给的因素。E项,成本是影响总供给的因素。

本章同步练习

一、单项选择题（每题1分,每题备选项中,只有1个最符合题意）

1. 如果用 I 表示投资、S 表示储蓄、T 表示税收、G 表示政府购买、X 表示出口、M 表示进口,则三部门经济中储蓄和投资的恒等关系是（　　）。

　　A. $I=S+(T-G)+(M-X)$　　　　B. $I=S+T-G+M$

　　C. $I=S+(T-G)$　　　　　　　　D. $I=S+(M-X)$

2. 以平均消费倾向递减规律作为前提假设之一的消费理论是（　　）。

　　A. 生产周期理论　　　　　　　　B. 凯恩斯消费理论

　　C. 持久收入理论　　　　　　　　D. 超前消费理论

3. 国内生产总值是所有常住单位在一定时期内最终使用的货物和服务价值减货物和服务进口价值,这是国内生产总值的（　　）形态。

　　A. 收入形态　　　　B. 产品形态　　　　C. 支出形态　　　　D. 价值形态

4. 在我国统计实践中,用支出法核算国内生产总值时不应包括的项目是（　　）。

　　A. 消费支出　　　　　　　　　　B. 固定资产投资

　　C. 净出口　　　　　　　　　　　D. 固定资产折旧

5. 运用支出法核算国内生产总值,可以计算资本形成率和最终消费率,其中资本形成率是指资本形成总额占（　　）的比重。

　　A. 国民总收入　　　　　　　　　B. 国内生产总值

　　C. 国民生产总值　　　　　　　　D. 净出口

6. 关于消费与储蓄,下列等式不成立的是（　　）。

　　A. 边际消费倾向+边际储蓄倾向=1　　　B. 平均消费倾向+边际储蓄倾向=1

　　C. 储蓄=收入-消费　　　　　　　　　D. 消费=自发消费+边际消费倾向×收入

7. 边际消费倾向的取值是（　　）。

　　A. 大于1　　　　B. 小于1　　　　C. 等于1　　　　D. 大于0小于1

8. 下列关于投资与利率的关系的表述,正确的是（　　）。

　　A. 实际利率越低,投资量越小　　　　B. 投资是利率的减函数

　　C. 投资是利率的增函数　　　　　　　D. 自有资金投资量与利率无关

9. 弗里德曼的消费理论认为（　　）。

　　A. 消费是持久收入的稳定函数　　　　B. 消费取决于家庭的生命周期阶段

　　C. 边际消费倾向递减　　　　　　　　D. 收入是决定消费的最重要的因素

10. 假定边际消费倾向 β 是0.75,则投资乘数 k 应为（　　）。

　　A. 1　　　　　　B. 2　　　　　　C. 3　　　　　　D. 4

11. 由于价格总水平的变动引起居民收入及财富的实际购买力的反向变动,从而导致总需求反向变动的现象称为(   )。

   A. 利率效应　　　B. 出口效应　　　C. 财富效应　　　D. 总效应

二、多项选择题(每题2分,每题备选项中,有2个或2个以上符合题意,至少有1个错项。错选,本题不得分;少选,所选的每个选项得0.5分)

1. 国内生产总值的计算方法包括(   )。

   A. 生产法　　　B. 价值法　　　C. 收入法　　　D. 支出法

   E. 不变价格法

2. 在我国统计实践中,用收入法核算国内生产总值时应包括的项目有(   )。

   A. 固定资产折旧　　　　　　　B. 固定资产投资

   C. 劳动者报酬　　　　　　　　D. 营业盈余

   E. 生产税净额

3. 下列关于国内生产总值的说法,正确的有(   )。

   A. 国内生产总值是目前世界各国(或地区)普遍使用的衡量经济活动总量的基本指标

   B. 国内生产总值是按市场价格计算的一个国家(或地区)在一定时期内生产活动的最终成果

   C. 国内生产总值又称为国民总收入

   D. 国内生产总值仅具有价值形态和产品形态

   E. 国内生产总值是一个生产概念

4. 如果 C 表示消费、I 表示投资、G 表示政府购买、X 表示出口、M 表示进口、T 表示政府净收入,关于储蓄—投资恒等式的说法,正确的有(   )。

   A. 两部门经济中,$C+I=C+S$

   B. 三部门经济中,$C+I+G=C+S+T$

   C. 四部门经济中,$C+I+G+(X-M)=C+S+T$

   D. 四部门经济中,$I=S+(T-G)+(M-X)$

   E. 四部门经济中,$I=S+(T-G)+(X-M)$

5. 影响长期社会总供给的因素有(   )。

   A. 技术　　　B. 劳动　　　C. 价格总水平　　　D. 资本

   E. 货币供给量

本章同步练习参考答案及解析

一、单项选择题

1. [答案] C

   [解析] 三部门经济中储蓄和投资的恒等关系为 $I=S+(T-G)$。

2. [答案] B

   [解析] 凯恩斯消费理论包括三个假设(简称"两减一收"):①边际消费倾向递减规律;②收入是决定消费的重要因素;③平均消费倾向会随着收入的增加而减少。

3. [答案] B

   [解析] 国内生产总值有三种形态,即价值形态、收入形态和产品形态。强调"最终使用的货物和服务减去进口货物服务的"是产品形态的GDP。强调"生产的全部货物服务减去同期投入的"是价值形态的GDP。

4. [答案] D

   [解析] 通过本题掌握支出法及收入法下GDP的组成。固定资产折旧是收入法下国内生产总值的构成项目。

5. [答案] B

   [解析] 运用支出法核算国内生产总值,可以计算资本形成率和最终消费率,其中资

本形成率是指资本形成总额占国内生产总值的比重。最终消费率是指最终消费支出占国内生产总值的比重。

6. [答案] B

   [解析] 通过本题掌握消费与储蓄之间的关系。平均消费倾向＋平均储蓄倾向＝1，B项错误。

7. [答案] D

   [解析] 边际消费倾向和边际储蓄倾向的取值均大于0小于1。平均消费倾向的取值可能大于1、等于1或小于1。

8. [答案] B

   [解析] 通过本题掌握投资与利率之间的关系。投资是利率的减函数。实际利率越高，投资成本越高，投资就会减少。自有资金投资也有成本，即丧失的利息收入，也称投资的机会成本，利率越高，丧失的利息收入就越多，机会成本越高，自有资金投资量越少。

9. [答案] A

   [解析] 通过本题掌握各种消费理论的观点，包括弗里德曼的持久收入理论、莫迪利安尼的生命周期理论、凯恩斯的消费理论。弗里德曼的消费理论认为消费是持久收入的稳定函数。

10. [答案] D

    [解析] 投资乘数 $k = \dfrac{1}{1-\text{边际消费倾向}\beta}$ ＝1/（1－0.75）＝4。

11. [答案] C

    [解析] 通过本题掌握财富效应、利率效应、汇率效应的含义。本题可通过"财富"二字直接选择。

二、多项选择题

1. [答案] ACD

   [解析] 国内生产总值的计算方法有三种：收入法、生产法和支出法。

2. [答案] ACDE

   [解析] 在我国的统计实践中，收入法计算的国内生产总值分为四项：①劳动者报酬：劳动者因从事生产活动所获得的全部报酬。②生产税净额：生产税减生产补贴后的余额。③固定资产折旧：反映固定资产在当期生产中的转移价值。④营业盈余：相当于企业的营业利润加上生产补贴。

3. [答案] ABE

   [解析] 通过本题掌握国内生产总值的含义、形态及与国民总收入的关系。国民总收入＝国内生产总值＋来自国外的净要素收入。国民总收入是一个收入概念，而国内生产总值是一个生产概念，C项错误。国内生产总值具有三种形态，价值形态、收入形态和产品形态，D项错误。

4. [答案] ABCD

   [解析] 通过本题掌握投资—储蓄恒等式。四部门经济中，$I = S + (T - G) + (M - X)$，E项错误。

5. [答案] ABD

   [解析] 长期总供给与价格总水平无关，只取决于劳动、资本与技术以及经济体制等因素。货币供给量是影响总需求的因素。

✏️ 错题收集

第八章　经济增长和经济发展理论

本章考情分析

年份	单项选择题	多项选择题	合计
2017 年	1 题 1 分	—	1 分
2016 年	2 题 2 分	1 题 2 分	4 分
2015 年	2 题 2 分	1 题 2 分	4 分
2014 年	1 题 1 分	1 题 2 分	3 分
2013 年	1 题 1 分	—	1 分
2012 年	1 题 1 分	—	1 分

本章考点概览

本章主要考点
1. 经济增长的含义及经济增长因素的分解
2. 经济周期的类型及特征
3. 分析和预测经济波动的指标体系
4. 经济发展
5. 新常态
6. 十三五期间经济社会发展的主要目标和基本理念
7. 供给侧结构性改革
8. 建设现代化经济体系的主要内容

经济增长和经济发展理论
- 经济增长
- 经济周期和经济波动
- 经济发展

本章考点详解

【考点一】经济增长的含义及经济增长因素的分解

经济增长的含义及经济增长因素的分解如表 8-1 所示。

表 8-1　经济增长的含义及经济增长因素的分解

项目	具体内容
经济增长的含义	是指一个国家或地区在一定时期内的总产出与前期相比所实现的增长。对一国经济增长速度的度量，通常用经济增长率表示

续表

项目	具体内容
经济增长的含义	【提示1】计算GDP时可以用现价计算，也可以用不变价格计算。用现行价格计算的GDP可以反映一个国家或地区的经济发展规模；用不变价格计算的GDP可以用来计算经济增长速度 【提示2】经济增长率是一个国家总体经济实力增长速度的标志，但并不能全面反映一个国家或地区的经济发展的实际状况 【提示3】经济增长是经济发展的基础，但经济增长并不等同于经济发展
决定经济增长的基本因素	①劳动的投入数量；②资本的投入数量；③劳动生产率；④资本的效率
经济增长因素分解	（1）两因素分解：把经济增长看作劳动或资本与其生产率的作用的结果 （2）三因素分解：把经济增长按劳动投入、资本投入和全要素生产率进行分解 经济增长率＝技术进步率＋（劳动份额×劳动增加率）＋（资本份额×资本增长率） 【提示】技术进步率即为"索罗余值""全要素生产率（简称TFP）"，即将劳动、资本等要素投入数量等因素对经济增长率的贡献扣除之后，技术进步因素对经济增长的贡献份额

经典例题

[2012年真题·单选题] 假设某个国家从2007年至2011年，GDP年均增长8%，资本存量年均增长5%，劳动力年均增长2%，如果资本在GDP增长中的份额为60%，劳动力为40%，这一时期全要素生产率增长了（　　）。

A. 3.0%　　　　　　　　　　B. 4.2%
C. 4.0%　　　　　　　　　　D. 7.0%

[答案] B

[解析] 经济增长率＝技术进步率＋（劳动份额×劳动增加率）＋（资本产出份额×资本增长率）。即8%＝技术进步率＋（40%×2%）＋（60%×5%），解得技术进步率（全要素生产率）＝4.2%。

【考点二】经济周期的类型及特征

一、经济周期的类型

经济周期的类型的具体内容如表8-2所示。

表8-2　经济周期的类型

分类标准	具体类别	
按照周期波动的时间长短	（1）长周期（长波循环）：周期长度平均为50～60年 （2）中周期（大循环）：周期长度平均约为8年，对经济运行影响较大且较为明显 （3）短周期（小循环）：周期长度平均为3～5年	
按照经济总量绝对下降或相对下降的不同情况	古典型周期	经济运行处在低谷时的经济增长为负增长，经济总量GDP绝对减少
	增长型周期	如果处在低谷时的经济增长率为正值，即经济总量只是相对减少而非绝对减少，我国经济周期属于增长型经济周期

【考点小贴士】古典型周期和增长型周期的含义是考试中侧重考核的知识点。记忆方法是古典型周期——经济运行低谷时，经济增长率为负，提炼关键词"古负"，谐音"辜负"。

二、经济周期的阶段划分和阶段特征

经济周期的阶段划分和阶段特征的具体内容如表8-3所示。

表 8-3 经济周期的阶段划分和阶段特征

经济周期阶段	阶段特征
扩张阶段（复苏和繁荣）	经济增长速度持续提高，投资持续增长，产量不断扩大，市场需求旺盛，就业机会增多，企业利润、居民收入和消费水平都有不同程度的提高，也常常伴随通货膨胀
紧缩或衰退阶段	经济增长速度持续下滑，投资活动萎缩，生产发展缓慢，甚至出现停滞或下降，产品滞销，就业机会减少，失业率提高，企业利润水平下降，亏损、破产企业的数量增多，居民收入和消费水平呈不同程度下降趋势

经典例题

[2014年真题·单选题] 一国经济运行处于低谷，经济增长率保持正值但增长幅度比过去有所下降的经济周期称为（　　）。
A. 增长型周期　　　　　　　　B. 古典型周期
C. 大循环　　　　　　　　　　D. 长波循环
[答案] A
[解析] 增长型经济周期——经济运行低谷时，经济增长率为正；古典型经济周期——经济运行低谷时，经济增长率为负。

[例题·多选题] 在经济周期的衰退或萧条阶段可能出现（　　）。
A. 通货膨胀　　　　　　　　　B. 失业率高
C. 投资活动萎缩　　　　　　　D. 生产发展缓慢
E. 消费水平下降
[答案] BCDE
[解析] 在经济周期的扩张阶段常常伴随通货膨胀，A 项错误。

【考点三】分析和预测经济波动的指标体系

扫码听课

分析和预测经济波动的指标体系如表 8-4 所示。

表 8-4 分析和预测经济波动的指标体系

指标类型	含义	举例
一致指标	也称为同步指标，指标的峰谷出现的时间与总体经济运行的峰谷出现的时间一致，可以综合描述总体经济所处状态	工业总产值、固定资产投资额和社会消费品零售总额
先行指标	也称领先指标，这些指标可以预测总体经济运行的轨迹	制造业订货单、股票价格指数和广义货币 M_2
滞后指标	对总体经济运行中已经出现的峰谷的确认	库存、居民消费价格指数

经典例题

[2016年真题·单选题] 下列分析和预测经济波动的指标中，属于先行指标的是（　　）。
A. 固定资产投资额　　　　　　B. 库存
C. 居民消费价格指数　　　　　D. 制造业订货单
[答案] D
[解析] 先行指标包括制造业订货单、股票价格指数、广义货币 M_2。

【考点四】经济发展

经济发展的具体内容如表 8-5 所示。

表 8-5　经济发展

项目	具体内容
含义	是指发展中国家或地区人民生活水平的持续提高，并伴随着物质资本和人力资本的增加以及技术的进步。经济发展不仅包括经济增长，而且还包括经济结构和社会结构的变化
核心	人民生活水平的持续提高
基本内容	以人为本
重要内容	即可持续发展，就是"既满足当代人的需要，又不对后代人满足其需要的能力构成危害的发展"
经济发展方式的转变	把经济发展方式转变到科学发展的轨道上，促进"三个转变"： (1) 促进经济增长主要依靠投资、出口拉动向依靠消费、投资、出口协调拉动转变 (2) 促进经济增长由主要依靠第二产业带动向依靠第一、第二、第三产业协同带动转变 (3) 促进经济增长由主要依靠增加物质资源消耗和能源消耗向主要依靠科技进步、劳动者素质提高、管理创新转变
科学发展观的含义	(1) 坚持以人为本，全面、协调、可持续的发展观 (2) 科学发展观第一要义是发展，核心是以人为本，基本要求是全面协调可持续，根本方法是统筹兼顾

经典例题

[例题·单选题] 下列关于经济发展的表述，错误的是（　　）。
A. 经济发展的核心是经济快速增长　　B. 以人为本是经济发展的基本内容
C. 可持续发展是经济发展的重要内容　　D. 经济发展的核心是人民生活水平的持续提高
[答案] A
[解析] 经济发展的核心是人民生活水平的持续提高，A项错误。

【考点五】新常态

2014年12月召开的中央经济工作会对经济发展新常态做出系统性阐述，提出要认识新常态、适应新常态、引领新常态。

一、新常态的含义

经济发展进入新常态，是指我国经济正从高速增长转向中高速增长，经济发展方式正从规模速度型粗放增长转向质量效率型集约增长，经济结构正从增量扩能为主转向调整存量、做优增量并存的深度调整，经济发展动力正从传统增长点转向新的增长点。

二、新常态的特征

(1) 中高速——经济从高速增长转向中高速增长。
(2) 经济发展方式正从规模速度型粗放增长转向质量效率型集约增长。
(3) 新动力——由要素驱动转向创新驱动。

经典例题

[例题·多选题] 关于中国经济新常态的表述，正确的有（　　）。
A. 经济从高速增长转向中高速增长
B. 经济发展方式正从规模速度型粗放增长转向质量效率型集约增长
C. 经济结构正从增量扩能为主转向调整结构，做优增量并存的深度调整

D. 经济发展动力从要素驱动转向创新驱动
E. 模仿型排浪式消费渐成主流

[答案] ABCD

[解析] 通过本题掌握中国经济发展新常态的含义及特征。新常态下，模仿型排浪式消费阶段基本结束，个性化、多样化消费渐成主流，E 项错误。

【考点六】十三五期间经济社会发展的主要目标和基本理念

2015 年 10 月，党的十八届五中全会通过的《中共中央关于制定国民经济和社会发展第十三个五年规划的建议》明确提出"十三五"时期经济社会发展的主要目标和基本理念。

一、十三五经济社会发展的主要目标

（1）经济保持中高速增长。
（2）人民生活水平和质量普遍提高。
（3）国民素质和社会文明程度显著提高。
（4）生态环境质量总体改善。
（5）各方面制度更加成熟更加定型。

二、十三五经济社会发展的基本理念

经济社会发展的基本理念如表 8-6 所示。

表 8-6　经济社会发展的基本理念

理念	具体内容
创新	是引领发展的第一动力，包括理论创新、制度创新、科技创新、文化创新等各方面创新
协调	是持续健康发展的内在要求
绿色	是永续发展的必要条件和人民对美好生活追求的重要体现
开放	是国家繁荣发展的必由之路
共享	是中国社会主义的本质要求

经典例题

[例题·单选题] 下列关于"十三五"时期经济社会发展的基本理念表述，错误的是（　　）。
A. 绿色是永续发展的必要条件和人民对美好生活追求的重要体现
B. 创新是引领发展的第一动力
C. 协调是持续健康发展的内在要求
D. 开放是中国社会主义的本质要求

[答案] D

[解析] 共享是中国社会主义的本质要求；开放是国家繁荣发展的必由之路。

【考点七】供给侧结构性改革

2015 年 11 月，习近平总书记首次提出"供给侧结构性改革"的概念。

一、供给侧结构性改革的含义

供给侧结构性改革在适度扩大总需求的同时，着力加强供给侧结构性改革，着重提高供给体系质量和效率，增强经济持续增长动力。供给侧结构性改革是党中央提出的适应和引领经济发展新常态的重大创新和重大举措。

二、供给侧结构性改革提出的原因

我国部分产业扩展过快,导致严重供过于求。如钢铁、煤炭等工业生产能力严重过剩;局部性的住房供给增长过快,库存显著过大。因此,在继续实施灵活有效的需求管理的同时,必须加强供给侧结构性改革,为经济持续健康发展创造坚实的基础和良好的环境和条件。

三、供给侧结构性改革的主要任务("三去一降一补")

供给侧结构性改革的主要任务如表8-7所示。

表8-7 供给侧结构性改革的主要任务

主要任务	具体含义
去产能	积极稳妥化解产能过剩
去库存	化解房地产库存
去杠杆	防范化解金融风险,包括依法处置信用违约、有效化解地方政府债务风险、做好金融监管等措施
降成本	帮助企业降低成本,包括降低制度性交易成本、降低企业税费负担、降低社会保险费、降低企业财务成本、降低电力价格以及降低物流成本等措施
补短板	培育发展新产业,加快技术、产品、业态等创新以及抓好农业生产,保障农产品有效供给措施,补齐短板

经典例题

[例题·多选题] 供给侧结构性改革的主要任务包括(   )。
A. 积极稳妥化解产能过剩
B. 帮助企业降低成本
C. 化解农产品库存
D. 扩大有效供给,加快技术、产品、业态等创新,继续抓好农业生产,补齐短板
E. 防范化解金融风险,包括依法处置信用违约、有效化解地方政府债务风险,做好金融监管等措施
[答案] ABDE
[解题思路] 去库存是化解房地产库存,包括通过加快农民工市民化,扩大有效需求,打通供需通道、消化库存,稳定房地产市场,鼓励房地产开发企业适当降低商品住房价格,取消过时的限制性措施等,C项错误。

【考点八】建设现代化经济体系的主要内容

党的十九大报告指出,我国经济已由高速增长阶段转向高质量发展阶段。报告站在新时代中国特色社会主义的历史方位,着眼于社会主要矛盾的转化,提出建设现代化经济体系的目标和任务。

现代化经济体系以供给侧结构性改革为主线,通过发展实体经济、建设创新型国家、农业农村改革、要素市场改革、"放管服"改革、财政金融体制改革、国资国企改革等措施,对我国经济改革、开放与发展做出了全面的战略部署。其具体内容如表8-8所示。

表8-8 建设现代化经济体系的六大内容

建设现代化经济体系的六大内容	具体阐述
深化供给侧结构性改革,大力发展实体经济	(1) 党的十九大报告指出,建设现代化经济体系,必须把发展经济的重点放在实体经济上,把提高供给体系质量作为主攻方向,显著增强我国经济质量优势 (2) 在今后一个时期,要积极弥补实体经济中的"短板",着力解决实体经济结构性供需失衡、金融和实体经济失衡、房地产和实体经济失衡三方面问题

续表

建设现代化经济体系的六大内容	具体阐述
提升创新的地位，使其成为引领经济发展的第一动力	（1）与劳动、资本、土地等生产要素数量的增加相比，实现我国经济的持续发展更重要的是提高全要素生产率。这是创新引领经济作用的直接体现 （2）推动创新成为引领经济发展的第一动力，政府的任务包括：①加大对科技研究的投资和支持力度，加强基础研究和原始创新，最大化其"外溢效应"；②通过财税、投资、价格等政策来扶持创新产业，促进技术进步和成果转化；③通过放宽政策和高效监管来推动商业模式创新；④持续增加教育和科技事业投入
乡村振兴，推进农业农村现代化	（1）农业农村农民问题是关系国计民生的根本性问题，必须始终把解决好"三农"问题作为全党工作重中之重 （2）改革成为下一阶段乡村振兴的动力所在 （3）十九大报告提出，第二轮土地承包到期后再延长30年
区域协调发展，优化我国经济空间布局	（1）从政策层面来说，要用好党中央、国务院赋予西部地区差别化政策，发挥东部沿海地区在全国经济转型发展中的引领和辐射带动作用 （2）从资源禀赋层面来说，要充分发挥中西部和东北地区的劳动力、土地、能源等生产要素的比较优势，增强市场经济意识，做好对重点地区的产业承接
完善社会主义市场经济体制，发挥市场的决定性作用	经济体制改革必须以完善产权制度和要素市场化配置为重点： （1）产权制度是社会主义市场经济的基石，现代产权制度要求归属清晰、权责明确、保护严格、流转顺畅。完善产权制度以及依法保护产权仍是我国改革的重点 （2）我国生产要素尚未完全实现市场化配置，行政垄断、要素准入限制、要素价格扭曲等问题在部分行业中不同程度存在，如石油、天然气、电力、铁路、医疗等。供给侧结构性改革旨在实现对重要生产要素的市场化配置，以提高供给体系质量
引进来和走出去并重，形成全面开放新格局	（1）拓展对外贸易，培养贸易新业态新模式 （2）以"一带一路"建设为重点和契机，加强与"一带一路"沿线国家的投资合作和经贸往来

经典例题

[例题·单选题] 现代化经济体系以（　　）为主线。
A. 完善产权制度　　　　　　　　B. 供给侧结构性改革
C. 要素市场化配置　　　　　　　D. 发展实体经济
[答案] B
[解析] 现代化经济体系以供给侧结构性改革为主线，通过发展实体经济、建设创新型国家、农业农村改革、要素市场改革、"放管服"改革、财政金融体制改革、国资国企改革等措施，对我国经济改革、开放与发展做出了全面的战略部署。

[例题·多选题] 十九大报告指出，建设现代化经济体系的内容有（　　）。
A. 深化供给侧结构性改革　　　　B. 大力发展虚拟经济
C. 乡村振兴，推进农业农村现代化　D. 提升创新地位，使其成为引领经济发展的第一动力
E. 完善社会主义市场经济体制
[答案] ACDE
[解析] 党的十九大报告指出，建设现代化经济体系，必须把发展经济的重点放在实体经济上，而不是"虚拟经济"，因此B项错误。

本章易错易混考点

【易错易混考点】 分析预测经济波动的指标体系（如表8-9所示）

表8-9 分析预测经济波动的指标体系

指标类型	示例
一致指标	工业总产值、固定资产投资额和社会消费品零售总额
先行指标	制造业订货单、股票价格指数和广义货币M_2
滞后指标	库存、居民消费价格指数

[例题·多选题] 分析预测经济波动的指标体系中，属于一致指标的有（　　）。

A. 库存
B. 居民消费价格指数
C. 制造业订货单
D. 工业总产值
E. 社会消费品零售总额

[答案] DE

[解题思路] 考核三类指标的区分。对于表8-8列举的一致指标中的三个例子中有两个都带"总"字，可以通过"总是一致的"这句话来记忆，即在上述列举的指标中带"总"字的属于一致指标。

历年经典真题回顾

一、**单项选择题**（每题1分，每题备选项中，只有1个最符合题意）

1. 下列分析和预测经济运行及其波动的统计指标中，属于一致性指标的是（　　）。[2017年真题]

   A. 社会消费品零售总额
   B. 制造业订单货
   C. 房地产价格指数
   D. 广义货币供应量

   [答案] A

   [解析] 一致指标包括工业总产值、固定资产投资额和社会消费品零售总额。

2. 下列分析和预测经济波动的指标中，属于先行指标的是（　　）。[2016年真题]

   A. 固定资产投资额
   B. 库存
   C. 居民消费价格指数
   D. 制造业订货单

   [答案] D

   [解析] 先行指标包括制造业订货单、股票价格指数和广义货币M_2。

3. 关于可持续发展的说法，正确的是（　　）。[2016年真题]

   A. 既满足当代人的需要，又不对后代人满足其需要的能力构成危害
   B. 在一个时期内保持经济高速增长
   C. 保持经济稳定性增长
   D. 重视科技进步

   [答案] A

   [解析] 可持续发展是经济发展的重要内容。可持续发展就是"既满足当代人的需要，又不对后代人满足其需要的能力构成危害"的发展。

4. 经济发展的核心是（　　）。[2015年真题]

   A. 经济快速增长
   B. 第三产业比重逐渐提高
   C. 人民生活水平的持续提高
   D. 农村人口向城市转移

   [答案] C

   [解析] 经济发展的核心是人民生活水平的持续提高。

5. 如果一个经济体在经济运行处于低谷时的经济增长为负增长,即经济总量GDP绝对减少,具有这种特征的经济周期称为( )。[2015年真题]

   A. 中周期 B. 古典型周期

   C. 长波循环周期 D. 增长型周期

   [答案] B

   [解析] 古典型周期是指经济运行处在低谷时的经济增长为负增长。

6. 在分析和预测经济波动的指标体系中,制造业订货单指数属于( )。[2013年真题]

   A. 滞后指标 B. 一致指标

   C. 先行指标 D. 同步指标

   [答案] C

   [解析] 本题依据"订货"二字即可选择"先行指标"。

7. 假设某国在2001—2004年期间,GDP增长6%,资本存量增长5%,劳动力增长1%。如果资本在GDP增长中所占的份额为40%,劳动力所占的份额为60%,那么该国这一时期全要素生产率增长了( )。[2011年真题]

   A. 3.4% B. 1.4%

   C. 2.6% D. 4.2%

   [答案] A

   [解析] 全要素生产率=经济增长率-(资本份额×资本增长率)-(劳动份额×劳动增加率)=6%-40%×5%-60×1%=3.4%。

二、多项选择题(每题2分,每题备选项中,有2个或2个以上符合题意,至少有1个错项。错选,本题不得分;少选,所选的每个选项得0.5分)

1. 在当前和今后一个时期,推进供给侧结构性政策的主要任务有( )。[2016年真题]

   A. 降成本 B. 去产能

   C. 去库存 D. 加杠杆

   E. 补短板

   [答案] ABCE

   [解析] 供给侧结构性改革的主要任务是三去(去产能、去库存、去杠杆)、一降(降成本)、一补(补短板)。

2. 关于中国经济发展新常态的说法,正确的有( )。[2015年真题]

   A. 经济增长从高速增长转向中高速增长

   B. 经济发展方式从规模速度型粗放增长转向质量效率型集约增长

   C. 经济发展动力从要素投资驱动转向创新驱动

   D. 货币政策从宽松转向紧缩

   E. 财政政策从积极转向稳健

   [答案] ABC

   [解析] 通过本题掌握新常态的特征。新常态的三大特征包括:①中高速——经济从高速增长转向中高速增长;②经济发展方式正从规模速度型粗放增长转向质量效率型集约增长;③新动力——由要素驱动转向创新驱动。

3. 我国当前加快转变经济发展方式的主要内容有( )。[2014年真题]

   A. 促进经济增长由主要依靠进口能源转向主要依靠国内能源供应

   B. 促进经济增长由主要依靠投资、出口拉动转向依靠消费、投资、出口

C. 促进经济增长由主要依靠扩大出口转向主要依靠刺激房地产业

D. 促进经济增长由主要依靠第二产业带动转向依靠第一、第二、第三产业带动

E. 促进经济增长由主要依靠增加物质资源消耗和能源消耗转向主要依靠技术进步、劳动者素质提高、管理创新

［答案］BDE

［解析］本题考查经济发展方式的转变。促进"三个转变"即本题的B、D、E三项。

本章同步练习

一、**单项选择题**（每题1分，每题备选项中，只有1个最符合题意）

1. 如果一国在一定时期内年均经济增长率为8%，劳动增长率为2%，资本增长率为4%，劳动所占份额和资本所占份额分别为0.75和0.25，根据索罗的余值法，在8%的经济增长率中，技术进步的贡献约为（   ）。
   A. 2.0%　　　　　　　　　　　　B. 2.5%
   C. 5.5%　　　　　　　　　　　　D. 1.0%

2. 当使用国内生产总值用来计算经济增长速度时，国内生产总值的计算应采用（   ）。
   A. 不变价格　　　　　　　　　　B. 现行价格
   C. 平均价格　　　　　　　　　　D. 预期价格

3. 决定经济增长的基本因素不包括（   ）。
   A. 全要素投入数量　　　　　　　B. 结构优化
   C. 劳动生产率　　　　　　　　　D. 资本的利用效率

4. 将劳动、资本等要素投入数量等因素对经济增长率的贡献扣除之后，反映技术进步因素对经济增长的贡献份额，称为（   ）。
   A. 全要素生产率　　　　　　　　B. 劳动增长率
   C. 经济增长率　　　　　　　　　D. 资本增长率

5. 按照周期波动时间的长短，经济周期分为长周期、中周期和短周期，在现实生活中，对经济运行影响较大且较为明显的是（   ）。
   A. 长周期　　　　　　　　　　　B. 短周期
   C. 中周期　　　　　　　　　　　D. 大循环

6. 按照经济总量绝对下降或是相对下降，我国的经济周期属于（   ）。
   A. 古典型周期　　　　　　　　　B. 增长型周期
   C. 长周期　　　　　　　　　　　D. 中周期

7. 社会消费品零售总额属于（   ）。
   A. 一致指标　　　　　　　　　　B. 同步指标
   C. 先行指标　　　　　　　　　　D. 滞后指标

8. 我国经济发展进入新常态是指我国经济正从（   ）。
   A. 高速增长转向低速增长
   B. 低速增长转向中高速增长
   C. 高速增长转向中高速增长
   D. 中高速增长转向高速增长

9. 在"十三五"经济发展的基本理念中，引领发展的第一动力是（   ）。
   A. 创新　　　　B. 协调　　　　C. 科技　　　　D. 绿色

10. 科学发展观的基本内容是（　　）。
    A. 强调科学技术的作用
    B. 保持经济增长速度的稳定
    C. 侧重科学技术的发展战略
    D. 实现国民经济全面、协调、可持续发展
11. 十九大报告指出，与生产要素数量的增加相比，实现我国经济的持续发展更重要的是提高（　　），这是创新引领经济作用的直接体现，是经济发展进入更高水平的现实要求。
    A. 劳动投入量 B. 资本投入量
    C. 人民生活水平 D. 全要素生产率

二、多项选择题（每题2分，每题备选项中，有2个或2个以上符合题意，至少有1个错项。错选，本题不得分；少选，所选的每个选项得0.5分）

1. "十三五"时期经济社会发展的基本理念包括（　　）。
    A. 创新 B. 协调
    C. 和平 D. 开放
    E. 绿色
2. 供给侧结构性改革的主要任务包括（　　）。
    A. 积极稳妥化解产能过剩
    B. 帮助企业降低成本
    C. 化解房地产库存
    D. 扩大有效供给，加快技术、产品、业态等创新，继续抓好农业生产，补齐短板
    E. 增加地方政府债务规模
3. 分析和预测经济波动的指标有很多，其中先行指标是指可以预测总体经济运行轨迹的指标，以下项目属于先行指标的有（　　）。
    A. 库存 B. 制造业订货单
    C. 股票价格指数 D. 广义货币 M_2
    E. 社会消费品零售总额
4. 在经济周期的复苏和繁荣阶段可能出现（　　）。
    A. 通货膨胀 B. 就业机会增多
    C. 投资持续增长 D. 生产发展缓慢
    E. 企业利润、居民收入和消费水平都有不同程度的提高
5. "十三五"时期经济社会发展的主要目标包括（　　）。
    A. 经济保持高速增长
    B. 人民生活水平和质量普遍提高
    C. 国民素质和社会文明程度显著提高
    D. 生态环境质量总体改善
    E. 各方面制度更加成熟更加定型
6. 现代化经济体系以供给侧结构性改革为主线，通过（　　）等措施，对我国经济改革、开放与发展做出了全面的战略部署。
    A. 发展实体经济 B. 建设创新型国家
    C. 农业农村改革 D. 产品市场改革
    E. 要素市场改革

本章同步练习参考答案及解析

一、单项选择题

1. [答案] C
   [解析] 技术进步率＝经济增长率－（劳动份额×劳动增加率）－（资本份额×资本增长率）＝8％－0.75×2％－0.25×4％＝5.5％。

2. [答案] A
   [解析] 用现行价格计算的 GDP，可以反映一个国家或地区的经济发展规模。用不变价格计算的 GDP 可以用来计算经济增长速度。

3. [答案] B
   [解析] 决定经济增长的基本因素主要有：劳动的投入数量和劳动生产率、资本投入数量和资本效率。

4. [答案] A
   [解析] 全要素生产率，即将劳动、资本等要素投入数量等因素对经济增长率的贡献扣除之后，技术进步因素对经济增长的贡献份额。其也称为索罗余值或技术进步增长率。

5. [答案] C
   [解析] 中周期通常为 8 年，中周期对经济运行影响较大且较为明显。

6. [答案] B
   [解析] 我国经济周期为增长型周期，经济运行低谷时经济增长率为正值。

7. [答案] A
   [解析] 一致指标包括工业总产值、固定资产投资总额、社会消费品零售总额。

8. [答案] C
   [解析] 经济发展进入新常态，是指我国经济正从高速增长转向中高速增长，经济发展方式正从规模速度型粗放增长转向质量效率型集约增长，经济结构正从增量扩能为主转向调整存量、做优增量并存的深度调整，经济发展动力正从传统增长点转向新的增长点。

9. [答案] A
   [解析] 创新是引领发展的第一动力，包括理论创新、制度创新、科技创新、文化创新等各方面创新。

10. [答案] D
    [解析] 科学发展观就是坚持以人为本，全面、协调、可持续的发展观。其第一要义是发展，核心是以人为本，基本要求是全面协调可持续，根本方法是统筹兼顾。

11. [答案] D
    [解析] 本题判断的关键是理解"与生产要素数量的增加相比"，劳动、资本均属于生产要素，所以根据题意可排除 A 项和 B 项。另外，决定经济增长的因素有生产要素的投入和全要素生产率，题目又强调"创新"，综合分析，本题应选择 D 项。十九大报告指出，与生产要素数量的增加相比，实现我国经济的持续发展更重要的是提高全要素生产率，这是创新引领经济作用的直接体现，是经济发展进入更高水平的现实要求。

二、多项选择题

1. [答案] ABDE
   [解析] "十三五"时期经济社会发展的基本理念为绿色、创新、协调、共享、开放。

2. [答案] ABCD
   [解析] 2015 年 11 月，习近平总书记首次提出"供给侧结构性改革"的理念。供给侧结构性改革在适度扩大总需求的同时，着力加强供给侧结构性改革，着重提高供给体系质量和效率，增强经济持续增长动力。其主要任务（三去一降一补），即去产能、去库存、去杠杆、降成本和补短板。

3. [答案] BCD
   [解析] A 项属于滞后指标；E 项属于一致指标。

4. [答案] ABCE
   [解析] 通过本题掌握经济周期的扩张阶段和收缩阶段的特征。扩张阶段的一般特征是经济增长速度持续提高，投资持续增长，

产量不断扩大，市场需求旺盛，就业机会增多，企业利润、居民收入和消费水平都有不同程度的提高，也常常伴随通货膨胀。

5. ［答案］BCDE

［解析］"十三五"时期经济发展的主要目标之一是经济保持"中高速"增长，A项错误。

6. ［答案］ABCE

［解析］D项错误，因为我国目前产品和服务市场已基本实现充分竞争，但生产要素市场尚未完全实现市场化配置，所以十九大报告指出，经济体制改革必须以完善产权制度和要素市场化配置为重点。

✏️ 错题收集

第九章 价格总水平和就业、失业

本章考情分析

年份	单项选择题	多项选择题	合计
2017 年	1 题 1 分	1 题 2 分	3 分
2016 年	1 题 1 分	1 题 2 分	3 分
2015 年	1 题 1 分	1 题 2 分	3 分
2014 年	1 题 1 分	—	1 分
2013 年	—	1 题 2 分	2 分
2012 年	—	1 题 2 分	2 分

本章考点概览

价格总水平和就业、失业
- 价格总水平
- 就业和失业
- 失业和经济增长及价格总水平的相互关系

本章主要考点：
1. 价格总水平的含义、度量及其变动决定因素
2. 价格总水平变动的经济效应
3. 就业和失业的含义、统计指标及失业的类型
4. 奥肯定律、就业弹性及菲利普斯曲线

本章考点详解

【考点一】价格总水平的含义、度量及其变动决定因素

一、价格总水平的含义及度量

价格总水平的含义及度量如表 9-1 所示。

表 9-1 价格总水平的含义及度量

项目	内容
含义	是指一个国家或地区在一定时期内全社会各类商品和服务价格变动状态的平均或综合，一般用价格指数来度量
度量	世界各国度量价格总水平的方法有编制各种价格指数和计算国内生产总值缩减指数两种。我国目前是采用居民消费价格指数（CPI）作为衡量价格总水平变动的基本指标

二、决定价格总水平变动的因素

决定价格总水平变动的因素包括货币供给量、货币流通速度、总产出、总需求和总供给。其具体内容如表 9-2 所示。

表 9-2 决定价格总水平变动的因素

因素	影响	具体分析
货币供给量 (M)	其他因素不变的条件下,货币供给量增长,价格总水平一般会趋于上升	费雪方程式:$MV=PT$,即 $P=MV/T$ 以变动率表示的公式 $\pi=m+v-y$
货币流通速度 (V)	在其他因素不变的条件下,货币流通速度加快,就会促使价格总水平上涨	π:价格总水平变动率或通货膨胀率 m:货币供给量的变动率
总产出 (T)	在其他因素不变的条件下,总产出增长,价格总水平一般会趋于下降	v:货币流通速度变动率 y:GDP 的变动率
总需求	总需求与价格总水平呈反向变动	(1) 从长期看,决定价格总水平的是总需求
总供给	(1) 从短期看,总供给与价格总水平成同方向变动 (2) 从长期看,总供给变动与价格总水平无关	(2) 从短期看,价格总水平是由总需求和总供给共同决定的。如果总需求增长快于总供给的增长,价格总水平就有可能上升;反之,如果总需求增长慢于总供给的增长,价格总水平就有可能下降

经典例题

[例题·多选题] 关于价格总水平的下列说法,错误的有(   )。
A. 从长期来看,总供给变动与价格总水平成同方向变动
B. 其他因素不变,总产出增长,价格总水平一般会上升
C. 其他因素不变,价格总水平的变动与货币供给量成反方向变动
D. 如果总需求增长慢于总供给的增长,价格总水平就有可能上升
E. 其他因素不变,货币流通速度加快,就会促使价格总水平上升

[答案] ABCD

[解析] 价格总水平与货币供给量、货币流通速度呈正方向变动,而与总产出成反方向变动,B、C 两项错误,E 项正确。从长期来看,总供给变动与价格总水平无关,A 项错误。如果总需求增长慢于总供给的增长,价格总水平就有可能下降,D 项错误。

【考点二】价格总水平变动的经济效应

价格总水平变动的经济效应的具体内容如图 9-1 所示。

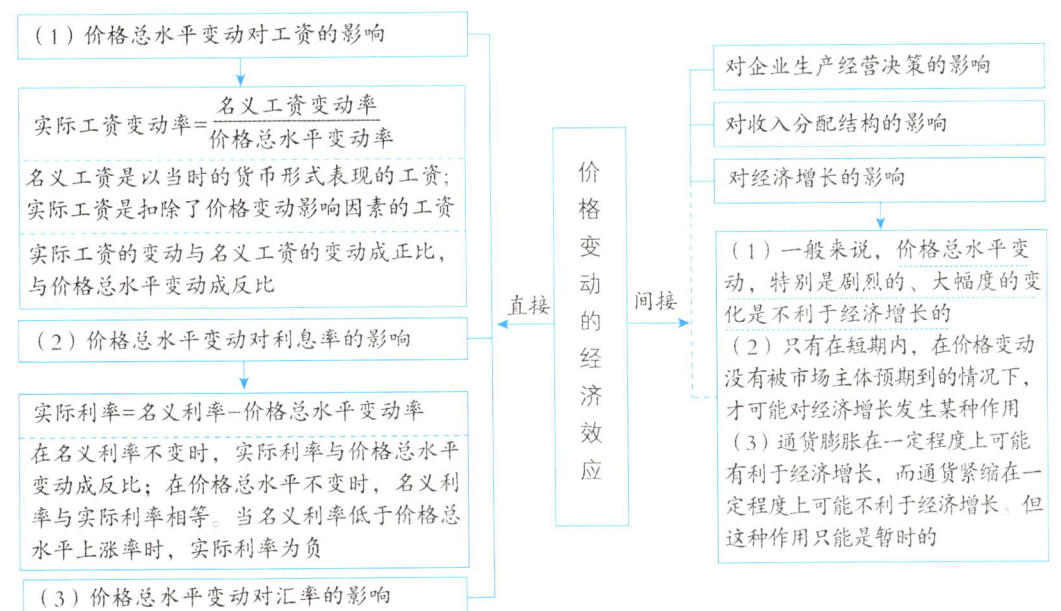

图 9-1 价格总水平变动的经济效应

> **经典例题**
>
> [例题·单选题] 在价格总水平上涨过程中，如果名义工资不提高或提高幅度低于价格上升幅度，实际工资就会（　　）。
> A. 下降　　　　　　B. 不变　　　　　　C. 增加　　　　　　D. 有时增加有时减少
> [答案] A
> [解析] 实际工资的变动与名义工资的变动成正比，与价格总水平变动成反比。如果名义工资不提高或提高幅度低于价格上升幅度，则实际工资会下降。

【考点三】就业和失业的含义、统计指标及失业的类型

一、就业的含义

就业是一定年龄段内的人们所从事的为获取报酬或经营收入所进行的活动。

二、失业的含义

失业是指有劳动能力并愿意就业但在目前没有从事有报酬或收入的工作的现象。按照国际劳工组织的统计标准，凡是在规定年龄内在一定期间内（如一周或一天）属于下列情况的均属于失业人口：①没有工作；②当前可以工作（就是当前如果有就业机会，就可以工作）；③正在寻找工作。

三、失业水平的统计

（1）发达国家失业率＝（失业总人数/民用劳动力总人数）×100%。

（2）我国统计部门计算和公布的就业和失业水平方面的指标主要是城镇登记失业率。

我国目前统计的失业率和西方发达国家的失业率的含义和计算是具有明显差别的，在进行国际对比时一定要注意其不可比性。我国只计算城镇地区的失业率，而没有计算全国城乡统一的失业率；在计算城镇失业率时，主要是以是否具有城镇户口为标准，因此并不是真正的城镇地区的实际失业情况。2018年我国首次正式公布城镇调查失业率。

四、自然失业率

从一个较长期的变动趋势来看，在某一个国家或地区，总存在一个正常的失业率。这就是自然失业率，是指劳动力市场供求处于均衡状态，价格总水平处于稳定状态的失业率。经济学家弗里德曼把它定义为经济处于充分就业状态时的失业率，而斯蒂格里茨把它定义为通货膨胀率为零时的失业率。由于自然失业率和是否存在通货膨胀有关，因此现在一般把它称为"非加速通货膨胀率"，这是宏观经济分析的一个重要概念。

五、失业的类型

失业的类型如表9-3所示。

表9-3　失业的类型

类型		含义
自愿失业		指劳动者不愿意接受现行的工资水平而宁愿不工作的一种状态
	摩擦性失业	指因为劳动者找到最适合自己的偏好和技能的工作需要一定的时间而引起的失业
	结构性失业	指由于产业结构调整所造成的失业
需求不足型失业 （非自愿失业、周期性失业）		指劳动者在现行工资水平下找不到工作的状况，或是指总需求相对不足减少劳动力派生需求所导致的失业。这种失业是与经济周期相联系的，是宏观经济研究关注的重点

经典例题

[2012年真题·多选题] 按照古典经济学观点，自愿失业的类型主要包括（   ）。

A. 摩擦性失业 B. 周期性失业
C. 二元经济结构失业 D. 结构性失业
E. 体制性失业

[答案] AD

[解析] 自愿失业包括摩擦性失业和结构性失业。

【考点四】奥肯定律、就业弹性及菲利普斯曲线

奥肯定律、就业弹性及菲利普斯曲线具体内容如表 9-4 所示。

表 9-4　奥肯定律、就业弹性及菲利普斯曲线

项目	重点
奥肯定律	(1) 美国经济学家阿瑟·奥肯在 20 世纪 60 年代初提出了美国产出与失业之间的一个数量相关关系 (2) 奥肯定律表明了在经济增长和就业之间存在一定的正相关关系，政府应当把促进经济增长作为降低失业率的主要途径
就业弹性	(1) 就业弹性是指一个国家或一个地区一定时期内的劳动就业增长率与经济增长率的比值，即经济增长每变化 1 个百分点所对应的就业数变化的百分比。如 2015 年我国城镇就业弹性系数约为 0.41，表明 2014 年我国国内生产总值每增长 1 个百分点，可以带来 0.41 个百分点的城镇就业人员的增长 (2) 就业弹性的变化受产业结构等因素的影响，如果第三产业或服务业在国民经济中所占比例较大，就业弹性就较高
菲利普斯曲线	(1) 简单菲利普斯曲线表示通货膨胀率和失业率之间的替代关系。当失业率降低时，通货膨胀率就会趋于上升，当失业率上升时，通货膨胀率就会趋于下降。政府进行决策时可以用高通货膨胀率来换取低失业率，或者用高失业率换取低通货膨胀率 (2) 经济学家弗里德曼认为，通货膨胀率和失业率的替代关系只是在短期内才是可能的，而在长期内则是不存在的。从长期看，菲利普斯曲线是一条和横轴垂直的直线

菲利普斯曲线如图 9-2-a 和图 9-2-b 所示。

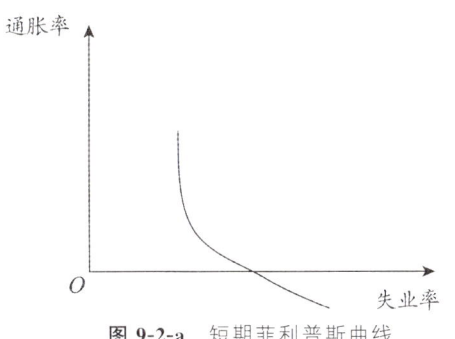

图 9-2-a　短期菲利普斯曲线

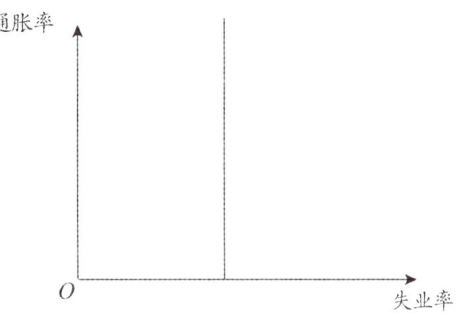

图 9-2-b　长期菲利普斯曲线

经典例题

[2014年真题·单选题] 简单的菲利普斯曲线是一条描述通货膨胀率与（   ）之间相互关系的曲线。

A. 财政收入增长率 B. 总人口增长率
C. 宏观税收负担水平 D. 失业率

[答案] D

[解析] 简单的菲利普斯曲线是一条描述通货膨胀率与失业率之间相互关系的曲线。

本章易错易混考点

【易错易混考点】 货币供给量 M、货币流通速度 V、总产出 T 对价格总水平的影响

考试中，货币供给量 M、货币流通速度 V、总产出 T 对价格总水平的影响的考查方式有两种，一是直接考文字，二是考公式。其具体公式及记忆方法如表 9-5 所示。

表 9-5 M、V、T 对价格总水平的影响所涉及公式

公式	记忆方法
绝对数：$P=MV/T$	(1) 货币供给量、货币流通速度可以简称"货币"，通俗理解为"钱"，一定时期，钱越多，其他因素不变，物价越高，即两个"货币"因素与物价成同方向变动
相对数：$\pi = m + v - y$	(2) 总产出可以看作商品服务，一定时期，其他因素不变，商品服务提供的越多，物价越低，即总产出与物价成反方向变动
	(3) 与价格同方向的因素用分式表示就在分子位置，用加减运算式表示就用"＋"，与价格反方向变动的因素用分式表示则在分母位置，用加减运算式表示的话前面则用"－"

[2011年真题·单选题] 如果以 π 代表价格总水平的变动率，m 代表货币供给量的变动率，v 代表货币流通速度的变动率，y 代表国内生产总值的变动率，那么价格总水平的决定方程是（ ）。

A. $\pi = m + v - y$ B. $\pi = m + v$
C. $\pi = m - y$ D. $\pi = v - y$

[答案] A
[解析] 通过本题掌握各因素是如何决定价格总水平的。

历年经典真题回顾

一、单项选择题（每题1分，每题备选项中，只有1个最符合题意）

1. 关于我国失业率的说法，正确的是（ ）。[2017年真题]
   A. 我国失业率统计方法与西方发达国家相同
   B. 我国政府公布的失业率覆盖了城镇和农村
   C. 我国政府公布的是城镇登记失业率
   D. 我国政府公布的是自愿失业率
   [答案] C
   [解析] 我国政府公布的失业率指标是城镇登记失业率。

2. 简单的菲利普斯曲线，描述的是（ ）。[2016年真题]
   A. 经济增长率和失业率之间的关系
   B. 通货膨胀率和居民收入增长率之间的关系
   C. 通货膨胀率和失业率之间的关系
   D. 财政收入增长率和失业率之间的关系
   [答案] C
   [解析] 菲利普斯曲线是用来表示通货膨胀率与失业率之间替代关系的曲线。

3. 关于价格总水平影响因素的说法，正确的是（ ）。[2015年真题]
   A. 从长期来看，总供给变动与价格总水平无关
   B. 从长期来看，价格总水平的变动与总产出的变化成同方向变动
   C. 价格总水平的变动与货币供给量成反方向变动

D. 如果总需求增长慢于总供给的增长，价格总水平就有可能上升

[答案] A

[解析] 从长期来看，总供给不受价格总水平的影响。价格总水平的变动与货币供给量同方向变动；总需求增长慢于总供给，价格总水平下降。

4. 我国目前用于衡量价格总水平变动的基本指标是（　　）。[2011年真题]

A. 居民消费价格指数　　　　　　B. 固定资产投资价格指数

C. 工业品出厂价格指数　　　　　D. 企业间交易价格指数

[答案] A

[解析] 我国目前是采用居民消费价格指数（CPI）作为衡量价格总水平变动的基本指标。居民消费价格指数（CPI）通常作为观察通货膨胀水平的重要指标，通货膨胀率就是不同时期的消费价格指数变动的百分比。

5. 下列失业类型中，属于自愿失业的是（　　）。[2009年真题]

A. 需求不足型失业　　　　　　　B. 摩擦性失业

C. 隐性失业　　　　　　　　　　D. 周期性失业

[答案] B

[解析] 通过本题掌握失业的类型。自愿失业包括摩擦性失业和结构性失业。

6. 我国统计部门计算和公布的反映失业水平方面的指标是（　　）。[2008年真题]

A. 城镇实际失业率　　　　　　　B. 城镇预期失业率

C. 城镇登记失业率　　　　　　　D. 城乡登记失业率

[答案] C

[解析] 目前，我国统计部门计算和公布的就业和失业水平方面的指标主要是城镇登记失业率。

二、多项选择题（每题2分，每题备选项中，有2个或2个以上符合题意，至少有1个错项。错选，本题不得分；少选，所选的每个选项得0.5分）

1. 关于菲利普斯曲线的说法，正确的有（　　）。[2017年真题]

A. 菲利普斯曲线适用于任何国家，都具有相同数量关系

B. 菲利普斯曲线在短期和长期都具有相同的意义

C. 简单的菲利普斯曲线是一条描述通货膨胀率与失业率之间相互关系的曲线

D. 按照经济学家弗里德曼的观点，菲利普斯曲线从长期来看是不存在的

E. 从长期看，菲利普斯曲线是一条和横轴平行的直线

[答案] CD

[解析] 本题考查菲利普斯曲线，考查非常细致。简单的菲利普斯曲线是一条描述通货膨胀率与失业率之间相互关系的曲线。按照经济学家弗里德曼的观点，菲利普斯曲线从长期来看是不存在的，从长期看，菲利普斯曲线是一条和横轴垂直的直线。

2. 关于价格总水平变动的经济效应的说法，正确的有（　　）。[2016年真题]

A. 实际利率是在货币购买力上升时的利率

B. 在价格总水平上涨过程中，如果名义工资不提高或提高幅度低于价格上升幅度，实际工资就会下降

C. 在名义利率不变时，实际利率与价格总水平呈反方向变动

D. 价格总水平的变动会在一定条件下影响汇率的变动

E. 任何通货膨胀都有利于促进经济增长

[答案] BCD

[解析] 实际利率是扣除价格总水平变动影响因素的利率，A 项错误。实际工资是扣除了价格变动影响因素的工资，在价格总水平上涨过程中，如果名义工资不提高或提高幅度低于价格上升幅度，实际工资就会下降，B 项正确。实际利率＝名义利率－价格总水平变动率，所以名义利率不变，实际利率与价格总水平变动率成反方向变化，C 项正确。价格总水平的变动会影响汇率的变动，D 项正确。通货膨胀在一定程度上可能有利于促进经济增长，但这种作用只能是暂时的，不可能是长期的，若价格总水平发生剧烈的、大幅度的变化，则不利于经济增长，E 项错误。

3. 关于就业和失业的说法，正确的有（　　）。[2015 年真题]
    A. 失业是指有劳动能力并愿意就业但在目前没有从事有报酬或者收入的工作的现象
    B. 努力扩大就业减少失业，是提高人民生活水平的重要途径
    C. 促进经济增长是增加就业的主要途径
    D. 如果第三产业在 GDP 中所占比例较大，则就业弹性较高
    E. 解决自愿失业是宏观经济调控的重点
    [答案] ABCD
    [解析] 本题考查的知识点较多。失业是指有劳动能力并愿意就业但在目前没有从事有报酬或收入的工作的现象，A 项正确。扩大就业，减少失业是提高人民生活水平的重要途径，B 项正确。促进经济增长是增加就业的主要途径，C 项正确。如果第三产业在 GDP 中所占比例较大，则就业弹性高，D 项正确。解决非自愿失业是宏观经济调控的重点，E 项错误。

4. 关于奥肯定律的含义和作用的说法，正确的有（　　）。[2013 年真题]
    A. 奥肯定律揭示了通货膨胀和失业之间的关系
    B. 奥肯定律揭示了经济增长和失业之间的关系
    C. 奥肯定律的政策含义是政府应当把促进经济增长作为增加就业或降低失业的主要途径
    D. 奥肯定律揭示了经济增长和财政收入之间的关系
    E. 奥肯定律揭示了经济增长和国际资本流动之间的关系
    [答案] BC
    [解析] 通过本题掌握奥肯定律的内涵。奥肯定律揭示了经济增长和失业之间的一个数量相关关系，表明了在经济增长和就业之间存在一定的正相关关系，政府应当把促进经济增长作为降低失业率的主要途径。

5. 决定价格总水平变动的主要因素有（　　）。[2007 年真题]
    A. 货币供给量   B. 货币流通速度
    C. 总需求和总供给   D. 产业结构
    E. 总产出
    [答案] ABCE
    [解析] 通过本题掌握决定价格总水平变动的因素。决定价格总水平变动的因素包括货币供给量、货币流通速度、总产出、总需求和总供给。

本章同步练习

一、**单项选择题**（每题 1 分，每题备选项中，只有 1 个最符合题意）

1. 摩擦性失业是指由于（　　）引起的失业。
    A. 工作变换   B. 经济衰退和萧条导致需求不足
    C. 产业结构变动   D. 季节变化

2. 奥肯定律表明了（   ）。
   A. 经济增长和就业之间存在一定的负相关关系
   B. 经济增长和失业之间存在一定的正相关关系
   C. 经济增长和通货膨胀之间存在一定的负相关关系
   D. 经济增长和就业之间存在一定的正相关关系
3. 就业弹性是一个国家或一个地区一定时期内的劳动就业增长率与（   ）的比值。
   A. 通胀率
   B. 财政收入增长率
   C. 国民收入增长率
   D. 经济增长率
4. 以 M 代表一定时期内货币的供给数量，V 代表货币流通速度，P 代表价格总水平，T 代表各类商品的交易数量，则（   ）。
   A. $P=MV/T$
   B. $P=MT/V$
   C. $P=MTV$
   D. $P=TV/M$
5. 由于经济衰退导致需求不足而引起的失业称为（   ）。
   A. 季节性失业
   B. 摩擦性失业
   C. 结构性失业
   D. 周期性失业
6. 劳动力市场供求处于均衡状态，价格总水平处于稳定状态的失业率称为（   ）。
   A. 自然失业率
   B. 潜在失业率
   C. 实际失业率
   D. 加速通货膨胀失业率
7. 宏观调控中需要关注的重点失业类型是（   ）。
   A. 需求不足型失业
   B. 摩擦性失业
   C. 隐性失业
   D. 自愿失业
8. 从长期看，菲利普斯曲线是（   ）。
   A. 向右下方倾斜的曲线
   B. 向右上方倾斜的曲线
   C. 和横轴垂直的直线
   D. 和横轴平行的直线
9. 2018年，我国首次正式公布（   ）。
   A. 失业率
   B. 全国登记失业率
   C. 城镇失业率
   D. 城镇调查失业率

二、多项选择题（每题2分，每题备选项中，有2个或2个以上符合题意，至少有1个错项。错选，本题不得分；少选，所选的每个选项得0.5分）

1. 下列关于价格总水平的表述，正确的有（   ）。
   A. 在价格总水平上涨过程中，如果名义工资不提高或提高幅度低于价格上升幅度，实际工资就会下降
   B. 在名义利率不变时，实际利率与价格总水平变动成反比
   C. 当名义利率低于价格总水平上涨率时，实际利率为负
   D. 如果本国的价格总水平上涨率高于外国的价格水平上涨率，本国货币就会贬值
   E. 从长期来看，通货膨胀在一定程度上有利于促进经济增长，而通货紧缩在一定程度上则不利于经济增长
2. 价格总水平变动的间接效应包括（   ）。
   A. 对企业生产经营决策的影响

B. 对利率的影响

C. 对收入分配结构的影响

D. 对经济增长的影响

E. 对汇率的影响

3. 总需求相对不足减少劳动力派生需求所导致的失业称为（　　）。

A. 摩擦性失业　　　　　　　　B. 结构性失业

C. 周期性失业　　　　　　　　D. 需求不足型失业

E. 非自愿失业

4. 按照国际劳工组织的统计标准，凡是在规定年龄内在一定时期内属于下列情况的均属于失业人口（　　）。

A. 没有工作　　　　　　　　　B. 当前可以工作

C. 正在寻找工作　　　　　　　D. 每天工作半天

E. 在自己家中从事家务劳动

本章同步练习参考答案及解析

一、单项选择题

1. [答案] A

   [解析] 通过本题掌握各种失业类型的含义。摩擦性失业是因为劳动者找到最适合自己的偏好和技能的工作需要一定的时间而引起的失业，也就是由于劳动者从一个工作转换到另一个工作的过程中出现的失业。

2. [答案] D

   [解析] 奥肯定律表明了在经济增长和就业之间存在一定的正相关关系，政府应当把促进经济增长作为降低失业率的主要途径。

3. [答案] D

   [解析] 就业弹性是一个国家或一个地区一定时期内的劳动就业增长率与经济增长率的比值，即经济增长每变化1个百分点所对应的就业数变化的百分比。

4. [答案] A

   [解析] 以 M 代表一定时期内货币的供给数量，V 代表货币流通速度，P 代表价格总水平，T 代表各类商品的交易数量，则有：$MV=PT$，或：$P=MV/T$。

5. [答案] D

   [解析] 需求不足型失业，也叫非自愿失业，或者叫周期性失业，是指劳动者在现行工资水平下找不到工作的状况，或是指总需求相对不足减少劳动力派生需求所导致的失业。

6. [答案] A

   [解析] 从一个较长期的变动趋势来看，在某一个国家或地区，总存在一个正常的失业率，这就是自然失业率，是指劳动力市场供求处于均衡状态，价格总水平处于稳定状态的失业率。

7. [答案] A

   [解析] 宏观调控中需要关注的重点失业类型是需求不足型失业，也叫周期性失业（非自愿失业）。

8. [答案] C

   [解析] 通过本题掌握长短期菲利普斯曲线的形状。短期菲利普斯曲线是向右下方倾斜的曲线，长期菲利普斯曲线是和横轴垂直的直线。

9. [答案] D

   [解析] 2018年，我国首次正式公布城镇调查失业率。

二、多项选择题

1. [答案] ABCD

   [解析] 实际工资变动率＝名义工资变动率/价格总水平变动率。在价格总水平上涨过程中，如果名义工资不提高或提高幅度低于价格上升幅度，实际工资就会下降。A

项正确。实际利率＝名义利率－价格总水平变动率，在名义利率不变时，实际利率与价格总水平变动成反比，在价格总水平不变时，名义利率与实际利率相等。当名义利率低于价格总水平上涨率时，实际利率为负。B、C两项正确。在两个国家的模型中，如果本国的价格总水平上涨率高于外国的价格水平上涨率，本国货币就会贬值，以本币表示的汇率就一定会上升。D项正确。通货膨胀在一定程度上有利于促进经济增长，而通货紧缩在一定程度上则不利于经济增长。但这种作用只能是暂时的，不可能是长期的。E项错误。

2. ［答案］ACD

［解析］价格总水平变动的间接效应主要包括对企业生产经营决策的影响，对收入分配结构的影响，以及对经济增长的影响。价格总水平变动的直接效应包括对工资、利率和汇率的影响。

3. ［答案］CDE

［解析］需求不足型失业，也叫非自愿失业，或者叫周期性失业，是指劳动者在现行工资水平下找不到工作的状况，或是指总需求相对不足减少劳动力派生需求所导致的失业。

4. ［答案］ABC

［解析］按照国际劳工组织的统计标准，凡是在规定年龄内在一定期间内（如一周或一天）属于下列情况的均属于失业人口：①没有工作；②当前可以工作（即当前如果有就业机会，就可以工作）；③正在寻找工作。

错题收集

第十章 国际贸易理论和政策

本章考情分析

年份	单项选择题	多项选择题	合计
2017 年	2 题 2 分	1 题 2 分	4 分
2016 年	2 题 2 分	—	2 分
2015 年	1 题 1 分	—	1 分
2014 年	1 题 1 分	1 题 2 分	3 分
2013 年	1 题 1 分	1 题 2 分	3 分
2012 年	—	1 题 2 分	2 分

本章考点概览

国际贸易理论和政策
- 国际贸易理论
- 国际贸易政策

本章主要考点
1. 国际贸易理论的演变
2. 影响国际贸易的因素
3. 政府对进出口贸易的干预
4. 倾销与反倾销

本章考点详解

【考点一】国际贸易理论的演变

国际贸易理论的演变如表 10-1 所示。

表 10-1　国际贸易理论的演变

理论	提出者	观点
绝对优势理论	亚当·斯密（18 世纪）	该理论认为，各国在生产技术上的绝对差异导致在劳动生产率和生产成本的绝对差异，这是国际贸易和国际分工的基础。各国应该集中生产并出口具有绝对优势的产品，而进口不具有绝对优势的产品。其结果是可以节约社会资源，提高产出水平
比较优势理论	大卫·李嘉图（19 世纪）	该理论认为，决定国际贸易的因素是两个国家产品的相对生产成本。只要两国之间存在生产成本上的差异，即使其中一方处于完全的劣势地位，国际贸易仍会发生，而且贸易会使双方获得收益

续表

理论	提出者	观点
赫克歇尔—俄林理论（要素禀赋理论）	赫克歇尔和俄林（20世纪初）	该理论认为，各国的资源条件不同，也就是生产要素的供给情况的不同，是国际贸易产生的基础。根据该理论，各国应该集中生产并出口那些能够充分利用本国充裕要素的产品，进口那些需要密集使用本国稀缺要素的产品。国际贸易的基础是生产资源配置或要素储备比例上的差别。通过国际贸易，会出现要素价格均等化趋势
规模经济贸易理论（当代贸易理论）	美国经济学家克鲁格曼（20世纪60年代）	规模经济贸易学说用来解释相似资源储备国家之间和同类工业品之间的双向贸易现象。该理论认为大规模的生产可以降低单位产品的生产成本，是现代国际贸易的基础

【提示】传统的贸易理论一般不考虑生产规模的变化，或假设规模报酬不变，另外，还假设各国生产的产品都是同质的，国际市场是完全竞争的。

经典例题

[2013年真题·单选题] 下列国际贸易理论中，认为"各国应该集中生产并出口那些能够充分利用本国充裕要素的产品，进口那些需要密集使用本国稀缺要素的产品"的是（　　）。
A. 亚当·斯密的绝对优势理论　　B. 大卫·李嘉图的比较优势理论
C. 赫克歇尔—俄林的要素禀赋理论　　D. 克鲁格曼的规模经济贸易理论
[答案] C
[解题思路] 本题考查赫克歇尔—俄林理论（要素禀赋理论）观点的内容，通过题干中的"要素"二字即可选择。

【考点二】影响国际贸易的因素

影响国际贸易的因素如表10-2所示。

扫码听课

表10-2　影响国际贸易的因素

影响出口贸易的因素	影响进口贸易的因素
（1）自然资源的丰裕程度 （2）生产能力和技术水平的高低 （3）汇率水平的高低（本币贬值出口增加，旅游收入及其他劳务收入增加） （4）国际市场需求水平和需求结构	（1）一国的经济总量或总产出水平 （2）汇率水平（本币贬值，进口减少） （3）国际市场商品的供给情况和价格水平的高低

经典例题

[例题·单选题] 其他因素不变的条件下，如果一国货币汇率上升，即对外升值，就可能会导致（　　）。
A. 本国旅游收入增加　　B. 本国旅游收入不变
C. 本国出口增加　　D. 本国进口增加
[答案] D
[解题思路] 人民币为本位币，如美元兑人民币汇率由1∶8上升为1∶6，则1美元进口货物以人民币标价就会由8元下降至6元，由于进口货物价格下降，境内需求就会上升，从而导致进口增加。

【考点三】政府对进出口贸易的干预

政府对进出口贸易进行干预的目的主要是保护国内产业免受国外竞争者的损害，维持本国的经济增长和国际收支平衡。政府对国际贸易的干预包括对进口贸易的干预和对出口贸易的干预。

其具体措施如图 10-1 所示。

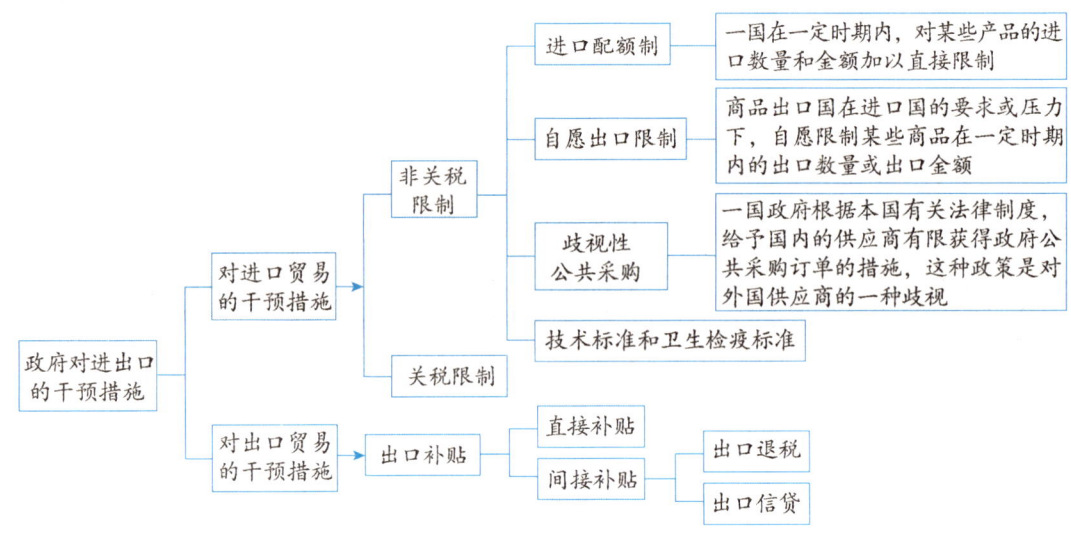

图 10-1 政府对进出口贸易的干预措施

经典例题

[2014 年真题·多选题] 下列政策措施中，属于非关税壁垒的有（　　）。
A. 自愿出口限制　　　　　　　　B. 歧视性公共采购
C. 直接补贴　　　　　　　　　　D. 技术标准和卫生检疫标准
E. 进口配额
[答案] ABDE
[解析] 通过本题掌握政府对进口贸易非关税限制（即非关税壁垒）方式的具体政策。非关税壁垒具体政策包括进口配额制、自愿出口限制、歧视性公共采购、技术标准和卫生检疫标准。

【考点四】 倾销与反倾销

一、倾销的含义

倾销是指出口商以低于正常价值的价格向进口国销售产品，并因此给进口国产业造成损害的行为。确认出口国企业低价销售行为是否为倾销行为的关键是关于产品正常价值的认定。

世界贸易组织（WTO）规定，确定产品正常价值可依据的标准有：
(1) 原产国标准：按相同或类似产品在正常交易过程中出口国国内销售的可比价格确定。
(2) 第三国标准：按相同或类似产品在正常交易过程中出口国向第三国出口的最高可比价格确定。
(3) 按同类产品在原产国的生产成本，加合理销售费、管理费、一般费用和利润确定。

二、倾销的类型

倾销的类型如表 10-3 所示。

表 10-3 倾销的类型

类型	含义
掠夺性倾销	指出口企业为在国外市场上达到排除竞争对手、获取超额垄断利润的目的，在短期内以不合理的低价向该市场销售产品，一旦竞争对手被排除，再重新提高产品销售价格的行为
持续性倾销	指出口企业为长期占领市场，实现利润最大化目标而无限期地持续以低价向国外市场出口产品的行为

续表

类型	含义
隐蔽性倾销	指出口企业按国际市场的正常价格出售产品给进口商，但进口商则以倾销性的低价在进口国市场上抛售，其亏损部分由出口企业予以补偿
偶然性倾销	指出口国国内存在大量剩余产品，为处理这些产品而以倾销方式向国外市场抛售

三、反倾销

反倾销是一种贸易救济措施，是指进口国针对价格倾销这种不公平的贸易行为而采取征收反倾销税等措施来抵消不利影响的行为。反倾销税是在正常海关税费外，进口国主管机关对确认倾销产品征收的一种附加税。

【提示1】反倾销税的税额不得超过所裁定的倾销幅度。

【提示2】反倾销税的纳税人是倾销产品的进口商，出口商不得直接或间接替进口商承担反倾销税。

【提示3】世界贸易组织规定，对出口国某一产品征收反倾销税必须符合以下要求：①该产品存在着以低于正常价值水平进入另一国市场的事实；②倾销对某一成员国的相关产业造成重大损失；③损害与低价倾销之间存在因果关系。

经典例题

[例题·多选题] 关于反倾销措施的说法，正确的有（　　）。

A. 反倾销措施属于贸易救济措施
B. 反倾销税是一种正常海关税费
C. 反倾销税的纳税义务人是倾销产品的出口商
D. 反倾销税的税额不得超过所裁定的倾销幅度
E. 出口商可以间接替进口商承担反倾销税

[答案] AD

[解析] 反倾销税是在正常海关税费之外，进口商主管机关对确认倾销产品征收的一种附加税，B项错误；反倾销税的纳税人是倾销产品的进口商，出口商不得直接或间接替进口商承担反倾销税，C、E两项错误。

本章易错易混考点

【易错易混考点】 汇率水平对进出口的影响（如表10-4所示）

汇率水平对进出口的影响如表10-4所示。

表10-4　汇率水平对进出口的影响

影响	具体分析
汇率下跌，对外贬值	外币兑换本币的数量就会增加，这意味着外币购买力的提高和本国商品、劳务价格的相对低廉。可能使出口商在不减少收益的情况下，降低出口商品价格，增加出口，同时也有利于增加本国旅游收入及其他劳务收入。用本币表示的进口商品价格就会上升，本国居民对进口商品的需求会下降，就要缩减进口
汇率上升，对外升值	外币兑换本币的数量就会减少，这意味着外币购买力的下降和本国商品、劳务价格的相对较贵。可能使出口商在不减少收益的情况下，提高出口商品价格，减少出口，同时也不利于增加本国旅游收入及其他劳务收入。用本币表示的进口商品价格就会下跌，本国居民对进口商品的需求会增加，就要扩大进口

【考点小贴士】汇率水平对进出口的影响，应试的记忆方法是记住"贬出"两个字，即本币贬值，出口增加；出和进是反义词，出口增加，进口就会减少；贬和升是反义词，本币贬值，出口增加，那本币升值，出口就减少，进口就增加。

[例题·多选题] 在其他因素不变的情况下，如果一国货币汇率下降，即对外贬值，就可能会导致（　　）。

A. 本国旅游收入减少　　　　　　B. 本国进口减少

C. 本国出口增加　　　　　　　　D. 本国进口增加

E. 本国旅游收入增加

[答案] BCE

[解题思路] 通过"贬出"二字，即本币贬值出口增加，可先选择出 C 项；根据"进"为"出"的反义词，可选择进口减少，再选出 B 项；再根据本币贬值，外币兑换本币数量增加，会吸引更多的外国旅游者来本国旅游，从而增加旅游收入。

历年经典真题回顾

一、单项选择题（每题1分，每题备选项中，只有1个最符合题意）

1. 能够用来解释具有相似资源储备国家之间或者同类工业品之间的双向贸易现象的理论是（　　）。[2017年真题]

   A. 规模经济贸易理论

   B. 赫克歇尔—俄林理论

   C. 比较优势理论

   D. 绝对优势理论

   [答案] A

   [解析] 规模经济的贸易学说是用来解释相似资源储备国家之间和同类工业品之间的双向贸易现象的一种理论。

2. 下列政府政策措施中，能对进口贸易产生限制作用的是（　　）。[2017年真题]

   A. 设定卫生检疫标准　　　　　　B. 直接补贴

   C. 出口信贷　　　　　　　　　　D. 限制倾销

   [答案] A

   [解析] 政府对进口贸易的干预包括关税限制和非关税限制两种方式。非关税限制包括进口配额制、自愿出口限制、歧视性公共采购、技术标准和卫生检疫标准等。

3. 主张各国应当生产、出口密集使用本国丰裕要素的产品，进口需要密集使用本国稀缺要素的产品，这种国际贸易理论的是（　　）。[2016年真题]

   A. 绝对优势理论　　　　　　　　B. 比较优势理论

   C. 要素禀赋理论　　　　　　　　D. 后发优势贸易理论

   [答案] C

   [解析] 本题考查赫克歇尔—俄林理论（要素禀赋理论）观点的内容，通过题干中的"要素"二字即可选择。

4. 政府鼓励增加出口的主要措施是（　　）。[2016年真题]

   A. 提高外贸企业职工工资　　　　B. 反倾销

   C. 实施出口配额　　　　　　　　D. 增加出口补贴

   [答案] D

   [解析] 政府鼓励增加出口的主要措施有出口补贴（直接补贴、间接补贴），其中间接补贴包括

出口信贷及出口退税。

5. 用于解释相似资源储备国家之间和同类工业品之间的双向贸易交易理论是由（　　）提出的。[2015年真题]
   A. 美国经济学家克鲁格曼
   B. 英国经济学家亚当·斯密
   C. 英国经济学家大卫·李嘉图
   D. 瑞典经济学家赫克歇尔和俄林
   [答案] A
   [解析] 美国经济学家克鲁格曼提出了规模经济贸易理论，该理论解释了相似资源储备国家之间和同类工业品之间的双向贸易现象。

6. 各国应集中生产并出口那些能够充分利用本国充裕要素的产品，进口那些需要密集使用本国稀缺要素的产品。这是（　　）理论的主要观点。[2011年真题]
   A. 绝对优势
   B. 赫克歇尔—俄林
   C. 比较优势
   D. 规模经济贸易
   [答案] B
   [解析] 根据赫克歇尔和俄林的理论，各国应该集中生产并出口那些能够充分利用本国充裕要素的产品，进口那些需要密集使用本国稀缺要素的产品。

二、多项选择题（每题2分，每题备选项中，有2个或2个以上符合题意，至少有1个错项。错选，本题不得分；少选，所选的每个选项得0.5分）

1. 关于倾销和反倾销的说法，正确的有（　　）。[2017年真题]
   A. 反倾销属于贸易救济措施
   B. 进口国征收反倾销税可以根据本国需要随意确定标准
   C. 倾销的实质就是低价出口产品
   D. 反倾销的措施可采用征收反倾销税
   E. 确定是否属于倾销行为的关键是认定产品的正常价值
   [答案] ADE
   [解析] 反倾销是贸易救济措施。反倾销税的税额不得超过所裁定的倾销幅度。倾销是出口商以低于正常价值的价格向进口国销售产品，并因此给进口国产业造成损害的行为。确定出口国企业低价销售行为是否为倾销行为的关键是关于产品正常价值的认定。

2. 下列政府对进出口贸易干预措施中，不属于非关税壁垒的有（　　）。[2012年真题]
   A. 自愿出口限制
   B. 出口信贷
   C. 歧视性公共采购
   D. 卫生检疫标准
   E. 反倾销税
   [答案] BE
   [解析] 非关税限制包括进口配额制、自愿出口限制、歧视性公共采购、技术标准和卫生检疫标准等。本题需注意题干中的"不"字，通过排除法进行选择。

3. 随着国际贸易理论的演变，当前主要的国际贸易理论有（　　）。[2007年真题]
   A. 绝对优势理论
   B. 比较优势理论
   C. 要素禀赋理论
   D. 规模经济贸易理论
   E. 外贸依存理论
   [答案] ABCD
   [解析] 国际贸易理论有四种，具体包括：亚当·斯密的绝对优势理论、大卫·李嘉图的比较优势理论、赫克歇尔—俄林的要素禀赋理论、克鲁格曼的规模经济贸易理论。

本章同步练习

一、单项选择题（每题1分，每题备选项中，只有1个最符合题意）

1. 各国的资源条件不同是国际贸易产生的基础，这是（　　）理论的主要观点。
   A. 亚当·斯密的绝对优势
   B. 大卫·李嘉图的比较优势
   C. 赫克歇尔—俄林的要素禀赋
   D. 克鲁格曼的规模经济

2. （　　）提出了规模经济贸易理论，并形成当代贸易理论。
   A. 亚当·斯密　　　　　　　　B. 大卫·李嘉图
   C. 赫克歇尔　　　　　　　　D. 克鲁格曼

3. （　　）理论认为，决定国际贸易的因素是两个国家产品的相对生产成本。
   A. 亚当·斯密的绝对优势　　　B. 大卫·李嘉图的比较优势
   C. 赫克歇尔—俄林的要素禀赋　D. 克鲁格曼的规模经济

4. 在其他因素不变的情况下，如果一国或地区的货币对外升值，一般会导致（　　）。
   A. 本国出口增长　　　　　　B. 本国进口增加
   C. 本国进口减少　　　　　　D. 本国旅游收入增加

5. 在政府对进出口贸易的干预措施中，出口信贷属于（　　）。
   A. 直接出口补贴　　　　　　B. 间接出口补贴
   C. 直接进口限制　　　　　　D. 间接范围限制

6. 政府干预出口贸易以刺激出口增加的主要措施是（　　）。
   A. 出口补贴　　　　　　　　B. 关税壁垒
   C. 出口配额　　　　　　　　D. 出口许可

7. 出口企业按国际市场的正常价格出售产品给进口商，但进口商则以倾销性的低价在进口国市场上抛售，其亏损部分由出口企业予以补偿，这种倾销类型称为（　　）。
   A. 掠夺性倾销　　　　　　　B. 持续性倾销
   C. 隐蔽性倾销　　　　　　　D. 偶然性倾销

8. 确认出口国企业的低价销售行为是否为倾销行为的关键是关于（　　）。
   A. 出口产品的规模大小　　　B. 出口产品的数量多少
   C. 产品质量的认定　　　　　D. 产品正常价值的认定

二、多项选择题（每题2分，每题备选项中，有2个或2个以上符合题意，至少有1个错项。错选，本题不得分；少选，所选的每个选项得0.5分）

1. 世界贸易组织规定，对出口国某一产品征收反倾销税必须符合一定要求，包括（　　）。
   A. 该产品存在着以低于正常价值水平进入另一国市场的事实
   B. 倾销对某一成员国的相关产业造成重大损失
   C. 损害与低价倾销之间存在因果关系
   D. 倾销使第三国的市场份额减少
   E. 该产品以正常价值水平进入另一国市场

2. 世界贸易组织规定，确定产品正常价值可依据的标准有（　　）。
   A. 原产国标准　　　　　　　B. 第三国标准
   C. 出口国标准　　　　　　　D. 进口国标准

E. 同类产品在原产国的生产成本，加合理销售费、管理费、一般费用和利润

3. 下列政府对进口贸易的干预措施中，属于非关税壁垒的有（　　）。
   A. 出口配额 　　　　　　　B. 直接补贴
   C. 自愿出口限制　　　　　　D. 歧视性公共采购
   E. 技术标准和卫生检疫标准

4. 政府干预出口贸易以刺激出口增加的主要措施是出口补贴，其中间接补贴包括（　　）。
   A. 出口退税　　　　　　　　B. 出口信贷
   C. 最低限价制　　　　　　　D. 关税壁垒
   E. 非关税壁垒

5. 国际贸易的倾销类型通常包括（　　）。
   A. 掠夺性倾销　　　　　　　B. 持续性倾销
   C. 隐蔽性倾销　　　　　　　D. 偶然性倾销
   E. 特殊性倾销

6. 影响一国出口贸易的因素主要有（　　）。
   A. 经济总量和总产出水平　　B. 汇率水平
   C. 生产能力和技术水平　　　D. 自然资源的丰裕程度
   E. 国际市场需求水平和需求结构

7. 下列关于国际贸易理论的演变表述正确的有（　　）。
   A. 绝对优势理论认为，各国在生产技术上的绝对差异导致在劳动生产率和生产成本的绝对差异，这是国际贸易和国际分工的基础
   B. 比较优势理论的基本原理是如果每个国家都出口本国具有比较优势的产品，则两国都可以从国际贸易中受益
   C. 要素禀赋理论认为各国的资源条件不同，也就是生产要素的供给情况的不同，是国际贸易产生的基础
   D. 规模经济贸易理论认为大规模的生产可以降低单位产品的生产成本，是现代国际贸易的基础
   E. 根据比较优势理论，如果一个国家在所有的产品生产成本上都处于绝对劣势的话，国际贸易就不会发生

本章同步练习参考答案及解析

一、单项选择题

1. [答案] C
   [解析] 赫克歇尔—俄林要素禀赋理论认为，各国的资源条件不同，也就是生产要素的供给情况的不同，这是国际贸易产生的基础。

2. [答案] D
   [解析] 美国经济学家克鲁格曼提出规模经济贸易理论，并形成了当代贸易理论。

3. [答案] B
   [解析] 大卫·李嘉图在19世纪初提出比较优势理论。该理论认为，决定国际贸易的因素是两个国家产品的相对生产成本，而不是生产这些产品的绝对生产成本。只要两国之间存在生产成本上的差异，即使其中一方处于完全的劣势地位，国际贸易仍会发生，而且贸易会使双方获得收益。

4. [答案] B
   [解析] 如果一国货币对外升值，则外币兑换本币的数量就会减少，这意味着外币购买力的下降和本国商品、劳务价格的相对较贵。可能使出口商为了不减少收益而提高出口商品价格，价格提高，会导致出口减少，同时也不利于增加本国旅游收入及其他劳务收入。用本币表示的进口商品价

5. [答案] B

[解析] 政府干预出口贸易以刺激出口增加的主要措施是出口补贴。其包括直接补贴和间接补贴。间接补贴包括出口退税、出口信贷等。

6. [答案] A

[解析] 政府鼓励出口的措施主要是出口补贴，包括直接补贴和间接补贴。

7. [答案] C

[解析] 通过本题掌握倾销的类型及各类型的含义。隐蔽性倾销是指出口企业按国际市场的正常价格出售产品给进口商，但进口商则以倾销性的低价在进口国市场上抛售，其亏损部分由出口企业予以补偿。

8. [答案] D

[解析] 确认出口国企业低价销售行为是否为倾销行为的关键是关于产品正常价值的认定。

二、多项选择题

1. [答案] ABC

[解析] 通过本题掌握征收反倾销税的条件。简记为"事实、损失、因果关系"。

2. [答案] ABE

[解析] 世界贸易组织规定，确定产品正常价值可依据的标准有：①原产国标准。按照相同或类似产品在正常交易过程中出口国国内销售的可比价格确定。②第三国标准。按照相同或类似产品在正常交易过程中出口国向第三国出口的最高可比价格确定。③按照同类产品在原产国的生产成本，加合理销售费、管理费、一般费用和利润确定。

3. [答案] CDE

[解析] 属于非关税壁垒的有进口配额、自愿出口限制、歧视性公共采购、技术标准和卫生检疫标准。本题一定注意A项，别把出口配额看成进口配额。

4. [答案] AB

[解析] 政府干预出口贸易以刺激出口增加的主要措施是出口补贴。其包括直接补贴和间接补贴。间接补贴包括出口退税、出口信贷等。

5. [答案] ABCD

[解析] 通过本题掌握倾销的类型。国际贸易中的倾销通常有四种类型：①掠夺性倾销；②持续性倾销；③隐蔽性倾销；④偶然性倾销。

6. [答案] BCDE

[解析] 通过本题掌握影响进出口贸易的因素。经济总量和总产出水平是影响进口的因素。

7. [答案] ABCD

[解析] 绝对优势理论认为，如果一个国家在所有的产品生产成本上都处于绝对劣势的话，国际贸易就不会发生，而比较优势理论下，只要两国之间存在生产成本上的差异，即使其中一方处于完全的劣势地位，国际贸易仍会发生，E项错误。

错题收集

第二部分　财　政

考情分析

年份	单项选择题		多项选择题		合计分值
	题量	分值	题量	分值	
2012—2017	11	11	6	12	23

知识脉络

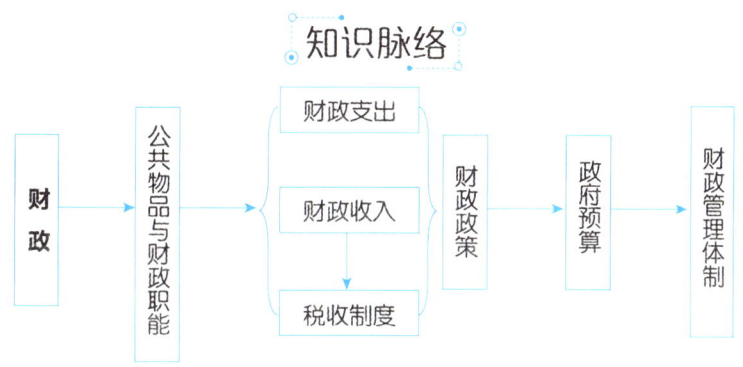

学习提示

财政这部分内容知识点较多，但并不抽象，考试时考查较为细致和分散，主要考查教材原文，学习难点就是"记不住"。建议在理解的基础上耐心细致地学习本部分内容，对于一些原则、分类等知识点可按本书提示的方法来进行巧记。另外要多看教材内容，尤其考前财政这部分内容要逐章阅读一遍。

第十一章 公共物品与财政职能

本章考情分析

年份	单项选择题	多项选择题	合计
2017 年	1 题 1 分	—	1 分
2016 年	1 题 1 分	—	1 分
2015 年	3 题 3 分	—	3 分
2014 年	2 题 2 分	1 题 2 分	4 分
2013 年	1 题 1 分	1 题 2 分	3 分
2012 年	—	—	0 分

本章考点概览

公共物品与财政职能
- 公共物品的定义及其融资与生产
- 市场与政府的经济活动范围
- 财政的基本职能
- 公共选择与政府失灵
- 建立现代财政制度

本章主要考点
1. 公共物品
2. 市场供求规律及政府经济活动范围
3. 财政的基本职能
4. 公共选择理论及政府失灵的表现
5. 建立现代财政制度的方向和任务

本章考点详解

【考点一】公共物品

一、公共物品的特征及需求显示

公共物品的定义是由美国经济学家保罗·萨缪尔森首次提出来的。公共物品是指增加一个人对该物品的消费，并不同时减少其他人对该物品消费的那类物品。其特征及需求显示的具体内容如表 11-1 所示。

表 11-1　公共物品的特征及需求显示

项目		具体内容
纯公共物品的特征	非竞争性（等量消费）	指某种公共物品一旦被提供，增加一个人的消费并不增加任何额外成本，即增加一个人消费的边际供给成本为零
		这一特征强调了集体提供公共物品的潜在收益

续表

项目		具体内容
纯公共物品的特征	非排他性	指公共物品一旦被提供出来，要排除一个额外的消费者在技术上不可行，或者尽管技术上排他是可行的，但这样做的成本过高
		这一特征指出了通过市场机制提供公共物品的潜在困难
公共物品的需求显示		在现实生活中，人们通过政治机制（投票，采取少数服从多数的办法）显示对公共物品的需求，即通过具有强制性的政治交易来实现 【提示】私人物品的需求显示是通过自愿的市场交易实现的

【提示】公共物品的两个特征中，非竞争性是主要特征，非排他性是派生特征。正是因为公共物品具有消费上的非竞争性，若是由于个人没有付费而阻止他的消费，则违反了社会资源有效利用的帕累托准则。

二、公共物品的融资与生产

公共物品的供给包括融资与生产两重含义，具体内容如表11-2所示。

表11-2 公共物品的融资与生产

项目	类别	具体内容
公共物品的融资	政府融资（强制融资）	"免费搭车"使得公共物品市场融资机制失灵。政府应作为公共物品供给的资金提供者，以强制税收的形式为公共物品融资
		政府融资的缺点是难以满足社会成员对公共物品的多样化需求
	私人融资（自愿融资）	缺点是可能导致公共物品供给的数量不足和结构不平衡
	联合融资	常见的手段是政府以财政补贴和税收优惠等方式，鼓励私人机构提供公共物品
公共物品的生产	政府生产	是公共物品典型的生产方式，是指代表公众利益的政治家雇佣公共雇员，与他们签订就业合同，合同中对所需提供的物品或服务做出具体规定
	合同外包	是公共物品典型的生产方式。合同外包是公共服务提供私有化的表现
	其他方式	特许经营、合同委托等

三、公共物品供给的制度结构

理性的社会成员将利用其智慧，通过规则的创新，以获取来自公共物品交易的共同利益，并公正地分享收益和分担成本。这就是公共物品供给的制度结构。其涉及的内容如表11-3所示。

表11-3 公共物品供给的制度结构

制度结构	涉及内容
决策制度	何种物品应当被公共地提供而不是私人地提供？提供多少？决策问题是公共物品供给制度结构的核心
融资制度	由谁为公共物品付费？以何种方式付费
生产制度	由谁负责公共物品的生产或公共服务的递送？以何种方式生产与递送
受益分配制度	谁将成为公共物品供给的最终受益者？受益的规模和结构状况如何

> **经典例题**
>
> [例题·多选题] 下列关于纯公共物品的表述，错误的有（　　）。
> A. 增加一个消费者，公共物品的边际供给成本等于零
> B. 居民不付费便不能享用公共物品
> C. 公共物品的需求显示是通过具有强制性的政治交易实现的

D. 公共物品的排他性消费符合社会资源的帕累托准则
E. 公共物品供给制度的核心是受益分配制度

[答案] BDE

[解析] 纯公共物品的非竞争性是指某种公共物品一旦被提供，增加一个人的消费并不增加任何额外成本，也就是增加一个人消费的边际供给成本为零，A 项正确。公共物品具有"免费搭车"的现象，一旦被生产出来，如果阻止未付费者消费，从社会资源利用的角度看，是缺乏效率的，也就是说排他性消费不符合效率原则，B、D 两项错误。在现实生活中，人们通过政治机制显示对公共物品的需求，C 项正确。公共物品的供给包括公共物品的融资和公共物品的生产两重含义，公共物品供给制度结构的核心是决策制度，E 项错误。

【考点二】市场供求规律及政府经济活动范围

一、市场系统的组成

市场系统是由居民、企业和政府三个相对独立的主体组成。各个部分各自的作用如表 11-4 所示。

表 11-4 市场系统的组成及其作用

组成	作用
政府	(1) 为市场提供基础设施、教育和社会保障等公共物品和准公共物品 (2) 是一个公共服务和政治权力机构，具有市场不同的运行机制 (3) 可以通过法律、行政和经济手段干预市场
居民	(1) 是社会的基本细胞，是社会生活的基本单位 (2) 为市场提供劳动力、资本和土地等生产要素并获取收入，用收入到市场购买消费品或从事投资 (3) 居民的基本目标是满足需要和效用水平最大化
企业	(1) 是商品生产和交换的基本单位 (2) 从居民那里买入生产要素，通过加工转换成商品与劳务，再卖给居民并获取企业收入和利润 (3) 企业的基本目标是利润最大化并实现扩大再生产

二、市场机制

市场机制的基本规律就是供求规律，具体内容如图 11-1 所示。

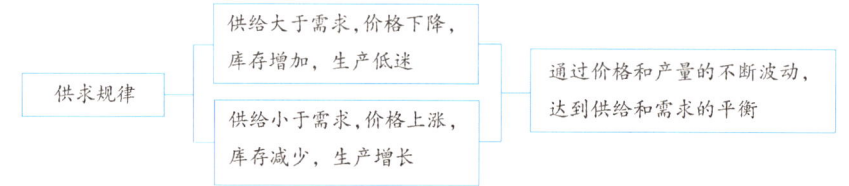

图 11-1 供求规律

亚当·斯密将市场规律形容为"看不见的手"，认为市场不需要任何组织以任何方式的干预，可以自动地达到供给与需求的平衡。

三、政府经济活动范围

政府经济活动范围如表 11-5 所示。

表 11-5 政府经济活动范围

范围	具体阐述
提供公共物品或服务	由政府部门负责提供那些社会边际收益大于社会边际成本，不能由市场有效供给的物品或服务
矫正外部性	由政府部门采取措施来排除私人边际成本和社会边际成本以及私人边际效益和社会边际效益之间的非一致性

续表

范围	具体阐述
维持有效竞争	由政府部门制订有关政策法令，实施禁止垄断、维持市场有效竞争的措施，以保证竞争性市场在资源配置方面的效率
调节收入分配	由政府部门运用各种手段对缺乏公平的收入分配状况进行调节，解决市场经济条件下的收入分配不公问题
稳定经济	由政府担当起维持经济稳定发展的责任，保持经济稳定可持续发展

经典例题

[例题·多选题] 政府经济活动的范围包括（　　）。
A. 提供那些社会边际收益大于社会边际成本，不能由市场有效供给的物品或服务
B. 提供生产要素获取收入
C. 制订有关政策法令，实施禁止垄断，维持市场有效竞争的措施
D. 运用各种手段对缺乏公平的收入分配状况进行调节
E. 担当起维持经济稳定发展的责任，保持经济稳定可持续发展
[答案] ACDE
[解析] 通过本题掌握政府经济活动的范围。居民为市场提供劳动力、资本、土地等生产要素并获取收入，不属于政府经济活动的范围，B项错误。

【考点三】财政的基本职能

扫码听课

在社会主义市场经济条件下，财政具有资源配置职能、收入分配职能、经济稳定和发展职能。其具体内容如表11-6所示。

表11-6　财政的基本职能

基本职能		主要内容
资源配置职能	定义	是指将一部分社会资源集中起来形成财政收入，然后通过财政支出分配活动，由政府提供公共物品和服务，引导社会资金流向，弥补市场缺陷，最终实现全社会资源配置效率的最优状态
	财政资源配置的范围	根据政府职能的范围，财政资源配置范围应当是市场失灵而又为社会公共需要的公共物品和服务的领域。主要有： (1) 满足政府执行职能的需要，包括政府机关的正常运转和执行社会公共职能的基本需要，如国家安全支出、一般公共服务支出 (2) 市场不能有效提供而社会又需要的准公共物品和服务的开支，如公共卫生、科技、公共工程 (3) 对社会资源配置的引导性支出，如矫正外部效应，维护市场竞争
	实现机制及手段	(1) 确定社会公共需要的基本范围，确定财政收支占国内生产总值的合理比例 (2) 优化财政支出结构。我国城乡之间发展差距、经济与社会之间发展差距都较大，客观上要求财政要加大对农业、农村发展和教育、科技、卫生、社会保障等社会事业发展的投入 (3) 为公共工程提供必要的资金保障 (4) 通过政府直接投资、财政贴息、税收优惠等方式，引导和调节社会投资方向，提高社会整体投资效率 (5) 通过实行部门预算制度、建立国库集中收付制度和绩效评价制度等体制、机制改革，提高财政自身管理和运营效率

续表

基本职能	主要内容	
收入分配职能	定义	是指政府运用财政手段调整国民收入初次分配结果的职能，旨在实现公平收入分配的目标
	实现机制及手段	(1) 根据市场和政府的职责分工，明确市场和政府对社会收入分配的范围和界限 (2) 加强税收调节。通过企业所得税、个人所得税将企业和个人的收益调节到合理水平；通过资源税调节自然资源形成的级差收入 (3) 发挥财政转移支付作用。例如增加经济发展相对较慢地区的转移支出，增加社会保障、收入保障、教育和健康等转移性支出等 (4) 发挥公共支出的作用。通过公共支出提供社会福利，如公共卫生防疫、福利设施与服务、保障性住房等
经济稳定和发展职能	定义	是指通过财政活动对生产、消费、投资和储蓄发生影响，达到稳定和发展经济的目的
	目标	①充分就业；②物价稳定；③经济增长；④国际收支平衡
	稳定职能重点	维持社会资源在高水平利用状况下的稳定
	实现机制及手段	(1) 通过税收、财政补贴、财政贴息、公债等，调节社会投资需求水平，影响就业水平，使经济保持一定的增长 (2) 通过税收等调节个人消费水平和结构

经典例题

[例题·多选题] 现代市场经济中，财政实现收入分配职能的手段主要有（　　）。
A. 加强税收调节
B. 增加社会保障支出
C. 增加经济建设支出
D. 为公共工程提供资金
E. 提供社会福利
[答案] ABE
[解析] C项，增加经济建设支出要根据不同的目的界定为资源配置职能手段或者是经济稳定与发展职能的手段，而不能直接不加区分划分到其中一项职能中。若通过经济建设支出调节了社会有效供给能力，则属于经济稳定与发展职能的手段；若通过经济建设支出来引导社会投资方向、提高社会整体投资效率则属于资源配置职能。D项属于资源配置职能的实现手段。

【考点四】公共选择理论及政府失灵的表现

一、公共选择理论

公共选择理论的具体内容如表11-7所示。

表11-7 公共选择理论

项目	具体内容
含义	是对非市场决策的经济学研究，是关于"政府失灵"的理论。它分析的是政治场景和公共选择中的个人（包括投票人、政治家、官僚）行为
产生	产生于20世纪40—50年代的美国
代表人物	詹姆斯·布坎南、戈登·塔洛克等

续表

项目		具体内容
理论基石	个人主义方法论	人们只能通过对个人及其行为的理解来理解社会
	经济人假设	政治场景中的个人都是自利、理性和效用最大化者，以谋求自我利益最大化，而不是公众利益最大化
	作为一种交易的政治过程	在政治市场上，个人以自己同意承担的成本份额（或税收），交换政府提供的公共物品与服务

二、政府失灵的表现形式

（1）选民"理性的无知"与"理性的非理性"。
（2）政治家（政党）选票极大化。
（3）投票循环。
（4）官僚体系无效率。
（5）利益集团与寻租。

经典例题

[例题·多选题] 根据公共选择论，常见的政府失灵表现有（　　）。
A. 政治家选票极大化　　B. 投票循环　　C. 外部性　　D. 官僚体系无效率
E. 利益集团与寻租
[答案] ABDE
[解析] 通过本题掌握政府失灵的表现形式。C项，外部性是导致市场失灵的原因之一。

【考点五】建立现代财政制度的方向和任务

现代财政制度是国家治理的基石。建立现代财政制度的方向和任务如表11-8所示。

表11-8　建立现代财政制度的方向和任务

项目	具体内容
方向	完善立法、明确事权、改革税制、透明预算、稳定税负、提高效率
任务	※建立完整、规范、透明、高效的现代政府预算管理制度 （1）现代预算制度是现代财政制度的基础 （2）预算编制科学完整、预算执行规范有效、预算监督公开透明，三者有机衔接、相互制衡是现代预算管理制度的核心内容 （3）重点推进相关方面的改革和制度建设 ※建设有利于科学发展、社会公平、市场统一的税收制度体系 深化税制改革的目标取向：优化税制结构、完善调解功能、稳定宏观税负、推进依法治税 ※健全中央和地方财力和事权相匹配的财政体制

经典例题

[例题·多选题] 现代预算管理制度的核心内容有（　　）。
A. 预算编制科学完整　　　　　　B. 预算执行规范有效
C. 预算赤字持续缩小　　　　　　D. 预算监督公开透明
E. 预算年度保持一致
[答案] ABD
[解析] 现代财政制度的基础是政府预算制度。预算编制科学完整、预算执行规范有效、预算监督公开透明，三者有机衔接、相互制衡是现代预算管理制度的核心内容。

本章易错易混考点

【易错易混考点】 财政三大基本职能的实现机制和手段(如表11-9所示)

表11-9 财政三大基本职能的实现机制和手段

财政三大职能	实现机制和手段
资源配置职能	强调资源配置的"方向",重点关注: (1) 优化财政支出结构 (2) 为公共工程提供资金 (3) 通过直接投资、财政贴息、税收优惠等引导调节社会投资方向
收入分配职能	强调缩小"贫富差距",重点关注: (1) 加强税收调节—所得税、资源税、遗产税、财产税均可实现收入分配职能 (2) 发挥财政转移支付作用 (3) 发挥公共支出作用
经济稳定与发展职能	强调调节"需求",重点关注: (1) 通过税收、财政贴息、公债等调节社会投资需求水平 (2) 通过税收等调节个人消费水平和结构

[2015年真题·单选题] 下列政策措施中,不属于财政配置社会资源的机制和手段的是( )。
A. 优化财政支出结构 B. 确定公共需要范围
C. 降低个人所得税税率 D. 调节社会投资方向
[答案] C
[解析] 本题需注意"不属于",降低个人所得税税率属于收入分配职能,所以本题选择C项。

历年经典真题回顾

一、**单项选择题**(每题1分,每题备选项中,只有1个最符合题意)

1. 现代预算管理制度的核心内容不包括( )。[2017年真题]
   A. 预算编制科学完整 B. 预算执行规范有效
   C. 预算监督公开透明 D. 预算评价可行统一
   [答案] D
   [解析] 预算编制科学完整、预算执行规范有效、预算监督公开透明,三者有机衔接、相互制衡是现代预算管理制度的核心内容。

2. 下列财政措施中,不属于我国建立现代财政制度方向的是( )。[2016年真题]
   A. 提高税收 B. 完善立法
   C. 透明预算 D. 明确事权
   [答案] A
   [解析] 我国建立现代财政制度的方向包括完善立法、明确事权、改革税制、透明预算、稳定税负、提高效率。税收负担水平应该在合理范围内,若提高税收超过企业、个人承受能力就会影响经济发展。故A项错误。

3. 下列经济活动中,不属于政府经济活动范围的是( )。[2015年真题]
   A. 生产私人物品 B. 调节收入分配
   C. 矫正外部性 D. 维持有效竞争
   [答案] A
   [解析] 政府经济活动的范围不包括生产私人物品。

4. 下列生产方式中，属于公共物品典型生产方式的是（ ）。[2015年真题]
   A. 特许经营　　　　B. 私人经营　　　　C. 社会组织生产　　　D. 政府生产
   [答案] D
   [解析] 政府生产和合同外包是两种典型的公共物品生产方式。

5. 公共物品供给的制度不包括（ ）。[2014年真题]
   A. 决策制度　　　　B. 融资制度　　　　C. 销售制度　　　　D. 生产制度
   [答案] C
   [解析] 公共物品供给制度包括决策制度、融资制度、生产制度和受益分配制度。

6. 通过资源税调节自然资源形成的级差收入，是财政发挥（ ）职能的体现。[2014年真题]
   A. 收入分配　　　　B. 资源配置　　　　C. 经济稳定　　　　D. 经济发展
   [答案] A
   [解析] 资源税调节级差收入，体现了收入分配职能。

7. 对于一种纯粹公共物品，在其总供给量保持不变的情况下，如果增加一个人对它的消费量，则其他人可消费数量的变化情况是（ ）。[2013年真题]
   A. 相应增加　　　　B. 相应减少　　　　C. 保持不变　　　　D. 趋于平均
   [答案] C
   [解析] 通过本题掌握公共物品的含义。公共物品是指增加一个人对该物品的消费，并不同时减少其他人对该物品消费的那类物品。

8. 公共选择理论分析的是政治场景中的个体行动及其后果，是一种关于（ ）的经济理论。[2011年真题]
   A. 市场失灵　　　　B. 政府治理　　　　C. 政府失灵　　　　D. 利益集团
   [答案] C
   [解析] 公共选择理论是对非市场决策的经济学研究，是关于"政府失灵"的理论。它分析的是政治场景和公共选择中的个人（包括投票人、政治家、官僚）行为。

9. 某村村民以种植有机蔬菜为主要经济来源。为保证新鲜蔬菜及时运送到城区，村中两名蔬菜种植大户合资修建了一条连通城市道路的村级公路，并允许其他村民免费使用。根据这一事例，下列说法错误的是（ ）。[2011年真题]
   A. 其他村民可以"免费搭车"
   B. 允许未付费者使用，有损于社会资源配置的帕累托效率准则
   C. 村级公路修建的成本不一定非由全体村民承担
   D. 允许未付费者使用，可能会导致无人愿意修建村级道路
   [答案] B
   [解析] 公共物品具有"免费搭车"的现象，一旦被生产出来，如果阻止未付费者消费，从社会资源利用的角度看，是缺乏效率的，也就是说排他性消费不符合效率原则。本题B项表述错误。

10. 我国中央财政不断加大对中西部地区的财政转移支付力度，逐步缩小地区间基本公共服务差距，这是公共财政履行（ ）职能的体现。[2009年真题]
    A. 经济发展　　　　B. 经济稳定　　　　C. 市场维护　　　　D. 收入分配
    [答案] D
    [解析] 通过题干中的"财政转移支付缩小地区间服务差距"可选择"收入分配"。

二、多项选择题（每题2分，每题备选项中，有2个或2个以上符合题意，至少有1个错项。错选，本题不得分；少选，所选的每个选项得0.5分）

1. 按照党的十八届三中全会要求，深化税制改革的目标包括（　　）。[2014年真题]
   A. 优化税制结构 B. 完善调节功能
   C. 稳定宏观税负 D. 推进依法治税
   E. 增强收入功能
   [答案] ABCD
   [解析] 深化税制改革的目标包括优化税制结构、完善调节功能、稳定宏观税负、推进依法治税。

2. 现代市场经济中，财政实现收入分配职能的手段主要有（　　）。[2013年真题]
   A. 加强税收调节 B. 增加社会保障支出
   C. 增加经济建设支出 D. 没收财产并重新分配
   E. 提供社会福利
   [答案] ABE
   [解析] 通过本题掌握财政实现收入分配职能的机制和手段。实现收入分配职能的机制和手段包括：根据市场和政府的职责分工，明确市场和财政对社会收入分配的范围和界限；加强税收调节；发挥财政转移支付作用（增加社会保障支出）；发挥公共支出的作用（提供社会福利）。

3. 下列领域中，属于公共财政应当发挥职能作用的有（　　）。[2010年真题]
   A. 环境保护 B. 食品加工
   C. 义务教育 D. 卫生防疫
   E. 国防建设
   [答案] ACDE
   [解析] 根据政府职能的范围，财政资源配置范围应当是市场失灵而又为社会公共需要的公共物品和服务，A、C、D、E四项均属于公共财政应当发挥职能作用的范围；食品加工属于私人物品，由市场机制发挥作用，故排除B项。

4. 公共财政的基本职能有（　　）。[2009年真题]
   A. 稳定价格 B. 配置资源
   C. 分配收入 D. 稳定与发展经济
   E. 平衡国际收支
   [答案] BCD
   [解析] 财政的基本职能包括资源配置、收入分配以及经济稳定与发展职能。

本章同步练习

一、单项选择题（每题1分，每题备选项中，只有1个最符合题意）

1. 公共物品供给的制度结构的核心是（　　）。
   A. 决策制度 B. 融资制度
   C. 生产制度 D. 受益分配制度

2. 在某种纯公共物品的总供给量保持不变的情况下，一个人增加该物品的消费，其他人对该物品的消费会（　　）。
   A. 相应增加 B. 相应减少 C. 不受影响 D. 趋于平均

3. 纯公共物品的两大特征中，（　　）指出了通过市场机制提供公共物品的潜在困难。
   A. 非竞争性 B. 非排他性

C. 非可分割性　　　　　　　　　　D. 竞争性

4. 在公共物品的生产方式中，公共服务提供私有化的表现方式是（　　）。
   A. 政府生产　　　　　　　　　　B. 联合融资
   C. 私人融资　　　　　　　　　　D. 合同外包

5. 可能导致公共物品供给的数量不足和结构不平衡的公共物品融资方式是（　　）。
   A. 政府融资　　　　　　　　　　B. 私人融资
   C. 联合融资　　　　　　　　　　D. 强制融资

6. 根据亚当·斯密的供求规律，当供给大于需求，价格（　　）。
   A. 上涨　　　　　　　　　　　　B. 下降
   C. 不变　　　　　　　　　　　　D. 无法确定

7. 政府为市场提供（　　）。
   A. 劳动力　　　B. 生产要素　　　C. 商品和服务　　　D. 公共物品

8. 财政收入分配职能的目标是（　　）。
   A. 实现按劳分配　　　　　　　　B. 完善收入体制
   C. 实现共同富裕　　　　　　　　D. 实现公平分配

9. 下列活动中，不属于公共财政应发挥职能作用范围的活动是（　　）。
   A. 防止传染病　　　　　　　　　B. 防震救灾
   C. 生产电风扇　　　　　　　　　D. 发展义务教育

10. 财政经济稳定职能的行使，其重点是（　　）。
    A. 维持社会资源在高水平利用状况下的稳定
    B. 社会资源在私人部门和政府部门之间的分配
    C. 促进经济增长
    D. 经济结构的改善

11. 下列各项中，属于公共财政配置社会资源的机制和手段的是（　　）。
    A. 发挥财政转移支付作用
    B. 发挥公共支出的作用
    C. 通过税收、财政补贴、财政贴息、公债等调节社会投资需求水平
    D. 为公共工程提供必要的资金保障

12. 政府通过公共支出提供社会福利，体现了财政的（　　）职能。
    A. 资源配置　　　　　　　　　　B. 市场调控
    C. 收入分配　　　　　　　　　　D. 经济稳定与发展

13. 下列关于公共选择理论的表述，错误的是（　　）。
    A. 公共选择产生于美国
    B. 公共选择可以定义为市场决策的经济学研究
    C. 公共选择是关于政府失灵的理论
    D. 公共选择的代表人物包括詹姆斯·布坎南、戈登·塔洛克

14. 现代财政制度的基础是（　　）。
    A. 税收管理制度　　　　　　　　B. 政府预算制度
    C. 财务管理制度　　　　　　　　D. 现代会计制度

15. 关于公共物品的融资方式，下列说法错误的是（　　）。
    A. 政府融资的缺点是难以满足社会成员对公共物品的多样化需求

B. 非竞争性成为对自愿融资起阻碍作用的关键因素

C. 联合融资的常见手段是政府以财政补贴和税收优惠等方式，鼓励私人机构提供公共物品

D. 私人融资的缺点是可能导致公共物品供给的数量不足和结构不平衡

二、多项选择题（每题2分，每题备选项中，有2个或2个以上符合题意，至少有1个错项。错选，本题不得分；少选，所选的每个选项得0.5分）

1. 公共物品的供给包含两重含义，即（　　）。
   A. 公共物品的融资　　　　　　　B. 公共物品的生产
   C. 公共物品的需求显示　　　　　D. 公共物品供给的制度结构
   E. 公共物品的决策制度

2. 公共物品供给的制度结构涉及的内容包括（　　）。
   A. 决策制度　　　　　　　　　　B. 融资制度
   C. 生产制度　　　　　　　　　　D. 受益分配制度
   E. 经济稳定

3. 下列关于供求规律的表述，正确的有（　　）。
   A. 供给大于需求，库存增加　　　B. 需求大于供给，价格上涨
   C. 供给大于需求，价格上涨　　　D. 需求大于供给，生产增长
   E. 供给大于需求，生产低迷

4. 在社会主义市场经济条件下，公共财政具有（　　）职能。
   A. 资源配置　　　　　　　　　　B. 市场调控
   C. 收入分配　　　　　　　　　　D. 发挥竞争机制
   E. 经济稳定和发展

5. 下列选项中，属于财政资源配置范围的有（　　）。
   A. 维护市场竞争　　　　　　　　B. 国家安全支出
   C. 公共卫生　　　　　　　　　　D. 生产空调
   E. 矫正外部效应

6. 下列实现公共财政职能的手段中，属于实现经济稳定和发展职能的手段有（　　）。
   A. 财政政策和货币政策的协调配合，推动社会总需求和社会总供给的平衡
   B. 税收、财政补贴、财政贴息、公债等调节社会投资需求水平
   C. 通过税收将个人收益调节到合理的水平
   D. 明确市场和财政对社会收入分配的范围和界限
   E. 优化财政支出结构

7. 财政经济稳定和发展职能的目标有（　　）。
   A. 经济增长　　　　　　　　　　B. 充分就业
   C. 物价稳定　　　　　　　　　　D. 发挥财政转移性支出的作用
   E. 国际收支平衡

8. 下列实现公共财政职能的手段中，属于实现收入分配职能的手段有（　　）。
   A. 征收企业所得税
   B. 征收遗产税
   C. 征收个人所得税
   D. 开征资源税调节自然资源形成的级差收入
   E. 优化财政支出结构

9. 公共选择的理论基石包括（　　）。
   A. 个人主义方法论　　　　　　　B. 经济人假设
   C. 作为一种交易的政治过程　　　D. 理性的非理性
   E. 利益集团与寻租
10. 我国建立现代财政制度的方向有（　　）。
    A. 完善立法　　　　　　　　　　B. 明确事权
    C. 改革税制　　　　　　　　　　D. 透明预算
    E. 加速经济增长

本章同步练习参考答案及解析

一、单项选择题

1. [答案] A
   [解析] 通过本题掌握公共物品供给的制度结构的四项内容，并掌握其核心内容是决策制度。

2. [答案] C
   [解析] 公共物品的特点：①非竞争性。即消费者对某一种公共物品的消费并不影响其他人对该公共物品的消费。例如国防、道路、环境治理、电视广播等。②非排他性。公共物品可以由任何消费者进行消费，任何一个消费者都不会被排斥在外。

3. [答案] B
   [解析] 纯公共物品的非排他性指的是一种公共物品一旦被提供出来，要排除一个额外的消费者在技术上不可行，或者尽管技术上排他是可行的，但这样做的成本过高。这一特征指出了通过市场机制提供公共物品的潜在困难。

4. [答案] D
   [解析] 合同外包是指政治家首先与私人厂商签约，再由这个私人厂商与其雇员签订劳务合同，按政府的要求完成公共物品或服务的生产任务。合同外包是公共服务提供私有化的表现。

5. [答案] B
   [解析] 私人融资的缺点是可能导致公共物品供给的数量不足和结构不平衡。政府融资的缺点是难以满足社会成员对公共物品的多样化需求。

6. [答案] B
   [解析] 市场机制的基本规律就是供求规律，即：供给大于需求，价格下降，库存增加，生产低迷；供给小于需求，价格上涨，库存减少，生产增长。

7. [答案] D
   [解析] 政府为市场提供基础设施、教育和社会保障等公共物品和准公共物品。

8. [答案] D
   [解析] 公共财政收入分配职能是指政府运用财政手段调整国民收入初次分配结果的职能，旨在实现公平收入分配的目标。

9. [答案] C
   [解析] 在我国社会主义市场经济条件下，根据政府职能的范围，财政资源配置范围应当是市场失灵而又为社会公共需要的公共物品和服务。电风扇属于私人物品，应由市场进行资源配置，C项错误。

10. [答案] A
    [解析] 财政经济稳定职能的重点是维持社会资源在高水平利用状况下的稳定。

11. [答案] D
    [解析] 通过本题掌握财政三大职能实现的机制和手段。本题中A、B两项是收入分配职能的实现手段；C项是经济稳定与发展职能的实现手段。

12. [答案] C
    [解析] 通过本题掌握财政收入分配职能的实现手段。财政实现收入分配职能的手段包括：①明确市场和政府对收入分配的范围和配置；②加强税收调节；③发挥财政转移支付作用；④发挥公共支出的作用

157

（提供社会福利）。

13. [答案] B
    [解析] 通过本题掌握公共选择的含义。公共选择可以定义为非市场决策的经济学研究。

14. [答案] B
    [解析] 现代财政制度的基础是政府预算制度。

15. [答案] B
    [解析] 通过本题掌握公共物品融资有关考点。非排他性成为对自愿融资起阻碍作用的关键因素，B项错误。

二、多项选择题

1. [答案] AB
   [解析] 公共物品的两重含义是指公共物品的融资和公共物品的生产。

2. [答案] ABCD
   [解析] 公共物品供给的制度结构包括决策制度、融资制度、生产制度、受益分配制度。

3. [答案] ABDE
   [解析] 通过本题掌握亚当·斯密的供求规律。供给大于需求，价格下降，库存增加，生产低迷；供给小于需求，价格上涨，库存减少，生产增长；通过价格和产量的不断波动，达到供给和需求的平衡。

4. [答案] ACE
   [解析] 通过本题掌握公共财政的三大职能。在社会主义市场经济条件下，公共财政具有资源配置、收入分配、经济稳定和发展职能。

5. [答案] ABCE
   [解析] 财政资源配置职能的范围是市场配置无效而又为社会公共需要的公共物品和服务。A、B、C、E四项均属于公共物品和服务的范畴。D项属于私人物品，应由市场进行资源配置。

6. [答案] AB
   [解析] 通过本题掌握财政实现经济稳定和发展职能的机制和手段。C项和D项属于收入分配职能的手段。E项属于资源配置职能的手段。

7. [答案] ABCE
   [解析] 财政经济稳定和发展职能的四大目标：充分就业、物价稳定、经济增长和国际收支平衡。

8. [答案] ABCD
   [解析] 政府通过税收进行的收入再分配活动，是在全社会范围内进行的收入的直接调节，具有一定的强制性。如通过企业所得税、个人所得税将企业和个人的收益调节到合理水平，通过资源税调节自然资源形成的级差收入。
   [补充] 通过征收遗产税将个人的收益调节到合理水平，通过征收财产税也能实现收入分配职能。这些均属于收入分配职能。

9. [答案] ABC
   [解析] 通过本题掌握公共选择的三大理论基石，即个人主义方法论、经济人假设和作为一种交易的政治过程。

10. [答案] ABCD
    [解析] 我国建立现代财政的方向是完善立法、明确事权、改革税制、稳定税负、透明预算、提高效率。

✏️ 错题收集

第十二章　财政支出

本章考情分析

年份	单项选择题	多项选择题	合计
2017 年	2 题 2 分	1 题 2 分	4 分
2016 年	2 题 2 分	1 题 2 分	4 分
2015 年	1 题 1 分	1 题 2 分	3 分
2014 年	1 题 1 分	2 题 4 分	5 分
2013 年	2 题 2 分	1 题 2 分	4 分
2012 年	3 题 3 分	1 题 2 分	5 分

本章考点概览

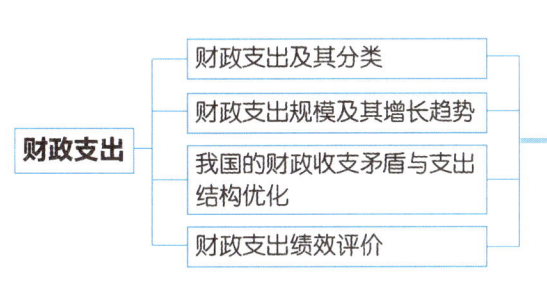

本章主要考点：
1. 财政支出的含义及分类
2. 衡量财政支出规模的指标及规模变化的指标
3. 财政支出规模增长的理论
4. 中国财政支出结构存在的问题及优化措施
5. 财政支出绩效评价

本章考点详解

【考点一】财政支出的含义及分类

一、财政支出的含义

财政支出，是指政府为履行职能、取得所需商品和劳务而进行的资金支付，是政府行为活动的成本。其相关概念如表 12-1 所示。

表 12-1　财政支出的相关概念

项目	含义	作用
财政支出规模	财政支出总额占国内生产总值的比重	反映政府实际上参与社会经济生活的程度
财政支出结构	财政支出总额中各类支出所占的比重	反映政府用各项财政资金都做了什么事，有助于人们了解政府是如何运用财政资金的

续表

项目	含义	作用
财政支出的经济性质	各项财政支出的具体经济构成	反映财政每一笔钱具体是怎么花的,反映了政府在社会经济生活中实际履行何种职能

二、财政支出的分类

财政支出分类,是指从不同角度根据一定标准对各种不同的财政支出进行的划分和分类,具体内容如表 12-2 所示。

表 12-2 财政支出的分类

分类标准			具体内容
适用于编制政府预算的统计分类	支出功能分类	含义	按照政府提供公共物品与服务的产出性质进行的分类,反映政府的职能活动
		具体项目	一般公共服务支出、外交支出、国防支出、公共安全支出、教育支出、科学技术支出、文化体育与传媒支出、社会保障和就业支出、医疗卫生与计划生育支出、节能环保支出、城乡社区支出、农林水支出、交通运输支出、资源勘探信息等支出、商业服务业等支出、金融支出、援助其他地区支出、国土海洋气象等支出、住房保障支出、粮油物资储备支出、预备费、其他支出、转移性支出、债务还本支出、债务付息支出、债务发行费支出
	支出经济分类	含义	按照政府生产公共物品的成本投入进行分类,反映政府支出的经济性质和具体用途,是对政府支出活动更为明细的反映
		具体项目	工资福利支出、商品和服务支出、对个人和家庭的补助、债务利息及费用支出、资本性支出(基本建设)、资本性支出、对企业补助(基本建设)、对企业补助、对社会保障基金补助、其他支出
交易的经济性质	购买性支出	含义	是指政府为了履行其职能,从私人部门取得物品与劳务并支付相应资金而发生的费用
		具体项目	包括政府消费性支出和投资性支出。购买性支出比重大,政府的资源配置职能较强
	转移性支出		政府扮演中介者的角色,依法向受益对象拨付财政资金但并不要求获得相应的物品与劳务。可以造成购买力和社会财富在其他社会主体中的重新分配。转移性支出比重大,政府的收入分配职能较强

【考点小贴士】支出功能分类与支出经济分类的项目在区分时主要从定义入手,支出功能分类强调产出性质,而财政的产出就是公共物品和服务,所以可以看出是公共物品和服务的项目就属于功能分类的项目。

经典例题

[例题·单选题] 下列财政支出分类科目中,属于财政支出功能分类的是( )。
A. 工资福利支出   B. 节能环保支出   C. 商品和服务支出   D. 对企业补助
[答案] B
[解题思路] 通过本题掌握财政支出功能分类及支出经济分类的项目,注意二者的区分。本题只有节能环保能看出是公共物品与服务,其余三项均属于支出经济分类的项目,只能表示政府的钱是怎么花出去的。

[2014 年真题·多选题] 按照交易的经济性质不同,财政支出可分为( )。
A. 购买性支出   B. 环境保护支出   C. 转移性支出   D. 社会保障支出
E. 公共服务支出

[答案] AC
[解析] 按照交易的经济性质不同，财政支出可分为购买性支出和转移性支出。

【考点二】衡量财政支出规模的指标及规模变化的指标

一、衡量财政支出规模的指标

衡量财政支出规模的指标如表12-3所示。

表12-3 衡量财政支出规模的指标

指标分类		具体内容
绝对规模指标		通常由按当年价格计算的财政支出的加总来反映
		财政支出总量是不断增长的，这是由经济总量的不断增长所决定
相对规模指标	财政支出占国内生产总值的比重	反映政府干预经济的程度
	中央财政支出占全国财政支出的比重	反映中央政府对地方政府的控制程度

二、财政支出规模变化的指标

财政支出规模变化指标的具体内容如表12-4所示。

表12-4 财政支出规模变化的指标

反映财政支出变化的指标	指标内容
财政支出增长率	当年财政支出比上年同期财政支出增长的百分比，可以说明财政支出的增长趋势
财政支出增长的弹性系数（率比）	财政支出增长率与国内生产总值增长率之比，弹性系数大于1表明财政支出增长速度快于国内生产总值增长速度
财政支出增长的边际倾向（额比）	表明财政支出增长额与国内生产总值增长额之间的关系，即国内生产总值每增加一个单位时财政支出增加多少，或财政支出增长额占国内生产总值增长额的比例

经典例题

[例题·多选题] 关于财政支出规模变化的指标表述正确的有（   ）。
A. 反映财政支出变化情况的指标包括财政支出增长率、财政支出增长的弹性系数、财政支出增长的边际倾向
B. 财政支出增长的弹性系数反映的是财政支出增长额与国内生产总值增长额之间的关系
C. 财政支出的边际倾向是财政支出增长率与国内生产总值增长率之比
D. 财政支出增长率是当年财政支出比上年同期财政支出增长的百分比
E. 财政支出增长的边际倾向反映国内生产总值每增加一个单位时财政支出增加多少
[答案] ADE
[解析] 通过本题掌握：①反映财政支出变化情况的指标有哪些；②各种指标如何计算；③各指标反映什么内容。

【考点三】财政支出规模增长的理论

根据各国财政支出的实践看，自20世纪初期以来，各工业化国家的财政支出规模先是持续增大，后来渐渐稳定在相对较高的水平上，这是一个普遍趋势。财政支出增长的理论最著名的有五种，具体内容如表12-5所示。

表 12-5 财政支出规模增长的理论

理论	提出者	观点
政府活动扩张法则（瓦格纳法则）	瓦格纳	该理论认为财政支出之所以会不断增长，是因为伴随着工业化进程、社会和经济的发展增加了对政府活动的需求
		财政支出增长原因：为维护社会和经济正常秩序；纠正外部效应等市场失灵问题；文化、教育、福利等公共支出项目的增长
梯度渐进增长理论	皮考克、魏斯曼	该理论认为英国公共支出增长是"阶梯式""非连续性"的
		公众可容忍税收水平的提高，是公共支出增长的内在原因，公众可容忍的税收负担是财政支出的最高限度
经济发展阶段增长理论	马斯格雷夫	该理论认为财政支出数量的变化，是随着不同时期财政支出作用的变化而变化的
		经济发展的三个阶段： (1) 初期阶段：基础设施等政府投资比重较大 (2) 中期阶段：政府投资比重有所下降 (3) 成熟阶段：环境、交通、教育、通讯等政府投资比重加大
非均衡增长理论	鲍莫尔	该理论认为政府部门的投资效率偏低导致政府支出规模不断扩大
公共选择学派的解释	—	分别从选民、政治家、官僚行为及民主制度的特征等方面，提出了理解政府支出规模的新视角。选民通常具有"财政幻觉"，即选民在进行财政事务决策时，更关心扩大公共支出能给自己带来的好处而忽视税收负担也可能同时增长

【经典例题】

[2015年真题·单选题] 公共选择学派认为，选民在进行财政事务决策时，更关心扩大公共支出能给自己带来的好处而忽视税收负担也可能同时增加，这种现象称为（　　）。
A. 财政幻觉　　　　　　　　B. 预算幻觉
C. 超额负担　　　　　　　　D. 超额支出
[答案] A
[解题思路] 本题考查"财政幻觉"的概念，是2012年单选题的简单变形，变化方式是题干变选项。本题题干描述的是"财政幻觉"的定义。

[2014年真题·多选题] 德国社会政策学派代表人瓦格纳提出的"政府扩张法则"认为，财政支出增长的原因有（　　）。
A. 在一个国家经济发展的不同时期，财政支出所发挥的作用是不同的
B. 工业化引起的市场扩张，使市场当事人之间的关系更加复杂，产生的冲突矛盾增加，进而产生对商业法律和契约的需要
C. 为了纠正市场失灵问题对资源配置的负面影响，需要政府参与资源配置
D. 财政支出水平随着税收收入的增长而逐渐上升
E. 文化、教育、福利等财政支出增长量超过国内总值的增长率
[答案] BCE
[解析] 本题考查非常细致。A项是经济发展阶段增长理论的观点；D项是皮考克和魏斯曼提出的梯度渐进增长理论的观点。

【考点四】中国财政支出结构存在的问题及优化措施

中国财政支出结构存在的问题及优化措施如表12-6所示。

表 12-6　中国财政支出结构存在的问题及优化措施

存在的问题	优化措施
购买性支出比重大，转移性支出比重处于较低水平	应当更多地关注再分配问题，相应压缩购买性支出，扩大转移性支出的比重，并使财政支出向人力资本和社会资本倾斜
投资性支出占财政支出的比重较高	在处理投资性支出与消费性支出的关系时，一方面要控制并调减投资性支出的规模，另一方面要注意投资性支出应当有保有压。新增财政支出的投向应更多投到最终需求，而不是中间需求上
社会性支出的比重较低，质量不高	在消费性支出上，要从严控制行政性公共消费，优化转移支付结构（增加一般性转移支付规模和比例），预算支出要保证重点支出的需要，使有限的资金主要用于教育、医疗、社会保障等社会性支出上

经典例题

[例题·多选题] 长期以来，我国财政支出结构存在的主要问题有（　　）。
A. 购买性支出比重过高
B. 投资性支出比重过高
C. 对社会发展投资重视不够
D. 财政支出资源配置职能较弱
E. 财政支出再分配功能较弱
[答案] ABCE
[解析] 通过本题掌握我国财政支出存在的问题以及如何优化。购买性支出比重高，说明财政资源配置职能较强；转移性支出低，说明财政收入分配职能较弱。

【考点五】财政支出绩效评价

一、财政支出绩效评价概述

财政支出绩效评价概述内容如表 12-7 所示。

表 12-7　财政支出绩效评价概述

项目	内容
含义	指财政支出目标完成所取得的效果、影响及其效率
评价主体	政府及其财政部门
评价对象	使用财政资金的部门或机构
评价内容	公共委托—代理事项
评价原则（3E+1E）	(1) 经济性：从事某一项活动并使其达到合格质量的条件下耗费资源的最小化 (2) 效率性：强调以一定的投入取得最大的产出 (3) 效果性：指目标实现的程度和从事一项活动时期望取得的成果和实际取得的成果之间的关系 (4) 公平性：由于政府在社会中所追求的价值理念和"3E"评价法单纯强调经济效率之间存在矛盾和冲突，因此后来加入"公平性"指标

二、财政支出绩效评价的目的与方法

实施部门预算支出绩效评价的目的，主要是通过对部门绩效目标的综合评价，合理配置资源，优化支出结构，规范预算资金分配，提高资金使用效益和效率。

部门预算支出绩效评价方法有公众评价法、比较法、成本效益分析法、因素分析法。其具体内容如表 12-8 所示。

表 12-8　部门预算支出绩效评价方法

评价方法	含义
公众评价法	对无法直接用指标计量其效果的支出，通过专家评估、公众问卷及抽样调查，对各项绩效评价内容的完成情况进行打分，并根据分值评价绩效目标完成情况的评价方法
比较法	通过对绩效目标与绩效结果、历史情况和评价期情况、不同部门和地区同类支出的比较，综合分析评价绩效目标完成情况的评价方法
成本效益分析法	将一定时期内的支出与效益进行对比分析，来评价绩效目标完成情况的评价方法
因素分析法	通过分析影响目标、结果及成本的内外因素，综合分析评价绩效目标完成情况的评价方法

【考点小贴士】针对财政支出绩效评价方法的出题有两种形式：一是考查方法有哪些；二是考查各种方法的含义。对于四种财政支出绩效评价方法，如果提炼出关键词，就可以连成一句话："公众来比较成本因素"，这样关于方法有哪些这样的题目就能迎刃而解了；对于各种方法的含义，不需死记硬背，只要通过关键词（表格第一栏中划波浪线的词）就可以选择。

三、指标选择

确定合理的绩效评价指标是财政支出绩效评价的关键。绩效评价指标的选择要遵循相关性、经济性、可比性、重要性原则。选择财政支出绩效评价指标的原则具体内容如表 12-9 所示。

表 12-9　选择财政支出绩效评价指标的原则

原则	具体阐述
相关性	选定的指标与部门绩效目标有直接联系
经济性	指标的选择要考虑现实条件和可操作性，在合理成本的基础上实行评价
可比性	相似目的的工作选定共同的指标
重要性	选最具代表性、最能反映评价要求的指标

【考点小贴士】选择财政支出绩效评价指标的 4 个原则可简记为"相关经济可重要啦"，此处的"可"是指"可比性"。

经典例题

[例题·多选题] 确定财政支出绩效评价指标应遵循的原则有（　　）。
A. 重要性原则　　　　　　　　　B. 相关性原则
C. 可比性原则　　　　　　　　　D. 可靠性原则
E. 经济性原则
[答案] ABCE
[解题思路] 根据"相关经济可重要啦"选择出 A、B、E 三项。"可"指的是可比性，进而选出 C 项。

本章易错易混考点

【易错易混考点】财政支出增长的弹性系数与财政支出增长的边际倾向（如表 12-10 所示）

表 12-10　财政支出增长的弹性系数与财政支出增长的边际倾向

项目	计算公式	含义
财政支出增长的弹性系数	$\dfrac{\text{财政支出增长率}}{\text{国内生产总值增长率}}$	指财政支出增长率与国内生产总值增长率之比。弹性系数大于1，表明财政支出增长速度快于国内生产总值增长速度

续表

项目	计算公式	含义
财政支出增长的边际倾向	财政支出增长额/国内生产总值增长额	指国内生产总值每增加一个单位时，财政支出增加多少，或财政支出增长额占国内生产总值增长额的比例

【考点小贴士】 弹性系数与边际倾向的区别为：①相对数比，即"率的比"是弹性系数；②绝对数比，即"额的比"是边际倾向。

[例题·单选题] 下列财政指标中，属于反映财政支出增长率与国内生产总值增长率之间关系的是（ ）。

A. 财政支出增长的边际倾向　　　　B. 财政支出增长的弹性系数
C. 财政支出增长率　　　　　　　　D. 财政支出超支率

[答案] B

[解析] 财政支出增长的弹性系数＝财政支出增长率/国内生产总值增长率。

······ 历年经典真题回顾 ······

一、单项选择题（每题1分，每题备选项中，只有1个最符合题意）

1. 我国财政支出 2015 年为 175 768 亿元，2016 年为 187 841 亿元，2016 年财政支出增长率是（ ）。[2017年真题]

　　A. 6.43%　　　　B. 6.87%　　　　C. 6.47%　　　　D. 6.83%

[答案] B

[解析] 财政支出增长率＝（187 841－175 768）/175 768＝6.87%。

2. "财政支出数量的变化，是随着不同时期财政支出作用的变化而变化"，这一结论来自于（ ）。[2017年真题]

　　A. 马斯格雷夫提出的经济发展阶段增长理论
　　B. 瓦格纳提出的政府活动扩张法则
　　C. 鲍莫尔提出的非均衡增长理论
　　D. 皮考克和魏斯曼提出的梯度渐进增长理论

[答案] A

[解析] 从技巧上，本题可通过题干中的"不同时期"选择"经济发展阶段增长理论"。马斯格雷夫经济发展阶段增长理论强调财政支出数量的变化，是随着不同时期财政支出作用的变化而变化的。具体阶段有：①初期阶段——基础设施等政府投资比重较大；②中期阶段——政府投资比重有所下降；③成熟阶段——环境、交通、教育、通讯等政府投资比重加大。

3. 下列财政指标中，属于反映财政支出增长额与国内生产总值增长额之间关系的是（ ）。[2016年真题]

　　A. 财政支出增长的边际倾向　　　　B. 财政支出增长的弹性系数
　　C. 财政支出增长率　　　　　　　　D. 财政支出超支率

[答案] A

[解析] 财政支出增长的边际倾向（增长额比）是表明财政支出增长额与国内生产总值增长额之间的关系，即国内生产总值每增加一个单位时，财政支出增加多少或财政支出增长额占国内生产总值增长额的比例。

4. 通常情况下，能够反映政府实际参与社会经济生活程度的是（ ）。[2016年真题]

　　A. 财政支出结构　　　　　　　　　B. 财政支出规模
　　C. 转移支付规模　　　　　　　　　D. 转移支付结构

[答案] B

[解析] 通过本题掌握财政支出规模、财政支出结构、财政支出的经济性质分别反映的内容。财政支出规模可反映政府实际上参与社会经济生活的程度。

5. 财政支出绩效是指（　　）。[2014年真题]
   A. 完成财政支出目标所取得的效果、影响及其效率
   B. 预计财政支出所要实现的目标
   C. 完成财政支出预算安排的进程
   D. 在预算年度终了后财政结余的资金规模

[答案] A

[解析] 财政支出绩效是指财政支出目标完成所取得的效果、影响及其效率。

6. 从工业化国家财政支出的实践看，自20世纪初期以来，各工业化国家财政支出规模变化的普遍趋势是（　　）。[2013年真题]
   A. 呈现波动变化，但总趋势是不断缩小
   B. 呈现周期性变化，但总趋势是不断扩大
   C. 有的年份扩大，有的年份缩小，但总趋势是保持稳定
   D. 先是持续增大，后来逐渐稳定在相对较高水平上

[答案] D

[解析] 根据各国财政支出的实践看，自20世纪初期以来，各工业化国家的财政支出规模先是持续增大，后来渐渐稳定在相对较高的水平上，这是一个普遍趋势。

7. 长期以来，我国财政支出结构存在的主要问题是（　　）。[2013年真题]
   A. 转移性支出占财政支出的比重过高
   B. 购买性支出占财政支出的比重过低
   C. 财政支出的再分配功能较弱
   D. 投资性支出占财政支出的比重过低

[答案] C

[解析] 我国财政支出结构存在的问题是：①购买性支出比重大，转移性支出比重处于较低水平（所以财政的资源配置职能强，收入分配职能较弱）；②投资性支出占财政支出的比重较高；③社会性支出的比重较低。

8. 实施部门预算支出绩效评价时，对无法直接用指标计量其效果的支出，通过专家评估、公众问卷及抽样调查方法将各项绩效评价内容的完成情况进行打分，应根据分值评价绩效目标的完成情况，这种方法称为（　　）。[2012年真题]
   A. 比较法
   B. 公众评价法
   C. 因素分析法
   D. 成本效益分析法

[答案] B

[解析] 本题根据题干中关键词"公众"与B项中"公众"的对应关系即可选择B项是正确的。

9. 财政幻觉是指（　　）。[2012年真题]
   A. 民众通常更关心减轻税收负担，却忽视了可能享受的公共服务水平也会降低
   B. 民众通常相信随着经济的发展，市场食品问题会越来越少，政府支出规模会保持稳定
   C. 民众通常相信财政支出数量会随着不同时期财政支出作用的变化而变化
   D. 民众通常更关心扩大公共支出能给自己带来好处，却忽视了税收负担也有可能同时增长

[答案] D

[解析] 财政幻觉是指选民在进行财政事务决策时,更关心扩大公共支出能给自己带来的好处而忽视税收负担也可能同时增加。

二、多项选择题(每题2分,每题备选项中,有2个或2个以上符合题意,至少有1个错项。错选,本题不得分;少选,所选的每个选项得0.5分)

1. 部门预算支出绩效评价方法有(　　)。[2017年真题]
   A. 比较法　　　　　　　　　　B. 因素分析法
   C. 公众评价法　　　　　　　　D. 净现值法
   E. 成本效益分析法
   [答案] ABCE
   [解析] 财政支出绩效评价方法包括公众评价法、比较法、成本效益分析法、因素分析法。

2. 下列财政支出中,属于按交易的经济性质分类的有(　　)。[2016年真题]
   A. 环境保护支出　　　　　　　B. 购买性支出
   C. 经济事务支出　　　　　　　D. 医疗保健支出
   E. 转移性支出
   [答案] BE
   [解析] 财政支出按交易的经济性质可分为购买性支出和转移性支出。

3. 下列经济理论中,属于财政支出规模增长理论的有(　　)。[2015年真题]
   A. 梯度渐进增长理论　　　　　B. 非均衡增长理论
   C. 政府活动扩张法则　　　　　D. 内生增长理论
   E. 经济发展阶段增长理论
   [答案] ABCE
   [解析] 财政支出规模增长理论包括政府活动扩张法则、梯度渐进增长理论、非均衡增长理论、经济发展阶段理论、公共选择学派。五种理论可简记为"选择非均衡梯度扩张发展理论"。

4. 确定财政支出绩效评价指标应遵循的原则有(　　)。[2013年真题]
   A. 平衡性原则　　　　　　　　B. 相关性原则
   C. 可比性原则　　　　　　　　D. 重要性原则
   E. 经济性原则
   [答案] BCDE
   [解析] 通过本题掌握选择合理绩效评价指标的原则以及各原则的含义。财政支出绩效评价指标选择遵循的原则是相关性、经济性、可比性和重要性。

5. 根据国家"十二五"发展规划要求,优化我国财政支出结构的方向有(　　)。[2012年真题]
   A. 扩大购买性支出的比重
   B. 扩大转移性支出的比重
   C. 严控一般性行政消费支出
   D. 扩大竞争性生产投资支出规模
   E. 保障经济社会发展薄弱环节和民生支出需要
   [答案] BCE
   [解析] 通过本题掌握优化我国财政支出结构的措施。优化财政支出结构应当更多地关注再分配问题,相应压缩购买性支出,A项错误。在处理投资性支出与消费性支出的关系时,一方面要控制并调减投资性支出的规模,另一方面要注意投资性支出应当有保有压,D项错误。

本章同步练习

一、**单项选择题**（每题1分，每题备选项中，只有1个最符合题意）

1. 下列财政支出分类方法中，能够使政府每一项支出的具体用途得到全面、具体、清晰反映的是（　　）。
   A. 按支出功能分类
   B. 按交易的经济性质分类
   C. 按支出经济分类
   D. 按支出能否直接得到价值补偿分类

2. 财政支出总额占国内生产总值的比重称为（　　）。
   A. 财政支出规模
   B. 财政支出结构
   C. 财政支出的经济性质
   D. 财政支出方向

3. 将财政支出分为购买性支出和转移性支出两类，这种分类标准是（　　）。
   A. 按支出经济分类
   B. 按交易的经济性质分类
   C. 按支出功能分类
   D. 按支出使用部门分类

4. 按照政府提供公共物品与服务的产出性质进行的分类，反映了政府的职能活动，这是政府的（　　）。
   A. 支出功能分类
   B. 支出经济分类
   C. 购买性支出
   D. 转移性支出

5. 经济学家关于财政支出增长的解释中，提出"经济发展阶段增长理论"的是（　　）。
   A. 瓦格纳
   B. 皮考克
   C. 马斯格雷夫
   D. 魏斯曼

6. 公共支出之所以会不断增长，是因为伴随着工业化进程，社会和经济的发展增加了对政府活动的需求，这是（　　）的观点。
   A. 皮考克和魏斯曼的梯度渐进增长理论
   B. 瓦格纳政府活动扩张法则
   C. 马斯格雷夫经济发展阶段增长理论
   D. 鲍莫尔非均衡增长理论

7. 根据英国经济学家皮考克和魏斯曼提出的"梯度渐进增长理论"，在正常年份财政支出的最高限度是（　　）。
   A. 社会财富总量
   B. 财政支出需要
   C. 公众可以容忍的税收负担
   D. 政府举借债务规模

8. 中国财政支出结构上的偏离，即（　　）的现状是造成中国社会发展严重滞后于经济发展的关键原因之一。
   A. 重视经济服务（特别是经济建设事务）和一般公共服务而忽视社会性支出
   B. 重视社会性支出而忽视一般公共服务
   C. 重视转移性支出而忽视购买性支出
   D. 重视教育、医疗、社会保障而忽视一般性开支

9. 财政支出绩效评价的内容是（　　）。
   A. 使用财政资金的部门或机构
   B. 公共委托—代理事项
   C. 政府及其财政部门
   D. 中央各部门

10. 通过对绩效目标与绩效结果、历史情况和考评期情况、不同部门和地区同类支出的比较，综合分析评价绩效目标完成情况的部门支出绩效评价方法是（　　）。
    A. 比较法
    B. 因素分析法
    C. 公众评价法
    D. 成本效益分析法

11. 根据（　　）原则，绩效评价指标的选择要考虑现实条件和可操作性，在合理成本的基础上实行考评。

   A. 相关性　　　　　B. 经济性　　　　　C. 可比性　　　　　D. 重要性

二、多项选择题（每题2分，每题备选项中，有2个或2个以上符合题意，至少有1个错项。错选，本题不得分；少选，所选的每个选项得0.5分）

1. 下列关于财政支出的分类表述正确的有（　　）。

   A. 国际通行的统计分类方法有财政支出功能分类和财政支出经济分类

   B. 支出经济分类是政府支出活动更为明细的反映

   C. 购买性支出可以造成购买力和社会财富在其他社会主体中的重新分配

   D. 通过转移性支出政府参与社会资源的配置，影响着社会投资与消费的总量和构成

   E. 利用交易的经济性质这一分类体系可以考察一国政府的职能是偏好于资源配置还是收入分配

2. 下列关于财政支出规模的表述正确的有（　　）。

   A. 当年财政支出占当年国内生产总值的比重，反映中央政府对地方政府的控制程度

   B. 正常情况下财政支出占国内生产总值的比重是不断上升的

   C. 根据各国财政支出的实践，财政支出从长期看呈现不断增长的趋势

   D. 财政支出绝对规模通常由按当年价格计算的财政支出的加总来反映

   E. 当年财政支出占当年国内生产总值的比重，反映政府干预经济的程度

3. 下列选项中，属于按支出经济分类划分的财政支出包括（　　）。

   A. 社会保障和就业支出　　　　　B. 工资福利支出

   C. 商品和服务支出　　　　　　　D. 医疗卫生与计划生育支出

   E. 对企业补助

4. 经济发展阶段增长理论认为，当经济由中期阶段进入成熟阶段的时候，增长速度大大加快的有（　　）。

   A. 基础设施支出　　　　　　　　B. 基础产业支出

   C. 对私人企业的补贴支出　　　　D. 教育支出

   E. 交通支出

5. 反映财政支出规模变化的指标包括（　　）。

   A. 中央财政支出占全国财政支出的比重　　　　　B. 财政支出增长的弹性系数

   C. 财政支出增长率　　　　　　　　　　　　　　D. 财政支出增长的边际倾向

   E. 人均财政支出

6. 下列财政支出分类科目中，属于财政支出功能分类的有（　　）。

   A. 资本性支出（基本建设）　　　　B. 文化体育与传媒支出

   C. 商品和服务支出　　　　　　　　D. 国防支出、外交支出

   E. 住房保障支出

7. 优化我国财政支出结构的方向有（　　）。

   A. 扩大购买性支出的比重　　　　　B. 增加一般性转移支付的规模和比重

   C. 严控一般性行政消费支出　　　　D. 大力支持社会保障和就业工作

   E. 更多地关注再分配问题

8. 长期以来，我国财政支出结构存在的主要问题有（　　）。

   A. 购买性支出比重过低　　　　　　B. 投资性支出比重过高

   C. 对社会发展投资重视不够　　　　D. 转移性支出比重过高

E. 财政支出资源配置功能较弱

9. 绩效评价指标选择要遵循（　　）原则。
   A. 客观公正　　B. 相关性　　C. 可比性　　D. 重要性
   E. 经济性

10. 下列关于财政支出绩效评价的说法，错误的有（　　）。
    A. 财政支出绩效评价的主体是政府及其财政部门
    B. 绩效评价的对象是使用财政资金的部门或机构
    C. "3E"原则要求对财政支出资金使用绩效的评价，要独立地分析其经济性、效率性和效果性
    D. 财政支出绩效评价的内容是公共委托—代理事项
    E. "3E"原则中的效率性是指目标实现的程度和从事一项活动时期望取得的成果和实际取得成果之间的关系

11. 财政支出绩效评价的原则包括（　　）。
    A. 效率性　　B. 效果性　　C. 经济性　　D. 公平性
    E. 一致性

本章同步练习参考答案及解析

一、单项选择题

1. [答案] C
   [解析] 支出经济分类是按照政府生产公共物品的成本投入进行分类，反映政府支出的经济性质和具体用途，说明政府的钱是怎样花出去的。支出功能分类是按照政府提供公共物品与服务的产出性质进行的分类，反映政府的职能活动。

2. [答案] A
   [解析] 财政支出规模，是指财政支出总额占国内生产总值（GDP）的比重。它反映了政府实际上参与社会经济生活的程度，有助于人们了解政府支配了多少社会资源，简单地说就是掌控和运用了多少钱。

3. [答案] B
   [解析] 通过本题掌握财政支出分类的标准。按照交易的经济性质可将财政支出分为购买性支出和转移性支出。

4. [答案] A
   [解析] 支出功能分类强调公共物品与服务的"产出性质"，支出经济分类强调公共物品与服务的"成本投入"。

5. [答案] C
   [解析] 马斯格雷夫提出了经济发展阶段增长理论。

6. [答案] B
   [解析] 瓦格纳政府活动扩张法则的观点是公共支出之所以会不断增长，是因为伴随着工业化进程，社会和经济的发展增加了对政府活动的需求。

7. [答案] C
   [解析] 公众可容忍税收水平的提高，是公共支出增长的内在原因。公众可容忍的税收负担是财政支出的最高限度。

8. [答案] A
   [解析] 中国财政支出结构上的偏离，即重视经济服务（特别是经济建设事务）和一般公共服务而忽视社会性支出的现状，这是造成中国社会发展严重滞后于经济发展的关键原因之一。

9. [答案] B
   [解析] 财政支出绩效评价的主体是政府及其财政部门。财政支出绩效评价的对象是使用财政资金的部门或机构。财政支出绩效评价的内容是公共委托—代理事项。

10. [答案] A
    [解析] 本题通过题干中的"比较"两字即可做正确选择。

11. [答案] B
    [解析] 绩效评价指标的选择要遵循相关

性、可比性、重要性和经济性原则。其中，经济性是指考虑现实条件和可操作性，在合理成本的基础上实行评价。

二、多项选择题

1. [答案] ABE
   [解析] 转移性支出可以造成购买力和社会财富在其他社会主体中的重新分配；购买性支出政府参与社会资源的配置，影响着社会投资与消费的总量和构成，C、D两项错误。

2. [答案] BCDE
   [解析] 关于财政支出规模，我国常用两种测量方法来反映，具体如下：①当年财政支出占当年国内生产总值的比重，反映政府干预经济的程度；②当年中央财政支出占全国财政支出的比重，反映中央政府对地方政府的控制程度。

3. [答案] BCE
   [解析] 通过本题掌握中国支出功能分类的项目和支出经济分类的项目。支出功能强调产出，支出经济强调投入。

4. [答案] DE
   [解析] 经济发展阶段增长理论认为财政支出数量的变化，是随着不同时期财政支出作用的变化而变化的：①经济发展初期阶段——基础设施等政府投资比重较大；②经济发展中期阶段——政府投资比重有所下降；③经济发展成熟阶段——环境、交通、教育等政府投资比重加大。

5. [答案] BCD
   [解析] 反映财政支出规模变化情况的指标有财政支出增长率、财政支出增长的弹性系数、财政支出增长的边际倾向。

6. [答案] BDE
   [解析] 通过本题掌握财政支出功能分类的项目及财政支出经济分类的项目。资本性支出（基本建设）、商品和服务支出属于按照支出经济分类的项目。

7. [答案] BCDE
   [解析] 中国财政支出优化的具体措施包括：应当更多地关注再分配问题，相应压缩购买性支出，扩大转移性支出的比重，并使财政支出向人力资本和社会资本倾斜，A项错误。

8. [答案] BC
   [解析] 我国财政支出结构存在的问题有：①购买性支出占财政支出的比重长期偏大，转移性支出的比重处于较低的水平（所以财政支出的资源配置功能较强，再分配功能较弱）。②相对于消费性支出而言，投资性支出占财政支出的比重近年来虽然略有下降趋势，但仍徘徊在较高的水平上（体现B项）。③社会性支出的比重近年来虽有上升，但仍有待进一步增加数量和改善质量（体现C项）。

9. [答案] BCDE
   [解析] 通过本题需注意对绩效评价指标选择原则与实施部门预算支出绩效评价原则的区分。绩效评价指标在选择时遵循的原则有相关性、经济性、可比性、重要性。

10. [答案] CE
    [解析] "3E"原则要求对财政支出资金使用绩效的评价，不能片面地、孤立地分析其中的某一个要素，要从经济性、效率性和效果性三个方面进行综合考察、分析和评价。效率性是指投入资源和产出的产品、服务或其他成果之间的关系，要以一定的投入取得最大的产出或以最小的投入取得一定的产出，即支出是否讲究效率。

11. [答案] ABCD
    [解析] 财政支出绩效评价的原则是"3E"原则，即经济性、效率性、效果性。后来在"3E"原则基础上又加入了"公平性"。

✏️ 错题收集

第十三章 财政收入

本章考情分析

年份	单项选择题	多项选择题	合计
2017 年	3 题 3 分	—	3 分
2016 年	3 题 3 分	3 题 6 分	9 分
2015 年	2 题 2 分	1 题 2 分	4 分
2014 年	4 题 4 分	2 题 4 分	8 分
2013 年	1 题 1 分	—	1 分
2012 年	2 题 2 分	—	2 分

本章考点概览

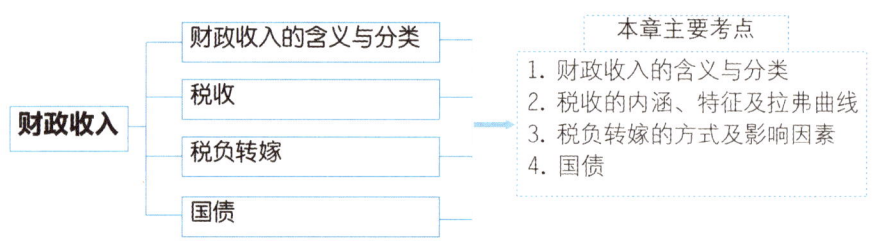

本章主要考点
1. 财政收入的含义与分类
2. 税收的内涵、特征及拉弗曲线
3. 税负转嫁的方式及影响因素
4. 国债

本章考点详解

【考点一】财政收入的含义与分类

一、财政收入的含义

财政收入是指政府为履行其职能、实施公共政策和提供公共物品与服务需要而筹集一切资金的总和。政府在社会经济活动中提供公共物品和服务的范围与数量，在很大程度上取决于财政收入的充裕状况。

二、财政收入的分类

财政收入的分类如表 13-1 所示。

表 13-1　财政收入的分类

项目	具体分类
国际货币基金组织（4大类）	(1) 税收：政府从私人部门获得的强制性资金转移 (2) 社会缴款：可以是强制性的也可以是自愿的，缴款额与缴款人的报酬、工资或雇员数量有关 (3) 赠与收入：从其他政府或国际组织那里得到的非强制性的转移 (4) 其他收入：出售商品和服务收入、利息和其他财产收入等
我国（4大类）	我国《2018年政府收支分类科目》将政府一般公共预算收入科目分为四类，具体如下： (1) 税收收入 (2) 非税收入，具体包括专项收入、行政事业性收费收入、罚没收入、国有资本经营收入、国有资源（资产）有偿使用收入、捐赠收入、政府住房基金收入、其他收入 (3) 债务收入 (4) 转移性收入

【考点小贴士】我国税收收入一共4类，这4类是并列关系，如果考核非税收入有哪些，不能选择和非税收入并列的这些类别。

三、衡量财政收入的口径

衡量财政收入的口径如表 13-2 所示。

表 13-2　衡量财政收入的口径

口径类型	具体内容
最小口径	仅包括税收收入
小口径	包括税收收入及纳入财政预算的非税收入，但不包括政府债务收入、专款专用的政府收入，如社会缴款 小口径财政收入是最为常用的一个财政收入口径，我国统计年鉴中对外公布的财政收入即是指这个口径
中口径	即财政预算（即一般预算）收入加社会保障缴费收入
大口径	包括全部的政府收入

四、财政集中度与宏观税负

财政集中度，通俗地称为宏观税负，是指国家通过各种形式，从国民经济收支环流中截取并运用的资金占国民经济总量的比重。

经典例题

[例题·多选题] 我国政府收入分类中，非税收入包括（　　）。
A. 捐赠收入　　　B. 罚没收入　　　C. 税收收入　　　D. 转移性收入
E. 债务收入
[答案] AB
[解题思路] 本题可以采用排除法选择，排除与非税收入并列的C、D、E三项。这样作为多选题至少有两个正确的选项，所以可选A、B两项。但是用排除法做多项选择题必须保证所排除的选项是错误的。

【考点二】税收的内涵、特征及拉弗曲线

一、税收的内涵

税收是国家为实现其职能，凭借其政治权力，依法参与单位和个人的财富分配，<u>强制、无偿</u>地取得财政收入的一种形式。税收的内涵如表 13-3 所示。

表 13-3　税收的内涵

税收内涵	具体内容
主体	国家
客体	单位和个人
目的	为满足国家实现其职能的需要或者说是满足社会公共需要
依据	依据是法律，凭借的是政治权力，而不是财产权力
过程	物质财富从私人部门单向地、无偿地转移给国家的过程
直接结果	国家通过税收方式取得财政收入

二、税收的特征

税收的特征如表 13-4 所示。

表 13-4　税收的特征

特征	具体内容
强制性	指政府以社会管理者的身份，直接凭借政治权力，通过法律形式对社会产品实行强制征收
无偿性	是税收本质的体现，是区分税收收入与其他财政收入形式的重要特征
固定性	指国家通过法律形式预先规定了征税对象、税基及税率等要素

三、拉弗曲线

拉弗曲线是对税率与税收收入或经济增长之间关系的形象描述（如图 13-1 所示）。该曲线的基本含义是保持适度的宏观税负水平是促进经济增长的一个重要条件。拉弗曲线提示各国政府：征税有"禁区"，要注意涵养税源。

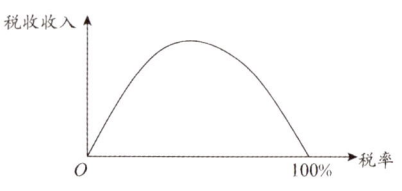

图 13-1　拉弗曲线

经典例题

[2011 年真题·单选题] 关于拉弗曲线的说法，错误的是（　　）。
A. 拉弗曲线是对税率与税收收入或经济增长之间关系的形象描述
B. 拉弗曲线的基本含义是，保持适度的宏观税负水平是促进经济增长的一个重要条件
C. 拉弗曲线表明，税率越高，政府征得的税收收入越多
D. 拉弗曲线提示各国政府，征税有"禁区"，要注意涵养税源
[答案] C
[解题思路] 通过本题掌握拉弗曲线的内涵。拉弗曲线是对税率与税收收入或经济增长之间关系的形象描述，A 项正确。该曲线的基本含义是保持适度的宏观税负水平是促进经济增长的一个重要条件，B 项正确。拉弗曲线提示各国政府：征税有"禁区"，要注意涵养税源，D 项正确。

【考点三】税负转嫁的方式及影响因素

一、税负转嫁的方式

税负转嫁是指纳税人在缴纳税款后，通过各种途径将税收负担全部或部分转移给他人的过程。换言之，最初缴纳税款的法定纳税人不一定是该税收的最后负担者。税收负担转嫁的最后结果形成税负归宿。

税负转嫁的方式如表 13-5 所示。

表13-5 税负转嫁的方式

方式	具体内容
前转 （也称顺转或向前转嫁）	指纳税人将其所纳税款通过提高其所提供商品的价格方法，向前转移给商品的购买者或者最终消费者负担的一种形式
	是税收转嫁最典型和最普遍的形式，多发生在流转税上
后转 （也称逆转或向后转嫁）	指在纳税人前转税负存在困难时，纳税人通过压低购入商品或者生产要素进价的方式，将其缴纳的税收转给商品或者生产要素供应者的一种税负转嫁
混转 （也称散转）	指纳税人既可以把税负转嫁给供应商，又可以把税负转嫁给购买者，实际上是前转和后转的混合方式。这种转嫁方式在实践中比较常见
消转	指纳税人用减低征税物品成本的办法使税负从新增利润中得到抵补，通过改善经营管理、提高劳动生产率等措施降低成本、增加利润来抵消税负
	消转是一种特殊的税负转嫁形式
旁转（也称侧转）	纳税人将应负担的税负转嫁给购买者或者供应者以外的其他人负担
税收资本化 （也称资本还原）	指生产要素购买者将所购买的生产要素未来应当缴纳的税款，通过从购入价格中预先扣除的方法，向后转嫁给生产要素的出售者
	税收资本化是现在承担未来的税收，最典型的就是对土地交易的课税

二、影响税负转嫁的因素

影响税负转嫁的因素如表13-6所示。

表13-6 影响税负转嫁的因素

影响因素	如何影响
应税商品供给与需求的弹性（关键因素）	(1) 需求弹性较大，供给弹性较小，税负不容易转嫁 (2) 需求弹性较小，供给弹性较大，税负较易转嫁
课税商品的性质	(1) 非生活必需品的税负不容易转嫁 (2) 生活必需品的税负容易转嫁
课税与经济交易的关系	(1) 与经济交易无关而直接对纳税人课征的税，不容易转嫁，如企业所得税、个人所得税 (2) 通过经济交易过程而间接对纳税人征收的税，容易转嫁，如增值税、消费税和关税
课税范围的大小	(1) 课税范围越狭窄，税负越不容易转嫁 (2) 课税范围越广泛，税负越容易转嫁
商品的竞争程度	竞争程度大，税负不容易转嫁

经典例题

[2007年真题·多选题] 下列各类商品中，税负不容易转嫁的有（ ）。

A. 非生活必需品
B. 需求弹性较大、供给弹性较小的应税商品
C. 生活必需品
D. 征收消费税的商品
E. 课税范围狭窄的商品

[答案] ABE

[解题思路] 通过本题掌握影响税负转嫁的因素及如何影响。非生活必需品需求弹性大，不容易转嫁，A项正确。如果需求弹性较大，供给弹性较小，税负主要由自己负担，税负不容易转嫁，B项正确。一般情况下，生活必需品需求弹性小，容易转嫁，C项错误。一般情况下，通过经济交易过程而间接对纳税人征收的税，容易转嫁，如增值税、消费税、关税，D项错误。一般情况下，课税范围越狭窄，越容易对商品的购买者产生替代效应，使需求富有弹性，不容易转嫁，E项正确。

经典例题

[2011年真题·单选题] 厂商通过提高其所提供商品价格的方法，将其所纳税款转移给商品购买者或最终消费者负担。根据税负转嫁理论，这种行为属于典型的（　　）行为。

A. 后转　　　　B. 前转　　　　C. 消转　　　　D. 旁转

[答案] B

[解析] 通过本题掌握税负转嫁方式中前转的含义。前转是指纳税人将其所纳税款通过提高其所提供商品的价格方法，向前转移给商品的购买者或者最终消费者负担的一种形式。

【考点四】国债

一、国债的特征和功能

（一）国债的特征

国债具有自愿性、有偿性和灵活性的特征。

（二）国债的功能

国债的功能如表 13-7 所示。

表 13-7　国债的功能

功能	具体内容
弥补财政赤字	（1）财政赤字可以通过向中央银行借款、增加税收、发行国债方式弥补 （2）通过发行国债弥补赤字，产生的副作用较小，故通过举借公债以弥补财政赤字是当今世界各国的普遍做法
筹集建设资金	通过发行国债可筹集到用于建设大型公共物品的资金
调节货币供应量和利率	（1）国债是一种收入稳定，无风险或风险较低的投资工具，因此有"金边国债"之称 （2）政府发行的短期国债，流动性强，被称为"有利息的钞票"
调控宏观经济	举借债务可增加财政投资，用于生产建设，将扩大社会的积累规模，改变积累与消费的比例关系

二、国债的负担与限度

（一）国债的负担

国债的负担如表 13-8 所示。

表 13-8　国债的负担

负担	具体内容
认购者负担	国债发行应考虑债权人的应债能力
债务人负担（政府负担）	政府借债应考虑政府的偿债能力，量力而行
纳税人负担	国债是一种延期的税收
代际负担	如果国债资金运用不善，或者仅用于弥补财政赤字，留给后人的就只是净债务，严重影响后代人的生产与生活

（二）国债限度

1. 衡量国债绝对规模的三个指标

（1）国债余额，即历年累积债务的总规模。

（2）当年发行的国债总额。

（3）当年到期需还本付息的国债总额。

2. 衡量国债相对规模的两个指标

衡量国债相对规模的两个指标如表13-9所示。

表13-9 衡量国债相对规模的两个指标

指标	具体内容
国债负担率	又称国民经济承受能力,是指国债累计余额占国内生产总值(GDP)的比重 (1) 这个指标着眼于国债存量,反映国家累积债务的总规模和整个国民经济对国债的承受能力,是研究控制债务问题和防止出现债务危机的重要依据 (2) 一国的GDP值越大,国债负担率越小 (3) 国际公认的国债负担率的警戒线为发达国家不超过60%,发展中国家不超过45%
债务依存度	指当年的债务收入与财政支出的比例关系 (1) 反映了一个国家的财政支出有多少是依靠发行国债来实现 (2) 我国分为全国财政的债务依存度和中央财政的债务依存度 (3) 国际公认的债务依存度警戒线在15%~20%之间

三、李嘉图等价定理

李嘉图等价定理认为,在某些条件下,政府无论用债券还是税收筹资,其效果都是相同的或者等价的。李嘉图认为发行国债会助长政府的浪费心理,认为国债是有害的,反对发行国债。

四、国债制度

国债制度一般由发行制度、偿还制度和市场制度构成,具体内容如表13-10所示。

表13-10 国债制度

国债制度		具体内容	要点阐述
国债发行制度	国债发行条件:国债种类、发行日期等		(1) 决定发行条件的关键是国债的发行方式 (2) 自1981年我国恢复发行国债以来,发行方式经历了行政摊派、承购包销和投标发行,具体发行模式采取了单一行政摊派、单一承购包销和承销、招标双主导复合模式
	国债发行方式	公募招标	是市场机制的发行方式,发行对象是多数投资者
		承购包销	与银行或金融机构签承销合同,签订后,发行过程结束
		直接发售	亲自推销,发行人与发行对象见面,个人投资者不得认购
		"随买"	向小投资者发行不可上市国债
国债偿还制度	抽签分次偿还法		是指在国债偿还期内分年度确定一定的偿还比例,由政府按国债券号码抽签对号,如约偿还本息,直至偿还期结束,全部国债券中签偿清为止的一种方式	对某种国债具体选择哪种兑付方式,主要考虑能否减少财政支出,是否有利于调控货币供应量,是否有利于稳定国债行市,是否能保障持券人的投资利益等
	到期一次偿还法		国债到期后按票面额一次全部兑付本息
	转期偿还法		以新发行的国债来偿还原有到期国债本息的方法
	提前偿还法		由政府提前偿还尚未到期的国债
	市场购销法		政府在市场上按照国债行市,适时购进国债,以此在该债券到期前逐步清偿的一种方式
国债市场制度	发行市场		又称国债一级市场 主要参与者包括:国债发行者的中央政府、发行中介机构和投资购买者
	流通市场		又称国债二级市场,指已经发行的国债的交易场所 包括以集中交易形式运作的证券交易所和以分散交易形式运作的场外交易市场

【提示】 在证券交易所进行的国债交易方式包括：①现货交易方式；②回购交易方式；③期货交易方式；④期权交易方式。其中，现货交易方式是证券交易中最古老的交易方式，也是国债交易方式中最普通、最常用的交易方式。

五、加强政府性债务管理

（一）政府性债务的类型

政府性债务的类型如表 13-11 所示。

表 13-11　政府性债务的类型

类型		具体内容
政府负有偿还责任的债务		需由财政资金偿还的债务
政府或有债务	定义	是由某一或有事项引发的债务。这种债务会不会成为现实，要看或有事项是否发生以及由此引发的债务是否最终要由政府来承担。由债务人以自身收入偿还，正常情况下无须政府承担偿还责任
	分类	(1) 政府负有担保责任的债务：政府提供担保，当某个被担保人无力偿还时，政府需要承担连带责任的债务 (2) 政府可能承担一定救助责任的债务：政府不负有法律偿还责任，但当债务人出现偿债困难时，政府可能需要给予一定救助的债务

（二）加强政府性债务管理的主要措施

（1）中央政府实行余额管理。

（2）地方政府债务管理。

地方债规模实行限额管理，2015 年，全国地方政府债务余额限额为 16 万亿元。地方政府举债只能用于公益性资本支出和适度归还存量债务，不得用于经常性支出。地方政府对其举借的债务负有偿还责任，中央政府实行不救助原则。

经典例题

[2009 年真题·单选题] 对经济产生不良影响较小的财政赤字弥补方式是（　　）。

A. 增加收费

B. 增加税收

C. 发行国债

D. 向中央银行借款

[答案] C

[解析] 通过发行国债弥补赤字，产生的副作用较小。

[例题·多选题] 关于国债负担率的表述，正确的有（　　）。

A. 反映国家累计债务的总规模和整个国民经济对国债的承受能力

B. 着眼于国债存量

C. 一国的国内生产总值越大，国债负担率越小，则国债的发行空间越大

D. 反映当年的债务收入与财政支出的比例关系

E. 是国债累计余额占国内生产总值的比重

[答案] ABCE

[解析] 通过本题掌握国债负担率和国债依存度两个指标。D 项表述的是国债依存度。

本章易错易混考点

【易错易混考点】影响税负转嫁的因素（如表13-12所示）

表13-12　影响税负转嫁的因素

影响因素	如何影响
应税商品供给与需求的弹性（最关键因素）	对于某些商品，若提高价格，卖方收入增加，则税负容易转嫁。即站在卖方角度"涨价好"的商品，税负容易转嫁。因此，生活必需品、课税范围广泛的商品、商品竞争程度小的商品及需求价格弹性小的商品，均属于提高价格，收入增加的商品，税负容易转嫁
课税商品的性质	
课税范围的大小	
商品的竞争程度	
课税与经济交易的关系	课税与经济交易有关系，可通过交易来转嫁税负，即税负容易转嫁。增值税、消费税税负均容易转嫁

【考点小贴士】本考点需要与第一章第四节中的需求价格弹性结合在一起学习。

[2017年真题·单选题] 关于税负转嫁的说法，正确的是（　　）。
A. 对非生活必需品的课税，税负容易转嫁
B. 课税范围越狭窄，税负越容易转嫁
C. 对需求弹性小的商品课税，税负容易转嫁
D. 与经济交易无关而直接对纳税人课征的税，税负容易转嫁
[答案] C
[解题思路] 需求价格弹性小的商品，提高价格，销售量下降幅度较小，最终销售收入会有所增加，所以站在卖方角度"涨价好"，税负容易转嫁。

历年经典真题回顾

一、单项选择题（每题1分，每题备选项中，只有1个最符合题意）

1. 关于拉弗曲线的说法，正确的是（　　）。[2017年真题]
   A. 拉弗曲线描述了通货膨胀率与税收收入或经济增长之间的关系
   B. 拉弗曲线描述了税率与国内生产总值之间的关系
   C. 拉弗曲线描述了通货膨胀率与国内生产总值之间的关系
   D. 拉弗曲线描述了税率与税收收入或经济增长之间的关系
   [答案] D
   [解析] 拉弗曲线是对税率与税收收入或经济增长之间关系的形象描述。

2. 自1981年我国恢复发行国债以来，没有实行过的国债发行方式是（　　）。[2017年真题]
   A. 行政摊派　　　　　　　　B. 定向购买
   C. 承购包销　　　　　　　　D. 招标发行
   [答案] B
   [解析] 自1981年我国恢复发行国债以来，发行方式经历了行政摊派、承购包销和投标发行三种方式。从具体发行模式上来看，先后采用了单一行政摊派模式、单一承购包销模式和承销、招标双主导复合模式。

3. 目前世界各国弥补财政赤字的普遍做法是（　　）。[2016年真题]
   A. 增加税收　　　　　　　　B. 征收基金
   C. 收取企业利润　　　　　　D. 举借公债
   [答案] D

经济基础知识（中级）

[解析] 国债的功能之一是弥补财政赤字，此种方法弥补财政赤字副作用最小。

4. 政府从私人部门获得的强制性资金转移是指（　　）。[2016年真题]

   A. 社会缴款　　　　　　　　　　　B. 赠与收入

   C. 税收　　　　　　　　　　　　　D. 固有资本经营收入

   [答案] C

   [解析] 本题可依据"强制性"选择"税收"。社会缴款可以是强制性，也可以是自愿性的。

5. 在资本物品交易中，生产要素购买者将所购买的生产要素未来应当缴纳的税款，通过从购入价格中预先扣除（压低生产要素购买价格）的方法，向后转嫁给生产要素的出售者，这种税收转嫁称为（　　）。[2015年真题]

   A. 后转　　　　　　　　　　　　　B. 前转

   C. 消转　　　　　　　　　　　　　D. 税收资本化

   [答案] D

   [解析] 本题根据题干中的"未来"可选择"税收资本化"。税收资本化是现在承担未来的税款。

6. 债务依存度是指（　　）。[2014年真题]

   A. 当年国债累计余额占当年国内生产总值的比重

   B. 当年债务收入占当年国内生产总值的比重

   C. 当年债务收入与当年财政支出的比例关系

   D. 当年债务收入与当年财政收入的比例关系

   [答案] C

   [解析] 债务依存度是指当年的债务收入与财政支出的比例关系。

7. 下列经济理论或模型中，对税率与税收收入或经济增长之间关系进行形象描述的是（　　）。[2014年真题]

   A. 尼斯坎南模型　　　　　　　　　B. 李嘉图定价理论

   C. 瓦格纳法则　　　　　　　　　　D. 拉弗曲线

   [答案] D

   [解析] 拉弗曲线是对税率与税收收入或经济增长之间关系的形象描述。

8. 2012年某国国债收入为0.6万亿元，国债累计余额为8万亿元，国内生产总值为40万亿元，财政支出为10万亿元，则该国2012年国债负担率为（　　）。[2013年真题]

   A. 20%　　　　　　　　　　　　　B. 1.5%

   C. 6%　　　　　　　　　　　　　 D. 25%

   [答案] A

   [解析] 国债负担率又称国民经济承受能力，是指国债累计余额占国内生产总值（GDP）的比重。本题中，国债负担率=8/40=20%。

9. 在政府发行的国债中，流动性强，被称为"有利息的钞票"的是（　　）。[2010年真题]

   A. 中期国债　　　　　　　　　　　B. 长期国债

   C. 短期国债　　　　　　　　　　　D. 特别国债

   [答案] C

   [解析] 国债是一种收入稳定，无风险或风险较低的投资工具，因此有"金边国债"之称。政府发行的短期国债，流动性强，被称为"有利息的钞票"。

二、多项选择题（每题2分，每题备选项中，有2个或2个以上符合题意，至少有1个错项。错选，本题不得分；少选，所选的每个选项得0.5分）
1. 影响税负转嫁的因素有（　　）。[2016年真题]
   A. 课税商品的供给与需求弹性　　B. 课税商品的性质
   C. 课税与经济交易的关系　　D. 课税商品的种类
   E. 课税范围的大小
   [答案] ABCE
   [解析] 影响税负转嫁的因素包括课税商品的供给与需求弹性、课税商品的性质、课税与经济交易的关系、课税范围的大小以及商品的竞争程度。
2. 一般来说，国债的政策功能包括（　　）。[2014年真题]
   A. 弥补财政赤字　　B. 筹集建设基金
   C. 调控宏观经济　　D. 调节货币供应量
   E. 缩小外贸顺差
   [答案] ABCD
   [解析] 国债的功能主要包括弥补财政赤字、筹集建设基金、调控宏观经济、调节货币供应量。

本章同步练习

一、单项选择题（每题1分，每题备选项中，只有1个最符合题意）
1. 财政收入的口径有大小之分，其中最小口径的财政收入是指（　　）。
   A. 国债收入　　B. 公共财政预算收入
   C. 收费收入　　D. 税收收入
2. 衡量财政收入具有不同的口径，我国统计年鉴中对外公布的财政收入是指（　　）。
   A. 大口径　　B. 中口径
   C. 小口径　　D. 最小口径
3. 国家通过各种形式，从国民经济收支环流中截取并运用的资金占国民经济总量的比重称为（　　）。
   A. 财政集中度　　B. 税负转嫁
   C. 财政规模　　D. 国债负担率
4. 税收的基本特征中，（　　）是税收本质的体现，是区分税收收入和其他财政收入形式的重要特征。
   A. 无偿性　　B. 强制性
   C. 灵活性　　D. 固定性
5. 税收的强制性特征表明国家征税凭借的是（　　）。
   A. 财产权力　　B. 政治权力
   C. 民事权力　　D. 分配权力
6. 保持适度的宏观税负水平是促进经济增长的一个重要条件，这是（　　）的基本含义。
   A. 菲利普斯曲线　　B. 奥肯定律
   C. 拉弗曲线　　D. 市场需求曲线
7. 决定税负转嫁状况的关键因素是（　　）。
   A. 课税商品的性质　　B. 课税与经济交易的关系
   C. 课税范围的大小　　D. 商品的供给与需求弹性
8. 政府征收土地税时，土地购买者将预期应缴纳的土地税折入资本，将税负转嫁给土地的出售者，使其购买的土地价格下降，这种税负转嫁行为称为（　　）。
    A. 税收消转　　　　　　　　　　　B. 税收资本化
    C. 税收前转　　　　　　　　　　　D. 税收后转

9. 厂商通过提高其所提供商品价格的方法，将其所纳税款转移给商品购买者或最终消费者负担。根据税负转嫁理论，这种行为属于典型的（　　）行为。
    A. 后转　　　　　　　　　　　　　B. 前转
    C. 消转　　　　　　　　　　　　　D. 旁转

10. 在国债发行制度中，决定国债发行条件的关键是国债的（　　）。
    A. 发行数额　　　　　　　　　　　B. 票面金额
    C. 流动性　　　　　　　　　　　　D. 发行方式

11. 以新发行的国债来偿还原有到期国债本息的国债偿还方式称为（　　）。
    A. 提前偿还法　　　　　　　　　　B. 市场购销法
    C. 抽签分次偿还法　　　　　　　　D. 转期偿还法

12. 在国债交易方式中，最普通和常用的是（　　）。
    A. 回购交易　　　　　　　　　　　B. 期货交易
    C. 期权交易　　　　　　　　　　　D. 现货交易

13. 税收的基本特征包括强制性、无偿性和（　　）。
    A. 效益性　　　　　　　　　　　　B. 准确性
    C. 固定性　　　　　　　　　　　　D. 公开性

14. 企业通过改善经营管理、提高劳动生产率等措施来降低成本、增加利润，从而抵消税负。这种税负转嫁方式是（　　）。
    A. 税收资本化　　　　　　　　　　B. 混转
    C. 旁转　　　　　　　　　　　　　D. 消转

二、多项选择题（每题 2 分，每题备选项中，有 2 个或 2 个以上符合题意，至少有 1 个错项。错选，本题不得分；少选，所选的每个选项得 0.5 分）

1. 根据国际货币基金组织 2001 年《政府财政统计手册》的分类标准，政府的主要收入来源渠道包括（　　）。
    A. 税收　　　　　　　　　　　　　B. 社会缴款
    C. 非税收入　　　　　　　　　　　D. 赠与收入及其他收入
    E. 债务收入

2. 小口径是最为常见的一个财政收入口径，包括（　　）。
    A. 税收收入　　　　　　　　　　　B. 政府债务收入
    C. 社会缴款　　　　　　　　　　　D. 纳入财政预算的非税收入
    E. 全部的政府收入

3. 关于税收内涵的表述，正确的有（　　）。
    A. 税收的征收主体是国家，征收客体是单位和个人
    B. 税收的征收目的是为满足国家实现其职能的需要或者说是满足社会公共需要
    C. 税收征收的依据是法律，凭借的是政治权力，而不是财产权力
    D. 征税的过程是物质财富从私人部门双向地、有偿地转移给国家的过程
    E. 从税收征收的直接结果看，国家通过税收方式取得财政收入

4. 关于拉弗曲线的说法，正确的有（   ）。
   A. 拉弗曲线是对税率与税收收入或经济增长之间关系的形象描述
   B. 拉弗曲线的基本含义是保持适度的宏观税负水平是促进经济增长的一个重要条件
   C. 拉弗曲线表明，税率越高，政府征得的税收收入越多
   D. 拉弗曲线提示各国政府，征税有"禁区"，要注意涵养税源
   E. 拉弗曲线是对税率与失业率之间关系的形象描述

5. 下列各类商品中，税负容易转嫁的有（   ）。
   A. 非生活必需品
   B. 需求弹性较小、供给弹性较大的应税商品
   C. 生活必需品
   D. 征收所得税的商品
   E. 课税范围狭窄的商品

6. 下列税种中，（   ）的税收负担较易转嫁。
   A. 增值税
   B. 消费税
   C. 所得税
   D. 财产税
   E. 关税

7. 应由债务人自身收入偿还，正常情况下无须政府承担偿债责任的政府债务包括（   ）。
   A. 政府负有偿还责任的债务
   B. 政府负有担保责任的债务
   C. 政府可能承担一定救助责任的债务
   D. 政府从国外银行借入的债务
   E. 政府从中央银行借入的债务

8. 国债制度一般由（   ）构成。
   A. 国债发行制度
   B. 国债偿还制度
   C. 国债市场制度
   D. 国债认购制度
   E. 国债持有制度

9. 下列关于李嘉图等价定理的表述，正确的有（   ）。
   A. 在某些条件下，政府无论是用债券还是税收筹资，其效果都是相同或者等价的
   B. 政府支出通过税收融资还是通过发行国债融资没有区别
   C. 发行国债会助长政府的浪费心理，认为国债是有害的，反对发行国债
   D. 李嘉图提出国债有益论的观点
   E. 通过国债为财政支出融资，与税收融资相比，会带给债权人一种"财富有所增加的幻觉"

10. 国债的特点包括（   ）。
    A. 不确定性
    B. 自愿性
    C. 强制性
    D. 有偿性
    E. 灵活性

11. 决定国债发行条件的关键是国债的发行方式，下列各项属于国债发行方式的有（   ）。
    A. 公募招标方式
    B. 承购包销方式
    C. 直接发售方式
    D. "随买"方式
    E. 强制发行方式

12. 国债的负担主要包括（   ）。
    A. 认购者的负担
    B. 政府的负担
    C. 推销机构的负担
    D. 纳税人的负担
    E. 金融市场的负担

13. 下列关于地方政府债务管理的表述，正确的有（　　）。
    A. 地方政府债务规模实行限额管理，地方政府举债不得突破批准的限额
    B. 地方政府债务既可通过政府及其部门举借，也可通过企事业单位等举借
    C. 地方政府举债既可以用于公益性资本支出和适度归还存量债务，也可以用于经常性支出
    D. 地方政府对其举借的债务负有偿还的责任，中央政府实行救助原则
    E. 地方政府举借债务的规模，由国务院报全国人民代表大会或其常务委员会批准

本章同步练习参考答案及解析

一、单项选择题

1. [答案] D
   [解析] 通过本题掌握衡量财政收入的不同口径。最小口径的财政收入仅仅指税收收入。

2. [答案] C
   [解析] 小口径财政收入包括税收收入及纳入财政预算（即一般预算）的非税收入，不包括政府债务收入、社会缴款。小口径税收收入是最为常用的一个财政收入口径，我国统计年鉴中对外公布的财政收入即指小口径财政收入。

3. [答案] A
   [解析] 财政集中度，通俗地称为宏观税负，是指国家通过各种形式，从国民经济收支环流中截取并运用的资金占国民经济总量的比重。

4. [答案] A
   [解析] 通过本题掌握税收的三大特征，即强制性、无偿性和固定性，其中税收的无偿性是税收本质的体现。

5. [答案] B
   [解析] 税收的强制性是指政府以社会管理者的身份，直接凭借政治权力，通过法律形式对社会产品实行强制征收。

6. [答案] C
   [解析] 通过本题掌握拉弗曲线的有关知识点。拉弗曲线是对税率与税收收入或经济增长之间关系的形象描述。该曲线的基本含义是保持适度的宏观税负水平是促进经济增长的一个重要条件。

7. [答案] D
   [解析] 商品的供给与需求弹性是决定税负转嫁状况的关键因素。

8. [答案] B
   [解析] 本题根据关键字"预期""资本"，选择税收资本化。

9. [答案] B
   [解析] 通过本题掌握税负转嫁的方式。前转是纳税人将其所纳税款通过提高其所提供商品的价格方法，向前转移给商品的购买者或者最终消费者负担的一种形式。

10. [答案] D
    [解析] 决定发行条件的关键是国债的发行方式。

11. [答案] D
    [解析] 转期偿还法是以新发行的国债来偿还原有到期国债本息的方法。

12. [答案] D
    [解析] 国债的现货交易方式是证券交易中最古老的交易方式，也是国债交易方式中最普通、最常用的交易方式。

13. [答案] C
    [解析] 本题考查税收的基本特征。税收的基本特征包括强制性、无偿性和固定性。

14. [答案] D
    [解析] 本题根据"抵消"二字，可选择"消转"。

二、多项选择题

1. [答案] ABD
   [解析] 通过本题掌握政府收入的类别（我国及货币基金组织的分类）。国际货币基金组织政府收入包括税收、社会缴款、赠与收入、其他收入四大类。

2. [答案] AD

[解析] 小口径财政收入＝税收收入＋纳入财政预算的非税收入。

3. [答案] ABCE
   [解析] 征税的过程是物质财富从私人部门单向地、无偿地转移给国家的过程。

4. [答案] ABD
   [解析] 通过本题掌握拉弗曲线的内涵。结合拉弗曲线形状，可知 C 项错误；A 项是对拉弗曲线的正确定义，E 项与 A 项矛盾，故错误。

5. [答案] BC
   [解析] 一般来说，①如果需求弹性较小，供给弹性较大，税负将主要由他人负担，商品税负较易转嫁；②对生活必需品的课税，因对其消费是必不可少的，需求弹性小，税负容易转嫁；③通过经济交易过程而间接对纳税人征收的税，是比较容易转嫁的；④课税范围越广泛，越不容易对商品的购买者产生替代效应，使需求缺乏弹性，课税商品价格的提高变得比较容易，税负容易转嫁。

6. [答案] ABE
   [解析] 间接税（增值税、消费税、关税等流转税）的税负容易转嫁，直接税的税负不容易转嫁。故选 A、B、E 三项。

7. [答案] BC
   [解析] 政府或有债务正常情况下无须政府承担还债责任。政府或有债务包括政府负有担保责任的债务和政府可能承担救助责任的债务。

8. [答案] ABC

[解析] 国债制度是国家为了管理国债的发行、偿还和交易，调节经济活动，以法律和政策形式所确立的一系列的准则和规范。国债制度一般由发行制度、偿还制度和市场制度构成。

9. [答案] ABC
   [解析] 本题考点较为详细，李嘉图的观点是国债有害论，即发行国债会助长政府的浪费心理，认为国债是有害的，反对发行国债。D、E 两项均为国债有益论的观点，所以排除。

10. [答案] BDE
    [解析] 国债收入是指国家通过信用形式取得的有偿性收入。国债收入具有自愿性、有偿性和灵活性的特点。

11. [答案] ABCD
    [解析] 国债发行方式主要有公募招标方式、承购包销方式、直接发售方式和"随买"方式。

12. [答案] ABD
    [解析] 国债的负担主要包括认购者的负担、政府的负担、纳税人的负担、代际负担。

13. [答案] AE
    [解析] 地方政府债务可通过政府及其部门举借，不得通过企事业单位等举借，B 项错误。地方政府举债可以用于公益性资本支出和适度归还存量债务，不得用于经常性支出，C 项错误。地方政府对其举借的债务负有偿还的责任，中央政府实行不救助原则，D 项错误。

错题收集

第十四章 税收制度

本章考情分析

年份	单项选择题	多项选择题	合计
2017年	2题2分	3题6分	8分

【提示】本章内容除了税制要素和税收分类外,其余内容全部为2017年教材新增内容。

本章考点概览

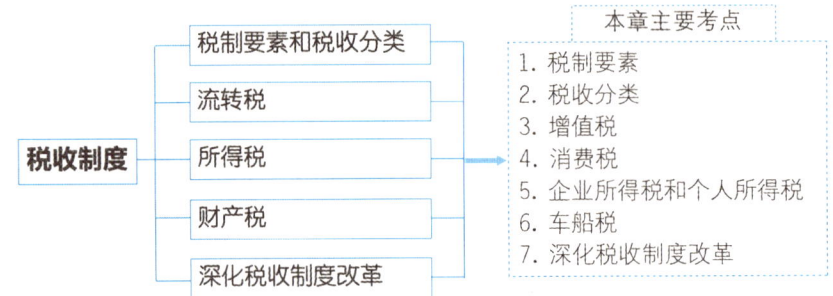

本章主要考点:
1. 税制要素
2. 税收分类
3. 增值税
4. 消费税
5. 企业所得税和个人所得税
6. 车船税
7. 深化税收制度改革

本章考点详解

扫码听课

【考点一】税制要素

税制要素是构成一国税收制度的主要因素,具体内容如表14-1所示。其中,纳税人、课税对象和税率是税制的基本要素。

表14-1 税制要素

税制要素			主要内容
纳税人	含义		即纳税主体,是指直接负有纳税义务的单位和个人
	与纳税人相关的概念	负税人	指最终负担税款的单位和个人
			【提示】纳税人和负税人可能一致也可能不一致。个人所得税和企业所得税纳税人和负税人一致;增值税、消费税纳税人和负税人不一致
		扣缴义务人	指负有代扣代缴、代收代缴税款义务的单位和个人
			包括各类型企业、机关、社会团体、民办非企业单位或个体工商户、个人合伙经营者和其他自然人。扣缴义务人只是负有代为扣税并缴纳税款法定职责的义务人,它的义务由法律基于行政便宜主义而设定,为法定义务

续表

税制要素			主要内容
课税对象	含义		即征税客体，是指税法规定的征税的目的物。课税对象是不同税种间相互区别的主要标志，它规定了政府可以对什么征税
	与课税对象相关的概念	税源	即税收的经济来源或最终出处。税源总是以收入的形式存在
		税目	即税法规定的课税对象的具体项目，是对课税对象的具体划分，反映具体的征税范围，代表征税的广度
		计税依据	又称课税标准，是指计算应纳税额的依据。它规定了如何确定和度量课税对象，以便计算税基。两种主要的计税依据分别是计税金额及计税数量。计税金额可以是收入额、利润额、财产额、资金额
税率	含义		指税法规定的应征税额与课税对象之间的比例，是计算应征税额的标准，是税收制度的中心环节。税率的高低，体现着征税的深度
	分类		（1）比例税率：指对于同一征税对象，不论其数量大小都按同一比例征收的一种税率制度。主要特点是税率不随征税对象数量的变动而变动。包括单一比例税率和差别比例税率。其中，差别比例税率又可分为产品差别比例税率、行业差别比例税率、地区差别比例税率和幅度差别比例税率四种 （2）定额税率（固定税额）：是指按税对象的一定计量单位规定固定税额，而不是规定征收比例的一种税率制度。它是以绝对金额表示的税率，一般适用于从量计征的税种。在具体运用上，也可分为单一定额税率和差别定额税率、幅度定额税率和分类分级定额税率几种 （3）累进税率：税率随课税对象的增大而提高，包括全额累进税率、超额累进税率等
纳税环节			指国民收入与支出循环的过程中，按税法规定应当缴纳税款的环节
纳税期限			指税法规定的纳税人发生纳税义务后向国家缴纳税款的期限
减税和免税			指税法对某些纳税人或征税对象给予鼓励和照顾的一种特殊规定。除税法列举的免税项目外，一般减税、免税都属于定期减免性质，到期应当恢复征税
违章处理			是税务机关对纳税人违反税法的行为采取的处罚性措施，是税收强制性特征的体现
纳税地点			是纳税人应当缴纳税款的地点。一般来说，纳税地点和纳税义务发生地是一致的。但在某些特殊情况下，二者也可不一致。如与总公司不在同一地点的分公司的利润在总公司汇总纳税

经典例题

[例题·单选题] 下列关于课税要素的表述，正确的是（ ）。
A. 课税对象是税法规定的征税的目的物
B. 税目是一种税区别于另一种税的最主要标志
C. 税率反映具体的征税范围，代表征税的广度
D. 纳税人与负税人是一致的
[答案] A
[解题思路] 课税对象是一种税区别于另一种税的最主要标志，B项错误；税目反映具体的征税范围，代表征税的广度，C项错误；纳税人和负税人可能一致也可能不一致，D项错误。

【考点二】税收分类

不同分类标准对应不同的税收，具体内容如表14-2所示。

表 14-2　税收分类

分类标准	类型	具体内容
按征税对象的不同划分	流转税	是我国税收收入的主体税种，包括增值税、消费税和关税等
	所得税	包括个人所得税和企业所得税
	财产税	包括土地增值税、房产税、契税、车船税
	资源税	包括资源税和土地使用税
	行为税	包括印花税、城市维护建设税
按计量课税对象标准划分	从价税	以征税对象的价格为计税依据的税收，如增值税、所得税等
	从量税	以征税对象的数量、重量、容量和体积为计税依据的税收
按税收与价格的关系划分	价内税	指税款构成商品或劳务价格组成部分的税收
	价外税	指税款作为商品或劳务价格以外附加的税收
按税负能否转嫁划分	直接税	指由纳税人直接负担税负、不发生税负转嫁关系的税收，即纳税人就是负税人，如个人所得税、企业所得税、财产税等
	间接税	指纳税人能将税负转嫁给他人负担的税收，即纳税人与负税人不一致，如流转税，如增值税、消费税、关税等
按税收管理权限和使用权限划分	中央税	如消费税、关税
	地方税	如契税、房产税、耕地占用税、土地增值税、城镇土地使用税、车船税等
	中央地方共享税	如增值税、企业所得税、个人所得税等

> **经典例题**

[2014年真题·多选题] 我国目前开征的财产税包括（　　）。
A. 土地增值税　　　　　　　　B. 车船税
C. 房产税　　　　　　　　　　D. 契税
E. 个人所得税
[答案] ABCD
[解析] 财产税是以各种财产为征税对象的税收，如我国的财产税包括土地增值税、房产税、车船税、契税。

[2010年真题·多选题] 按税负能否转嫁，可将税收分为（　　）。
A. 流转税　　　　　　　　　　B. 直接税
C. 所得税　　　　　　　　　　D. 财产税
E. 间接税
[答案] BE
[解析] 按照税负能否转嫁，税收可分为直接税和间接税。

[2008年真题·多选题] 我国流转税税种包括（　　）。
A. 土地增值税　　　　　　　　B. 增值税
C. 消费税　　　　　　　　　　D. 房产税
E. 关税
[答案] BCE
[解析] 通过本题掌握流转税的种类。土地增值税和房产税属于财产税类。

【考点三】增值税

一、增值税的特点及优点

扫码听课

增值税的特点及优点如表 14-3 所示。

表 14-3 增值税的特点及优点

项目	具体内容
特点	（1）逐环节征税，逐环节扣税，最终消费者承担全部税款 （2）不重复征税，具有中性税收的特征 （3）税基广阔，具有征收的普遍性和连续性
优点	（1）能够平衡税负，促进公平竞争 （2）既便于对出口商品退税，又可避免对进口商品征税不足 （3）在组织财政收入上具有稳定性和及时性 （4）在税收征管上可以相互制约，交叉审计

二、增值税的类型

按允许扣税的范围，国际上一般将增值税分为三种类型：消费型增值税、收入型增值税和生产型增值税，具体内容如表 14-4 所示。

表 14-4 增值税的类型

类型	具体内容
消费型增值税	允许扣除购入固定资产中所含的税款，从社会看，全部生产资料都不征收课税，课税对象只限于消费资料。它是一种鼓励投资政策的增值税。我国从 2009 年 1 月 1 日起，在全国全面实施消费型增值税
收入型增值税	允许扣除固定资产折旧中所含的税款，从社会看，课税对象相当于国民收入，该类型不含有重复课税，是完全的增值税
生产型增值税	不允许扣除固定资产中所含的税款，从社会看，课税对象相当于国民生产总值，具有一定程度的重复征税。我国在 2009 年之前均采用的是生产型增值税

三、增值税的征税范围及纳税义务人

增值税的征收范围包括生产、批发、零售和进口环节。凡在中华人民共和国境内销售货物或者提供加工、修理修配劳务，销售服务、无形资产或不动产，以及进口货物的单位和个人，为增值税的纳税人，包括一般纳税人和小规模纳税人。其具体内容如表 14-5 所示。

表 14-5 增值税的纳税义务人

纳税人	具体内容
一般纳税人	年应税销售额超过财政部、国家税务总局规定的小规模纳税人标准的，除按规定不办理一般纳税人资格认定的情形外，应当向主管税务机关申请一般纳税人资格认定
	年应税销售额未超过标准的以及新开业的纳税人，可以向主管税务机关申请一般纳税人资格认定
小规模纳税人	个体工商户以外的其他个人、选择按照小规模纳税人纳税的非企业型单位、选择按照小规模纳税人纳税的不经常发生应税行为的企业不办理一般纳税人资格认定
	【提示】除国家税务总局另有规定外，纳税人一经认定为一般纳税人后不得转为小规模纳税人

四、增值税的税率及征收范围

增值税的税率及征收范围如表 14-6 所示。

表 14-6 增值税的税率及征收范围

纳税人	税率	纳税范围
一般纳税人	基本税率 16%	（1）销售或进口货物（除列举的外） （2）提供有形动产租赁服务，提供加工、修理修配劳务和应税服务（适用低税率的除外）
	10%	（1）纳税人销售或进口包括粮食在内的农产品、自来水、暖气、石油液化气、天然气、食用植物油、冷气、热水、煤气、居民煤炭制品、食用盐、农机、饲料、农药、化肥、沼气、二甲醚、图书、报纸、杂志、音像制品、电子出版物 （2）交通运输、邮政、基础电信、建筑、不动产租赁服务、销售不动产、转让土地使用权
一般纳税人	6%	提供增值电信服务、金融服务、生活服务以及除不动产租赁之外的现代服务
	0	出口货物；符合规定的境内单位和个人跨境销售服务、无形资产的行为
小规模纳税人	征收率 3%	适用于小规模纳税人和特定一般纳税人
	征收率 5%	销售自行开发、取得、自建的不动产以及不动产经营租赁服务

五、增值税的计税方法

各纳税人的增值税计税方法如表 14-7 所示。

表 14-7 增值税的计税方法

类型	计税方法
一般纳税人	采用扣税法，即：当期应纳增值税额＝销项税额－进项税额 （1）销项税额＝销售额×适用税率 （2）进项税额为购进货物或接受劳务所支付或负担的增值税额，一般以当期购货发票中注明的允许扣除的增值税款为准
小规模纳税人	应纳税额＝销售额×征收率 【提示】此处销售额为"不含增值税的销售额"
进口货物	应纳税额＝组成计税价格×税率

> **经典例题**
>
> [例题·多选题] 下列关于增值税的表述，正确的有（　　）。
> A. 按对外购固定资产价款允许扣税的范围不同，增值税包括生产型增值税、收入型增值税和消费型增值税
> B. 我国从 2009 年 1 月 1 日起，在全国全面实施消费型增值税
> C. 纳税人认定为一般纳税人后可以转为小规模纳税人
> D. 提供有形动产租赁服务的增值税税率为 10%
> E. 逐环节征税，逐环节扣税，最终消费者承担全部税款
> [答案] ABE
> [解析] 本题涉及的考点：①增值税类型；②增值税纳税义务人；③增值税的税率；④增值税的特点。纳税人认定为小规模纳税人后不得转为一般纳税人，C 项错误；提供有形动产租赁服务的增值税税率为 16%，D 项错误。

【考点四】消费税

消费税的具体内容如表 14-8 所示。

表 14-8 消费税

项目	具体内容
含义	是指在对货物普遍征收增值税的基础上选择少数消费品再征收一道消费税
纳税人	在我国境内生产、委托加工和进口应税消费品的单位和个人
税目（15类）	烟、酒、高档化妆品、贵重首饰和珠宝玉石、鞭炮焰火、成品油、摩托车、小汽车、高尔夫球及球具、高档手表、游艇、木制一次性筷子、实木地板、电池和涂料
税率及计税方法	(1) 从价定率：比例税率 (2) 从量定额：啤酒、黄酒、成品油适用定额税率 (3) 复合计税：白酒和卷烟实行定额税率与比例税率相结合的复合计税方法

> **经典例题**
>
> [例题·单选题] 根据消费税的有关规定，下列行为应缴纳消费税的是（　　）。
> A. 进口卷烟　　　　　　　　B. 生产服装
> C. 零售化妆品　　　　　　　D. 零售白酒
> [答案] A
> [解析] 在我国境内生产、委托加工和进口应税消费品的单位和个人，为消费税的纳税义务人。本题中进口卷烟应征收消费税，A 项正确。

【考点五】企业所得税和个人所得税

一、企业所得税

企业所得税的具体内容如表 14-9 所示。

表 14-9 企业所得税

项目	具体内容
纳税人	在我国境内的一切企业和其他取得收入的组织（但个人独资企业、合伙企业不适用企业所得税法）
税率	25%；20%（非居民企业特殊所得）
应纳税所得额的计算	应纳税所得额＝年度收入－不征税收入－免税收入－各项扣除－允许弥补的以前年度亏损
应纳税额的计算	企业所得税应纳税额＝企业应纳税所得额×所得税税率－减免税额
征收管理	(1) 居民企业以企业登记注册地为纳税地点，但登记注册地在境外的，以实际管理机构所在地为纳税地点 (2) 居民企业在中国境内设立不具有法人资格的营业机构的，应当汇总计算、缴纳企业所得税 (3) 企业所得税按年度计算，纳税年度自公历 1 月 1 日至 12 月 31 日止

二、个人所得税

个人所得税是对个人的所得征收的一种税，我国现行个人所得税采取分类征收制度的具体内容如表 14-10 所示。

表 14-10 个人所得税

项目	具体内容
纳税人	(1) 居民纳税人：境内有住所或无住所而在我国境内居住满一年的个人 (2) 非居民纳税人：境内无住所，不居住或无住所且居住不满一年的个人

续表

项目	具体内容
课税对象	工资、薪金所得；个人工商户（包括个人独资企业和合伙企业投资者）的生产、经营所得等
税率	超额累进税率和比例税率
计税方法	个人所得税应纳税额＝应纳税所得额×适应税率
应纳税所得额	(1) 工资薪金所得，以每月收入额减除费用 3 500 元后的余额为应纳税所得额 (2) 企业事业单位的承包经营、承租经营所得，以每一纳税年度的收入总额，减除必要费用后的余额为应纳税所得额 (3) 劳务报酬所得、稿酬所得、特许使用费所得、财产租赁所得，每次收入不超过 4 000 元的，减除费用 800 元；4 000 元以上的，减除 20% 的费用，其余额为应纳税所得额 (4) 利息、股息、红利所得，偶然所得和其他所得以每次收入额为纳税所得额

经典例题

[例题·多选题] 根据《中华人民共和国企业所得税法》的规定，下列关于企业所得税的表述，正确的有（　　）。
A. 我国企业所得税税率采用累进税率
B. 以每一纳税年度的收入总额作为应纳税所得额
C. 居民企业只能以企业登记注册地为纳税地点
D. 居民企业在中国境内设立不具有法人资格的营业机构的，应当汇总计算、缴纳企业所得税
E. 企业所得税按纳税年度计算
[答案] DE
[解析] 我国企业所得税税率采用比例税率，A 项错误。企业所得税以每一纳税年度的收入总额减去一些项目后的余额作为应纳税所得额，B 项错误。居民企业以企业登记注册地为纳税地点，但登记注册地在境外的，以实际管理机构所在地为纳税地点，C 项错误。

[例题·单选题] 根据《中华人民共和国个人所得税法》的有关规定，工资薪金所得，以每月收入额减除费用（　　）后的余额为应纳税所得额。
A. 4 000　　　　B. 3 000　　　　C. 800　　　　D. 3 500
[答案] D
[解析] 通过本题掌握个人所得税应纳税所得额的确定。工资薪金所得，以每月收入额减除费用 3 500 元后的余额为应纳税所得额。

【考点六】车船税

《中华人民共和国车船税法》（下文简称《车船税法》）是第一部由条例上升为法律的法律，也是第一部地方税收的法律。车船税的具体内容如表 14-11 所示。

表 14-11　车船税

项目	具体内容
纳税人	《车船税法》所附《车船税目税额表》规定的车辆、船舶的所有人或者管理人
计税依据	乘用车按排气量，客车按载客数量，摩托车按辆，其他车辆按整备质量，机动船舶按净吨位，游艇按艇身长度
税额	(1) 车辆具体适用税额由省、自治区、直辖市人民政府确定 (2) 船舶具体适用税额由国务院确定
备注	我国目前对乘用车征收的三种税收分别为车辆购置税、燃油消费税、车船税。其中，车船税是在保有环节征收的税种。这三个税种各有侧重，功能不同，不存在重复征税或重复设置问题

> **经典例题**
>
> [例题·单选题] 下列关于车船税的表述，错误的是（　　）。
> A. 车船税的纳税人是车辆、船舶的所有人或者管理人
> B. 摩托车按辆作为计税依据
> C. 车辆和船舶由省、自治区、直辖市人民政府来确定税额
> D. 车船税是在保有环节征收的税种
> [答案] C
> [解析] 通过本题掌握车船税的有关规定。船舶的具体适用税额由国务院确定。

【考点七】深化税收制度改革

一、税收制度改革的目标取向

（1）优化税制结构。

（2）完善调节功能。

（3）稳定宏观税负。

（4）推进依法治税。

二、税收制度改革的主要内容

（1）进一步发挥消费税调节功能。

（2）加快资源税从价计征改革。

（3）加快推进房产税制度改革等。

本章易错易混考点

【易错易混考点】 流转税、所得税、财产税的对比（如表 14-12 所示）

表 14-12　流转税、所得税、财产税的对比

税种		具体内容
流转税		（1）课税普遍，以商品、劳务交易为前提 （2）以商品和劳务的流转额或交易额为计税依据。在税率既定条件下，税额大小直接取决于商品和劳务价格的高低及流转额的多少，与成本和费用水平无关，所以流转税是不考虑纳税人经营能力和经营状况，只考虑经营行为的税收，是对同一种经济活动或经济行为按照相同标准课征的税收 （3）除少数税种或税目实行定额税率外，流转税普遍实行比例税率，计算简单，便于征收。我国现行税种中对商品和非商品征收的流转税包括增值税、消费税等
所得税		（1）税负相对比较公平。所得税税额的多少直接决定于有无所得和所得多少，比较符合"量能负担"原则。所得税类一般规定有起征点、免征额和扣除项目，可以减轻或取消低收入者的负担 （2）所得税类以纳税人的应税所得额为计税依据，属于单环节征收，不存在重复征税问题 （3）税源可靠，收入具有弹性。所得税多数情况下采用累进税率，与流转税比较收入更富有弹性。所得税能够自动适应经济发展周期变化，发挥"内在稳定器"的作用
财产税	优点	（1）符合税收的纳税能力原则 （2）课税对象是财产价值，税源比较充分，且相对稳定，不易受经济变动因素的影响 （3）征税是有财产者纳税，无财产者不纳税，财产多者多纳税，财产少者少纳税，因此财产税具有收入分配功能。征收财产税一定程度上有助于避免社会财富分配不均 （4）财产持有者在财产使用上一般不与他人发生经济关系，财产税属于直接税，不易转嫁，政府征收财产税增加了有产者的负担，同时等于减轻了无产者的负担

193

续表

税种	具体内容
缺点	(1) 税收负担存在一定的不公平性，因为纳税人的财富主要评价标准是收入，而不仅仅是财产 (2) 收入弹性较小，为满足财政需要而变动财产税收入很困难 (3) 在经济不发达时期，课征财产税会减少投资者的资本收益，降低投资者的积极性，因此在一定程度上对资本的形成可能带来障碍

[例题·多选题] 下列关于流转税的表述，正确的有（   ）。

A. 比较符合"量能负担"原则

B. 流转税是对同一种经济活动或经济行为按照相同标准课征的税收

C. 流转税属于直接税，不易转嫁

D. 课税普遍

E. 具有收入分配功能，征收流转税有助于避免社会财富分配不均

[答案] BD

[解析] 所得税比较符合"量能负担"原则，A 项错误。流转税属于间接税，容易转嫁税负，C 项错误。流转税不具有收入分配功能，所得税及财产税具有收入分配功能，E 项错误。

历年经典真题回顾

一、单项选择题（每题 1 分，每题备选项中，只有 1 个最符合题意）

1. 关于扣缴义务人的说法，正确的是（   ）。[2017 年真题]

    A. 自然人不能成为扣缴义务人

    B. 各种类型的企业都可以成为扣缴义务人

    C. 扣缴义务人的扣缴义务属于非法定义务

    D. 扣缴义务人是实际负担税款的负税人

    [答案] B

    [解析] 扣缴义务人是负有代扣代缴、代收代缴税款义务的单位和个人，包括各类型企业、机关、社会团体、民办非企业单位或个体工商户、个人合伙经营者和其他自然人。

2. 增值税纳税人包括在中华人民共和国境内销售货物或者提供劳务加工、修理修配劳务，销售服务、无形资产或者不动产，以及（   ）。[2017 年真题]

    A. 进口货物和服务的单位和个人   B. 进口货物的单位

    C. 进口货物的单位和个人   D. 进口货物和服务的单位

    [答案] C

    [解析] 在中华人民共和国境内销售货物、提供加工、修理修配劳务，销售服务、无形资产或者不动产，以及进口货物的单位和个人。需要注意，增值税的纳税人既包括单位，也包括个人。境内提供服务应缴纳增值税，境外提供服务不缴纳增值税。

3. 在税制要素中，计算应征税额的标准是（   ）。[2016 年真题]

    A. 课税对象   B. 纳税期限

    C. 减税免税   D. 税率

    [答案] D

    [解析] 税率是计算应征税额的标准，体现征税的深度。

4. 下列税种中，属于财产税的是（   ）。[2015 年真题]

    A. 增值税   B. 消费税

    C. 车船税   D. 印花税

[答案] C

[解析] 车船税属于财产税。增值税和消费税属于流转税。印花税属于行为税。

5. 下列税种中,属于资源税类的是( )。[2012年真题]

   A. 土地使用税　　　　　　　　B. 城市维护建设税

   C. 增值税　　　　　　　　　　D. 房产税

   [答案] A

   [解析] 土地使用税属于资源税类。城市维护建设税属于行为税类。增值税属于流转税类。房产税属于财产税类。

二、多项选择题(每题2分,每题备选项中,有2个或2个以上符合题意,至少有1个错项。错选,本题不得分;少选,所选的每个选项得0.5分)

1. 下列纳税人提供的服务中,增值税税率为6%的有( )。[2017年真题]

   A. 基础电信服务　　　　　　　B. 邮政服务

   C. 增值电信服务　　　　　　　D. 不动产租赁服务

   E. 金融服务

   [答案] CE

   [解析] 增值税税率为6%的纳税范围包括提供增值电信服务、金融服务、生活服务以及除不动产租赁之外的现代服务。

2. 根据《中华人民共和国个人所得税法》,属于非居民纳税人的有( )。[2017年真题]

   A. 在中国境内无住所且不居住的个人

   B. 在中国境内无住所或不居住的个人

   C. 在中国境内无住所或居住不满一年的个人

   D. 在中国境内无住所而在中国境内居住满一年的个人

   E. 在中国境内无住所且居住不满一年的个人

   [答案] AE

   [解析] 个人所得税的纳税人分为居民纳税人和非居民纳税人。居民纳税人指境内有住所或无住所而在我国境内居住满一年的个人。非居民纳税人指既无住所又不居住或无住所且居住不满一年的个人。

3. 增值税的优点有( )。[2017年真题]

   A. 能够平衡税负,促进公平竞争

   B. 便于对出口商品退税

   C. 在组织财政收入上具有稳定性和及时性

   D. 税收征管可以互相制约,交叉审计

   E. 税负不易转嫁

   [答案] ABCD

   [解析] 增值税属于间接税,税负容易转嫁,E项错误。

4. 下列税种中,属于流转税的有( )。[2016年真题]

   A. 房产税　　　　　　　　　　B. 车船税

   C. 增值税　　　　　　　　　　D. 个人所得税

   E. 消费税

   [答案] CE

   [解析] 流转税包括增值税、消费税、关税。

5. 通常情况下,税率的基本类型包括( )。[2016年真题]
   A. 差别税率　　　　　　　　　　　B. 比例税率
   C. 宏观税率　　　　　　　　　　　D. 定额税率
   E. 累进税率
   [答案] BDE
   [解析] 税率的基本类型包括比例税率、定额税率和累进税率。

6. 关于税制要素的说法,正确的有( )。[2015年真题]
   A. 纳税人只能是法人
   B. 纳税期限是税法规定的纳税人发生纳税义务后向国家缴纳税款的期限
   C. 纳税地点和纳税义务发生地总是一致的
   D. 税率是税法规定的应征税额与征税对象之间的比例
   E. 课税对象是不同税种间相互区别的主要标志
   [答案] BDE
   [解析] 纳税人既可以是法人也可以是自然人,A项错误。纳税地点和纳税义务发生地不一定一致,如与总公司不在同一地点的分公司的利润在总公司汇总纳税,C项错误。题干中对于纳税期限、税率、课税对象的B、D、E三项表述均正确。

本章同步练习

一、单项选择题(每题1分,每题备选项中,只有1个最符合题意)

1. 我国税收收入中的主体税种是( )。
   A. 所得税　　　　　　　　　　　　B. 流转税
   C. 资源税　　　　　　　　　　　　D. 财产税

2. 下列关于所得税的表述,错误的是( )。
   A. 所得税类以纳税人的应税所得额为计税依据,属于单环节征收,不存在重复征税问题
   B. 所得税属于间接税,税负容易转嫁
   C. 所得税税源可靠,收入具有弹性
   D. 所得税多数情况下采用累进税率,能够自动适应经济发展周期变化,发挥"内在稳定器"的作用

3. 下列关于增值税的特点的表述,错误的是( )。
   A. 逐环节征税,逐环节扣税,最终消费者承担全部税款
   B. 不重复征税,具有中性税收的特征
   C. 税基广阔,具有征收的普遍性和连续性
   D. 属于单环节征收,不存在重复征税问题

4. 关于税制要素的说法,错误的是( )。
   A. 纳税人和负税人是一致的
   B. 比例税率的主要特点是税率不随征税对象数量的变动而变动
   C. 纳税地点和纳税义务发生地不一定总是一致的
   D. 课税对象是不同税种间相互区别的主要标志

5. 下列项目应征收消费税的是( )。
   A. 小汽车　　　　　　　　　　　　B. 卡车
   C. 轮船　　　　　　　　　　　　　D. 飞机

6. 小规模纳税人销售自行开发、取得、自建的不动产以及不动产经营租赁服务适用的征收率为（　　）。
   A. 5%　　　　　　B. 3%　　　　　　C. 6%　　　　　　D. 4%
7. 我国自 2009 年 1 月 1 日起，允许增值税一般纳税人抵扣固定资产的进项税额。这种类型的增值税被称为（　　）。
   A. 生产型增值税　　　　　　　　　　B. 收入型增值税
   C. 消费型增值税　　　　　　　　　　D. 积累型增值税
8. 下列关于车船税的表述，错误的是（　　）。
   A. 车船税的纳税人是车辆、船舶的所有人或者管理人
   B. 车船税属于财产税，具有收入分配的功能
   C. 车辆和船舶由省、自治区、直辖市人民政府来确定税额
   D. 车船税是在保有环节征收的税种
9. 能够自动适应经济发展周期变化，发挥"内在稳定器"作用的是（　　）。
   A. 增值税　　　　　　　　　　　　　B. 消费税
   C. 所得税　　　　　　　　　　　　　D. 车船税
10. 我国企业所得税的基本税率是（　　）。
    A. 25%　　　　　B. 16%　　　　　C. 10%　　　　　D. 56%
11. 下列关于消费型增值税的表述，错误的是（　　）。
    A. 不允许扣除购入固定资产中所含的税款
    B. 从社会看，全部生产资料都不课税，课税对象只限于消费资料
    C. 是一种鼓励投资政策的增值税
    D. 我国从 2009 年 1 月 1 日起，在全国全面实施消费型增值税

二、多项选择题（每题 2 分，每题备选项中，有 2 个或 2 个以上符合题意，至少有 1 个错项。错选，本题不得分；少选，所选的每个选项得 0.5 分）

1. 我国目前开征的财产税包括（　　）。
   A. 土地增值税　　B. 车船税　　　　C. 房产税　　　　D. 契税
   E. 个人所得税
2. 在我国现行税制中，属于直接税的有（　　）。
   A. 增值税　　　　B. 消费税　　　　C. 房产税　　　　D. 车船税
   E. 企业所得税
3. 下列税种中，属于中央与地方共享税的有（　　）。
   A. 增值税　　　　B. 消费税　　　　C. 房产税　　　　D. 关税
   E. 企业所得税
4. 按对外购固定资产价款允许扣税的范围不同，增值税的类型有（　　）。
   A. 生产型增值税　　　　　　　　　　B. 收入型增值税
   C. 消费型增值税　　　　　　　　　　D. 积累型增值税
   E. 分配型增值税
5. 下列关于增值税纳税人的表述，正确的有（　　）。
   A. 年应税销售额超过财政部、国家税务总局规定的小规模纳税人标准的，除按规定不办理一般纳税人资格认定的情形外，应当向主管税务机关申请一般纳税人资格认定
   B. 年应税销售额未超过标准的以及新开业的纳税人，可以向主管税务机关申请一般纳税人资格认定

C. 个体工商户以外的其他个人不办理一般纳税人资格认定

D. 选择按照小规模纳税人纳税的非企业型单位以及不经常发生应税行为的企业不办理一般纳税人资格认定

E. 纳税人认定为一般纳税人后可以转为小规模纳税人

6. 下列项目中，适用10%的增值税税率的有（　　）。
   A. 提供有形动产租赁服务　　　B. 提供不动产租赁
   C. 提供生活服务　　　　　　　D. 提供增值电信服务
   E. 转让土地使用权

7. 在我国境内（　　）应税消费品（特殊消费品除外）的单位和个人，为消费税的纳税义务人。
   A. 生产　　　　　　　　　　　B. 委托加工
   C. 进口　　　　　　　　　　　D. 零售
   E. 批发

8. 采用从价定率和从量定额复合计征消费税的项目有（　　）。
   A. 啤酒　　　　　　　　　　　B. 高档手表
   C. 卷烟　　　　　　　　　　　D. 成品油
   E. 白酒

9. 企业所得税是对在我国境内的企业和其他取得收入的组织，就其生产、经营所得和其他所得征收的一种税。下列企业不征收企业所得税的有（　　）。
   A. 有限责任公司　　　　　　　B. 股份有限公司
   C. 外商投资企业　　　　　　　D. 合伙企业
   E. 个人独资企业

10. 个人所得税中（　　）项目以每次收入额为纳税所得额。
    A. 利息和股息　　　　　　　　B. 红利所得
    C. 偶然所得　　　　　　　　　D. 工资薪金所得
    E. 稿酬所得

本章同步练习参考答案及解析

一、单项选择题

1. [答案] B
   [解析] 流转税是以商品交换和提供劳务的流转额为征税对象的税收，是我国税收收入的主体税种，包括增值税、消费税和关税等。

2. [答案] B
   [解析] 所得税属于直接税，税负不容易转嫁，B项错误。

3. [答案] D
   [解析] 增值税是逐环节征税，逐环节扣税，属于多环节征收，D项错误。

4. [答案] A
   [解析] 纳税人和负税人可能一致也可能不一致，A项错误。

5. [答案] A
   [解析] 通过本题掌握消费税的15类税目。选项中，小汽车属于消费税税目。

6. [答案] A
   [解析] 小规模纳税人的增值税征收率为3%和5%。其中销售自行开发、取得、自建的不动产以及不动产经营租赁服务适用5%的征收率。

7. [答案] C
   [解析] 我国从2009年1月1日起，在全国全面实施消费型增值税。

8. [答案] C
   [解析] 车船税具体适用税额的确定，车辆

具体适用税额由省、自治区、直辖市人民政府确定，船舶具体适用税额由国务院确定，C项错误。

9. ［答案］C

［解析］所得税多数情况下采用累进税率，与流转税比较，收入更富有弹性，所得税能够自动适应经济发展周期变化，发挥"内在稳定器"的作用。

10. ［答案］A

［解析］我国企业所得税基本税率是25%，特定情形也有较低的优惠税率。

11. ［答案］A

［解析］生产型增值税不允许扣除购入固定资产中所含税款，而消费型增值税则允许扣除购入固定资产中所含税款，A项错误。

二、多项选择题

1. ［答案］ABCD

［解析］财产税是以各种财产为征税对象的税收，如我国的财产税包括土地增值税、房产税、车船税、契税。

2. ［答案］CDE

［解析］所得税和财产税属于直接税。C、D两项属于财产税。

3. ［答案］AE

［解析］通过本题掌握按税收管理权限。税收分为中央税、地方税、中央地方共享税。中央税包括关税和消费税；中央地方共享税包括增值税、所得税、资源税。

4. ［答案］ABC

［解析］按对外购固定资产价款允许扣税的范围不同，增值税的类型分为生产型增值税、收入型增值税、消费型增值税。

5. ［答案］ABCD

［解析］通过本题掌握增值税一般纳税人资格认定。除国家税务总局另有规定外，纳税人一经认定为一般纳税人后不得转为小规模纳税人，E项错误。

6. ［答案］BE

［解析］动产租赁适用16%的基本税率；不动产租赁适用10%的税率；提供生活服务和增值电信服务适用6%的税率；提供基础电信服务适用10%的税率；转让土地使用权适用10%的税率。

7. ［答案］ABC

［解析］在我国境内生产、委托加工和进口应税消费品的单位和个人，为消费税的纳税义务人。

8. ［答案］CE

［解析］啤酒、黄酒、成品油适用定额税率；白酒和卷烟实行定额税率与比例税率相结合的复合计税。其他应税消费品采用比例税率。

9. ［答案］DE

［解析］企业所得税纳税人是在我国境内的一切企业和其他取得收入的组织。但个人独资企业、合伙企业不适用企业所得税，而是适用个人所得税。

10. ［答案］ABC

［解析］利息、股息、红利所得、偶然所得和其他所得以每次收入额为纳税所得额。

✏️ 错题收集

第十五章 政府预算

本章考情分析

年份	单项选择题	多项选择题	合计
2017 年	1 题 1 分	1 题 2 分	3 分
2016 年	3 题 3 分	1 题 2 分	5 分
2015 年	2 题 2 分	1 题 2 分	4 分
2014 年	1 题 1 分	—	1 分
2013 年	2 题 2 分	1 题 2 分	4 分
2012 年	3 题 3 分	3 题 6 分	9 分

本章考点概览

政府预算
- 政府预算的职能与原则
- 我国政府预算职权划分
- 我国政府预算体系
- 我国政府预算编制和执行制度
- 实施全面规范、公开透明预算制度的主要内容

本章主要考点
1. 政府预算的含义和职能
2. 政府预算的原则和分类
3. 我国政府预算管理职权的划分
4. 我国政府预算体系
5. 我国政府预算编制制度和执行制度
6. 全面规范、公开透明的预算制度

本章考点详解

【考点一】政府预算的含义和职能

一、政府预算的含义

政府预算的含义如表 15-1 所示。

表 15-1 政府预算的含义

项目	具体内容
定义	是指具有法律规定和制度保证的、经法定程序审核批准的政府年度财政收支计划

续表

项目		具体内容
具体含义	从技术方面看	在形式上，政府预算是政府的财政收支计划，以预算平衡表的形式体现。该表反映了政府资金的来源和流向，体现了政府的年度工作重点和方向
		在内容上，政府预算是政府对财政收支的计划安排，是政府理财的主导环节和基本环节
	从政治方面看	政府预算是重大的政治行为： (1) 政府预算指标背后反映的是政府在做什么和不做什么之间做出选择 (2) 政府预算反映了支出上的优先权 (3) 政府预算反映了政府准备购买的具体公共物品和服务及其成本
	从本质方面看	政府预算是国家和政府意志的体现。政府预算需要经过国家权力机构的审查和批准才能生效，是一个重要的法律性文件（属于年度立法）
【提示】政府预算制度最早出现在英国，英国于17世纪编制了第一个国家预算		

二、政府预算的职能

政府预算的职能如表15-2所示。

表 15-2　政府预算的职能

职能	具体内容
反映政府部门的活动	政府预算反映和规定了政府在预算年度内的活动范围、方向和重点
监督政府部门收支运作的情况	作为我国各级人民代表大会审议的重要文件，政府预算是人大代表和全体人民监督政府收支运作的途径和窗口
控制政府部门的支出	由各级人民代表大会审议、批准的政府预算，实质是对政府支出规模的一种法定授权。只有在授权范围内的支出，才是合法和有效的。超出授权范围的支出，即便是必需的也要以预算调整案的形式提交同级人大常委会审议、批准

经典例题

[2010年真题·单选题] 政府预算制度最早出现在（　　）。
A. 中国　　　　　B. 美国　　　　　C. 日本　　　　　D. 英国
[答案] D
[解析] 政府预算制度最早出现在英国。

[2009年真题·单选题] 具有法律规定和制度保证的、经法定程序审核批准的年度财政收支计划是（　　）。
A. 政府预算　　　B. 信贷计划　　　C. 税收计划　　　D. 国民经济发展规划
[答案] A
[解析] 政府预算是具有法律规定和制度保证的、经法定程序审核批准的政府年度财政收支计划。

【考点二】政府预算的原则和分类

一、政府预算的原则

政府预算的原则如表15-3所示。

表 15-3　政府预算的原则

原则	具体内容
完整性原则	所有法律准许的政府财政活动，都要在预算中清楚地列出，不应另设其他财政收支账目；政府所有的财政活动都不能脱离预算管理，非政府交易活动必须排除在外
统一性原则	保证整个财政活动的连续性和整体协调性

续表

原则	具体内容
可靠性原则	也称为谨慎性原则，支出预算安排要真实、可靠，既不能不切实际地把支出盘子打得很大，无法完成，也不能留下硬缺口，将执行中一定要发生的支出不列入预算，人为缩小支出规模
合法性原则	政府预算活动的每个环节必须经过立法机关审查批准。这是政府必须对纳税人负责的理念的重要体现
公开性原则	政府预算的内容及其执行情况，除少数涉及国家秘密的信息外，必须明确并采取一定形式公之于众
年度性原则	世界各国采用的预算年度有两种：①历年制，如中国；②跨年制，如美国、英国、日本

二、政府预算的分类

政府预算的分类如表 15-4 所示。

表 15-4 政府预算的分类

分类标准	类型	具体内容
按预算编制形式分类	单式预算	这种形式比较简单，便于编制，能够清晰反映政府财政收支全貌，有利于公众监督政府预算的实施。但没有区分各项财政收支的经济性质，不利于政府对复杂的财政活动进行深入分析、管理和监督
	复式预算	复式预算一般由经常预算和资本预算组成： (1) 经常预算主要以税收为收入来源，以行政事业项目为支出对象 (2) 资本预算主要以国债为收入来源，以经济建设项目为支出对象
		便于政府科学安排收支结构，分类控制预算收支平衡；便于政府灵活运用资本性投资和国债等手段，对宏观经济运行实施宏观调控
		缺点是编制和实施比较复杂，有一定难度
按预算编制依据的内容和方法分类	增量（基数）预算	新预算年度的财政收支计划指标在以前预算年度的基础上，按新预算年度的经济发展情况加以调整后确定。增量预算保持了财政收支指标的连续性
	零基预算	不考虑以前年度的财政收支执行情况，只以新预算年度经济社会发展情况和财力可能为依据。优点是有利于克服增量预算下政府财政收支指标刚性增长的弊端，提高预算支出效率
按预算作用时间长短分类	年度预算	指预算有效期为一年的政府预算。这种安排容易出现某些单项决策在年度内看似合理、但从长期看可能不合理的情况
	多年预算	指预算有效期为几年（多为3年至5年）的政府预算。编制多年预算一般都是采取逐年递推或滚动的形式，即多年预算每年编制一次，每次向前滚动一年，每年根据预算执行和经济发展等情况做出最新预测对收支指标做出调整或修正。多年预算一般不具有法律效力，要提交国家权力机关作为审议年度预算时的参照，但不需要经过国家权力机关的批准
按预算收支平衡状况分类	平衡预算	指预算收入基本等于预算支出的预算
	差额预算	指预算收入大于或小于预算支出的预算，即盈余预算和赤字预算
按预算项目是否直接反映经济效益分类	投入预算	指用来控制各项支出用途和金额的预算
	绩效预算	用量化绩效指标来衡量其在实施每项计划过程中取得的成绩和完成工作的情况
	规划—项目预算	核心是使用成本—效益和成本—有效性分析

续表

分类标准	类型	具体内容
按预算管理层级分类	中央预算	指中央政府的预算，由中央各部门预算、中央对地方税收返还和转移支付、地方向中央上解收入等组成
	地方预算	指由地方各级政府预算组成的预算，由本级各部门预算、上级对下级政府税收返还和转移支付、下级政府向上级政府上解收入等组成

经典例题

[例题·多选题] 下列关于政府预算的表述中，正确的有（   ）。
A. 政府预算经过同级人民代表大会的审查和批准才能有效
B. 中期预算一般不具有法律效力、不需经过国家权力机关批准的预算
C. 政府预算是政府理财的主导环节和基本环节
D. 我国的预算年度实行跨年制，美国的预算年度实行历年制
E. 政府预算按编制形式分类，分为增量预算和零基预算
[答案] ABC
[解析] 我国的预算年度实行历年制，美国的预算年度实行跨年制，D 项错误；政府预算按编制形式分类，分为单式预算和复式预算，E 项错误。

【考点三】我国政府预算管理职权的划分

扫码听课

预算管理职权是指政府预算方针政策、预算管理法律法规的制定权、解释权和修订权，政府预算、决算的编制和审批权，预算执行，预算调整和监督权。

《中华人民共和国预算法》对立法机关、各级政府、政府财政主管部门和预算执行部门、单位的预算管理职权做了明确规定。政府预算管理职权的具体内容如表 15-5 所示。

表 15-5   政府预算管理职权

机关、部门、单位		相应的预算管理职权
立法机关（审批）	人民代表大会	全国人民代表大会有权审查中央和地方预算草案及中央和地方预算执行情况的报告，批准中央预算和中央预算执行情况的报告，改变或者撤销全国人民代表大会常务委员会关于预算、决算的不适当的决议
	人民代表大会常务委员会	全国人大常委会有权监督中央和地方预算的执行，审查和批准中央预算的调整方案，审查和批准中央决算等
		县级以上地方各级人民代表大会常务委员会有权监督本级总预算的执行，审查和批准本级预算的调整方案，审查和批准本级政府决算等
人民政府（组织、决定）		中央预算与地方预算有关收入和支出项目的划分、地方向中央上解收入、中央对地方返还或者给予补助的具体办法，由国务院规定，报全国人民代表大会常务委员会备案
		各级人民政府组织编制本级预算草案、本级预算调整方案、本级决算草案；向本级人民代表大会做关于本级总预算草案的报告；组织本级总预算执行；决定本级政府预备费动用；监督本级各部门和下一级人民政府的预算执行；改变或撤销本级各部门和下一级人民政府关于预算方面的不恰当的决定和命令
各级政府财政部门（具体、提出）		具体编制本级预算草案、本级预算的调整方案、本级决算草案。具体组织本级总预算的执行；提出本级预备费动用方案
审计机关		对财政收支、财务收支的真实、合法和效益，进行审计监督

> **经典例题**
>
> [2012年真题·多选题] 根据《中华人民共和国预算法》,全国人民代表大会常务委员会的预算管理职权有(   )。
> A. 审查和批准中央预算
> B. 监督中央和地方预算的执行
> C. 审查和批准中央预算的调整方案
> D. 决定本级政府预备费的动用
> E. 审查和批准中央决算
> [答案] BCE
> [解析] 全国人大常委会有权监督中央和地方预算的执行,审查和批准中央预算的调整方案,审查和批准中央决算等。

【考点四】我国政府预算体系

我国完整的政府预算体系包括一般公共预算、政府性基金预算、国有资本经营预算和社会保险基金预算。其中,一般公共预算是政府预算体系的基础,能够统筹安排使用的资金,应当纳入公共财政预算。我国政府预算体系的具体内容如表15-6所示。

表15-6 我国政府预算体系

预算体系	具体内容
一般公共预算	指政府凭借国家政治权力,以社会管理者身份筹集以税收为主体的财政收入,用于保障和改善民生、维持国家行政职能正常运转、保障国家安全等方面的收支预算
	目前我国每年统计公报公布的财政收入、财政支出、财政赤字的数字,是就一般公共预算而言的
政府性基金预算	是指政府通过向社会征收基金、收费以及出让土地、发行彩票等方式取得收入,专项用于支持特定基础设施建设和社会事业发展的收支预算
	政府性基金预算的管理原则是以收定支,专款专用,结余结转下年继续使用
国有资本经营预算	是国家以所有者身份依法取得国有资本收益,并对所得收益进行分配而发生的各项收支预算
	(1) 国有资本经营预算支出按照当年预算收入规模安排,不列赤字 (2) 国有资本经营预算制度的核心是调整国家和国有企业之间的分配关系,是实现国有资本经营管理战略目标的重要手段 (3) 从2010年开始,中央国有资本经营预算提交全国人大审查批准
社会保险基金预算	指政府通过社会保险缴款、一般公共预算安排等方式筹集的资金,专项用于社会保险的收支预算
	社会保险基金预算于2013年正式提交全国人大。社会保险基金不能用于平衡一般公共预算,但一般公共预算、政府性基金预算及国有资本经营预算可补助社会保险基金

> **经典例题**
>
> [2012年真题·多选题] 政府性基金预算的管理原则有(   )。
> A. 以支定收   B. 统筹使用   C. 以收定支   D. 专款专用
> E. 结余结转下年继续使用
> [答案] CDE
> [解析] 通过本题掌握政府性基金预算的管理原则。政府性基金预算的管理原则是以收定支,专款专用,结余结转下年继续使用。

【考点五】我国政府预算编制制度和执行制度

政府预算制度,是财政运行的基本规则,是有关政府预算活动的各种法规制度,是纳税人及其国家权力机关控制财政活动的机制。政府预算制度是财政制度的核心，一般是通过"预算法"的形式予以确定。我国政府预算的编制制度和执行制度的具体内容如表 15-7 所示。

表 15-7　我国政府预算的编制制度和执行制度

制度		具体内容
编制制度	部门预算制度	是市场经济国家财政预算管理的基本形式
		部门预算是以部门为预算主体的综合预算
		部门收入预算编制采用标准收入预算法；部门支出预算编制采用零基预算法。其中，基本支出预算实行定员定额管理，项目预算要进行科学论证和合理排序
	将预算外资金纳入预算管理	从 2011 年 1 月 1 日起，将按预算外资金管理的收入（不含教育收费）全部纳入预算管理
执行制度（预算实施的关键环节）	建立国库集中收付制度	（1）建立以财政部门为主体的国库单一账户体系 （2）规范财政性资金收缴方式，对政府收入分别实行直接缴库和集中汇缴制度，所有收入通过代理银行直接缴入国库或财政专户 （3）改变财政资金分散拨付方式，由财政部门根据不同支付主体，对不同类型的支出分别采取了财政直接支付和财政授权支付的方式
	实行政府采购制度	（1）政府采购运行机制实行集中采购与分散采购相结合，以集中为主，分散为辅 （2）公开招标与非公开招标相结合；委托采购与自行采购相结合

经典例题

[例题·多选题] 关于国库集中收付制度的说法，正确的有（　　）。
A. 国库集中收付制度通过各部门转拨财政性资金
B. 国库集中收付制度建立以财政部门为主体的国库单一账户体系
C. 国库集中收付制度实行直接缴库和集中汇缴制度
D. 国库集中收付制度改变财政资金分散拨付方式
E. 国库集中收付制度下，对不同类型的支出分别采取了财政直接支付和财政授权支付的方式
[答案] BCDE
[解析] 通过本题掌握国库集中收付制度的内容。国库集中收付制度内容之一是改变财政资金分散拨付方式，由财政部门根据不同支付主体，对不同类型的支出分别采取了财政直接支付和财政授权支付的方式，将原通过各部门转拨的财政资金，改为财政部门通过国库单一账户体系直接支付或授权各部门支付到个人、用款单位或者商品供应商和劳务提供者。A 项错误。

【考点六】全面规范、公开透明的预算制度

全面规范、公开透明的预算制度包括下列主要内容。
（1）建立健全预算编制、执行、监督相互制约、相互协调机制。
（2）完善政府预算体系。
（3）实施跨年度预算平衡机制。
（4）实施中期财政规划管理。
（5）全面推进预算绩效管理。
（6）建立政府资产报告制度。
（7）建立权责发生制的政府综合财务报告制度。
（8）建立财政库底目标余额管理制度。

财政库底目标余额管理的 主要内容包括：①建立国库现金流量预测制度；②完善国库现金管理银行账户、资金清算及核算体系；③健全完善国库现金管理投融资运行机制；④完善国库现金管理风险监控管理机制。

（9）推进预算、决算公开。

除涉密信息外，政府预算、决算支出全部细化公开到功能分类的"项"级科目，专项转移支付预算、决算按项目、按地区公开。同时，扩大部门预算、决算公开范围，细化部门预算、决算公开内容，逐步将部门预算、决算公开到"基本支出"和"项目支出"。

本章易错易混考点

【易错易混考点】全面规范、公开透明预算制度的主要内容

全面规范、公开透明预算制度的主要内容共有九项，考试时经常是直接考查九项内容有哪些，由于内容较多，很难记忆，所以需要归纳总结，寻找适合自己的记忆方法。此处提供给大家一种记忆方法，具体内容如图15-1所示。

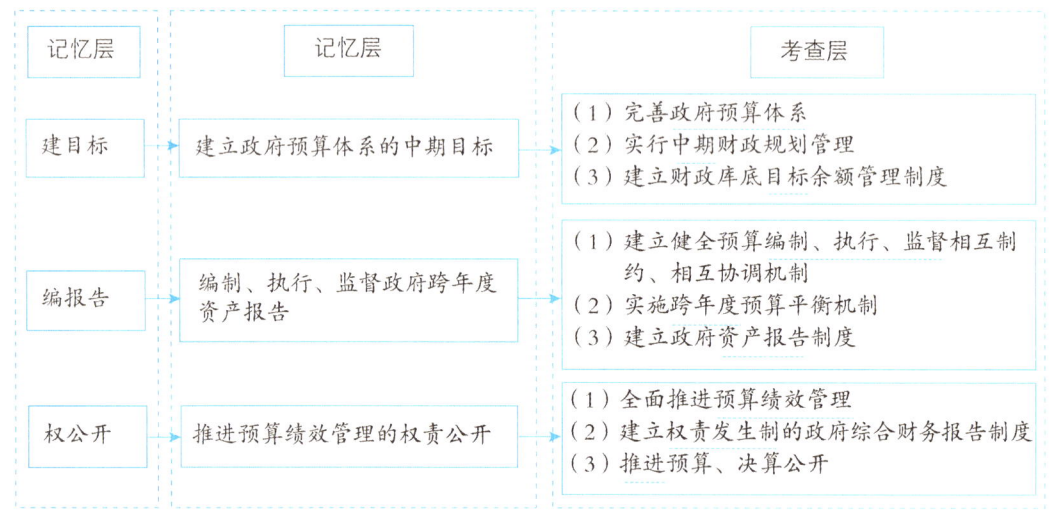

图15-1 全面规范、公开透明预算制度的主要内容

【提示】记忆层——没有任何意义，只是为了快速记忆；考查层——考试中要考查的内容。上述总结的方法是利用了关键词联想法，考试中找出关键词，通常是可以选择出正确答案的，但此种方法也存在一定的风险，建议各位考生尽量将记忆层中的关键词和考查层的九项内容真正对应上。

[例题·多选题] 我国现阶段实施全面规范、公开透明的预算制度，其主要内容有（　　）。

A. 实行中期财政规划管理

B. 建立政府资产报告制度

C. 建立财政库底目标余额管理制度

D. 清理压缩政府采购规模

E. 推进预算决算公开

[答案] ABCE

[解题思路] 根据"建目标——建立政府预算体系的中期目标"可选出A项（含关键词"中期"）、C项（含关键词"目标"）；根据"编报告——编制、执行、监督政府跨年度资产报告"可选出B项（含关键词"报告"）；根据"权公开"可选出E项（含关键词"公开"）。

历年经典真题回顾

一、单项选择题（每题1分，每题备选项中，只有1个最符合题意）

1. 关于政府多年预算的说法，正确的是（　　）。[2017年真题]
   A. 多年预算必须经过国家权力机关批准
   B. 多年预算一般具有法律效力
   C. 多年预算每3—5年编制一次
   D. 编制多年预算一般采取逐年递推或滚动的形式
   [答案] D
   [解析] 本题较偏，有陷阱。多年预算是指对连续多个年度（3—5年）的财政收支进行预测、规划或规定的一种财政计划形式。编制多年预算一般都采用逐年递推或滚动的形式。多年预算每年编制一次。多年预算一般不具有法律效力，不需要经过国家权力机关批准。

2. 政府预算活动的每个环节都必须根据法定程序进行，政府预算的成立、预算执行中的调整和预算执行结果，都必须经过立法机关审查批准，这是政府预算（　　）原则的要求。[2016年真题]
   A. 统一性　　　　　　　　　　　　　B. 公开性
   C. 合法性　　　　　　　　　　　　　D. 完整性
   [答案] C
   [解析] 本题通过"法定""立法机关审批"即可选择C项"合法性"。

3. 国有资本经营预算制度的核心是（　　）。[2016年真题]
   A. 调整私有企业和国有企业之间的分配关系
   B. 调整国有企业经营预算与社会保险基金预算之间的关系
   C. 调整国家和国有企业之间的分配关系
   D. 调整国有资本经营预算与政府性基金预算之间的关系
   [答案] C
   [解析] 国有资本经营预算是国家以所有者身份依法取得国有资本收益，并对所得收益进行分配而发生的各项收支预算。所以其核心是调整国家和国有企业之间的分配关系。

4. 政府理财的主导环节是（　　）。[2016年真题]
   A. 部门预算　　　　　　　　　　　　B. 政府预算
   C. 中期滚动预算　　　　　　　　　　D. 政府综合财务报告
   [答案] B
   [解析] 本题考查政府预算的职能与原则。政府理财的主导环节和基本环节是政府预算。

5. 根据《中华人民共和国预算法》，除涉密信息外，政府预算、决算支出公开要全部细化公开到按功能分类的（　　）科目。[2015年真题]
   A. 款级　　　　　　　　　　　　　　B. 类级
   C. 项级　　　　　　　　　　　　　　D. 目级
   [答案] C
   [解析] 预算管理制度的内容包括预决算的公开，除涉密信息外，政府预算、决算支出全部细化公开到功能分类的"项"级科目，专项转移支付预算、决算按项目、地区公开。

6. 下列法律法规中，对立法机关、各级政府以及政府财政主管部门和预算执行部门的预算管理职权做出明确规定的是（　　）。[2015年真题]
   A. 《中华人民共和国审计法》　　　　B. 《中华人民共和国预算法实施条例》
   C. 《中华人民共和国预算法》　　　　D. 《中华人民共和国立法法》

[答案] C

[解析]《中华人民共和国预算法》对立法机关、各级政府、政府财政主管部门和预算执行部门、单位的预算管理职权做了明确规定。

7. 以收定支，专款专用，结余结转下年度继续使用，是（　　）的管理原则。[2014年真题]

　　A. 公共财政预算　　　　　　　　　　B. 政府性基金预算
　　C. 国有资本经营预算　　　　　　　　D. 政府债务预算

[答案] B

[解析] 政府性基金预算的管理原则是以收定支，专款专用，结余结转下年继续使用。

8. 我国政府预算体系的基础是（　　）。[2013年真题]

　　A. 政府性基金预算　　　　　　　　　B. 一般公共预算
　　C. 国有资本经营预算　　　　　　　　D. 社会保险基金预算

[答案] B

[解析] 我国完整的政府预算体系包括一般公共预算、政府性基金预算、国有资本经营预算和社会保险基金预算。其中，一般公共预算是政府预算体系的基础，能够统筹安排使用的资金，应当纳入公共财政预算。

9. 主要以税收为收入来源、以行政事业项目为支出对象的政府预算是（　　）。[2012年真题]

　　A. 绩效预算　　　　　　　　　　　　B. 经常预算
　　C. 地方预算　　　　　　　　　　　　D. 资本预算

[答案] B

[解析] 复式预算一般由经常预算和资本预算组成。经常预算主要以税收为收入来源，以行政事业项目为支出对象；资本预算主要以国债为收入来源，以经济建设项目为支出对象。

10. 市场经济国家财政预算管理采用的基本制度是（　　）。[2012年真题]

　　A. 单式预算制度　　　　　　　　　　B. 复式预算制度
　　C. 部门预算制度　　　　　　　　　　D. 绩效预算制度

[答案] C

[解析] 部门预算制度是市场经济国家财政预算管理的基本形式。

二、多项选择题（每题2分，每题备选项中，有2个或2个以上符合题意，至少有1个错项。错选，本题不得分；少选，所选的每个选项得0.5分）

1. 财政库底目标余额管理的主要内容包括（　　）。[2017年真题]

　　A. 建立国库现金流量预测制度
　　B. 完善国库集中支付制度
　　C. 完善国库现金管理银行账户、资金清算及核算体系
　　D. 健全完善国库现金管理投融资运行机制
　　E. 完善国库现金管理风险监控管理机制

[答案] ACDE

[解析] 建立财政库底目标余额管理制度的主要内容包括：建立国库现金流量预测制度；完善国库现金管理银行账户、资金清算及核算体系；健全完善国库现金管理投融资运行机制；完善国库现金管理风险监控管理机制。

2. 下列财政改革内容中，属于全面规范、公开透明预算制度的有（　　）。[2016年真题]

　　A. 实施跨年度预算平衡机制　　　　　B. 全面推进预算绩效管理
　　C. 实施中期财政规划管理　　　　　　D. 建立权责发生制综合财务报告制度

E. 健全中央和地府财力与事权相匹配的财税体制

[答案] ABCD

[解析] 全面规范、公开透明预算制度的内容包括9项：①建立健全预算编制、执行、监督相互制约、相互协调机制；②完善政府预算体系；③实施跨年度预算平衡机制；④实行中期财政规划管理（三年滚动财政规划）；⑤全面推进预算绩效管理；⑥建立政府资产报告制度；⑦建立权责发生制的政府综合财务报告制度；⑧建立财政库底目标余额管理制度；⑨推进预算、决算公开。

3. 根据《中华人民共和国预算法》，县级以上各级人民代表大会常务委员会的预算管理职权有（   ）。[2013年真题]

　　A. 审查和批准本级政府预算　　　　B. 审查和批准本级预算调整方案

　　C. 编制本级政府预算草案　　　　　D. 审查和批准本级政府预备费动用

　　E. 审查和批准本级政府决算

[答案] BE

[解析] 县级以上地方各级人民代表大会常务委员会有权监督本级总预算的执行，审查和批准本级预算的调整方案，审查和批准本级政府决算等。

4. 根据政府预算编制依据的内容和方法，可将政府预算分为（   ）。[2009年真题]

　　A. 增量预算　　　　　　　　　　　B. 零基预算

　　C. 年度预算　　　　　　　　　　　D. 单式预算

　　E. 复式预算

[答案] AB

[解析] 按预算编制依据的内容和方法，政府预算分为增量（基数）预算和零基预算。

本章同步练习

一、单项选择题（每题1分，每题备选项中，只有1个最符合题意）

1. 从形式上看，政府预算是（   ）。

　　A. 政府的财政收支计划　　　　　　B. 重大的政治行为

　　C. 政府理财的基本环节　　　　　　D. 国家和政府意志的体现

2. 从本质上看，政府预算是（   ）。

　　A. 政府的财政收支计划

　　B. 财政部门按法定程序管理财政资金的活动

　　C. 政府理财的基本环节

　　D. 国家和政府意志的体现

3. 政府预算分为增量（基数）预算和零基预算，其划分依据是（   ）。

　　A. 按预算作用时间长短

　　B. 按预算收支平衡状况

　　C. 按预算编制依据的内容和方法

　　D. 按预算编制形式

4. 可以保持各项财政收支指标连续性的政府预算是（   ）。

　　A. 年度预算　　　B. 多年预算　　　C. 增量预算　　　D. 零基预算

5. 下列选项属于全国人民代表大会职权的是（   ）。

　　A. 审查中央和地方预算草案及中央和地方预算执行情况的报告

B. 审查和批准中央决算

C. 审查和批准中央预算的调整方案

D. 撤销国务院制定的同宪法、法律相抵触的关于预算、决算的行政法规、决定和命令

6. 决定本级政府预备费动用的机构是（　　）。

   A. 各级人民代表大会　　　　　　　B. 各级人民代表大会常务委员会

   C. 各级人民政府　　　　　　　　　D. 各级财政部门

7. 中央预算与地方预算有关收入和支出项目的划分应由（　　）规定。

   A. 全国人民代表大会　　　　　　　B. 全国人民代表大会常委会

   C. 国务院　　　　　　　　　　　　D. 省级人民代表大会

8. 目前我国每年统计公报公布的财政收入、财政支出、财政赤字的数字就是针对（　　）而言的。

   A. 政府性基金预算　　　　　　　　B. 一般公共预算

   C. 国有资本经营预算　　　　　　　D. 社会保险基金预算

9. 政府凭借国家政治权力，以社会管理者身份筹集以税收为主体的财政收入，用于保障和改善民生、维持国家行政职能正常运转、保障国家安全等方面的收支预算称为（　　）。

   A. 一般公共预算　　　　　　　　　B. 政府性基金预算

   C. 社会保险基金预算　　　　　　　D. 国有资本经营预算

10. 部门支出预算编制的方法是（　　）。

    A. 增量预算法　　　　　　　　　　B. 零基预算法

    C. 标准收入预算法　　　　　　　　D. 标准支出预算法

11. 下列关于预算执行制度的表述，错误的是（　　）。

    A. 预算执行制度是政府预算制度的重要组成部分

    B. 预算执行制度是预算实施的关键环节

    C. 部门预算制度是预算执行制度之一

    D. 预算执行制度包括建立国库集中收付制度和政府采购制度

12. 财政制度的核心是（　　）。

    A. 财政收入制度　　　　　　　　　B. 财政支出制度

    C. 政府预算制度　　　　　　　　　D. 国家金库制度

二、多项选择题（每题2分，每题备选项中，有2个或2个以上符合题意，至少有1个错项。错选，本题不得分；少选，所选的每个选项得0.5分）

1. 根据《中华人民共和国预算法》，各级人民政府的预算管理职权有（　　）。

   A. 审批本级预算调整方案　　　　　B. 组织编制本级预算草案

   C. 决定本级政府预备费的动用　　　D. 组织编制本级预算调整方案

   E. 组织编制本级决算草案

2. 下列关于复式预算的表述，正确的有（　　）。

   A. 经常预算主要以税收为收入来源、以行政事业项目为支出对象

   B. 资本预算主要以国债为收入来源、以经济建设项目为支出对象

   C. 复式预算便于编制，易于操作

   D. 复式预算没有区分各项财政收支的经济性质，不利于政府对复杂的财政活动进行深入分析、管理和监督

   E. 复式预算便于分类控制预算收支平衡

3. 世界上绝大多数国家所接受的政府预算原则有（　　）。
   A. 完整性　　　B. 合法性　　　C. 公开性　　　D. 专用性
   E. 灵活性

4. 按预算作用时间长短分类，可以将政府预算分为（　　）。
   A. 多年预算　　B. 年度预算　　C. 零基预算　　D. 增量预算
   E. 投入预算

5. 按照预算编制形式分类，政府预算分为（　　）。
   A. 绩效预算　　B. 单式预算　　C. 投入预算　　D. 复式预算
   E. 规划项目预算

6. 下列关于政府预算的具体含义表述，正确的有（　　）。
   A. 从形式上看，政府预算是政府的财政收支计划，体现了政府的年度工作重点和方向
   B. 从内容上看，政府预算反映可供政府集中支配的财政资金数量的多少，是政府理财的主导环节和基本环节
   C. 从政治性方面看，政府预算是重大的政治行为
   D. 从本质上看，政府预算是国家和政府意志的体现
   E. 政府预算是一个重要的法律性文件，需要经过国务院的审查和批准

7. 政府性基金预算是指政府通过（　　）等方式取得收入，专项用于支持特定基础设施建设和社会事业发展的收支预算。
   A. 向社会征收基金、收费　　　　B. 出让土地
   C. 发行彩票　　　　　　　　　　D. 税收
   E. 国有产权转让收入

8. 下列关于我国政府预算体系的表述，正确的有（　　）。
   A. 我国政府预算体系包括一般公共预算、政府性基金预算、国有资本经营预算和社会保险基金预算
   B. 一般公共预算是政府预算体系的基础
   C. 具有专款专用性质且不宜纳入公共财政预算管理的资金应当纳入政府性基金预算
   D. 国有资本经营预算部分收入可用于弥补社会保障支出
   E. 社会保险基金不能用于平衡公共财政预算，公共财政预算也不可补助社会保险基金

9. 我国政府预算改革的目标是逐步建立起完整的预算体系，包括（　　）。
   A. 一般公共预算　　　　　　　　B. 国有资本经营预算
   C. 社会保险基金预算　　　　　　D. 政府性基金预算
   E. 投入预算

10. 预算执行制度是预算实施的关键环节，其内容包括（　　）。
    A. 编制部门预算　　　　　　　　B. 建立国库集中收付制度
    C. 实行政府采购制度　　　　　　D. 将预算外资金纳入预算管理
    E. 编制公共财政预算

11. 下列财政改革内容中，属于全面规范、公开透明预算制度的有（　　）。
    A. 完善政府预算体系
    B. 健全中央和地方政府财力与事权相匹配的财税体制
    C. 实施跨年度预算平衡机制
    D. 建立健全预算编制、执行、监督相互制约、相互协调机制
    E. 全面推进预算绩效管理

本章同步练习参考答案及解析

一、单项选择题

1. [答案] A
   [解析] 从形式上看，政府预算是政府的财政收支计划，以预算平衡表的形式体现。该表反映了政府资金的来源和流向，体现了政府的年度工作重点和方向。

2. [答案] D
   [解析] 从本质上看，政府预算是国家和政府意志的体现。政府预算需要经过国家权力机构的审查和批准才能生效，是一个重要的法律性文件。

3. [答案] C
   [解析] 按预算编制依据的内容和方法分类，政府预算分为增量（基数）预算和零基预算。注意掌握政府预算的各种分类的标志及分类的内容。

4. [答案] C
   [解析] 增量预算是指年度的财政收支计划指标在以前预算年度的基础上，按新预算年度的经济发展情况加以调整后确定。增量预算保持了财政收支指标的连续性。

5. [答案] A
   [解析] 通过本题掌握全国人民代表大会政府预算职权与全国人民代表大会委员会政府预算职权的区分。B、C、D三项属于全国人民代表大会常委会的职权。

6. [答案] C
   [解析] 各级人民政府能够决定本级政府预备费的动用。各级政府财政部门提出政府预备费的动用方案。

7. [答案] C
   [解析] 中央预算与地方预算有关收入和支出项目的划分、地方向中央上解收入、中央对地方返还或者给予补助的具体办法，由国务院规定，报全国人民代表大会常务委员会备案。

8. [答案] B
   [解析] 目前我国每年统计公报公布的财政收入、财政支出、财政赤字的数字，就是针对一般公共预算而言的。

9. [答案] A
   [解析] 一般公共预算是指政府凭借国家政治权力，以社会管理者身份筹集以税收为主体的财政收入，用于保障和改善民生、维持国家行政职能正常运转、保障国家安全等方面的收支预算。

10. [答案] B
    [解析] 部门收入预算编制采用标准收入预算法；部门支出预算编制采用零基预算法。

11. [答案] C
    [解析] 部门预算制度是预算编制制度之一。

12. [答案] C
    [解析] 政府预算制度是财政制度的核心，一般是通过"预算法"的形式予以确定。

二、多项选择题

1. [答案] BCDE
   [解析] 各级人民政府的预算管理职权包括：各级人民政府组织编制本级预算草案，向本级人民代表大会做关于本级总预算草案的报告；组织本级总预算执行；决定本级政府预备费动用；组织编制本级预算调整方案等。

2. [答案] ABE
   [解析] 单式预算便于编制，易于操作，但没有区分各项财政收支的经济性质，不利于政府对复杂的财政活动进行深入分析、管理和监督，所以C、D两项错误。

3. [答案] ABC
   [解析] 政府预算原则包括：完整性原则；统一性原则；可靠性原则；合法性原则；年度性原则；公开性原则。

4. [答案] AB
   [解析] 按预算作用时间长短分类，可以将政府预算分为多年预算和年度预算。零基预算和增量预算是按照预算编制依据的内容和方法分类的。

5. [答案] BD

［解析］按预算编制形式，政府预算分为单式预算和复式预算。

6. ［答案］ABCD

［解析］掌握不同角度政府预算的含义。政府预算需要经过国家权力机构（人民代表大会）的审查和批准才能生效，所以E项错误。

7. ［答案］ABC

［解析］政府性基金预算是指政府通过向社会征收基金、收费以及出让土地、发行彩票等方式取得收入，专项用于支持特定基础设施建设和社会事业发展的收支预算。

8. ［答案］ABCD

［解析］社会保险基金不能用于平衡公共财政预算，公共财政预算可补助社会保险基金，E项错误。

9. ［答案］ABCD

［解析］按照建立与社会主义市场经济体制相适应的公共财政制度的要求，我国完整的政府预算体系包括一般公共预算、政府性基金预算、国有资本经营预算和社会保险基金预算。

10. ［答案］BC

［解析］通过本题掌握预算执行制度是预算实施的关键环节，具体内容包括建立国库集中收付制度和实行政府采购制度。

11. ［答案］ACDE

［解析］通过本题掌握全面规范、公开透明预算制度的内容。九项内容中包括本题的A、C、D、E四项，但不包括健全中央和地方政府财力与事权相匹配的财税体制，因此B项排除。

错题收集

第十六章 财政管理体制

本章考情分析

年份	单项选择题	多项选择题	合计
2017 年	—	1 题 2 分	2 分
2016 年	1 题 1 分	—	1 分
2015 年	2 题 2 分	2 题 4 分	6 分
2014 年	2 题 2 分	—	2 分
2013 年	3 题 3 分	2 题 4 分	7 分
2012 年	1 题 1 分	—	1 分

本章考点概览

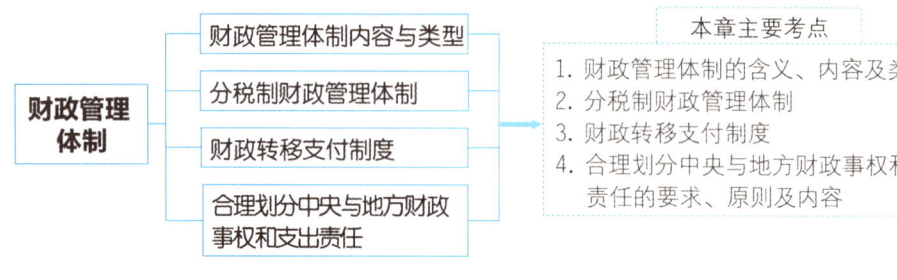

本章考点详解

【考点一】财政管理体制的含义、内容及类型

一、财政管理体制的含义

财政管理体制,是指国家管理和规范中央与地方政府之间以及地方各级政府之间划分财政收支范围和财政管理职责与权限的一项根本制度。

(1) 广义的财政管理体制包括预算管理体制、税收管理体制、公共部门财务管理体制等。

(2) 狭义的财政管理体制是指政府预算管理体制。政府预算管理体制是财政管理体制的中心环节。

二、财政管理体制的内容

财政管理体制的具体内容如表 16-1 所示。

表16-1　财政管理体制的内容

内容	主要考点
财政分配和管理机构的设置	与政府管理体制相适应，目前我国财政管理机构分为中央、省、设区的市（自治州）、县、乡五级
政府间事权及支出责任的划分	(1) 政府间财政支出划分是财政管理体制的基础性内容 (2) 政府间事权及支出责任划分原则：技术原则、效率原则、区域原则和受益原则
政府间财政收入的划分	(1) 税种属性是决定政府间财政收入划分的主要标准 (2) 收入的划分原则：①恰当原则。将一些调控功能较强的税种作为中央政府收入；对于体现国家主权的收入（如关税），作为中央政府收入。②集权原则。收入份额较大的主体税种划归中央政府。③效率原则。将一些流动性较强的收入，作为中央政府收入。④收益与负担对等原则。收益与负担不直接对应的收入归中央政府
政府间财政转移支付制度	协调中央政府与地方政府间财政关系的一项重要配套制度

根据国际经验，政府间财政收支划分呈现的基本特征是<u>收入结构与支出结构的非对称性安排</u>，即收入结构划分以中央政府为主，支出结构划分则以地方政府为主。

三、财政管理体制的类型

财政管理体制的类型如表16-2所示。

表16-2　财政管理体制的类型

类型	代表国家	具体内容
财政联邦制模式	美国、加拿大、德国、澳大利亚、俄罗斯	联邦政府与州政府之间的权力划分遵循"州余权主义"原则。中央财政与地方财政之间、地方上级财政与下级财政之间没有整体关系，政府间的财政联系主要依靠分税制和转移支付制度来实现
财政单一制模式	法国、英国、日本、韩国	财政大政方针和主要的规章制度由中央统一制定、安排，地方在中央决策和授权范围内对财政活动进行管理。地方政府拥有的分权水平较低，自主性较小

> **经典例题**
>
> [例题·多选题] 关于财政管理体制的说法，正确的有（　　）。
> A. 政府预算管理体制是财政管理体制的中心环节
> B. 满足财政支出需要是决定政府间财政收入划分的主要标准
> C. 政府间财政收支划分的基本特征是收入结构与支出结构的非对称性安排
> D. 在财政单一制模式下，地方在中央决策和授权范围内管理财政活动
> E. 依据集权原则，将收入份额较大的税种划分为中央所有
> [答案] ACDE
> [解析] 通过本题掌握政府间财政收入划分的内容。税种属性是决定政府间财政收入划分的主要标准，B项错误。

【考点二】分税制财政管理体制

扫码听课

一、分税制的主要内容

分税制财政管理体制，简称分税制，是指将国家的全部税种在中央和地方政府之间进行划分，借以确定中央和地方财政的收入范围的一种财政管理体制。其主要内容包括支出责任划分和收入划分。本书主要讲述收入划分，具体内容如表16-3所示。

表16-3 现行中央地方收入的划分

项目	具体包含
中央固定收入	关税、海关代征的增值税和消费税、消费税、车辆购置税、证券交易印花税、船舶吨税、出口退税
地方固定收入	房产税、车船税、印花税、耕地占用税、契税、烟叶税、土地增值税、国有土地有偿使用收入
中央和地方共享收入（同经济发展直接相关的主要税种）	增值税、所得税、资源税 (1) 增值税：中央分享50%，地方分享50% (2) 所得税：中央分享60%，地方分享40%

二、分税制财政管理体制改革的主要成效

(1) 建立了财政收入稳定增长机制。
(2) 增强了中央政府宏观调控能力。
(3) 促进了产业结构调整和资源优化配置。

三、深化财政管理体制改革的主要任务与内容

(一) 完善中央与地方的事权和支出责任划分

(1) 适度加强中央事权。
(2) 明确中央与地方共同事权。
(3) 明确区域性公共服务为地方事权。
(4) 调整中央与地方的支出责任。

(二) 进一步理顺中央与地方的收入划分

(1) 根据税种属性，遵循公平、便利和效率原则，将收入周期性波动较大、具有较强再分配作用、税基分布不均衡、税基流动性较大、易转嫁的税种划分为中央税，或中央分成比例多一些。

(2) 将其余具有明显受益性、区域性特征、对宏观经济运行不产生直接影响的税种划分为地方税，或地方分成比例多一些。按照适当、可控、有限的原则扩大地方税权，有效引导地方政府转变经济发展方式。

> **经典例题**
>
> [例题·多选题] 在我国现行财政体制下，下列税种中，属于中央与地方共享税的有（　　）。
> A. 增值税　　　　　　　　　　B. 关税
> C. 消费税　　　　　　　　　　D. 车辆购置税
> E. 企业所得税
> [答案] AE
> [解析] 本题考查中央地方共享税的种类。增值税、所得税和资源税属于中央地方共享税。而关税、消费税、车辆购置税属于中央税。

【考点三】财政转移支付制度

财政转移支付制度的具体内容如表16-4所示。

表16-4 财政转移支付制度

项目	内容
提出者	著名经济学家庇古

续表

项目	内容
最基本作用	为地方政府提供稳定的收入来源，弥补其收支差额
特点	完整性、对称性(上级政府对下级政府转移支付的财力与能否满足该级政府承担事权职责需求相对应)、科学性、统一性和灵活性相结合、法制性
分类	一般可归为均衡拨款与专项拨款两大类： (1) 通常情况下，对于地方事权范围的支出项目，中央政府通过一般性转移支付实施财力匹配与均衡 (2) 专项转移支付严格限于中央委托事务、共同事权事务、效益外溢事务和符合中央政策导向事务 我国现行的财政转移支付由一般性转移支付和专项转移支付组成： (1) 一般性转移支付，是指为弥补财政实力薄弱地区的财力缺口，均衡地区间财力差距，实现地区间基本公共服务能力的均等化，中央财政安排给地方财政的补助支出，由地方统筹安排。其包括均衡性转移支付、民族地区转移支付、调整工资转移支付、农村税费改革转移支付、资源枯竭城市转移支付等项目 (2) 专项转移支付，是指中央财政为实现特定的宏观政策及事业发展战略目标，以及对委托地方政府代理的一些事务或中央地方共同承担事务进行补偿而设立的补助资金，需要按规定用途使用。专项转移支付重点用于教育、医疗卫生、社会保障、支农等公共服务领域
规范任务	(1) 完善一般性转移支付的稳定增长机制，增加一般性转移支付的规模和比例，促进地区间财力均衡，重点增加对革命老区、民族地区、边疆地区、贫困地区的转移支付 (2) 清理、整合、规范专项转移支付项目

经典例题

[2015年真题·多选题] 我国现阶段规范财政转移支付制度的任务有（　　）。
A. 重点增加对革命老区、民族地区、边疆地区、贫困地区的转移支付
B. 促进地区间财力均衡
C. 增加一般性转移支付规模和比例
D. 清理规范专项转移支付项目
E. 增加专项转移支付项目
[答案] ABCD
[解析] 规范财政转移支付制度的任务之一是增加一般性转移支付的规模和比例，而非增加专项转移支付项目，E项错误。

【考点四】合理划分中央与地方财政事权和支出责任的要求、原则及内容

划分中央与地方财政事权和支出责任的要求、原则及内容如表16-5所示。

表16-5　划分中央与地方财政事权和支出责任的要求、原则及内容

项目	具体阐述
总体要求	①坚持中国特色社会主义道路和党的领导；②坚持财政事权由中央决定；③坚持有利于健全社会主义市场经济体制；④坚持法治化规范化道路；⑤坚持积极稳妥统筹推进
划分原则	①体现基本公共服务受益范围；②兼顾政府职能和行政效率；③实现权、责、利相统一；④激励地方政府主动作为；⑤做到支出责任与财政事权相适应(按照"谁的财政事权谁承担支出责任"的原则，确定各级政府支出责任)

项目		具体阐述
主要内容	推进中央与地方财政事权划分	(1) 适度加强中央的财政事权 (2) 保障地方履行财政事权 要逐步将社会治安、市政交通、农村公路、城乡社区事务等受益范围地域性强、信息较为复杂且主要与当地居民密切相关的基本公共服务确定为地方的财政事权 (3) 减少并规范中央与地方共同财政事权 (4) 建立财政事权划分动态调整机制
	完善中央与地方支出责任划分	(1) 中央的财政事权由中央承担支出责任 中央的财政事权如委托地方行使,要通过中央专项转移支付安排相应的经费 (2) 地方的财政事权由地方承担支出责任 地方的财政事权如委托中央机构行使,地方政府应负担相应的经费 (3) 中央与地方共同财政事权区分情况划分支出责任
	加快省以下财政事权和支出责任划分	省级政府参照中央做法,结合当地实际,按照财政事权划分原则合理确定省以下政府间财政事权

经典例题

[例题·多选题] 关于合理划分中央与地方财政事权和支出责任的表述,正确的有（　　）。

A. 坚持财政事权由中央决定
B. 信息复杂且获取困难的基本公共服务优先作为中央的财政事权
C. 坚持加强中央对微观事务的直接管理
D. 按照谁的财政事权谁承担支出责任的原则,确定各级政府支出责任
E. 中央的财政事权如委托地方行使,要通过中央专项转移支付安排相应的经费

[答案] ADE

[解析] 合理划分中央与地方财政事权和支出责任的总体要求之一是坚持财政事权由中央决定,A项正确。信息复杂且获取困难的基本公共服务优先作为地方的财政事权,B项错误。要切实落实地方政府在中央授权范围内履行财政事权的责任,最大限度减少中央对微观事务的直接管理,发挥地方政府因地制宜加强区域内事务管理的优势,调动和保护地方干事创业的积极性和主动性,C项错误。按照谁的财政事权谁承担支出责任的原则,确定各级政府支出责任,D项正确。中央的财政事权如委托地方行使,要通过中央专项转移支付安排相应的经费,E项正确。

本章易错易混考点

【易错易混考点】政府间事权及支出责任的划分原则与政府间财政收入的划分原则(如表16-6所示)

表16-6　政府间事权及支出责任的划分原则与政府间财政收入的划分原则

易错易混点	原则
政府间事权及支出责任的划分原则	技术原则、效率原则、区域原则和受益原则
政府间财政收入的划分原则	恰当原则、集权原则、效率原则、收益与负担对等原则

【考点小贴士】事权或支出责任的划分原则可简记为一句话：技术提高了效率使区域受益；财政收入划分原则可简记为一句话：恰当的集权使效率对等。

[2013年真题·多选题] 划分政府间事权及支出责任应遵循的原则有（　　）。

A. 受益原则　　　　　　　　　B. 效率原则

C. 区域原则 D. 技术原则
E. 均等原则
[答案] ABCD
[解题思路] 本题根据"技术提高了效率使区域受益"即可选择 A、B、C、D 四项。

历年经典真题回顾

一、单项选择题（每题1分，每题备选项中，只有1个最符合题意）

1. 上级政府对下级政府转移支付的财力，与能够满足该级政府承担、履行的事权职责需求相对应，体现了财政转移支付的（　　）特点。[2016年真题]
    A. 完整性 B. 法制性
    C. 对称性 D. 灵活性
    [答案] C
    [解析] 财政转移支付的对称性是指上级政府对下级政府转移支付的财力，与能够满足该级政府承担、履行的事权职责需求相对应。

2. 根据分税制财政管理体制，下列税种中，专属于中央收入的是（　　）。[2015年真题]
    A. 增值税 B. 消费税
    C. 房产税 D. 印花税
    [答案] B
    [解析] 中央税包括关税和消费税等。本题中，增值税属于中央地方共享税，房产税和印花税（证券交易印花税除外）属于地方税。

3. 下列转移支付中，不属于一般性转移支付的是（　　）。[2015年真题]
    A. 均衡性转移支付 B. 支农转移支付
    C. 民族地区转移支付 D. 调整工资转移支付
    [答案] B
    [解析] 一般性转移支付包括均衡性转移支付、民族地区转移支付、县级基本财力保障机制奖补资金、调整工资转移支付、农村税费改革转移支付、资源枯竭城市转移支付等具体项目。支农转移支付属于专项转移支付。

4. 从国际经验看，政府间财政收支结构划分呈现的基本特征是（　　）。[2014年真题]
    A. 收入划分以中央政府为主，支出划分以地方政府为主
    B. 收入划分以地方政府为主，支出划分以中央政府为主
    C. 收入和支出划分均以中央政府为主
    D. 收入和支出划分均以地方政府为主
    [答案] A
    [解析] 根据国际经验，政府间财政收支划分呈现的基本特征，是收入结构与支出结构的非对称性安排，即收入结构划分以中央政府为主，支出结构划分则以地方政府为主。

5. 根据政府间财政收入划分原则，一般应作为地方政府财政收入的是（　　）。[2013年真题]
    A. 流动性强的税收收入
    B. 调控功能比较强的税收收入
    C. 收入份额较大的主体税种收入
    D. 收益与负担能够直接对应的使用费收入
    [答案] D
    [解析] 通过本题掌握财政收入划分的原则以及各原则是如何在中央与地方政府间划分财政收

入的。A项，根据效率原则，将一些流动性较强的收入，作为中央政府收入。B项，根据恰当原则，将一些调控功能较强的税种作为中央政府收入。C项，根据集权原则，将收入份额较大的主体税种划归中央政府。D项，根据收益与负担对等原则，对于收益与负担能够直接对应的收入（如使用费等），一般作为地方政府收入。

6. 关于分税制财政管理体制改革主要成效的说法，错误的是（　　）。[2013年真题]

　　A. 建立了财政收入稳定增长机制

　　B. 增强了中央政府宏观调控能力

　　C. 降低了对地方政府的预算约束

　　D. 促进了产业结构调整和资源优化配置

[答案] C

[解析] 分税制财政管理体制改革的主要成效：建立了财政收入稳定增长机制；增强了中央财政统筹配置资源、加强宏观调控的能力，也调动了地方经济；增强了中央政府宏观调控能力；促进了产业结构调整和资源优化配置；强化了对地方财政的预算约束，提高了地方坚持财政平衡、注重收支管理的主动性。

7. 2010年某省征收个人所得税收入总额为500亿元，按照现行所得税中央与地方分享比例，该省应分享的个人所得税收入为（　　）亿元。[2011年真题]

　　A. 125　　　　　　　　　　　　B. 250

　　C. 200　　　　　　　　　　　　D. 300

[答案] C

[解析] 所得税分享比例是中央分享60%，地方分享40%。地方政府分享的个人所得税收入＝500×40%＝200（亿元）。

二、多项选择题（每题2分，每题备选项中，有2个或2个以上符合题意，至少有1个错项。错选，本题不得分；少选，所选的每个选项得0.5分）

1. 合理划分中央与地方财政事权和支出责任的总体要求包括（　　）。[2017年真题]

　　A. 坚持财政事权由中央决定

　　B. 坚持有利于健全社会主义市场经济体制

　　C. 坚持加强中央对微观事务的直接管理

　　D. 坚持法制化规范道路

　　E. 坚持积极稳妥统筹推进

[答案] ABDE

[解析] 合理划分中央与地方财政事权和支出责任的总体要求之一是坚持财政事权由中央决定，要切实落实地方政府在中央授权范围内履行财政事权的责任，最大限度减少中央对微观事务的直接管理，发挥地方政府因地制宜加强区域内事务管理的优势，调动和保护地方干事创业的积极性和主动性，C项错误。

2. 同层级的政府间事权及支出责任划分的原则有（　　）。[2015年真题]

　　A. 受益原则　　　　　　　　　　B. 效率原则

　　C. 区域原则　　　　　　　　　　D. 技术原则

　　E. 恰当原则

[答案] ABCD

[解析] 同层级的政府间事权及支出责任划分的原则包括技术原则、效率原则、区域原则和受益原则。

3. 我国现行分税制财政管理体制下,属于中央固定收入的税种有( )。[2013年真题]
   A. 关税
   B. 车船税
   C. 个人所得税
   D. 消费税
   E. 资源税
   [答案] AD
   [解析] 中央固定收入包括关税、海关代征的增值税和消费税、消费税、车辆购置税、证券交易印花税、船舶吨税、出口退税等。

4. 在我国现行财政体制下,下列税种中,属于中央与地方共享税的有( )。[2011年真题]
   A. 增值税
   B. 关税
   C. 消费税
   D. 个人所得税
   E. 企业所得税
   [答案] ADE
   [解析] 本题考查中央地方共享税的种类。中央和地方共享收入包括增值税、所得税、资源税。

本章同步练习

一、**单项选择题**(每题1分,每题备选项中,只有1个最符合题意)

1. 财政管理体制的基础性内容是( )。
   A. 政府间财政收入的划分
   B. 政府间财政支出的划分
   C. 政府间财政转移支付
   D. 政府间财权的划分

2. 决定政府间财政收入划分的主要标准是( )。
   A. 收入的来源
   B. 事权的划分
   C. 支出的性质
   D. 税种属性

3. 财政管理体制的中心环节是( )。
   A. 预算管理体制
   B. 税收管理体制
   C. 公共部门财政管理体制
   D. 政府预算管理体制

4. 根据政府间事权划分的区域原则,下列事项应划归中央政府的是( )。
   A. 外交
   B. 社会治安
   C. 城市供水
   D. 公园事务

5. 在联邦制国家,联邦政府与州政府之间的权力划分遵循( )原则。
   A. 恰当
   B. 州余权主义
   C. 收益与负担对等
   D. 州无权主义

6. 实行财政单一制的国家是( )。
   A. 日本
   B. 德国
   C. 美国
   D. 加拿大

7. 狭义的财政管理体制是( )。
   A. 税收管理体制
   B. 公共部门财务管理体制
   C. 政府预算管理体制
   D. 预算管理体制

8. 下列税种中,属于中央固定收入的是( )。
   A. 增值税
   B. 车辆购置税
   C. 资源税
   D. 企业所得税

9. 国务院决定从2002年1月1日起实施所得税收入分享改革,规定到2003年以后中央与地方对所得税收入增量分享的比例分别是（   ）。

　　A. 60%和40% 　　　　　　　　　　B. 75%和25%

　　C. 50%和50% 　　　　　　　　　　D. 25%和75%

10. 下列税收收入中，属于中央地方共享收入的税种是（   ）。

　　A. 增值税 　　　　　　　　　　　　B. 房产税

　　C. 关税 　　　　　　　　　　　　　D. 消费税

11. 根据分税制体制规定，将同经济发展直接相关的主要税种划分为（   ）。

　　A. 中央税 　　　　　　　　　　　　B. 中央地方共享税

　　C. 地方税 　　　　　　　　　　　　D. 中央地方共管税

12. 根据分税制规定，增值税收入中央与地方的分享比例是（   ）。

　　A. 25∶75 　　　　　　　　　　　　B. 50∶50

　　C. 75∶25 　　　　　　　　　　　　D. 80∶20

13. 按照建立社会主义市场经济体制的要求，我国从1994年开始建立了（   ）财政管理体制。

　　A. 包干 　　　　　　　　　　　　　B. 收支挂钩

　　C. 分税制 　　　　　　　　　　　　D. 统收统支

14. 下列税种中，属于地方固定收入的是（   ）。

　　A. 个人所得税 　　　　　　　　　　B. 耕地占用税

　　C. 消费税 　　　　　　　　　　　　D. 资源税

15. 最早提出转移支付概念的是著名经济学家（   ）。

　　A. 瓦格纳 　　　　　　　　　　　　B. 庇古

　　C. 莫尔 　　　　　　　　　　　　　D. 亚当·斯密

16. 中央财政为实现特定的宏观政策及事业发展战略目标，以及对委托地方政府代理的一些事务或中央地方共同承担事务进行补偿而设立的补助资金是（   ）。

　　A. 一般性转移支付 　　　　　　　　B. 均衡性转移支付

　　C. 专项转移支付 　　　　　　　　　D. 民族地区转移支付

17. 没有建立一般性转移支付制度的国家是（   ）。

　　A. 中国 　　　　　　　　　　　　　B. 美国

　　C. 日本 　　　　　　　　　　　　　D. 英国

二、**多项选择题**（每题2分，每题备选项中，有2个或2个以上符合题意，至少有1个错项。错选，本题不得分；少选，所选的每个选项得0.5分）

1. 财政管理体制的内容主要有（   ）。

　　A. 政府间财政转移支付制度 　　　　B. 政府间事权及支出责任的划分

　　C. 实行部门预算制度 　　　　　　　D. 政府间财政收入的划分

　　E. 财政分配和管理机构的设置

2. 政府间财政收入的划分一般应遵循（   ）原则。

　　A. 集权 　　　　　　　　　　　　　B. 效率

　　C. 恰当 　　　　　　　　　　　　　D. 收益与负担对等

　　E. 区域

3. 关于财政单一制模式的表述，正确的有（   ）。

　　A. 地方政府拥有的分权水平较大

　　B. 地方政府的自主性较小

C. 地方政府独立地行使各自的财权财力，自收自支

D. 中央政府与地方政府之间没有整体的关系

E. 财政大政方针和主要的规章制度由中央统一制定、安排

4. 下列关于政府间财政收入划分的表述，正确的有（　　）。

A. 依据效率原则，将一些流动性较强的收入作为中央政府收入

B. 依据恰当原则，将一些调控功能较强的税种作为中央固定收入

C. 依据收益与负担对等原则，将收益与负担能够直接对应的收入一般作为中央政府收入

D. 依据集权原则，将收入份额大的主体税种划归为中央政府

E. 依据受益原则，将受益范围较大的主体税种划归为中央政府

5. 目前我国中央和地方共享收入包括（　　）。

A. 增值税　　　　　　　　　　B. 资源税

C. 证券交易税　　　　　　　　D. 企业所得税

E. 土地增值税

6. 按照现行税制，属于我国中央固定收入的有（　　）。

A. 证券交易印花税　　　　　　B. 车辆购置税

C. 船舶吨税　　　　　　　　　D. 关税和消费税

E. 房产税

7. 专项转移支付严格限于（　　）。

A. 中央委托事务　　　　　　　B. 共同事权事务

C. 效益外溢事务　　　　　　　D. 符合中央政策导向事务

E. 均衡基本公共服务

8. 下列转移支付中，属于一般性转移支付的有（　　）。

A. 均衡性转移支付　　　　　　B. 支农转移支付

C. 民族地区转移支付　　　　　D. 调整工资转移支付

E. 农村税费改革转移支付

9. 关于完善中央与地方支出责任划分的表述，错误的有（　　）。

A. 中央的财政事权由中央承担支出责任

B. 中央的财政事权如委托地方行使，要通过中央一般转移支付安排相应经费

C. 地方的财政事权由地方承担支出责任

D. 地方财政事权如委托中央机构行使，中央政府应负担相应的经费

E. 中央与地方共同财政事权区分情况划分支出责任

10. 财政转移支付的特点有（　　）。

A. 完整性　　　　　　　　　　B. 科学性

C. 非对称性　　　　　　　　　D. 统一性

E. 对称性

本章同步练习参考答案及解析

一、单项选择题

1. [答案] B

[解析] 财政管理体制作为划分各级政府间财政关系的根本制度，其依据是政府职能界定和政府间事权划分。政府间财政支出划分是财政管理体制的基础性内容。

2. [答案] D

[解析] 税种属性是决定政府间财政收入划

分的主要标准。

3. [答案] D
[解析] 政府预算管理体制是财政管理体制的中心环节。通常人们所使用的财政管理体制的概念指的就是政府预算管理体制。

4. [答案] A
[解析] 区域原则是根据公共产品和服务的区域性来划分政府间的事权。将没有区域性特征、需要按统一规划和标准提供的全国性公共产品和服务的事权划归中央政府，如外交、国防事务等。将具有区域性特征、需要因地制宜来提供的地区性公共产品和服务的事权划归地方，如社会治安、城市供水、公园事务等。

5. [答案] B
[解析] 在联邦制国家，联邦政府与州政府之间的权力划分遵循"州余权主义"原则，即在宪法中未指明或者未列举的联邦权属之外的事务，州有权立法和实施。

6. [答案] A
[解析] 美国、加拿大、德国、澳大利亚、俄罗斯、墨西哥、印度等国家实行财政联邦制。法国、英国、日本、韩国、意大利等国实行财政单一制。

7. [答案] C
[解析] 狭义的财政管理体制就是指政府预算管理体制。

8. [答案] B
[解析] 增值税、资源税、企业所得税均属于中央地方共享税。

9. [答案] A
[解析] 通过本题掌握所得税中央和地方的分享比例。2003年以后对于所得税收入，中央分享60%，地方分享40%。

10. [答案] A
[解析] 中央地方共享收入包括增值税、所得税和资源税。消费税、关税等属于中央固定收入。房产税属于地方税。

11. [答案] B
[解析] 为维护国家、实施宏观调控所必需的税种划为中央税；将同经济发展直接相关的主要税种划分为中央地方共享税；将适合地方征管的税种划为地方税。

12. [答案] B
[解析] 按照新规定，对于增值税收入，中央与地方共享比例为50∶50。

13. [答案] C
[解析] 1994年我国建立了分税制财政管理体制。

14. [答案] B
[解析] 消费税属于中央固定收入；资源税和所得税属于中央地方共享收入。

15. [答案] B
[解析] 政府间财政转移支付制度是协调中央政府与地方政府间财政关系的一项重要配套制度。最早提出转移支付概念的是著名经济学家庇古。

16. [答案] C
[解析] 专项转移支付是指中央财政为实现特定的宏观政策及事业发展战略目标，以及对委托地方政府代理的一些事务或中央地方共同承担事务进行补偿而设立的补助资金，需要按规定用途使用。专项转移支付具体项目比较多，重点用于教育、医疗卫生、社会保障、支农等公共服务领域。

17. [答案] B
[解析] 美国是分权国家的典型代表，但美国是少有的没有建立一般性转移支付制度的国家，联邦政府的转移支付全部以专项和分类转移支付方式下达。本题只需掌握"美国"没有建立一般性转移支付制度即可，不要被凑数干扰项迷惑。

二、多项选择题

1. [答案] ABDE
[解析] 财政管理体制的主要内容有四个：①财政分配和管理机构的设置；②政府间事权及支出责任的划分；③政府间财政收入的划分；④政府间财政转移支付制度。

2. [答案] ABCD
[解析] 注意区分事权或支出划分原则和收入划分原则。财政收入划分的原则包括恰当原则、集权原则、效率原则、收益与负

担对等原则。

3. [答案] BE

   [解析] 财政单一模式下,财政大政方针和主要的规章制度由中央统一制定、安排,地方在中央决策和授权范围内对财政活动进行管理。财政单一制模式下,地方政府拥有的分权水平较低,自主性较小。

4. [答案] ABD

   [解析] 本题较难,考点有两个:一是将收入划分的原则和支出划分的原则进行区分,本题E项,受益原则不属于收入划分的原则;二是对收入划分各原则的理解,依据收益与负担对等原则,将收益与负担能够直接对应的收入一般作为地方政府收入,C项错误。

5. [答案] ABD

   [解析] 增值税、资源税、企业所得税、个人所得税均属于中央地方共享税;土地增值税属于地方税。

6. [答案] ABCD

   [解析] 根据现行税制的规定,中央收入包括:①关税;②海关代征的增值税和消费税;③消费税;④未纳入共享范围的中央企业所得税;⑤各银行总行、各保险总公司集中交纳的收入;⑥中央企业上缴利润;⑦证券交易印花税;⑧车辆购置税;⑨出口退税;⑩船舶吨税。

7. [答案] ABCD

   [解析] 专项转移支付严格限于中央委托事务、共同事权事务、效益外溢事务和符合中央政策导向事务。

8. [答案] ACDE

   [解析] 一般性转移支付包括均衡性转移支付、民族地区转移支付、县级基本财力保障机制奖补资金、调整工资转移支付、农村税费改革转移支付、资源枯竭城市转移支付等具体项目。

9. [答案] BD

   [解析] 中央的财政事权如委托地方行使,要通过中央专项转移支付安排相应经费,B项错误。地方财政事权如委托中央机构行使,地方政府应负担相应的经费,D项错误。

10. [答案] ABDE

    [解析] 财政转移支付的特点包括:①完整性;②对称性,即上级政府对下级政府转移支付的财力,与能够满足该级政府承担、履行的事权职责需求相对应;③科学性;④统一性和灵活性相结合;⑤法制性。

错题收集

第十七章 财政政策

本章考情分析

年份	单项选择题	多项选择题	合计
2017 年	2 题 2 分	—	2 分
2016 年	1 题 1 分	1 题 2 分	3 分
2015 年	1 题 1 分	1 题 2 分	3 分
2014 年	1 题 1 分	1 题 2 分	3 分
2013 年	2 题 2 分	1 题 2 分	4 分
2012 年	2 题 2 分	2 题 4 分	6 分

本章考点概览

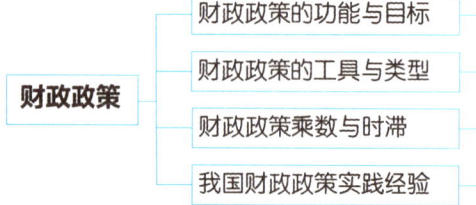

本章主要考点
1. 财政政策的功能与目标
2. 财政政策的工具
3. 财政政策的类型
4. 财政政策乘数和时滞
5. 我国财政政策实践经验

本章考点详解

【考点一】财政政策的功能与目标

财政政策是<u>一国政府</u>为实现预期的经济社会发展目标，<u>对财政收支</u>关系进行调整的指导原则和措施。财政政策由预算政策、税收政策、支出政策、国债政策等组成。其功能与目标如表 17-1 所示。

表 17-1 财政政策的功能与目标

项目		具体内容
功能	导向功能	财政政策通过财政分配和管理活动，调整人们的物质利益，进而调节企业和个人的经济行为，引导国民经济运行
	协调功能	主要体现在对社会经济发展过程中，在地区之间、行业之间、部门之间等出现的某些失衡状况的调节和制约

续表

项目		具体内容
功能	控制功能	政府通过财政政策调节企业和居民等市场经济主体的经济行为,实现对经济社会的有效控制
	稳定功能	政府通过财政政策调整社会总需求和总供给,实现供求平衡
目标		①促进充分就业;②物价基本稳定;③国际收支平衡;④经济稳定增长

经典例题

[例题·多选题] 下列政策中,属于财政政策的有(　　)。

A. 预算政策　　　B. 税收政策　　　C. 国债政策　　　D. 利率政策

E. 汇率政策

[答案] ABC

[解析] 财政政策是政府对财政收支进行指导的原则和措施,由预算政策、税收政策、支出政策、国债政策等组成。利率政策和汇率政策均属于货币政策。

【考点二】财政政策的工具

财政政策的工具是用以达到财政政策目标的各种财政手段,主要有预算、税收、公债、公共支出、政府投资和财政补贴等。财政政策工具的使用如表17-2所示。

表17-2　财政政策工具的使用

情形 工具使用	社会总供给＜社会总需求 (经济过热,少花钱抑制总需求)	社会总供给＞社会总需求 (经济过冷,多花钱刺激总需求)
预算	缩小支出规模、保持预算盈余	扩大支出规模、保持一定赤字规模
税收	提高税率、减少税收优惠来增加税收	降低税率、增加税收优惠来减少税收
政府投资	降低投资支出水平	提高投资支出水平
补贴	减少财政补贴支出	增加财政补贴支出
公债	公债发行中通过期种类的不同设计和调换公债长短期限,以及调整国债发行利率水平影响金融市场利率的变化,来对经济运行产生扩张性或紧缩性的影响	
公共支出	狭义购买性支出:政府进行日常行政事务活动所需要的商品和劳务支出	
	转移性支出:政府补助支出、捐赠支出、债务利息支出	

【考点小贴士】财政政策工具的使用是历年考试的重点,内容较多,比较简单的记忆方法是理解"花钱"两个字。在经济过热时,政府自己要少花钱,也要引导私人少花钱,政府少花钱的办法是减少财政支出(如缩小预算支出、减少政府投资、减少补贴支出、减少公共支出);而政府让私人少花钱的办法是增加财政收入(如增加税收、增加公债等)。

经典例题

[2016年真题·单选题] 当社会总供给大于总需求时,政府预算一般采取(　　)。

A. 提高税率、减少税收优惠,抑制企业和个人投资需求和消费需求

B. 缩小支出规模、保持预算盈余,抑制社会总需求

C. 降低投资支持水平,使经济降温、平稳回落

D. 扩大支出规模、保持一定赤字规模,扩大社会总需求

[答案] D

[解题思路] 本题社会总供给大于总需求，说明要刺激需求，要多花钱，即可选择 D 项，扩大支出规模、保持一定赤字规模，扩大社会总需求。

[2012年真题·多选题] 在社会总需求大于社会总供给的经济过热时期，政府可以采取的财政政策有（　　）。
A. 缩小政府预算规模
B. 减少税收优惠政策
C. 降低政府投资水平
D. 减少财政补贴支出
E. 鼓励企业和个人扩大投资
[答案] ABCD
[解题思路] 社会总需求大于社会总供给，说明要抑制需求，政府要采取少花钱、多收入的措施。本题中，A、C、D 三项均属于政府少花钱的措施，B 项属于政府通过增加税收让私人少花钱的措施。

【考点三】财政政策的类型

财政政策的类型如表 17-3 所示。

表 17-3　财政政策的类型

分类标准	类别	具体内容
调节经济周期的作用	自动稳定的财政政策	（1）累进所得税 （2）政府福利支出的自动稳定作用
	相机抉择的财政政策	主动灵活地选择不同类型的反经济周期的财政政策工具，包括汲水政策和补偿政策。其中，汲水政策是指在经济萧条时期进行公共投资，以增加社会有效需求，使经济恢复活力的政策 汲水政策的特点包括： （1）它是以市场经济所具有的自发机制为前提，是一种诱导经济复苏的政策 （2）它以扩大公共投资规模为手段，启动和活跃社会投资 （3）财政投资规模具有有限性，即只要社会投资恢复活力、经济实现自主增长，政府就不再投资或缩小投资规模 （4）如果经济萧条的状况不再存在，这种政策就不再实施，是一种短期财政政策
调节国民经济总量和结构中的不同功能	扩张性财政政策	增加和刺激社会总需求（多花钱）
	紧缩性财政政策	减小和抑制社会总需求（少花钱）
	中性财政政策	经济稳定增长时期，政府通过实施财政收支基本平衡或者动态平衡财政政策

经典例题

[例题·多选题] 下列财政政策中，属于自动稳定财政政策的有（　　）。
A. 减税政策　　B. 补偿政策　　C. 累进所得税制　　D. 汲水政策
E. 政府福利支出政策
[答案] CE
[解析] 自动稳定财政政策包括累进所得税制和政府福利支出政策。

【考点四】财政政策乘数和时滞

一、财政政策乘数

财政政策乘数，是用来研究财政收支变化对国民收入的影响。财政政策乘数具体包括税收乘数、政府购买支出乘数和平衡预算乘数，如表 17-4 所示。

表 17-4　财政政策乘数

财政政策乘数	计算	特点及作用
税收乘数	税收乘数 $=\dfrac{国民收入变动率}{税收变动率}$ $=-\dfrac{边际消费倾向 b}{1-边际消费倾向 b}$	(1) 税收乘数为负值，说明税收增减与国民收入增减成反方向变动 (2) 政府增税时，国民收入减少，减少量为税收增量的 $b/(1-b)$ 倍
政府购买支出乘数	政府购买支出乘数 $=\dfrac{国民收入变动率}{政府购买支出变动率}$ $=\dfrac{1}{1-边际消费倾向 b}$	(1) 政府购买支出乘数为正数，说明购买支出增减与国民收入增减呈正方向变动 (2) 政府增加购买性支出时，国民收入增加，增加量为支出增量的 $1/(1-b)$ 倍 (3) 同税收乘数比较，购买性支出乘数大于税收乘数。这说明增加财政支出政策对经济增长的作用大于减税政策
平衡预算乘数	平衡预算乘数 $=\dfrac{国民收入变动率}{政府购买支出变动率}+\dfrac{国民收入变动率}{税收变动率}$ $=$ 政府购买支出乘数 $+$ 税收乘数 $=1$	增加税收会减少国民收入，但如果同时等额增加政府支出，国民收入也会等额增加。这意味着即使实行平衡预算政策，仍具有扩张效应，其效应等于 1

经典例题

[例题·单选题] 如果边际消费倾向 b 为 0.75，当政府购买支出增加 10%，则（　　）。
A. 国民收入增加 30%　　　　B. 国民收入增加 40%
C. 国民收入下降 30%　　　　D. 国民收入下降 40%
[答案] B
[解题思路] 政府购买支出乘数 $K=$ 国民收入变动率/政府购买支出变动率 $=1/(1-b)$。本题中，政府购买支出乘数 $=1/(1-$ 边际消费倾向$)=1/(1-0.75)=4$。这说明国民收入的变动率是政府购买支出变动率的 4 倍，且与购买支出的变化方向相同。所以，当政府购买支出增加 10%，国民收入会增加 40%。
[延伸] 税收乘数 $=-0.75/(1-0.75)=-3$ 或者税收乘数 $=1-4=-3$，说明国民收入变动率是税收变动率的 3 倍，且与税收变化的方向相反。

二、财政政策时滞

财政政策的实施一般会产生五种时滞，分别为<u>认识时滞、行政时滞、决策时滞、执行时滞以及效果时滞</u>。其具体内容如表 17-5 所示。

表 17-5　财政政策时滞

时滞类型		具体内容
内在时滞	认识时滞	主要取决于行政部门掌握经济信息和准确预测的能力
	行政时滞	财政部门对经济问题调查研究所耗费的时间
	决策时滞	财政部门将分析的结果提交给立法机关审议通过所需要的时间
外在时滞	执行时滞	政策议案交付有关单位付诸实施所需要的时间
	效果时滞	政策正式实施到已对经济产生影响所需要的时间

【提示】财政政策时滞的存在，可能使财政政策在实施过程中出现与政策制定初衷相反的效果。

> **经典例题**
>
> [2012年真题·单选题] 由于财政政策（　　）的存在，可能使财政政策在实施过程中出现与政策制定初衷相反的效果。
> A. 乘数　　　　B. 时滞　　　　C. 停滞　　　　D. 预期
> [答案] B
> [解析] 财政政策时滞的存在，对财政政策的实施效果会产生一定的影响，可能使财政政策在实施过程中出现与政策制定初衷相反的效果。

【考点五】我国财政政策实践经验

我国在1993—1997年实施了适度从紧（紧缩性）的财政政策；从1998—2004年实施了积极（扩张性）的财政政策；从2005—2008年实施了稳健（中性）的财政政策；从2008年第四季度开始实施新的积极财政政策。

一、2008年第四季度实施新的积极财政政策的主要内容

（1）扩大政府公共投资，加强各项重点建设。
（2）实施结构性减税政策，减轻企业和居民负担。
（3）大幅增加对低收入群体的补贴，扩大居民消费需求。
（4）优化财政支出结构，保障和改善民生。
（5）大力支持科技创新和节能减排，推动经济发展方式转变。

二、2008年以来实施的积极财政政策与1998年积极财政政策的差别

（一）政策实施的环境发生了变化

2008年我国经济发展所遭遇的金融危机比1998年的金融危机更强烈。

（二）政策实施所处的经济发展阶段不同

1998年我国各项基础设施与经济发展的要求不相匹配。当时实施积极财政政策的重要内容是加强政府在基础设施建设方面的投入。

2008年面临的主要问题是国内要素成本上升、经济结构不合理、产能过剩、外部市场需求放缓等。

（三）政策内容有新变化

1998年实施的积极财政政策主要以投资为主，而且主要投资在基础设施建设领域。

2008年实施的财政政策的主要内容是：①坚持投资与消费、内需与外需并重；②坚持总量与结构调整密切结合；③刺激积极与改善民生有机结合。

（四）政策调控手段多

2008年实施的积极财政支出具有手段多样的特点，综合运用若干财政政策工具。例如，为促进企业投资，带动民间投资，采取了结构性减税和普遍性降费措施。

三、我国实施财政政策的基本经验

（1）始终把握相机抉择这个财政政策管理的基本要求。
（2）实现短期调控与长期发展政策的有机结合。
（3）加强宏观调控政策之间的协调配合。
（4）注重国内外政策的协调。

经典例题

[2012年真题·单选题] 为应对国际金融危机冲击，我国从2008年第四季度开始实施的积极财政政策，与1998年为应对亚洲金融危机实施的积极财政政策不同的是进行了（　　）。
A. 全面增税　　　　　　　　B. 全面减税
C. 结构性减税　　　　　　　D. 结构性增税
[答案] C
[解析] 2008年第四季度开始实施的积极财政政策内容之一是实施结构性减税政策，减轻企业和居民负担，C项正确。

本章易错易混考点

【易错易混考点】财政政策乘数（如表17-6所示）

表17-6　财政政策乘数

类型	含义	计算公式
政府购买支出乘数	国民收入变动与引起这种变动的政府购买支出变动的比率	$= \dfrac{1}{1-\text{边际消费倾向}\,b}$
税收乘数	国民收入变动与引起这种变动的税收变动的比率	$= -\dfrac{\text{边际消费倾向}\,b}{1-\text{边际消费倾向}\,b}$
平衡预算乘数	政府收入和支出同时以相等数量增加或减少时，维持财政收支平衡，对国民收入变动的影响程度	$= \dfrac{1-\text{边际消费倾向}}{1-\text{边际消费倾向}}=1$

三种乘数之间的关系如图17-1所示。

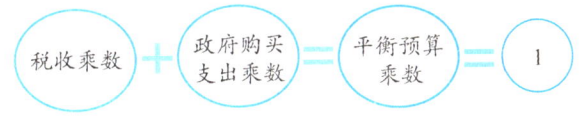

图17-1　乘数之间的关系

【提示1】政府购买支出乘数 $= \dfrac{1}{1-\text{边际消费倾向}\,b}$，而第七章中的投资乘数也是同一个计算公式。

【提示2】根据"政府购买支出乘数＋税收乘数＝1"可推出"税收乘数＝1－政府购买支出乘数"。

[2014年真题·单选题] 如果边际消费倾向为0.8，则税收乘数为（　　）。
A. －5　　　B. －4　　　C. 4　　　D. 5
[答案] B
[解题思路] 税收乘数＋政府购买支出乘数＝平衡预算乘数＝1，政府购买支出乘数＝1/（1－0.8）＝5，税收乘数＝1－5＝－4。或者直接套用税收乘数的计算公式：税收乘数＝－边际消费倾向0.8/（1－边际消费倾向0.8）＝－4。

历年经典真题回顾

一、**单项选择题**（每题1分，每题备选项中，只有1个最符合题意）

1. 假设边际消费倾向为0.6，则税收乘数为（　　）。[2017年真题]
　　A. 1.5　　　　　　　　B. －1.5
　　C. 2.5　　　　　　　　D. －2.5
　　[答案] B

[解析] 税收乘数=1-政府购买支出乘数=1-1/（1-0.6）=-1.5，或税收乘数=-0.6/（1-0.6）=-1.5。

2. 下列措施中，属于紧缩性财政政策的是（ ）。[2017年真题]
   A. 增加财政投资　　　　　　　　B. 降低税率
   C. 增加财政补贴　　　　　　　　D. 减少税收优惠
   [答案] D
   [解析] 紧缩性财政政策属于"少花钱"的政策，即政府减少支出增加收入的政策。所以减少税收优惠政策属于紧缩性财政政策。

3. 下列经济政策中，不属于财政政策的是（ ）。[2015年真题]
   A. 利率政策　　　　　　　　　　B. 税收政策
   C. 国债政策　　　　　　　　　　D. 预算政策
   [答案] A
   [解析] 利率政策属于货币政策。国债政策、税收政策、预算政策均属于财政政策。若涉及调整"国债利率"则属于财政政策。

4. 下列财政政策中，属于自动稳定财政政策的是（ ）。[2013年真题]
   A. 减税政策　　　　　　　　　　B. 补偿政策
   C. 累进所得税制　　　　　　　　D. 汲水政策
   [答案] C
   [解析] 自动稳定财政政策有累进所得税制及政府福利支出政策。

5. 税收乘数为负值，表明（ ）。[2011年真题]
   A. 税收增减与政府转移支出成反方向变动
   B. 税收增减与政府购买支出成反方向变动
   C. 税收增减与国民收入成同方向变动
   D. 税收增减与国民收入成反方向变动
   [答案] D
   [解析] 税收乘数为负值，说明税收增减与国民收入成反方向变动。

二、多项选择题（每题2分，每题备选项中，有2个或2个以上符合题意，至少有1个错项。错选，本题不得分；少选，所选的每个选项得0.5分）

1. 财政政策乘数主要包括（ ）。[2016年真题]
   A. 税收乘数　　　　　　　　　　B. 债务乘数
   C. 赤字预算乘数　　　　　　　　D. 政府购买支出乘数
   E. 平衡预算乘数
   [答案] ADE
   [解析] 财政政策乘数有3个，即税收乘数、政府购买支出乘数和平衡预算乘数。本题考点在2011年也考查过多项选择题。

2. 在经济过热、出现通货膨胀时，政府可使用的财政政策主要有（ ）。[2015年真题]
   A. 减少货币发行量　　　　　　　B. 提高利率
   C. 减少财政支出　　　　　　　　D. 增加税收
   E. 降低税率
   [答案] CD
   [解析] 本题需关注"财政政策"。财政政策是政府采取的有关财政收支关系的原则和措施，财

政政策制定的主体是政府，而减少货币发行量、提高利率均属于货币政策，因此排除 A、B 两项；经济过热时政府要采用"少花钱多收入"的政策，据此可排除 E 项，所以本题应选择减少财政支出，增加税收的政策，即 C、D 两项正确。

3. 财政"汲水政策"的特点有（　　）。[2014年真题]
   A. 该政策是一种诱导经济复苏的政策
   B. 该政策以扩大公共投资规模为手段
   C. 该政策具有自动调节经济运行的机制
   D. 实行该政策时，财政投资规模具有有限性
   E. 该政策是一种短期的财政政策
   [答案] ABDE
   [解析] 财政汲水政策的特点包括：①它是以市场经济所具有的自发机制为前提，是一种诱导经济复苏的政策；②它以扩大公共投资规模为手段，启动和活跃社会投资；③财政投资规模具有有限性；④如果经济萧条的状况不再存在，这种政策就不再实施，是一种短期财政政策。

4. 当社会总供给大于总需求时，政府可实施的财政政策措施有（　　）。[2013年真题]
   A. 实行中性预算平衡政策　　　　　　B. 增加财政补贴支出
   C. 降低税率　　　　　　　　　　　　D. 提高政府投资支出水平
   E. 缩小预算支出规模
   [答案] BCD
   [解析] 总需求不足时，政府应采用"多花钱少收入"的措施，所以 B、C、D 三项正确。

本章同步练习

一、单项选择题（每题1分，每题备选项中，只有1个最符合题意）

1. 当经济衰退、失业增加时，政府应（　　），可以刺激需求的增加。
   A. 缩小财政赤字规模　　　　　　　　B. 降低税率
   C. 减少社会保障支出　　　　　　　　D. 减少购买性支出

2. 根据一定时期的经济社会状况，主动灵活地选择不同类型的反经济周期的财政政策，这被称为（　　）。
   A. 自动稳定的财政政策　　　　　　　B. 相机抉择的财政政策
   C. 扩张性财政政策　　　　　　　　　D. 紧缩性财政政策

3. 当社会总供给大于社会总需求时，政府应该实行（　　）。
   A. 中性财政政策　　　　　　　　　　B. 扩张性财政政策
   C. 平衡财政政策　　　　　　　　　　D. 紧缩性财政政策

4. 汲水政策是指在经济萧条时通过财政投资来启动社会需要，使经济恢复活力，这种政策通常被认为是（　　）的财政政策。
   A. 简单规则　　　　　　　　　　　　B. 适度从紧
   C. 自动稳定　　　　　　　　　　　　D. 相机抉择

5. 将财政政策分为扩张性政策、紧缩性政策和中性政策，这是根据（　　）对财政政策进行的分类。
   A. 作用空间
   B. 作用时间
   C. 调节经济周期的作用

D. 调节国民经济总量和结构的功能

6. 在经济稳定增长时期，实行旨在保持经济持续稳定发展的政策，被称为（　　）财政政策。
   A. 扩张性　　　　　　　　　　B. 紧缩性
   C. 中性　　　　　　　　　　　D. 自动稳定

7. 如果边际储蓄倾向为0.2，则税收乘数为（　　）。
   A. 3　　　　　　　　　　　　　B. 4
   C. －4　　　　　　　　　　　　D. －3

8. 主要取决于行政部门掌握经济信息和准确预测能力的财政政策时滞是（　　）。
   A. 认识时滞　　　　　　　　　B. 行政时滞
   C. 执行时滞　　　　　　　　　D. 效果时滞

9. 平衡预算乘数（　　）。
   A. 大于1　　　　　　　　　　　B. 小于1
   C. 等于1　　　　　　　　　　　D. 小于0

10. 当经济处于过热时期，政府应采取的投资政策措施是（　　）。
    A. 提高投资支出水平，缓解或者逐步消除经济衰退
    B. 降低税率、增加税收优惠，扩大社会总供给
    C. 提高补贴、扩大转移支付，降低社会总需求
    D. 降低投资支出水平，使经济降温、平稳回落

11. 政府进行日常行政事务活动所需要的商品和劳务支出称为（　　）。
    A. 公共支出　　　　　　　　　B. 政府投资性支出
    C. 转移性支出　　　　　　　　D. 政府消费性支出

12. 财政政策乘数是用来研究财政收支变化对（　　）的影响
    A. 货币供应量　　　　　　　　B. 国内生产总值
    C. 国民收入　　　　　　　　　D. 社会总供给

13. 如果边际消费倾向b为0.75，则政府购买支出乘数为（　　）。
    A. 3　　　　　　　　　　　　　B. 4
    C. －4　　　　　　　　　　　　D. －3

二、多项选择题（每题2分，每题备选项中，有2个或2个以上符合题意，至少有1个错项。错选，本题不得分；少选，所选的每个选项得0.5分）

1. 财政政策的目标包括（　　）。
   A. 促进充分就业　　　　　　　B. 物价绝对稳定
   C. 国际收支平衡　　　　　　　D. 经济快速增长
   E. 经济稳定增长

2. 财政政策的功能包括（　　）。
   A. 导向功能　　　　　　　　　B. 协调功能
   C. 统筹功能　　　　　　　　　D. 管理功能
   E. 稳定功能

3. 财政政策工具有（　　）。
   A. 预算政策　　　　　　　　　B. 税收政策
   C. 公债政策　　　　　　　　　D. 汇率政策
   E. 公共支出

4. 根据财政政策调节经济周期的作用，将财政政策划分为（   ）。
   A. 自动稳定的财政政策
   B. 相机抉择的财政政策
   C. 扩张性财政政策
   D. 紧缩性财政政策
   E. 中性财政政策
5. 财政"自动稳定器"主要体现在（   ）。
   A. 累进所得税的自动稳定
   B. 比例税额的自动稳定
   C. 财政预算的自动稳定
   D. 政府福利支出的自动稳定
   E. 政府投资支出的自动稳定
6. 关于财政政策乘数的表述，正确的有（   ）。
   A. 当政府投资或支出扩大、税收减少时，产生宏观经济的扩张效应
   B. 当政府投资或支出减少、税收增加时，产生宏观经济的紧缩效应
   C. 购买性支出乘数大于税收乘数
   D. 实行平衡预算政策，不具有扩张效应
   E. 平衡预算乘数等于1
7. 我国实施财政政策的基本经验包括（   ）。
   A. 始终把握相机抉择这个财政政策管理的基本要求
   B. 实现短期调控与长期发展政策的有机结合
   C. 加强宏观调控政策之间的协调配合
   D. 注重国内外政策的协调
   E. 始终把握自动稳定这个财政政策管理的基本要求

本章同步练习参考答案及解析

一、单项选择题

1. [答案] B
   [解析] 经济衰退时，社会总需求小于社会总供给，需要刺激需求。缩小财政赤字规模、减少购买性支出、减少社会保障性支出均会减少需求，属于紧缩的政策。降低税率会使得私人部门的可支配收入增加，从而实现刺激需求的作用。

2. [答案] B
   [解析] 根据一定时期的经济社会状况，主动灵活地选择不同类型的反经济周期的财政政策，这被称为相机抉择的财政政策。

3. [答案] B
   [解析] 在社会总需求不足的情况下，政府通常采用扩张性财政政策，通过减税、增加财政支出等手段扩大需求。

4. [答案] D
   [解析] 相机抉择财政政策包括汲水政策和补偿政策。

5. [答案] D
   [解析] 通过本题掌握财政政策的分类。根据财政政策在调节国民经济总量和结构中的不同功能来划分，分为扩张性财政政策、紧缩性财政政策和中性财政政策。

6. [答案] C
   [解析] 中性财政政策也称为均衡性财政政策，即在经济稳定增长时期，政府通过实施财政收支基本平衡或者动态平衡财政政策，既不产生扩张效应，也不产生紧缩效应，以保持经济稳定发展。

7. [答案] C
   [解析] 边际消费倾向＝1－边际储蓄倾向＝1－0.2＝0.8，税收乘数＝－0.8/（1－0.8）＝－4。

8. [答案] A
   [解析] 认识时滞是指从经济现象发生变化到决策者对这种需要调整的变化有所认识所经过的时间。这段延迟时间的长短，主

要取决于行政部门掌握经济信息和准确预测的能力。

9. [答案] C
[解析] 税收乘数＋政府购买支出乘数＝平衡预算乘数＝1。

10. [答案] D
[解析] 经济过热时期，社会总需求大于社会总供给，政府应采取"少花钱"的政策。

11. [答案] D
[解析] 政府进行日常行政事务活动所需要的商品和劳务支出称为狭义的购买性支出，即政府的消费性支出。公共支出包括狭义购买性支出和转移性支出。

12. [答案] C
[解析] 财政政策乘数是用来研究财政收支变化对国民收入的影响。

13. [答案] B
[解析] 政府购买支出乘数＝1/（1－边际消费倾向）＝1/（1－0.75）＝4。

二、多项选择题

1. [答案] ACE
[解析] 通过本题掌握财政政策的目标。财政政策的目标是促进充分就业、物价基本稳定、国际收支平衡、经济稳定增长。

2. [答案] ABE
[解析] 财政政策的功能主要包括导向功能、协调功能、控制功能和稳定功能。

3. [答案] ABCE
[解析] 财政政策工具，是指用以达到财政政策目标的各种财政手段，主要有预算、税收、公债、公共支出、政府投资和财政补贴等。汇率政策属于货币政策。

4. [答案] AB
[解析] C、D、E三项是根据财政政策在调节国民经济总量和结构中的不同功能来划分的。

5. [答案] AD
[解析] 财政自动稳定器主要表现在两个方面：①包括个人所得税和企业所得税的累进所得税的自动稳定作用；经济萧条时期，个人收入和企业利润减少，税基相对缩小，适用的累进税率相对下降，税收会自动减少。②政府福利支出的自动稳定作用。

6. [答案] ABCE
[解析] 实行平衡预算政策，具有扩张效应，其效应等于1，D项错误。

7. [答案] ABCD
[解析] 我国实施财政政策的基本经验之一是始终把握相机抉择这个财政政策管理的基本要求，E项错误。

✏️ 错题收集

第三部分　货币与金融

考情分析

年份	单项选择题		多项选择题		合计分值
	题量	分值	题量	分值	
2012—2017	11	11	6	12	23

知识脉络

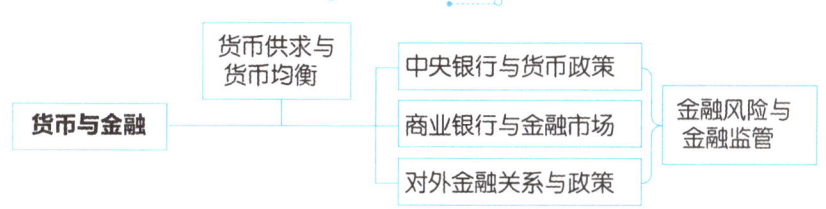

学习提示

货币与金融这部分一共设置五章内容，每章的内容并不算太多，也不抽象，属于教材六大部分中较为简单的一部分内容。考试时99%的题目都来自教材的原文，比较侧重考查历年真题所考查过的知识点，有原题，但更多的是原题的简单变形。不过近两年也有个别章节的题目考查较为细致，望各位考生多加注意。本部分内容要力争拿到80%以上的分数，相信你能做到，加油！

第十八章 货币供求与货币均衡

本章考情分析

年份	单项选择题	多项选择题	合计
2017 年	4 题 4 分	2 题 4 分	8 分
2016 年	2 题 2 分	1 题 2 分	4 分
2015 年	3 题 3 分	1 题 2 分	5 分
2014 年	3 题 3 分	2 题 4 分	7 分
2013 年	3 题 3 分	1 题 2 分	5 分
2012 年	3 题 3 分	1 题 2 分	5 分

本章考点概览

货币供求与货币均衡
- 货币需求
- 货币供给
- 货币均衡
- 通货膨胀

本章主要考点
1. 货币需求的含义及理论
2. 货币供给层次的划分
3. 货币供给的机制
4. 货币均衡与货币失衡
5. 通货膨胀的含义、类型、原因及治理

本章考点详解

【考点一】货币需求的含义及理论

扫码听课

一、货币需求的含义

货币需求指经济主体在既定的收入和财富范围内能够并愿意持有货币的数量。这种需求是经济需求、有效需求、派生需求和客观需求。

二、货币需求的理论

货币需求的理论如表 18-1 所示。

表 18-1　货币需求理论

货币需求理论		具体内容
传统货币数量说	费雪的现金交易数量说	费雪方程式： $$MV=PT \rightarrow P=\frac{MV}{T}$$ 上式中，P 表示物价水平（随着货币量的变动而被动地变动）；M 表示代表货币量（是最活跃的因素，会经常变动，并且是主动地变动）；V 表示货币流通速度（由制度因素决定，在短期内难以改变，视为常数）；T 表示商品和劳务的交易量（取决于资本、劳动和自然资源供给状况以及生产技术水平等非货币因素，大体上是稳定的） 【结论】交易方程式反映的是货币量决定物价水平的理论。假定其他因素不变，物价水平与货币量成正比
	剑桥学派的现金余额数量说	剑桥学派的主要代表人是庇古 剑桥方程式： $$货币价值\ \pi=\frac{K \times Y}{M}$$ 上式中，π 表示货币价值（即货币购买力，为物价指数的倒数）；Y 表示总资源（总收入）；K 表示总资源中愿意以货币形式持有的比重（相当于交易方程式中货币流通速度的倒数）；$K \times Y$ 表示真实货币需求；M 表示名义货币供给 【结论】庇古认为货币的价值由货币供求的数量关系决定。货币价值与名义货币供给量成反比
	现金交易数量说与现金余额数量说的异同	（1）不同点：现金余额数量说的货币需求是以人们的手持现金来表示的，不仅是作为交易媒介的货币，也包括贮藏货币。这是剑桥方程式区别于交易方程式的关键所在，等式中 K 就集中反映了这一思想。剑桥学派将 K 解释为人们的持币量与支出总量的比例 （2）相同点：剑桥方程式和交易方程式本质是一致的，都是试图说明物价和货币价值的升降取决于货币量的变化。假定其他因素不变，物价水平与货币量成正比，货币价值与货币量成反比
凯恩斯的货币需求理论（流动性偏好论）		凯恩斯流动性偏好学说的基本思想： 经济主体之所以需要货币，是因为存在"流动性偏好"这一心理，即愿意持有具有完全流动性的货币而不是其他缺乏流动性的资产，以应付日常的、临时的或投机的需要，从而产生货币需求
		影响流动性偏好的三种动机： （1）交易动机：由于收入和支出的时间不一致，为进行日常交易而产生的持有货币的愿望 （2）预防动机：为应付各种紧急情况而产生的持有货币的愿望。如应付失业、疾病等意想不到的需要，以及企业不时之需 （3）投机动机：由于利率的不确定性，根据市场利率变化的预期持有货币以便从中获利的动机
		凯恩斯的货币需求函数： （1）交易动机和预防动机构成交易性需求，由获得的收入的多少决定，是国民收入的增函数，即： $$L_1=L_1(Y)$$ （2）投机动机构成投机需求，由利率的高低决定，是利率的减函数，即： $$L_2=L_2(i)$$ （3）凯恩斯的货币需求函数是： $$L（货币需求）=L_1(Y)+L_2(i)$$

货币需求理论	具体内容
凯恩斯的货币需求理论（流动性偏好论）	流动性陷阱：当利率降到某一低点时，货币需求会无限增大，此时无人愿意持有债券，都愿意持有货币，流动性偏好具有绝对性，这就是著名的流动性陷阱
	凯恩斯的货币需求函数建立在"未来的不确定性"和"收入是短期资产"两个基本假定之上
弗里德曼的现代货币数量说（货币需求理论）	弗里德曼接受了剑桥学派的观点，认为人们持有货币不仅仅是因为交换，也因为货币是财富的缘故，但他又认为货币数量说不是产出、货币收入或物价水平的理论，而是货币需求理论
	货币需求函数：$$\frac{M}{P}=f\left(Y_p ; W ; r_m, r_b, r_e ; \frac{1}{P}\frac{dP}{dt} ; \mu\right)$$ 上式中，Y_p表示恒久性收入；W表示非人力财富占总财富的比例；r_m、r_b、r_e表示存款、债券和股票的预期名义收益率；$\frac{1}{P}\frac{dP}{dt}$表示物价水平的预期变动率；μ表示随机因素的影响总和
	影响货币需求的因素： (1) 财富总额。恒久性收入越高，所需货币越多（同向） (2) 财富构成。人力财富比例越高，所需准备的货币就越多（同向） (3) 金融资产的预期收益和机会成本。其他金融资产（股票、债券、定期存单）的收益率越高，持有货币的机会成本越大，持有货币的数量就会越少。如果物价上涨，通货膨胀，持有货币意味着损失，人们就会减少货币持有量（反向） (4) 其他因素。影响货币需求的各种随机因素

经典例题

[2008年真题·单选题] 下列关于货币需求特征的说法，错误的是（　　）。
A. 货币是客观需求　　　　　　　　B. 货币是主观需求
C. 货币是有支付能力的需求　　　　D. 货币是派生需求
[答案] B
[解析] 货币需求作为一种经济需求，是由货币需求能力和货币需求愿望共同决定的有效需求。货币需求是客观货币需求，也是一种派生需求（即派生于人们对商品的需求）。

[例题·多选题] 关于货币需求理论的表述错误的有（　　）。
A. 传统货币数量说都是试图说明物价和货币价值的升降取决于货币量的变化，物价水平和货币量成反比，货币价值与货币量成正比
B. 根据流动性偏好理论，由利率决定并与利率为减函数关系的货币需求动机是预防动机
C. 根据凯恩斯的流动性偏好理论，决定货币需求的动机包括交易动机、预防动机和投资动机
D. 在弗里德曼的货币需求函数中，恒久性收入与货币需求成正比
E. 在弗里德曼的货币需求函数中，金融资产预期收益率与货币需求成正比
[答案] ABCE
[解析] 传统货币数量说都是试图说明物价和货币价值的升降取决于货币量的变化，物价水平和货币量成正比，货币价值与货币量成反比，A项错误。根据流动性偏好理论，由利率决定并与利率为减函数关系的货币需求动机是投机动机，B项错误。根据凯恩斯的流动性偏好理论，决定货币需求的动机包括交易动机、预防动机和投机动机，C项错误。在弗里德曼的货币需求函数中，金融资产预期收益率与货币需求成反比，E项错误。

【考点二】货币供给层次的划分

一、货币供给层次划分的基本原则

一般依据资产的流动性，即各种货币资产转化为通货或现实购买力的能力来划分不同货币层次。

二、我国的货币层次

我国的货币层次的具体内容如表 18-2 所示。

表 18-2 我国的货币层次

层次	具体含义
M_0	M_0＝流通中货币
	M_0 是指企业事业单位、个人、机关团体、非存款类金融机构所持有的硬币和现钞总和（即通常所指的现金）
M_1（狭义的货币供应量）	M_1＝M_0＋单位活期存款
	M_1 是中央银行重点调控对象
M_2（广义的货币供应量）	M_2＝M_1＋单位定期存款＋个人存款＋其他存款（财政存款除外）

三、社会融资规模

（一）社会融资规模的含义

社会融资规模是指一定时期内（每月、每季或每年）实体经济（即非金融企业和住户）从金融体系获得的全部资金总额。社会融资规模既包括实体经济从银行业获得的融资，也包括实体经济从证券业和保险业获得的融资，所以它是一个全面反映金融与经济关系，以及金融对实体经济资金支持的总量指标。

（二）社会融资规模统计指标的构成

社会融资规模统计指标主要由四部分构成，具体如表 18-3 所示。

表 18-3 社会融资规模统计指标的构成

构成	举例
金融机构通过表内业务向实体经济提供的资金支持	人民币贷款和外币贷款
金融机构通过表外业务向实体经济提供的资金支持	委托贷款、信托贷款和未贴现的银行承兑汇票
实体经济利用规范的金融工具、在正规金融市场所获得的直接融资	非金融企业境内股票筹资和企业债券融资
其他方式向实体经济提供的资金支持	保险公司赔偿、投资性房地产、小额贷款公司和贷款公司贷款

经典例题

[2013 年真题·单选题] 目前划分货币供应量层次的一般依据是（ ）。
A. 货币的名义购买力　　　　　　B. 货币的实际购买力
C. 一定时期内全社会的各类存款量　　D. 货币资产的流动性
[答案] D
[解析] 划分货币层次的原则是货币资产的"流动性"。
[例题·多选题] 根据我国目前货币层次的划分，属于 M_2 而不属于 M_1 的有（ ）。
A. 单位活期存款　　　　　　　　B. 单位定期存款
C. 财政存款　　　　　　　　　　D. 个人存款
E. 股票

[答案] BD

[解析] 单位定期存款、个人存款、其他存款（财政存款除外）三者的加总，称为准货币，与狭义货币供应量 M_1 一起构成了广义货币供应量 M_2。

[例题·多选题] 纳入到我国社会融资规模统计范畴的有（　　）。

A. 保险公司赔款
B. 信托贷款
C. 非金融企业境内股票筹资
D. 财政部门存款
E. 未贴现的银行承兑汇票

[答案] ABCE

[解析] 通过本题掌握社会融资规模指标的构成。社会融资规模统计指标中不包括财政部门存款。

【考点三】货币供给的机制

一、中央银行的信用创造货币机制

中央银行利用自身掌握的货币发行权和信贷管理权，来创造信贷资金来源。由此可见，信用创造货币是当代不兑现信用货币制度下货币供给机制的重要内容，并且信用创造货币的功能为中央银行所掌握。

二、商业银行的扩张信用、创造派生存款机制

（1）商业银行具备在中央银行发行货币的基础上扩张信用、创造派生存款的能力。

（2）商业银行不能无限制地创造派生存款。

【提示】一般来说，银行体系扩张信用、创造派生存款的能力要受到这样三类因素的制约：①受到缴存中央银行存款准备金的限制；②受到提取现金数量的限制；③受到企事业单位及社会公众缴付税款等的限制。

三、货币供应量的公式

货币供应量的公式为：

$$M = B \times K$$

上式中，M 表示货币供应量；B 表示基础货币；K 表示货币乘数（称为基础货币的扩张倍数）。

其中，基础货币（B）包括现金和商业银行在中央银行的存款。货币乘数（K）取决于商业银行在其所吸收的全部存款中需存入中央银行部分所占比重即存款准备金率，以及需转化为现金及财政存款等所占比重的货币结构比率。即货币乘数等于存款准备金率和货币结构比率之和的倒数。

经典例题

[2014年真题·多选题] 基础货币包括（　　）。

A. 中央银行发行的货币
B. 财政部门在中央银行的存款
C. 财政部门在商业银行的存款
D. 中央银行的资产
E. 商业银行在中央银行的存款

[答案] AE

[解析] 基础货币包括现金和商业银行在中央银行的存款。

[2007年真题·单选题] 提高存款准备金率对货币供求的影响是（　　）。

A. 增加货币需求
B. 减少货币需求
C. 增加货币供给
D. 减少货币供给

[答案] D

[解析] 通过本题掌握货币供应量的计算公式 $M＝B×K$。由于货币乘数等于存款准备金率和货币结构比率之和的倒数，则提高法定存款准备金率会导致货币乘数 K 缩小，从而使得货币供给量减少，D 项正确。

【考点四】货币均衡与货币失衡

货币均衡与货币失衡的具体内容如表 18-4 所示。

表 18-4　货币均衡与货币失衡

项目		具体内容
货币均衡的含义		在一定时期经济运行中的货币需求与货币供给在动态上保持一致的状态
货币均衡的特征		(1) 货币均衡是货币供给与货币需求的大体一致，而非货币供给与货币需求在数量上的完全相等 (2) 货币均衡是一个动态过程，在短期内货币供求可能不一致，但在长期内是大体一致的 (3) 现代经济中的货币均衡在一定程度上反映了经济总体均衡状况
货币均衡水平决定		(1) 流通领域的货币数量取决于货币的均衡水平 (2) 假定货币流通速度相对稳定，货币供应量应当与 GDP 同步增长 (3) 若考虑物价自然上升的因素，流通领域中货币数量的增长应略高于国内生产总值的增长。即货币供应量增长率（M_1'）＝GDP 的增长率（Y'）＋物价自然上涨率（P'）
货币失衡的类型	总量性货币失衡	货币供应量＜货币需求量：供给不足的情况，很少出现
		货币供应量＞货币需求量：供给过多，经常出现。这种情况出现的原因很多，如政府向中央银行透支以融通财政赤字，一味追求经济增长速度而不适当地采取扩张性货币政策刺激经济等。其后果之一就是引发严重通货膨胀
	结构性货币失衡	是指货币供给结构与货币需求结构不相适应
		其出现的原因在于社会经济结构的不合理。因此，结构性货币失衡必须通过经济结构调整加以解决
【提示】中央银行在宏观调控时更多注意的是总量性货币失衡		

经典例题

[2004 年真题·多选题] 货币均衡是用来说明货币供给与货币需求的关系，其特征有（　　）。
A. 货币供给与货币需求大体一致
B. 货币供给与货币需求在数量上完全相等
C. 货币均衡是一个动态过程
D. 货币均衡是一个静态过程
E. 现代经济中货币均衡在一定程度上反映了经济总体均衡状况

[答案] ACE

[解题思路] 通过本题掌握货币均衡的三大特征，关键词是"大体一致、动态过程、反映经济总体均衡"。

【考点五】通货膨胀的含义、类型、原因及治理

一、通货膨胀的含义

(1) 通货膨胀是种普遍的超额需求，即太多的货币追逐太少的商品。

(2) 萨缪尔森对通货膨胀的定义为，在一定时期内，商品和生产要素价格总水平持续不断的上涨。

(3) 马克思对通货膨胀性质问题的定义为，在纸币流通条件下，由于纸币的过度发行而引起的纸币贬值，物价上涨的现象。

【提示】多种通货膨胀的定义有两点是共同的：①有效需求大于有效供给；②物价持续上涨（这是通货膨胀的基本标志）。

二、通货膨胀的类型

通货膨胀的类型如表18-5所示。

表18-5 通货膨胀的类型

分类标准	具体类别		具体内容
按通货膨胀的成因	需求拉上型通货膨胀	定义	是指社会总需求过度增长，超过了社会总供给的增长幅度，导致商品和劳务供给不足、物价持续上涨的通货膨胀类型
		特点 自发性	支出的增长是独立的，与实际的或预期的成本增长无关
		诱发性	成本的增长导致工资及其他收入的增长，诱使消费支出增长
		支持性	政府为阻止失业率上升而增加支出，或采取扩张性财政政策或货币政策以增加总需求
	成本推进型通货膨胀	定义	是指因成本自发性增加而导致物价上涨的通货膨胀类型
		类型 工资推进型通货膨胀	工资和物价螺旋上升的通货膨胀
		利润推进型通货膨胀	垄断企业为保证实现其利润目标而操纵市场、人为抬高产品价格而引起的通货膨胀
	输入型通货膨胀		是指因进口商品价格上升、费用增加而使物价总水平上涨所引起的通货膨胀类型。这实质上是一种通货膨胀的国际传导现象
	结构型通货膨胀		是指因经济结构方面的因素变动，即使总供求处于均衡状态，也会引起物价总水平上涨的通货膨胀类型
按通货膨胀的表现形式	公开型通货膨胀		表现形式是"物价上涨"
	抑制型通货膨胀		表现形式是"人们普遍持币待购而使货币流通速度减慢"，又称隐蔽性通货膨胀

三、通货膨胀的原因

通货膨胀的原因如表18-6所示。

表18-6 通货膨胀的原因

原因	具体内容
直接原因	过度的信贷供给是造成通货膨胀的直接原因
主要原因	(1) 财政原因——发生财政赤字或推行赤字财政政策 (2) 信贷原因——信用膨胀，银行信用提供的货币量超过经济发展对货币数量的客观需求。其原因包括财政赤字的压力、社会上过热的经济增长要求的压力、银行自身决策失误等
其他原因	主要有投资规模过大、国民经济结构比例失调、国际收支长期顺差等

四、通货膨胀的治理

综合国际国内一般经验，治理通货膨胀的措施主要有紧缩的需求政策和积极的供给政策，具体内容如表18-7所示。

表18-7　通货膨胀的治理措施

治理措施		具体手段
紧缩的需求政策	紧缩性财政政策 [政府出手，少花钱]	(1) 减少政府支出 (2) 增加税收 (3) 发行公债
	紧缩性货币政策 [央行出手，少给钱]	(1) 提高法定存款准备金率 (2) 提高再贴现率 (3) 公开市场操作：中央银行出售有价证券
积极的供给政策		减税、削减社会福利开支、适当增加货币供给发展生产和精简规章制度

经典例题

[2011年真题·多选题] 下列通货膨胀类型中，属于成本推进型通货膨胀的有（　　）。
A. 扩张性货币政策造成的通货膨胀
B. 消费强劲增长引发的通货膨胀
C. 工资和物价螺旋上升引发的通货膨胀
D. 进口商品价格上涨引起的通货膨胀
E. 垄断企业人为抬高价格引发的通货膨胀
[答案] CE
[解析] 通过本题掌握通货膨胀按成因不同的分类。本题中，A、B两项属于需求拉上型通货膨胀；C、E两项属于成本推进型通货膨胀；D项属于输入型通货膨胀。

[2010年真题·单选题] 治理通货膨胀可以采取的货币政策是（　　）。
A. 降低再贴现率　　　　　　　　B. 提高法定存款准备金率
C. 增加税收　　　　　　　　　　D. 在公开市场上买入有价证券
[答案] B
[解析] 通过本题掌握治理通货膨胀的财政政策和货币政策。治理通货膨胀的货币政策包括提高法定存款准备金率、提高再贴现率以及在公开市场上出售有价证券。

本章易错易混考点

【易错易混考点】紧缩的需求政策和积极的供给政策

综合国内和国际的经验，治理通货膨胀的措施主要有紧缩的需求政策和积极的供给政策。其具体内容如表18-8所示。

表18-8　紧缩的需求政策和积极的供给政策

项目	具体内容
紧缩的需求政策	财政政策：①减少政府支出；②增加税收；③发行公债
	货币政策：①提高法定存款准备金率；②提高再贴现率；③中央银行出售有价证券
积极的供给政策	减税、削减社会福利开支、适当增加货币供给发展生产和精简规章制度

【考点小贴士】考试时治理通货膨胀的措施通常有三种考查方式：
(1) 治理通货膨胀的措施有哪些？
(2) 治理通货膨胀的货币政策和财政政策的区分（最重要）。
(3) 治理通货膨胀的紧缩的需求政策和积极的供给政策的区分（最难理解）。

紧缩需求政策的措施之一是"增加税收",积极供给政策之一是"减税",二者并不矛盾。政府通过增加税收,将私人手中的钱集中到政府手中,从而使得私人少花钱,进而抑制总需求。这属于紧缩的需求政策。政府也可以通过"减税"来刺激某些产品的生产,从而增加产品的供给,进而增加社会总供给。这属于积极的供给政策。

经典例题

[例题·单选题] 运用积极的供给政策可以治理通货膨胀,其主要措施是( )。
A. 减税
B. 提高再贴现率
C. 减少货币供给
D. 管制物价

[答案] A

[解析] B、C两项属于紧缩性货币政策。积极的供给政策是在抑制总需求的同时,积极运用刺激生产的方式增加供给来治理通货膨胀。减税措施可以刺激生产增长,增加社会总供给,所以本题选择A项。

历年经典真题回顾

一、**单项选择题**(每题1分,每题备选项中,只有1个最符合题意)

1. 经济学家凯恩斯提出的货币需求理论又称为( )。[2017年真题]
   A. 现金交易数量理论
   B. 流动性偏好理论
   C. 现金余额数量理论
   D. 恒久性收入理论

   [答案] B

   [解析] 凯恩斯的货币需求理论,又称流动性偏好理论。该理论认为,经济主体之所以需要货币,是因为存在"流动性偏好"这一心理,即愿意持有具有完全流动性的货币而不是其他缺乏流动性的资产,以应付日常的、临时的或投机的需要,从而产生货币需求。

2. 在货币供给机制中,中央银行和商业银行具备的功能是( )。[2017年真题]
   A. 中央银行具备创造派生存款的功能,商业银行具备信用创造货币的功能
   B. 中央银行具备信用创造货币的功能,商业银行具备创造派生存款的功能
   C. 中央银行和商业银行都具备创造派生存款的功能
   D. 中央银行和商业银行都具备信用创造货币的功能

   [答案] B

   [解析] 货币供给机制中,中央银行具备信用创造货币的功能,商业银行具备在中央银行发行货币的基础上扩张信用和创造派生存款的功能。

3. 解决结构性货币失衡的途径是调整( )。[2017年真题]
   A. 货币层次
   B. 货币供应量
   C. 经济结构
   D. 劳动力结构

   [答案] C

   [解析] 由于结构性货币失衡根源于经济结构,所以,结构性货币失衡可通过调整经济结构加以解决。

4. 关于货币均衡水平的说法,正确的是( )。[2017年真题]
   A. 流通中的货币数量取决于货币的均衡水平
   B. 流通中的货币必须借助外力才可能保持供求均衡水平
   C. 如果考虑物价自然上升的影响,流通中货币数量的增长应等于国内生产总值的增长
   D. 如果考虑物价自然上升的影响,流通中货币数量的增长应低于国内生产总值的增长

[答案] A

[解析] 货币在运动过程中通过其内在机制的自我调节，能够自发保持供给与需求的均衡关系，而货币供应量正是按货币需求向流通领域供给货币的结果，是货币供求关系的产物，因此流通领域的货币数量取决于货币的均衡水平。若考虑物价自然上升的因素，流通领域中货币数量的增长应略高于国内生产总值的增长。

5. 在不兑现信用货币制度下，信用创造货币的功能通常由（　　）掌握。[2016年真题]
   A. 财政部门　　　　　　　　　　　B. 政策性银行
   C. 中央银行　　　　　　　　　　　D. 商业银行

   [答案] C

   [解析] 本题根据"创造货币"即可选择"中央银行"。

6. 我国广义货币供应量 M_2 的构成是（　　）。[2016年真题]
   A. 流通中货币
   B. 流通中货币、单位活期存款、单位定期存款、个人存款和其他存款（财政存款除外）
   C. 流通中货币、单位活期存款
   D. 流通中货币、单位活期存款、单位定期存款、个人存款

   [答案] B

   [解析] 广义货币供应量包括流通中货币、单位活期存款、单位定期存款、个人存款和其他存款（财政存款除外）。

7. 西方经济学和马克思主义货币理论都将（　　）作为通货膨胀的基本标志。[2015年真题]
   A. 货币供求总量失衡　　　　　　　B. 工资上涨
   C. 物价上涨　　　　　　　　　　　D. 进出口总额失衡

   [答案] C

   [解析] 通货膨胀的基本标志是物价上涨。

8. 美国经济学家费雪提出了交易方程式 $MV=PT$，其主要结论是（　　）。[2015年真题]
   A. 货币量决定物价水平　　　　　　B. 物价水平决定货币流通速度
   C. 货币流通速度决定物价水平　　　D. 商品和劳务的交易量

   [答案] A

   [解析] 费雪的现金交易数量说的结论是货币量决定物价水平。

9. 下列存款中，属于基础货币的是（　　）。[2015年真题]
   A. 财政部门在中央银行的存款　　　B. 居民个人在商业银行的存款
   C. 商业银行在中央银行的存款　　　D. 财政部门在商业银行的存款

   [答案] C

   [解析] 基础货币包括中央银行发行的货币和商业银行在中央银行的存款。

10. 目前划分不同货币层次的依据是（　　）。[2014年真题]
    A. 利率水平　　　　　　　　　　　B. 资产的流动性
    C. 货币的国际化水平　　　　　　　D. 货币的材质

    [答案] B

    [解析] 目前划分货币层次的依据是资产的流动性。

11. 经济学家萨缪尔森在其经典著作《经济学》中，对通货膨胀的定义是（　　）。[2013年真题]
    A. 在一定时期内，商品和生产要素价格总水平持续不断上涨的现象
    B. 在纸币流通条件下，因纸币过度发行而引起的纸币贬值、物价上涨的现象

C. 在开放经济条件下,因进口商品价格上升而使物价总水平上涨的现象

D. 在一定时期内,由于人们普遍持币待购而使货币流通速度减慢的现象

[答案] A

[解析] 萨缪尔森在其《经济学》一书中对通货膨胀的定义为,在一定时期内,商品和生产要素价格总水平持续不断的上涨。

12. 货币乘数等于存款准备金率与( )之和的倒数。[2012年真题]

　　A. 贴现率　　　　　　　　　　　B. 利息率

　　C. 存款结构比率　　　　　　　　D. 货币结构比率

[答案] D

[解析] 货币乘数等于存款准备金率与货币结构比率之和的倒数。

13. 造成通货膨胀的直接原因是( )。[2012年真题]

　　A. 财政赤字规模过大　　　　　　B. 信贷供给过度

　　C. 定期存款余额过大　　　　　　D. 国际收支长期保持顺差

[答案] B

[解析] 过度的信贷供给是造成通货膨胀的直接原因。

二、多项选择题 (每题2分,每题备选项中,有2个或2个以上符合题意,至少有1个错项。错选,本题不得分;少选,所选的每个选项得0.5分)

1. 货币需求作为一种经济需求,是由( )共同决定的。[2017年真题]

　　A. 货币需求能力　　　　　　　　B. 货币价值

　　C. 货币需求愿望　　　　　　　　D. 货币供应数量

　　E. 货币供应能力

[答案] AC

[解析] 货币需求作为一种经济需求,是由货币需求能力和货币需求愿望共同决定的有效需求。

2. 流通中货币(M_0)的持有者包括( )。[2017年真题]

　　A. 企事业单位　　　　　　　　　B. 存款类金融机构

　　C. 非存款类金融机构　　　　　　D. 个人

　　E. 机关团体

[答案] ACDE

[解析] M_0是指企业事业单位、个人、机关团体、非存款类金融机构所持有的硬币和现钞总和(即通常所指的现金)。

3. 通常情况下,政府治理通货膨胀可采取的措施有( )。[2016年真题]

　　A. 增加税收

　　B. 提高法定存款准备金率

　　C. 增加政府购买性支出

　　D. 中央银行通过公开市场向金融机构出售有价证券

　　E. 削减社会福利支出

[答案] AE

[解析] 本题注意"政府"两字,政府采取的措施属于财政政策。治理通货膨胀的财政政策包括增加税收、削减社会福利支出,本题选择A、E两项。

4. 在治理通货膨胀的措施中,属于紧缩的需求政策的措施有( )。[2014年真题]

　　A. 增加财政支出　　　　　　　　B. 减少政府税收

C. 政府发行公债　　　　　　　　　　D. 提高法定存款准备金率

E. 中央银行通过公开市场向金融机构出售有价证券

[答案] CDE

[解析] 紧缩的需求政策既包括紧缩性财政政策也包括紧缩性货币政策。C项属于紧缩性财政政策；D、E两项属于紧缩性货币政策。

5. 制约商业银行创造派生存款能力的主要因素包括（　　）。[2013年真题]

A. 储户提取现金的数量

B. 商业银行创造货币的能力

C. 企事业单位及公众缴付税款的数量

D. 银行间同业拆借的数量

E. 商业银行缴存中央银行存款准备金的数量

[答案] ACE

[解析] 一般来说，银行体系扩张信用、创造派生存款的能力要受到三类因素的制约：①受到缴存中央银行存款准备金的限制；②受到提取现金数量的限制；③受到企事业单位及社会公众缴付税款等限制。

6. 根据凯恩斯的流动性偏好理论，决定货币需求的动机包括（　　）。[2012年真题]

A. 储蓄动机　　　　　　　　　　　　B. 交易动机

C. 投资动机　　　　　　　　　　　　D. 预防动机

E. 投机动机

[答案] BDE

[解析] 根据凯恩斯的流动性偏好理论，决定货币需求的动机包括交易动机、预防动机和投机动机。

本章同步练习

一、**单项选择题**（每题1分，每题备选项中，只有1个最符合题意）

1. 在古典货币数量中，费雪交易方程式所反映的理论观点是（　　）。

A. 物价水平决定货币量　　　　　　　B. 货币量决定物价水平

C. 资本的供给状况决定货币量　　　　D. 自然资源的供给状况决定货币量

2. 降低存款准备金率对货币供求的影响是（　　）。

A. 增加货币需求　　　　　　　　　　B. 减少货币需求

C. 增加货币供给　　　　　　　　　　D. 减少货币供给

3. 关于流动性陷阱的表述错误的是（　　）。

A. 利率降到某一低点时，货币需求会无限增大

B. 无人愿意持有债券

C. 人们都愿意持有货币

D. 流动性偏好具有相对性

4. 根据流动性偏好理论，由利率决定并与利率为减函数关系的货币需求动机是（　　）。

A. 交易动机　　　　　　　　　　　　B. 预防动机

C. 投机动机　　　　　　　　　　　　D. 贮藏动机

5. 在流动性偏好理论对货币需求动机的分析中，将由于收入和支出时间的不一致，为进行日常交易而产生的持有货币的愿望称为（　　）。

A. 预防动机　　　　　　　　　　　　B. 投机动机

C. 交易动机　　　　　　　　　　　D. 平衡动机

6. 根据我国货币层次的划分标准，既属于狭义货币供应量 M_1，又属于广义货币供应量 M_2 的是（　　）。

   A. 单位活期存款　　　　　　　　B. 单位定期存款
   C. 个人存款　　　　　　　　　　D. 财政存款

7. 信用扩张是当代不兑现信用货币制度下货币供给机制的重要内容，在我国能够创造货币的金融机构是（　　）。

   A. 中央银行　　　　　　　　　　B. 商业银行
   C. 资本市场　　　　　　　　　　D. 保险公司

8. 全面反映金融与经济关系，以及金融对实体经济资金支持的总量指标称为（　　）。

   A. 广义货币供应量　　　　　　　B. 社会融资规模
   C. 社会消费品零售总额　　　　　D. 货币乘数

9. 中央银行在宏观调控时更多注意的货币失衡是（　　）。

   A. 总量性货币失衡　　　　　　　B. 结构性货币失衡
   C. 经济结构失衡　　　　　　　　D. 短期货币失衡

10. 在现代信用货币制度下，经常出现的货币失衡形式是（　　）。

    A. 货币供应量相对于货币需求量偏大
    B. 货币供应量相对于货币需求量偏小
    C. 总量性货币失衡
    D. 结构性货币失衡

11. 马克思主义货币理论中对通货膨胀的定义是（　　）。

    A. 在一定时期内，商品和生产要素价格总水平持续不断上涨的现象
    B. 在纸币流通条件下，因纸币过度发行而引起的纸币贬值、物价上涨的现象
    C. 在开放经济条件下，因进口商品价格上升而使物价总水平上涨的现象
    D. 在一定时期内，由于人们普遍持币待购而使货币流通速度减慢的现象

12. 20 世纪 70 年代石油输出国抬高原油价格，使石油进口国的产品成本升高，进而引发西方资本主义国家出现严重通货膨胀，这种通货膨胀类型称为（　　）。

    A. 需求拉上型通货膨胀　　　　　B. 成本推进型通货膨胀
    C. 输入型通货膨胀　　　　　　　D. 结构型通货膨胀

13. 抑制型通货膨胀的表现是（　　）。

    A. 人们持币待购，使货币流通速度变慢
    B. 物价普遍上涨
    C. 有效需求不足
    D. 货币贬值

14. 划分货币层次的基本依据是资产的（　　）。

    A. 收益性　　　　　　　　　　　B. 安全性
    C. 流动性　　　　　　　　　　　D. 风险性

二、多项选择题（每题 2 分，每题备选项中，有 2 个或 2 个以上符合题意，至少有 1 个错项。错选，本题不得分；少选，所选的每个选项得 0.5 分）

1. 下列关于货币需求的说法中，正确的有（　　）。

   A. 货币需求是一种主观需求　　　B. 货币需求是一种客观需求

C. 货币需求是一种有效需求 D. 货币需求是一种派生需求
E. 货币需求是一种经济需求

2. 在治理通货膨胀的措施中，属于紧缩需求的货币政策措施有（   ）。
   A. 增加财政支出 B. 减少政府税收
   C. 政府发行公债 D. 提高法定存款准备金率
   E. 中央银行通过公开市场向金融机构出售有价证券

3. 根据流动性偏好理论，由获得的收入多少决定并与国民收入为增函数关系的货币需求动机有（   ）。
   A. 交易动机 B. 预防动机
   C. 投机动机 D. 贮藏动机
   E. 消费动机

4. 凯恩斯的货币需求函数建立在（   ）假定之上，采用了大量心理分析法，将货币作为宏观经济中的一个重要的经济变量和政策变量来研究。
   A. 未来的不确定性 B. 收入是长期资产
   C. 收入是短期资产 D. 未来的确定性
   E. 货币量决定物价水平

5. 在货币供给机制中，中央银行、商业银行分别扮演不同的角色，下列说法错误的有（   ）。
   A. 中央银行掌握了信用创造货币的功能
   B. 商业银行体系掌握了信用创造货币的功能
   C. 商业银行具有扩张信用的功能
   D. 中央银行具有扩张信用的功能
   E. 商业银行具有创造派生存款的功能

6. 在弗里德曼的货币需求函数中，与货币需求成正比的因素有（   ）。
   A. 恒久性收入 B. 人力财富比例
   C. 存款的利率 D. 债券的收益率
   E. 股票的收益率

7. 按通货膨胀的成因，通货膨胀可以分为（   ）。
   A. 需求拉上型通货膨胀 B. 成本推进型通货膨胀
   C. 输入型通货膨胀 D. 结构型通货膨胀
   E. 公开型通货膨胀

8. 需求拉上型通货膨胀的特点有（   ）。
   A. 自发性 B. 诱发性
   C. 支持性 D. 相关性
   E. 重要性

本章同步练习参考答案及解析

一、单项选择题

1. [答案] B
   [解析] 费雪的现金交易数量说的结论是货币量决定物价水平。
2. [答案] C

[解析] 货币供应量（M）=基础货币（B）×货币乘数（K），货币乘数（K）等于存款准备金率与货币结构比率之和的倒数。若降低存款准备金率，货币乘数增加，从而使得货币供应量（M）增加。

3. [答案] D
   [解析] 当利率降到某一低点时，货币需求会无限增大，此时无人愿意持有债券，都愿意持有货币，流动性偏好具有绝对性。这就是著名的流动性陷阱。
4. [答案] C
   [解析] 在凯恩斯货币需求动机中，投机动机构成投机需求，由利率的高低决定，是利率的减函数。
5. [答案] C
   [解析] 通过本题掌握凯恩斯货币需求的三种动机及各动机的含义。本题通过关键词"交易"即可选择交易动机。
6. [答案] A
   [解析] 我国货币层次划分为：①M_0＝流通中货币；②$M_1 = M_0$＋单位活期存款；③$M_2 = M_1$＋单位定期存款＋个人存款＋其他存款（财政存款除外）。
7. [答案] A
   [解析] 信用创造货币是当代不兑现信用货币制度下货币供给机制的重要内容，并且信用创造货币的功能为中央银行所掌握。
8. [答案] B
   [解析] 社会融资规模是指一定时期内（每月、每季或每年）实体经济（即非金融企业和住户）从金融体系获得的全部资金总额。社会融资规模是一个全面反映金融与经济关系，以及金融对实体经济资金支持的总量指标。
9. [答案] A
   [解析] 货币失衡的两种状况：①总量性货币失衡。即货币供给在总量上偏离货币需求达到一定程度从而使货币运行影响经济的状态，中央银行在宏观调控时更多注意的是总量性货币失衡。②结构性货币失衡。即货币供需总量大体一致，但货币供需结构不相适应。
10. [答案] A
    [解析] 货币失衡包括两种情况：①货币供应量＜货币需求量；供给不足的情况，很少出现。②货币供应量＞货币需求量：供给过多，经常出现。
11. [答案] B
    [解析] 萨缪尔森在其《经济学》中对通货膨胀的定义为，在一定时期内，商品和生产要素价格总水平持续不断的上涨。马克思货币理论中关于通货膨胀的定义为，在纸币流通条件下，由于纸币的过度发行而引起的纸币贬值，物价上涨的现象。
12. [答案] C
    [解析] 本题需仔细分析，不能看到"成本"即选择成本推进型。通过对题干分析可知进口石油价格升高，使得各国物价水平上涨，应是输入型通货膨胀。这是一种通货膨胀的国际传导现象。
13. [答案] A
    [解析] 抑制型通货膨胀是一国实行物价管制的情况下，商品供给短缺不能由物价上涨来反映，只表现为人们普遍持币待购而使货币流通速度减慢。
14. [答案] C
    [解析] 划分货币层次的依据是资产的流动性。

二、多项选择题
1. [答案] BCDE
   [解析] 货币需求作为一种经济需求，是由货币需求能力和货币需求愿望共同决定的有效需求。货币需求是客观货币需求、也是一种派生需求（即派生于人们对商品的需求）。
2. [答案] DE
   [解析] 本题注意"紧缩性货币政策"。A、B、C三项均属于财政政策，用排除法本题可选择D、E两项。
3. [答案] AB
   [解析] 凯恩斯的货币需求理论中，交易动机和预防动机构成交易性需求，是国民收入的增函数；投机动机构成投机需求，由利率的高低决定，是利率的减函数。
4. [答案] AC
   [解析] 凯恩斯的货币需求函数建立在"未来的不确定性"和"收入是短期资产"两

个基本假定之上。

5. ［答案］BD

［解析］中央银行掌握了信用创造货币的功能，商业银行具有扩张信用、创造派生存款的功能。

6. ［答案］AB

［解析］弗里德曼的货币需求理论认为影响货币需求的因素包括：①财富总额。恒久性收入越高，所需货币越多（同向）。②财富构成。人力财富比例越高，所需准备的货币就越多（同向）。③金融资产的预期收益和机会成本（反向）。其他金融资产（股票、债券、定期存单）的收益率越高，持有货币的机会成本越大，持有货币的数量就会越少。如果物价上涨，通货膨胀，持有货币意味着损失，人们就会减少货币持有量。④其他因素，即影响货币需求的各种随机因素。

7. ［答案］ABCD

［解析］按通货膨胀的成因，通货膨胀分为需求拉上型通货膨胀、成本推进型通货膨胀、输入型通货膨胀、结构型通货膨胀。按照通货膨胀的表现形式，通货膨胀分为公开型通货膨胀和抑制型通货膨胀。

8. ［答案］ABC

［解析］需求拉上型通货膨胀的特点有自发性、诱发性和支持性。

错题收集

第十九章　中央银行与货币政策

本章考情分析

年份	单项选择题	多项选择题	合计
2017 年	1 题 1 分	1 题 2 分	3 分
2016 年	3 题 3 分	2 题 4 分	7 分
2015 年	1 题 1 分	2 题 4 分	5 分
2014 年	3 题 3 分	1 题 2 分	5 分
2013 年	3 题 3 分	2 题 4 分	7 分
2012 年	3 题 3 分	1 题 2 分	5 分

本章考点概览

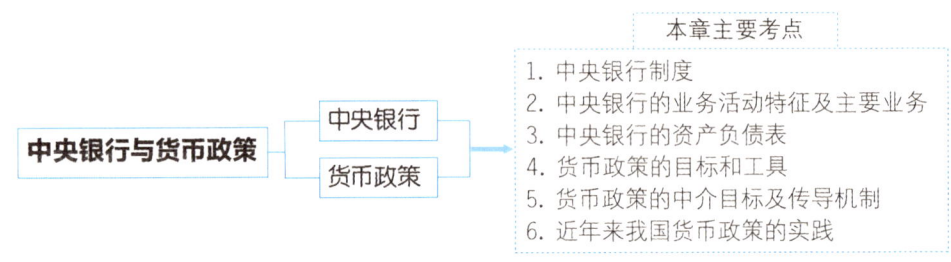

本章主要考点
1. 中央银行制度
2. 中央银行的业务活动特征及主要业务
3. 中央银行的资产负债表
4. 货币政策的目标和工具
5. 货币政策的中介目标及传导机制
6. 近年来我国货币政策的实践

本章考点详解

【考点一】中央银行制度

一、中央银行的含义

中央银行也称货币当局,是发行的银行、银行的银行和政府的银行,具有国家行政管理机关和银行的双重性质。

中国人民银行是我国的中央银行。其主要职能包括:①制定和执行货币政策;②维护金融稳定;③提供金融服务。

二、建立中央银行制度的必要性

(1) 集中货币发行权的需要。

(2) 代理国库和为政府筹措资金的需要。

(3) 管理金融业的需要。

(4) 国家对社会经济发展实行干预的需要。

> **经典例题**
>
> [2010年真题·多选题] 关于中央银行职能的说法，正确的有（　　）。
> A. 银行的银行　　　　　　　　　B. 政策性银行
> C. 议会的银行　　　　　　　　　D. 政府的银行
> E. 发行的银行
> [答案] ADE
> [解析] 中央银行是发行的银行、银行的银行和政府的银行。

【考点二】中央银行的业务活动特征和主要业务

一、中央银行的业务活动特征

中央银行是国家干预经济、调节全国货币流通与信用的金融管理机关。中央银行的业务活动特征包括：

(1) 不以营利为目的。中央银行以金融调控为己任，稳定币值，促进经济发展是其宗旨。

(2) 不经营一般性银行业务或非银行金融业务，不对任何个人、企事业单位、社会团体提供担保或直接发放贷款。它的业务服务对象是政府部门、商业银行及其他金融机构。

(3) 在制定和执行货币政策时，中央银行具有相对独立性，不应受到其他部门或机构的行政干预和牵制。

二、中央银行的主要业务

中央银行的主要业务如表 19-1 所示。

表 19-1　中央银行的主要业务

主要业务		具体内容
货币发行业务		货币发行是中央银行的主要业务，中国人民银行是我国法定的唯一的货币发行机构
对银行的业务	集中存款准备金	以法律形式规定商业银行缴存中央银行的存款准备金比率，并通过这部分准备金来管理商业银行及其他金融机构
	充当最后贷款人	中央银行的信贷业务主要有再抵押放款、再贴现、再贷款
	组织全国清算	各商业银行都向中央银行缴存存款准备金，并在中央银行开立往来账户，各商业银行之间可通过该账户办理非现金结算。此项业务为中央银行的主要中间业务
对政府的业务		①代理国库；②代理发行国家债券；③对国家提供信贷支持；④保管外汇和黄金储备；⑤制定并监督执行有关金融管理法规

> **经典例题**
>
> [2011年真题·单选题] 关于中央银行业务特征的说法，正确的是（　　）。
> A. 中央银行为企业办理存贷、结算业务
> B. 中央银行以营利为目的开展业务
> C. 中央银行不与政府部门发生资金往来关系
> D. 中央银行在制定和执行货币政策时具有相对独立性
> [答案] D
> [解析] 中央银行的业务服务对象是政府部门、商业银行及其他金融机构，A、C 两项错误；中央银行不以营利为目的开展业务，B 项错误。

> **经典例题**
>
> [2012年真题·单选题] 在我国，具有人民币发行权的机构是（　　）。
> A. 中国银行　　　　　　　　　　B. 交通银行
> C. 中国人民银行　　　　　　　　D. 国家外汇管理局
> [答案] C
> [解析] 中国人民银行是我国法定的唯一的货币发行机构，C项正确。
>
> [例题·多选题] 下列中央银行的业务中，属于对政府提供的业务有（　　）。
> A. 货币发行　　　　　　　　　　B. 集中准备金
> C. 全国清算　　　　　　　　　　D. 保管外汇和黄金储备
> E. 代理国库
> [答案] DE
> [解析] 本题中，A项（货币发行）是中央银行单独的一项业务，与中央银行对政府的业务是并列关系；B、C两项属于中央银行对商业银行的业务。所以本题选择D、E两项。

【考点三】中央银行的资产负债表

中央银行履行职能时，其业务活动可以通过它的资产负债表得以概括反映。目前中国人民银行公布的货币当局资产负债表的主要项目如表19-2所示。

表19-2　货币当局资产负债表

资产	负债
（1）国外资产（外汇、黄金储备） （2）对政府债权 （3）对其他存款性公司债权 （4）对其他金融性公司债权 （5）对非金融性部门债权 （6）其他资产	（1）储备货币（货币发行、其他存款性公司存款） （2）不计入储备货币的金融性公司存款 （3）发行债券 （4）国外负债 （5）政府存款 （6）自有资金 （7）其他负债

> **经典例题**
>
> [2013年真题·单选题] 在中央银行资产负债表中，应列入资产方的项目是（　　）。
> A. 储备货币　　B. 对政府债权　　C. 政府存款　　D. 发行票据
> [答案] B
> [解析] 通过本题掌握中央银行资产项目和负债项目。对政府的债权属于中央银行的资产项目，储备货币、政府存款、发行票据均属于中央银行的负债项目。

【考点四】货币政策的目标和工具

一、货币政策目标

总体而言，一国货币政策的目标体系一般由四项构成：①稳定物价；②经济增长；③充分就业；④平衡国际收支。

《中华人民共和国中国人民银行法》规定，货币政策目标是保持货币币值稳定，并以此促进经济增长。

> **经典例题**
>
> [2011年真题·多选题] 一国货币政策的目标体系通常包括（　　）。
> A. 稳定物价　　　　　　　　　　B. 充分就业

C. 平衡国际收支　　　　　　　　D. 社会公平
E. 经济增长
[答案] ABCE
[解析] 通过本题掌握货币政策的目标体系。货币政策的目标体系包括稳定物价、经济增长、充分就业、平衡国际收支。

【提示】货币政策的目标就是财政政策的目标，也是财政经济稳定与发展职能的四大目标。

二、货币政策工具

(一) 一般性货币政策工具

一般性货币政策工具的具体内容如表19-3所示。

表19-3　一般性货币政策工具

工具		具体内容
法定存款准备金率	含义	是指根据法律规定，商业银行等将其吸收的存款和发行的票据存放在中央银行的最低比率
	缺陷	(1) 中央银行调整法定存款准备金率时，商业银行可以变动其在中央银行的超额存款准备金，从反方向抵销法定存款准备金率政策的作用 (2) 法定存款准备金率对货币乘数的影响很大，作用力度很强，是一剂"猛药" (3) 调整法定存款准备金率对货币供应量和信贷量的影响要通过商业银行的辗转存、贷，逐级递推而实现，见效较慢、时滞较长
	【提示】法定存款准备金率政策往往是作为货币政策的一种自动稳定机制，而不将其当作适时调整的经常性政策工具来使用	
再贴现	含义	是指商业银行持客户贴现的商业票据向中央银行请求贴现，以取得中央银行的信用支持
	缺陷	再贴现政策的主动权操纵在商业银行手中
公开市场操作	含义	是指中央银行在证券市场上公开买卖国债、发行票据的活动
	交易对象	主要是商业银行和其他金融机构
	优缺点	优点：公开市场操作影响商业银行的准备金，直接影响货币供应量；中央银行可以主动出击；中央银行有可能用其对货币供应量进行微调 缺点：必须与其他货币政策工具配合。例如，如果没有法定存款准备金制度配合，这一工具就无法发挥作用

(二) 选择性货币政策工具

选择性货币政策工具包括：消费者信用控制、不动产信用控制、优惠利率、预缴进口保证金。前两项的具体内容如表19-4所示。

表19-4　选择性货币政策工具

工具	具体内容
消费者信用控制	中央银行对不动产以外的各种耐用消费品的销售融资予以控制，包括规定分期付款购买耐用消费品的首付最低金额、还款最长期限、适用的耐用消费品种类等
不动产信用控制	是指中央银行就金融机构对客户购买房地产等方面放款的限制措施，抑制房地产及其他不动产的交易投机

(三) 直接信用控制

直接信用的具体内容如表19-5所示。

表 19-5　直接信用控制

项目	具体内容
含义	直接信用控制是指中央银行以行政命令或其他方式，从质和量两个方面，直接对金融机构尤其是商业银行的信用活动进行控制
手段	利率最高限、信用配额、流动比率和直接干预等

【提示】规定存贷款最高利率限制，是最常使用的直接信用管制工具

（四）间接信用指导

间接信用指导是指中央银行通过道义劝告、窗口指导等办法间接影响商业银行的信用创造。

经典例题

[2011年真题·多选题] 关于一般性货币政策工具的说法，正确的有（　　）。
A. 中央银行提高法定存款准备金率，扩大了商业银行的信用扩张能力
B. 商业银行掌握着再贴现政策的主动权
C. 法定存款准备金率政策作用力度强
D. 调整法定存款准备金率能迅速影响货币供应量
E. 中央银行运用公开市场操作直接影响货币供应量
[答案] BCE
[解析] 提高法定存款准备金率会降低商业银行的信用扩张能力，A 项错误。调整法定存款准备金率对货币供应量和信贷量的影响要通过商业银行的辗转存贷，逐级递推而实现，见效较慢，时滞较长，D 项错误。

【考点五】货币政策的中介目标及传导机制

一、货币政策的中介目标

中央银行可以按照可控性、可测性和相关性的三大原则选择相应的中介目标。可以作为货币政策中介目标的变量指标有：①利率（通常指短期的市场利率）；②货币供应量；③超额准备金或基础货币；④通货膨胀率。

【提示】选择货币政策中介目标的原则可简记为"两可一相关"。

二、货币政策传导机制

货币政策传导机制的具体内容如表 19-6 所示。

表 19-6　货币政策传导机制

项目	具体内容
含义	是指中央银行运用货币政策工具影响中介指标，进而最终实现既定政策目标的传导途径与作用机理
意义	货币传导机制是否顺畅直接影响货币政策的实施效果
传导体系	中央银行→货币市场→金融机构→企业（居民）
间接传导机制	政策工具→操作目标→中介目标→最终目标
影响货币传导效率的因素	（1）能够对货币政策变动做出灵敏反应的经济主体 （2）较为发达的金融市场 （3）较高程度的利率汇率市场化

经典例题

[2015年真题·多选题] 通常情况下，货币政策目标一经确定，中央银行选择相应中介目标时依据的原则包括（　　）。

A. 可控性原则　　　　　　　　　B. 可测性原则
C. 连续性原则　　　　　　　　　D. 相关性原则
E. 可逆性原则

[答案] ABD

[解析] 中央银行选择中介目标的原则是"两可一相关"，即可控性、可测性和相关性。

【考点六】近年来我国货币政策的实践

我国货币政策实践变化的具体内容如表19-7所示。

表19-7　我国货币政策实践的变化

时间	货币政策的变化
2006年至2008年上半年	"适度从紧"的货币政策转向"从紧"的货币政策
2008下半年至2010年	"适度宽松"的货币政策
2011年至2016年	稳健的货币政策

经典例题

[2012年真题·单选题] 为扭转国际金融危机造成的出口大幅下降，部分企业陷入困境和就业压力明显加大等局面，2008年下半年我国货币政策（　　）。

A. 从"从紧"转向"适度宽松"　　　　B. 从"稳健"转向"适度从紧"
C. 从"适度从紧"转向"从紧"　　　　D. 从"稳健"转向"适度宽松"

[答案] A

[解析] 2006年至2008年上半年，中央银行先后19次上调存款准备金共10个百分点，实施从紧的货币政策，但2008年下半年美国次贷危机导致国际金融危机，我国经济发展势头急转直下，中国人民银行将货币政策从"从紧"转向"适度宽松"，本题选择A项。

本章易错易混考点

【易错易混考点】中央银行的资产项目和负债项目（如表19-8所示）。

表19-8　中央银行的资产项目和负债项目

类别	理解	具体项目（考核的内容）	具体阐述
资产项目	中央银行记录资金运用状况的项目	国外资产（外汇、黄金储备）	中央银行承担为国家管理黄金和外汇储备的责任，也是中央银行的重要资金运用，这表明中央银行是"政府的银行"
		对政府、其他存款性公司、其他金融性公司、非金融性部门的债权	中央银行提供给业务服务对象的资金，对政府债权主要是中央银行持有的政府债券，这表明中央银行是"政府的银行"；对存款性、金融性公司债权主要是通过再贴现或再贷款向金融性公司提供的短期流动性支持，这表明中央银行是"银行的银行"
		其他资产	主要包括待收款项和固定资产等

续表

类别	理解	具体项目（考核的内容）	具体阐述
负债项目	中央银行记录资金来源情况的项目	储备货币（货币发行、其他存款性公司存款）	货币发行是中央银行对公众的负债，表明中央银行是"发行的银行"；其他存款性公司存款主要是商业银行的存款准备金，这表明中央银行是"银行的银行"
		不计入储备货币的金融性公司存款、政府存款	中央银行从业务服务对象吸收的资金。政府存款表明中央银行是"政府的银行"；金融性公司存款表明中央银行是"银行的银行"
		发行债券	中央银行向金融机构发行的债务凭证
		国外负债	从国外银行、国际金融机构借款等
		自有资金	中央银行总资产当中属于自有的部分，类似于商业银行的权益
		其他负债	上述负债项目之外的负债

[例题·多选题] 下列中央银行资产负债表项目中，应计入负债方的有（ ）。

A. 政府存款 B. 政府债券
C. 黄金储备 D. 储备货币
E. 发行债券

[答案] ADE

[解析] 中央银行持有的政府债券是中央银行对政府的债权，属于资产项目，B 项错误。黄金储备属于国外资产的内容，属于资产项目，C 项错误。

历年经典真题回顾

一、单项选择题（每题1分，每题备选项中，只有1个最符合题意）

1. 关于中央银行对政府业务的说法，正确的是（ ）。[2017年真题]

   A. 中央银行通过公开市场操作买卖国债

   B. 中央银行监督商业银行交易和储备黄金或外汇

   C. 中央银行负责在商业银行向国家财政提供商业贷款时进行清算

   D. 中央银行办理国库业务既为政府提供了财务收支服务，又增强了自身资金实力

[答案] D

[解析] 本题考查较为细致。中央银行通过公开市场操作买卖国债，即中央银行在流通市场（二级市场）上购买了国债，交易对象是商业银行等金融机构，所以 A 项属于中央银行对银行的业务，但如果是中央银行在发行市场（一级市场）直接购买国债就属于中央银行对政府的业务。中央银行代理政府交易和储备黄金或外汇，B 项错误。商业银行之间由于票据交换所产生的应收应付款项，通过在中央银行的往来账户办理非现金结算，由此使中央银行成为全国金融业的清算中心，这属于中央银行对银行的业务，C 项错误。

2. 自2011年起，我国已连续六年实施（ ）的货币政策。[2016年真题]

   A. 积极 B. 宽松
   C. 稳健 D. 紧缩

[答案] C

[解析] 截止2016年，我国已经连续六年实施了稳健的货币政策。此外，2017 年，我国依然实行稳健的货币政策。

3. 通常情况下，作为货币政策中介目标的是（ ）。[2016年真题]

   A. 法定存款准备金利率　　　　　　B. 短期市场利率

   C. 优惠利率　　　　　　　　　　　D. 固定利率

   [答案] B

   [解析] 中央银行可以按照可控性、可测性和相关性的三大原则选择相应的中介目标。可以作为货币政策中介目标的变量指标包括：①利率（通常指短期的市场利率）；②货币供应量；③超额准备金或基础货币；④通货膨胀率。

4. 下列金融市场交易主体中，属于中央银行业务服务对象的是（ ）。[2016年真题]

   A. 商业银行　　　　　　　　　　　B. 居民个人

   C. 工业企业　　　　　　　　　　　D. 社会团体

   [答案] A

   [解析] 中央银行不经营一般性银行业务或非银行金融业务，不对任何个人、企事业单位、社会团体提供担保或直接发放贷款。它的业务服务对象是政府部门、商业银行及其他金融机构。

5. 在货币政策工具中，对货币乘数影响大、作用力度强，往往被当作一剂"猛药"的是（ ）。[2015年真题]

   A. 再贴现　　　　　　　　　　　　B. 公开市场操作

   C. 法定存款准备金率　　　　　　　D. 窗口指导

   [答案] C

   [解析] 本题通过"猛药"即可选择法定存款准备金率。法定存款准备金率对货币乘数的影响很大，作用力度很强，往往被当作是一剂"猛药"。

6. 我国法定货币发行机构是（ ）。[2014年真题]

   A. 中国银行　　　　　　　　　　　B. 国家开发银行

   C. 中国人民银行　　　　　　　　　D. 中国建设银行

   [答案] C

   [解析] 中国人民银行是我国法定的唯一的货币发行机构。

7. 关于一般性货币政策工具的说法，正确的是（ ）。[2014年真题]

   A. 法定存款准备金率政策通常被作为经常性政策工具来使用

   B. 没有税收政策的配合，公开市场操作无法发挥作用

   C. 法定存款准备金率对货币乘数的影响很小

   D. 公开市场操作使中央银行能够随时根据金融市场变化，经常、连续性地操作

   [答案] D

   [解析] 法定存款准备金率政策通常被作为一种自动稳定机制，而不将其当作适时调整的经常性政策工具来使用，A项错误。没有法定存款准备制度配合，公开市场操作就无法发挥作用，B项错误。法定存款准备金率对货币乘数的影响较大，C项错误。

8. 下列中央银行的业务中，属于对政府提供的业务是（ ）。[2013年真题]

   A. 货币发行　　　　　　　　　　　B. 集中准备金

   C. 全国清算　　　　　　　　　　　D. 保管外汇和黄金储备

   [答案] D

   [解析] 中央银行的业务包括货币发行、对银行的业务及对政府的业务。本题中B、C两项均属于中央银行对银行的业务。

9. 再贴现是指（　　）。[2013年真题]
   A. 中央银行对企事业单位所持有的商业票据进行贴现的行为
   B. 商业银行对中央银行持有的金融债券进行贴现的行为
   C. 中央银行对商业银行所持有的商业票据进行贴现的行为
   D. 商业银行对企事业单位持有的金融债券进行贴现的行为
   [答案] C
   [解析] 再贴现是指商业银行持客户贴现的商业票据向中央银行请求贴现，以取得中央银行的信用支持。

二、多项选择题（每题2分，每题备选项中，有2个或2个以上符合题意，至少有1个错项。错选，本题不得分；少选，所选的每个选项得0.5分）

1. 中央银行选择货币政策中介目标依据的原则包括（　　）。[2017年真题]
   A. 诱发性　　　　　　　　　　B. 可控性
   C. 自发性　　　　　　　　　　D. 可测性
   E. 相关性
   [答案] BDE
   [解析] 中央银行选择货币政策中间目标遵循的原则是可控性、可测性、相关性。

2. 中央银行使用的一般性货币政策工具包括（　　）。[2016年真题]
   A. 法定存款准备金率　　　　　B. 再贴现
   C. 窗口指导　　　　　　　　　D. 消费者信用控制
   E. 公开市场操作
   [答案] ABE
   [解析] 一般性货币政策工具包括法定存款准备金率、再贴现和公开市场操作。

3. 下列货币当局资产负债表的项目中，属于负债项目的有（　　）。[2016年真题]
   A. 储备货币　　　　　　　　　B. 对政府债券
   C. 政府存款　　　　　　　　　D. 自有资金
   E. 对非金融性部门债权
   [答案] ACD
   [解析] 中央银行的负债项目包括储备货币、政府存款、自有资金等。对政府债券及对非金融性部门债权属于中央银行的资产项目。

4. 中央银行向商业银行提供的服务包括（　　）。[2015年真题]
   A. 集中管理商业银行缴存的存款准备金
   B. 保管外汇和黄金储备
   C. 作为商业银行的最后贷款人
   D. 提供全国清算业务
   E. 代理发行国家债券
   [答案] ACD
   [解析] 中央银行向商业银行提供的业务有集中准备金、作为最后贷款人和全国清算。

5. 我国中央银行的主要职能有（　　）。[2014年真题]
   A. 制定和执行货币政策
   B. 维护金融稳定
   C. 实现充分就业

D. 向贫困地区的企业和个人直接提供政策性贷款

E. 提供金融服务

[答案] ABE

[解析] 通过本题掌握中央银行的职能。中国人民银行是我国的中央银行。其主要职能包括：①制定和执行货币政策；②维护金融稳定；③提供金融服务。

本章同步练习

一、单项选择题（每题1分，每题备选项中，只有1个最符合题意）

1. 中央银行的主要中间业务是（　　）。
    A. 货币发行业务　　　　　　　　B. 公开市场业务
    C. 信贷业务　　　　　　　　　　D. 全国清算业务

2. 《中华人民共和国中国人民银行法》规定，我国货币政策的目标是（　　）。
    A. 保持国家外汇储备的适度增长
    B. 保持国内生产总值以较快的速度增长
    C. 保持货币币值稳定，并以此促进经济增长
    D. 保证充分就业

3. 某国中央银行规定商业银行对居民提供汽车贷款的最低首付款比例是40%，最长还款期限是5年，这种规定属于（　　）。
    A. 消费者信用控制　　　　　　　B. 不动产信用控制
    C. 间接信用指导　　　　　　　　D. 直接信用控制

4. 在中央银行的资产负债表中，（　　）属于中央银行的资产项目。
    A. 政府存款　　　　　　　　　　B. 储备货币
    C. 政府债券　　　　　　　　　　D. 对金融性公司存款

5. 中央银行是"国家的银行"，下列选项不能体现这一职能的是（　　）。
    A. 保管国家外汇储备　　　　　　B. 充当最后贷款人
    C. 代理国库　　　　　　　　　　D. 代表政府参加国际金融活动

6. 处于金融中介体系的中心环节，具有国家行政管理机关和银行的双重性质的金融机构是（　　）。
    A. 商业银行　　　　　　　　　　B. 中央银行
    C. 财务公司　　　　　　　　　　D. 国库

7. 在货币政策工具中，（　　）往往是作为货币政策的一种自动稳定机制，而不将其当作适时调整的经常性政策工具来使用。
    A. 再贴现　　　　　　　　　　　B. 公开市场操作
    C. 法定存款准备金率　　　　　　D. 消费者信用控制

8. 在一般性货币政策工具中，中央银行掌握完全主动权的是（　　）。
    A. 公开市场操作政策　　　　　　B. 消费者信用控制政策
    C. 再贴现政策　　　　　　　　　D. 窗口指导政策

9. 直接信用控制是指中央银行以行政命令或其他方式，从质和量两个方面，直接对金融机构尤其是商业银行的信用活动进行控制，包括很多手段，其中（　　）是最常使用的直接信用管制工具。
    A. 信用配额　　　　　　　　　　B. 流动比率
    C. 直接干预　　　　　　　　　　D. 规定存贷款最高利率

10. 某商业银行以其持有的某企业商品票据向中央银行请求信用支持,中央银行予以同意。这种业务属于中央银行的( )业务。
   A. 贴现
   B. 再贴现
   C. 公开市场
   D. 窗口指导

二、多项选择题(每题2分,每题备选项中,有2个或2个以上符合题意,至少有1个错项。错选,本题不得分;少选,所选的每个选项得0.5分)

1. 中央银行对国家提供信贷支持主要采取的方式有( )。
   A. 直接给国家财政以贷款
   B. 通过公开市场购买国债
   C. 直接购买国家公债
   D. 直接从事房地产投资
   E. 发行中央银行票据

2. 从历史上看,建立中央银行制度的必要性主要体现在( )。
   A. 集中货币发行权
   B. 集中黄金买卖权
   C. 代理国库和为政府筹措资金
   D. 管理金融业
   E. 确保国家对社会经济发展实行干预

3. 中央银行的特征的主要表现有( )。
   A. 不以营利为目的
   B. 只与企业和金融机构发生往来
   C. 在制定和执行货币政策时具有相对独立性
   D. 在制定和执行财政政策时具有相对独立性
   E. 可以经营商业银行业务

4. 直接信用控制是指中央银行以行政命令或其他方式,从质和量两个方面直接对金融机构尤其是商业银行的信用活动进行控制,其手段包括( )。
   A. 存贷款最高利率限制
   B. 窗口指导
   C. 信用配额
   D. 流动比率
   E. 直接干预

5. 中央银行将短期市场利率作为货币政策的中介目标,原因包括( )。
   A. 短期市场利率具有可控性
   B. 短期市场利率具有可测性
   C. 短期市场利率具有相关性
   D. 短期市场利率具有可逆性
   E. 短期市场利率具有重要性

6. 储备货币是中央银行资产负债表的负债项目,包含( )。
   A. 货币发行
   B. 发行债券
   C. 政府存款
   D. 其他存款性公司存款
   E. 外汇黄金储备

7. 下列项目中,属于中央银行对政府的业务有( )。
   A. 货币发行业务
   B. 代理国库业务
   C. 作为最后贷款人
   D. 主持全国清算
   E. 保管外汇和黄金储备

8. 货币政策的有效性取决于传导机制的效率,而货币政策传导效率取决于( )。
   A. 能够对货币政策变动做出灵敏反应的经济主体
   B. 较为发达的金融市场
   C. 商品市场的有效性

D. 较高程度的利率汇率市场化

E. 较多的国际储备

9. 一般性货币政策工具包括（　　）。

A. 法定存款准备金率
B. 消费者信用控制
C. 再贴现
D. 公开市场操作
E. 预缴进口保证金

本章同步练习参考答案及解析

一、单项选择题

1. [答案] D
   [解析] 中央银行的全国清算业务是中央银行的主要中间业务。

2. [答案] C
   [解析]《中华人民共和国中国人民银行法》规定，货币政策的目标是保持货币币值稳定，并以此促进经济的增长。

3. [答案] A
   [解析] 消费者信用控制是中央银行对不动产以外的各种耐用消费品的销售融资予以控制，包括规定分期付款购买耐用消费品的首付最低金额，还款最长期限，适用的耐用消费品种类等。

4. [答案] C
   [解析] 通过本题掌握中央银行资产负债表的项目。本题中A、B、D三项均属于中央银行的负债项目。

5. [答案] B
   [解析] 中央银行作为国家的银行，主要体现在以下几个方面：①代理国库；②代理发行国家债券；③对国家提供信贷支持；④保管外汇和黄金储备；⑤制定并监督执行有关金融管理法规。此外，还体现在代表政府参加各种国际性会议及金融活动上。

6. [答案] B
   [解析] 中央银行也称为货币当局，处于金融中介体系的中心环节。它是发行的银行、银行的银行和政府的银行，具有国家行政管理机关和银行的双重性质的金融机构。

7. [答案] C
   [解析] 法定存款准备金率政策作用力度强，往往是作为货币政策的一种自动稳定机制，而不将其当作适时调整的经常性政策工具来使用。

8. [答案] A
   [解析] 一般性货币政策工具包括法定存款准备金率、再贴现、公开市场操作。其中，再贴现政策的主动权操纵在商业银行手中。

9. [答案] D
   [解析] 直接信用控制的手段包括利率最高限、信用配额、流动比率和直接干预等。其中规定存贷款最高利率限制，是最常使用的直接信用管制工具。

10. [答案] B
    [解析] 通过本题掌握中央银行的再贴现业务。再贴现是指商业银行持客户贴现的商业票据向中央银行请求贴现，以取得中央银行的信用支持。

二、多项选择题

1. [答案] AC
   [解析] 中央银行作为国家的银行，在国家财政出现收不抵支的情况时，一般负有提供信贷支持的义务。这种信贷支持主要采取以下两种方式：①直接给国家财政以贷款或透支；②直接购买国家公债。

2. [答案] ACDE
   [解析] 建立中央银行制度的必要性有：①集中货币发行权的需要；②代理国库和为政府筹措资金的需要；③管理金融业的需要；④国家对社会经济发展实行干预的需要。

3. [答案] AC
   [解析] 中央银行只与政府和金融机构发生往来，B项错误。中央银行制定和执行货币政策时具有相对独立性，而非财政政策，D项错误。中央银行不经营一般商业银行

业务，E 项错误。

4. ［答案］ACDE
   ［解析］直接信用控制的手段包括利率最高限、信用配额、流动比率和直接干预等。其中，规定存贷款最高利率限制是最常使用的直接信用管制工具。

5. ［答案］ABC
   ［解析］货币政策目标一经确定，中央银行可以按照可控性、可测性和相关性的三大原则选择相应的中介目标。

6. ［答案］AD
   ［解析］储备货币包括货币发行和其他存款性公司存款。

7. ［答案］BE
   ［解析］A 项，货币发行业务是中央银行的主要业务，与中央银行对政府的业务是并列关系。C、D 两项属于中央银行对银行的业务。

8. ［答案］ABD
   ［解析］货币政策传导效率取决于以下几方面：①能够对货币政策变动做出灵敏反应的经济主体；②较为发达的金融市场；③较高程度的利率汇率市场化。

9. ［答案］ACD
   ［解析］通过本题掌握一般性货币政策工具、选择性货币政策工具、直接信用控制、间接信用指导的内容。一般性货币政策工具包括法定存款准备金率、再贴现、公开市场操作。

错题收集

第二十章　商业银行与金融市场

本章考情分析

年份	单项选择题	多项选择题	合计
2017 年	3 题 3 分	1 题 2 分	5 分
2016 年	2 题 2 分	1 题 2 分	4 分
2015 年	2 题 2 分	1 题 2 分	4 分
2014 年	2 题 2 分	1 题 2 分	4 分
2013 年	1 题 1 分	1 题 2 分	3 分
2012 年	2 题 2 分	1 题 2 分	4 分

本章考点概览

商业银行与金融市场
- 商业银行的运营与管理
- 金融市场

本章主要考点
1. 商业银行的性质、职能与组织形式
2. 商业银行的主要业务及经营管理原则
3. 存款保险制度
4. 有效市场理论
5. 金融市场结构

本章考点详解

【考点一】商业银行的性质、职能与组织形式

一、商业银行的性质

（1）商业银行是金融企业，是承担着资金融资职能的企业。

（2）商业银行是以营利为目的的企业。它的经营目标是利润最大化。中央银行和政策性银行一般不以营利为目的。

（3）商业银行的经营范围广泛，业务种类齐全，是唯一能够吸收活期存款的金融机构。

【提示】非银行金融机构的经营范围很窄，经营不完全的信用业务，或不以银行信用方式融通资金。

二、商业银行的职能与组织形式

(一) 商业银行的主要职能

商业银行的主要职能如表20-1所示。

表20-1　商业银行的主要职能

职能	具体内容
信用中介	商业银行吸收存款、发放贷款，发挥着化货币为资本的作用。这是商业银行的最基本职能
支付中介	商业银行接受客户的委托，为工商企业办理与货币资本有关的技术性业务，如汇兑、非现金结算等，使商业银行成为企业的总会计、总出纳
信用创造	商业银行发行信用工具，满足流通界对流通手段和支付手段的需要，并使银行可以超出自有资本与吸收资本的总额而扩张信用

(二) 商业银行的组织形式

商业银行的组织形式如表20-2所示。

表20-2　商业银行的组织形式

分类标准	类型	具体内容
按机构设置分类	单一银行制	不设分支机构，如美国的许多州立银行
	总分行制	设多层分支机构，世界各国的商业银行一般都采用这种银行制度
按业务经营范围分类	专业化银行制	只经营吸收存款、发放贷款的传统银行业务
	综合化银行制	可经营所有商业性融资业务，即"全能银行制"

经典例题

[2009年真题·单选题] 商业银行受企业委托，为其办理与货币资本运动有关的技术性业务，成为企业的总会计、总出纳。这体现了商业银行的（　　）作用。

A. 信用中介　　　　　　　　B. 支付中介
C. 信用创造　　　　　　　　D. 货币投放

[答案] B

[解析] 商业银行的支付中介职能是指商业接受客户的委托，为工商企业办理与货币资本有关的技术性业务，如汇兑、非现金结算等，使商业银行成为企业的总会计、总出纳。

[例题·多选题] 下列关于商业银行的表述，正确的有（　　）。

A. 商业银行是以营利为目的的金融企业
B. 吸收存款、发放贷款体现了商业银行的信用中介职能
C. 商业银行是唯一能够面向公众吸收活期存款的金融机构
D. 商业银行的主要职能是信用中介、支付中介和信用创造货币
E. 支付中介是商业银行最基本的职能

[答案] ABC

[解析] 中央银行具备信用创造货币的功能，D项错误。信用中介是商业银行最基本的职能，E项错误。

【考点二】商业银行的主要业务及经营管理原则

一、商业银行的主要业务

商业银行的主要业务如表20-3所示。

表20-3　商业银行的主要业务

业务名称				具体内容
负债业务	含义			是形成商业银行外来资金来源的业务 【提示】商业银行全部资金来源包括自有资金和吸收的外来资金： (1) 自有资金包括成立时发行股票筹集的股本以及公积金、未分配利润。这部分也称为权益资本，不属于负债业务 (2) 外来资金的形成渠道主要是吸收存款和借款业务，属于负债业务
	分类	吸收存款		是银行组织资金来源的主要业务
		借款业务		包括再贴现或向中央银行借款、同业拆借、发行金融债券、国际货币市场借款、结算过程中的短期资金占用等
资产业务	含义			是商业银行将所聚集的货币资金加以运用的业务，是商业银行获得收益的主要业务活动
	分类	票据贴现		银行应客户要求，买进未到付款日期的票据
		贷款	按归还期限划分	①短期贷款：期限在1年以内的贷款；②中期贷款：期限为1～5年的贷款；③长期贷款：期限在5年以上的贷款
			按贷款条件划分	①信用贷款：以借款人信誉发放的贷款；②担保贷款：以特定抵押品作为担保的贷款，包括保证贷款、抵押贷款和质押贷款
			按用途划分	①资本贷款：以设备的更新改造或增添固定资产等为目的的贷款，属于投资性质的贷款；②商业贷款：以企业原材料的购进以及商品交易等为目的的贷款，属于生产或经营周转性质的贷款；③消费贷款：向以消费为目的的个人发放的贷款
		【提示】贷款在银行资产中的比重一般排在首位		
		投资业务		是银行以其资金作为投资而持有各种有价证券的业务活动
				为防范银行风险，金融管理当局对商业银行证券投资的范围一般都有限制性规定。许多国家规定只允许做债券业务，而不允许做股票买卖，或者允许银行以其自有资金和盈余的很小比例投资股票
中间业务	含义			是指商业银行不使用自己的资金而为客户办理支付和其他委托事项，并从中收取手续费的业务，是商业银行作为"支付中介"而提供的金融服务，也称为无风险业务
	分类	结算业务		主要是指转账结算，商业银行将款项从付款单位账户划转到收款单位账户，从而完成货币收付，并向委托人收取结算手续费的业务
		信托业务		是指商业银行的信托部门接受客户的委托，代替委托单位或个人经营、管理或处理货币资金或其他财产，并从中收取手续费的业务。包括资金信托和财产信托
		租赁业务		是指商业银行作为出租人，向客户提供租赁形式的业务，包括融资租赁和经营性租赁
		代理业务		是指商业银行接受客户的委托，以代理人身份代为办理经济事务，从中收取手续费的业务，如商业银行受财政部门的委托，代理发行和兑付国债等
		咨询业务		是指银行为顾客做经济预测、投资项目的可行性论证、企业财务状况分析等服务

经典例题

[2012年真题·多选题] 下列金融业务中，属于商业银行中间业务的有（　　）。
A. 投资　　　　B. 再贷款　　　　C. 转账结算　　　　D. 财产信托
E. 代理发行国债
[答案] CDE
[解析] 投资属于商业银行的资产业务；再贷款属于商业银行的负债业务。

经典例题

[2010年真题·多选题] 商业银行外来资金的形成渠道包括（　　）。
A. 发行金融债券　　B. 未分配利润　　C. 吸收存款　　D. 发行股票
E. 同业拆借
[答案] ACE
[解析] B、D两项属于商业银行的自有资金。商业银行外来资金形成渠道包括吸收存款和借款业务。

二、商业银行的经营管理原则

商业银行的经营管理原则如表20-4所示。

表20-4　商业银行的经营管理原则

原则	具体内容	三个原则的关系
盈利性	在经营资产业务中，必须获得尽可能高的收益	（1）商业银行的资产盈利性与流动性呈负相关关系
流动性	（1）商业银行必须保有一定比例的现金资产或其他容易变现的资产 （2）商业银行取得现款的能力	（2）商业银行的资产盈利性与安全性呈负相关关系
安全性	要能够按期收回本息，特别是要避免本金受损	（3）商业银行的资产流动性和安全性呈正相关关系

经典例题

[例题·多选题] 下列关于商业银行的经营管理原则表述正确的有（　　）。
A. 商业银行的资产盈利性与流动性呈现负相关关系
B. 商业银行的资产盈利性与安全性呈现正相关关系
C. 根据安全性原则，商业银行在发放贷款和投资等业务经营过程中，要能够按期收回本息，特别要避免本金受损
D. 一般而言，风险越高的资产业务，盈利就越大，而银行经营的安全性越低
E. 商业银行在经营资产业务中，必须获得尽可能高的收益，体现了盈利性原则
[答案] ACDE
[解析] 商业银行的资产盈利性与流动性呈负相关关系，为了获得更多的盈利，商业银行总是愿意将信贷资金运用到收益率最高的中长期贷款或证券投资上，但这会使资产失去流动性，A项正确。商业银行的资产盈利性与安全性呈负相关关系，即一般而言，风险越高的资产业务，盈利就越大，而银行经营的安全性越低，B项错误、D项正确。C项考查安全性的含义，正确。E项考查盈利性原则的含义，正确。

【考点三】存款保险制度

（1）被保险的存款既包括人民币存款，也包括外国存款。但不包括：①金融机构同业存款、投保机构的高级管理人员在本投保机构的存款以及存款保险基金管理机构规定不予保险的其他存款；②外国银行在中国的分支机构以及中资银行海外分支机构的存款。

（2）存款保险实行限额偿付，最高偿付限额为人民币50万元。

【提示】同一存款人在一家投保机构所有存款账户的本金和利息加起来在50万元以内的，全额赔付，超过50万元的部分，从该投保机构清算财产中受偿。

（3）存款保险基金的来源及运用。

存款保险基金的来源及运用如表20-5所示。

表 20-5　存款保险基金的来源及运用

来源	运用
（1）投保机构交纳的保费（存款人不交保费） （2）在投保机构清算中分配的财产 （3）存款保险基金管理机构运用存款保险基金获得的收益 （4）其他合法收入	应遵循安全、流动、保值增值的原则，限于下列形式： （1）存放中国人民银行 （2）投资政府债券、中央银行票据、信用等级较高的金融债券及其他高等级债券 （3）国务院批准的其他资金运用形式

经典例题

[例题·多选题] 根据我国《存款保险条例》的规定，下列表述正确的有（　　）。
A. 存款保险实行限额偿付，最高偿付限额为人民币 50 万元
B. 存款保险基金的资金来源主要是金融机构和存款人缴纳的保费
C. 存款保险基金的运用应当遵循安全、流动、保值增值的原则
D. 存款保险基金要投资于政府债券、金融债券和股票
E. 被保险的存款既包括人民币存款，也包括外国存款以及中资银行海外分支机构的存款
[答案] AC
[解析] 存款保险基金的资金来源主要是金融机构按规定交纳的保费，存款人并不需要交保费，B 项错误。存款保险基金要投资于政府债券、中央银行票据，信用等级较高的金融债券及其他高级债券，不允许投资股票，D 项错误。被保险的存款既包括人民币存款，也包括外国存款。但外国银行在中国的分支机构以及中资银行海外分支机构的存款不在保险范围内，E 项错误。

【考点四】有效市场理论

芝加哥大学著名教授法玛提出有效市场定义，即如果在一个证券市场上，价格完全反映了所有可获得（利用）的信息，每一种证券价格都永远等于其投资价值，那么就称这样的市场为有效市场。根据信息对证券价格影响的不同程度，市场有效性分为弱型效率、半强型效率和强型效率。其具体内容如表 20-6 所示。

表 20-6　市场有效性的划分

市场有效性	具体含义
弱型效率	是证券市场效率的最低程度。如果有关证券的历史资料（如价格、交易量等）对证券的价格变动没有任何影响，则证券市场达到弱型效率
半强型效率	是证券市场效率的中等程度。如果有关证券公开发表的资料（如公司对外公布的盈利报告等）对证券的价格变动没有任何影响，则证券市场达到半强型效率
强型效率	是证券市场效率的最高程度。如果有关证券的所有相关信息，包括公开发表的资料以及内幕信息对证券的价格变动没有任何影响，即证券价格充分、及时地反映了与证券有关的所有信息，则证券市场达到强型效率

经典例题

[例题·多选题] 关于美国学者法玛的有效市场理论的说法，正确的有（　　）。
A. 如果有关证券的所有相关信息对其价格变动不产生任何影响，则证券市场达到半强型效率
B. 如果有关证券的历史资料对其价格变动不产生任何影响，则证券市场达到强型效率
C. 如果有关证券公开发表的资料对其价格变动产生影响，则证券市场达到弱型效率
D. 如果有关证券公开发表的资料对其价格变动不产生任何影响，则证券市场达到半强型效率
E. 如果证券价格充分、及时地反映了与证券有关的所有信息，则证券市场达到强型效率

[答案] DE

[解题思路] 针对市场有效性的分类,简单记忆方法是:历史资料——弱型效率;公开发表资料——半强型效率;所有信息——强型效率。

【考点五】金融市场结构

一、金融市场的类型

金融市场的类型如表20-7所示。

表20-7 金融市场的类型

市场类型	功能	子市场
货币市场	供应短期货币资金,主要解决短期内资金余缺的融通问题	同业拆借市场、票据市场、短期债券市场
资本市场	供应长期货币资金,主要解决投资方面的资金需要	股票市场、长期债券市场、投资基金市场

二、金融市场的各子市场

金融市场的各子市场的具体内容如表20-8所示。

表20-8 金融市场的各子市场

子市场	含义/分类	有关内容
同业拆借市场	是金融机构之间以货币借贷方式进行短期资金融通活动的市场	特点:期限短、流动性高、利率敏感性强、交易方便
		用途:同业拆借资金主要用于弥补短期资金不足、票据清算的差额以及解决临时性的资金缺额需求
		有代表性的同业拆借利率是伦敦银行同业拆借利率(LIBOR)
票据市场	是以各种票据为媒体进行资金融通的市场	(1)银行承兑汇票是银行信用与商业信用的结合
	按照票据的种类,它可以划分为商业票据市场、银行承兑汇票市场、银行大额可转让定期存单市场、短期融资性票据市场	(2)商业票据是以企业间的直接信用作保证的。商业票据是一种短期无担保证券,是由发行人(一般为信誉高、实力雄厚的大公司)为了筹措短期资金或弥补资金缺口,在货币市场上向投资者发行并承诺在将来一定时期偿付票据本息的凭证
		(3)银行大额可转让定期存单是由商业银行和其他金融机构为了吸引存款而发行的一种不记名的存款凭证。它是认购人对银行提供的信用。其特点有:①不记名;②属于批发性质的金融工具,存单的金额由银行确定,一般都比较大;③利率既可固定,也可浮动
债券市场	是发行和买卖债券的场所,是一种直接融资的市场	债券市场既具有货币市场的属性,又具有资本市场的属性
		在债券市场中,几乎所有的金融机构都参与短期政府债券市场的交易。因为短期政府债券具有违约风险小、流动性强、面额小、收入免税等特点
股票市场	是股票发行和交易的场所,可分为发行市场和流通市场两类	股票发行市场的主要参与者包括上市公司、投资者以及中介机构
		股票流通市场的主要参与者就是投资者群体
投资基金市场	投资基金是一种利益共享、风险共担的集合投资方式,也是一种金融中介机构。其优势主要表现为专家理财	
金融期货及期权市场	金融期货市场是专门进行金融期货交易的市场	
	金融期权交易是指买卖双方按成交协议签订合同,允许买方在交付一定的期权费用后,取得在特定时间内、按协议价格买进或卖出一定数量的证券的权利	

经典例题

[例题·多选题] 按市场工具划分，资本市场包括（　　）。
A. 票据市场　　　　　　　　　　B. 股票市场
C. 长期债券市场　　　　　　　　D. 投资基金市场
E. 同业拆借市场
[答案] BCD
[解析] 资本市场包括股票市场、长期债券市场、投资基金市场。

本章易错易混考点

【易错易混考点】商业银行与中央银行的资产业务和负债业务（如表20-9所示）

表20-9　商业银行与中央银行的资产业务和负债业务

业务类别	含义的理解	中央银行	商业银行
资产业务	将资金提供出去的业务	再贴现、再贷款等	贴现、贷款、投资等
负债业务	筹集资金的业务	商业银行存款、政府存款、发行债券、自有资金等	再贴现、再贷款、发行债券等，但不包括筹集的自有资金

中央银行、商业银行、客户的资金逻辑关系如图20-1所示。

图20-1　中央银行、商业银行、客户的资金逻辑关系

[例题·多选题] 下列业务中，属于商业银行负债业务的有（　　）。
A. 再贴现　　　B. 再贷款　　　C. 自有资金　　　D. 票据贴现
E. 贷款
[答案] AB
[解析] 再贴现、再贷款属于商业银行的负债业务，是指商业银行从中央银行以贴现、贷款的方式筹集资金。C项，自有资金属于中央银行的负债业务，但不属于商业银行的负债业务。D、E两项，票据贴现和贷款是商业银行的资产业务，是商业银行将资金提供出去获取收益的业务。

历年经典真题回顾

一、单项选择题（每题1分，每题备选项中，只有1个最符合题意）

1. 商业银行最基本的职能是（　　）。[2017年真题]
   A. 支付中介　　　　　　　　　B. 信用创造货币
   C. 集中准备金　　　　　　　　D. 信用中介
   [答案] D
   [解析] 商业银行的职能包括信用中介、支付中介和信用创造。其中，信用中介是其最基本的职能。

2. 关于我国现行存款保险偿付限额的说法，正确的是（　　）。[2017年真题]
   A. 偿付限额固定不变
   B. 最高偿付限额为60万元人民币，超过部分不予偿付
   C. 最高偿付限额为50万元人民币，超过部分从所在投保机构清算财产中受偿
   D. 最高偿付限额为70万元人民币，超过部分由中国人民银行酌情予以偿付
   [答案] C

[解析] 存款保险实行限额偿付，最高偿付限额为人民币50万元。这个限额并不是固定不变的，中国人民银行可根据经济发展存款结构变化、金融风险状况等因素进行调整。

3. 下列经济活动原则中，不属于商业银行基本经营管理原则的是（　　）。[2017年真题]
   A. 盈利性原则　　　　　　　　　　B. 流动性原则
   C. 自愿性原则　　　　　　　　　　D. 安全性原则
   [答案] C
   [解析] 商业银行经营管理原则包括流动性原则、盈利性原则和安全性原则。

4. 下列商业银行业务中，不属于借款业务的是（　　）。[2016年真题]
   A. 再贴现　　　　　　　　　　　　B. 同业拆借
   C. 结算过程中的短期资金占用　　　D. 票据贴现
   [答案] D
   [解析] 票据贴现属于商业银行的资产业务。

5. 在金融市场中，金融机构之间以货币借贷方式进行短期资金融通活动的市场是（　　）。[2016年真题]
   A. 同业拆借市场　　　　　　　　　B. 债券市场
   C. 股票市场　　　　　　　　　　　D. 投资基金市场
   [答案] A
   [解析] 本题通过题干中的"金融机构之间"即可选择同业拆借市场。

6. 下列金融业务中，属于商业银行资产业务的是（　　）。[2015年真题]
   A. 借款　　　B. 结算　　　C. 投资　　　D. 租赁
   [答案] C
   [解析] 商业银行的资产业务有贴现、贷款和投资。

7. 根据《存款保险条例》，下列各项不纳入存款保险范围的是（　　）。[2015年真题]
   A. 外商独资银行　　　　　　　　　B. 中外合资银行
   C. 农村信用社　　　　　　　　　　D. 外国银行在中国的分支机构
   [答案] D
   [解析] 不纳入存款保险范围的有外国银行在中国的分支机构、中资银行在海外的分支机构。

8. 某商业银行向某企业贷款3 000万元，体现了商业银行的（　　）职能。[2014年真题]
   A. 支付中介　　　　　　　　　　　B. 信用中介
   C. 信用创造　　　　　　　　　　　D. 货币创造
   [答案] B
   [解析] 吸收存款、发放贷款体现了商业银行的信用中介职能。

9. 美国经济学家法玛认为，如果有关证券的历史资料不影响证券价格的变动，则证券市场达到（　　）。[2014年真题]
   A. 弱型效率　　　　　　　　　　　B. 半强型效率
   C. 半弱型效率　　　　　　　　　　D. 强型效率
   [答案] A
   [解析] 如果有关证券的历史资料（如价格、交易量等）对证券的价格变动没有任何影响，则市场达到弱型效率。

10. 在国际货币市场上比较典型、有代表性的同业拆借利率是指（　　）。[2012年真题]
    A. 巴黎银行间同业拆借利率　　　　B. 上海银行间同业拆借利率

C. 伦敦银行间同业拆借利率　　　　　D. 东京银行间同业拆借利率

[答案] C

[解析] 在国际货币市场上比较典型和有代表性的同业拆借利率是伦敦银行间同业拆借利率。

11. 下列金融市场中，既具有货币市场属性，又具有资本市场属性的是（　　）。[2012年真题]

A. 商业票据市场　　　　　　　　　　B. 银行承兑汇票市场

C. 同业拆借市场　　　　　　　　　　D. 债券市场

[答案] D

[解析] 债券市场既具有货币市场属性，又具有资本市场属性。

二、多项选择题（每题2分，每题备选项中，有2个或2个以上符合题意，至少有1个错项。错选，本题不得分；少选，所选的每个选项得0.5分）

1. 下列商业银行业务中，属于负债业务的有（　　）。[2017年真题]

A. 吸收活期存款　　　　　　　　　　B. 质押贷款

C. 投资房地产　　　　　　　　　　　D. 向中央银行借款

E. 结算业务

[答案] AD

[解析] 商业银行的负债业务包括吸收存款及借款业务。本题中，质押贷款、投资房地产属于资产业务，结算业务属于中间业务。

2. 下列金融业务中，属于商业银行中间业务的有（　　）。[2016年真题]

A. 办理信托　　　　　　　　　　　　B. 发放贷款

C. 办理结算　　　　　　　　　　　　D. 吸收存款

E. 办理票据贴现

[答案] AC

[解析] 商业银行的中间业务包括结算、信托、租赁、代理、咨询等。发放贷款和办理票据贴现属于资产业务，吸收存款属于负债业务。

3. 根据我国《存款保险条例》，存款保险基金的运用形式有（　　）。[2015年真题]

A. 存放于中国人民银行　　　　　　　B. 投资政府债券

C. 投资信用等级较低的金融债券　　　D. 投资中央银行票据

E. 国务院批准的其他资金运用形式

[答案] ABDE

[解析] 存款保险基金的运用方式包括：①存放中国人民银行；②投资政府债券、中央银行票据、信用等级较高的金融债券及其他高等级债券；③国务院批准的其他资金运用形式。

4. 下列业务中，属于商业银行借款业务的有（　　）。[2014年真题]

A. 融资性租赁　　　　　　　　　　　B. 转账结算

C. 再贴现　　　　　　　　　　　　　D. 同业拆借

E. 发行金融债券

[答案] CDE

[解析] 融资性租赁和转账结算均属于商业银行的中间业务。

5. 商业银行的资产业务包括（　　）。[2012年真题]

A. 票据贴现　　　　　　　　　　　　B. 贷款业务

C. 结算业务　　　　　　　　　　　　D. 信托业务

E. 投资业务

[答案] ABE

[解析] 商业银行的资产业务包括票据贴现、贷款业务及投资业务。C、D两项属于商业银行的中间业务。

本章同步练习

一、单项选择题（每题1分，每题备选项中，只有1个最符合题意）

1. 在下列关于商业银行和中央银行本质特征的表述中，正确的是（　　）。
   A. 都能对工商企业发放贷款
   B. 都追求利润最大化
   C. 商业银行能吸收社会公众的活期存款，中央银行则不能
   D. 商业银行承担货币发行任务，中央银行则没有

2. 某大型公司为了筹措资金，在货币市场上发行5千万元短期无担保债券，并承诺在3个月内偿付本息。该公司采用的这种金融工具属于（　　）。
   A. 大额可转让定期存单   B. 商业票据
   C. 承兑汇票   D. 同业拆借

3. 比较典型的单一银行制模式的商业银行主要设立于（　　）。
   A. 英国   B. 美国
   C. 日本   D. 法国

4. 在商业银行的主要业务中，无风险业务通常是指（　　）。
   A. 负债业务   B. 投资业务
   C. 中间业务   D. 资产业务

5. 某商业银行为客户办理资金收付业务，客户为此支付了1万元手续费。这种业务属于商业银行的（　　）。
   A. 中间业务   B. 负债业务
   C. 贷款业务   D. 票据贴现业务

6. 在商业银行管理中，安全性原则的基本含义是在放款和投资等业务经营过程中（　　）。
   A. 必须保有一定比例的现金资产或其他容易变现的资产
   B. 要能够按期收回本息，特别是要避免本金受损
   C. 要有较强的取得现款的能力
   D. 必须获得尽可能高的收益

7. 李某与所供职的公司签订合同，该合同规定：李某每月支付100元，当其在公司工作满三年后，从第四年起有权按约定价格购买该公司一定数量的股票，这种交易是（　　）交易。
   A. 金融期权   B. 金融期货
   C. 投资基金   D. 货币掉期

8. 根据芝加哥大学教授法玛对有效市场的分类，如果公开发表的证券资料对证券的价格变动没有任何影响，则证券市场达到（　　）。
   A. 零效率   B. 弱型效率
   C. 半强型效率   D. 强型效率

9. 商业银行通过吸收存款和发放贷款，发挥着化货币为资本的作用。这是它的（　　）职能的体现。
   A. 支付中介   B. 信用创造

C. 货币创造　　　　　　　　　　　　D. 信用中介

10. 中间业务是指商业银行为客户办理货币收付和其他委托事项而从中收取手续费的业务，以下各项银行业务中，不属于银行中间业务的是（　　）。
    A. 租赁业务　　　　　　　　　　　　B. 信托业务
    C. 代理业务　　　　　　　　　　　　D. 票据贴现业务

11. 货币市场主要解决短期资金周转过程中资金余缺的融通问题，它有多个子市场，其中，流动性最高、几乎所有金融机构都参与的子市场是（　　）。
    A. 同业拆借市场　　　　　　　　　　B. 回购市场
    C. 投资基金市场　　　　　　　　　　D. 短期政府债券市场

12. 存款保险实行限额偿付，最高偿付限额为人民币（　　）万元。
    A. 100　　　　　B. 80　　　　　C. 50　　　　　D. 20

二、多项选择题（每题2分，每题备选项中，有2个或2个以上符合题意，至少有1个错项。错选，本题不得分；少选，所选的每个选项得0.5分）

1. 商业银行的主要职能包括（　　）。
   A. 信用创造　　　　　　　　　　　　B. 信用中介
   C. 制定货币政策　　　　　　　　　　D. 支付中介
   E. 宏观调控

2. 商业银行的中间业务包括（　　）。
   A. 发放贷款　　　　　　　　　　　　B. 非现金结算
   C. 汇兑　　　　　　　　　　　　　　D. 吸收存款
   E. 票据贴现

3. 商业银行按贷款条件划分，可将贷款划分为（　　）。
   A. 信用贷款　　　　　　　　　　　　B. 资本贷款
   C. 商业贷款　　　　　　　　　　　　D. 消费贷款
   E. 担保贷款

4. 根据《存款保险条例》的规定，被保险的存款不包括（　　）。
   A. 个人储蓄存款　　　　　　　　　　B. 金融机构同业存款
   C. 外国银行在中国分支机构的存款　　D. 投保机构的高级管理人员在本投保机构的存款
   E. 中资银行海外分支机构的存款

5. 商业银行的资产业务包括（　　）。
   A. 进行票据贴现　　　　　　　　　　B. 发行金融债券
   C. 发放贷款　　　　　　　　　　　　D. 进行证券投资
   E. 吸收存款

6. 商业银行是最典型的银行，与非银行金融机构比较，区别主要在于（　　）。
   A. 是否以营利为目的　　　　　　　　B. 是否经营完全的信用业务
   C. 经营范围的宽窄　　　　　　　　　D. 是否以银行信用方式融通资金
   E. 经营管理制度

7. 下列各项中，属于商业银行基本管理原则的有（　　）。
   A. 盈利性原则　　　　　　　　　　　B. 公平性原则
   C. 流动性原则　　　　　　　　　　　D. 公开性原则
   E. 财政性原则

8. 同业拆借市场具有（　　）的特点，从而成为货币市场的主要组成部分，成为商业银行、非银行金融机构和中央银行十分关注的市场。
   A. 期限短
   B. 流动性高
   C. 利率敏感性强
   D. 交易方便
   E. 收入免税
9. 银行大额可转让定期存单的特点有（　　）。
   A. 不记名
   B. 属于批发性质的金融工具
   C. 存单的金额由银行确定，一般都比较大
   D. 利率是固定的
   E. 以企业间的直接信用作保证
10. 同业拆借市场的作用包括（　　）。
    A. 弥补短期资金不足
    B. 弥补票据清算的差额
    C. 解决临时性资金需求
    D. 解决长期性资金需求
    E. 解决投资性资金需求

本章同步练习参考答案及解析

一、单项选择题

1. [答案] C
   [解析] 通过本题掌握商业银行的性质。商业银行的经营范围广泛，业务种类齐全，是唯一能够吸收活期存款的金融机构。非银行金融机构的经营范围很窄，经营不完全的信用业务，或不以银行信用方式融通资金。

2. [答案] B
   [解析] 商业票据是一种短期无担保证券，是由发行人（一般为信誉高、实力雄厚的大公司）为了筹措短期资金或弥补资金缺口，在货币市场上向投资者发行并承诺在将来一定时期偿付票据本息的凭证。

3. [答案] B
   [解析] 商业银行按机构设置分类，可分为单一银行制和总分行制。单一银行制是不设分支机构，如美国许多州立银行；总分行制设多层分支机构，目前世界各国的商业银行一般都采用这种银行制度。

4. [答案] C
   [解析] 中间业务是指商业银行不使用自己的资金而为客户办理支付和其他委托事项，并从中收取手续费的业务，是商业银行作为"支付中介"而提供的金融服务，也称为无风险业务。

5. [答案] A
   [解析] 银行提供的结算业务主要是指转账结算，商业银行将款项从付款单位账户划转到收款单位账户，从而完成货币收付，并向委托人收取结算手续费的业务。结算业务属于商业银行的中间业务。

6. [答案] B
   [解析] 通过本题掌握流动性、安全性和盈利性三种商业银行经营管理原则的含义。安全性原则是指商业银行在放款和投资等业务经营过程中要能够按期收回本息，特别是要避免本金受损。

7. [答案] A
   [解析] 金融期权交易是指买卖双方按成交协议签订合同，允许买方在交付一定的期权费用后，取得在特定时间内、按协议价格买进或卖出一定数量的证券的权利。

8. [答案] C
   [解析] 如果有关证券公开发表的资料（如公司对外公布的盈利报告等）对证券的价格变动没有任何影响，则市场达到半强型效率。

9. [答案] D
   [解析] 信用中介是指商业银行吸收存款、发放贷款，发挥着化货币为资本的作用。这是商业银行最基本的职能。

10. [答案] D
    [解析] 票据贴现业务属于商业银行的资产业务。
11. [答案] D
    [解析] 货币市场主要解决短期资金周转过程中资金余缺的融通问题，它有多个子市场，其中，流动性最高、几乎所有金融机构都参与的子市场是短期政府债券市场。
12. [答案] C
    [解析] 存款保险实行限额偿付，最高偿付限额为人民币50万元。

二、多项选择题

1. [答案] ABD
   [解析] 商业银行的主要职能包括信用中介、支付中介和信用创造。
2. [答案] BC
   [解析] A、E两项属于商业银行的资产业务；D项属于商业银行的负债业务。
3. [答案] AE
   [解析] 按贷款条件划分，可将贷款划分为信用贷款和担保贷款。信用贷款是指以借款人信誉发放的贷款；担保贷款是指以特定的抵押品作为担保的贷款，包括保证贷款、抵押贷款和质押贷款。
4. [答案] BCDE
   [解析] 参照国际惯例，外国银行在中国的分支机构以及中资银行海外分支机构的存款原则上不纳入存款保险范围；另外被保险的存款不包括金融机构同业存款、投保机构的高级管理人员在本投保机构的存款以及存款保险基金管理机构规定不予保险的其他存款。
5. [答案] ACD
   [解析] 商业银行的资产业务是商业银行将所聚集的货币资金加以运用的业务，是商业银行获得收益的主要业务，包括贴现、贷款及投资业务。
6. [答案] BCD
   [解析] 商业银行的经营范围广泛，业务种类齐全，是唯一能够吸收活期存款的金融机构。非银行金融机构的经营范围很窄，经营不完全的信用业务，或不以银行信用方式融通资金。
7. [答案] AC
   [解析] 商业银行的经营管理原则包括盈利性、流动性和安全性原则。
8. [答案] ABCD
   [解析] 同业拆借市场具有期限短、流动性高、利率敏感性强、交易方便等特点。
9. [答案] ABC
   [解析] 银行大额可转让定期存单是由商业银行和其他金融机构为了吸引存款而发行的一种不记名的存款凭证。它是认购人对银行提供的信用。其特点包括：①不记名；②属于批发性质的金融工具，存单的金额由银行确定，一般都比较大；③利率既可固定，也可浮动。
10. [答案] ABC
    [解析] 同业拆借资金主要用于弥补短期资金不足及票据清算的差额，以及解决临时性的资金短缺需求。

错题收集

第二十一章 金融风险与金融监管

本章考情分析

年份	单项选择题	多项选择题	合计
2017 年	3 题 3 分	1 题 2 分	5 分
2016 年	2 题 2 分	1 题 2 分	4 分
2015 年	4 题 4 分	1 题 2 分	6 分
2014 年	3 题 3 分	1 题 2 分	5 分
2013 年	2 题 2 分	2 题 4 分	6 分
2012 年	2 题 2 分	1 题 2 分	4 分

本章考点概览

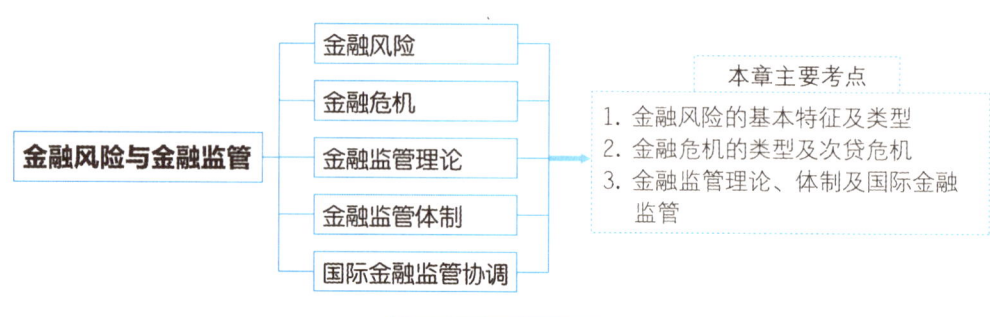

本章考点详解

【考点一】金融风险的基本特征及类型

一、金融风险的基本特征

金融风险是指投资者和金融机构在货币资金的借贷和经营过程中,由于各种不确定性因素的影响,使预期收益和实际收益发生偏差,从而发生损失的可能性。金融风险是客观存在的,难以完全避免。金融风险的基本特征如表 21-1 所示。

表 21-1 金融风险的特征

基本特征	具体内容
不确定性	影响金融风险的因素复杂,难以事前完全把握

续表

基本特征	具体内容
相关性	金融机构所经营的商品——货币的特殊性决定了金融机构同经济和社会是紧密相关的
高杠杆性	金融企业负债率偏高,财务杠杆大,导致负外部性大。伴随着金融工具的创新,如衍生金融工具等,也带来高度的金融风险
传染性	金融机构承担着中介机构的职能,割裂了原始借贷的对应关系。处于这一中介网络的任何一方出现风险,都有可能对其他方面产生影响,甚至发生行业的、区域的金融风险,导致金融危机

经典例题

[2013年真题·多选题] 金融风险的基本特征有（　　）。
A. 不确定性 B. 相关性 C. 稳定性 D. 高杠杆性
E. 传染性
[答案] ABDE
[解析] 金融风险的四大特征是不确定、相关性、高杠杆性和传染性。

二、金融风险的常见类型

金融风险的常见类型如表21-2所示。

表21-2　金融风险的常见类型

类型	含义
市场风险	由于市场因素（如股价、利率、汇率及商品价格等）的波动而导致的金融参与者资产价值变化的风险
信用风险	由于借款人或市场交易对手的违约(无法偿付或无法按期偿付)而导致损失的风险
流动性风险	由于资产流动性降低而导致的风险
操作风险	由于金融机构交易系统不完善、管理失误或其他一些人为错误而导致的风险

经典例题

[2015年真题·单选题] 由于原油价格暴跌导致原油期货合同出现大幅亏损,这种金融风险属于(　　)。
A. 流动性风险 B. 信用风险 C. 操作风险 D. 市场风险
[答案] D
[解题思路] 本题较为灵活但不难,通过"价格"可选择"市场风险"。

【考点二】金融危机的类型及次贷危机

一、金融危机的类型

金融危机是指一个国家或几个国家与地区的全部或大部分金融指标（如短期利率、金融资产、房地产、商业破产数和金融机构倒闭数等）的急剧、短暂和超周期的恶化。金融危机的常见类型如表21-3所示。

表21-3　金融危机的常见类型

类型	具体内容
债务危机	也可称为支付能力危机,即一国债务不合理,无法按期偿还,最终引发的危机 发生债务危机的国家特征: (1) 出口萎缩,外汇主要来源于举借外债 (2) 国际债务条件对债务国不利 (3) 大多数债务国缺乏外债管理经验,外债投资效益不高,创汇能力低

续表

类型		具体内容
货币危机		在实行固定汇率或带有固定汇率制色彩的盯住汇率安排的国家容易出现货币危机
流动性危机	国内流动性危机	金融机构资产负债不匹配，即"借短放长"，则会导致流动性不足以偿还短期债务。当存款者担心存款损失要求银行立即兑现，从而引发大规模的"挤兑"风波，导致危机爆发
	国际流动性危机	一国金融体系中潜在的短期外汇履约义务超过短期内可能得到的外汇资产规模，国际流动性就不足
综合性危机		现实中的金融危机都是综合性金融危机。综合性金融危机一方面严重损害了相关国家的经济金融利益，且极易升级为经济危机或政治危机；另一方面也在一定程度上暴露了危机国家所存在的深层次结构问题 综合性危机分为： （1）外部综合性金融危机。 （2）内部综合性金融危机。发生国家的共同特点是金融体系脆弱，危机由银行传导至整个经济体系

【提示】从国际债务危机、欧洲货币危机到亚洲金融危机，危机主体的一个共同特点是危机国家均实行盯住汇率制度。

二、次贷危机

次贷危机是指一场发生在美国，因次级抵押贷款机构破产、投资基金被迫关闭、股市剧烈震荡引起的金融风暴。此次次贷危机可以分为三个阶段，具体如图21-1所示。

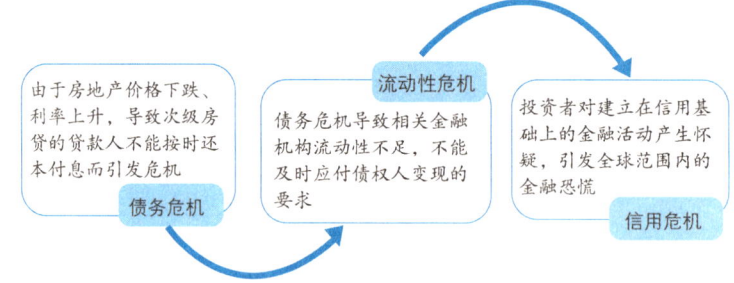

图21-1 次贷危机的阶段

──────── 经典例题 ────────

[2017年真题·多选题] 关于不同类型金融危机的说法，正确的有（   ）。
A. 流动性危机主要限于一国国内发生，不会在国际间蔓延
B. 支付能力危机主要是指一国的债务不合理、无法按期偿还债务而引起的危机
C. 发生内部综合性危机的国家的共同特点是金融体系脆弱，危机由证券行业传导至整个经济体系
D. 国际债务危机、欧洲货币危机和亚洲金融危机的共同特点是危机国家实行盯住汇率制度
E. 综合性金融危机一定程度上暴露了危机国家所存在的深层次结构问题
[答案] BDE
[解析] 流动性危机包括国内流动性危机和国际流动性危机，A项错误。发生内部综合性危机的国家的共同特点是金融体系脆弱，危机由银行传导至整个经济体系，C项错误。

【考点三】金融监管理论、体制及国际金融监管

一、金融监管的一般理论

金融监管是指一国的金融管理部门对金融机构及其经营活动实施外部监督、稽核、检查和对

其违法违规行为进行处罚等一系列行为。金融监管首先是从对银行的监管开始的。金融监管的一般性理论如表21-4所示。

表21-4 金融监管的一般理论

理论	具体内容
公共利益论	该理论源于20世纪30年代美国经济危机,并且一直到20世纪60年代都是被经济学家所接受的有关监管的正统理论。其观点是监管是政府对公众要求纠正某些社会个体和社会组织的不公平、不公正和无效率或低效率的一种回应
保护债权论	该理论的观点是为了保护债权人的利益,需要金融监管。债权人就是存款人、证券持有人和投保人等。存款保险制度就是这一理论的实践形式
金融风险控制论	该理论源于"金融不稳定假说",认为银行的利润最大化目标促使其系统内增加有风险的活动,导致系统的内在不稳定性。这种不稳定来源于银行的高负债经营、借短放长和部分准备金制度

经典例题

[2007年真题·单选题] 监管是政府对公众要求纠正某些社会个体和社会组织的不公平、不公正和无效率或低效率的一种回应。这种理论属于金融监管理论中的（　　）。
A. 金融风险控制论　　　　　　　　B. 信息不对称论
C. 保护债权论　　　　　　　　　　D. 公共利益论
[答案] D
[解析] 公共利益论的观点是监管是政府对公众要求纠正某些社会个体和社会组织的不公平、不公正和无效率或低效率的一种回应。

二、金融监管体制

金融监管体制的类型如表21-5所示。

表21-5 金融监管体制的类型

分类标准	类别	代表国家
按监管主体及中央银行的角色划分	以中央银行为重心的监管体制（其他机构与分工）	美国
	独立于中央银行的综合监管体制	德国
按监管客体的角度划分	综合监管体制（属于功能性监管,混业经营）	英国
	分业监管体制（很多发展中国家采用这种体制,原因是这些国家依然实行分业经营体制,金融监管能力不足,金融发展水平不高）	中国

【提示1】我国的金融监管体制是独立于中央银行的分业监管体制。中国人民银行及其分支机构负有维护金融稳定的职能。

【提示2】2018年3月21日,中央决定组建中国银行保险监督管理委员会（简称"银保监会"）。银保监会的主要职责是依照法律法规统一监督管理银行业和保险业,保护金融消费者合法权益,维护银行业和保险业合法、稳健运行,防范和化解金融风险,维护金融稳定。

经典例题

[2011年真题·单选题] 我国目前的金融监管体制是（　　）。
A. 独立于中央银行的分业监管体制　　　B. 单一全能型监管体制
C. 以中央银行为核心的综合监管体制　　D. 以中央银行为核心的分业监管体制
[答案] A
[解析] 自20世纪80年代以来,我国的金融监管体制逐渐由单一全能型体制转向独立于中央银行的分业监管体制。

> **经典例题**
>
> [2013年真题·单选题] 下列国家中,金融监管体制以中央银行为重心的是( )。
> A. 德国　　　　B. 韩国　　　　C. 美国　　　　D. 日本
> [答案] C
> [解析] 美国的金融监管体制是以中央银行为重心,其他机构参与分工的监管体制。

三、国际金融监管

1975年2月由国际清算银行发起,成立了巴塞尔监管委员会。

(一) 1988年巴塞尔报告

1988年巴塞尔报告的主要内容是确认了监督银行资本的可行的统一标准。报告的具体内容如表21-6所示。

表21-6　1988年巴塞尔报告的内容

项目		具体内容
资本组成	核心资本（一级资本）	包括实收资本（普通股）和公开储备。这部分至少占全部资本的50%
	附属资本（二级资本）	包括未公开储备、资产重估储备、普通准备金和呆账准备金、混合资本工具和长期次级债券
风险资产权重		0%、10%、20%、50%和100%
资本标准		资本充足率不得低于8%；核心资本比率不得低于4%
过渡期安排		安排过渡期可以保证每个银行在过渡期内提高资本充足率,并按期达到最终目标的安排

> **经典例题**
>
> [2014年真题·单选题] 1988年巴塞尔报告的主要内容是( )。
> A. 推出监管银行的"三大支柱"理论　　B. 引入杠杆率监管标准
> C. 提出宏观审慎监管要求　　　　　　D. 确认监管银行资本的可行的统一标准
> [答案] D
> [解析] 1988年巴塞尔报告的主要内容就是确认了监管银行资本的可行的统一标准。

(二) 2003年新巴塞尔资本协议

最低资本要求、监管当局的监督检查以及市场约束的内容,被称为新巴塞尔协议的"三大支柱"。巴塞尔委员会继承了过去以资本充足率为核心的监管思想,将资本金要求视为最重要的支柱。

> **经典例题**
>
> [2013年真题·多选题] 2003年新巴塞尔资本协议的重要内容有( )。
> A. 引入杠杆率监管标准　　　　B. 建立流动性风险量化监管标准
> C. 最低资本要求　　　　　　　D. 监管当局的监督检查
> E. 市场约束
> [答案] CDE
> [解析] 本题中,A、B两项均属于2010年巴塞尔协议Ⅲ的内容。

(三) 2010年巴塞尔协议Ⅲ

2010年巴塞尔协议Ⅲ体现了微观审慎监管和宏观审慎监管有机结合的监管新思维,按照资本监管和流动性监管并重、资本数量和质量同步提高、资本充足率与杠杆率并行、长期影响与短期效应统筹兼顾的总体要求,确立了国际银行监管的新标杆。其具体内容如表21-7所示。

表21-7 2010年巴塞尔协议Ⅲ

内容		具体规定
强化资本充足率监管标准	三个最低资本充足率监管标准	(1) 普通股充足率为4.5% (2) 一级资本充足率为6% (3) 总资本充足率为8%
强化资本充足率监管标准	两个超额资本要求	(1) 留存超额资本,用于吸收严重经济和金融衰退给银行体系带来的损失,由普通股构成,最低要求为2.5% (2) 反周期超额资本,要求银行在信贷高速扩张时期积累充足的经济资源,最低要求为0—2.5%
		资本监管在巴塞尔委员会监管框架中长期占据主导地位,也是本轮金融监管改革的核心。待新标准实施后,正常情况下,商业银行的普通股、一级资本和总资本充足率应分别达到7%、8.5%和10.5%
引入杠杆率监管标准		自2011年初按照3%的标准(一级资本/总资产)开始监控杠杆率的变化
建立流动性风险量化监管标准		(1) 流动性覆盖率:用于度量短期压力情境下单个银行流动性状况,目的是提高银行短期应对流动性中断的弹性 (2) 净稳定融资比率:用于度量中长期内银行解决资金错配的能力,它覆盖整个资产负债表,目的是激励银行尽量使用稳定的资金来源
确定新监管标准的实施过渡期		设立为期8年的过渡期安排

经典例题

[例题·多选题] 2010年巴塞尔协议Ⅲ强化了资本充足率的监管标准,新标准实施后,正常情况下(   )。

A. 普通股充足率为7%　　　　　　　　B. 一级资本充足率为8.5%
C. 总资本充足率为10.5%　　　　　　 D. 核心资本充足率为4%
E. 普通股充足率为2.5%

[答案] ABC

[解题思路] 本题注意"新标准实施后,正常情况下"这个前提条件。

本章易错易混考点

【易错易混考点】 2010年巴塞尔协议Ⅲ中的3个最低资本充足率

(1) 普通股充足率为4.5%,新标准实施后,正常情况下为7%。
(2) 一级资本充足率为6%,新标准实施后,正常情况下为8.5%。
(3) 总资本充足率为8%,新标准实施后,正常情况下为10.5%。

【考点小贴士】考试时,最低资本充足率是选前面的4.5%、6%、8%,还是后面的7%、8.5%、10.5%,关键取决于是否有"新标准实施后……"这个前提条件。如果有这个前提就必然要选择后面的三个数。关于这些数字的记忆方法是:记忆前面的三个数,由于几乎都是偶数,所以可以记忆为4%、6%、8%,但是一定要注意记忆的4%,实际上是4.5%。记忆下来前面的三个数后,再分别加上2.5%就是后面的三个数,即7%、8.5%、10.5%。

[2012年真题·单选题] 2010年巴赛尔协议Ⅲ强化了银行资本充足率监管标准,待新标准实施后,商业银行总资本充足率应达到(   )。

A. 10.5%　　　　B. 4.5%　　　　C. 6%　　　　D. 8%

[答案] A

[解析] 本题注意"新标准实施后"这个前提条件，所以应该选择加上2.5%的数字，即8%＋2.5%＝10.5%。

历年经典真题回顾

一、单项选择题（每题1分，每题备选项中，只有1个最符合题意）

1. 某商业银行因人民币兑英镑汇率上升而遭受财务损失，这种风险属于（　　）。[2017年真题]
   A. 信用风险　　　　B. 市场风险　　　　C. 流动性风险　　　D. 操作风险

   [答案] B

   [解析] 常见的金融风险有四类，其中一类是由于市场因素（利率、汇率、股价以及商品价格等）的波动而导致的金融参与者的资产价值变化的市场风险。

2. 旧巴塞尔资本协议的主要内容是（　　）。[2017年真题]
   A. 确认了监督银行资本的可行的统一标准
   B. 推出了金融监管的"三大支柱"
   C. 将微观审慎监管与宏观审慎监管有机结合起来
   D. 增强系统重要性银行监管的有效性

   [答案] A

   [解析] 旧巴塞尔资本协议就是1988年巴塞尔报告。1988年巴塞尔报告的主要内容是确认了监督银行资本的可行的统一标准。

3. 美国金融监管体制的特点是（　　）。[2017年真题]
   A. 独立于中央银行的监管体制
   B. 以证券监管部门为重心，中央银行辅助监管
   C. 独立于证券监管部门的监管体制
   D. 以中央银行为重心，其他监管机构参与分工

   [答案] D

   [解析] 本题注意"美国"，美国的金融监管体制的特点是以中央银行为重心，其他监管机构参与分工。

4. 由于金融机构交易系统不完善、管理失误或其他一些人为错误导致的金融风险属于（　　）。[2016年真题]
   A. 市场风险　　　　B. 信用风险　　　　C. 操作风险　　　　D. 声誉风险

   [答案] C

   [解析] 通过本题掌握金融风险各类型的基本含义。由于金融机构交易系统不完善、管理失误或人为错误导致的金融风险属于操作风险。

5. 存款保险制度是金融监管理论中（　　）的实践形式。[2016年真题]
   A. 公共利益理论
   B. 金融风险控制理论
   C. 金融不稳定假设理论
   D. 保护债权理论

   [答案] D

   [解析] 保护债权理论的观点是：为了保护债权人的利益，需要金融监管。债权人就是存款人、证券持有人和投保人等。存款保险制度就是这一理论的实践形式。

6. 我国目前的金融监管体制是（　　）。[2015年真题]
   A. 以中国人民银行为主的综合监管体制
   B. 独立于中央银行的分业监管体制

C. 以中国人民银行为全国唯一监管机构的体制
D. 以中国银行业监督管理委员会为主的综合监管体制

[答案] B

[解析] 目前我国的金融监管机制是独立于中央银行的分业监管体制。

7. 1975年2月，西方十国集团以及瑞士和卢森堡共12个国家的中央银行成立了巴塞尔银行监管委员会，其发起机构是（　　）。[2015年真题]

　A. 世界银行　　　　　　　　　　　　B. 国际货币基金组织
　C. 国际清算银行　　　　　　　　　　D. 欧洲复兴开发银行

[答案] C

[解析] 为维护成员国的共同利益，加强监管合作，统一监管原则和标准，1975年2月，由国际清算银行发起成立了巴塞尔银行监管委员会。

8. 从2007年春季开始的美国次贷危机可依次分为（　　）三个阶段。[2015年真题]

　A. 债务危机阶段、信用危机阶段、流动性危机阶段
　B. 信用危机阶段、债务危机阶段、流动性危机阶段
　C. 流动性危机阶段、信用危机阶段、债务危机阶段
　D. 债务危机阶段、流动性危机阶段、信用危机阶段

[答案] D

[解析] 次贷危机可以分为三个阶段：第一阶段——债务危机；第二阶段——流动性危机；第三阶段——信用危机。

9. 从历史上看，金融监管是从监管（　　）开始的。[2014年真题]

　A. 证券公司　　B. 商业银行　　C. 保险公司　　D. 投资基金

[答案] B

[解析] 金融监管首先是从对商业银行进行监管开始的。

10. 从国际金融市场上曾发生过的国际债务危机、欧洲货币危机和亚洲金融危机来看，爆发危机国家的共同特点是（　　）。[2013年真题]

　A. 财政赤字货币化　　　　　　　　　B. 实行盯住汇率制度
　C. 本国货币已成为国际货币　　　　　D. 资本账户已实现完全可兑换

[答案] B

[解析] 从国际债务危机、欧洲货币危机到亚洲金融危机，危机主体的一个共同特点是危机国家均实行盯住汇率制度。

11. 在金融领域，因借款人或市场交易对手违约而导致的风险属于（　　）。[2012年真题]

　A. 市场风险　　B. 信用风险　　C. 流动性风险　　D. 操作风险

[答案] B

[解析] 通过"违约"二字即可选择"信用风险"。

二、多项选择题（每题2分，每题备选项中，有2个或2个以上符合题意，至少有1个错项。错选，本题不得分；少选，所选的每个选项得0.5分）

1. 金融监管是指一国的金融管理部门为达到稳定货币、维护金融业正常秩序等目的，依照国家法律、行政法规的规定、对金融机构及其经营活动采取一系列行为，主要包括（　　）。[2016年真题]

　A. 外部监督　　　　　　　　　　　　B. 稽核
　C. 检查　　　　　　　　　　　　　　D. 对违法违规行为进行处罚
　E. 内部审计

[答案] ABCD

[解析] 金融监管是指一国的金融管理部门对金融机构及其经营活动实施外部监督、稽核、检查和对其违法违规行为进行处罚等一系列行为。

2. 被称为2003年新巴塞尔资本协议"支柱"的内容包括（　　）。[2015年真题]

　　A. 资本组成　　　　　　　　　　B. 风险资产权重
　　C. 最低资本要求　　　　　　　　D. 监管当局的监督检查
　　E. 市场约束

[答案] CDE

[解析] 2003年新巴塞尔资本协议的"三大支柱"包括最低资本要求、监管当局的监督检查、市场约束。

3. 通常情况下，发生债务危机的国家具有（　　）特征。[2014年真题]

　　A. 国际债务条件对债务国不利　　　B. 出口不断萎缩，外汇主要来源于举借外债
　　C. 缺乏外债管理经验，外债投资效益不高　　D. 政府税收增加
　　E. 本币汇率高估

[答案] ABC

[解析] 发生债务危机的国家特征包括：①出口萎缩，外汇主要来源于举借外债；②国际债务条件对债务国不利；③大多数债务国缺乏外债管理经验，外债投资效益不高，创汇能力低。

4. 根据1988年"巴塞尔报告"，银行核心资本包括（　　）。[2012年真题]

　　A. 实收股本　　　　　　　　　　B. 资产重估储备
　　C. 普通准备金　　　　　　　　　D. 公开储备
　　E. 呆账准备金

[答案] AD

[解析] 银行核心资本包括实收资本（普通股）和公开储备。这部分至少占全部资本的50%。

5. 2010年巴塞尔协议Ⅲ的主要内容有（　　）。[2011年真题]

　　A. 强化资本充足率监管标准　　　　B. 引入杠杆率监管标准
　　C. 建立流动性风险量化监管标准　　D. 确定新监管标准的实施过渡期
　　E. 废除2003年新巴塞尔资本协议的三大新增内容

[答案] ABCD

[解析] 2010年巴塞尔协议Ⅲ的主要内容包括：①强化资本充足率监管标准；②引入杠杆率监管标准；③建立流动性风险量化监管标准；④确定新监管标准的实施过渡期。

本章同步练习

一、单项选择题（每题1分，每题备选项中，只有1个最符合题意）

1. 在金融领域，因股价大幅波动而导致的风险属于（　　）。

　　A. 市场风险　　　　　　　　　　B. 信用风险
　　C. 流动性风险　　　　　　　　　D. 操作风险

2. 发生货币危机的国家在汇率制度方面的共同特点是（　　）。

　　A. 实行自由浮动汇率制度
　　B. 实行联系汇率制度
　　C. 实行有管理浮动汇率制度
　　D. 实行固定汇率和带有固定汇率色彩的盯住汇率制度

3. 认为银行的利润最大化目标促使其系统内增加有风险的活动，导致系统内不稳定的金融监管理论是（　　）。
   A. 公共利益论　　　　　　　　　　B. 市场失灵理论
   C. 金融风险控制论　　　　　　　　D. 保护债权论
4. 根据 2003 年底修改的《中华人民共和国中国人民银行法》，下列说法正确的是（　　）。
   A. 我国的金融监管工作以中国人民银行为核心
   B. 中国人民银行指导其他金融监管机构
   C. 中国人民银行在金融监管方面拥有监督检查权
   D. 中国人民银行不再有金融监管职能
5. 1988 年的巴塞尔报告规定，银行的核心资本与风险加权资本的比率不得低于（　　）。
   A. 5%　　　　　B. 4%　　　　　C. 6%　　　　　D. 8%
6. 1988 年巴塞尔报告要求，自 1992 年底起，所有签约国从事国际业务的银行，其资本充足率的最低标准应为（　　）。
   A. 8%　　　　　B. 6%　　　　　C. 4%　　　　　D. 2%
7. 下列各项中，不属于 2003 年新巴塞尔资本协议中"三大支柱"的是（　　）。
   A. 最低资本要求　　　　　　　　　B. 市场约束
   C. 综合监管　　　　　　　　　　　D. 监管当局的监督检查
8. 发生内部综合性危机的国家的共同特点是（　　）。
   A. 金融体系脆弱　　　　　　　　　B. 支付能力较弱
   C. 实行固定汇率制度　　　　　　　D. 实行盯住汇率制度
9. 美国次贷危机从 2007 年春季开始显现，总的来说次贷危机分为三个阶段，其中第一个阶段是（　　）。
   A. 流动性危机阶段　　　　　　　　B. 信用危机阶段
   C. 债务危机阶段　　　　　　　　　D. 货币危机阶段
10. 关于金融监管，下列说法中，错误的是（　　）。
    A. 金融监管首先是从对银行进行监管开始的
    B. 银行在储蓄—投资转化过程中，实现了期限转换
    C. 实施金融监管是为了稳定货币、维护金融业的正常秩序
    D. 银行作为票据的清算者，大大增加了交易费用
11. 金融风险控制论源于（　　）。
    A. 金融全球化对传统金融监管理论的挑战　　B. 金融稳定假说
    C. 金融业的脆弱性　　　　　　　　　　　　D. 金融不稳定假说
12. 实行综合监管体制的主要目的是（　　）。
    A. 适应金融经营体制从分业转向混业的需要
    B. 适应金融经营体制从混业转向分业的需要
    C. 适应单一金融经营体制的需要
    D. 适应分业金融经营体制的需要
13. 在 2010 年巴塞尔协议Ⅲ中建立了流动性风险量化监管标准，其中用于度量短期压力情境下单个银行流动性状况，目的是提高银行短期应对流动性中断的弹性的指标是（　　）。
    A. 流动性覆盖率　　　　　　　　　B. 净稳定融资比率
    C. 总资本充足率　　　　　　　　　D. 一级资本充足率

二、多项选择题（每题2分，每题备选项中，有2个或2个以上符合题意，至少有1个错项。错选，本题不得分；少选，所选的每个选项得0.5分）

1. 金融风险的基本特征有（   ）。
   A. 不确定性　　　　B. 相关性　　　　C. 稳定性　　　　D. 低杠杆性
   E. 传染性

2. 常见的金融风险类型包括（   ）。
   A. 市场风险　　　　B. 规模风险　　　　C. 信用风险　　　　D. 流动性风险
   E. 操作风险

3. "金融不稳定假说"，认为银行的利润最大化目标促使其系统内增加有风险的活动，导致系统的内在不稳定，这种不稳定来源于银行的（   ）。
   A. 低负债经营　　　　　　　　　　B. 借长放短
   C. 部分准备金制度　　　　　　　　D. 高负债经营
   E. 借短放长

4. 包括中国在内的大多数发展中国家目前仍实行分业监管体制，这是因为（   ）。
   A. 实行政府主导的经济发展模式　　B. 实行混业经营体制
   C. 实行分业经营体制　　　　　　　D. 金融发展水平不高
   E. 金融监管能力不足

5. 2010年巴塞尔协议Ⅲ引入了流动性风险监管的量化监管指标，即（   ）。
   A. 流动性覆盖率　　　　　　　　　B. 净稳定融资比率
   C. 反周期超额资本率　　　　　　　D. 资产负债率
   E. 一级资本充足率

6. 关于2010年巴塞尔协议Ⅲ的内容的表述，正确的有（   ）。
   A. 待新标准实施后，正常情况下，商业银行的普通股充足率、一级资本充足率和总资本充足率应分别达到7%、8.5%和10.5%
   B. 引入了杠杆率监管标准
   C. 建立流动性风险量化监管标准
   D. 确定了新监管标准的三大支柱
   E. 确定了银行的核心资本和附属资本

7. 下列属于1988年巴塞尔报告主要内容的有（   ）。
   A. 资本组成　　　　B. 资本标准　　　　C. 最低资本要求　　　　D. 过渡期安排
   E. 风险资产权重

本章同步练习参考答案及解析

一、单项选择题

1. [答案] A
   [解析] 股价属于市场因素，故股价波动导致的风险属于市场风险。

2. [答案] D
   [解析] 在实行固定汇率或带有固定汇率制色彩的盯住汇率安排的国家容易出现货币危机。

3. [答案] C
   [解析] 金融风险控制论源于"金融不稳定假说"，认为银行的利润最大化目标促使其系统内增加有风险的活动，导致系统的内在不稳定。

4. [答案] C
   [解析] 新的监管体制下，中央银行将继续发挥其独特的作用，负责维护金融稳定的职能，具体包括：①作为最后贷款人在必

要时救助高风险金融机构；②共享监管信息，采取各种措施防范系统性金融风险；③由国务院建立监管协调机制。中国人民银行在金融监管方面拥有监督检查权。

5. [答案] B
   [解析] 到1992年底，所有签约国从事国际业务的银行的资本充足率，即资本与风险加权资产的比率不得低于8%，其中核心资本比率不得低于4%。

6. [答案] A
   [解析] 自1992年底起，所有签约国从事国际业务的银行，其资本充足率的最低标准应为8%。

7. [答案] C
   [解析] 2003年新巴塞尔资本协议的"三大支柱"包括最低资本要求、监管当局的监督检查、市场约束。

8. [答案] A
   [解析] 综合性金融危机分为外部综合性金融危机和内部综合性金融危机。发生内部综合性危机的国家的共同特点是金融体系脆弱，危机由银行传到至整个经济体系。

9. [答案] C
   [解析] 次贷危机可以分为三个阶段：第一阶段——债务危机阶段；第二阶段——流动性危机；第三阶段——信用危机。

10. [答案] D
    [解析] 银行作为票据的清算者，降低了交易费用，D项错误。

11. [答案] D
    [解析] 金融风险控制论源于"金融不稳定假说"，认为银行的利润最大化目标促使其系统内增加有风险的活动，导致系统内的内在不稳定性。

12. [答案] A

[解析] 实行综合监管体制的主要目的是适应金融经营体制从分业转向混业的需要。

13. [答案] A
    [解析] 流动性覆盖率是用于度量短期压力情境下单个银行流动性状况，目的是提高银行短期应对流动性中断的弹性。

二、多项选择题

1. [答案] ABE
   [解析] 本题考查金融风险的特征。金融风险的特征之一是高杠杆性，即金融机构负债率高。所以D项排除。

2. [答案] ACDE
   [解析] 金融领域中常见的金融风险是市场风险、信用风险、流动性风险和操作风险。

3. [答案] CDE
   [解析] "金融不稳定假说"，认为银行的利润最大化目标促使其系统内增加有风险的活动，导致系统的内在不稳定。这种不稳定来源于银行的高负债经营、借短放长和部分准备金制度。

4. [答案] CDE
   [解析] 当前，大多数发展中国家，包括中国，仍然实行分业监管体制，主要原因是：①实行分业经营体制；②金融发展水平不高；③金融监管能力不足。

5. [答案] AB
   [解析] 2010年巴塞尔协议Ⅲ中建立了流动性风险量化监管标准，即流动性覆盖率和净稳定融资比率。

6. [答案] ABC
   [解析] D项是2003年新巴塞尔协议的内容；E项是1988年巴塞尔报告的内容。

7. [答案] ABDE
   [解析] 1988年巴塞尔报告的内容包括资本组成、风险资产权重、资本标准、过渡期安排。

错题收集

第二十二章 对外金融关系与政策

本章考情分析

年份	单项选择题	多项选择题	合计
2017 年	—	1 题 2 分	2 分
2016 年	2 题 2 分	1 题 2 分	4 分
2015 年	1 题 1 分	1 题 2 分	3 分
2014 年	—	1 题 2 分	2 分
2013 年	2 题 2 分	—	2 分
2012 年	1 题 1 分	2 题 4 分	5 分

本章考点概览

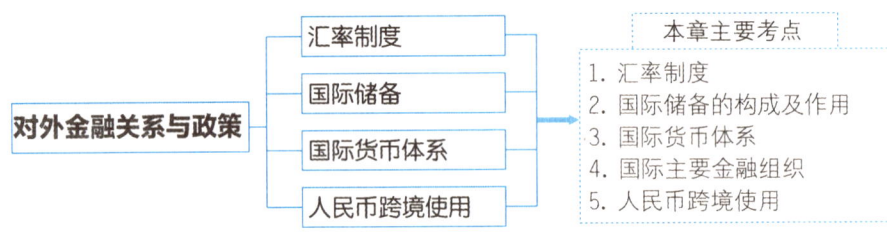

本章考点详解

【考点一】汇率制度

一、汇率制度的含义及类型

汇率制度是指各国对本国货币汇率变动的基本方式所做的一系列安排或规定。传统上,国际汇率制度分为固定汇率制度和浮动汇率制度两种。其具体内容如表 22-1 所示。

表 22-1 汇率制度的类型

类型	含义	具体内容
固定汇率制度	各国货币受汇率平价的制约,市场汇率只能围绕平价在很小的幅度内上下波动的汇率制度	(1) 金本位制度下的固定汇率:自发的固定汇率制度。铸币平价是各国汇率的决定基础,黄金输送点是汇率变动的上下限 (2) 布雷顿森林体系下的固定汇率制度:实行以美元为中心的人为的可调整的固定汇率制度

续表

类型	含义	具体内容
浮动汇率制度	没有汇率平价的制约，市场汇率随着外汇供求状况变动而变动的汇率制度	1999年，国际货币基金组织按照汇率弹性从小到大，将各国汇率制度分为：无单独法定货币、货币当局安排、传统盯住安排、水平区间盯住、爬行盯住、爬行区间、事先不公布汇率目标的管理浮动、独立浮动八种

经典例题

[2011年真题·单选题] 金本位制度下汇率制度的特点是实行（　　）。
A. 有管理的浮动汇率　　　　　　B. 人为的固定汇率
C. 自发的浮动汇率　　　　　　　D. 自发的固定汇率
[答案] D
[解析] 金本位制度下的汇率制度是自发的固定汇率制度。

二、影响汇率制度选择的因素

影响一个国家汇率制度选择的因素如表22-2所示。

表22-2　影响汇率制度选择的因素

因素	具体关系	汇率制度的选择
（1）经济开放程度 （2）经济规模 （3）国内金融市场的发达程度及其与国际金融市场的一体程度 （4）进出口贸易的商品结构和地域分布 （5）相对的通货膨胀率	（1）经济开放程度越高 （2）经济规模越小 （3）进出口集中在某几种商品或某一国家	倾向选择固定汇率制度
	（1）经济开放程度低 （2）进出口商品多样化或地域分布分散化 （3）同国际金融市场联系密切、资本流出流入较为客观和频繁 （4）国内通货膨胀率与其他主要国家不一致的国家	倾向选择浮动汇率制度

经典例题

[2012年真题·多选题] 决定一国汇率制度的因素有（　　）。
A. 国际储备总量　　　　　　　　B. 经济开放程度
C. 政府干预程度　　　　　　　　D. 经济规模
E. 国内金融市场的发达程度
[答案] BDE
[解析] 决定一个国家汇率制度的因素包括经济开放程度、经济规模、国内金融市场的发达程度及其与国际金融市场的一体程度、相对通货膨胀率及进出口贸易的商品结构和地域分布。

[例题·多选题] 在下列（　　）的情况下，一国会倾向实行浮动汇率制。
A. 经济开放程度低　　　　　　　B. 进出口商品多样化
C. 资本流出流入较为客观和频繁　D. 国内通货膨胀率与其他主要国家不一致
E. 经济规模小
[答案] ABCD
[解析] 经济开放程度越高、经济规模越小、进出口集中在某几种商品或某一国家的国家，一般倾向于固定汇率制度。反之，则倾向浮动汇率制度。

三、人民币汇率制度

2005年7月21日,在主动性、可控性、渐进性原则的指导下,我国改革人民币汇率形成机制,实行**以市场供求**为基础、**参考一篮子货币进行调节**、**有管理的浮动汇率**制度。

经典例题

[2011年真题·多选题] 2005年7月,我国改革了人民币汇率形成机制。新的人民币汇率制度的特点有（　　）。

A. 以结售汇为核心　　　　　　　　B. 以市场供求为基础
C. 盯住一篮子货币　　　　　　　　D. 参考一篮子货币进行调节
E. 有管理的浮动汇率

[答案] BDE

[解析] 人民币汇率制度是有管理的浮动汇率制度,其条件是以市场供求为基础、参考一篮子货币进行调节。

【考点二】国际储备的构成及作用

一、国际储备的构成

国际储备是一国货币当局为弥补国际收支逆差、稳定本国货币汇率和应付紧急支付等目的所持有的国际间普遍接受的资产。国际储备的构成如表22-3所示。

表22-3　国际储备的构成

构成	具体内容
货币性黄金	指一国货币当局作为金融资产而持有的黄金。由于货币当局不能以实物黄金对外支付,所以黄金只能算作潜在的国际储备,而非真正的国际储备
外汇储备	指各国货币当局持有的对外流动性资产,主要是银行存款和国库券等。外汇储备是国际储备最主要的组成部分,在非黄金储备中占比高达95%以上
IMF的储备头寸	指在国际货币基金组织的普通账户中会员国可以自由提取使用的资产,包括会员国向基金组织缴纳份额中的25%可自由兑换货币（储备档头寸）和基金组织用去的本币（超储备档头寸）
特别提款权	指国际货币基金组织根据会员国缴纳的份额无偿分配的,可供会员国用以归还基金组织贷款和会员国政府之间偿付国际收支逆差的账面资产。特别提款权根据一篮子货币定值

二、国际储备的作用

国际储备是一个国家经济地位的象征,同时也反映出该国参与国际经济活动的能力。国际储备的作用可概括为:

（1）国际储备可融通国际收支逆差,调节临时性的国际收支不平衡。由于国际储备的有限性,它对付国际收支困难的能力有限,尤其是长期性国际收支赤字。

（2）国际储备可干预外汇市场,从而稳定本国货币汇率。

（3）国际储备是一国对外举债和偿债的根本保证。

三、国际储备的管理

国际储备的管理实质上是外汇储备的管理,具体包括外汇储备总量管理、外汇储备的结构管理及外汇储备的积极管理。其中,对外汇储备进行积极管理、最大限度地获取收益成为国际储备管理的一个基本原则,国际储备投资战略更多地转向追求高收益的中长期投资。

经典例题

[例题·多选题] 下列经济事项中,属于国际货币基金组织会员国国际储备构成内容的有(   )。
A. 直接投资收益
B. 货币性黄金
C. 外汇储备
D. 特别提款权
E. 国际货币基金组织的储备头寸
[答案] BCDE
[解析] 国际储备一般包括货币性黄金、外汇储备、IMF的储备头寸和特别提款权。

【考点三】国际货币体系

扫码听课

一、国际货币体系的含义及内容

国际货币体系,又称国际货币制度,是指通过国际惯例、协定和规章制度等,对国际货币关系所做的一系列安排。

国际货币体系的内容包括:①确定国际储备资产;②确定汇率制度;③确定国际收支调节方式。

二、国际货币体系的变迁过程

国际货币体系的变迁过程如表22-4所示。

表22-4 国际货币体系的变迁过程

变迁过程	具体内容
国际金本位制	1880—1914年是国际金本位制的黄金时期。金本位制是世界上<u>第一次出现的国际货币体系,最早出现在英国</u>
	金本位制度的内容如下: (1) 由铸币平价决定的汇率构成各国货币的中心汇率 (2) 市场汇率受外汇市场供求关系的影响而围绕铸币平价上下波动,波动幅度为黄金输送点
布雷顿森林体系	1945—1973年的布雷顿森林体系是以美元为中心的国际货币体系
	主要运行特征如下: (1) 可兑换黄金的美元本位。美元按照每盎司黄金35美元的官价与黄金挂钩,其他货币与美元挂钩 (2) 可调整的固定汇率。其实行的是人为的可调整的固定汇率制度 (3) 国际收支的调节。短期失衡由国际货币基金组织提供信贷资金解决;长期失衡通过调整汇率平价来解决
牙买加体系	1976年国际货币基金组成临时委员会通过了牙买加协定,国际货币体系进入牙买加体系
	主要运行特征如下: (1) 多元化的国际储备体系 (2) 多种汇率安排并存的浮动汇率体系 (3) 国际收支的调节。经常账户失衡调节主要通过汇率机制、利率机制、国际金融市场融通和国际货币基金组织调节等方式进行

【考点小贴士】世界上曾出现的国际货币体系有三种,这三种若不分顺序,可简记为"森林里面有金牙"(森林——布雷顿森林体系;金——金本位制度;牙——牙买加体系)。牙买加体系的运行特征关键记忆一个词"牙多",即牙买加体系强调多元化国际储备、多种汇率安排、多种国际收支调节方法。

> **经典例题**

[2012年真题·多选题] 在国际货币体系变迁的过程中，曾出现过的国际货币体系有（　　）。

A. 国际金本位制
B. 牙买加体系
C. 金银复本位制
D. 银本位制
E. 布雷顿森林体系

[答案] ABE

[解析] 国际货币体系的变迁经历了国际金本位制度、布雷顿森林体系和牙买加体系。

【考点四】国际主要金融组织

一、国际货币基金组织和世界银行集团

国际货币基金组织和世界银行集团的对比如表22-5所示。

表22-5　国际货币基金组织和世界银行的对比

项目	国际货币基金组织	世界银行
性质	国际货币体系的核心机构	世界上最大的多边开发机构，是世界银行集团中成立最早、规模最大的机构
资金来源	(1) 份额：主要的资金来源。份额决定成员国在国际货币基金组织的投票权、借款数量和特别提款权的分配 (2) 借款	(1) 银行股份 (2) 借款 (3) 转让债权 (4) 业务净收益（都留作准备金）
提供的贷款种类	(1) 备用安排。其又称为普通贷款，是国际货币基金组织最基本、最早设立的一种贷款 (2) 中期贷款。其目的是解决成员国结构缺陷导致的严重国际收支问题 (3) 减贫与增长贷款。其是一种低息贷款，用于帮助面临长期国际收支问题的最贫困成员国而设立的 (4) 其他贷款。其包括补充储备贷款、应急信贷额度、紧急援助等	世界银行以贷款业务为主。世界银行的贷款分为项目贷款、非项目贷款、部门贷款、联合贷款和第三窗口贷款等。其中，项目贷款是世界银行贷款业务的主要组成部分
贷款特点	(1) 主要帮助成员国解决国际收支问题。贷款对象既包括发展中国家，也包括陷入债务危机的发达国家 (2) 有政策条件 (3) 是临时性的	(1) 贷款期限长 (2) 贷款实行浮动利率，一般低于市场利率 (3) 通常对其资助的项目只提供货物和服务所需要的外汇部分 (4) 贷款程序严密，审批时间较长

二、世界银行集团的其他机构

除世界银行外，世界银行集团还包括国际开发协会、国际金融公司、多边投资担保机构和解决投资争端国际中心等机构。

【提示】国际开发协会的贷款被称为"软贷款"，世界银行的贷款被称为"硬贷款"。

三、国际清算银行

国际清算银行的宗旨是促进各国中央银行之间的合作，为国际金融活动提供额外的便利，并在国际清算中充当受托人或代理人。

> **经典例题**

[2015年真题·单选题] 国际货币体系的核心机构是（　　）。

A. 国际复兴开发银行
B. 国际金融公司
C. 国际清算银行
D. 国际货币基金组织

[答案] D
[解析] 国际货币体系的核心机构是国际货币基金组织。

【考点五】人民币跨境使用

跨境人民币业务是指居民(境内机构、境内个人)和非居民(境外机构、境外个人)之间以人民币开展的或用人民币结算的各类跨境业务。人民币跨境业务种类的具体内容如表22-6所示。

表22-6 人民币跨境业务种类

业务种类	具体内容
跨境贸易人民币结算	目前境内企业货物贸易、服务贸易及其他经常项目均可以选择以人民币结算
境外直接投资人民币结算	按照"事后管理"原则,各商业银行主要依据企业提供的境外直接投资主管部门的核准证书或文件等材料办理境外直接投资人民币结算业务。商业银行办理时应履行的义务包括: (1) 严格进行交易真实性和合规性审查 (2) 按照规定报送信息 (3) 履行反洗钱和反恐融资义务
外商直接投资人民币结算	境外企业和经济组织或个人可以按照我国相关规定,使用人民币来华开展业务,以及将因减资、转股、清算所得人民币资金汇出境外
跨境贸易人民币融资	商业银行办理时应按规定履行对企业融资需求的贸易背景真实性审核义务,且融资金额需以出口企业与境外企业之间的贸易合同金额为限。同时跨境贸易人民币结算项下涉及的居民对非居民的人民币负债,包括跨境贸易人民币结算相关的远期信用证、海外代付、协议付款、预收延付等,不纳入现行外债管理
跨境人民币证券投融资	目前,境外机构境内发行人民币债券主要为国际开发机构,所募集资金应优先用于向中国境内的建设项目提供中长期固定资产贷款或提供股本资金
双边货币合作	货币互换协议:(1) 货币互换,又称货币掉期,是交易双方依据事先约定的协议,在未来的确定期限内交换不同币种现金流的交易 (2) 货币互换的主要功能包括:规避汇率风险、价格发现、管理资产负债、降低融资成本和设计金融产品等 (3) 中央银行开展货币互换的目标有三类:①作为应对金融危机的临时措施,如美联储;②作为金融危机的常设预防机制,如东盟和中日韩建立的"清迈倡议";③作为深化双方经济金融合作的措施,如中国人民银行与部分国家的货币互换
	本币结算协议:允许在边境贸易或一般贸易中使用双方本币或人民币进行结算

> **经典例题**

[2015年真题·多选题] 商业银行在办理境外直接投资人民币结算业务时应履行的义务包括( )。

A. 严格遵循"事前管理"的原则进行审查
B. 严格进行交易真实性和合规性审查
C. 按照规定报送信息
D. 履行反洗钱义务
E. 履行反恐融资义务

[答案] BCDE
[解析] 商业银行在办理境外直接投资人民币业务时应履行下列义务:①严格进行交易真实性和合规性审查;②按照规定报送信息;③履行反洗钱和反恐融资义务。商业银行遵循"事后管理"的原则进行审查,A项错误。

本章易错易混考点

【易错易混考点】国际开发协会和国际金融公司（如表22-7所示）

表22-7 国际开发协会和国际金融公司

机构	作用	贷款对象
国际开发协会	主要是向符合条件的低收入国家提供长期优惠贷款，帮助这些国家发展经济，达到提高劳动生产率和改善人民生活水平的目的	低收入国家
国际金融公司	主要通过向低收入国家的生产性企业提供无须政府担保的贷款和投资，鼓励国际私人资本流向发展中国家，支持当地资本市场的发展，以推动私营企业的成长，促进成员国经济发展	低收入国家的生产性企业

【考点小贴士】区分国际开发协会和国际金融公司的关键是提供贷款的对象。国际开发协会对低收入国家提供贷款，而国际金融公司对低收入国家的生产性企业提供贷款。

[2010年真题·单选题] 在世界银行集团中，主要通过向低收入国家的生产性企业提供无须政府担保的贷款和投资，以推动私营企业成长的机构是（　　）。

A. 国际金融公司　　　　　　　　　B. 国际开发协会

C. 多边投资担保机构　　　　　　　D. 解决投资争端国际中心

[答案] A

[解析] 国际金融公司的贷款对象是"低收入国家的生产性企业"。

历年经典真题回顾

一、单项选择题（每题1分，每题备选项中，只有1个最符合题意）

1. 关于布雷顿森林体系运行特征的说法，错误的是（　　）。[2016年真题]

   A. 美元按照每盎司黄金35美元的官价与黄金挂钩，其他国家的货币与美元挂钩
   B. 国际收支短期失衡由国际货币基金组织提供信贷资金来解决
   C. 实行不可调整的固定汇率制度
   D. 国际收支长期失衡通过调整汇率平价来解决

   [答案] C

   [解析] 布雷顿森林体系实行人为可调整的固定汇率制度，C项错误。

2. 2005年7月21日，在主动性、可控性、渐进性原则的指导下，我国改革人民币汇率形成机制，实行以市场供求为基础的，（　　）浮动汇率制度。[2016年真题]

   A. 参考一篮子货币进行调节、有管理的　　B. 单一的、有管理的
   C. 盯住美元的　　　　　　　　　　　　　D. 盯住欧元的

   [答案] A

   [解析] 2005年7月21日，在主动性、可控性、渐进性原则的指导下，我国改革人民币汇率形成机制，实行以市场供求为基础，参考一篮子货币进行调节、有管理的浮动汇率制度。

3. 世界上最先出现的国际货币体系是（　　）。[2013年真题]

   A. 牙买加体系　　　　　　　　　　B. 布雷顿森林体系
   C. 国际金银本位制　　　　　　　　D. 国际金本位制

   [答案] D

   [解析] 世界上第一次出现的国际货币体系是国际金本位制。

4. 关于国际货币基金组织贷款的说法，正确的是（　　）。[2013年真题]

   A. 该贷款通常没有附加政策条件　　　　B. 减贫与增长贷款是最早设立的一种贷款

C. 该贷款种类单一且固定不变　　　　D. 该贷款主要帮助成员国解决国际收支问题

[答案] D

[解析] 国际货币基金组织的贷款是有政策条件的贷款，A 项错误。国际货币基金组织的贷款种类较多，包括备用安排、中期贷款、减贫与增长贷款及其他贷款等。其中，备用安排是最基本、最早设立的贷款，B、C 两项错误。

5. 下列经济事项中，不属于国际货币基金组织会员国国际储备构成内容的是（   ）。[2012 年真题]
   A. 直接投资收益　　　　　　　　　B. 货币性黄金
   C. 外汇储备　　　　　　　　　　　D. 特别提款权

[答案] A

[解析] 国际储备一般包括货币性黄金、外汇储备、IMF 的储备头寸和特别提款权。

二、多项选择题（每题 2 分，每题备选项中，有 2 个或 2 个以上符合题意，至少有 1 个错项。错选，本题不得分；少选，所选的每个选项得 0.5 分）

1. 关于国际储备类型的说法，正确的有（   ）。[2017 年真题]
   A. 黄金是潜在的国际储备
   B. 外汇储备是国际储备最主要的组成部分
   C. 特别提款权根据一篮子货币定值
   D. 国际货币基金组织的储备头寸是指会员国在国际货币基金组织的普通账户可以自由提取的资产
   E. 特别提款权是国际货币基金组织根据会员国缴纳的份额有偿分配的账面资产

[答案] ABCD

[解析] 特别提款权是国际货币基金组织根据会员国缴纳的份额无偿分配的账面资产，根据一篮子货币来定值，E 项错误。

2. 一般来说，决定一个国家汇率制度的因素主要有（   ）。[2016 年真题]
   A. 经济开放程度　　　　　　　　　B. 经济规模
   C. 进出口贸易的商品结构和地域分布　D. 居民消费习惯
   E. 相对的通货膨胀率

[答案] ABCE

[解析] 决定一个国家汇率制度的因素有：①经济开放程度；②经济规模；③国内金融市场的发达程度及其与国际金融市场的一体程度；④进出口贸易的商品结构和地域分布；⑤相对的通货膨胀率。

3. 金本位制度下的固定汇率制度的特点包括（   ）。[2014 年真题]
   A. 以美元为中心的固定汇率制度　　B. 自发的固定汇率制度
   C. 铸币平价是各国汇率的决定基础　D. 多种汇率安排并存
   E. 黄金输送点是汇率变动的上下限

[答案] BCE

[解析] 金本位制度（最早出现在英国）是自发的固定汇率制度。其特点包括：①铸币平价是各国汇率的决定基础；②黄金输送点是汇率变动的上下限。

本章同步练习

一、单项选择题（每题 1 分，每题备选项中，只有 1 个最符合题意）

1. 布雷顿森林体系下的汇率制度属于（   ）。
   A. 自发的浮动汇率制度　　　　　　B. 自发的固定汇率制度

C. 人为的浮动汇率制度　　　　　　D. 人为的可调整的固定汇率制度

2. 在国际储备中，由国际货币基金组织根据会员国缴纳的份额无偿分配的是（　　）。
   A. 货币性黄金　　　　　　　　　　B. 外汇储备
   C. 国际货币基金组织的储备头寸　　D. 特别提款权

3. 世界各国国际储备最主要的组成部分是（　　）。
   A. 货币性黄金　　　　　　　　　　B. 国际货币基金组织的储备头寸
   C. 特别提款权　　　　　　　　　　D. 外汇储备

4. 从重要性来看，国际储备的管理实质上是（　　）的管理。
   A. 黄金储备　　B. 储备流动性　　C. 外汇储备　　D. 币种构成

5. 国际货币基金组织最基本、最早设立的，为解决成员国暂时性国际收支困难而设立的贷款是（　　）。
   A. 备用安排　　　　　　　　　　　B. 中期贷款
   C. 补充储备贷款　　　　　　　　　D. 应急信贷额度

6. 1999年，国际货币基金组织按照汇率弹性从小到大，将汇率制度分为多种，其中汇率弹性最小的是（　　）。
   A. 无单独法定货币　　　　　　　　B. 货币当局安排
   C. 传统盯住安排　　　　　　　　　D. 事先不公布汇率目标的管理浮动

7. 国际货币基金组织的普通账户中，会员国可以自由提取使用的资产称为（　　）。
   A. 货币性黄金　　　　　　　　　　B. 外汇储备
   C. IMF的储备头寸　　　　　　　　 D. 特别提款权

8. 在满足外汇储备资产所需要的流动性和安全性的前提下，以多余外汇储备单独成立专门的投资机构，拓展外汇储备投资渠道，延长外汇储备资产投资期限，以提高外汇储备投资收益水平。这种国际储备的管理称为（　　）。
   A. 外汇储备总量管理　　　　　　　B. 外汇储备流动性管理
   C. 外汇储备结构管理　　　　　　　D. 外汇储备积极管理

9. 国际货币基金组织最主要的资金来源是（　　）。
   A. 银行股份　　　　　　　　　　　B. 转让债权
   C. 份额　　　　　　　　　　　　　D. 借款

10. 1880—1914年是国际金本位制的黄金时期，下列关于国际金本位制的表述，错误的是（　　）。
    A. 铸币平价是各国汇率的决定基础　B. 黄金输送点是汇率变动的上下限
    C. 是自发的固定汇率制度　　　　　D. 是人为可调整的固定汇率制度

11. 由于贷款条件严格，贷款利率相对较高，所以世界银行的贷款被称为（　　）。
    A. 硬贷款　　　　　　　　　　　　B. 软贷款
    C. 优惠贷款　　　　　　　　　　　D. 备用安排

12. 按照（　　）原则，各商业银行主要依据企业提供的境外直接投资主管部门的核准证书或文件等材料办理境外直接投资人民币结算业务。
    A. 事前管理　　B. 事中管理　　C. 事后管理　　D. 预期管理

二、多项选择题（每题2分，每题备选项中，有2个或2个以上符合题意，至少有1个错项。错选，本题不得分；少选，所选的每个选项得0.5分）

1. 作为一种国际货币体系，布雷顿森林体系的运行特征有（　　）。
   A. 可兑换黄金的美元本位　　　　　B. 多元化的国际储备体系

C. 可调整的固定汇率　　　　　　　　D. 多种汇率安排并存的浮动汇率体系
E. 由国际货币基金组织提供信贷解决短期国际收支失衡

2. 关于国际货币基金组织贷款的说法，错误的有（　　）。
   A. 该贷款是有政策条件的　　　　　B. 该贷款条件严格，通常被称为硬贷款
   C. 中期贷款是最早设立的一种贷款　D. 该贷款主要帮助成员国解决国际收支问题
   E. 该贷款期限长

3. 国际货币体系的主要内容有（　　）。
   A. 确定金融监管制度　　　　　　　B. 确定国际储备资产
   C. 确定国际投资规则　　　　　　　D. 确定汇率制度
   E. 确定国际收支调节方式

4. 通常来说，国际储备的作用有（　　）。
   A. 融通国际收支逆差，调节临时性的国际收支不平衡
   B. 融通国际收支顺差，调节长期性的国际收支不平衡
   C. 干预外汇市场，从而稳定本国货币汇率
   D. 是一国对外举债和偿债的根本保证
   E. 是一个国家经济地位的象征

5. 作为一种国际货币体系，牙买加体系的主要运行特征有（　　）。
   A. 多元化的国际储备体系
   B. 可调整的固定汇率
   C. 短期国际收支失衡由国际货币基金组织提供信贷资金来解决
   D. 长期国际收支失衡通过调整汇率平价来解决
   E. 多种汇率安排并存的浮动汇率体系

6. 世界银行的资金来源包括（　　）。
   A. 成员国缴纳的份额　　　　　　　B. 借款
   C. 银行股份　　　　　　　　　　　D. 转让债权
   E. 业务净收益

本章同步练习参考答案及解析

一、单项选择题

1. [答案] D
   [解析] 布雷顿森林体系实行以美元为中心的人为的可调整的固定汇率制度。金本位制度下的汇率制度属于自发的固定汇率制度。

2. [答案] D
   [解析] 特别提款权是国际货币基金组织根据会员国缴纳的份额无偿分配的，可供会员国用以归还基金组织贷款和会员国政府之间偿付国际收支逆差的账面资产。

3. [答案] D
   [解析] 外汇储备是国际储备最主要的组成部分，在非黄金储备中占比高达95%以上。

4. [答案] C
   [解析] 由于外汇储备占非黄金储备的95%以上，所以国际储备的管理实质上是外汇储备的管理。

5. [答案] A
   [解析] 备用安排又称为普通贷款，是国际货币基金组织最基本、最早设立的一种贷款。

6. [答案] A
   [解析] 1999年，国际货币基金组织按照汇率弹性从小到大，将各国汇率制度分为：无单独法定货币、货币当局安排、传统盯住安排、水平区间盯住、爬行盯住、爬行

区间、事先不公布汇率目标的管理浮动、独立浮动。所以汇率弹性最小的是无单独法定货币。

7. [答案] C
   [解析] IMF 的储备头寸是指在基金组织的普通账户中会员国可以自由提取使用的资产，包括会员国向基金组织缴纳份额中的 25% 可自由兑换货币（储备档头寸）和基金组织用去的本币（超储备档头寸）。

8. [答案] D
   [解析] 外汇储备积极管理是指在满足外汇储备资产所需要的流动性和安全性的前提下，以多余外汇储备单独成立专门的投资机构，拓展外汇储备投资渠道，延长外汇储备资产投资期限，以提高外汇储备投资收益水平。

9. [答案] C
   [解析] 国际货币基金组织的资金来源包括份额和借款。其中，份额是其主要资金来源。

10. [答案] D
    [解析] 国际金本位制度下，铸币平价是各国汇率的决定基础，黄金输送点是汇率变动的上下限。金本位制下的汇率制度是自发的固定汇率制度而非人为可调整的固定汇率制度。

11. [答案] A
    [解析] 世界银行的贷款被称为硬贷款；国际开发协会发放的优惠利率贷款被称为软贷款。

12. [答案] C
    [解析] 按照"事后管理"原则，各商业银行主要依据企业提供的境外直接投资主管部门的核准证书或文件等材料办理境外直接投资人民币结算业务。

二、多项选择题

1. [答案] ACE
   [解析] 本题中，B、D 两项都强调"多"字，均为牙买加体系的运行特征。

2. [答案] BCE
   [解析] 注意本题选择错误的选项。国际货币基金组织的贷款是有政策条件的，是临时性的，主要帮助成员国解决国际收支问题，所以 A、D 两项正确、E 项错误。世界银行的贷款条件严格，被称为硬贷款，B 项错误。备用安排是国际货币基金组织最基本、最早设立的贷款，C 项错误。

3. [答案] BDE
   [解析] 国际货币体系的内容包括：①确定国际储备资产；②确定汇率制度；③确定国际收支调节方式。

4. [答案] ACDE
   [解析] 国际储备是一个国家经济地位的象征，同时也反映出该国参与国际经济活动的能力。通常来说，国际储备的作用可以概括为：①融通国际收支逆差，调节临时性的国际收支不平衡；②干预外汇市场，从而稳定本国货币汇率；③是一国对外举债和偿债的根本保证。

5. [答案] AE
   [解析] 牙买加体系的主要运行特征包括：①多元化的国际储备体系（A 项正确）；②多种汇率安排并存的浮动汇率体系，（E 项正确）；③国际收支的调节。B、C、D 三项属于布雷顿森林体系的特征。

6. [答案] BCDE
   [解析] 世界银行的资金来源包括：①银行股份；②借款；③转让债权；④业务净收益。

错题收集